lonely planet

U0884864

自驾指南系列

中国自驾

45条

精选线路

本书作者

蔡理 黎瑾 袁亮

中国地图出版社

以下符号能够帮助你找到所需内容

不要错过/最佳建议　历史和文化　最佳摄影点
你也可以　家庭出游　4WD 越野
另辟蹊径　餐饮　就餐
步行游览　户外活动　住宿

电话号码　网络接入　英语菜单
营业时间　无线网络　适合家庭
P 停车场　素食菜品　允许携带宠物
禁止吸烟　空调　游泳池

地图图例

道 路
- 经典线路
- 常规线路
- 另辟蹊径线路
- “你也可以”线路
- 步行游览线路
- 高速公路
- 一级公路
- 二级公路
- 三级公路
- 小路
- 未封闭道路
- 广场/商业街
- 隧道
- 人行天桥
- G21 高速公路
- G213 国道
- S203 省道
- X013 县、乡道

行政区划
- 首都
- 省级行政中心
- 地级行政中心
- 自治州行政中心
- 县级行政中心
- 乡、镇、街道
- 村

交 通
- 机场
- 索道缆车
- 停车场
- 火车站
- 有轨电车
- 地铁
- 加油站

线 路
- 1 线路编号
- 9 线路站点
- 步行游览
- 另辟蹊径

境 界
- 国界
- 未定国界
- 地区界
- 省界
- 未定省界
- 地级界
- 县级界
- 悬崖

水 系
- 河流、小溪
- 沼泽
- 湖泊
- 干/盐/间歇性湖
- 冰川

地区特征
- 海滩/沙漠
- 公园/森林
- 一般景点(建筑)

景 点
- 景点
- 寺庙

实用信息
- 车辆维修点
- 医院/医疗机构

注：并非所有图例都在此显示。

计划你的行程

在路上

目录

东北和内蒙古
639页
新疆
65页
华北
585页
甘肃、青海、陕西和宁夏
131页
西藏、四川和重庆
231页
华东
479页
云南和贵州
313页
华南和华中
379页

目录

Classic Trips
经典线路

请留心经典线路图标，均是作者大力推荐的自驾线路。

西藏岗巴拉山垭口

视觉中国 提供

欢迎来

中国自驾

打开中国地图，密密麻麻的公路以不同颜色标识遍布东西南北，蛛网般在版图上纵横交错。它们蜿蜒穿过西部荒漠、天山戈壁，翻越雪域高原、神山圣湖，穿梭在梯田边的村村寨寨，流连于古蜀道上的麻辣火锅边；它们感受过东南茂盛的植被、多姿的河湖和缤纷的岛屿后，沿着漫长的海岸线一路北上，那里有华北厚重的历史文化，还有东北辽阔的草原和白山黑水。如果你是个具有好奇心的旅行者，自驾无疑是深入接触这片土地最自由、便捷的方式。

我们的作者在丝绸之路上奔波，深入藏区高原和天山腹地，穿越内蒙古大草原和莽莽大兴安岭，沿着长江、黄河、大运河穿行，用车轮勾勒着海南岛和东海岸的轮廓，探访徽州古村、江南水镇和京畿重地，为你带来了45条精彩纷呈的自驾线路。线路有长有短，覆盖各地的景色精华，采撷当地的人文特色。更有甄选出的18条经典线路和16个沿途亮点，以及用挑剔的眼光调研后推荐的食宿信息，只为帮你实现最美好的旅行体验。

现在，踩下油门，去探索这片既是你熟悉又充满未知的山川湖海吧。

中国
Classic Trips
经典线路
1 北疆大环线
2200公里 沿着孤独的公路驶向金黄的日落。13～17天
3 丝绸之路中线
1660公里 新疆腹地最重要的线路。8～10天
5 丝绸之路东线
2086公里 历史民俗与自然奇迹伴随进疆之路。15天
9 青藏线
1963公里 翻越雪山、穿越草原，进入圣城拉萨。5天
16 九黄大环线
1193公里 从九寨沟到郎木寺，看自然与人文。5～7天
40 晋东南线
450公里 蜿蜒挂壁公路间，去深山探访精彩古迹。6～8天
43 大兴安岭线
2200公里 悠闲草原可度假，山林边境有风情。11～13天
35 徽州人文山水线
680公里 一路粉墙黛瓦中，领略徽山皖水。10～12天
34 浙中浙南大环线
1400公里 浙江山水胜景，还有沿途人文民俗。14～17天
0 600 km
鄂霍次克海
俄 罗 斯
蒙 古
哈萨克斯坦
吉尔吉斯斯坦
塔吉克斯坦
比什凯克
阿富汗
巴基斯坦
印度
朝鲜
韩国
日本
日本海
黄海
渤海
朝鲜海峡
平壤
首尔
漠河
根河
呼伦贝尔
阿尔山
哈尔滨
长春
沈阳
黑龙江省
吉林省
辽宁省
北京
天津
石家庄
济南
太原
长治
安阳
郑州
呼和浩特
银川
西安
宝鸡
兰州
西宁
金昌
嘉峪关
敦煌
格尔木
若尔盖
九寨沟
合肥
南京
哈巴河
克拉玛依
乌鲁木齐
哈密
喀什市
札达
友谊峰
4374m
汗腾格里峰
6995m
乔戈里峰
8611m
塔里木盆地
新疆维吾尔自治区
内蒙古自治区
宁夏回族自治区
西藏自治区
青海湖
青藏高原
昆仑山脉
天山
阿尔泰山
大兴安岭
黄土高原
河北省
山西省
山东省
河南省
江苏省
安徽省
北京市
天津市
上海市
兴凯湖

14 阿里南线
1783公里 穿越无人区向西，神山和圣湖就在那里。10～12天
12 川藏南线
2200公里 世界级的景观大道，雪山、草原相随。10～14天
19 精彩滇西
550公里 越野之路穿行于怒江大峡谷之中。5～10天
18 滇西北黄金线
690公里 魅力就在于古村、温泉，雪山与峡谷。7～10天
22 黔东南苗乡侗乡之旅
780公里 在苗寨寻访刺绣，听天籁侗族大歌。6～8天
25 桂西秘境之旅
870公里 天坑与溶洞满是神秘，也是户外的乐园。8～9天
28 海南环岛线
1000公里 环岛享受海滩椰林，还能深入热带雨林。13～15天
27 广东客家线
940公里 一路寻觅客家人足迹，走进围楼人家的日常。10～12天
37 福建沿海线
1200公里 看海岸线上绝美风景，享海洋带来的美食馈赠。12～15天
图例
高速
国道
新德里
加德满都
珠穆朗玛峰
8848.86m
日喀则
拉萨
林芝
廷布
不丹
达卡
孟加拉国
印度
恒河口
孟加拉湾
印度洋
内比都
缅甸
腾冲
大理市
丽江
德钦
昆明
成都
重庆
贵阳
凯里市
南宁
河内
万象
曼谷
金边
泰国湾
新加坡
吉隆坡
马来西亚
马六甲海峡
北部湾
海口
三亚
海南岛
琼州海峡
西沙群岛
三沙
中沙群岛
黄岩岛
南沙群岛
南海
东沙群岛
广州
澳门
香港
澳门特别行政区
香港特别行政区
韶关
梅州
汕头
厦门
福州
台北
高雄
台湾省
台湾岛
澎湖列岛
巴士海峡
马尼拉
菲律宾
长沙
武汉
南昌
铜陵
宣城
上海
杭州
丽水
温州
台州
舟山群岛
杭州湾
钓鱼岛
赤尾屿
琉球群岛
东海
太平洋
文莱
曾母暗沙

中国的最佳亮点和体验，跟随我们的线路指引，出发吧。

中国
沿途亮点

莫高窟

开凿于鸣沙山断崖上的莫高窟，保留了绵延千年的艺术精粹。从殿堂级的壁画与佛塑中，你能感受到先人们富足与热忱的精神世界。来自南亚、中土、非洲、日耳曼的不同面孔，相会于这绚丽的方圆之中，昭示了河西走廊作为亚洲文脉的伟大地位。提前做一些背景知识的了解吧，莫高窟将是你河西之旅体验中的最高潮。

丝绸之路东线 5

视觉中国 提供

敦煌莫高窟壁画

拉萨布达拉宫

布达拉宫

布达拉宫仿佛就是雪域高原朝圣之旅的坐标，这座最早建于7世纪，高踞红山之巅的宫堡式建筑群，是古代藏王和达赖喇嘛的宫殿，气势磅礴之间仿佛已与山冈融为一体。当你走进去，才发现它收藏着整个西藏地区的辉煌历史。

川藏南线 12

青海湖

青海湖的美丽在于它不经意间绽放的惊喜：金黄的油菜花，日出日落时湖面的银光点点，身边穿梭而过的骑行者……你可以坐在车里，驰骋于阳光和美景中，也可以选择在湖畔的帐篷宾馆住几日，看这湖水随天气变幻出的深深浅浅的颜色。"候鸟人"则会在5、6月去鸟岛观鸟。

青海湖环线 7

喀纳斯

秋日的喀纳斯，色彩浓郁，隐没在雾气中的树林被点缀得五彩斑斓。绿色的杉树与松树，夹杂着黄色的西伯利亚白桦树，映衬着红色的欧洲山杨和花楸树。因天气、角度不同，加之特殊的水质与天色、山色相互折射，喀纳斯的湖水一年也能变幻出三种不同的颜色。秋季的牧民转场也蔚为壮观，摄影爱好者们不要错过。

北疆大环线 1

视觉中国 提供

© Lonely Planet

喀什街边卖花草茶的摊档

最佳风景路段

果子沟到赛里木湖： 从高达200米的果子沟大桥驶过，置身壮美的峡谷孔道，穿过遍野繁花，来到湛蓝湖畔。2

昆仑山口到唐古拉山口： 海拔攀升，藏羚羊、野驴、黄羊不再是稀罕之物，而你可能会经历高原反应。9

甘白路： 驱车高原上，沿途的雪山、峡谷、湖泊、草场次第展开，美不胜收。13

宏村到黄山： 在青山、竹林、茶园和乡村中穿行，仿佛行走于水墨画卷间。35

太行山大峡谷： 穿行绝壁公路，视野狭窄的道路让你格外期待下一个转弯后的风景。40

喀什老城

“不到喀什，就不算到过新疆。”喀什老城保留着中国唯一的伊斯兰特色的迷宫式街区，2100多年的沧桑，让它成为维吾尔族风情最浓郁的区域。老城中不仅生活着数万土生土长的居民，还聚集着众多手工艺的传承者。精美的木雕、砖雕，小巧玲珑的清真寺，琳琅满目的传统店铺，永远弥漫着的馕和烤肉的浓香，让漫步其中的你忘记时光。

丝绸之路中线 3

沿途亮点

杭州千岛湖

视觉中国 提供

浙江山水

灵秀的浙江山水堪称典型的中国风。以杭州西湖为圆心，雅丽天成的山水都留给了这座城市，而杭州以西，堪称中国写意审美之源的富春江，以及往南的白垩纪产物雁荡山和楠溪江，都以独一无二的美各自精彩。

富春江沿线 33

浙中浙南大环线 34

最佳摄影点

禾木观景台：宁静的晨雾，笼罩着耸立的山峰、层林尽染的白桦林，以及图瓦人小木屋的斜屋顶。1

茶卡盐湖：在“天空之镜”，无论是拍人、拍晚霞、拍星空，都堪称完美。7

色达佛学院：经幡飘拂之下，是无数红色的修行小屋。13

怒江：怒江第一湾的清晨，云开雾散那一刻，拍摄下如梦似幻的场景。19

东川红土地：4月至5月的麦浪和9月至12月的荞麦油菜季都很不错。20

塔川：粉墙黛瓦掩映在漫山的斑斓秋色中。35

霞浦滩涂：滩涂、渔民、小船、紫菜架与天光，交错出绝美的大片。37

阱底挂壁公路：对面的哈楼梯，将崖壁上成排的小窗与狭窄的道路尽收镜中。40

视觉中国 提供

怒江大拐弯

视觉中国 提供

山西大同悬空寺

壶口瀑布

不来看看壶口瀑布，你怎么能说见过黄河？三四百米宽的河水，在这里忽然被束成三四十米，形成特大的马蹄形瀑布。黄水轰然倾泻，直接砸进30多米深的石槽，汹涌咆哮；飞瀑激荡挥洒，一条七彩霓虹飞跨两岸，绚烂壮美。任凭水雾飞溅，你也要好好伫立观赏这一派“黄河之水天上来”的壮观。

西安到延安 10

怒江大峡谷

从六库奔赴丙中洛，在怒江大拐弯观景台上为它澎湃的气质所折服，在古老教堂中聆听来自村民的天籁之音，欣赏怒江大峡谷风光的同时挑战曲折迂回的山路，对于自驾爱好者来说无疑是种享受。

精彩滇西 19

山西古建筑

山西古建筑的数量、年代以及工艺，让中国其他省市望尘莫及。中国宋代以前的木结构古建筑只有160余座，其中75%在山西，明清古建筑更多达1万余座。雕刻、彩塑、壁画等工艺更是冠绝古今。这些古建筑就像一本本站立着、浓缩的史书，浏览它们就是我们触摸、认知历史的最好方式。

山西北南线 39
晋东南线 40

沿途亮点

古格王朝遗址

阿里的辽远与荒凉，注定了古格遗址的绝世而独立，曾经的古格王朝留下神秘传说，也留下这座王城遗址，以及大殿中精美绝伦的壁画与塑像。它们沉默矗立，没有什么是不朽的，唯有时光永恒。

阿里南线 14

徽州古村落

“一生痴绝处，无梦到徽州”，从皖南到赣北，古徽州的精髓都凝固在那些精工细作、粉墙黛瓦的徽派建筑之中。走过孤立田野的牌坊，在油菜花衬托的乡野风景中漫步，是了解徽州文化最好的途径。

徽州人文山水线 35

郎木寺

一座以寺院得名的高原小镇，无论是在晨光中俯瞰恬静优美的峡谷，还是伴着在风里飘扬的经幡聆听诵经声，风尘仆仆的旅人啊，请在佛寺和清真寺的相互辉映下，让这一刻的时光停驻于平静之中。

九黄大环线 16

(左图)古格王朝遗址

(下图)云南元阳梯田

元阳梯田

灌满水的梯田倒映着云海天光，光影随着日出日落变幻万千，早开的春花点缀其间，作为哈尼族人千百年来的智慧之作，元阳梯田的魅力又何止这些？待到农历十月的“十月年”，哈尼族的长街宴更是让人们一饱口福。

行摄滇东 20

最佳度假体验

喀纳斯：每年秋季，湖畔层林尽染，三湾水色斑斓，让你仿佛身入仙境。1

门源：6月底至8月初，投身于漫山遍野的油菜花编织的金色梦境吧。7

龙井村：清明谷雨前的龙井，满眼新绿。8

黄山：温泉中感受黄山的银装素裹。35

东山岛：阳光沙滩和丰富的水上活动。37

厦门：住精致民宿，古厝中寻丰富美食。37

兴隆：在浓密绿荫下喝杯咖啡，在沙白水清中戏浪。28

沿途亮点

视觉中国 提供

广东美食——盆菜

辽阔草原

无论是有“水草丰美”之称的呼伦贝尔，还是号称“中国66号公路”的草原天路，都展示着中国最辽远阔达的风景。住进蒙古包，畅饮一杯马奶酒，听悠扬的长调，看欢腾的那达慕。古时“只身打马过草原”的风采，换到今日，则是“驱车已行万里路”的潇洒。

坝上天路环线 41

锡林郭勒草原线 42

潮粤美食

由广州、潮州、东江三地特色菜发展而成的粤菜，有“潮粤菜系，吃在广州，味在潮州”一说。去潮汕旅游，更多不是去看景色有多漂亮，而是去体验当地的人文以及品尝当地的美食。既有原汁原味、善烹海鲜的粤菜，又不乏潮汕砂锅粥、牛肉火锅等小食，准备好你的胃。

粤西南沿海线 26

广东客家线 27

海岛踏浪

中国南方漫长的海岸线孕育出与中原有别的海岛文化。在湄洲岛上一炷虔敬的香火，在平潭岛惊叹于海蚀奇观的壮阔；走过被北回归线横穿的南澳岛，看过海陵岛上安放的“南海一号”；最后在海南岛的碧海蓝天下一洗雾霾的灰暗。

海南环岛线 28

福建沿海线 37

视觉中国 提供

福建霞浦滩涂

如果你喜欢

青海哈拉湖边的帐篷

自然风光

在中国的三个地理阶梯上，从海滨到高原，地貌千变万化，秀丽壮美皆有。

4 独库公路 让你把新疆最辽阔壮美的地貌一览无余。

8 唐蕃古道 虽然古道费时难走，但无限风光在险途。

12 川藏南线 中国最美的景观大道，去拉萨完成朝圣之旅。

20 行摄滇东 在季节与光影的变幻之中，呈现一幅幅壮阔的画卷。

37 福建沿海线 漫长海岸线孕育出丰富的海洋文化，一样的海滩却有迥异的文化风俗。

43 大兴安岭线 草原山林连绵，还可在苍茫林海间一观湛蓝的激流。

历史文化

在一处处遗迹里阅读历史，去了解中国的古往今来，往往比书本来得更加真实。

3 丝绸之路中线 有众多寺庙遗址和雄伟庄严的清真寺。

5 丝绸之路东线 敦煌莫高窟和麦积山石窟展现了令人骄傲的线条与色彩。

13 川藏北线 高原上的经幡和玛尼堆，蕴含了千百年来的信仰与虔诚。

32 苏北大运河线 运河边上遗迹众多，那是王陵商埠浓缩的历史。

39 山西北南线 从云冈石窟到五台山，佛教信仰源远流长；应县木塔和佛光寺中，看精彩古建的榫卯斗拱。

44 寻北线 三个省会城市里，随处可见清朝与俄日遗留的建筑。

古村镇

不想费神做攻略，也不想旅途太辛苦，那就一头扎进古村镇，好好享受慢生活。

10 西安到延安 正月里的陕北古村，很值得专程赶去看一看民俗。

18 滇西北黄金线 洱海边的双廊，茶马古道上的沙溪，还有大研和独克宗。

22 黔东南苗乡侗乡之旅 黔东南的吸引力，就在于那些散布于山水之间的苗寨侗乡。

29 湘西线 坐酉水上的“拉拉渡”，住沱江边的吊脚楼，再跟着苗家女去赶场。

34 浙中浙南大环线 群山里有古村落，水流上有古廊桥。

35 徽州人文山水线 从绩溪到婺源，古徽州留下的古村落数不胜数。

新疆库车巴扎上的烧烤摊档

家庭游

大部分区域的公路网密布，交通方便，是举家出行的好选择。

1 **北疆大环线** 在喀纳斯骑马，在乌鲁木齐的小巷逛吃。

8 **青海湖环线** 7月到青海湖边赏花，行走在茶卡盐湖上。

17 **渝东山水线** 畅达的交通和路边的风景一路相随，还有地道的重庆美食。

26 **粤西南沿海线** 上"小蛮腰"看广州风貌，在南海边上踏沙。

31 **长三角环线** 既有古城园林美景，还能在迪士尼乐园嗨翻。

38 **山东半岛海岸线** 参观海洋馆、赶海捉螃蟹，都是孩子们的最爱。

户外

中国复杂的地形地貌、良好的自然生态环境，适合开展多种多样的户外活动，带上勇气和毅力，享受挑战吧。

1 **北疆大环线** 喀纳斯徒步被誉为"中国十大经典徒步线路"，有不同天数、难度的线路可选。

6 **甘南线** 大量的徒步和露营点分散在迭部的山沟中。行走在山林里，仿佛遁入仙境。

12 **川藏南线** 也可以骑行或徒步，虽然一路风尘，从眼睛到心灵却一直在天堂之中。

25 **桂西秘境之旅** 奇特的喀斯特地貌，一年一度的户外节日和赛车盛会都在这里举行。

35 **徽州人文山水线** 踏上青石板路，徽杭古道是老少咸宜的徒步路线。

美食

从沿海的直供海鲜到草原肥美的牛羊肉，从红彤彤的川菜到乡土味十足的客家菜，吃货请准备好你的胃。

5 **丝绸之路东线** 能尝遍面食的无数种花样，最有名的便是兰州牛肉面。

17 **渝东山水线** 老油火锅和重庆小面，美食与美景又怎能辜负?

22 **黔东南苗乡侗乡之旅** 苗家酸汤鱼和从江香猪肉不可不尝。

26 **粤西南沿海线** 从开平往西，堪称广东吃货路线，随处都有地道的美食。

29 **湘西线** 湘菜红艳，腊肉味浓，还有鲜活的沅江鱼。

32 **苏北大运河线** 从扬州吃到淮安，将淮扬菜的精髓逐一品尝。

38 **山东半岛海岸线** 9月、10月去畅享"哈啤酒、吃蛤蜊"的海滨饮食之乐。

租车

夕阳下的乌尔禾魔鬼城

车型选择

出行之前务必要确认好所走线路的路况。如今的高速公路网可以通达国内的大部分主要城市，而国道和省道都可以到达除了西藏部分地区外的所有市县。在我们推荐的线路介绍里，也会有关于路况的说明。在车型的选择上，较大的排量当然可以增加驾驶的操控性，可是除非你要翻越高山，或者可能深入行驶在山乡烂路，否则对于车辆的越野性和排量并不会有过高的要求，反而小排量的车辆既省钱也环保些。所以你大可根据自己的实际情况选择更经济的座驾，没有必要非越野车不可。倒是需要注意车辆所需的油品，有些偏远地区的加油站并不能提供95号汽油。

连锁租车行

规模较大的连锁租车行如神州、至尊、一嗨等在全国主要城市都有门店，而且在很多机场和火车站就能提车。有几家甚至可以选择省内、省外异地借还，非常方便。不过都会根据不同的借、还门店收取手续费，一般“同城异店”为50~100元，而“异地异店”则要按相距的公里数计算，一般是每公里2~5元。

逢节假日，租车公司都会提前一两个月放出租车的价格，这时候你就需要多关注其网站。由于在节日期间，哪怕只是短假（如端午、中秋等），租车的费用也可能是非假期的2~3倍，甚至无车可租。所以要想省钱，尽量选择非公众假期出行或者赶早预订车辆。下载各公司手机App，预约租车会更加便捷。

眼下，共享汽车（新能源车）开始在一些大城市出现，短途自驾又多了一种选择。

包车

你可以通过网上或者朋友介绍来包车，但最好选择有公司有正规合同的。签订合同时要有详细的条款，尤其是当出现各种意外后的条文约束。司机也应该很熟悉你将要走的线路，这样也可以帮助获得沿途吃住和门票的优惠。在非旺季，各地三厢轿车包车的正常价格一般为300~500元/天，如果包车时间较长，价格会有所降低，而SUV及越野车会在轿车的基础上贵100~400元/天（以上均不含油费、过路费和司机的食宿）。到了旺季，在热点地区包车，通常价格会上浮20%~50%，而到了北方的冬季，由于需要越野车和雪地胎、防滑链等，价格更会翻番。

押金

大部分城市的租车行都可以刷卡支付押金，少数地方可能需要现金。根据车型的不同，对押金的要求也不同，一般从2000元至几万元不等。还车时还需要暂时扣

行驶在新疆赛里木湖边的公路上

除部分违章押金，各租车公司规定，在1~6个月后如无违章罚款情况再予以退还。

里程限制

有些租车公司会限制在每日250~300公里，超出部分另外协商。如果你准备长途自驾，最好提前问询租车行，同时根据该租车公司的规定，自己控制每日里程与总里程数。有些租车行兼营订房、订票业务，如通过他们预订，可以免除里程限制。当然，也有一些门市是不限里程的，在租车之前，需要与租车公司沟通清楚。

保险

出租车辆的基本保险费并不包括在租车价内，并且必须购买。出行之前注意和租车行确认车辆的保险信息，并记下保险公司的号码以防万一。如果对于交通路况和自己的驾车技术不太放心，最好再另外购买不计免赔服务，作为基本保险的补充。但是要注意的是，就算买了不计免赔保险，保险公司也可能不会理赔车胎的损坏，需自行修补或更换新轮胎。

加油

从全国来说，中石油和中石化的加油站比较普及，92号汽油以及柴油都不是问题，但在偏远地区，95号汽油并不是每个加油站都有供应，前往这些地方时请格外注意。在有些地区，加油站只供应乙醇汽油，在油品标号前会有一个“E”。

过路费和限速

除了高速公路的正常收费外，等级公路上的收费站一般较少，不会构成很大的开支。但是，无论高速公路还是等级公路，沿途的限速标志和测速点都有不少，高速公路一般为100~120公里/小时，国道一般为80公里/小时，省道则为60公里/小时，如果是山区道路，则需要控制在40~50公里/小时，而通过乡镇城市时，则需要控制在40公里/小时以下。虽然限速让你不能享受高速飞驰的乐趣，但为了避免更无趣的罚单，一定要格外注意沿途的限速标记。电子狗可以得到前方有测速点的提示，但更需要自己时刻牢记不能超速，用自己的生命来上演生死时速是毫无意义的，也不会有人给你喝彩。

地图导航

在前往一个你并不熟悉的地方时，GPS导航是必需的，由于道路建设的飞速发展，出行前下载最新版本也是必需的。现在手机导航使用得越来越多，随时可以更新版本，不过最好先下载离线地图，不但可以在没有通信信号的情况下使用导航，还可以节省流量。就使用体验来说，带有3D模式的导航会更加直观。

省钱妙计

陕西历史博物馆中的陶俑

各种在自驾旅行中省钱的方法，无疑是对自驾者智慧的挑战和考验。其实，精明的自驾者总能运用生活中的经验，找到各种兵来将挡的办法跑赢物价。可以少花钱多游玩，用一笔合理的费用，快乐地开车上路。以下是我们的作者总结的各式省钱妙计。

住宿

» 上网订房，充分享受网站为了争夺市场而烧钱给出的优惠。尤其是旺季，最好在网上提前预订。

» 成为品牌连锁酒店的会员，在官网上预订的价格往往会比订房网站更划算。许多度假村、品牌酒店，直接致电前台或许能订到更好的房间。

» 由于是自驾，不见得非要入住房价偏高的大城市，完全可以住在邻近的小城镇。

» 越靠近市中心或热门景点，住宿价格越高。选择闹市区以外的宾馆去住宿，不但可以避开市中心的道路拥堵，往往还能省下一顿晚饭钱。

» 从GPS或网络地图上，可看到城市里宾馆扎堆的地方，开车去问询几家后，便可以比较选定其中性价比最好的。

» 遇上春节、“十一”黄金周时，有些酒店每天的价格可能都有变化，甚至比平时翻上几番。预订越早，心痛后悔越少。

» 建议你随车自带帐篷或车载床，不仅可以省下住宿费用，而且还能在宾馆爆满的情况下安然入睡。

餐饮

» 关注餐馆微博，或者临时抱佛脚加入餐馆微信会员，都有机会获得折扣。

» 选择有自炊厨房设施的住处，自己动手做到丰俭由人。

» 尽量避免在景区尤其是著名景区用餐，可以自己带简餐解决，也可在离开景区后找性价比更好的饭馆。

» 向当地人打听，寻找当地人喜欢的经济实惠餐饮店。

» 结伴出行，人多可以品尝多样菜肴，分摊费用。

» 由于风土人情不同，要注意各地菜品的分量，往往精致与体积会成反比。

» 吃海鲜最好货比三家，最好再带上500毫升一瓶的矿泉水（1斤）去验秤。

» 随车带一本相应省份的Lonely Planet指南，其中有作者亲身体验后推荐的当地特色美食。

门票

» 在旅游网站或淘宝网上购买门票，一般会有力度不小的折扣；有些团购网站也会时不时推出优惠券；有的省市会有景点套票或年票，比起一一购买门票会节省很多。

» 如果只是1~2人自驾，把车停放好，报团参加一日游或者通过旅行社购买门票，可能是个省钱的办法。

在高原草地上露营

» 培养对博物馆的兴趣，不但能了解当地历史，增长知识，并且基本上是免费的。

» 多问问所住的客栈、宾馆的主人，也许能打听到折扣门票或一些更好的免票办法。

» 偏远区域的一些“民办”景点是可以还价的，不要票券会提高讲价成功率。

» 在城市景区的开放时间以外进入，除了省去门票，还可以享受独特的清静。

» 在范围很大的景区附近，也会有风景不错且不收费的区域，在确保安全的前提下，不妨开车前往，也是省钱的方法。

» 建议你办个自驾游护照，许多景点可以享受一人免票、同行者打折的好处。

» 信奉“风景在路上”的自驾者，完全可以信赖自己具有发现能力的眼光，让景色无处不在。

» 到Lonely Planet的分省指南里，去查看那些作者寻找打探出来的不要门票的景点。

驾车

» 不要一味追求大排量，够用就好，可以节省些汽油费。高速公路开车不要一味追求最高速，时速90~100公里会更省油。

» 长途自驾途中要关注车辆的保养。每天上车前绕车查看一圈，及时发现问题及时处理。

» 与朋友拼车出行，既环保，也可以分摊费用。

» 黄金周出行可以省去高速通行费，但可能大堵车。不妨走国道、省道也许能更快到达。尽量选择一些冷僻的线路和地点，可以避开拥堵路段和汹涌游客。

» 尽量选择中石油和中石化加油站，不仅计量和质量相对可靠，还常会遇到如电信“翼支付”每升减五角之类的优惠活动。

» 地方性的加油站价格会便宜些，如果认为自己车子的胃口适应吃杂粮，也不妨添加些。不过要记得：汽油车可千万不要加柴油哦。

购物

» 尽量不要在景区的入口处购买纪念品。稍微走远一些，就会发现更具性价比的购物点。

» 从村民手中或自产自销的店铺购买纪念品和土特产，不仅价钱相对厚道，还能给他们一些直接的帮助。

» 直接到旅游纪念品的源头购买，既省钱也能够知道很多有关的故事。

» 学几句本地话，技术性砍价的成功率更高。

旅游淡季

» 挑选淡季出游，是永远不变的省钱真理。

» 一个目的地的淡季，可能也是景致、气候不太好的时候。需要善用时间差，在旺季快要到来或即将结束时前往，尽量减少不利因素的影响。

» 寻找不受气候影响的景观，如博物馆、历史遗迹等，就能不受传统淡旺季的左右。

家庭旅行 自驾

带孩子参观哈尔滨冰雕节

带孩子自驾

祖国大地辽阔，拥有众多的自然景观、历史古迹，还有各地的乡土风情和民族特色。这些都可以给孩子带来许多独特的参与体验。尤其是到了暑假期间，无论前往东南西北，皆有很多适合你带上孩子一同自驾出行的路线和目的地，建议让行程尽量休闲，这样更适合孩子的成长。

儿童安全座椅和安全知识

带孩子自驾出行，父母请牢记两点：12岁以下的孩子不得坐在副驾位上，4岁以下孩子乘车必须使用儿童安全座椅。你必须按照孩子的年龄和体重选购合适的安全座椅，安放在后排座位上。开车前应检查安全带相关扣件和栓带是否正确系好（注意不要勒住孩子的颈部），并能固定住孩子身体。由于汽车的安全带是按照成人标准设计的，对于身高不足1.4米，或体重不足36公斤的孩子，普通安全带反而会增加对孩子的伤害。怀抱孩子更是不安全的做法，因为汽车一旦发生碰撞，冲击力极大，很可能会抱不住而导致孩子发生意外。

出门前向孩子进行一些道路安全知识的教育，也不妨介绍一些车辆使用和驾驶规则，让孩子参与到遵守交通规则和安全行车中来，成为你的小监督员。

计划行程

制订旅行计划时，最好优先考虑适合孩子的地点和景点，让孩子参与到行程计划中来，先做一些相关阅读，培养他们对目的地的认知，从而提升孩子的兴趣和参与感。另外，行程不宜匆忙，每到一个地方，最好有一两天的停留，让孩子适应周边的环境。游玩景点，不要安排过密，也不要一味追求教育意义，尽量从孩子的天性出发，维护孩子的旅行兴趣。

Lonely Planet出版的《带孩子旅行》一书里，有很多实用的旅行建议，教你如何玩得健康、安全而又尽兴。

行车途中

如果你的孩子经常晕车，可能不适合长途自驾旅行，也要注意避开弯道较多的山区公路。在弯道较多的山路上，请尽量开得稳一些，转弯速度慢一些，避免孩子晕车。如有必要，准备好呕吐袋以备万一。每天行程不宜太长，途中每隔一两小时就停车休息，让孩子下车来活动和放松。

与岁数不大的孩子同车至少应有两个成人，这样一人在驾驶或者与外界联系时，另一人能够关注孩子。

行车时，车门请落锁，同时留意不要让孩子的头手伸出窗外。当停车时，千万不要让孩子独自留在车内。

带些儿童音乐或者儿童故事的MP3或碟片，通过汽

在青海的高原上玩耍的孩子

车音响播放，让孩子在行车时不会无聊。行车时，不要让孩子玩平板电脑或者手机，也不要阅读图书。家长也应该提前充实自己的相关知识，预备随时解答孩子提出的问题。

住宿

一般来说，宾馆大床房的床宽是1.5米或者1.8米，双床房的床宽多数都是1.2米。有些宾馆有大床+小床的家庭房，或者可以提供加床服务，少数酒店、客栈还可以提供带护栏的儿童床。在预订房间时可提前询问清楚有无家庭房或者可否加床，以便选择。

很多酒店房间都会附带免费的早餐，如果增加一名儿童用早餐的话，一般1.2米以下儿童是免费的，超过这个身高可能会加收部分费用，也需提前询问清楚。

如果需要入住条件稍差处或露营，最好准备儿童睡袋，自带一些零食和饮料，还可带上一些简易的户外玩具，如飞盘、折叠自行车等。

就餐

各省菜品的食材与口味可能相差较大，而孩子的适应性会较差，在寻找饭店时要注意挑选。让孩子多吃蔬菜和水果，以免孩子的皮肤和肠胃不适应。饭店不见得会有儿童餐椅，可能要到高档餐厅才能解决。沿海一带海鲜很多，要注意孩子会不会对食物过敏。

门票

儿童门票优惠政策视景区而异。一般来说1.2~1.3米以下的儿童可免门票，超过规定身高的孩子，可以购买半价的学生票，所以已经上学的孩子最好带上学生证。

健康和安全

孩子的皮肤相对娇弱，如果是去海滨或在夏季旅行，带好防晒霜。注意经常补水，并让孩子多吃水果。

大部分地区治安良好，当地人也比较和善。孩子在旅行中往往可以得到当地人更多的照顾，成为调节氛围的润滑剂。但要提前向孩子进行当地风俗习惯的介绍，尤其是少数民族地区。

带父母自驾

带父母出游选择自驾的方式，可以更自由地前往他们喜欢的地点，可以安排适合他们的行程，无须跟着导游的小旗，也避免了千篇一律的餐饮。舒适、随走随停、灵活机动是自驾带父母旅行最突出的优势。

计划行程

父母的兴趣点会与我们不一样，可能他们对历史古迹和名山大川更感兴趣，但也不妨带上他们去看看新时代

在长城旅行的夫妇

的新风光。先征询意见，再制订计划。要根据父母的体能来安排每天的游览，活动要张弛有度，不要太奔波。

前往的地区如果较远，建议还是火车、飞机前往，然后租车自驾。要注意出行的季节，一般来说最好是气候变化不大的时节。虽说冬季的冰雪世界和夏日的碧海金沙极有吸引力，可还是要考虑父母对于冷热气温的承受力。

行车途中

每日开车的距离不宜太长，途中多停车，让父母下车活动筋骨或去卫生间。尽可能避免会引起晕车和颠簸的路段，注意问询和观察他们途中的身体状态。

住宿

安排住宿不见得要高档的酒店，安静的环境能更好地休息。要注意床榻的软硬，最好与家里的差不多。如果不习惯每日变换不同的床具，不妨带上他们熟悉的被子。

就餐

各地的饮食差异很大，要考虑他们的肠胃消化。最好预订带有小厨房的民宿，可以像在家一样买菜自炊。在饭店点菜时，要关照菜品的咸淡软烂，要有几味他们喜欢的菜肴。

门票

通常景点对于满60岁以上的老人会半价优惠，满70岁以上的免费（索道、交通车等不会优惠），但并不是所有的景点都会这样，只能按照售票窗口的规定。要随身携带身份证，其他的证件不见得管用。

健康和安全

出门前最好先检查一下身体，也带上血压计之类的家庭常用器具。平时服用的药品要携带足够的数量，还要带上其他的常用药品。需要多带些衣物，在气候变化时可以随时增减。最好事先在网上查看一下经过城市的较好医院，以备急用。

带宠物自驾

许多旅行者会想带着自己的宠物去看看外面的大千世界，但目前国内无论酒店还是景区，对宠物的接纳程度都不高，必须计划周全，才能让你和宠物都有愉快的假期。

哪些宠物不宜出门

未免疫的和处于发情期的宠物，不宜带出旅行，也不建议你带烈性犬和大型犬。这些宠物可以安排到宠物店（医院）或亲朋家寄养。

行前准备

要备足宠物经常吃的主粮和零食，便携宠物水壶要比水碗更方便。带上车载防

三亚海滩上的小狗

水宠物垫和毛巾，以保持车子内部的干净。牵引绳、项圈、铭牌和宠物箱（笼）必不可少，铭牌写上主人联系方式，方便寻找。

行车途中

出发前不要让宠物吃得过饱或大量饮水，以免道路颠簸造成不适。不要将宠物放在汽车后备箱中，易于引起缺氧。宠物也会晕车，可以服用宠物专用晕车药或安抚剂。不要将窗户开得过大，防止宠物跳窗。使用宠物箱或安全带，防止它们干扰驾驶。

住宿

国内的绝大多数高级酒店都禁止宠物入内，而较小的酒店、旅馆以及度假村对宠物住宿有可能允许，但通常只接受小型宠物，并会收取一定的清洁费用。所以在预订酒店前务必提前确认好。如果入住农家乐或家庭客栈，则有可能允许携带宠物入住。

饮食

按照平时的饮食习惯给宠物喂食，宠物外出旅行正处于兴奋的状态，饮食过多会导致胃部不适。

景点

中国绝大多数景区不允许宠物进入，应提前问询。而远离城市的自然风景区对宠物的接纳度较高，乡村原野及海岛沙滩，都更适合带宠物一起旅行。

健康和安全

外用药包括绷带和棉签、双氧水、碘伏、云南白药粉等，外用驱虫喷剂可预防草蜱和跳蚤；内服药包括宠物专用的肠胃药，或者黄连素、复方新诺明等这些人和宠物通用的药物。大多数地区只有在县城及以上地区有宠物医院，乡镇多为医治牲畜的兽医站，一些简单的外伤上药和包扎都没问题。

行前参考

移动电话

中国各省市自治区的手机信号基本覆盖全境，2G、3G信号普遍较好，大城市里还会有4G。需要注意，如果你开车进入偏僻的山区、草原、戈壁和高原，有可能接收不到任何信号。

上网

只要有信号，手机上网都基本无碍。绝大部分客栈、宾馆都会提供上网服务，但不一定都有Wi-Fi，可以带上一个无线路由器。

燃油

一般来说，高速公路的服务区或出入口都会有加油站。但有些高速公路的服务区间隔较远（100公里以上）。山区和地广人稀处加油站较少，尽可能保证在县城或国道上的加油站把油加满。92号汽油各个加油站都有，而95号汽油则往往只有在高速公路服务区和县及以上的城市加油站才能保证供应。还有不少地区只有E92、E95（乙醇汽油）供应。

重要号码

医疗急救（☎120）
公安报警（☎110）
交通事故报警（☎122）
旅游咨询（☎12301）
交通咨询（☎12580）

气候图表

何时去

旺季（5月至8月）

» 热门景点准备迎接大批旅行者的涌入，还要面对夏季的豪雨。

» 住宿价格在7、8月暑假期间会很高。

» 是草原最美的季节，东南、华南一带可能会有台风。

平季（2月至4月，9月和10月）

» 春天气候更温和，秋天更凉爽。

» 在北方可以说是最好的季节，有清新的空气和明朗的天空。

» 住宿价格在10月黄金周会达到峰值。

淡季（11月至次年2月）

» 国内旅行者会少很多，但会在春节前后重现旺季的情景。

» 北方和高海拔地区的气候会相当寒冷，只有最南部会比较温暖。

» 是西北民族节庆集中的时候，而东北的冰雪令人惊艳。

每日预算

经济：150~250元

» 淡季出行或者不去大城市；不去或者少去收费景点。

» 入住经济型宾馆或家庭客栈，寻找合适的免费停车点过夜。

» 在路边小吃摊或经济实惠的小馆子解决三餐。

» 拼车出行，以分摊油费和过路费。

中档：250~500元

» 选择部分收费景点，酌情参加收费户外活动。

» 住连锁酒店或有情调的客栈，可以充分享受当地魅力。

» 选择当地的特色餐馆用餐，不必太关心菜品价格。

高档：500元以上

» 不在意景区门票的价格，参加收费的户外活动，享受温泉等舒适的度假场所。

» 入住度假式精品民宿、酒店或星级酒店。

» 尽情享受当地特色大餐，晚上去酒吧或剧场体验当地夜生活。

» 开大功耗车，包越野车前往路况不好或者偏僻的地方。

在旺季里，除了门票价格会提高外，其他的消费价格也会上涨，尤其是住宿费用，特别是在国庆和春节期间，有可能翻上几番。一般来说，大城市、旅游城市、沿海城市的物价较高，而内地则相对便宜。要注意，在西藏、新疆这样的偏远地区，由于运输成本，会导致消费价格很高。

以上预算中并不包括油费与过路费，这部分费用需根据自己车辆的油耗和在高速公路的行驶距离来估算。一般来说，1公里油耗是0.5~1.0元，1公里的高速公路通行费是0.5元左右。如果租车，每天需要在预算基础上增加200~600元（取决于你租的车型和时段）。

餐饮

分类	价格范围
经济 ¥	人均50元以下
中档 ¥¥	人均50~100元
高档¥¥¥	人均100元以上

住宿

分类	价格范围
经济 ¥	150元以下
中档 ¥¥	150~300元
高档¥¥¥	300元以上

抵达

新疆

乌鲁木齐地窝堡国际机场

» 有机场快线往返市区的红山和火车南站，票价15元。

» 打车到市区30~40元。

甘肃、青海、陕西和宁夏

西安咸阳国际机场

» 租车公司有门店，到市区约40分钟。

» 出租车到老城区约100元。

西藏、四川和重庆

成都双流国际机场

» 租车公司有门店，到市区约30分钟。

» 出租车到市区约60元。

云南和贵州

昆明长水国际机场

» 租车公司有门店，至市区30分钟左右。

» 出租车打表100元左右。

华南和华中

广州白云国际机场

» 距市区约30公里。

» 出租车到市区100元。

华东

杭州萧山国际机场

» 到市区约30公里。

» 出租车至市区120元左右。

华北

北京首都国际机场

» 机场距离市区31公里。

» 机场大巴7:00~24:00。

» 机场快轨单程票价25元。

东北和内蒙古

哈尔滨太平国际机场

» 机场距离市区约40分钟车程。

» 机场大巴6:00~22:00。出租车到市区约150元。

更多信息，
请见“自驾指南”（708页）

城市速览

身着传统服装的维吾尔族少女

乌鲁木齐

乌鲁木齐是中亚最大的现代化、国际化城市。这也是一座生气勃勃的“混血”城市，红墙碧瓦的清真寺矗立在高楼大厦之间，二道桥的小巷子传来羊肉与烤馕的香味，国际大巴扎里国内外旅行者人头攒动，挑选着来自亚欧各地的丰富产品（乌鲁木齐老城区步行游览见126页）。这座建在河滩上的城市，有“二道桥”“河滩快速”“和平渠”“碾子沟”“大西沟”之类的地名，都和河道有关。另外，乌鲁木齐还是世界上距离海洋和海岸线最远的大型城市。

当地交通

在乌鲁木齐中心城区，外地车在法定工作日早高峰（9:30~10:30）、晚高峰（19:30~20:30）限行。乌市的主干道为南北走向，你可以利用单向三车道的西外环、东外环和河滩快速来穿梭城市。友好南北路、新华南北路（单行）、解放南北路（单行）、长江路也都是南北通行的干道。但要注意，乌市交通十分拥堵，特别是在天山区、沙依巴克区，驾车游览并不明智。

七条BRT专线，基本覆盖了市区主要街区和景点，票价1元，可在站内自由转乘其他线路。无人售票车票均价1元。出租车起步价10元，3公里之后每公里1.3元，夜间价每公里1.5元。

租车

在机场、市中心、车站附近、青旅附近都有租车公司，有连锁店形式的神州租车和针对游客的越野车队，58同城等生活资讯网上，租车信息也非常丰富。

停车

一类地段白天停车每车首小时6元，超过1小时后按半小时计费，每半小时每车3.5元；二类地段白天停车每车首小时5元，超过1小时后，每半小时每车3元；三类地段白天停车每车首小时2元，超过1小时后，每半小时每车1元。15分钟内免收停车费，夜间停车按每车每小时1元收取。

就餐

在乌鲁木齐最不愁的就是寻觅美食。重庆火锅、川菜馆子、陕西面食等应有尽有，当然，最值得品尝的还是新疆各民族的地道美食。二道桥、领馆巷周边有很多街边小店，也有装潢华丽的音乐餐厅，从烤肉、手抓饭到丸子汤、奶茶，可供选择的非常多。卡瓦斯、酸奶是不错的饮料，酒量好的人可以试试被称作“夺命大乌苏”的红乌苏，更有自信的则不妨挑战一下牧民家的马奶酒。

视觉中国提供 视觉中国提供

乌鲁木齐大巴扎夜景

住宿

大多数青年旅舍的条件差强人意，独具风格的精品酒店也不多见，位置方便的连锁快捷酒店依然是不错的选择。旅行者一般都集中在相对繁华的红山，附近有机场大巴乘坐点、火车站。另外，友好北路、新市区的酒店，条件与性价比皆好。

如果你有……

» 1天

从南门到二道桥一带的小巷子，隐藏着中亚风情的建筑和地道的维吾尔族美食，在眼花缭乱的巴扎与风格各异的清真寺之间逛上一整天。

» 2天

花一上午的时间参观新疆自治区博物馆，然后把其余的时光继续留给二道桥，或者那些独具新疆特色的公园：红山公园、人民公园、水磨沟公园……

到达和离开

飞机

乌鲁木齐地窝堡国际机场（☎0991-380 8315）距市区约17公里。有**机场快线**（☎0991-380 4463）往返市区，车程约60分钟，市区上客点为红山（南航明珠酒店）和火车南站南广场，单程票价15元。27路和51路公交车可以直达T3航站楼。

火车

乌鲁木齐站[☎0991-794 3150；经济技术开发区（头屯河区）]是全疆最大的客运车站，也是进出新疆的主要门户。北疆旅客列车全部在此始发终到。市区909、301等多路公交车可到，BRT5号线终点站即是乌鲁木齐站北广场，J002路机场快线也经停此站。

乌鲁木齐南站（☎0991-794 5222；南站路135号）是南疆旅客列车的始发终到站。市区多路公交车可到，BRT1号线终点站即是火车南站，机场大巴起始点也在火车南站。

阅读乌鲁木齐

» **《丝绸之路——一部全新的世界史》**彼得·弗兰科潘著，从贸易、宗教、战争、文化、地缘政治与丝路的关系，提供了解世界历史的新视角。

» **《我从新疆来》**库尔班江·赛买提著，100位当代新疆人的自我叙述。

» **《我的阿勒泰》**李娟著，一本北疆生活和风情的原生态散文集。

» **《新疆词典》**沈苇著，111个词条，日记、书信、诗等多种文体，构造出一个浓缩的新疆。

经过本城市的线路

1 3

更多信息，请见我们的旅行指南《IN新疆》。

城市速览

西安钟楼夜景

西安

西安城里的道路横平竖直，环城路绕城墙外围而过，故而有“城里城外”之说。城内的中心是钟楼，东、西、南、北四条大街呈“十”字状在此交会。主要景区从北往南主要有陕西省历史博物馆、回坊、钟鼓楼、碑林博物馆、古城墙等（西安古城区步行游览见228页）。东大街与南大街是热闹的现代化商业街。城外的景点主要聚集在南面的小寨和雁塔广场附近。

当地交通

西安城内交通拥堵很严重。三轮车、摩托车载客现象较为普遍，部分路段路牌指示不够清晰，需谨慎驾驶。越是远离城墙，交通拥堵状况就越轻。西安交警部门对于违章的查处十分严格，注意遵守交规，不要随意停车。

西安已经有三条地铁。1号线横跨东西，2号线贯穿南北，可达大部分重要景点和两个火车站。3号线经过陕西省历史博物馆、大雁塔等景点。地铁4号线、5号线、6号线、9号线、13号线于2017年至2018年陆续开通。

西安城内公交车大多1元起价，空调车一般2元起价，部分中巴0.5元起价。另有旅游专线前往周边各大景点。出租车10元起价（3公里），之后每公里2元。

租车在西安十分方便，机场、火车站、西安北站以及钟鼓楼都有取车点。

自行车是古城中最好的交通工具。**公共自行车**（☎029-965 318; www.xazxc.com）网点密集，24小时最高收费30元。办公共自行车租借卡的前提是先办一张长安通，然后带着身份证和300元押金，去服务网点开通公共自行车租借功能。开卡网点和取车网点请见官网。各种品牌的共享单车则是更好的选择。

停车

西安几乎没有免费停车点。停车费用参差不齐，通常是2~3元/小时或5~10元/次。在某些商场购物满一定金额可以免费停车。景区停车场收费都不是特别便宜，你可以在附近的街道寻找路边停车带。

就餐

西安是“面食天下”，在随意一个街角无名面店，10元左右就能吃到家常筋道的面条。羊肉泡馍、肉夹馍、裤带面（biangbiang面）、臊子面、麻食等，都值得尝试。在大皮院和北广济街走一走，更地道实在的食物在回坊深处等着你。如果你不太爱好面食，西安也有各地风味的馆子，选择余地很大。

住宿

古城内住宿可选的非常多。四条大街上的住所，交通都十分便利，而不在正街上

西安路边卖柿子饼的摊档

的住所则有更安静的环境。城墙外的雁塔周边也是大量旅行者的根据地：经济的青旅和私营旅舍大多集中在雁塔广场东南侧的太平堡；雁塔北广场中档的旅馆比较多，南广场档次稍高。旺季建议提前预订。

如果你有……

» 1天

早上登上西安城墙，骑行或步行，下城墙时顺道参观含光门遗址博物馆或者碑林博物馆。午饭去老字号秦豫肉夹馍。下午到回坊探寻坊间各个清真寺，再顺路看看城中心的钟鼓楼。晚餐当然是回坊的各种小吃了。

» 2天

第一天同上。第二天早早进入陕西省历史博物馆，下午到大雁塔登高，或者去更安静的小雁塔；若喜欢古物，就去西安博物院。晚上到大雁塔广场看音乐喷泉。

到达和离开

飞机

西安咸阳国际机场（☎029-96788；www.xxia.com）。机场离咸阳市区13公里，离西安市区47公里。

机场与西安市区之间有多条机场大巴路线，票价25元/人，发往咸阳市区的线路票价15元/人。机场大巴的线路变化较频繁，建议你提前电询（☎029-8879 8780）或查询机场官方网站，也可在官方网站（www.cwagi.com）提前购票。从咸阳机场打车到西安城内需120元左右，有司机拒绝打表的现象。如果到二号楼出发口，去搭从西安送人过来的出租车，则多半可以打表甚至还能还价。

火车

西安火车站 位于东北城墙尚德门外。发往全国各地的普快、特快、直快等车次都从西安站出发。

西安北站 位于西安北三环外，运营动车和高铁线路。目前每日有列车往返延安、郑州、北京、上海、武汉、长沙、广州、深圳等地，游客从这里前往华山和洛阳最为便利。

网络资源

» **西安旅游网**（www.xian-tourism.com）是西安市旅游局官方网站，有十分详细的旅游信息。

» **陕西旅游资料网**（www.xtour.cn）有各景点的介绍及旅游新闻，也可查询公交信息。

» **老妖带你吃西安**（微信号：laoyaodainichixian）有很多关于西安美食的独家推荐。

经过本城市的线路

5 10 11

更多信息，请见我们的旅行指南《IN西安》。

拉萨八廓街上画唐卡的人

拉萨

数千公里跋涉之后来到拉萨，旅行者永远不会失望。雄伟的布达拉宫和大昭寺前，每天清晨桑烟袅袅，转经者络绎不绝，穿街走巷，探访小寺庙，你会找到心目中向往的那座圣城；而现代化的城市发展，又为旅行者提供了更好的休息环境，你可以在甜茶馆里像当地人一样过一个休闲的上午，也能找到一间咖啡馆体验时髦的生活方式。（拉萨步行游览见310页）

当地交通

拉萨城区道路宽度和停车场地都相当有限，并不适合自驾游览。上午9:00左右和傍晚19:00左右是高峰时段，开车出行需要考虑堵车时间。另外，很多红绿灯被树荫遮蔽，在高原的强日照下很不显眼，要小心误闯红灯。

如果你是到了拉萨以后包车出行，可以提前联系司机到火车站或者机场接你。整个西藏地区目前只有一条高速公路，从贡嘎机场到拉萨市区，全长37.8公里，免费通行。注意路上限速100公里/小时，而非内地常见的120公里/小时。

拉萨的公交车票价1元，城区多数景点都可到达，但郊区车次较少。出租车起步价10元，多数时间司机会拼车载客。三轮车也是市区游览的方便选择，价格5~10元，上车前最好先跟车夫商量好费用。

停车

大部分情况下停车免费，仅火车站、市中心购物广场旁收取2~5元的费用，但旅游旺季时在市区找车位对旅行者来说并不轻松。大昭寺周边的八廓街是步行街，可将车停进附近宇拓路上的宾馆、商场停车场，再步行几百米到大昭寺广场。

就餐

拉萨就餐完全不是问题，藏面、酸萝卜炒牛肉、血肠、炸羊排都是地道的藏餐，人多的话可以尝尝藏式火锅。八廓街上各种餐馆随处可见，德吉路中段则有冒菜、火锅、串串等小饭馆，晚上想吃大排档，就去天海路上。

住宿

拉萨城区从青年旅舍到五星级宾馆都有，住在大昭寺周边，去各景点都方便，不过价格普遍会偏高。6月至9月旅游旺季，房间价格普遍上涨，11月至次年4月淡季房价则会下降100~200元，也有部分旅馆冬季歇业。记住：同等条件的宾馆，距离布达拉宫越远，价钱越实惠。

如果你有……

» 1天

清早跟朝拜的人流一起参观大昭寺，然后沿着八廓街的转经道顺时针绕行一周。下午去布达拉宫朝圣，如

在拉萨大昭寺前朝拜的人

果还有时间，可去参观西藏博物馆。

» 2天

第一天同上。第二天去拉萨周边的沙拉寺、哲蚌寺、甘丹寺转转（建议择一处仔细欣赏）。回来后在城区走走，探访不经意路过的小寺庙。傍晚到八廓街上的光明港琼甜茶馆跟当地人一起喝茶聊天，消磨悠闲的时光。

到达和离开

飞机

贡嘎机场（☎0891-621 6465）有往返上海、北京、成都、重庆、西安、南京、昆明、广州、福州、厦门、兰州等城市的航班，往返昌都地区（邦达机场）和阿里地区（昆莎机场）的省内航线，以及往返尼泊尔加德满都的国际航班。

机场距拉萨市区约50公里，机场到市区的班车按航班发车，市区上车点在娘热路民航酒店旁边（30元；5:00~20:00；坐满18人就发车，约1小时10分钟）。打车去机场拼车50元/人，200元/车。

火车

拉萨火车站（☎0891-675 6221）每天有5趟列车进出西藏，可至兰州、成都、上海、北京、广州等地。拉萨已开通至日喀则（9:00，3小时，40.5元）的列车，节假日会在下午加开1班。火车站距市区约10公里，打车30元左右，20分钟车程。火车站至市区有13路、6路公交车往返。

阅读西藏

» **《西藏生死书》**索甲仁波切著，深刻解析生前、死后、生死之间。

» **《喇嘛王国的覆灭》**（美）梅·戈尔斯坦著，一本书让你了解西藏近代史。

» **《西藏风土志》**赤烈曲扎著，入门级书籍，可全面了解藏地的宗教文化与历史。

经过本城市的线路

12 14

更多信息，请见我们的旅行指南《IN西藏》。

香辣的四川凉粉

成都

在成都，日子永远丰富，时间永远舒缓。在成都，你可以去大熊猫基地与憨态可掬的萌宝亲密接触，也可以在四川博物馆邂逅张大千笔下娇慵的仕女；上午，你还在杜甫草堂的竹林中怀想唐时诗意，晚上，你就已身在小酒馆，伴着摇滚乐声起舞。成都的独特正在于它的兼容并蓄与休闲从容。**（成都步行游览见308页）**

当地交通

成都私家车拥有量极大，“堵”是城区道路交通常态，地铁施工工地到处都是，自驾车出行尽量避开上下班高峰时段。如果租车出行，只要提前在网上或电话预约，主流租车公司都提供机场取车服务，也可到市区后让他们送车上门，不过需要送车费。

公交车票价一般2元，线路覆盖市区绝大多数地方。多数街道都有公交车专用道，高峰时段乘坐公交车更为便捷。地铁已经开通4条线路，票价2元起；出租车起步价8~9元，3公里后1.9元/公里。

停车

成都市停车收费规定为一类区域（一环内）临时占道停车收费起价10元/小时，第一小时后每半小时3元。夜间停车（19:00至次日8:00）每4小时2元，滚动计费。记得在路边的占道停车点，停车不超15分钟是免费的。节假日市区停车位非常紧张，建议搭乘公共交通出行。

就餐

成都是美食之都，满街都是饭馆，你可以在锦里小吃一条街或各钟水饺、龙抄手等老字号品尝到各种小吃，再去小巷的苍蝇馆子里尝尝串串香、冷啖杯和家常川菜。吃腻了麻辣鲜香，还可以来点西餐，城南的美领馆一带有不少选择；成都的佛寺都设有素斋，味美价廉，文殊坊附近的素餐馆中还能吃到独具特色的全素火锅。

住宿

成都各个层面的住宿都有，以人民公园和春熙路周边最为便捷，借助公共交通可去往大多数景点。宽窄巷子附近的旅馆都比较有情调；文殊院周边则相对较清静，且性价比高；人民南路往南的豪华星级酒店最多。

如果你有……

» 1天

早上去大熊猫基地与大熊猫亲密接触，下午到金沙遗址感受古蜀文明，或者去宽窄巷子坐坐，夜里去蜀风雅韵看一场精彩的川剧演出。

» 2天

第一天同上，第二天前

成都的茶馆

往三星堆博物馆，继续追寻古蜀文明之谜，晚上去蜀九香吃一顿成都火锅，若赶上周末，小酒馆的音乐演出不要错过。

到达和离开

飞机

成都双流国际机场（☎028-8520 5555；www.cdairport.com）距市区16公里，是中国中西部地区最大的航空枢纽港，T1主要负责川航航班以及国际航班，其余的国内航班均在T2。共有5条机场专线往返于市区之间，1号线开往岷山饭店（10元；6:30至当日航班结束，15分钟1班；约30分钟），2号线开往火车北站（17元；6:30~20:00，15分钟1班；约50分钟），5号线（25元；8:20~20:00，半小时1班；50分钟）前往茶店子客运站。从机场打车到市区约60元。

火车

成都现有三个火车站，主要有**火车北站**（即成都站）（☎028-8332 2088），是西南地区最大的铁路客运中心，同时也是连接宝成、成渝、成昆、达成四条铁路干线的枢纽，每天有城际快车去往都江堰和青城山。**火车东站**（☎028-8645 2168）是高铁站点，主要发送去往重庆、达州、北京、上海等地的动车和高铁。

网络资源

» **四川旅游网**（www.517sc.com）非官方旅游门户网站，论坛实用性强。

» **巴蜀文化网**（www.bscul.com）囊括川剧、民俗等多方面文化信息。

经过本城市的线路

12 13

更多信息，请见我们的旅行指南《IN成都》。

昆明翠湖边的飞鸟

昆明

昆明"四季如春"已是老生常谈，其不紧不慢的生活节奏也是春城的魅力之一。如果你是在11月至次年3月间来昆明，无所事事时可以去翠湖和红嘴鸥说"哈喽"。白天在文林街和文化巷串咖啡馆，寻找昆明文青的生活态度；晚上混混金马碧鸡坊的酒吧，体验不睡觉的滋味。周边丰富的物产，也为旅行者提供了便宜且新鲜的享受，野菌和水果都值得一再品尝。(昆明步行游览见376页)

当地交通

地铁工地仍然是昆明交通拥堵的"首祸"，加上市区"禁左"，高峰时间建议不要自驾出行。另外昆明的路名七十二变，主干道东风西路有几段不同的路名，包括建设路、南屏街等。如在市区内自驾，请务必时刻关注导航仪上的道路指示和路名变化。

长水机场和客运站都远离市区，主要的租车公司在机场都设有门店，且提供接机、取车等一条龙服务。可以提前在网上或电话预约，然后由他们的工作人员来接机，并直接领去取车。从昆明机场自驾至市区约35分钟，高速过路费单次10元。

昆明公交车无人售票，市区内普通车1元，空调车2元，至近郊的线路2元。出租车起步价8元/3公里(夜间9.6元)，之后每公里1.8元，并加收1元燃油附加费。

停车

昆明室内停车楼小型车起价8元，室外停车场小型车起价5元，15分钟内不计费。昆明停车并不难，一般景点区都会附设停车场，或免费或按室外停车计费；如遇步行街，很可能隔壁一条巷子就可以停车；不过，由于交通拥堵严重，去金马碧鸡坊一带的话，尽量还是选择公共交通吧，否则就算到达了目的地，恐怕都不知道能把车停哪儿。

就餐

昆明的餐饮选择丰富，金碧广场附近能找到不少卖相较好价格较高的餐馆，翠湖附近的文林街和文化巷是有名的小情小调吃喝地，以西餐和异国美食为主；吃野山菌的话，最好去关上野山菌一条街；如果要吃米线，进建新园和桥香园品质有保障；还有一些时髦餐馆由古建筑和名人故居改造而成，让人不得不佩服昆明人真会享受生活。

住宿

住在翠湖边上是最好的选择，这一带吃住行和停车都很方便，且交通便利，机场大巴空港一号停在东风西路

昆明斗南花市

的西驿酒店。如果你喜欢夜生活，金马碧鸡坊一带也是颇受欢迎的落脚地，此处以商务酒店为主，价格较贵，一般都会自带停车场。如家、7天等连锁酒店位置都不错，本地快捷酒店品牌云上四季在主要的商圈都设有分号。五一、十一和春节时，房价会上涨20%左右，但不至于客房爆满一房难求。

如果你有……

»1天

早起去本地人排长队的馆子吃一碗米线，在翠湖逛上一圈，下午去毗邻的文化街和文化巷找家咖啡馆消磨时光，晚上则到金马碧鸡坊一夜笙歌。

»2天

不少人会选择到石林或者九乡，如果你嫌游客太多或者门票价格太高，则可以逛逛斗南花市，再到西山徒步，眺望滇池，并顺道玩玩滇池、民族村等，再回到文林街逛逛夜市。

到达和离开

飞机

昆明长水国际机场(☎0871-96566; www.kmgairport.com)离市中心约30公里，有飞往省内外各大城市的航班，也正在逐步增开飞往东南亚和南亚地区的航线。从市区东风西路南疆宾馆停车场可乘坐空港快线(25元; 5:00至23:00，20分钟1班)到机场，从市区打车至机场约120元。

火车

昆明火车站(☎0871-6351 1534; 二环南路)始发高铁和动车，由昆明至大理都有早班和夜班火车，从昆明站至曲靖站也有城际列车。**昆明南站**(联大街东端)是沪昆高铁和云桂高铁在昆明的配套高铁车站，与市区有地铁1号线支线便捷连通。

阅读昆明

»《昆明的雨》汪曾祺著。收录了这位前西南联大校友关于昆明的经典文章，朴素的文字和昆明一景一物完美结合。

»《昆明忆旧》赵正万著。充满怀旧气息，想要了解消失了的昆明，这本必读。

»《昆明记》诗人于坚的散文和摄影集，记录故乡昆明的日常生活和时代变迁。

经过本城市的线路

20

更多信息，请见我们的旅行指南《云南》。

广州塔摩天轮

广州

珠江把广州分为南、北两岸，珠江夜游和登高广州塔是了解这个现代化城市的最佳视角。几大老城区可以看尽广州城历史与人文景象，新中轴线的摩天大楼竞相比高，无论是享受美食或是各式娱乐，这个不夜城都自有它的方式让你流连忘返。从这里出发也可游玩城郊的山林、湿地和海港。（广州步行游览见472页）

当地交通

在广州开车没什么驾驶乐趣可言，城市密度高，车多，绕道也多，没有GPS导航必定迷路。遇上早、晚高峰期拥堵的路段，特别考验新手的车技和耐性。猎德大道、广园快速、工业大道等路段几乎每天都有约1小时以上的严重拥堵，为了整治堵塞，广州三年前实施限牌政策（外地牌照入城暂时不限号），交通拥堵却更加严重。

市内公交主要分为地铁、普通公交车、电车和BRT四种，自动投币或刷羊城通，不设找零。地铁有7条市内线路和广佛线。海珠有轨电车是新开设的旅游车，一路沿着珠江边行驶。广州出租车起步价为10元（2.5公里之后每公里2.6元），高峰时间也是打的难，用Uber和滴滴出行更方便。

停车

广州停车实行阶梯收费，让广州车主怨声载道的停车费最贵可达到16元/小时，停一天128元。通常商圈和购物广场附近从10元/小时起停，而一些小街小巷内，最便宜的10元可以过夜。在所有大型购物中心和食街，吃饭时间段是最难停车的。

就餐

要领略广州美食，首选老西关上下九街区，这里是百年老字号餐饮店的根据地，地道的粥粉面饭、粤式酒家云集于此；要体验新旧交替，非新派餐馆和老字号并存的北京路步行街莫属；天河和珠江新城一带是外地年轻人的觅食商圈，遍布各国料理和创新餐馆，最潮的流行美食都从这里开始。

住宿

作为千年商都，广州给商人提供的住宿选择远远超过旅行者。在广州最容易找到的是经济连锁酒店，档次和水平趋同，性价比较高。而近几年的广州豪华型酒店也步入升级换代阶段，W酒店、文华东方等都集中在天河、珠江新城和琶洲附近。酒店公寓也是新兴的住宿方式之一，可通过Agoda和Booking预订。建议自驾者选择主城区以外靠近地铁站的宾馆，免得驾车进入不熟悉的拥挤城区，且宾馆价格也会更便宜。

广州早茶

如果你有……

» 1天

在荔湾区的西关老字号酒家喝早茶，然后到上下九步行街逛逛，下午到陈家祠探访古建筑，晚上从北京路走过千年古都，在沿江路登船夜游珠江。

» 2天

第二天早上到越秀山晨练，随后到西汉南越王博物馆或广东省博物馆了解广州历史，在新CBD附近觅食，傍晚登上广州塔一揽广州城全景，之后去珠江·琶醍啤酒文化创意艺术区喝一杯。

到达和离开

飞机

广州白云国际机场（www.gbiac.net）位于广州市北部，地铁3号线延长线（⏲6:10~23:00）从机场南站出发去往市内各区。也可搭乘巴士机场快线（www.jckx.cn）和空港快线（www.kgkx.com）前往市内或广东各地。打车到市中心打表约100元。白云机场附近有租车公司，但比较难找，需提前预约。

火车

广州火车站（☎全国购票电话12306；www.gzrailway.com.cn；环市西路159号）承担京广线、广茂线、广珠线、部分广深线的运营。

广州东站（☎020-6134 6610；东站路1号）主要是往返东莞、深圳、香港的列车。

广州南站（☎020-9602 0088；南站北路）是新火车站，离市中心地铁约40分钟，主要运营武广高铁和广珠城轨及广深高铁的列车。

广州市区内有多家火车票代售网点，可登录www.gzrailway.com.cn查询，订票可登录官方网站www.12306.cn，各大火车站售票处都可订票、购票、取票。

广州客运港有大沙头客运港和南沙港客运港。大沙头客运港（☎020-8305 0029；www.gzzjy.com.cn；沿江东路466号）的游船码头除了珠江夜游轮船之外，还有开往海南岛的“椰香公主号”轮船。

南沙港客运港（☎020-8468 8963；www.nskyg.com；商贸大道二路2号）有开往香港、香港国际机场和澳门的轮渡航线。

网络资源

» 广州本地宝（gz.bendibao.com）提供交通、生活的指引和食娱购最新资讯。

» 边度（微信公众号）了解广州城最潮的吃喝之地。

经过本城市的线路

26

更多信息，请见我们的旅行指南《IN广州》。

城市速览

在杭州的茶园采茶

杭州

一座城市有了水就有了灵气。西湖就是让杭州受尽万千宠爱的理由。这个罕见的城市中心水体，与三面环抱的山丘，营造出了难得的山水宜居城市。河坊街外连着玉皇山和凤凰山，灵隐寺旁有北高峰，龙井通往十里琅珰，九溪接着五云山，断桥紧挨宝石山……当你想暂时摆脱城市的喧嚣时，只需穿过一段隧道便能进入山居的隐逸生活。

当地交通

在杭州自驾最怕的是限行，拱墅区、上城区、下城区和西湖区的部分路段都会受到影响。周一至周五7:00~9:00、16:30~18:30，本埠车辆实施尾号限行，外埠车辆全号限行。双休日及国定节假日的8:30~17:00单号单限，双号双限。旅游旺季（3月至6月，9月至12月）的双休日，西湖沿线（南山路、虎跑路、玉皇山路、灵隐路、龙井路等）视情况实行单行措施，最好将车停在限行区外，步行入景区。即便如此严格的限行措施，上下班高峰、双休日及节假日的城区仍是出名地拥堵，至于准备驶经绕城高速的你，更需留足时间，有时高速比普通路段还要堵。

杭州地铁已开通1号线全线、2号及4号线部分路段，但未涉及西湖风景区，所以在景区的最佳出行方式是骑行。杭州公共自行车服务网点密布城市各角落，支持异地还车。租车需先办卡（☎0571-8533 1122；1小时内免费，1~2小时1元，2~3小时2元，3小时以上3元/小时，分段收费）。杭州还首创电动汽车分时租赁，可租赁2人座和4人座汽车，价格分别是20、25元/小时，持有身份证和C2以上驾驶证，即可办理。须签订租车协议，缴纳1000元保证金，可刷信用卡。电池续航里程在60~80公里。

租车

主流租车公司在杭州有近百家门店，分布在各个区和机场车站，有的还提供送车上门和上门还车的业务。

停车

杭州重要景点附近都设有停车位，平日西湖景区内10元/小时，旅游旺季双休日及小长假20元/小时，国庆和春节长假30元/小时。另外，各大商场地下及周边都会设停车位，可以使用“杭州实时路况”App来查询车位位置和空置情况。

就餐

杭州人吃菜，最讲究“鲜”，一指食材新鲜，二是口味鲜美。杭帮菜的主打菜有西湖醋鱼、龙井虾仁、东坡肉、叫化鸡等，在杭帮菜馆子里基本都能找到。吴山广场、西湖湖滨、龙井群山中都隐匿着各种老字号和新创意餐厅，价廉物美的白鹿、外婆家、绿茶三大

杭州水煎包

本土餐饮门口，不论周末还是平日都排着长队等号，所以务必错开饭点提前等位。

住宿

杭州住宿选择非常多，但在旅游旺季来杭州又对住宿有一定要求，一定要提前预订。近几年青旅和民宿的发展尤为迅速，而且都在西湖景区周边，各种主题房型满足不同需求。通过网络订房会有优惠。建议自驾者入住主城区之外靠近地铁站的宾馆，将车停在宾馆的停车场，乘坐地铁进入主城区游玩。

如果你有……

» 1天

清晨走上白堤，漫步孤山，再转至北山街上寻访名人故居。下午去灵隐感受佛教艺术，然后沿着天竺路穿越三天竺，晚上去看一场印象西湖的演出，再去鼓楼和望江门一带吃夜宵。

» 2天

第二天早晨驱车漫游满觉陇和梅家坞，中午在龙井村吃农家饭，喝明前茶。下午可前往吴山广场，参观杭州博物馆，或登高凤凰山俯瞰西湖，晚饭安排在吴山广场，饭后可以逛吴山夜市或河坊街。若有时间还可以租自行车环湖游。

到达和离开

飞机

杭州萧山国际机场（☎0571-8666 2999；www.hzairport.com）位于杭州东南，距武林广场约30公里，机场大巴20元，打车需120元左右。有去往苏州、上海、温州、绍兴、义乌、横店、乌镇、安吉、丽水等地的大巴。

火车

杭州火车东站（☎0571-12306；江干区天城路1号）有杭州始发去上海、宁波、南京、北京南、厦门的高铁。

杭州城站火车站☎0571-5672 3352；环城东路1号）仍是杭州重要火车站，有发往全国各地的火车。

网络资源

»杭州旅游（www.gotohz.com）把在杭州的吃、住、行、游、购信息一网打尽，官方微信“杭州市旅游委员会”信息更为及时丰富。

»《都市快报》每周专版上有关于旅行、吃喝及新鲜事物的专题。旗下“乐活杭州”“周报好好玩”等微信公众号，擅于挖掘杭州的美食、文娱讯息，并提供打折信息和免费体验名额。

经过本城市的线路

33 34

更多信息，请见我们的旅行指南《IN杭州》。

北京四合院夜景

北京

近年来首都建设一直饱受争议。不平衡的发展导致人口过度膨胀、环境污染、交通堵塞等问题，把北京变成了公认的“不宜居城市”。如今，清晨去公园遛鸟，傍晚在胡同摇蒲扇聊大天儿，已不再是“北京式生活”的全部，而夜店疯狂的人群、从各地蜂拥而至的淘金者、孤独而文艺的追梦人，赋予了新北京混合的气质。

当地交通

地铁是长距离、快速交通的首选。避免早上的进城方向和傍晚的出城方向，以免和上下班大军凑热闹。2014年年底，北京地铁告别2元时代，最低票价3元，分段计价，依距离递增。公交线路极其繁多，几乎可以到达任何地方。价格也承地铁调整，10公里内2元起。同样，上下班高峰期慎选。售票员喜欢用含混不清的北京话报站，怕坐过站就多问问身边的人。使用市政公交一卡通乘坐地铁和公共汽车都有折扣。

北京出租车起价13元/3公里，每公里2.3元。火车站等交通枢纽和三里屯等夜生活聚集区都是打车难点，尽量使用打车软件或选择公共交通。北京有很多诸如“桥西”“路东”的地名，如果不辨方向，最好和司机说明附近的地标建筑。如果你准备自驾车进入北京六环以内，别忘记办理进京通行证，“北京交警”App可以在线办理。

租车

神州租车在北京有近300家门店，其中首都机场、南苑机场、国贸店和三元桥店24小时服务。其他租车公司也有多家门店分布。

停车

在北京“停车难”和“行车堵”是两大难题。城区白天临时停车收费多数以15分钟为计时单位，故宫等景点及繁华商圈周边，要么没有停车的地方，要么就收费奇高（最高15元/15分钟）。城区违章停车查处力度也很大，不要为了省停车费而随意停，等待你的只会是一张随风吹动的罚单。可以使用“无忧停车”等手机App，帮助你查找周边停车位，并且用手机支付停车费会有幅度不小的优惠。

就餐

不能不提的名片北京烤鸭，以全聚德为代表的香脆挂炉烤鸭和以便宜坊为代表的鲜嫩焖炉烤鸭，都让人垂涎欲滴。火锅起源于草原，定都北京的少数民族皇室把涮羊肉带进了京城。千万别忘了尝尝老北京小吃。

簋街是本地年轻人钟爱的聚餐场所，集全国各地菜色，附近胡同也藏着不少环境独特的私房菜。当然，在三

北京六必居酱菜

里屯等地找到世界各地的美食也不是难事。

住宿

和很多大城市一样，在北京很容易找到从经济型青年旅舍到高档星级酒店的各层次住宿选择。与众不同的是，北京有很多四合院改建的旅馆，在充满历史感的胡同深处，带你体验老北京的生活节奏。近年来，Airbnb和沙发客的新型住宿方式也在慢慢兴起。

如果你有……

»1天

起个大早去天安门看升旗，然后迷失在故宫纵横交错的小道中。从故宫北门出来往西沿着护城河走，十多分钟就到了北海公园南门，逛到北门便是热闹的地安门大街，挑一家小吃店坐下吧！

»2天

第一天同上。上午去看看还没睡醒的南锣鼓巷，感受一下“售完即止”的老北京甜品。再去老北京小吃店和当地人吃喝，从旧鼓楼大街到地安门一路藏匿着无数美食。下午再去什刹海逛恭王府，串老胡同，夜幕降临，再不可免俗地在后海泡个吧。

到达和离开

飞机

首都国际机场（☎010-96158；www.bcia.com.cn）绝大多数国内航班起降于此。机场快轨（T2出发：6:35~23:10，T3出发：6:20~22:50；东直门出发：6:00~22:30；全程约30分钟，10分钟1班；25元）连接东直门和机场，经停三元桥。若干机场巴士（分为15元、18元、21元、24元四档）线路遍布全市。出租车往来市中心80~100元。

火车

北京站 运营京包、京秦、京哈、京沪、京承等线路，还有前往乌兰巴托、莫斯科等国际列车。地铁2号线可达。

北京西站 运营京九、京广铁路等。地铁7号线、9号线可达。

北京南站 最新最现代，包括京沪、京津在内的多条高速铁路都途经这里。地铁4号线、14号线可达。

阅读北京

»《**京味儿**》崔岱远著，那些正宗的老北京吃法和做法中，透露出北京人为人处世的态度。

»《**城记**》王军著，作者用10年的时间，写就了这本描述北京50年来城建兴衰与悲欢的作品，300多幅插图里甚至还包括梁思成的工作笔记。

经过本城市的线路

41

更多信息，请见我们的旅行指南《IN北京》。

城市速览

哈尔滨城市夜景

哈尔滨

更多的人把哈尔滨当作环游东北的一个中转站。北上寻漠河，东去绥芬河、抚远，南下吉林、辽宁，西去呼伦贝尔，哈尔滨都至关重要。夏日的哈市是绝对的避暑胜地，却依然抵不过隆冬时节一铺难求的冰城魅力。俄罗斯文化在这个城市留下了还未擦去的痕迹，"洋葱头"式的俄罗斯教堂分布在城市的大小角落，巴洛克风格的建筑让老道外味道十足。在一条条以数字命名的街道上，用脚步丈量哈市的慢节奏吧。**（哈尔滨步行游览见706页）**

当地交通

挤进了"堵城"前几名的哈尔滨，8:00和18:00左右是早、晚高峰时段，堵车严重，中央大街附近的堵车会以小时来计，松北大桥与松浦大桥的拥堵也相当可观。另外，哈尔滨道里、道外老城区由俄罗斯人规划，道路比较狭窄，中心区域有许多单行道，注意道路标识，切莫逆行。

如果不想在城内驾车，哈尔滨城内的公交系统发达，乘公交前往景点十分方便，唯一一条地铁线也连接了大部分景点。出租车起步价8元，燃油费1元，哈市的出租车并不好打，司机一般会拼乘客。叫车软件在哈市也不好用。

如果你是到了哈尔滨以后包车出行，可以提前联系司机到火车站或者机场去接你。主流租车公司在机场、火车站会有提车点。

停车

在城市中大部分地方，路边画有停车线，可以免费停车。中心区域购物广场的停车费10元起，如果在商场消费，则能换停车券。在中央大街、老道外附近停车会是个麻烦事，建议你乘坐公共交通工具抵达；如果驾车，可停在周边的商场，再步行前往。

就餐

中央大街这条游人如织的街道上，自然有许多为旅行者准备的特色餐饮店，俄罗斯餐厅、马迭尔冰棍、老昌春饼等都能找到。但如果想吃一些物美价廉的当地食物，不妨离开这条街往两侧走。哈尔滨有夜市文化，有名的如香坊夜市、师大夜市与安静夜市等，只是结束得比较早，20:00左右就会收市。

住宿

如果想离景区近些，中央大街与东方巴洛克风情街周边，有各种档次的宾馆供旅行者选择，也有多家文艺小资的青年旅舍与设施高档的星级酒店可以选择。另外，远离老城区还有更多性价比高的酒店。冬季的哈尔滨，尤其在12月至次年2月的旅游旺季，住宿会变得十分紧张，最好提前预订。可无论你选择什么宾馆，能否停放车辆应该是首要关心的。

哈尔滨雪博会的雕塑

如果你有……

» 1天

先游览哈尔滨的地标性建筑圣索菲亚教堂，然后沿着中央大街走到松花江畔。再乘坐轮渡或者索道抵达太阳岛（冬季封江的时候可步行），到极地馆感受冰天雪地，在俄罗斯小镇体会异域风情。冬天在太阳岛上玩转冰雪大世界与雪博会，夜里去兆麟公园看冰灯。

» 2天

第一天同上。第二天到果戈里大街淘一些真真假假的俄罗斯商品，在中华巴洛克风情街感受老道外，然后到黑龙江博物馆了解这个地方的历史与故事。如果还有时间，可以在傍晚登上龙塔，欣赏这个城市从夕阳薄暮到华灯初上的全过程。

到达和离开

飞机

太平机场（☎0451-8289 4220）位于哈尔滨的西南部，距离市区约36公里，大概40分钟车程。有往返上海、北京等各大城市和俄罗斯符拉迪沃斯托克等地的航班。机场大巴的3号线经过中央大街，去机场的发车时间为6:00~18:00，从机场返回则会根据航班时间而定。往返的票价都是20元。

火车

哈尔滨有三个主要的火车站。

哈尔滨火车站（☎0451-8644 4452）有往返国内主要城市与漠河、抚远、绥芬河等地的列车。

哈尔滨西站（☎0451-8951 0510）是高铁站，停靠动车组列车。有发往北京、长春、沈阳等地的列车。

哈尔滨东站（☎0451-8646 2212）主要是发往省内的列车，如去往大庆、黑河、绥化、图们等。

阅读哈尔滨

»《夜幕下的哈尔滨》陈玙著。日本占领哈尔滨后中共地下党员的抗争，已拍成两版电视剧。

»《呼兰河传》萧红著。萧红最伟大的作品，充满对旧时代人性的反思。可以通过许鞍华导演的电影《黄金时代》，来了解这位民国女作家的传奇一生。

»《和上帝一起流浪：犹太人哈尔滨避难记》阿成著。犹太人与这座城市的真挚友谊。

经过本城市的线路

44

更多信息，请见我们的旅行指南《东北》。

中国
地区速览

从大漠西北到东海之滨，从皑皑白雪到椰风树影，自驾是体验中国博大最便捷、最自由的方式。本书会告诉你全国 8 个地区的精华，以及体验它们的 45 条最佳自驾线路。

新疆（见65页）

从乌鲁木齐热闹的二道桥出发，往北看喀纳斯旖旎的秋色，往西进入辽阔的伊犁草原，南下则有精彩的民族风情与丝路遗迹在等着你。

在线路 4 看尽天山南北不同风光

西藏、四川和重庆（见231页）

跨越乌江与金沙江，穿过四川盆地和成都平原，翻越无数雪山垭口，从江河奔流的川渝山水到西藏南部的雪峰冰川，旅行的终点就在雪域圣地。

在线路 12 等候南迦巴瓦峰的美丽真容

云南和贵州（见313页）

丰富的山川地貌和阳光蓝天，多姿多彩的民族风情和传统节庆，云贵高原的自驾之旅，就像是奔赴一场斑斓的视觉盛宴。

在线路 19 俯瞰怒江大峡谷的壮观

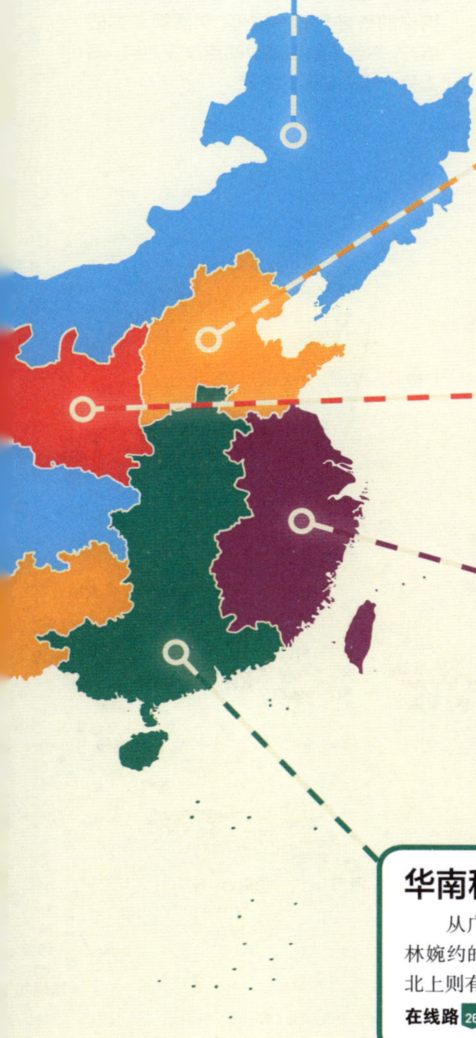

东北和内蒙古（见639页）

越过辽阔的呼伦贝尔草原，驶入莽莽苍苍的大兴安岭，穿梭在东北鸡冠般的边境线上，一路风光无尽。

住进线路 43 额尔古纳河边的“木刻楞”屋

华北（见585页）

看太行峡谷飞瀑，驾车行挂壁公路，惊叹红旗渠宛如“人造天河”，深入晋东南寻访宋元古建，在中国大陆伸向海洋的最东端迎来日出。

在线路 40 探访二十八宿彩塑

甘肃、青海、陕西和宁夏（见131页）

沿着河西走廊与莫高窟相会，环绕青海湖感受高原壮阔，跟随西去的长城、穿越滚滚东逝的黄河寻找历史的遗留。

在线路 8 翻越阿尼玛卿，仰望雪山冰川

华东（见479页）

一路沿着新安江，看粉墙黛瓦下油菜花黄，古徽州的马头墙，景德镇的青花瓷，还有福建一座座土楼。

在线路 35 的古村落里看牌坊

华南和华中（见379页）

从广州的小蛮腰启程，往西是桂林婉约的山水，南下一片海岛风光，北上则有热辣湘情等着你。

在线路 26 寻找稻田旁的碉楼

纵横中国

东西沿G318国道横穿无数高山大川，或者沿G15沈海高速由南向北纵贯海岸线，两条超长的线路，在中国版图上画出一个巨大的T字，这是我们为资深且时间比较充裕的自驾旅行者策划的“横断线”与“纵贯线”，20天20个站点行程，只是其中一种选择，这条线上还有众多城市与风景值得停留。你大可以根据你的喜好与时间安排，灵活规划你的旅行，你也可以在某个站点改变方向，踏上另一场自驾探险之旅。

横断线

线路简介:

落在中国版图上的G318国道，近乎精确地从中国内陆中部横穿而过，从东边平均海拔4米的上海到西部海拔8848米的地球之巅珠穆朗玛，你的旅程注定精彩纷呈。

告别富庶的长三角城市群和江南水乡的春天，穿过湖泊密布的江汉平原，进入高山环绕的四川盆地，从这里开始，你将沿着大地的阶梯向上攀登，翻越无数垭口，一座座海拔7000米以上的壮观雪峰退到你的身后，一路向西到定日，直到在那里望见最高峰珠穆朗玛。

公路建设的快速发展，让现在的G318国道少了艰险，渐变通途，但一旦踏上这条横断线，你仍然能体会到朝圣者般的庄严。5000余公里的行程，除了变幻的风景，也将遭遇多变的天气和突发状况，你会与无数同行者一起，用车轮、用脚步，丈量这条漫长的朝圣之路。

» **行程:** 20~30天，5476公里

» **标签:**

» **何时去:** 4月至11月都适合自驾，4月至5月，桃花与高山杜鹃盛开，10月至11月，看金秋层林尽染；注意避开8月雨季和10月旅游旺季。

从上海到樟木

G318国道起点为上海，终点为西藏樟木镇友谊桥，全长5476公里，是中国最长的国道。其中成都至拉萨段是公认的世界级景观大道，路况也最为复杂多变。虽然越来越多的公路大桥、高山隧道让天堑渐变通途，但盘山公路和超长坡道仍然很多，应接不暇的不光是沿途的风景，还有各种你在城市之中不会遇到的路况以及突发状况，这一切都需要你打起十二分精神来应对。尤其高原地区部分路段，雨季多发塌方或泥石流，需提前打听最新路况后谨慎通过，雨雪天气不要贸然上路。

G318国道东端穿过东部城市群，不用担心加油和保养问题；进入藏区之前，记得对车辆进行一次全面检修，确保车况良好；遇到正规加油站请及时加满油箱，尽量不要在乡镇加油站加油。

最佳自驾体验

➡ **雅安至康定** 穿过二郎山隧道，瞬间体验两重天

➡ **芒康至八宿** 曲折的怒江七十二拐，考验你的勇气

➡ **波密至林芝** 鲁朗林海与林芝桃花一路相伴

最佳景观

➡ **西陵峡** 最后30多公里的“绝版三峡”

➡ **然乌湖和来古冰川** 村庄宛如世外桃源

➡ **雅鲁藏布大峡谷** 野桃花的春天

最佳摄影点

➡ **新都桥** 公认的摄影天堂，就在公路两旁

➡ **色季拉山口** 守候南迦巴瓦峰的真容

➡ **定日** 观景台上能拍到珠峰夕照

纵横中国

夜色下的上海南浦大桥

❶ 上海

G318国道0公里起点标志位于上海人民广场中轴线位置上，不过你与你的车没法在这里合影留念，你可以乘坐地铁到达，顺道逛逛**上海博物馆**，再去老城厢**城隍庙**用江南小吃犒劳一下你的胃，然后准备出发吧。

行驶路上» 向西驶出上海市区，进入G318国道，行驶约308公里到达宣城。需时约5小时。

详见 31 长三角环线

❷ 宣城

宣城本身乏善可陈，不妨走路况良好的S322省道南下去往泾县和旌德，来个**徽州一日游**，沿途会经过不少美丽的古村落，还可探访传统的**宣纸**和**宣笔**制作工坊。

行驶路上» 宣城至安庆约226公里，需时约4小时。

详见 35 徽州人文山水线

❸ 安庆

长江北岸的**迎江寺**是安庆市的地标景点，寺中的明代**振风塔**号称“万里长江第一塔”。作为黄梅戏的故乡，**中国黄梅戏博物馆**和黄梅戏表演艺术家**严凤英纪念馆**都值得前往。

行驶路上» 安庆至武汉约445公里，路程较长，需时约8小时，注意不要疲劳驾驶。

❹ 武汉

武汉三镇实在太大，早上去**户部巷**像当地人一样吃碗热干面过早，登上**黄鹤楼**发思古之情，或者去**汉口老租界**逛逛，等到晚上，再去**昙华林**感受一下武汉的文艺氛围吧。如果是在3月末，那就去**武汉大学**走走樱花大道；相邻的东湖和**湖北博物馆**也值得花点时间。

行驶路上» 武汉距宜昌约351公里，约需7小时。G50沪渝高速几乎与G318国道并肩西进，如果赶时间的话也可走沪渝高速，不到4小时即可到达。

你也可以……

35 徽州人文山水线 从宣城南下直到婺源，正是徽州最美的乡村风光。

30 鄂西线 从恩施向南转入张家界的神秘世界，再去武当山领略道教的魅力。

17 渝东山水线 万州出发，沿沪蓉高速、沪渝高速到达重庆，开始探寻乌江山水之美。

湖北宜昌悬崖上的餐厅

⑤ 宜昌

宜昌是三峡之**西陵峡**的起点，水库蓄水之后，只有西陵峡东段从三峡大坝到葛洲坝之间景色依旧，号称“永远的三峡”，乘坐**两坝一峡游轮**过葛洲坝船闸，欣赏这一段峡江风光，逛一逛**三峡人家**，再上岸游览**三峡大坝**，也成为旅行者的首选。

行驶路上 » 宜昌距恩施约288公里，需时约6小时。

⑥ 恩施

造物主给了恩施最奇特的喀斯特地貌，**恩施大峡谷**中的天门与地缝、**腾龙洞**里的巨大“迎宾厅”都令人惊叹，有时间还可荡舟**清江画廊**，欣赏两岸风光和土家族风情。

行驶路上 » 恩施至万州约253公里，需时约5.5小时。

详见 30 鄂西线

⑦ 万州

万州烤鱼闻名全国，可以去冉家坝烤鱼一条街品尝，这里也是去看涪陵**白鹤梁水下博物馆**、云阳**张飞庙**、**巫峡**和**瞿塘峡**最便捷的中转地。

行驶路上 » 万州至南充约327公里，途中有起伏山路，需小心驾驶，全程需时约7小时。路过渠县时可以去看看散布在田野里的汉代石阙，绝对值得你绕路前往。

⑧ 南充

南充是三国遗迹的重要一站，西山顶上的**万卷楼**是为纪念《三国志》作者陈寿而建。距南充约100公里的**阆中古城**更值得你跑一趟，蜀将张飞和春节老人都是古城名人。对了，南充还是**川北凉粉**产地，记得品尝一下。

行驶路上 » 南充至成都约328公里，需时约6小时。

成都至拉萨

⑨ 成都—⑩ 康定—⑪ 理塘—⑫ 芒康—⑬ 邦达—⑭ 然乌—⑮ 波密—⑯ 林芝—⑰ 拉萨。

公认的景观大道，也是最热门的自驾路线，一网打尽高山、峡谷、草原和森林。（见235页）

详见 12 川藏南线

⑰ 拉萨

圣城拉萨值得花上一两天时间好好看看。从**布达拉宫**到**大昭寺**，永远都有虔诚的朝圣者绕其顺时针转经，遍布大街小巷的甜茶馆，则是拉萨城的烟火气。

行驶路上 » 拉萨到日喀则约296公里，沿G318国道继续向西，约6小时到达。

详见 15 拉萨南环线

日喀则的桑珠孜宗堡

⑱ 日喀则

日喀则是去往珠峰和西去阿里的中转站，班禅驻锡地**扎什伦布寺**是市区最值得一看的寺院。不妨在下午跟着当地人一起去转寺，在最高处可俯瞰日喀则城区。

行驶路上 » 日喀则至定日约248公里，途中会经过G318国道5000公里大理石路标纪念碑，从这里到上海人民广场的G318国道0公里点恰好5000公里。全程需时约5小时。

详见 14 阿里南线

⑲ 定日

定日县城分为老定日（岗嘎镇）和新定日（白坝），其中新定日食宿条件稍好。多数旅行者把这里作为朝圣珠峰的前哨站，从这里去往**珠峰大本营**还有约78公里路程。

行驶路上 » 定日至聂拉木县樟木镇约262公里，快到樟木时两旁植被茂密，云雾萦绕。不过山路一直下坡，弯道很多，而且多发泥石流、塌方，要小心驾驶，观察通过。

详见 14 阿里南线

⑳ 樟木

G318国道（中尼公路）的终点就在聂拉木县樟木镇，镇上房屋依山势而建，色彩明艳，颇有异国风情。它还是连通中国和尼泊尔的唯一口岸，你可以在友谊桥头的**边贸自由市场**买到来自尼泊尔的商品。

从樟木去尼泊尔

尼泊尔对中国旅行者开放落地签，但是樟木边检对无签证护照不予放行，经樟木口岸去尼泊尔需提前在拉萨的尼泊尔大使馆（☎0891-681 3965；罗布林卡路13号；⊙周一至周五上午10:00～12:00接受送签，下午14:00～16:00发还护照，中国和尼泊尔的节假日都休息）办理签证。

自驾车可以过境，但首先要为车上所有人员办好尼泊尔签证，并拥有国际驾照；然后在拉萨找当地有相关资质的旅行社代理，他们会帮你向出入境管理局、边防等多个部门申请，并收取相当高的押金（返回国内后可退还）和代理费。这一流程要耗费很长时间，而且尼泊尔车辆为右舵行驶，加油也比较困难，相比起来，还是出境后再包车游览比较方便。

纵贯线

线路简介：

始终追寻着海风的味道，沿着中国漫长的海岸线，由南向北，在中国大地上画出一条漂亮的曲线。这条纵贯中国的线路，也是旅行者所向往的自驾之旅。

广西、广东和海南岛沿海，是南方的海，海水清澈，沙滩洁白，潜入海中像鱼儿一样自在遨游，或是在棕榈树下等待一场海上日落，最适合与家人共度。福建、浙江和江苏东部沿海地区海岸线曲折，拥有丰富的海蚀地貌和大大小小的岛屿，行驶在沿海公路上，风景始终同行，而海洋带来的美食馈赠，也吸引着旅行者一路寻觅而去，阳江、潮州、厦门，每站都有独特的美食值得你停留。

一路向北，沿海地区总是比内地更早迎来发展的时机，海洋为城市打开了世界的窗户，带来改变也带来动荡，在北方的海岸线上，历史留下的印迹总是更为厚重，渤海湾和辽东半岛上曾发生过无数壮怀激烈的故事。当你用20天或者更长的时间走完中国海岸线时，你会发现，收获的不仅仅是一路的风景与美食。

» **行程：** 20~30天，约5820公里

» **标签：**

» **何时去：** 一年四季皆可，1月至2月不妨去南方海岸城市过一个阳光海滩的春节，7月至8月去北方海边避暑踏浪，9月至10月东部海岸线开渔节后更是品尝海鲜的最佳时机。

从东兴到丹东

纵贯中国海岸线，基本沿着G15沈海高速由南至北前行。这条高速公路起点是海口，终点是沈阳，连接海南、广东、福建、浙江、江苏和山东、辽宁诸省和各大城市，沿途服务区和加油站众多，在这里自驾基本不需考虑路况，可利用高速公路迅速抵达下一站。

东部沿海地区有部分沿海公路，若时间充足可离开沈海高速，沿海岸线行驶，在城市与渔村之间自由切换，海洋风光始终相伴左右。平坦顺当的道路，同样让你不必费神路况。

但需要注意的是，沿海地区台风季气候变化较大，如遇雷雨暴风突发天气，不要轻易出行。在驶经跨海大桥时如遇强侧风请放慢车速，小心驾驶，安全通过。

最佳自驾体验

➡ **朱家尖环岛自驾** 驰骋在盘山公路上，俯瞰海浪拍打海岸

➡ **苏东海堤公路** 告别拥挤的人群，清爽的海风伴你走过苏东沿海

➡ **杭州湾跨海大桥** 驶过全球最长的跨海大桥，体验海风劲吹的独特感受

最佳美食地

➡ **阳江** 种类繁多的海鲜，配上各有千秋的做法

➡ **潮州** 应时小吃，一锅香粥，海鲜烹制更是讲究原汁原味

➡ **青岛** 海鲜烧烤大排档与青岛啤酒的豪放搭配

最佳摄影点

➡ **霞浦** 滩涂、扁舟和远方的海洋天光，构成绝美风光大片

➡ **徐闻** 金色菠萝的海和白色的风车群，如童话世界一般

➡ **盘锦** 潮水退去，红海滩如同大地的血管，晶莹剔透

❶ 东兴

海岸线之旅的起点东兴与越南下龙湾“一水之隔”，你可以在当地人所说的“国门”**东兴口岸**买到咖啡、越南帽、白虎油等越南特产，有时间也可以去城外的**京族三岛**看看，这里是中国唯一的海洋民族京族的聚居地。

行驶路上 » 东兴至北海全程约201公里，一路沿G7511钦东高速、G75兰海高速、G209三北高速向西前行，多数路段限速100公里/小时，路况良好，约2.5小时即可轻松到达。

❷ 北海

三面环海的北海，最适合家庭休闲。在**沙脊古街**上欣赏保存完好的西式骑楼群，带孩子去**海洋之窗**认识奇妙的海洋生物，在**银滩**的棕榈树下看夕阳慢慢坠入海面，或者搭乘渡轮上**涠洲岛**玩上一整天，都是不错的选择。

行驶路上 » 从北海沿G209三北高速向北回到G75兰海高速，向东行驶约120公里，向南穿过整个雷州半岛直到最南端的徐闻，全程约285公里，需时约3小时。

❸ 徐闻—❹ 阳江—❺ 广州

海边渔村与繁华都市相交，一路更可品尝海鲜大餐。（见405页）

行驶路上 » 离开广州城区，沿S2广河高速行驶约144公里，转入汕湛高速，行驶约160公里，进入G15W甬莞高速，到达潮州市区，全程约410公里，需时约5小时。

详见 26 粤西南沿海线

❻ 潮州

在潮州，最适合放慢脚步，喝喝工夫茶，尝尝潮汕菜，在遍布古民居的**甲第巷**中欣赏潮州木雕、刺绣、手拉朱泥壶等民间技艺，以及独特的客家文化。

行驶路上 » 潮州至厦门约230公里，沿G15沈海高速、招银疏港高速行驶约3小时即到。

详见 27 广东客家线

视觉中国 提供

鸟瞰厦门鼓浪屿

7 厦门

必须留点时间给文艺小清新的代言者**鼓浪屿**，这座"万国建筑博物馆"遍布咖啡馆和手工品小店，最适合消磨时光。再去刷一下厦门的**环岛路**吧，舒适的步行道和自行车道沿海岸线延伸，如同置身巨大的海边花园。

行驶路上 » 今天路途稍远，但并不辛苦，基本沿G15沈海高速前行，路况良好。快到霞浦时会经过七都滩涂，如果是傍晚时分，建议驶离高速去看看。全程约408公里，需时约5.5小时。

详见 37 福建沿海线

8 霞浦

来霞浦当然是为了拍摄**滩涂**风光，在超过400公里的海岸线上，海带和紫菜田以及星星点点的渔船、村庄，都是摄影师捕捉的目标。**大嵛山岛**名列"中国最美的十大海岛"，建议在天湖边的帐篷区露营一晚，欣赏日出日落。

行驶路上 » 霞浦至雁荡山约235公里，仍然沿G15沈海高速一路向北，需时约3小时。瑞安至温州段的三都岭隧道常年事故不断，请提前了解路况，安全通过。

详见 37 福建沿海线

9 雁荡山

白垩纪频繁的火山运动给雁荡山留下了险峻的山峰、擎天石柱以及并不多见的原始植被，白芙线沿线的**灵峰**、**灵岩**以及雁荡山的标志**大龙湫**都是值得一探的奇峰美景。

行驶路上 » 离开雁荡山，沿G15沈海高速、宁波绕城高速向北行驶，转入甬舟高速后，会经过几座跨海大桥，过西堠门大桥时，可从大桥北端到达册子岛，在海边栈道上欣赏这座跨径世界第二的悬索桥。全程约292公里，需时约4小时。

详见 34 浙中浙南大环线

盐城中华麋鹿苑中的鹿

⑩ 舟山

舟山群岛有1390个大小岛屿，你可以在本岛乘坐轮渡，前往**普陀**、**东极**、**枸杞**、**嵊山**等岛，各有各的美。本岛最南端的滨海路上聚集了上百家海鲜夜排档，尽可在此大快朵颐。开车驶过朱家尖跨海大桥，来一次愉快的环**朱家尖岛**自驾行吧。

行驶路上 » 原路返回宁波绕城高速、G15沈海高速，向北驶过杭州湾跨海大桥，进入沪昆高速，行驶约64公里后进入上海。全程约286公里，需时约4小时。一路驶过几座跨海大桥是这段行程最酷的体验。

⑪ 上海

上海这座城市几乎最能体现东方与西方、古老与现代的交融。城区停车不便且收费昂贵，你可以乘坐地铁去往**外滩**、**人民广场**和**上海新天地**等地，或者干脆骑一辆共享单车逛逛**原法租界**的小弄巷。建议留出一两天时间开车跑一跑周边的**南浔**、**周庄**等江南小镇。

行驶路上 » 从上海到盐城可走G15沈海高速直达，全程约306公里，需时约4小时。但从南通到盐城段建议离开高速，走一走海堤公路，全程基本靠海，视野开阔，能看到壮观的白色风车群。

详见 31 长三角环线

⑫ 盐城

盐城拥有超长的湿地滩涂海岸线，水草丰美，成为丹顶鹤和麋鹿的栖息地，同时也是孩子们的乐园。**盐城丹顶鹤湿地生态公园**每年10月底迎来上千只从北方到来的丹顶鹤；在**大丰麋鹿自然保护区**则能乘坐电瓶观光车穿梭于麋鹿群中。

行驶路上 » 从盐城到青岛全程436公里，需时约5.5小时。沿G15沈海高速行驶约366公里之后转入青兰高速，驶过海湾跨海大桥，到达青岛。

你也可以……

27 广东客家线
从潮州前往汕头，品尝著名的潮汕菜，看看坚固的客家围屋。

28 海南岛环线
如果时间充足，在徐闻与爱车一起乘坐轮渡过海，来一次海南环线行。

34 浙中浙南大环线
看罢雁荡山，不妨转入浙中大环线，深入寻访浙江山水之美。

⑬ 青岛—⑭ 威海

看北方的海，别有一番豪放之气。（见589页）

行驶路上 » 从威海出发，沿G18荣乌高速行驶约406公里，进入东营。黄河入海口距城区还有约50公里，可沿S228省道直达。全程需时约5.5小时。

详见 38 山东半岛海岸线

盘锦红海滩

⑮ 东营黄河入海口

奔腾5000多公里的黄河从这里汇入渤海，也带来大片富饶的**湿地**，春秋时节最适合在这里观看候鸟，秋天的红草地也是一景。运气好还能看到黄河入海流的奇景——**河海分界线**。

行驶路上 » 从这里开始，便告别沈海高速，开始环渤海湾旅行。从东营到天津约281公里，一路沿G18荣乌高速行驶，约3.5小时即到天津。

⑯ 天津

字正腔圆的天津话好听，**劝业场**的地道美食好吃，要体验新天津就去逛逛**意大利风情旅游区**，或者乘坐只比“伦敦之眼”低几十米的“新津门”地标**天津之眼**。

行驶路上 » 天津至秦皇岛全程约268公里，沿津宁高速、唐津高速向东北行驶，进入京哈高速后行驶约116公里，到达秦皇岛。

⑰ 秦皇岛

距市区约15公里的**山海关**名气应该比秦皇岛还响亮，它被认为是明长城的起点，拥有“天下第一关”的名号，半截长城入海的景观更为奇致。而位于市区西南端的**北戴河**，则被视为北方最好的海滩浴场。

行驶路上 » 从秦皇岛出发沿G1京哈高速向东行驶约248公里，转入丹锡高速行驶约15公里即到盘锦。前往红海滩景区还有约30公里。全程需时约4小时。秦皇岛至锦州段也可以离开高速，走风景秀丽的滨海公路，路况很好，但限速60公里/小时，得多花点时间在路上。

⑱ 盘锦红海滩

盘锦**红海滩**常年名列“中国十大必去景点”，夏秋时节，辽河三角洲入海口的海面上一片赤红，每天涨、退潮前后，海水漫入红海滩的沟壑，如同大地的血管，最受摄影玩家推崇。

行驶路上 » 盘锦至大连全程约287公里，沿丹锡高速行驶约53公里之后，转入G15沈海高速，向南穿过辽东半岛，到达最南端的大连。需时约3.5小时。

⑲ 大连

大连是东北最具国际范儿的城市，一条**滨海路**串联起最美妙的海景，**圣亚国际海洋世界**让孩子们流连忘返，**俄罗斯风情街**则适合闲逛一番，拍点西洋味十足的人像大片。

行驶路上 » 从大连至丹东可走G11鹤连高速，全程约306公里，需时约4小时。

⑳ 丹东

来丹东的旅行者，一般都会直奔鸭绿江畔，看一看著名的**中朝友谊大桥**，远眺一下对岸的“神秘”国度朝鲜，**抗美援朝纪念馆**则收藏了那段“雄赳赳、气昂昂，跨过鸭绿江”的历史。

新疆

在旅行者眼里，新疆是彩绘的图景：奶白的晨雾、蓝紫的暮霭、赭红的山峦、深绿的草原、墨黑的沙漠。植物、岩层、水质、空气组合出不同染料，与艳丽的服饰和生动的面孔一起，共同组成多彩的边疆风情。就是这些热情、宁静、庄重、无瑕的颜色，滋生出多样的、史诗般的文明，这里是亚洲大陆的中心，有着许多历史和传说。

新疆覆盖着中国最险峻的公路，它们沿着天山、阿尔泰山、昆仑山，像血管一样发散，你不仅能像这里的游牧民族一样，把车开上空中草原，也能像古老的探险家般，体会到穿越亚洲大陆的快感。许多自驾爱好者几乎年年来新疆。如果你是第一次踏足这片广袤的大地，由于“三山夹两盆”的地形，你不得不考虑走“8”字状的大环线。这里漫长的冬季，也使得新疆的旅程变得弥足珍贵。

新疆 的茫茫戈壁
视觉中国 提供

新疆

Classic Trip

1 北疆大环线 13~17天

在孤独的公路上，金黄的日落、色彩浓郁的喀纳斯，令人仿佛置身于史诗电影中。（见69页）

2 伊犁南北线 8~10天

在泛亚公路穿梭，沿伊犁河谷上溯，在云层与松林间盘旋，看莽原起伏、气势磅礴。（见85页）

Classic Trip

3 丝绸之路中线 8~10天

新疆腹地最重要的线路，囊括美景美食、古迹遗址、民族文化和中亚风情。（见103页）

4 独库公路 2~3天

贯穿壮美天山的最短线路，沿途看尽不同风光。（见119页）

喀拉峻草原

不要错过

丝路遗宝

丝绸之路留下了众多遗迹，沿途的各大博物馆藏着珍贵的文物。1 3

二道桥

这里隐藏着具有中亚风情的建筑和地道的维吾尔族美食，也分布着乌市主要的景点和清真寺。1

喀纳斯

每一眼喀纳斯都是不同的：因季节、天气、角度的不同，特殊的水质折射出不同的色彩。1

赛里木湖

宝石蓝的湖水，湖上常有天鹅栖息，环湖一周是个不错的选择。2

龟兹石窟

去库车周边众多的石窟，欣赏被誉为“中亚艺术顶峰”的龟兹艺术。4

喀什老城

漫步于迷宫般的古老街巷，短暂地做一会儿“追风筝的人”。3

白哈巴的秋色，
仿如一幅油画

Classic Trip

经典线路

北疆大环线 1

笔直的公路、贫瘠的戈壁、千篇一律的地貌……旅程的开始可能让你有点昏昏欲睡，但路程过半精彩将层出不穷。光是魔鬼城、喀纳斯、可可托海、五彩城这些富有诱惑力的名字，就足以让人产生奇妙的幻想。

线路亮点

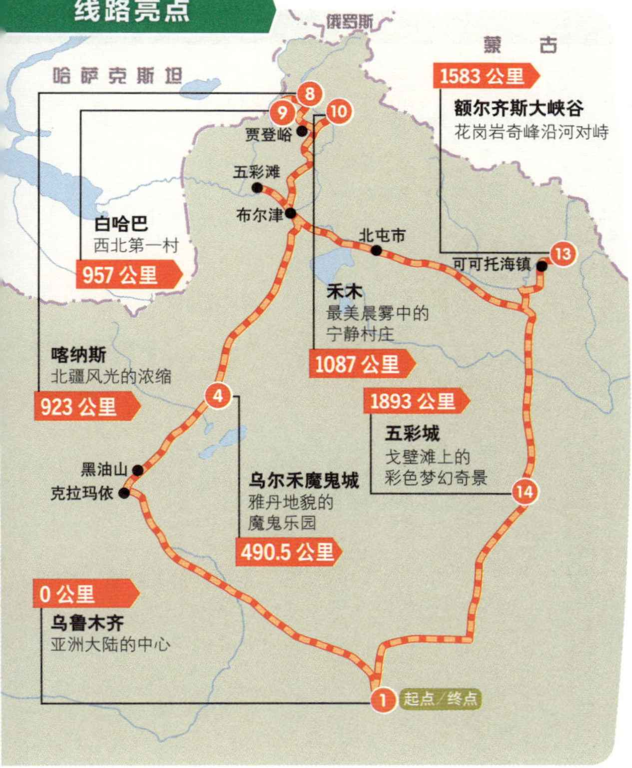

13~17天
约2200公里

最适合

4WD

何时去

5月至10月，夏观山花、秋赏红叶，尤以7月至10月国庆最美。冬季许多道路与景区将封闭。

最佳摄影点

乌尔禾魔鬼城、五彩城、禾木观景台。

最佳徒步路线

贾登峪—禾木，轻松愉悦的一段路程。

Classic Trip

经典线路

1 北疆大环线

北疆大环线大致从S201省道和G217国道往北，进入阿勒泰地区，从G216国道这条南北纵贯线返回，魔鬼城、喀纳斯、可可托海、五彩城、天山天池都在途中。首先要从乌鲁木齐出发，沿乌奎高速和S201省道向西北驶入石油城克拉玛依。傍晚时分可去乌尔禾魔鬼城观赏壮美的日落。次日，车继续在孤独公路上行驶，来到边陲小城布尔津，流向北冰洋的额尔齐斯河穿城而过，啖一份野鱼是在这儿的首要任务。看完额河边色彩斑斓的五彩滩后，你可以驱车游览喀纳斯景区的湖光山色。早起在禾木感受晨雾笼罩如临仙境，再从布尔津去可可托海和五彩城。回乌市的路上，不妨在古海温泉放松一番。

线路亮点

❶乌鲁木齐

从乌鲁木齐开始你的新疆之旅。**新疆维吾尔自治区博物馆**(西北路581号;凭有效身份证件免费入场;⏲4月15日至10月15日,10:00~18:00,10月16日至次年4月14日,10:30~18:00;16:30停止进馆,每周一及农历除夕、初一、初二闭馆)珍藏着众多丝路遗宝,值得你消磨一整天的时间,让你对即将开始的旅程有一个粗略的印象。

广义的**二道桥**是指乌鲁木齐南门以南、南梁以北的大块地区,这里隐藏着中亚风情的建筑和地道的维吾尔族美食,也分布着乌市主要的景点(见126页乌鲁木齐老城区步行游览)。二道桥周边分布有许多以地区、民族命名的清真寺,都和甘、青、宁、陕各省迁入新疆的穆斯林有关。

巴扎是二道桥的主题,这里可不止一个巴扎。如今**新疆民街**所在的龙泉街,当地人还是习惯叫它**山西巷**,过去如果想看二道桥的民俗,这里是必去的地方,可以发现许多隐藏在周边小巷里的裁缝店、理发店、杂货店,但如今老房子大多已被拆毁。民街对面的双庆巷有众多民族美食和街头小吃。**新疆国际大巴扎**(解放南路8号;⏲9:00~21:30)是乌鲁木齐的旅游地标,建筑外墙用黄砖铺就,带有浓郁的现代伊斯兰建筑风格。大巴扎包括市场、美食广场、宴会厅、观光塔和清真寺,广场上高80米的**丝绸之路塔**(门票50元;⏲10:00~20:00)可以俯瞰二道桥一带全景。大巴扎对面有一座**南大寺**,是伊斯兰教哲赫仁耶派在乌市的首坊,建筑带有明显的中原风格。

乌鲁木齐机场信息,见34页城市速览。

🍴🛏 见81页

行驶路上 » 从西山立交桥或机场高速的"奎屯方向"匝道,驶入G30乌奎高速。沿高速直行69公里后从五工台立交桥出口离开,驶入S201省道,再向前行驶213公里,靠左,由迎宾大道驶入克拉玛依即可。全程约315公里,4小时,高速限速每小时120公里,省道大部分路段限速每小时100公里,部分路段限速每小时60公里。

如果想全程高速到克拉玛依,沿乌奎高速直行236公里后从克拉玛依出口离开,驶入G3014奎阿高速,沿奎阿高速向前行驶126公里,靠右,由市区匝道驶入克拉玛依即可。全程约390公里,5小时,限速每小时120公里。

❷克拉玛依

作为大环线的中转点,这里交通便利,从乌鲁木齐和伊宁,都能高速直达克拉玛依,这里也是往北途中唯一可以谓之城市的地方。以石油城著称的克拉玛依(维吾尔语意为"黑油"),已不再是一座荒凉的沙漠城市。曲高和寡的文化创意产业园、超炫的水舞灯光秀、无国界餐饮等直追现代大都市,克拉玛依身体力行了"只有想不到,没有做不到"。因内地移民居多,当地人习惯用北京时间作息。文化的多元和前卫,使得这里不仅诞生了艾青的诗句,还出现了像马条、阿力普(小熊饼干)、艾尔肯这样的摇滚诗人。尽管当地的文艺青年们仍在感叹克拉玛依的"没落",但每年8月的摇滚音乐节依然会如期举行。

市区最有名的景点**克一号井**(胜利路)已重建完毕,像是芝加哥千禧公园云门(Cloud Gate)的球形雕塑一样矗立路旁。**友谊馆**(人民广场)也是一处历史建筑,这里是克拉玛依大火的发生地。**克拉玛依展览馆**(准噶尔路22号;门票 免费;⏲9:40~13:10,15:40~19:10,周一闭馆)展示了自独山子钻出第一口油井后的"油史",以及半个多世纪以来克拉玛依从戈壁滩华丽转身为繁华城市的历程。对历史收藏感兴趣的旅行者,可以到"玉石铺路"的文化街,参观**齐国昌红色收藏馆**[文化街;⏲10:00~23:00(根据个人时间)],这个私人收藏馆里展出了百年来具有历史意义的报刊、画册、像章、画像、档案、书籍、雕像。要看现代化的

"世界石油城"，不要错过克拉玛依河沿岸的**文体中心**、**九龙潭和世纪公园**的夜景。

克拉玛依机场在城南15公里处的S201省道旁。

见81页

行驶路上 » 从人民广场旁的准噶尔路向东，左转入油泉路，黑油山便在油泉路的尽头，你在行驶途中可能误入黑油山公园，那只是一个疗养院。全程4.5公里。

③ 黑油山

最富有石油城特色的景点是位于克拉玛依东北城郊的**黑油山**（☎0990-625 9261；油泉路；门票 40元；⊙3月至4月 9:00~21:00，5月至10月 9:00~22:00，11月至次年2月 10:00~20:00），这是一座地下原油外溢、部分挥发后与沙砾、尘土固化而成的沥青丘，上有117处黑色油泉眼，形成众多色泽黝黑的小油沼，不断向外涌出油泡，这样的地表，全球仅有两处，另一处在埃及。景区在沥青丘上设有栈道，整个景区用20~30分钟即可参观完。

行驶路上 » 回到准噶尔路，向东直行驶入G217国道，遇岔口走白碱滩方向。这一段路多有大车碾压的大坑，沿途是油井和风蚀地貌。驶出白碱滩区后，限速每小时80公里。公路两侧逐渐出现大片胡杨林，留意西侧有个通往白杨沟谷地的指示牌，一路开进去，里面的胡杨林更上镜，乌尔禾很多宣传片上的胡杨都是在这里拍摄的。到达乌尔禾区后，出城继续行驶6公里，至魔鬼城景区停车场。全程约96公里，2.5~3小时。

最佳建议
在新疆自驾，你了解吗？

行驶途中： 区间测速很多，建议安装电子狗，在城镇、路口、景区，车速最好控制在每小时30~40公里。系好安全带，并按规定停车，否则车辆随时会被拖走。

车型： 轿车可以应付大部分路段，如果需在山路、乡村公路或冬季长距离驾驶，建议采用SUV。

加油站： 高速上加油站不多，有时候加油需绕行国道。大部分地区以93号汽油为主，城市也有97号汽油，地区不同，油价略有起伏。

温度： 新疆幅员辽阔，城镇相隔上百公里，有的地方还在过夏天，有的地方就已进入冬天了。气候干燥，昼夜温差很大。白天紫外线强烈，一定要准备足量的防晒霜，注意保湿，自驾时一副太阳镜是必备的。

就餐： 当地车的后备厢里常备大量食物，这是因为很多地方的就餐条件有限且费用昂贵，所以你最好也学学他们。

信号： 总的来说，有人居住的地区就有手机信号（不一定是4G）。使用GPS一定要注意数据偏移问题。

线路亮点

④ 乌尔禾魔鬼城

新疆至少有四个魔鬼城，而这个是距乌尔禾区6公里的**世界魔鬼城**（☎0990-696 4701；乌尔禾区龙脊路200号，G217国道旁；门票46元，区间车52元；⊙夏季6:30~21:30，冬季10:30~18:30）。魔鬼城的日落是金黄、橙红的壮丽场景，仿佛置身于一部史诗般的巨幕电影中。一亿年前，这里曾是一个巨大的淡水湖，风蚀和流水不懈怠地对它雕琢打磨，形成无数支离破碎、高低不平的冲沟，于是有了现代雕塑版的"雅丹"魔鬼城。"雅丹"原是维吾尔语"险峻的土丘"的意思，这种说法来自瑞典探险家斯文赫定在罗布泊的探险笔记。《卧虎藏龙》《七剑下天山》《无人区》等电影曾在此取景。

区间车（9.8公里）的停靠点较少，体力好的话不如徒步游览，约需3小时，要带足水并做好防晒措施。日落、日出是最佳游览时间，区间车第二站下车往前走一点，有一处最高的观景台，山顶可以俯瞰百里，但一定要注意安全。每年9月中下旬6:00~9:30、19:30~22:00拍摄最佳。区间车首末班时间分别为8:00和20:30，拍摄日出只能徒步进去。本书调研期间景区内禁止露营。

徒步爱好者可以多探索几座沙山，因为不同的山上可以看到不同的景致，起伏的山间有许多血红、黝黑、洁白、橙黄的七彩石，有缘的话可以捡到石中极品。魔鬼城周边还有很多"磕头机"，一眼望去非常壮观。

截至调研时，景区周边的配套设施还没有建好，建议住在6公里外的乌尔禾区。这里邻近国道，整条龙脊路上都是宾馆和美食。

见82页

行驶路上 » 回到乌尔禾区，向右转入库克赛路，行驶2.4公里后往右前方驶入奎阿高速（G3014）。沿高速行驶122公里，一路景致和魔鬼城差不多，限速每小时120公里，沿途有区间测速。在巴音托海立交桥出高速，转入G217国道，朝"布尔津"方向行驶，100公里后到达县城。沿途都是直插入大山的孤独公路，没有停靠点，容易疲惫。过布尔津收费站后，两侧出现很多风车。全程共234公里，约3小时。建议提前加满油，沿途的服务区可能并不营业。

另辟蹊径
阿勒泰的角落

起点：5 布尔津

如果有多余时间，可以从布尔津沿G217国道前往阿勒泰市。在拍摄于1982年的阿勒泰街景的照片中，这是一座迷人的边境小城，但那些场景现在已经荡然无存。阿勒泰市区有桦林公园（2公里）、小东沟（12公里）等景点，站在骆驼峰上可以俯拍整个市区。如果你是李娟的书迷，不妨去与小说同名的书吧**阿勒泰的角落**（解放路附17-2；人均15元起；11:30~24:00；），其内部装修得很文艺，还有李娟的留言。

5 布尔津

因为淡旺季的落差，即便只差三五日，也会让你对布尔津产生截然相反的印象，除了淡季的宁静和旺季的物价外，布尔津与新疆大部分县城并无太多区别，建筑多为苏俄风格，属于北冰洋水系的额尔齐斯河穿城而过。布尔津是往返喀纳斯的一个中枢，吃住便利。在此处取够钱很重要，**农业银行**（神湖路和喀纳斯路交叉路口）和**工商银行**（友谊峰路和卧龙湾路交叉路口）都有24小时ATM。

见82页

行驶路上 » 沿神湖路和S227省道出城，过布尔津西大桥，直走20公里，见景区停车场左拐即到。停车免费。

6 五彩滩

五彩滩（S227省道旁；门票50元；9:00~21:00）在去哈巴河县的路上，距布尔津县城22公里。景区位于额尔齐斯河畔，收费的北岸是雅丹地貌，岩石色彩斑斓、轮廓多样、变化纷繁，有7个观景台，日落时观赏最佳。南岸是茂密的河谷次生林，许多当地人在这里露营、垂钓，并不收费。如果你想在河边看日落，可以不用买票，顺着S227省道向前开500米，一条岔道左转，一直到一座铺着木板的红色斜拉桥，过桥费5元。过了桥便是五彩滩的对岸，额尔齐斯河的河谷、彩丘、吊桥、日落都将映入你的眼帘，景色非常美。车也可停在景区停车场，然后步行过去。

行驶路上 » 沿S227省道往布

上图：薄雾中的喀纳斯湖

尔津县方向行驶至“哈巴河、喀纳斯”十字路口左拐，上S232省道喀纳斯方向。30公里后有一个不明显的“V”字路口，驶入左道（乡道）经也拉曼、黑流滩，与S232省道会合，此后路况稍差，但能少走约20公里的路程，还能避过黑流滩附近180°的急弯。如果保持右道（S232省道）直行，会途经冲乎尔乡、喀纳斯机场。过黑流滩后继续前行，后半段路多急弯，直到看见“贾登峪、禾木乡”的路牌，靠左行驶，再走14公里到贾登峪生活区。

全程144公里，3~4小时车程。区间测速每小时60公里。途中有近50公里的山路，限速每小时30~40公里，尽量

当地人声音

张耀东

网名昆仑，新疆大学退休教师、地理探险爱好者，兼做摄影、写作

冬季自驾去喀纳斯，路上是肃穆的雪景、有炊烟的小木屋、大雪覆盖的林莽。无论你从贾登峪进喀纳斯，还是从白哈巴到喀纳斯，走环线或往复的线路，都全凭自己的兴趣、当时的雪情和路况。注意：布尔津以北，冬季风雪多，无论取哪条线路，都需乘四驱越野，配雪地轮胎，携带镐锹、缆绳等急救工具，以两倍于计划行程的所需准备食物，并备足防寒衣物、鞋袜等用品。在城镇提前加足油。喀纳斯景区及周边道路多陡坡、弯道、积雪，应谨慎行驶。全程都有通信信号覆盖。

不要在夜间行车。冲乎尔乡有加油站。

7 贾登峪

贾登峪是一个被云杉和落叶松环抱的山间盆地，负责喀纳斯景区主要的接待和管理服务，分门票站、餐饮广场和本地居民生活区三部分。

刚进贾登峪是**餐饮广场**，这里有非常方便的住宿与餐饮。与餐饮广场相隔一条马路的是**本地居民生活区**，若打算骑马或徒步进禾木，可在此找马队和向导。**门票站**附近也有不错的酒店。

贾登峪门票站[☎夏0906-632 7808，冬0906-652 6092；www.kns.gov.cn；喀纳斯景区（不含禾木、白哈巴）；☎0906-632 7808；5月至10月15日门票185元，冬季门票免费（需自驾进入）；⏲24小时]是进出喀纳斯景区的主要入口，在此可购喀纳斯门票和区间车票，门口有很多拉客的导游和司机，管理比较混乱。作者调研时，门票站的ATM正在安装。

自驾旅行者可将车停放在门票站停车场（5元/天），也可停在酒店的免费停车场。但如果住在餐饮广场的酒店，需要徒步或打车（2.5公里）到门票站。门票站有机场区间车（65元/人）。距离门票站约200米处有中国石油加油站。

🛏 见82页

行驶路上 » 喀纳斯对冬季自驾者开放了免票游览服务，但冬季时常大雪封路，自驾有一定的危险性。平时只能乘坐区间车（90元/往返；⏲8:00~19:30）进出。从贾登峪到喀纳斯换乘中心共32公里，沿S232省道行驶，约1个小时。

线路亮点

8 喀纳斯

喀纳斯的秋色特别浓郁，9月20日过后，这里的树就像突然被泼上了彩色的墨。喀纳斯的湖水一年也有三个颜色，在不同的天气、从不同的角度去看，特殊的水质与天色、山色相互折射而产生不同的色彩。“湖怪”传闻令喀纳斯湖一举成名，但迄今没有科学依据证明水下有怪兽，除了游船泛起的白浪，最大的运气是看到体长超过1米的大红鱼——哲罗鲑。

喀纳斯河最精彩的是是三湾：卧龙湾、月亮湾、神仙湾。这三道湾都在贾登峪至喀纳斯换乘中心的路上，区间车有停靠站，更好的方式是从卧龙湾或神仙湾下车后，一路沿河谷边的栈道向北或向南步行游览三处景点，单程5.4公里，沿途风景不错。**卧龙湾**的河床呈问号状；**月亮湾**似月牙落入山谷，两座平坦的小岛被誉为“成吉思汗的足印”；**神仙湾**的河水将森林和草地切分成一块块似连似断的小岛，仿佛无数珍珠任意撒落，加上常有云雾缭绕，给人如临仙境之感。神仙湾沿栈道北行1.2公里是**鸭泽湖**，周围是沼泽草滩，有禽鸟栖息其间。全天都可以在喀纳斯换乘中心乘坐区间车至贾登峪（8:30~20:30），不限乘坐次数。从卧龙湾有步行栈道到喀纳斯换乘中心。早上是拍摄三湾的最佳时间。

喀纳斯换乘中心是景区的中心，没有特别的景点，可以从这里乘坐区间车到贾登峪、白哈巴、观鱼台、新村、喀纳斯湖。6月有开往纳仁花谷（即纳仁牧场）的区间车，往返280元，车次依据客流量不定。

喀纳斯湖位于阿尔泰山西北部的峡谷中，形状似弯月，最大水深达188米，是中国最深的高山湖泊。换乘中心有区间车到喀纳斯湖（免费；⏲8:00~20:00；3.7公里），湖边可乘坐游船（120元/人）至**三道湾**，还可以沿湖滨栈道徒步到**吐鲁克岩画**，在湖边漫步、远眺雪山。夏天的喀纳斯可以体验**漂流**（200元/人；⏲10:00~19:30；湖口—鸭泽湖，8公里），全程40分钟，漂流结束后有车送往游客中心。

看喀纳斯湖和周围雪山最好的角度是**观鱼台**，位于海拔2056米的喀拉开特山上，可远眺友谊峰和俯瞰喀纳斯湖，早上可欣赏日出、云海，运气好的话还有

视觉中国 提供

可能在雨后的清晨看到佛光。在换乘中心乘坐区间车到观鱼台（⏲9:00~18:30；120元/往返），再爬1000多级台阶即到；也可以从新村穿过景区公路，顺马道和电缆桩一路上山，徒步上山需要3~4小时。

喀纳斯村分老村和新村，新村有图瓦居民和生意人混居，适合驴友，也能找到便宜的双人间。住新村的好处是风景优美，看雪山和晨雾方便，徒步到观鱼台也较近，还有一条徒步路线到**喊泉**。老村主要是山庄和客栈，山庄价格很高，客栈一般只提供床位，条件较差。就餐可以在换乘中心的餐饮广场大街解决。如果想省钱，可以在村里找当地人的小餐馆。

见82页

行驶路上 » 从喀纳斯到白哈巴可乘坐区间车（⏲9:00~17:30；124元/往返；单程34公里，1小时）或徒步，平时很少有人按“布尔津—哈巴河县—铁热克提门票站”的路线自驾到白哈巴，因为这样既不经济，还会增添回程的麻烦。冬季自驾的旅行者可以从喀纳斯走S229省道到白哈巴、铁热克提门票站、哈巴河县，再返回布尔津。需要适合在冰雪路段行驶的越野车，全程山路，约5小时。

线路亮点

⑨ 白哈巴

白哈巴[5月至10月15日 门票50元，维护费20元，冬季门票免费（需自驾进入）；铁热提克乡—白哈巴区间车往返124元]是保存完整的图瓦人村落，建筑多为尖顶木楞屋。从白哈巴村可乘坐区间车往返中哈边界大峡谷、5号界碑，在**中哈边界大峡谷**的观景台上俯瞰中哈国界的界河——阿克哈巴河，这里号称“西北最美国境线”。**5号界碑**是从北边友谊峰中哈边界开端处向西南排列过来的第5块界碑，为双立碑。这里是中国版图的最西北端——中国地图上的“鸡尾”，白哈巴也就理所当然地被赋予“西北第一村”的称号。村头有“西北第一村”石碑，可拍摄老村全景，傍晚光线最佳。老村后的山坡顶赏日落最佳。秋天老村后方有一条“黄金大道”（蒙古小学前），街道两边的白桦树形成一条金色拱廊，地上铺着厚厚的“金地毯”。

前来白哈巴需要在喀纳斯或哈巴河的边防大队办理边境通行证，凭身份证办理，费用1元。

见83页

行驶路上 » 乘坐观光车原路返回贾登峪，然后沿S232省道返回14公里外的“贾登峪、禾木乡”分岔口，向左驶入X852县道，全程铺装路面，无护栏，多弯，18公里后到布尔津大桥

视觉中国提供

白哈巴村的公路

旁的禾木停车场，距离禾木乡32公里。从这里购票换乘景区区间车，2~3小时到达。也可从贾登峪徒步或骑马走马道（单趟300元/匹，马夫100元/天；33公里；轻装6~7小时）。骑马的话至少要租2匹马，你和马夫各骑一匹，在与马夫交涉时多个心眼，掏钱前把费用、细节都敲定。徒步的入口在贾登峪餐饮广场东侧的岔路往前处。餐饮广场所在的路口是前往禾木的区间车（8:00~18:00不定时；200元/往返；1.5小时）的乘车点，单程64公里。

线路亮点

⑩ 禾木

禾木[5月至10月15日门票60元，维护费20元；冬季门票免费（需自驾进入）]是个宁静的村庄，有耸立的山峰、层林尽染的白桦林和耷拉着炊烟的图瓦斜屋顶。在整个喀纳斯地区都能看到晨雾，但人们普遍认为禾木的晨雾最美。

禾木乡分为禾木下村（围哈拉）、禾木上村（东哈拉）、禾木新村和禾木山庄。乘坐区间车进禾木，首先停靠在村外的禾木山庄，这里有禾木乡最好的酒店。下村和上村统称禾木老村，是核心区，也是吃住集中区。下村客栈、餐馆最多，多为外地人经营。上村有本地哈萨克族经营的客栈。从上村的一条岔道进去便是禾木新村，这里居住着当地的图瓦人，如今也盖起了一些客栈。

从禾木下村过禾木桥，向左的小道是徒步**美丽峰**（骑马往返约200元，12公里）和贾登峪的马道。沿栈道径直上山是**观景台**（骑马往返100~120元），这里是拍摄禾木晨雾和日出的最佳位置，禾木山庄旁也有观景木栈道，是看日落的好地方。上村有座藏传佛教寺庙——**吉祥善**，多数时候大门紧闭。背后有一大片白桦林，游人很少，是独享清静的好去处。

见83页

行驶路上 » 从禾木直接走原路返回布尔津，在黑流滩附近会路过一个俄罗斯村，这里曾生活过一些俄罗斯人，是“十月革命”前后，因避难而逃亡来的一些沙皇贵族。喀纳斯机场也在途中，有乌鲁木齐至喀纳斯的航班。随后经过北疆海岸风景区（托洪台水库北岸），会看到灯塔、风车和湖。从布尔津以南转入S319省道，沿途是戈壁滩和风车，一路沿额尔齐斯河前行。全程266公里，5.5小时左右可到达北屯市。区间限速每小时80公里，部分路段每小时60公里，沿途无加油站。

⑪ 北屯市

北屯市有火车站，所以许多旅行者将这里作为喀纳斯旅行的起终点。北屯市是一个只有60年历史的兵团农垦城市，城市规划整齐，居民带着内地口音，建筑大多仿欧式，公交车和车站颇有迪士尼范。“红绿灯”是北屯的中心，这是G216国道与市区主干道博望街的十字路口，此处酒店、餐馆密集。博望东街比较繁华，有步行街、夜市、超市、书店和电影院。

如果想顺道看一眼乌伦古湖，从布尔津到北屯走S319省道，行驶55公里后有一个岔道通往“福海旅游区”。也可以从北屯走S318省道到福海县的**黄金海岸**（门票20元），这是一个海滨浴场，夏天可以来这里游泳。

见83页

行驶路上 » 继续沿G216国道前进，铺装路面，限速每小时80公里，出城不远是奎阿高速北屯匝道，1小时后到G216国道的117公里处，可见克孜哈巴克收费站。146公里处的右方有一个中国石油加油站，自不远的分岔路口左拐驶入S226省道。行驶至富蕴县城外，右转驶入Z842专线，途经可可苏里、伊雷木湖，再翻一座小山，见到矿场，遇岔道右拐，到头再右拐，遇T字路口左拐（直行是三号矿脉），过库依尔特斯河大桥，到达可可托海镇的

视觉中国 提供

在禾木的山坡边露营

主干道文化西路。全程224公里，约4小时。由富蕴至可可托海镇的57公里是山路，路窄弯多，路况一般。

⑫ 可可托海镇

可可托海镇是一个苏联留下的矿区，在新疆你会发现很多类似的神秘小镇。小镇和周边景区被统称为可可托海国家地质公园，矿床、花岗岩石峰和峡谷河流是三大看点。你在镇上能找到的最有价值的景点是**三号矿坑**（门票20元，停车费10元，冬季免费；⏲7:30~21:30），这是一个罕见的大型稀有金属花岗伟晶岩矿床，被地质学界誉为“天然地质博物馆”，地球上已知的146种矿物中，这里就有86种，其中铍矿含量在世界同类矿脉中占第一位，历史上此坑曾为中国偿还了苏联三分之一的债务，目前还在生产绿柱石。如果开车进入3~4公里，可以到山顶的观景台，俯拍三号矿脉和可可托海镇。镇上有农信社和农行的ATM。

见83页

行驶路上 » 从文化路走到头右拐，上景区公路，沿着公路，会途经一个石桥，6公里后到达额尔齐斯大峡谷景区停车场（收费10元）。

线路亮点

⑬ 额尔齐斯大峡谷

一般人说的去可可托海，是指6公里外的**额尔齐斯大峡谷**（门票 90元，区间车 36元，讲解 100元；⏲4月至10月 9:00~18:30）。大峡谷全长70余公里，花岗岩奇峰沿河对峙，峰间沟、瀑、溪、涧、泉纵横，青松、桦林、杉林到处都是，虽感觉风光和喀纳斯有些雷同，但又不像喀纳斯那么商业化。

景区大门处有一个**地质博物馆**，穿过博物馆左侧是售票处。从景区大门到主景点神钟山共17公里，

Classic Trip
经典线路

新疆 1 北疆大环线

需乘坐区间车，中途停靠**白杨林**、**石门**（有餐饮、住宿点）。**神钟山**是一座形如巨钟的花岗岩山峰，从对面的栈道可爬到观景台。拍摄神钟山和峡谷，下午光线最好。往前800米，乘坐瀑布沟—骆驼峰的区间车（往返14元，6.5公里；⏲10:00~18:00），经**小钟山**、**象鼻峰**、**神鹰峰**到**骆驼峰**，也可沿峡谷全程徒步。自骆驼峰再向前400米是**卡拉卓勒瀑布**和**季兰德温泉**（50元/人），这里有一座铁桥，是个不错的拍摄点。再往前就是边境管理区了。9月中旬至“十一”会看到牧民转场，一排排骆驼上载满他们所有的家产，后面是密密麻麻的羊群，场面非常壮观。

行驶路上 » 原路返回，出富蕴县沿S226省道直行，左拐回到G216国道，铺装路面，限速每小时80公里，两侧都是戈壁滩和骆驼刺。在有“五彩城”标识的路口右拐，经过45公里景区公路即到。可在途经的恰库尔图镇停车用餐、住宿，游览乌伦古河。G216国道上加油站很多。全程约310公里，约5.5~6小时。

另辟蹊径
天山天池

起点：⑭ 五彩城

在五彩城返回乌鲁木齐的路上，在吐乌大高速“天池”标识牌处靠右下高速，转入S111省道，行驶4公里即到**天山天池**[☎400 8706 110；门票 旺季（4月1日至10月31日）125元，淡季（11月1日至次年3月31日）60元，区间车 全年90元；⏲旺季9:00~21:00，淡季10:00~19:00]。

这个高山湖泊海拔1900多米，倚在博格达峰山腰。为高山融雪汇集而成，湖水清冽，如同一块晶莹碧玉镶嵌在群山之中。与博格达峰相伴的还有两座海拔5000米以上的山峰，三座雪峰倒映在碧绿湖水之中，风光出尘脱俗。你可以乘船游湖（游艇80元/人，画舫95元/人），也可沿着环湖步道步行赏景，还可乘坐区间车和索道（220元/人）登上马牙山，在高处俯瞰群山抱碧水的天池美景。

线路亮点

⑭ 五彩城

五彩城（70元；⏲日出至日落）是沙漠里一大片五彩斑斓的丘陵地形，山丘大小不一、错落有致，颜色以绯红为主，层叠夹杂有金黄，影视作品也曾在此取景。

调研期间，景区尚无区间车，进入大门后需沿铺装路面（不能开到戈壁上）驾车15公里来到五彩山坡集中的中央观景台周边。最佳参观时间是日落前夕，随着太阳西沉，站在观景台上可以看见整片山丘由淡红金黄夹杂变成粉红、最后如火焰燃烧般的绯红的过程。五彩城这种特殊的地貌通常被认为是雅丹与丹霞，但也有观点提出，这是陨石撞击后燃烧而成。在中央观景台之前，有一处围栏里展出有数十颗大小不一的黑色陨石。

行驶路上 » 返回G216国道，继续前行72公里，此处有岔路口往右转，行驶2公里可至古海温泉（☎0994-692 8111；100元；⏲夏8:30至次日1:00，冬8:30至次日0:30）放松一下。泡完温泉后沿G216国道往北行驶4.5公里，然后左转经五彩湾收费站上五大高速。往乌鲁木齐方向行驶124公里，从阜康出口离开，进入吐乌大高速，行驶57公里后沿河滩快速路进入乌鲁木齐市区。全程310公里，4.5~5小时。

Classic Trip 经典线路

食宿

乌鲁木齐 1

米拉吉
清真菜 ¥¥¥

（☎0991-288 5522；胜利路2巷31号；人均100元；⏲11:00~23:00）一家维吾尔族风情浓郁的餐厅，烤包子、手抓饭、烤肉等维吾尔美食一应俱全，分量不大，适合想多品尝几种口味的旅行者。再搭配一份酸奶或骆驼奶，开启你的新疆美食之旅。每天晚餐时段都有民间木卡姆老艺人的演出，是乌鲁木齐少有的能欣赏到正宗、传统维吾尔族音乐的地方。

楼兰秘烤
烧烤 ¥¥

（☎0991-454 5085；沁园一巷51号；人均70元；⏲13:00~15:30和18:00~24:00，每月30日休息）一家院子很大的烧烤店，夏日夜晚坐满了大口吃肉大瓶喝酒的食客。馕坑肉、签子肉、烤羊腰子、烤鸡翅都是点击率很高的菜品，有冒险精神的不妨尝试一下"黑暗料理"烤塞皮——将羊脾脏掏空洗净，塞进碎洋葱、碎羊肉、碎羊肝，填满后封口，然后穿以铁钎烤制。

红冠椒麻鸡
清真菜 ¥

（☎0991-452 1753；西北路1207号，近红山市场后门；人均45元；⏲11:00至次日2:00）老字号名店，椒麻鸡是每桌必点，鲜嫩的鸡肉配上绿葱、红辣椒，入口则是花椒的麻味占了上风，可谓色香味俱全。不习惯麻辣的人可以提前跟服务员说明。吃完了鸡肉还可以加面，再配上另一道热门菜炝莲白，就是令人满足的一餐。

怡家城市饭店
连锁酒店 ¥

（☎0991-250 7777；新华北路432号；标单/双 含早209元起；❄📶🅿）酒店在繁华的市中心，出门5分钟就有BRT3号线和公交车大西门站，交通很方便。周边商场、餐馆都很多。最便宜的精致标间面积不大但五脏俱全，加20元可以入住更宽敞的商务标间。房间氛围温馨舒适，打扫得一尘不染，性价比不错。

八音和酒店
精品酒店 ¥¥¥

（☎0991-221 9999；文化路71号；标间 含双早428元起；❄@🅿）新疆首家时尚精品酒店，地处市区最繁华的地带，拥有全景玻璃幕墙。酒店以音乐为主题，大堂摆放着古董八音盒、吉他等。房间装修时尚精致，随处可见钢琴键盘元素，贴心地配备有加湿器、数码播放设备。卫浴干湿分离，采用全智能洁具。同楼的八音咖啡厅提供精致早餐。

克拉玛依 2

麦合丽亚·家常饭馆二店
面 ¥

（友谊路靠近六中；拌面17元起；⏲7:30~21:00）克拉玛依最好吃的拌面馆子，面分量很足，家常拌面最受欢迎，烤肉（4元/串）同样好吃。不要来太晚，否则可选品种有限。

薛栋兰凉皮
小吃 ¥

（☎133 0990 1611；红旗路15号；人均8元起；⏲8:40至中午卖完）只做早午市生意的三十年老店，经营凉皮、擀面皮、牛筋面，各种佐料一拌红红一碗，叫人食欲大开。最好早点去，生意太好很早就卖光了。

阳光酒店
酒店 ¥¥

（☎0990-687 5396；友谊路96号；标单/

双 200/300元；❄📶🅿）本是克拉玛依宾馆的附楼，2016年重新装修后独立，比克拉玛依宾馆更新更漂亮，也更便宜。房间内是淡雅的米黄色调，温馨又温暖。单人间小而不简单，沙发、小冰箱、书桌、壁柜齐全。卫生间淋浴花洒很大。房价含早餐。

博达银都酒店　　酒店 ¥¥¥

（☎0990-696 6603；友谊路16号；标单/双 498元；❄📶🅿）虽达不到准五星的标准，但总的来说硬件设施过关。酒店位于世纪公园旁，靠东的房间夜景无敌，不出房间就可欣赏喷泉，房间也很大。

乌尔禾魔鬼城 4

石悦大酒店　　酒店 ¥¥

（☎0990-691 5888，0990-691 5668；乌尔禾区屯富街，137团法院对面；标双168元，四人套间298元；❄📶🅿）乌尔禾区最大的宾馆之一。一栋八层的楼，配有电梯，房间好于一般的汽车旅馆，长市话免费，停车方便。

金谷商务宾馆　　酒店 ¥¥

（☎0990-691 5555，186 0990 9185；乌尔禾区137团部金地商业街一幢116号；标双120元；❄📶🅿）宾馆位于二楼，房间宽敞，有一个舒适的木纹桌，浴具、地毯比较干净，冬季有地暖，门口可停车。附近吃饭方便。

布尔津 5

河堤夜市　　烧烤 ¥

（卧龙湾路；人均 35元起；🕘17:00~24:00）夜市以烤冷水鱼和烤肉为主，烤鱼分狗鱼、五道黑、二道黑等，狗鱼最便宜，最小的15元/条。这里主要吃个热闹，有吃有逛，各家味道难分高下，门头上挂着一等奖的人气最旺，不过每家的抓饭都很难吃。

布尔津友谊峰大酒店　　酒店 ¥¥¥

（☎0906-652 6111；喀纳斯南路16号；标单/双 720/680 元；❄📶🅿）挂牌四星，装修不错，房价含双早。预定时最好选择单号房间，双号房间面向美食街，很吵。酒店全年营业。

贾登峪 7

龙湖酒店　　酒店 ¥¥¥

（☎0906-621 0000；餐饮广场；标双 580元；❄📶🅿）房间宽敞、干净、漂亮，每年5月20日营业至10月12日。

喀纳斯 8

狐狸书屋　　咖啡馆 ¥¥

（喀纳斯大街；人均 20元起；🕘9:00~22:30；📶）装修很民族风的文艺书吧，老板是本地文化人。店里供应咖啡（35元起）、奶茶（30元/小壶）、酸奶（20元）、列巴（30元），还有各种简餐（45元起）。也出售明信片、地图、李娟的作品、喀纳斯图瓦人相关的书籍等。

乌孜古凉皮店　　小吃 ¥

（喀纳斯老村；人均 28元起；🕘8:30~22:00）凉皮味道很好，宽的、方的、细的各种凉皮拌在一起，分量不小，其他还有抓饭（40元）、炒面（40元）。隔壁的**聚源平价超市**（🕘7:00~23:00）物价不比外面市县高，最便宜的矿泉水1.5元，方便面5元，西瓜2.5元/公斤，有时会出售自酿酸奶（10元），比布尔津街头出售的好吃。

喀纳斯山庄　　酒店 ¥¥¥

（☎0906-632 6777；喀纳斯湖畔；普标/豪标 约1580/1680元；📶🅿）景区里唯一的四星

级酒店，软硬件设施都很棒。房间很大，原木色的家具，铺地暖，地毯和床都很柔软，卫生间干湿分离，房间里备有伞。早上酒店有专车送往三湾看晨雾，并提供军大衣。酒店全年营业。唯一的缺陷是联通无信号。换乘中心对面山坡上的林海山庄与它属同一家，价格稍便宜，条件同样不错。

白哈巴 9

喀纳斯（白哈巴）阿哈国际青年旅舍 青年旅舍 ¥

（☎152 9971 2478；白哈巴新村；铺 100元，标间 280元；📶）整个喀纳斯地区最早的青旅之一，虽年头已久，依然维护得不错。所有房间（包括标间）都不含洗手间，你得抓紧时间洗澡，因是太阳能，晚上11点后热水就断了。青旅可以联系拼车去大峡谷和界碑，100元/人。

禾木 10

马宝禄牛肉面 面 ¥

（禾木大桥旁；拉面 20元；🕘8:00~24:00）全新疆的连锁牛肉面馆，在物价高又品质没保障的禾木属放心之选。一个人就餐的话可以来碗面或丸子汤（35元）。门口卖馕的摊主是个精力旺盛的维吾尔族小伙，在维吾尔族音乐的伴奏下，以花式甩馕吸引顾客，馕的味道也能令顾客信服。

禾木阿哈国际青年旅舍 青年旅舍 ¥

（☎134 8664 2278；铺 90元，标双 480元；📶）环境、设施都很棒的一家青年旅舍，院子里开满鲜花。房间很大，卫生间干净。公共区域也装修得颇有格调。遗憾的是联通手机没信号。

禾木山庄 酒店 ¥¥¥

（☎0906-651 5555；禾木景区入口服务区；铺 200元，标单/双 约1280；📶）禾木最高档的酒店，由9栋楼组成。六人间也是漂亮又宽敞。房间价格弹性较大，5、6月400元出头，7、8月1280元左右，9月飙至1580元。从2016年开始山庄冬季也会营业。

禾木神苑 酒店 ¥¥¥

（☎0906-651 5999；禾木山庄；标单/双 夏季680元，冬季580元；📶）禾木少数冬天也营业的酒店之一，这一带的高级酒店中这家的花园最不漂亮，但房间不错，装修风格几乎与禾木山庄一模一样。

北屯市 11

金融宾馆 宾馆 ¥

（☎0906-755 3789；博望东街步行街附近；标单/双 158元；❄📶🅿）环境设施都不赖，房间宽敞明亮，斜对面是百兴园夜市。

可可托海镇 12

库拉西拌面王 面 ¥

（☎131 9979 5634；文化西路；人均 20元起；🕘9:30~21:00）镇上的饭馆点菜都不便宜，想吃简单一点不妨来这家，拌面（20元）、抓饭（20元）都很适合单身旅行者解决一餐。

禾顺宾馆 客栈 ¥¥

（☎0906-878 2555；文化西路149号；标单/双 280元；📶🅿）二层别墅改造的酒店，房间不算大，不过整洁舒适。可可托海镇的冬季冰雪游还在计划中，老板极富前瞻性地铺好地暖，做好全年营业准备。冬季价格会降一半。

额尔齐斯大酒店 酒店 ¥¥¥

（☎0906-878 2000；文化西路；标双/三 320/370元；📶🅿）准三星级标准，房间很多，旺季依然天天客满。房间宽敞不足，但明亮舒适，地毯柔软。“十一”期间价格会涨到580元。

连绵的莽原上点缀着
盛放的杏花和吃草的羊群，
伊犁的春日最是好时光

伊犁南北线 2

伊犁是“泛亚公路”上的绿洲，钢筋铁骨的果子沟大桥泛着银光，赛里木湖畔水草丰美。莽原连绵起伏，画面中渐次出现牧民、帐篷、黑骏马、羊群、草原暮色、木扎尔特雪峰夕照，一切的美景都会让你浸淫在盘山而行的时光里。

线路亮点

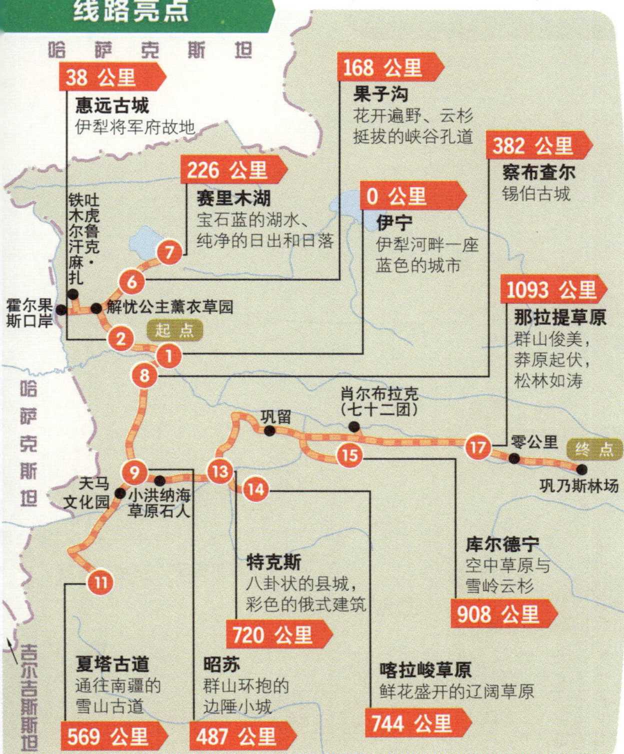

10～12天
1161公里

最适合

4WD

何时去

4月至10月皆可，伊犁风光秀丽但夏季短暂，不要错过5月到8月的缤纷赏花季。

最佳摄影点

那拉提草原、赛里木湖。

最佳自驾路段

果子沟、伊昭公路。

2 伊犁南北线

人们常说伊犁是新疆最好的地方。北线的雪峰、松林、草甸、湖泊、河流、沙漠让人目不暇接。向西去，大麻扎一带曾是驰骋中亚的察合台汗国首都；到霍尔果斯口岸体验跨境一日游后，果子沟和赛里木湖则是点睛之笔。而南线之旅会带你感受伊犁的历史。来到锡伯故城察布查尔，沿伊昭公路到天马之乡昭苏，行走夏塔古道，看雪峰夕照，访八卦城特克斯。还有喀拉峻草原、库尔德宁峡谷、那拉提草原、巩乃斯林场、唐布拉草原等，不断挑战你对美景的感受。在南线的县、市区，限速一般为每小时40公里，山路和村庄更低。

线路亮点

❶ 伊宁

伊宁是一座蓝色的城市，在高大的现代建筑背后，有数不清的庭院和故事掩映在绿荫之下。**汉人街**是伊宁的二道桥，在这里几乎看不到什么“汉人”，到处都是伊斯兰风格建筑，其中不乏圆屋顶和尖塔，以及蓝墙、铁皮屋顶的俄罗斯别墅和鳞次栉比的异国商品店。在老城区，出租车司机几乎都是维吾尔族，车厢内放着忧伤的旋律，有时司机还会

同你翩翩起舞。

伊犁哈萨克自治州博物馆(☎0999-822 7785;伊宁市飞机场路188号;⏲冬季10:30~18:30,夏季9:30~19:30)是你在伊犁的旅行索引,你将借此更了解你将要踏上的旅途。旧石器、细石器、青铜器、骨器、陶器等大量实物,展示了早期草原部落的文化与生活方式。其中波马古墓墓葬44个红宝石镶嵌的黄金面具令人惊叹。

伊宁还存有许多年代较早的阡陌小巷,随意走街串巷就能发现许多不为人知的景点。**拜吐拉清真寺**位于解放南路与新华路路口,是一座古老的维吾尔族清真寺(1773年),重修后它保留了中式建筑宣礼塔,主体建筑为阿拉伯风格,旅行者参观须经许可。**陕西大寺**(门票20元;⏲11:00至午夜)是一座中式风格的回族清真寺,所在的**喀赞其民俗旅游区**历史上曾是伊犁民族手工艺制作销售中心,至今居民中还有少量手工艺者继承着先辈的手艺,纵横交错的街巷里散布着大量古民居。**六星街**建于20世纪30年代、由德国工程师瓦斯里规划设计,6条主干道从中心向外辐射,把街区分成6个扇形地区,走在里面像步入一座迷宫城堡,几乎每个时刻都有几个不同民族的面孔和装扮从你面前闪过,就像是一幅流动的中亚风情图。这里的**东正教堂**(黎光街4巷10号)和**俄国军人墓**也值得一游。

除了异国风情的小巷,伊宁市的风光主要在伊犁河畔,以壮美的长河落日著称。伊犁河上有两座桥,人们一般都在**伊犁河大桥**(老桥)上拍伊犁河落日,桥的两端可暂时停车。老桥很窄,有时候还能看到骆驼和马穿桥而过,桥的南岸是伊犁河游乐场。**二桥**连接西环路,这里有一大片湿地,桥的北岸是新建的七彩广场和城市海景公园。

✕ 🛏 见100页

行驶路上 » 从伊宁市出发,沿着G218国道直行,驶入清伊高速,行驶29.2公里后,从"66团/惠远"出口驶出高速,左转进入G218国道,继续向前走1.7公里,方可看到"惠远古城"的招牌,左转进入X725县道,直走1.8公里就能进入惠远镇的北门。如果想少缴纳高速费,可以从"六十六团"出口下高速,走G218国道到惠远古城。惠远镇有三个入口,前两个入口可到惠远古城东门。可在伊犁边防史馆停车场、钟鼓楼旁免费停车,然后步行游览。

全程38公里,1小时。高速限速每小时100公里。沿途是白杨林和沙漠,高速上无加油站,加油需要驶入国道。

你也可以……

4 独库公路

在"零公里",你面临三个选择:一是沿着G218国道继续前行到库尔勒,从那里返回乌鲁木齐;二是左拐进入独库公路(G217国道)北段,由北向南沿奎屯河的干支流向天山深处盘旋上升,这是独库公路最险的一段,一边傍崖,一边临河;三是走独库公路南段,去往巴音布鲁克草原(90公里)和库车(315公里),注意这个分岔口在距离"零公里"1.5公里的前方,此段也颇蜿蜒曲折,不过草原景色比较惬意。

线路亮点

❷ 惠远古城

1763年，清朝在伊犁将军府所在地建惠远城，使这里成为北疆的政治、军事中心。1871年，惠远城遭侵占伊犁的沙俄势力拆毁，又因伊犁河水冲刷，大半倾塌河中。收复伊犁后，清政府重建了惠远城。工程于1893年竣工，保留了中国传统城堡式的城市格局。

惠远古城（惠远镇新城村；门票85元；⏲9:30~20:00）以钟鼓楼为中心，四条大街直通四个城门（现仅存两个）。**钟鼓楼**（门票10元）是一座三层三檐歇山顶砖木建筑，可登楼参观。向东走，路北的仿古建筑群是**伊犁边防史馆**，这是一个以边防为主题的图片展馆，左侧为边防馆，右侧是屯垦馆，后面是新建的**林则徐戍所**。继续步行向东，街对面有一座**伊犁将军府**。将军府是一坐北朝南的四合院，现存府门、石狮、金库、厢房、凉亭等建筑，院内有四棵古树和两尊造型粗犷拙朴而表情可爱的石狮。钟鼓楼和将军府是惠远古城同一时期的建筑。将军府一墙之隔的古建筑是文庙。古城内可以花5元坐马车兜一段（东城门—鼓楼）。

如果你想去看看老城，可以从**东城门**出城，在第一个岔道往右拐，继续行驶5.5公里即到。老城在老城村，仅剩北面和东面的残墙。老城村外的大片农田是拍摄伊犁河日落的绝佳位置。

惠远古城内的餐馆主要集中在钟鼓楼周边，东城门外的一条小街零星有几家清真餐厅。一般可以直接返回伊宁住宿，或继续到霍城县、清水河。

🍴 见100页

行驶路上 » 从北门经X725县道，左转驶入G218国道。不上高速继续前行，沿途有多处薰衣草地，路两边都是批发薰衣草制品、蜂蜜的商店，25公里后便到达薰衣草园。

当地知识
在伊犁的俄罗斯人

在伊犁，俄罗斯元素到处可见。俄罗斯人和伊犁之间的交集，至少可以追溯到沙俄时代。经历史变迁，在不同时期都有俄罗斯人迁入、迁出，他们在当地与中国人（主要为汉族）通婚、生育。据目前统计，伊犁地区还有1000多名俄罗斯人。

位于黎光街的俄国军人墓，部分反映了这段历史。这个景点主要是为了纪念在三区革命中牺牲的苏联红军。墓地包括远至沙俄和苏联、近到现代的几个世纪的俄罗斯人墓。墓碑上除了刻有俄文，还能发现一些汉文名字，这是汉族配偶和中俄混血的后裔（从父姓）。俄罗斯人后裔在俄国军人墓旁新建了东正教堂，如果你对在伊宁的俄罗斯人感兴趣，可以在礼拜天（12:00～13:00）来这里参加东正教堂的礼拜。

你还可以在伊宁买到地道的俄罗斯食品。人民公园附近的**俄罗斯大列巴**（阿合买提江路238号）开业至今已经28年了，原味列巴和葡萄干列巴都深受当地人欢迎。

❸ 解忧公主薰衣草园

每年6月，霍城六十五团是观赏薰衣草的好去处。不过，六十五团的范围很大，对于不熟悉当地的自驾旅行者，可以选择去薰衣草园。**解忧公主薰衣草园**（☎0999-322 1589，137 7913 6699；www.jygz.com；霍城县清水河镇上海南路；门票35元；⏲夏季9:00~20:00，冬季10:00~18:00）是一个薰衣草观光园，也是婚纱照的布景地，还有洋房、稻草人，这里很适合拍出标准观光照。进门处有一个关于薰衣草起源、产地、标本、工艺的薰衣草博物馆和精油萃取车间，院内停车免费。“解忧公主”是伊犁有名的薰衣草制品品牌，但在这里购买的同品牌薰衣草制品并不比市区便宜。

汉家公主薰衣草种植基地展览园（门票20元；芦草沟镇）在去往果子沟的路上：规模也很大，超过200亩。

行驶路上 » 沿G218国道直行到清水河镇，2.5公里后在中心转盘左转，上G312国道，再行驶3.5公里转入G30连霍高速，过八十间房子边境检查站，1公里后上"六十一团"匝道，右拐驶出高速，进入X120县道，直行7公里到六十一团团部，在进入团部的第二个路口，往左走到底（约2公里），沿途无明显路牌和标识。如果不清楚可以问问当地人。全程约25公里。

❹ 吐虎鲁克·铁木尔汗麻扎

吐虎鲁克·铁木尔汗麻扎（霍城县境内农四师六十一团场部西侧；门票30元，穆斯林免费）亦称"大麻扎"（维吾尔语"陵墓"），是伊犁最有价值的历史遗址之一，这里曾是驰骋中亚的察合台汗国的都城阿力麻里，却鲜为人知。目前旧城无踪迹可寻，只留下吐虎鲁克·铁木尔的陵墓。吐虎鲁克·铁木尔又译为秃忽鲁帖木儿，是成吉思汗次子察合台汗的后裔，也是新疆地区第一个信奉伊斯兰教的蒙古可汗。他死后按伊斯兰教习俗安葬，据说王陵是由第二任妻子从巴格达和撒马尔汗请来了最好的工匠修建的。吐虎鲁克·铁木尔汗麻扎的旁边传说是他妹妹的麻扎，院子里还有他的雕像，这就是中亚帝国——察合台汗国留下的最重要痕迹了。

行驶路上 » 返回X120县道，7.5公里后驶入G312国道（欧亚南路），直行可以到达海关。全程26公里，约半小时。

❺ 霍尔果斯口岸

霍尔果斯口岸与哈萨克斯坦隔霍尔果斯河相望，它早在1881年正式通关，是中国最早向西开放的口岸。现在，霍尔果斯口岸是中国向西面对中亚、西亚乃至欧洲距离最近的口岸，也是精伊霍铁路、连霍高速公路、G312国道和中国—中亚天然气管道的终点。

中哈霍尔果斯国际边境合作中心是中国第一个跨境经济贸易区，名义上，在旅检通道开放时间（⏲入10:00~20:00，出10:00~20:30）内，你能进入中哈两边的国土上，凭护照可以免费进入，身份证则需要办个单次通行证（20元）。这里有建筑面积约2000平方米的中免商场，是新疆首个免税购物中心，有很多哈萨克纪念品出售。商场内有ATM和货币兑换点。购物8000元内免税。合作中心内可乘坐观光车（30元），也可步行到哈国境内。

合作中心旁边是**霍尔果斯国门景区**（门票30元；⏲10:00~14:30，16:30~19:00），从这里进入，步行300米，可到国门参观界碑、界河。界碑上镌有两个鲜红的大字："中国"。合作中心附近也有几个类似批发市场的购物中心，同时销售来自中国、哈萨克斯坦和俄罗斯的商品，真假难辨，但能提供给你砍价的乐趣。游客车辆不能进入合作中心，中心旁设有停车场。

霍尔果斯只有一条比较热闹的商业街——友谊路，两旁有一些全国各地的餐馆。从友谊路一巷进去还有一个烧烤夜市，一般会开到很晚。

🛏 见100页

行驶路上 » 沿亚欧南路出城，回到G30连霍高速，向东行驶，从芦草沟段开始上坡，坡度在10度左右，行驶约52公里后到达果子沟收费站（7座及以下35元），准备欣赏美景吧。起点至果子沟收费站全程54公里，约40分钟。国道沿途有很多加油站，高速仅六十一团（兵团）、六十二团（中石化）有加油站，最后一个加油站（中国石油）在果子沟收费站前。

线路亮点

❻ 果子沟

果子沟是塔勒奇山中的一条峡谷孔道，因山沟内遍布野生苹果而得名。长约

28公里，两侧山势险峻，犹如一道天然屏障，也因此阻挡了成吉思汗西征的大军，故成吉思汗派次子察合台率军修筑道路，于是修起了48座木桥，这便是果子沟车道的雏形。每年5月至9月，果子沟花开遍野，是一年中风景最为迷人的时候。种类繁多的野花吸引了众多养蜂人，所以在果子沟能从蜂农手里买到品质优良的山花蜜。

果子沟大桥是一座双塔双索面钢桁梁斜拉桥，桥梁全长约700米，桥面距谷底净高达200米，是全国第一座钢桁梁公路斜拉桥，桥上原来有观景台，但现在已不能停车。车从果子沟大桥经过时，窗外的景色蔚为壮观。

为了安全起见，果子沟大桥观景台已被取消，不过还有一段老国道，可以俯瞰和拍摄果子沟大桥。从赛里木湖向果子沟方向行驶，在进赛里木湖隧道之前的岔路右拐，选择靠左边的路向前直行9公里，到将军沟隧道口并入连霍高速。这条路在导航上也有显示，但千万别拐到径直上山的牧道上。

行驶路上 » 过果子沟收费站后，有5处隧道，最短的有130米，最长的是1.8公里的将军沟隧道。多隧道的地方，内外光线的差异会造成一些司机暂时性的视觉障碍。一路攀升向上，过将军沟隧道后上果子沟大桥。过最后一个赛里木湖隧道后是松树头，有时可直接左转，从查干苏木村驶入环湖公路，正常情况下则只能继续沿着赛里木湖前进23公里，然后右转出匝道，从湖东驶入环湖公路。二台、果子沟大桥交警大队处可以调头。三台有停车场。起点至湖东共58公里，约1小时。

线路亮点

7 赛里木湖

赛里木湖（☎0999-768 8552；门票70元；⏰4~11月24小时开放）地跨伊犁、博州两境，环湖公路绕湖一周。东头高速公路旁的湖岸已经热闹非凡，但只要你进入北岸、西岸和南岸，就能避开人群进入胜境。环湖公路的南线就是G30连霍高速，在上面行驶就像在海边行驶，还能看到一些捕鱼船。水温常年只有7℃，湖上常年有天鹅栖息。

赛里木湖四季风光不同：春夏时节，繁花似锦的草原映衬着深蓝色的湖水和远处连绵的雪山，岸边是成群的牛羊和点点毡房；秋天的赛里木湖能看到浩瀚的星空；冬季湖边的草原铺着厚厚的雪，一派林海雪原的景象。四季唯一不变的是宝石蓝的湖水、纯净的日出和日落。

博乐市已经将每年官方的那达慕大会从赛里木湖挪到了博乐市区，不过在七八月份，你仍有很多机会与赛马摔跤的牧民同乐。

🛏 见100页

行驶路上 » 沿G30国道连霍高速往果子沟方向行驶，76公里后靠右前方进入G3016国道清伊高速。行驶50公里后出高速，沿伊若线行驶11公里后右转进入S237省道，沿路往南过伊犁河大桥，直行16公里即到察布查尔。全程156公里，约3小时。

线路亮点

8 察布查尔

察布查尔县是中国仅有的锡伯族自治县，在锡伯语中，察布查尔是“粮仓”的意思。1764年，当地锡伯族的祖先受乾隆之命，从盛京前往伊犁戍边。1765年年底，他们到达伊犁河南岸，史称“大西迁”。

锡伯民族博物院（☎0999-394 8889；察县孙扎齐牛录乡；门票45元；⏰夏季10:00~20:00，冬季10:30~19:30）是你认识锡伯文化的最好开始。展示了锡伯族西迁后的历史、文化、艺术、建筑、工艺、宗教信仰和民俗风情。

与博物院一墙之隔的**靖远寺**（☎0999-394 8326；靖远北路八巷；免费；⏰9:30~13:30，14:30~19:30）俗称喇嘛苏木，为1888年模仿承德安远庙而建，现有山门、天王殿、大雄宝殿、三世佛大殿等建筑。除寺院挂有经幡外，其余部分融合了中原文化与锡伯族的建筑艺术。在靖远寺旁，有关部门在复建关帝庙、娘娘庙、土地庙，将形成一个庞大的锡伯文化风情园，每年的西迁节（农历四月十八日），这里都会有精彩的锡伯文化展演。

想进一步了解锡伯文化，不妨回到县城去看**纳达奇牛录关帝庙**（免费；图公北街东三巷1号）。需要找左侧居民院子的工作人员开门。正殿内侧，有两组各12幅彩绘的《三国演义》壁画。院内还有一个图波特纪念馆，其正脊上是弓箭图案。图波特是清代的锡伯营总管，主持开凿了伊犁第一个人工农田大渠。

县城还有一个**中华弓箭文化博物馆**（☎132 0112 2755；殷登路布哈街；门票20元；⏲3月至12月9:00~20:00），展示着32种来自国内外的弓和450支不同类型的箭，还有150余件射箭护具。这里不定期开放，参观前最好电话预约。

察县全县免费停车。因为距离伊犁太近，所以一般不必在察布查尔住宿。不过，察县有多种档次的宾馆、酒店，选择余地较大。

见100页

行驶路上 » 出察布查尔，往南驶入伊昭公路（S237省道），你能领略一段从河谷到高山的渐进旅途。全程双向两车道、铺装路面，沿途有避险车道可停车。一路直插入大山，限速每小时70公里，沿途是白杨树、玉米地和马场，注意避让牛羊。S237省道在47公里处开始盘山，道路险峻，一路限速每小时15~30公里，有许多180度的大弯。50公里处有一个边境检查站。在60公里处左转，有度假村观景台，通透度好时可望见察县，山的另一侧是白石峰。68公里处垭口有"白石峰"观景台。从71公里处开始，有一段沙石路，然后是几个大急坡，以3~4挡爬山，80公里处是最高的垭口，这里的海拔达到3000多米，可看到插箭塔、经幡。从这里开始下山，半小时后可看到起伏的草原、河流，限速每小时40~60公里。102公里处有一个边防检查站，继续前行到达昭苏县城。10月后，山上开始有积雪，伊昭公路冬季暂不通车。沿途只有44公里处的右侧有一个中国石油加油站。全程105公里，行程约3小时。

另辟蹊径 环湖公路

起点：⑦ 赛里木湖（见90页）

环湖是个不错的选择，湖岸周边有岩画、碑刻、古寺庙、驿站、乌孙古墓群等历史遗迹。环湖公路一周共90公里。离开果子沟，从南边景区入口进入，按顺时针环湖，你一路会经过松树头、金花紫卉、克勒涌珠、西海草原、天鹅乐水、点将台、电影城、亲水滩、天湖古口九个游览点。赛里木湖西的湿地，温泉涌流，使得这里有一些没有结冰的湖面，有可供天鹅觅食的水草资源，所以这里一年四季都有天鹅栖息。最佳观赏月份是4月天鹅繁殖的季节。南岸的松树头，西南岸的西海草原，西北岸的点将台尤其是你不能错过的观景点。冬季，管理部门会因保护生态而关闭环湖公路。从东门可返回连霍高速。全程限速每小时40公里，为双向两车道铺装路面。

线路亮点

⑨ 昭苏

从伊宁进入昭苏是一个由谷地缓缓上升的过程，从林木繁茂慢慢转换成广袤草原，间或有三五个牧民小村，散落在丘陵之中。在天山、乌孙山和沙尔套山环抱下的昭苏是个宁静的边陲小县城，天山第二大高峰汗腾格里峰在西南方俯瞰着这个小城。7月是昭苏最美的月份：向日葵地和油菜花田在白云蓝天下，色彩浓艳。更绝的是，有连绵起伏的雪山给油菜花当背景。

"昭苏"的名字是由六苏木的"苏"字和喇嘛昭的

"昭"字组成的，含义是"六苏木厄鲁特蒙古族喇嘛昭所在地和厄鲁特蒙古族厄鲁特六苏木居住区域"，这个"昭"就是位于县城西北的**圣佑庙**（军民巷8号，昭苏县高级中学北侧；⏲9:30~19:30；门票30元）。圣佑庙的蒙古语意为圣仁仁慈之庙，是如今全疆仅存的一座比较完整的黄教寺庙。沿着健康路向西直行到底，看到昭苏县高级中学后右转便是。市区限速每小时40公里。

见101页

行驶路上 » 出昭苏县城，回到S237省道上，城边有几个加油站。沿S237省道向前11公里（127公里处），在十字路口左转，行驶1.5公里进入天马文化园大门。自驾车须停在门口，然后换乘观光车入内。全程15公里。

⑩ 天马文化园

2000多年前，昭苏县便是古乌孙国的游牧地。张骞第二次出使西域到乌孙时，乌孙国王猎骄靡曾送其数十匹良驹。这些马匹外形俊美，身材矫健，眼大毛光，额前有白章。汉武帝给这种伊犁马赐名"天马"，于是昭苏便有了"天马之乡"的称号。**天马文化园**（门票20元；237省道坎儿坎特大草原段）是一个国际赛马场，每年7月，昭苏都会举办以天马为主题的天马国际旅游节，天马文化园就是旅游节的主会场。

如果你觉得天马文化园不过瘾，还可以沿着S237省道继续前行，过解放大桥后，到144公里处的特克斯河畔，河水蜿蜒曲折，运气好的话可以拍到千马奔腾着蹚水过河的场景，这场面在新疆也是难得一遇的。如果没拍到马群，也有牛群代替，此外还可看看特克斯河的日落。

行驶路上 » 回到S237省道，继续前行，沿途是无尽的麦田、香紫苏地与草场，133公里处有一个"夏塔古道、格登碑"分岔口，向左行驶（向右去往格登碑方向）。在190公里处，左拐沿Z790专线行驶2公里进夏塔森林公园。全程区间限速，村镇和路口限速每小时30公里。162公里处有中石化加油站，阿克苏乡有中国石油加油站，七十团有兵团石油加油站。全程约67公里，2小时。

线路亮点

⑪ 夏塔古道

夏塔又叫夏特、夏台，常常能看到这几个名字被混用。在蒙古语里，这里则被称为"沙图阿满"，是台阶的意思。在古代，夏塔是伊犁至阿克苏的交通驿站。夏塔古道北起夏塔牧场，南至阿克苏地区温宿县的破城子，全长约120公里，是沟通南北疆的捷径。但这条古道也因翻越天山南北两个气候带，沿线地质条件复杂，需穿越冰川、冰缝、冰河，而成为古丝绸之路上最为险峻的隘道。伊犁与南疆之间的官兵换防、物资交换等，都是通过夏塔古道完成的。

如今夏塔古道到木扎尔特冰川的这部分，已经成为**夏塔森林公园**[夏塔柯尔克孜民族乡；门票30元，区间车60往返；旺季9:00~19:30（4月25日至10月25日），淡季10:00~19:00]的一部分。从售票处经夏塔古道到夏塔温泉，依山势的蜿蜒起伏而建的狭窄柏油路全长约45公里，上坡多，下坡少，坡度大，急弯多，坑坑洼洼的路面有明显被水冲蚀过的痕迹。山路的一侧是峭壁和森林，另一侧则是夏塔河。途中有3个停靠点：神龟石、情人谷、流沙瀑布，其中以**流沙瀑布**的风景最胜。每年10月至次年5月，路面或结冰或积雪，最厚可达65厘米以上。

夏塔温泉（洗浴60元）又被称为原始温泉，共有6个泉眼，每个泉眼出水的温度都不一样。每年5月才开始涌水，至10月水量开始减少，11月中旬便断流。温泉左侧的观景台可看到木扎尔特峰群，适合看日落。温泉也是"温泉—青蛙泉"（50元；单程4公里）区间车的换乘点。从温泉至冰川脚下，骑马要300元/人（单程18公里）。

有冒险精神的旅行者可以沿着夏塔古道穿越，前往木扎尔特冰川和温宿县。这条线路需要旅行者穿越峡谷、在高海拔区域徒步、在冰川探险并涉水渡河，这对于不具有专业性的旅行者具有危险性，因此近年发生过多起意外。个人只能参加新疆的户外俱乐部组织的夏塔古道穿越活动，但要缴纳一笔不菲的登山费用，用以办理登山手续和边防证。穿越活动一般集中在每年的5月和9月。

见101页

行驶路上 » 原路驶回昭苏县城，在墩麻扎尔街路口拐入S220省道，全程双向两车道，车少，有区间测速。在175公里处开始有测速点。在174公里处（反方向3公里外有路牌）向右拐入一条小路，3公里后到达草原石人景区。全程约90公里，2.5~3小时。

⑫ 小洪纳海草原石人

小洪纳海草原石人（小洪纳海；门票20元）是昭苏最高大的花岗岩石人。一种流传较广的说法认为，此石人是西突厥王子。石人高2.3米，留八字须，头戴花冠，留有9条长及腰际的发辫，一手执刀，一手持杯，腰部篆刻粟特文，是现已发现的草原石人中唯一刻有文字的，但无人能辨。石人身后有一个石头墓堆。附近还有数尊大小不一的石人，均是后来从昭苏境内各地集中至此的，表面都已风化或残缺。夏季，草原野花盛开时，大小石人掩映在一片花海中，景致非常特别。

行驶路上 » 回到S220省道上，向特克斯方向前进，沿途是松林和草原。172公里处的左侧有中石化加油站，125公里处有中国石油加油站，特克斯城外2公里有新疆新源加油站。全程约61公里，1~1.5小时。

线路亮点

⑬ 特克斯

除非有机会从空中或卫星图上俯瞰，你才能看到传说中特克斯县城街道形成的那张八卦图。但走在非常有规律的街巷中，你会忽略那些八卦，只被各种颜色的民居所吸引。那些大胆的丁香紫、胭脂粉、苹果绿外墙，融合了俄式建筑风格，精雕细琢的铁艺门廊，是伊犁地区伊宁之外仅见的，让特克斯从新疆那些全新的县城中显得与众不同。

市区的**八卦公园**（☎0999-662 0330；S220省道旁；免费；⏲夏季9:30~20:00，冬季10:30~19:00）有一些关于八卦城的介绍，中央是一个八卦展览馆，参观时需请人讲解。为什么在遥远的伊犁会出现一个八卦形状的城市，至今仍是一个谜。一种比较可信的说法是，“新疆王”盛世才的岳父邱宗浚精通堪舆学。1936年，邱宗浚在伊犁担任屯垦使期间，用丘处机设计的八卦城雏形，建筑了八卦形的街区。八卦街的正中央，也是整个城市的最中央是**太极坛**（门票10元），里边的展览有一些特克斯建城的历史，二楼顶上看八卦城，能隐隐看出些端倪。

整个县城以太极坛为中心，向八个方向辐射出八条主街道，由四条环城路串起这八条主道。县城的道路是环环相扣的，中心广场转盘逆时针单循环通行。为了旅游宣传的需要，只在阿扎提街的2环和3环、阿克奇街放置了3个临时红绿灯，它们随交警一起上下班。每条街的路牌不明显，很容易迷路，但迷路后只要返回县城中央即可。全城限速每小时40公里。

见101页

行驶路上 » 从博斯坦街出城，过太极岛风景区后转入X766县道，行驶24公里、约40分钟后，到达喀拉峻景区新门。这里有景区服务中心和宽阔的停车场，但是从这里进入景区是必须要坐船的，必须买“壮美游”的门票。如果只想看看喀拉峻大草原，继续向前大约10公里，到达布拉克门票站，购票换乘景区的区间车进山即可。

线路亮点

⑭ 喀拉峻草原

在哈萨克语中，喀拉峻有“黑色、肥沃、辽阔的莽原”之意，地势和缓，视野开阔。每年春夏，草原被上百种牧草点缀得五彩缤纷，大批哈萨克牧民将羊群转场至此。被评为世界自然遗产的**喀拉峻草原**（☎0999-668 0177/668 0111；门票：阔克苏大峡谷40元、西喀拉峻40元、东喀拉峻40元、中天山雪峰40元，区间车：阔克苏大峡谷50元，东、西喀拉峻90元，中天山雪峰90元，游船80元，漂流200元，执行优惠价120元，游艇160元；全景游门票355元，执行优惠价255元；⏲全天）加快了建设，景区扩大了数倍，包括阔克苏大峡谷、西喀拉峻、东喀拉峻、中天山雪峰、天籁之林、库尔代大峡谷密叶杨林景区，甚至打算将过去免费的琼库什台草原也囊括进来。未来这里将是一个和喀纳斯体积相当的超大景区，游览成本也会随之增加。

景区内的面积很大，所谓全景游的套票会耗费你一整天的时间，且大部分时间在坐车，不妨考虑在这里过夜。

观光车首先会环绕西喀拉峻景区，然后前往东喀拉峻，车程单程1小时左右。东西喀拉峻的交界处位于世遗展示中心，也是景区内住宿地的老板一般前来接住客的地方，你可以第一天游玩西喀拉峻，在世遗展示中心处下车，乘坐住宿老板的车前往住宿地。第二天返回世遗展示中心，乘车游玩东喀拉峻景区再行离开。

西喀拉峻景区以连绵起伏的丘陵式景观为主，可以乘车依次停靠游览各景点。其中两仪台、叠浪谷和石泉距离区间车停靠点还有一段距离，需要从停车点徒步约半小时到达，也可以在停车点乘坐当地人的摩托车，大约50元。叠浪谷夏季时绿意层叠，是摄影的好地方。

东喀拉峻是整个草原的精华区域，这里最著名的有五花草甸、鲜花台、库尔代森林大峡谷、三极夷平面观景台和猎鹰台观景点，既有雪山、草原风光，也有森林峡谷等。不过五个景点距离观光车的停车点都有一点距离，可以从停车点徒步0.5~1小时到达，或乘坐摩托车前往，大约50元。五花草甸和鲜花台最为精彩，一处是五彩野花遍布的开阔草甸，一处可以拍摄草原背后的雪山，千万别错过。喀拉峻最灿烂的花期则是5、6月份。

你需要乘坐游船（库什塔依码头—库尔台码头）进入阔克苏大峡谷，在水中欣赏峡谷和草原的美景，也可以花费120元进行半个小时的漂流，口碑不错。

区间车的核心点叫**乌孙夏都**，几个方向的区间车都会经过这里。

从东喀拉峻的加撒干草原，可以沿河徒步16公里到**琼库什台**，这里保留着相对原始的牧场生活。在起起伏伏的草原上散落着毡房、木屋和羊群。每年的5月至8月，不少风光摄影爱好者前来拍照。喀拉峻至琼库什台的景区公路也已通车。

🛏 见101页

行驶路上 » 返回特克斯县，从阿扎提街出城驶入S220省道，翻山下坡时有几公里石子路。行驶至阿克图别乡看到“伊犁、巩留”提示牌后，右拐驶向巩留方向，到下一个十字路口再右拐进入S316省道。沿路行驶45公里，穿过巩留县，过头道湾村后，有一条分岔路，右拐驶入X737县道。沿特克斯河峡谷一路前行，在右侧能看到一个平湖，风光很美，可走土路到湖边。29公里后进入库尔德宁镇。直行穿过镇子进入Z784专线，开始上山到库尔德宁景区收费站，购票后还有9公里到库尔德宁停车场。全程基本是铺装路面，S220省道和S316省道有区间测速，S316省道两侧有很多加油站。全程164公里，约4小时。

线路亮点

⑮ 库尔德宁

库尔德宁峡谷景区［☎186 9991 6851，0999-562 0791；门票45元，停车费10元；⏲24小时（4月1日至10月底）］属于世界自然遗产——天山的一部分，这里尚未进行大张旗鼓的宣传和开发，道路也不太好。库尔德宁还是有

视觉中国 提供

喀拉峻大峡谷鳄鱼湾

一些特色的，那就是库尔德宁河峡谷和喀班巴依峰雪山。爱好徒步的旅行者，可以徒步1~2小时到空中大草原，欣赏雪岭云杉。这里植物的过渡性明显。也可以骑马（600元，3~4小时）到世界遗产专家考察的地方，木栈道观景亭旁就有马队，收费80元/时、400~2000元/路线。因为还未采用区间车，故目前库尔德宁只能自驾进入，很适合家庭出游和短距离徒步。

行驶路上 » 原路返回S316省道，向东行驶43公里。路况近高速，限速每小时80公里，一路有很多城镇密集区，限速每小时40公里。经过肖尔布拉克村后见到明显的“七十二团（肖尔布拉克）”路牌左拐。全程91公里，1.5~2小时。

⑯ 肖尔布拉克（七十二团）

肖尔布拉克镇和七十二团团部只有一街之隔，都是新疆有名的酒乡。两家酒厂也很近：在进入岔路不远有个“肖尔布拉克、七十二团”的路牌，如果你想买伊力特酒就直行，到七十二团团部的伊力特酒厂，该厂为兵团控股。如果你想买肖尔布拉克酒就左拐，到肖尔布拉克镇的肖尔布拉克酒业，该厂为地方控股。不要问当地人哪家酒厂的酒好，他们只会说自己的酒好喝。在新疆，伊力特更为有名，一般大老窖115元，小老窖90~95元，商店都可以买到，但参观伊力特酒厂需要预约。

肖尔布拉克镇上则有自己的**西域酒文化博物馆**（☎0999-526 9999；门票50元；⏰10:00~19:30），馆内展有历代酒具、酒器和关于酒史、酒文化、酿酒工艺的介绍，在品酒厅可免费品尝肖尔布拉克不同年份的原酒、西域古今36种奇酒，许多酒的市价非常高。如果你是嗜酒者，这趟参观一定非常超值，但切忌酒后驾车。如果你不方便进博物馆畅饮，也可以在门口买坛藏原浆（198元/升）和大小不一的各个年份的肖尔布拉克酒。

视觉中国 提供

行驶路上 » 回到S316省道继续行驶，在46公里处有提示牌，左转进入新源县城。从县城往北行驶12公里至则克台镇，右转驶入G218国道，14公里后可到新源吐尔根乡4小队。这里有一片巨大的原生野杏林，近年成为摄影爱好者的新宠，花期大多在4月20日左右，

当地知识
转场

伊犁河谷草原的春、秋两季，数十万头牲畜在同一个时间被转移到夏、冬牧场。马匹、骆驼驮着帐篷和主人游牧所需的物品、生活用品，主人则赶着成群的牛羊，浩浩荡荡地行走在天山脚下。所到之处，尘烟滚滚，遮天蔽日，场面非常壮观。每年的转场都会吸引无数的摄影师奔赴伊犁河谷、天山两侧、喀纳斯、可可托海。

正在转场的牧民和牛羊

每年不同，从花开到花谢只有7天。在提示牌处直走则往那拉提方向进入X745县道。在9公里处左转，200米后为那拉提机场（停车费3元/次，40元/天）。保持直行，在39公里处右拐，转入G218国道的坎苏方向，26公里后到达那拉提。全程铺装路面，限速每小时60~80公里，国道两侧有很多加油站。全程94公里，约2小时。

线路亮点

⑰那拉提草原

相传，"那拉提"这个名字来源于成吉思汗西征的蒙古军队，含义是"有太阳"。

那拉提草原[☎0999-530 1888（夏季），0999-530 1108（冬季）；www.nalati.com；新源县G218国道旁；⏲8:30~20:00；门票95元，往返区间车票（8:00~20:30）；游牧人家60元，森林公园40元，沃尔塔交塔150元；自驾车300元/人，含门票；⏲全年全天开放]山多林密、绿草成茵，草原上河道众多，既有俊美的群山，又有如涛的松林，莽原起伏、气势磅礴。在进入景区的山中，公路蜿蜒向上，不一会儿便到达了空中大草原。每年春天，天山林海的冰雪便开始融化。到了6月，那拉提草原进

另辟蹊径
乌拉斯台草原和唐布拉草原

起点：⑰ 那拉提草原（见97页）

如果你还没看腻伊犁河谷的草原，游览过那拉提后，可以沿G218国道到与S316省道的交界处，转入S316省道，一路向北到S315省道。左拐是**乌拉斯台草原**，右拐是**唐布拉草原**，那里是喀什河的上游，旅行者少，原始风貌更明显，有更多值得探险的地方。

入全年最美的季节，广阔无垠的草原开满了五颜六色的野花，羊群悠闲地在草原上游荡。草原部落的各种活动也多在这个季节举行。

那拉提有西门和东门，一般游客由西门进入，这里是游客中心和停车场（5元），可免费领取手绘地图。在那拉提游玩，有两条乘车线路：游牧人家（经空中草原）、森林公园（小环线），其中空中草原是必看的景点。途经**天界台**，在这里可以拍到草原上蜿蜒曲折的盘山公路。此外还有一条观光车线路——**沃尔塔交塔**，这是一处婚礼拍摄地，有许愿树和风车小屋，可从东门接待中心乘区间车或骑马（50~80元/小时）到达。景区的篝火晚会在旺季的22:00至午夜举行。区间车票有时段优惠，淡季（4月1日至5月31日，10月1~15日）8折，冬季（12月1日至次年3月31日）5折。门票48小时有效，有二次进入需要的游客，在检票前须于票面登记有效证件号码。区间车票第二次半价。

那拉提的酒店算是南线上最密集的，有两家国际青年旅舍，其中的那拉提国际青年旅舍在景区内。景区内也有酒店、毡房，还可以露营，门票不限时间。

见101页

行驶路上 » 继续沿G218国道和巩乃斯河谷行驶，22公里后经那拉提景区东门到达“零公里”。

⑱ 零公里

“零公里”是G218国道与G217独库公路北段的分岔路口，这里设有检查卡，还有几家快餐店，但禁止停车，否则会遭到交警的重罚。往前走1.5公里是G218国道与G217独库公路南段的分岔路口。

行驶路上 » 沿G218国道继续向前，遇岔路直行，一路都是河谷和牧场，34公里后到达巩乃斯林场。从“零公里”到班禅沟全程40公里。

⑲ 巩乃斯林场

想必到了这里，你已经经历了十分漫长的旅程，好好放松一下吧。**巩乃斯林场**是一个被云杉林和牧场包围的山下小镇，十分幽静，附近有多个小景点，食宿很方便。镇上到处可见雄鹰盘旋，有的就停在路边。G218国道一直通往库尔勒（318公里），最好在巩乃斯林场加好油，否则只能到巴伦台加油了。再往前6公里，左侧有一条进山的路，这里是**班禅沟景区**（门票30元，区间车20元，停车费10元），该景区因十世班禅额尔德尼曾来此坐禅、诵经而得名。这里属于巴州的和静县，几乎没有游客，很适合摄影。

视觉中国 提供

那拉提草原上奔跑的马

食宿

伊宁 1

维吾尔小锅抓饭　新疆菜 ¥

（阿合买提江街5巷8号；人均20元；⏲12:00~20:30）就在伊犁日报社后面的小巷里。这家老店只做正宗的维吾尔羊肉抓饭，香甜可口，不妨点一份加肉的版本，附送好吃的酸奶。

老字号故乡烤肉店　新疆菜 ¥

（☎131 9999 5627；斯大林东路建设银行旁，天百对面；烤肉 3元/串，人均25元）伊宁有数不清味道好的烤肉店，它们隐蔽在传统的维吾尔族小巷、清真寺门口、夜市中。天山百货对面这一家属于很多当地人惦记的老字号，烤肉配上热馕或是凉粉，再来一杯格瓦斯，完美。

江宁宾馆　酒店 ¥¥

（☎0999-835 8666；上海路5188号，伊犁河二桥西侧；标双360元起；📶🅿）看似荒凉的位置，却可以在房间直面伊犁河夕阳，雪山和湿地，床品舒服。酒店自带漂亮的河畔花园和恒温泳池。

伊犁宾馆　历史酒店 ¥¥¥

（☎0999-802 2794/802 3126；伊宁市迎宾路8号；标双488元；📶🅿）一直到1962年，这里都是苏联的领事馆，酒店的装潢因而也有种没落的奢华味道，宽阔的走廊，华丽的地毯和舒服的大床。在拥有49个树种的绿色园林中，还保留着许多铁皮房顶的俄式别墅可供探幽。

惠远古城 2

巴彦岱一绝包子　维吾尔族菜 ¥

（巴彦岱镇G218国道旁；薄皮包子2元/个）在前往惠远古城的途中，走国道出城的话会路过巴彦岱镇，这里的包子远近闻名。薄皮包子（维吾尔语叫“皮提曼塔”）色白油亮、皮薄如纸、肉嫩油丰。烤包子（维吾尔语叫“沙木萨”）皮脆肉嫩、味鲜油香。人多时需要排队。

霍尔果斯口岸 5

温州国际大酒店　酒店 ¥¥

[☎0999-785 5555，0999-785 7500；霍尔果斯友谊西路1巷（仙桃酒店旁）；标双298元；📶❄🅿]霍尔果斯口岸的很多酒店都是可以接待外宾的，所以叫作国际大酒店也无妨。这家设施比较新，卫浴设备很干净。在霍尔果斯这样的小城，宾馆有时会满房，旺季也会调价。

赛里木湖 7

牧民毡房　毡房 ¥

（120~150元/夜，可睡4~8人，单人一般收40~50元）沿湖一圈都有牧民的毡房，松树头的山坡上较为集中。人多的话，可以共享一间毡房。有电源，手机信号弱。毡房农家乐可提供牧民简餐。此外，**龙岭山庄**（☎158 0999 5686；标单388元）则是南岸罕有的标间选择。

察布查尔 8

田金羊杂碎店　新疆菜 ¥¥

[☎130 9511 5216，0999-362 1920；察县杜林拜街喀达兰巴巷（步行街内）；爆炒羊杂50元；⏲11:00~15:00]察县拥有最地道的锡伯风味餐，这家店是察县最有名的羊杂老店，只做午餐，分量很大。

昭苏 9

血站大盘鸡
新疆菜 ¥

[建设街(美食街)；大盘鸡90元，小盘鸡60元；⏲11:00至次日1:00]土豆的绵软是这家店的特色，人少就要一份小盘鸡(3人量)，或大盘鸡拌面。昭苏县城有两条美食街，这家位于广场旁边的旧美食街。另一条新落成的美食街在工矿路与乌孙路之间。两条美食街几乎集中了全县大部分的餐馆。

天马大酒店
酒店 ¥

(☎0999-653 1111；天马路7号；标单/双 180元左右；📶🅿)准四星级标准建成的酒店，位置稍偏，但后面便是天马美食街。200元左右的房价非常超值。

夏塔古道 11

夏塔温泉生态大酒店
酒店 ¥¥¥

(☎157 1995 5859，157 1995 5857；夏塔景区温泉附近；标双688元，套房1588元)四星级高级度假酒店，但条件一般，无空调和网络，房间较为潮湿。配有电热毯。窗外能看到河流和森林，景色不错。餐厅套餐48~58元/位。泡温泉另外收费，作者调研时因水量不足，暂停开放。

森林人家
宾馆 ¥¥

(温泉区间电瓶车乘坐处；标间360元)这是一处木屋别墅宾馆，但其老板拒绝预订，你只能到了碰碰运气。节俭的旅行者可以选择温泉附近的牧民家(50~100元/人)或在露营区露营(20元/人)。

特克斯 13

美食街
夜市 ¥

(古勒巴格街；全天)美食街是热闹的夜市，位于太极坛旁的古勒巴格街。几乎新疆所有种类的饮食都能找到，烤肉、抓饭、拌面、椒麻鸡、喀什凉粉等任君选择，也颇有几家川菜馆。

万邦国际酒店
酒店 ¥¥

(☎0999-650 0000；科博街一环路5号，近阔步街；标双200元起；📶🅿)2016年新开业的酒店，在市中心硬件算是最好的，气派宽敞，价格物有所值。

喀拉峻草原 14

牧民毡房
毡房 ¥

(喀拉峻草原景区乌孙夏都；500元/毡房，可以住10人，或是100元/人)乌孙夏都是目前最主要的住宿点，有很多哈萨克毡房。可以提前预约(152 9900 8883；152 9921 9080)。景区内的食物相对公道，拌面和抓饭在25~30元。

那拉提草原 17

芳香那拉提
精品酒店 ¥¥

(☎0999-655 9666；那拉提镇政府对面；🅿)芳香那拉提并不是一家酒店，而是一片文化旅游街区。这里都是欧式小镇建筑，有好几家客栈，其中**悦蓉客栈**(☎135 6573 5788；芳香那拉提街区13号楼；标双339元；📶❄)和旁边的**有间客栈**(☎156 2816 9983；芳香那拉提13号楼；标双359元；📶❄)的装修比较时尚，房间宽敞干净。芳香那拉提有统一的免费停车场。

古道驼铃国际青年旅舍
青年旅舍 ¥

(☎180 0999 9282；铺40元，标单/双 140元；📶)就位于G218国道南，出门右转约500米便是景区入口，距旅舍约1公里处有一个哈萨克的草原部落。公共区域、房间都比较小，房间带独立卫浴，门口可停车。

来到**喀什**，才刚刚
拉开南疆民族风情
之旅的大幕

视觉中国 提供

Classic Trip
经典线路

丝绸之路中线 3

自东而西穿越新疆，自北而南翻越天山，除了不断切换的自然美景和民族风情，还能近距离触摸西域厚重的历史。线路的终点喀什，也将是你此行的最高潮，尽情感受东西方文化的热烈交会吧。

线路亮点

8~10天
约1660公里

最适合

何时去

5月至10月均可，6月至8月瓜果飘香，气候最佳。

最佳摄影点

傍晚时分的交河故城；10月的塔里木胡杨林，黄叶绚烂。

最佳风景路段

托克逊至库米什，曲折的高速公路两旁，地貌雄浑壮观。

Classic Trip
经典线路

3 丝绸之路中线

乌鲁木齐到喀什是古代丝绸之路的重要部分，它穿越新疆腹地，沿途山脉雄伟、戈壁荒凉。沿着草原和沙漠，绿洲串成的丰饶城市带，如一幅缓缓展开的画卷。百里不同景，十里不同天，充分展示了新疆的壮美与博大。这条路全程高速，景点周边都有路况良好的国道、省道，你可以在宽阔平直的道路上纵情驰骋。风光之外，所经城市的历史、风情也值得慢慢品味。身临其境之后，你会了解更为立体的新疆和更为鲜活的当地人。这一切，也许跟你来之前想象的不一样。

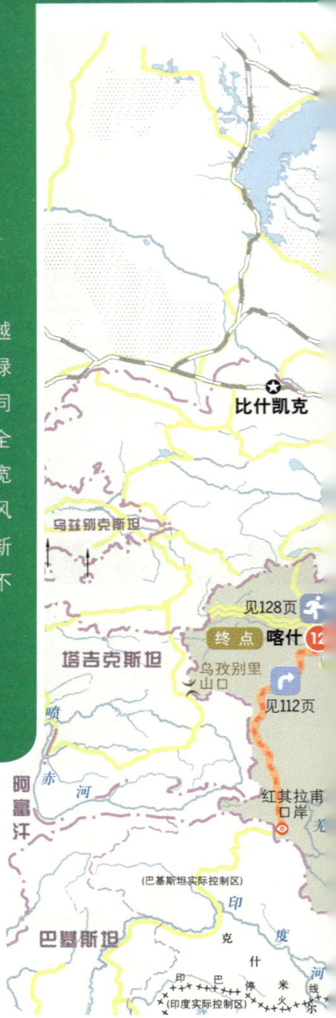

❶ 乌鲁木齐

乌鲁木齐是世界上最靠近内陆、距离海洋和海岸线最远的大城市（2500公里），是进出新疆的交通枢纽。旅行者经常由此开始在新疆的旅行。新疆大部分景点、城市之间的距离比较远，要深度探索这片占中国陆地总面积1/6的土地，你得做好跑长途的准备。租车、包车信息见24页。

见114页

行驶路上 » 从乌鲁木齐市区到吐鲁番约193公里，全程走连霍高速，为铺装路面，3小时左右可达。途中经过著名的达坂城风区，你可以在路边看到连绵不绝的风力发电机。出发前最好查看天气预报，尽量选择晴朗的上午出行。

线路亮点

❷ 吐鲁番

吐鲁番"火洲"称号尽人皆知，《西游记》中唐僧师徒途经的火焰山就在这里。全年超过35℃的高温天气在100天以上，同时又是年降水量最少的地区之一。炎热干燥的气候，不仅使葡萄的清甜扬名天下，也保存了千余年辉煌历史中的众多遗址、文物，吐鲁番因此获得了"露天博物馆"的美名。

对古迹感兴趣的话，不妨先去**吐鲁番博物馆**

(☎0995-761 9650；木纳尔路1268号；凭有效身份证件免费参观；⏲夏季10:30~18:30，冬季10:00~18:00，周一闭馆）参观一下，吐鲁番盆地保存了诸多古墓和故城遗址，其中出土的珍贵文物，多数都收藏在这里。**交河故城**（☎0995-

你也可以……

4 独库公路

你也可以从库车前往独库公路，沿G217国道，经天山神秘大峡谷、巴音布鲁克草原、乔尔玛到达独山子，全程约560公里。

当地人声音

西锐
新疆资深户外玩家、荒野新疆生态网创始人

巴音郭楞蒙古自治州地域广大，生态环境多样。如果你是观鸟爱好者，经吐和高速穿越巴州时，可以留心这些地点：博斯腾湖是新疆最大的渔业基地和芦苇产地，有数量庞大的水鸟，目前已观测到的多达120多种，而且四季都可以观赏。孔雀河流经库尔勒市区，每年有十几种雁鸭及鸥类在河道里越冬，早春和秋冬季是较好的观鸟季节。如果从轮台走沙漠公路，从塔河大桥至沙漠公路的150公里路碑处是中国特有鸟种白地尾鸦的主要观测地。在食物短缺的冬季，在公路边看到这种鸟的概率很大。通过G216国道从乌鲁木齐到库尔勒，途中的鸟种也相当丰富，不过那段道路崎岖险峻，建议谨慎驾驶。

上图：吐鲁番交河故城遗址

868 7154；城区以西10公里雅尔乃孜乡；门票70元；区间车15元；⏲8:30~21:00）是一座14世纪废弃的古城遗址，现存不少还能看出当初功能的建筑物，故城北端的大型佛寺遗址，其残存的院墙仍高达八九米，可以推测车师前国的荣光。**柏孜克里克千佛洞**（☎0995-769 0123；火焰山木头沟内；门票40元；⏲夏季9:00~20:00，冬季9:30~19:00）曾经是丝绸之路上最重要、最漂亮的石窟之一，也是高昌王国的皇家洞窟，但经历了众多外国“探险家”的偷盗与破坏，现存洞窟残破异常，大部分紧紧锁闭，开放的几个也只能在墙

视觉中国提供

角找到一点点残存的色彩。尽管如此，它仍然值得古迹爱好者前往参观。**苏公塔**（城东1.5公里处新光村；门票30元；⏲8:00~20:00）是新疆境内伊斯兰古建筑中规模最大的一座塔。塔高37米，通体为青灰色的土砖，塔身上的波纹、菱格、团花、十字纹，沿着塔身组成了无限循环的图案，精美庄严。它纪念了清朝统治者在额敏和卓郡王家族协助下平定准噶尔叛乱的历史。苏公塔下还有一座额敏塔清真寺，是吐鲁番最大的清真寺，与高大的苏公塔浑然一体。

葡萄沟（☎0995-861 4543；城区东北约10公里葡萄乡；门票75元）是一条种满各种葡萄的峡谷，别处酷热难当时，这里的葡萄架下却是一片清凉。如果维吾尔族民居门口挂着家访牌子，可以进果实累累的院子里坐坐。每逢8月葡萄节，葡萄沟中人山人海，除了采摘、品尝新鲜的葡萄，人们还能欣赏到木卡姆、达瓦孜等民族歌舞和传统技艺表演。

新疆的坎儿井是堪比万里长城的人造水利工程。为了引来天山融水灌溉绿洲，当地人开挖了长达数十公里，甚至上百公里长的地下引水暗渠。吐鲁番地区有上千条坎儿井，但其中大部分都已干涸，在城郊的**坎儿井乐园**或**坎儿井民俗园**（门票都是40元）你可以看到相关介绍，并可亲身下到一段始建于清代的坎儿井中，体验当时人们挖井的艰辛。

另辟蹊径
艾丁湖

起点：❷ 吐鲁番（见104页）

艾丁湖位于吐鲁番市区东南35公里处，出城区后沿X051乡道和X052乡道行驶，沿途都有路牌，全程为铺装路面，1小时之内即到。**艾丁湖**（门票30元）在维吾尔语中意为月光湖，是一个内陆咸水湖，湖面不大，湖边水草茂盛，偶有水鸟飞过。有很多人远道而来，因为这里的海拔为-154.13米，是中国内陆海拔的最低点。在地理意义上，它与海拔最高点珠穆朗玛峰一样重要。别忘了在景区为此特制的大理石地球仪雕塑前拍照留念。

🍴🛏 见114页

行驶路上 » 沿高昌南路出吐鲁番市，行驶900米后右转进入X050县道。沿路行驶28公里后右转入始昌北路，20公里后进入托克逊县。全程50公里，约1.5小时。

❸ 托克逊

托克逊的拌面名气很大，旅游景点似乎寥寥，不过热爱历史的自驾旅行者可以去看看**克尔碱岩画**，沿途风光也很棒，从县城出发沿X079乡道开45公里左右即可到达。途中，你会看到一个被命名为**红河谷**的峡谷，这里山石火红，雅丹地貌连绵十几公里。岩画位于克尔碱沟两岸，雕刻着牧羊人放牧、狩猎等场景。在一块面积约10平方米的平坦巨石上，古人以阴刻手法，绘出了三十多条大小河流，并利用石头的自然坡度，立体显现了古代托克逊河流水系的分布情况，这就是著名的克尔碱水系图。据考证，这些岩画是公元前6世纪至公元7世纪时车师人的遗存，有两千余年历史。

行驶路上 » 从托克逊至乌什塔拉约175公里，可沿吐和高速到达，约3小时车程。道路蜿蜒曲折，途中有一处翻越天山山脉的峡谷，名叫干沟，曾是古代丝绸之路的咽喉要道，山石嶙峋，地貌壮观。路上有多处停车的区域，在这段路上行驶，就像在一个免费的地质公园中游览。在乌什塔拉（金沙滩）出口下高速后，沿道路指示牌向南继续行驶22公里即到金沙滩景区。

线路亮点

❹ 乌什塔拉（金沙滩）

乌什塔拉是一个回族乡，周边广泛种植被当地人称为“罐头番茄”的小西红柿（主要用途是卖给罐头厂做番茄酱），用它来做的酸汤肉非常美味，在道路两旁的餐馆里都能吃到。如果你到达的时间非旅游旺季（6月至8月），最好在乌什塔拉购买些食物带去金沙滩，景区里的餐饮服务9月左右就陆续关门了。

博斯腾湖古称西海，是中国最大的内陆淡水湖，辽阔的水域及洁白的沙滩，对身处内陆的新疆来说，的确有难得一见的海一般的迷人景色。**金沙滩**（门票40元）是博湖周边开发得比较早的度假村，位于博斯腾湖东北岸，有长达两公里的“海岸线”，银沙细匀柔软，湖水清澈见底。湖边有餐饮、游船、摩托艇等旅游设施，还有十多家沿湖而建的酒店。博斯腾湖里出产多种鱼虾，其中最有名的是赤鲈，俗称五道黑，这种鱼肉质鲜嫩。你可以在湖边踩着细沙品尝烤鱼——记得带上驱蚊药物。

行驶路上 » 乌什塔拉到焉耆县约80公里，经吐和高速，车程1.5小时左右。也可以走S325省道，路况不错，不用交过路费，大部分路段高速与省道是平行的。

线路亮点

5 焉耆和博湖

博湖县是另外一处你可以近距离欣赏博斯腾湖的地方。焉耆、博湖两个县城相距仅10公里。8月至9月是“罐头番茄”收获的季节，你也可以买点儿，在路上慢慢吃。

从博湖县城南边的三岔路口，有一条路通往**大河口西海渔村**（门票45元），距离县城约10公里。这里以渔村风情为主，你可以乘坐渔船到湖面上感受“西海”的一望无际，还可以在沙滩上漫步、晒太阳，在沙丘上观湖也是不错的选择。

目前围绕博斯腾湖开发的景区有十多个，内容差不多，你不必每个都进去。博湖县城三岔路口的另一条未命名的乡村公路就像一条项链，串起了**博湖南岸旅游区**（四个景点一票制，45元/人）的**阿洪口**、**莲花湖**、**扬水站**、**白鹭洲**，前往白鹭洲需向库尔勒反方向行驶21公里。这里有庞大的野生睡莲群与40万亩自然芦苇，夏季可以乘船深入芦苇荡中，欣赏盛开的睡莲以及一望无际的白色芦苇。

见115页

行驶路上 » 焉耆到库尔勒可以走吐和高速，约60公里，40分钟左右车程。不过，我们建议你走省道和乡村公路，这样可以看到更多的博湖美景。游览完西海渔村后返回通往渔村、县城的三岔路口，沿指示牌前往扬水站方向，公路基本沿着博湖而行，你可以在好几个地方免费欣赏湖面和芦苇荡。约20公里后到扬水站桥头，有一个路牌，从那里右转到库尔勒有60公里。阿洪口等景点也分布在这条路的沿途。不进景区的话，边走边玩，两个小时左右就到库尔勒。

6 库尔勒

你很难想象，新疆的沙漠边缘还有江南水乡一般的景致：孔雀河穿过城区，河滨花园处处可见，这就是巴音郭楞蒙古族自治州的行政中心库尔勒。因为盛产香梨，库尔勒被称为“梨城”，春来满城梨花似雪。丝绸之路上西域三十六国之渠犁国就在这里。悠久的历史给库尔勒留下了多处文物古迹，而且大多数都离南疆的主干道吐和高速不远，可以顺路一游。

去周边访古探幽之前，建议你先去**巴州博物馆**（石化大道与新华路十字路口处，市政府对面；免费；⌚10:00~18:00，周一闭馆）了解一下营盘墓地、小河墓地，那里出土的几具干尸堪称国宝。**东归纪念厅**详细描述了土尔扈特部的东归壮举。对古迹感兴趣的话，距离库尔勒40多公里、位于七个星镇郊外的**七个星佛寺遗址**（免费）值得前往一观。它曾是古代焉

另辟蹊径
塔里木沙漠公路

起点：⑦ 轮台

塔里木沙漠公路，即S165省道，它北起轮台，南至民丰，纵贯塔克拉玛干沙漠，全长522公里，其中的466公里在沙漠中穿行。这是世界上在流动沙漠中修建的最长的等级公路，从此穿越古人谈之色变的塔克拉玛干“死亡之海”，只要大约10小时车程。但你仍然不能疏忽大意：第一要小心高温天气的爆胎事故；第二要尽量避免在沙尘暴中通行；第三不得停车拍摄油气设施，因为其周边必须严防烟火。

位于沙漠公路70公里处的**轮台胡杨林公园**[☎0996-494 7765；门票旺季（5月1日至11月30日）45元，淡季（12月1日至次年4月30日）30元，区间车往返/单程 30/20元；⏲夏季9:30~20:00；冬季10:00~19:30]是塔克拉玛干沙漠最美最为集中的一片胡杨林，最佳观赏时期是10月1日至20日左右。进入大门，迎面可见一株巨大的胡杨王。直走就是一条大道，路边的一株株胡杨造型绝不相同，根据特点各有名字，如树魂、胡杨爷爷、胡杨奶奶、怪树林等。可以自驾车沿着这条路边玩边拍，寻找独特的画面。也可选择乘坐区间车（30元往返）进入公园深处。

从胡杨林公园再往前7公里是塔河桥镇，这里的**塔里木河大桥**是欣赏塔里木河的最佳地点。大桥周边的野生胡杨林，美丽度绝不逊色于胡杨林公园。塔里木河堪称这片区域的母亲河，孕育了沙漠中的生命和绿洲。

塔里木沙漠公路的沿途比较荒凉，轮南油田、塔河大桥、轮南镇、塔中和塔中4井有食宿条件，手机信号也仅在接近这些地方时才有。你还可以在塔中转上S233省道去且末，这一段沙漠公路是2002年通车的。

耆国的佛寺，规模较大，虽然看不到壁画和佛像，但佛寺的主体部分“千间房”残留了很多错落有致的基座、石窟，颇有沧桑意蕴。

库尔勒机场（☎0996-236 4033；市区西南迎宾路17公里处）有飞往乌鲁木齐、喀什、克拉玛依等地省内航班以及重庆、成都、北京、上海、武汉、青岛等地省外航班。

见115页

行驶路上 » 从库尔勒至轮台约187公里，经吐和高速，2.5小时车程。在出了库尔勒的几公里处，你可以顺便参观一下中国古代二十六名关之一的铁门关（门票8元，关楼门票1元，展览室参观讲解10元），它是古代丝绸之路从东往西的最后一个重要关口。从轮台县往南沿沙漠公路行驶约70公里，即到轮台胡杨林公园。

⑦ 轮台

轮台是“西气东输”的第一站，脚下蕴藏着塔里木油田数亿吨的石油资源。油气开发让轮台比起其他的南疆县城多了几分开放和现代化的气息。轮南油田高高的井架，如生长在沙海上方的钢铁森林。

见115页

行驶路上 » 轮台到库车约116公里，经吐和高速，约2小时车程。

线路亮点

⑧ 库车

到了库车，你才深切感觉到自己已身处南疆。走在**库车老城**，总会有惊喜出现。热斯坦路是老城区的主干道，两旁全是色彩艳丽的维吾尔族院落，木头大门上装饰着精致的图案。往前走几步，右边的帕合塔巴扎路曲折幽深。空气中仿佛永远飘着馕和烤肉的浓香，随便走进哪家维吾尔族的快餐店，抓饭都让人回味无穷。

数百年前旷日持久的宗教战争，让龟兹国政权灰飞烟灭，许多佛教文物古迹和文化艺术也被毁坏，但还有一些保留了下来。其中最值得一去的，是位于拜城县克孜尔乡东面确尔达格山的**克孜尔千佛洞**（门票55元，讲解60~100元；⏲夏季10:00~19:00，冬季10:30~18:30），它是中国最早开凿的石窟，已经发现的石窟有339个，保存较为完好的有80多窟，壁画总面积约1万平方米。可惜的是，跟新疆其他著名石窟一样，这里也没有逃脱20世纪初"探险家"的劫掠，很多精美的壁画被他们野蛮地从洞窟墙上切割下带走，只剩方形的窟窿。现在对外开放的只有谷西区的6个石窟，你可以欣赏到龟兹石窟艺术中独特的菱格佛本生故事画、佛因缘故事画、乐天伎舞画，以及中心塔柱式洞窟、方形窟、僧房窟等石窟结构。建议一定请讲解员带你参观，否则只能看个皮毛。

位于库车城南约30公里处渭干河边的**库木吐拉石窟**（门票35元；⏲9:00~17:00）也是龟兹佛教艺术的精品。它开凿于公元4世纪，约在11世纪被废弃。这里保存下来的壁画约有上千平方米，壁画上还有大量龟兹文、汉文和回鹘文题记。库木吐拉石窟中还有一种特别的石窟，由五个彼此相连的洞窟构成，被称为"五连洞"。据称，它由汉人开凿而成，这样的结构在其他石窟中尚未发现。

库车县龟兹机场（☎0997-7772 888）在县城西边16公里，每天有乌鲁木齐—库车的航班。

见116页

行驶路上 » 库车到温宿大峡谷约220公里，经吐和高速，在温宿工业区出口下，继续沿Y637乡道行驶22公里可达，3小时左右车程。沿途都是茫茫戈壁滩，途中服务区可以加油、用餐。

9 温宿大峡谷

温宿大峡谷（☎0997-2930 188；门票30元；⏲10:00~20:30）属于天山南麓红层大峡谷的地质地貌，在亿万年来风蚀水蚀的作用下，形成了盐岩喀斯特、丹霞、雅丹、盐丘等多种地貌并存的神奇景象。峡谷宽阔巨大，其间又有众多小的支谷，地形复杂、大开大阖。刚进景区稍显平淡，深入其中，红层岩石结构的岩层分布清晰，受挤压形成的褶皱线条十分醒目，有些岩石则分崩离析，有着千奇百怪的形状。温宿大峡谷四季风光俱佳，尤其是冬季雪后，积雪覆盖山体，血红兼雪白，特别漂亮。

目前大峡谷开发的路段沟长约十余公里，共3条支谷，自驾车进门须购买100元门票（旅游旺季不允许自驾进去）。景区区间车为敞篷越野车，300元一车，可以挤七八个人。整个行程单线往返，约需3个小时，沿途可以随意要求司机停靠拍照。景区内支谷众多，请勿擅自深入，以免迷路。夏天如遇暴雨天气，景区会暂时关闭。如在景区中突遇雨水，必须尽快转移到最近的防洪平台上。此外，驰骋大峡谷需注意防晒，戴个口罩很有必要。

行驶路上 » 温宿大峡谷到阿克苏约70公里，沿来路返回吐和高速，至阿克苏路口下高速即可，铺装路面，约1小时车程。

10 阿克苏

交通的便利和20世纪五六十年代多个建设兵团的进驻，让阿克苏成为一个相对"汉化"的城市，市政建设以"水韵绿洲"而闻名。在旅行者眼中，最适合中转与休整。10月下旬，别忘记买几个新上市的阿克苏苹果，它汁多味甜、酥脆爽口，果核呈透明状，被称为"冰糖心"。

市中心的**阿克苏博物馆**[☎0997-2158 278；阿克

苏市西大街27号；免费，凭身份证领票进入；⏲夏季（5月1日至10月1日）10:30~19:00（18:00停止发票）；冬季（10月1日至次年5月1日）10:30~18:30（17:30停止发票），周一闭馆]有三个常设专题馆，相对值得一看的是**龟兹历史文化陈列厅**，它展出了公元前两千年至近代在阿克苏地区出土和采集的近200件文物，是龟兹作为西域古国和丝绸之路佛教中心的历史缩影。在**货币陈列厅**，能看到从南北朝时期至民国时期阿克苏地区铸造的930余枚钱币，最出名的是龟兹小钱。**多浪民俗文化陈列厅**则主要展示了阿克苏地区的刀郎文化习俗，其中多浪木卡姆幻影成像剧场最值得一看。

阿克苏机场（☎0997-2541 861；城北红旗坡农场）位于市区以北约10公里，距离温宿县只有5公里。每天最多的是飞往乌鲁木齐的航班，另外通航的国内城市有北京、上海虹桥、成都、重庆、西安和青岛。

见116页

行驶路上 » 阿克苏到巴楚约240公里，3小时车程。出城上吐和高速行驶207公里后，转入三莎高速，18公里后从巴楚立交桥下高速，沿巴莎公路进入县城。途中大部分是一望无际的戈壁滩，南疆铁路经常跟高速并驾齐驱，说不定会有火车跟你一路同行。

⑪ 巴楚

巴楚历史悠久，汉朝时，它属于西域尉头国，三国、北魏时属龟兹，隋时属疏勒，战略位置非常重要，现在其周边还留存着不少上千年前的古城、要塞。县城里虽然没什么景点，却值得为美食停留一下。巴楚火车站附近有不少卖烤山羊肉的店铺，每天都有很多当地人聚集在那里大嚼烤脖子、烤肚皮。如果5月左右来到这里，则务必要品尝一下有名的巴楚蘑菇。

唐王城即唐代尉头城遗址，位于离巴楚60公里的图木舒克市北部，由古城、烽燧、佛教寺院和墓地组成。在图木舒克以北的代热瓦孜塔格山和图木舒克塔格沿线，由东至西，你依次可以发现**克克勒玛佛教遗址**、**图木舒克佛教遗址**、**化石沟遗址**等。考古推测它建于公元前206年，距今约有2200年的历史。遗址周边曾出土很多佛像、陶器、钱币和丝织品，可以想见当年的繁盛。

马蹄山在巴楚去往图木舒克的公路边，近图木舒克市的检查站斜对面。山坡的边缘陷着两个相邻的巨型筒状坑坳，内壁齐刷刷直上直下，传说是唐玄奘骑白马踩踏而成。马蹄山的前方生长着3株巨大的千年胡杨，树上挂满了人们祈福的经幡，可顺道一观。

见116页

行驶路上 » 从巴楚到喀什约270公里，经三莎高速和吐和高速，3~3.5小时车程。西库尔克勒一带路边的山体色彩丰富，非常漂亮。如果运气好，你会遇到下雨，这样拍出的照片色彩明艳，可媲美张掖丹霞。

线路亮点

⑫ 喀什

“北疆看风景，南疆看风情”，这风情指的便是喀什。这座西部边陲城市2000多年前就已是葱岭以东的大都会、西域经济文化的中心，丝绸之路在这里实现着中西方文化最激烈、最大胆的碰撞与交会。各种肤色的人会聚于此，着迷于这里错综复杂的街道和面纱下深邃的眼睛，寻找着各自心中的“一千零一夜”。

位于喀什老城中心的**艾提尕尔清真寺**（解放北路西侧；门票45元；⏲9:30~14:30，16:00~21:30）是新疆规模最大的清真寺，也是南疆极少数可参观的清真寺之一。穿过巨大的庭院，南北边各有一排教经堂，礼拜堂在寺院最西部的高台上，分为外殿和内殿，需脱鞋进入。雪白的长廊由上百根绿色的雕花立柱撑起，最中央的木雕藻井精美异常。在古尔邦节、肉孜节等重要节日，艾提尕尔广场会被挤得水泄不通，数十万人齐刷刷地礼拜。

喀什老城（江库尔干巷、布拉克贝希巷和阔孜其亚贝希巷；导游讲解60元/次，约2小时；观光车10元/人）则是当地人世俗生活的剪影，每条曲折的巷子都流淌着最纯正的维吾尔血液。老城东面有一处建在高40米的黄土高崖上的土房子，被称为**高台民居**，这也许是喀什最让人留恋的地方，里面同样街巷纵横，还有很多独具特色的古民居可以参观（喀什老城步行游览见128页）。

逛完幽静的老城，你可以去热闹的巴扎换个心情。**喀什中西亚国际贸易市场（东巴扎）**（艾孜热特路，吐曼河东岸）伴随丝绸之路已有两千多年，有着近5000多个摊位，艾德莱斯绸、帽子、英吉沙刀、干果、工艺品等应有尽有。这里是全喀什最热闹、最拥堵的生活中心，尤其是周日。

喀什有3个著名的麻扎，即**香妃墓**[又名阿帕克霍加麻扎；东郊5公里处的浩罕乡；门票30元，讲解（按人数）30元起；⏲夏10:30~19:30，冬10:30~19:00]、**玉素甫·哈斯·哈吉甫陵墓**（体育路54号；门票30元；⏲10:00~19:30）和**麻赫穆德·喀什噶里墓**（疏附县乌帕尔乡阿孜克村，距喀什主城区约45公里；门票30元；⏲10:00~19:30）。它们分别代表了喀什最重要的人物和历史。香妃墓其实是新疆境内规模和影响最大的伊斯兰教霍加家族墓地。阿帕克霍加是17世纪伊斯兰教苏菲主义白山派的首领，著名的香妃是阿帕克霍加重侄孙女伊帕尔汗，她埋葬在陵墓东北角一个用红布覆盖的墓室中，但传说那只是一个衣冠冢。玉素甫·哈斯·哈吉甫是11世纪喀喇汗王朝时的一位伟大的维吾尔族思想家兼诗人，被推崇程度甚至影响了整个中亚文化。麻赫穆德·喀什噶里则是与他同时期的一位语言学家。三处陵墓建制差不多，都由墓室、讲经堂或清真寺、纪念馆组成，这些历史上赫赫有名的人物，就归宿于喀什噶尔朴素的黄土中。

见117页

另辟蹊径
中巴公路

起点：⑫ 喀什

有“世界第八奇迹”之称的喀喇昆仑公路，蜿蜒穿越帕米尔高原，中巴公路（G314国道）就是它在中国境内的路段。从喀什开始，途经奥依塔克森林公园、布伦口、喀拉库勒湖（慕士塔格峰）、塔什库尔干，终点为红其拉甫口岸，沿途遍布壮美山峰、清澈湖泊和绝美风景，古迹同样引人入胜。全程415公里，需2~3天，5月至10月是相对适宜的季节，但最好避开8~9月的雨季，此时山体滑坡频发，随时会导致交通中断。而冬季则大雪封山，口岸也会关闭。

视觉中国 提供

喀什的艾提尕尔清真寺

食宿

乌鲁木齐 ❶

苹果之父哈萨克风情音乐餐厅

清真菜 ¥¥¥

（☎0991-233 4189；天山区南湖东路340号YOHO广场院内；人均120元；⏲13:30至次日3:00）在这里吃饭不是主要目的，重点是尽情享受民族歌舞的热情氛围。在品尝地道的哈萨克美食如烤全羊、黑抓饭、烤肉串、马肠、纳仁、油塔子和奶茶的同时，舞台上会演出"黑走马"等经典的哈萨克歌舞。记得提前预订前排餐位。23:00之后这里变成音乐酒吧，又是另一种轻歌曼舞的风情。

领馆巷"原来原味"肉馕

小吃 ¥

（☎138 9997 5740；领馆巷；肉馕 8元；⏲7:30~21:00）在地道美食藏龙卧虎的领馆巷，这家店也可算首屈一指。打馕师傅边做边卖，随着牛羊肉粒被烤得滋滋响，色泽金黄的肉馕出炉，香味四溢。出炉15分钟后口感最好，一口咬下去，热气腾腾、满口生香。

北山7号

精品酒店 ¥¥

（☎0991-332 7777；红山路北7巷186号；标间377元起；❄@📶P）酒店在一处狭窄的小巷子里，旁边是军区，让人很有安全感，房间安静而私密。一打开房门，屋内配备的蓝牙音箱就会自动播放音乐。宽敞的房间精心布置过，配有新风系统和地暖。洁白的床铺很舒适。卫浴间很大，干湿分离，还配有开放式的大浴缸。

红宝石大酒店

酒店 ¥¥

（☎0991-287 3388；团结路236号；标单/双 258/298元起；❄@📶P）酒店位于繁华的二道桥区域，门口就是二道桥公交车站，斜对面是国际大巴扎，逛景点、买纪念品、吃地道美食都很方便。服务员大多是维吾尔族，热情周到。房间装潢也带有明显的维吾尔风情，空间比较宽敞，设施齐全、干净舒适，部分房型配有电脑。

吐鲁番 ❷

凯蒂娜美食

新疆菜 ¥

（柏孜克里克街155号；人均25元；⏲12:00~22:00）这条街上人气最旺的维吾尔族餐厅，吐鲁番美食四宝之一的豆豆拌面（15元）做得最好，面条筋道，浇上热气腾腾的番茄丁、肉丁和豆豆，非常好吃。其他如豆豆汤饭（8元）、曲曲（12元）等都是百吃不厌的基本款。

海尔巴格餐厅

新疆菜 ¥¥

（☎0995-855 5111；文化东路，人工湖西侧；人均50元；⏲12:00~24:00）位于人工湖畔，装修典雅，用餐器皿讲究，除维吾尔美食之外，还提供土耳其、俄罗斯菜等；有室外露天位，可以坐在这里喝个下午茶，要杯咖啡或土耳其茶，看看湖景发发呆。

廊曼青年旅舍

青年旅舍 ¥

（☎0995-857 0357；东环路老城东门村农民住宅小区21号；铺48元，标双128元；❄@P）位于小区内，一进去就是长长的葡萄廊，夏天挂满了葡萄。一栋二层楼房带院子，公共空间氛围不错，墙上有详细的旅游线路图，拼车出行很方便。缺点是公共卫浴间不够充足，人多时洗漱比较麻烦。

丝绸之路公寓　精品酒店 ¥¥

[☎0995-856 8333；木纳尔村3组；标间淡季380元（含早），旺季680元（含早）；❄ @ P]一幢典型的维吾尔族风格建筑，房间装修却又是时尚精品风格，卫浴设施和床品都很舒适。虽然价格稍贵，但附加值很高，早餐可以在葡萄架下吃，晚上可以在屋顶平台看星星。距苏公塔较近，可步行前往，不足是离城区较远，可开车往返。

焉耆和博湖 5

尕吉尔饭店　清真菜 ¥¥

（☎0996-6019 888；焉耆县城天河大厦，农业银行和平路分理处旁；人均50元）当地小有名气的饭店，当地人聚会宴请首选这里。菜肴以本土正宗回民风味饮食为主，招牌菜回民特色“九碗三行子、九碗面子席”，被评为2008年度新疆名吃。饭店的三层以上为宾馆，标双150元，条件不错。

花儿商务酒店　酒店 ¥

（☎0996-6022 222；焉耆县城迎宾路；标间100元起，套房180元；❄ P）这是巴州的一家地方连锁店，在库尔勒、若羌等城市都有加盟店。房间风格为绿色调，看起来清爽干净。

库尔勒 6

六队馕坑肉　新疆菜 ¥

（地质六队站路边；人均50元）不吃六队馕坑肉，不算到过库尔勒。馕坑肉是把铁钎串好的肉串或羊排放进平时烤馕的土坑里烤熟，肉质特别鲜美。城北天山西路地质六队一带的馕坑肉最为出名，路边一字排开有十几家店，记住，像当地人一样点上几串馕坑肉（5元），再来1公斤烤羊排（70元），完全可以满足大口吃肉的爽感，再配一份酸辣凉皮就最好。

麻一把椒麻鸡火锅　新疆菜 ¥

（☎0996-269 1658；索克巴格路千城中门对面；人均40元；⏲11:00~22:00）把经典的凉菜发展为火锅，椒麻鸡汤锅里可以烫更多蔬菜，香鲜麻辣，别有一番味道。这家在库尔勒人气挺旺，饭点时记得早去。

龙行青年旅社　青年旅舍 ¥

[☎0996-211 2366；新华路益民小区公交站后面；标双100元，铺40元（公卫）；@ P]背包客中口碑很好的一家旅店，虽然硬件设施一般，却是库尔勒不多的一家涉外旅店。老板是当地最早玩户外运动的驴友，对库尔勒周边景点和户外探险及自驾都非常熟悉，有较好的行程建议，也提供包车、带路服务。如果聊得开心，还能享受到老板开车带你去香梨园吃梨和逛维吾尔族夜市的免费待遇。

库尔勒园林宾馆　酒店 ¥¥

（☎0996-210 8188；迎宾路3号；标双100元；❄ @ P）位于天鹅河公园边，环境幽静，最奇妙的是整个大堂就是一座植物园，穿过茂密的植物才是客房区。房间按四星级标准布置，设施齐全。距火车东站和博物馆等地都很近。

轮台 7

三宝大酒店　酒店 ¥¥

（☎0996-4696 166；轮台县城博斯坦路；标双淡季/旺季188元/268元；❄ @ P）它是轮台县城中最大的酒店，内设餐饮、KTV和洗浴中心，处在最繁华的地段。房间中规中矩，设施还不错。

Classic Trip
经典线路

库车 8

乌恰农贸市场（维吾尔族夜市）

夜市 ¥

（友谊路近天山中路；人均20元；⏲11:00至次日1:00）这里也被叫作**乌恰民族美食一条街**，街的东边是连排的馕铺，白天这里香气弥漫，不断有新鲜出炉的大馕（3.5元）飞出。几家供应维吾尔族早餐的小店10点左右开始营业，可以吃到薄皮包子、羊肉馄饨等。街的西边是乌恰农贸市场，这里白天充当菜场，日落后便成了夜市，各种美食汇聚，烤全羊、羊头肉、羊杂汤、烤肉，还有应季的水果、干果和酸奶。食客都是当地人，哪怕不通汉语的店主，也会客气地示意吃完再结账。

库车扎巴依客栈青年旅舍

青年旅舍 ¥

（☎180 9587 9669；天山东路450号，塔里木酒店对面塔运司旁边院内；床位45元；标双168元；❄📶🅿）这家2016年新开的小店有些难找，你需要先找到天山东路长江路口的兵三司加油站，从其对面的长风旅社院口进入，才能看见他家的蓝色房子。虽然位于修车厂内，但旅舍的内部却令人惊喜，不但整洁温馨，还有各种主题房，最大的房间（248元）可以容下四人同住。这里还能提供游玩库车的详细信息，有各种贴心的饮料和小吃。

阿克苏 10

阿尔亲餐厅

清真菜 ¥

（☎0997-2187 333；西大街；人均35元；⏲10:00~23:00）民族风格与西式元素混搭的餐厅。传统的碎肉抓饭（22元），量不巨大，羊肉和葡萄干很舍得放；烤羊肝（6元）也不错，切得薄薄的肝片与肉片混着，入口即化，香甜不腻。其他招牌菜有纳仁（18元）、烤肉（48元）、烤架子羊（118元）、土耳其面（36元）等。下午还经营咖啡饮品和精致的点心。吃罢可以再去它隔壁的凯迪巴依冰品店来一份有阿克苏特色应季冰激凌（3元）。

汉庭连锁酒店

连锁酒店 ¥

（☎0997-6339 333；东大街1号；标双180元；❄📶🅿）这家店位置无与伦比，就在大十字的路口，属于市中心一带性价比较高的酒店。内部装修依然较新，保持连锁酒店的一贯水平。二楼就有供应早餐的西式快餐店。

太百商务酒店

酒店 ¥

（☎0997-2144 888；新华东路33-1号，太百购物中心；标双188元；❄📶🅿）房间够宽敞，配有电脑，还贴心地配有开瓶器、指甲刀、剪刀，甚至按摩器。每天8:00~10:00有免费的早餐，住客还可以享受免费刷鞋、免费洗衣（大件衣物收取2元/件）、免费泡脚等服务。与太百购物中心同栋，直接可以通往楼上的电影院和美食街。酒店门口就有出租车扬招点。

巴楚 11

叶尔美国际大巴扎

夜市 ¥

入夜之后，文化东路近胜利路口，叶尔美国际大巴扎外围的人行道上的夜市每天都火爆到凌晨一两点，且全年无休。这里有几种食物你不可错过：**巴楚烤鱼**的技艺可以算得上是千百年地传承。100元整条，可以分半条卖。**羊杂碎**（小5元，大10元），用羊肚包裹的羊杂羊血，在红汤里煮熟，吃时切成小块，淋上辣椒，酸辣咸鲜。**油包肝**，一种奇特的食物，先将羊油膜从羊肠内壁剥下，再把切成丁的羊肝填塞进去，味道非常奇妙。**烤蛋**也很受欢迎，火炭旁围着鸡蛋、鹅蛋，甚至有鸵鸟蛋，还可以选择全熟或半熟。

喀什 ⑫

金噢尔达饮食 清真菜 ¥¥

（☎0998-2583 555；西北路财贸学校对面；人均70元；⏲10:30~23:00）口碑极好的一家餐馆，充满了维吾尔风情，装潢华丽的程度让人惊叹，但菜价却依然亲民。服务员大多通汉语，会耐心地给你推荐各种特色菜。主要经营维吾尔族餐，土耳其烤肉和各类面食，羊肉自然味道不会差，还可以尝试配一壶金噢尔达特色茶，口味丰富且甘甜。

百年老茶馆 小吃 ¥

（吾斯塘博依路库木代尔瓦扎路交会处；人均25元；⏲8:00~22:00）这家茶馆是喀什现存最老的一家，喝茶传统百年如一日地在这里延续。双层的小楼，自带阳台，午后阳光下俯瞰百年老街的车来人往相当惬意。来这里喝茶的多数都是白胡子老人，一个馕一壶茶，是下午茶的标配。运气好的话还能听到当地人的热瓦普弹唱，店员会邀请你一起旋转着舞动双手。不过，这家茶馆的菜单是针对游客的，当地人是内部价，但这里的维吾尔族风情和环境还是会让人心甘情愿，点最便宜的奶皮茶（15元）就可以，烤包子（3元）价格和外面一致。

苏力旦大饭店 酒店 ¥¥

（☎0998-6893 333；解放北路37号；标双238元；❄📶Ⓟ）位置紧靠艾提尕尔广场。三个穹顶的门面就充满华丽的西域风情，房间家具都是浓郁的本土欧式风格，床铺崭新而干净，舒适的床垫能保证一个好觉。配备齐全，还有迷你冰箱。也有三人间（338元）和豪华间（428元）。酒店旁边就是伊合拉斯大超市，巴扎夜市就在对面。可以说是综合本土化又舒适度的最佳选择。

速8喀什老城店 连锁酒店 ¥

（☎0998-2591 555；阿热亚路810号；标双120元；❄📶Ⓟ）老城除了青旅之外最合适的住处了。连锁酒店的标配，所在的阿热亚路段也较为安静，能够体验和老城同醒同眠的节奏。住靠巷子的一侧视野更好，只可惜漂亮的阳台是封闭的。

经过亿万年的风剥雨蚀、洪流冲刷，
方才幻化出鬼斧神工的**天山神秘大峡谷**

独库公路

4

G217国道独山子至库车段，以最短的距离翻越天山山脉，贯穿南北疆，堪称新疆最著名的自驾景观大道。公路穿越雪山、冰川、草原、河谷，地貌奇峻、风光独特。走一趟独库，能以最短时间看遍最精彩的新疆。

线路亮点

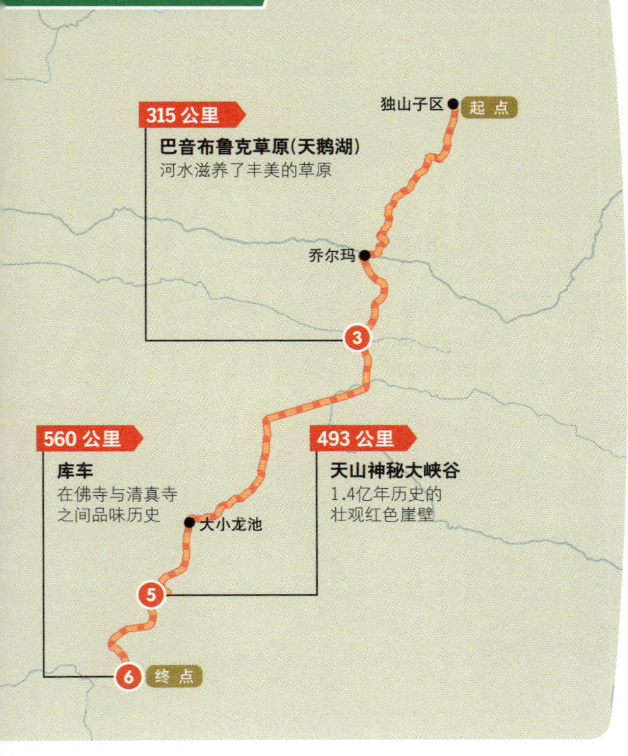

2~3天
约560公里

最适合

4WD

何时去

公路仅在每年6月至10月初开放，7、8月是游览草原的最佳季节。

最佳摄影点

天山神秘大峡谷，山石红如火烧。

最佳自驾体验

独山子至乔尔玛，山路盘旋，景色壮观。

4 独库公路

堪称公路建设史上一座丰碑的独库公路宛如盘卧天山的一条巨龙，跨越莽莽天山山脉，翻越4座海拔3000米以上的达坂（垭口），一天之内就可能经历春夏秋冬，看尽典型的新疆地形地貌，饱览维吾尔、蒙古、哈萨克民族风情。如今除部分道路在整修，基本全为铺装路面。多数路段限速每小时40公里，不允许7座以上客车进入。沿途需注意坠石、暗冰，连续弯道时减速，尤其是下雨天，公路非常容易发生泥石流、水毁、塌方等灾害。每年的10月至次年5月，独库公路会因大雪封山，禁止通行。

❶ 独山子区

独山子曾经是一片荒凉的戈壁，而石油改变了一切。独山子一带的石油开采始于1897年，1909年打出了第一口工业化油井，如今承担着克拉玛依地区石油加工的重任。独山子城区不大，街上空旷又冷清，因距天山更近，夏日更清凉。

泥火山（门票 免费）位于城区西南1公里。你可以徒步爬上山顶，往返约5公里，需1小时左右。如果对自己的车辆性能和驾驶技术足够自信，也可以沿着一车

宽的砂石土路开车上去。沿途经过的**独山子油田遗址**是1909年新疆钻出第一口油井的位置，在纪念碑附近你还能看到石油留下的黑色痕迹。继续上山，你会看见一个个往外翻泡的小泥潭，最大的喷口直径约60厘米，高出地面1米，泥浆呈灰绿色，略带石油味。山顶可以俯瞰整个独山子城区，巨大的油罐在阳光下闪耀。

独山子周边的交通四通八达，至克拉玛依约200公里，至乌鲁木齐约250公里，一路上都是宽阔平整的高速公路。

见125页

行驶路上 » 从独山子至乔尔玛约135公里，铺装路面，由于山路曲折，弯道很多，所以需要3~3.5小时车程。出独山子就一直是上坡路，约30公里后，你会进入壮观的奎屯河大峡谷。随着行程的深入，道路两侧逐渐变得山高谷深，色彩斑斓的裸岩高耸入云，几十公里内都是这样令人目不暇接的景观。海拔一路升高，到乔尔玛时，气温比独山子城区至少低10℃，请及时添衣。

❷ 乔尔玛

乔尔玛是修筑公路年代形成的小镇，位于独库公路与伊乔公路的交会处，三岔路分别通往库车、独山子和伊犁。镇上有简单的餐馆、住宿点，可以在此加油、停车休息。

独库公路横贯天山，一多半修在常年为冰雪覆盖的悬崖峭壁上，艰险异常。当年为了修筑这条路，三万多名解放军工程兵付出了巨大的代价。河南边的**天山独库公路烈士纪念碑**纪念了修筑独库公路的历史，**烈士陵园**中埋葬了168位筑路英烈的遗体，守墓人陈大叔就曾经是筑路工程兵的一员。

行驶路上 » 从乔尔玛到天鹅湖为180公里，铺装路面，山路盘旋，需4小时。在距乔尔玛约120公里的地方，你会经过G217国道和G218国道交会的路口（零公里），从那儿到那拉提草原只有7公里。这段路沿途都是高山草甸，不时会看见山坡上的大群牛羊。停车时小心牧羊犬，它们对陌生人都不大友好，有时会追上来猛咬。9月中旬天气变冷，牧民们会转场，公路经常被慢悠悠行走的牛羊占住，你和车将被牲畜抖动的肥臀形成的汪洋大海淹没。

线路亮点

❸ 巴音布鲁克草原（天鹅湖）

巴音布鲁克是蒙古语，意为"富饶的泉水"。上千处小小的泉水遍布天山南麓腹地，与四周的雪山融水汇聚成巴州的母亲河——开都河。河水滋养了丰美的草原，形成了或大或小的湿地沼泽，并引来了大群的鸟。巴音布鲁克草原上有中国第一个天鹅自然保护区：**天鹅湖**（门票65元，观光车票90元；景区4月中旬至10月下旬开放）。它由众多相互串联的小湖组成，栖息着超过120种鸟类，其中最珍贵的是野生天鹅种群，此外还有黑鹳、金雕、白肩雕等珍稀鸟类。6月是观鸟的最佳时节，届时会有大群的天鹅、雁鸥从南亚甚至地中海、红海远道而来，并在此筑巢孵卵。游览时请不要惊扰它们。

6月至8月是旅游旺季，这时天气凉爽，牧草丰茂，视野里全是几乎要滴油的绿色。农历六月初四至初六，一年一度的草原盛会**那达慕**以及**东归艺术节**，在天鹅湖景区所在的巴音布鲁克镇举行，有赛马、摔跤、赛羊、赛牦牛等活动和民族服饰、民族歌舞等传统表演。

镇上还有一个**土尔扈特民俗文化村**（门票20元）。除了展示土尔扈特部落的民俗之外，还有以东归为主题的**实景演出**（门票100~280元不等；6月至8月的旺季每天上演），场面宏大。

你也可以不进景区，公路边的草原风光同样美丽。巴音布鲁克镇往乔尔玛方向的5公里处有一处**湿地景观**，与被圈起来收费的湖泊相比，免费开放的它并不逊色。

从巴音布鲁克镇出发，沿S321省道和G218国道可以去库尔勒，全程约400公里，铺装路面，6~8小时车程。

见125页

行驶路上 » 从巴音布鲁克草原到大小龙池约110公里，铺装路面，2.5小时车程。在这段路上，你已从草原逐渐进入了山区，海拔也随之升高，到铁力买提达坂（海拔约3220米）时已是明显的高原风光：冻土常年不融，山顶白雪皑皑。通过1800多米长的铁力买提达坂隧道时要小心，隧道内温度较低，时有暗冰。进隧道前需先鸣笛。出隧道后是连续13公里的盘山弯道，请减速行驶。

❹ 大小龙池

大龙池、**小龙池**是天山深处的两个高山湖泊，由天山雪水融汇而成，水域宽阔，清澈见底。大龙池面积较大，水色格外秀美。唐玄奘的西去取经曾途经大龙池，在他所著的《大唐西域记》中有关于大龙池的描述。两个湖泊相隔约4公里，都在G217国道旁边，可以顺道一观。

大龙池一带修建了避暑山庄，因为紧靠大龙池，成为摄影师热衷抢占的一站。但这里的条件并不如名字大气，住宿有普通单间和毡房，价格200~300元。

行驶路上 » 从大小龙池到天山神秘大峡谷约68公里，铺装路面，1.5~2小时车程。

线路亮点

❺ 天山神秘大峡谷

天山神秘大峡谷（门票45元；⏲夏季9:30~20:00，冬季10:00~19:30）的入口位于G217国道旁边。峡谷长约5.5公里，庞大的红色山体群形成于距今1.4亿年的中生代白垩纪，经亿万年的风剥雨蚀，洪流冲刷，两边的石壁幻化成各种造型，鬼斧神工，惟妙惟肖。进入其中，巨大的红色砂壁仿佛立刻就要迎面扑来。如果想要把这种“压力”推向极致，可以尝试走一下分支的**盖世谷**和**神蛇谷**。

峡谷中唯一由人工完成的杰作，就是**阿艾石窟**。它位于峡谷谷口约1.5公里，开凿在高高的绝壁之上，内有残存壁画，还有大量的汉字题记，甚至供养人的姓名都清清楚楚。因为地处高处而攀登不便，相对同时期的其他石窟，这里保存得相当完好，可惜平时不开放，只能在谷底仰望。

峡谷内只能步行，全程往返约需3小时。游览时注意两侧高处的落石。如夏季突遇降雨，谷中水流会迅速增加，请立即停止前进并撤往高处的安全岛。

行驶路上 » 从天山神秘大峡谷到库车约70公里，铺装路面，1.5小时车程。沿途的峡谷也非常漂亮，红山石林、雅丹地貌苍凉壮美。途中你会看见路牌，可以绕道6公里去看看克孜尔尕哈烽燧（门票15元）。这座看起来不起眼的黄土建筑物，是目前丝绸之路上年代最早、保存最为完好的一座烽燧，始建于汉宣帝年间，已在这片河床上矗立了近两千年。现残高约13.5米，上有望楼，顶部还有木制构件。

线路亮点

❻ 库车

当库车还叫龟兹的时候，已是声名远播。早在汉代以前，龟兹就是西域三十六国中的大国之一。汉朝凿空西域之后，在这里设立了安西都护府，龟兹由此成为中央政府在西域的政治与军事中心，加上地处丝绸之路往来要冲，库车就像一块海绵，吸纳了四面八方的文明因子，在西域文明史上盛极一时。龟兹曾被称为“西域乐都”，龟兹音乐的向东传播推动了中国古典雅乐的重建。自隋唐始，龟兹乐舞在宫廷中盛行，著名的“霓裳羽衣曲”正是来自龟兹。在一个漫长的时期里，龟兹曾经左右着佛教在西域与中原之间的传播。

库车值得停留一天。库车老城区仍然保留着浓郁的维吾尔族风情。**库车清真大寺**（老城区帕合塔巴扎路；门票15元；⏲9:00~21:00）是库车最大的清真寺，规模仅次于喀什的艾提尕尔大寺，已有500余年历史。院内还有一处古老的宗教法庭，是目前新疆仅存的一座。从这里的后廊可以望见一片相当古老的库车民居。

视觉中国 提供

巴音布鲁克天鹅湖

当地知识
龟兹石窟

作为曾经的佛教中心，库车周边石窟、佛寺遗址众多，占全新疆同类遗址总数的5/6。它们最早开凿于公元1世纪，历经15个朝代共1300多年，其历史比著名的莫高窟还早。目前已知库车周边的石窟多达14处，共652个洞窟，其中国家编号的有552个。龟兹石窟在石窟建筑、壁画技艺和绘画造型方面都有独特的艺术风格，尤其是中心柱窟的形制和菱格故事画法，可谓独树一帜，在世界其他石窟中从未出现过。

除克孜尔千佛洞（见110页）、库木吐拉石窟（见110页）、阿艾石窟（见122页）外，以下是龟兹石窟中比较重要的石窟：

森木赛姆石窟 位于县城东北40公里处，从公元四五世纪和克孜尔千佛洞同时期的健陀罗风，到六七世纪开凿大像窟，8世纪之后出现回鹘风和汉风，都能在此看到。最为特殊的是第26窟的礼拜窟，窟中保留一个中心柱，柱子四面开凿又各成一窟。导航可以定位克日希（或克尔希）村，由此向西北的却勒塔格前行约10公里，直到发现溪水流出的山谷，洞窟就分布在马蹄形山谷里。

苏巴什石窟 位于库车县城以北25公里处的确尔达格山口，紧邻苏巴什佛寺遗址。现有国家编号石窟7个，多为龟兹地区少见的十字形禅窟，其用途主要是为苏巴什大寺中的僧人提供修行参禅的场所。

克孜尔尕哈石窟 位于库车县城西北12公里处的盐水沟，与克孜尔尕哈烽燧相距1公里。现有国家编号洞窟54个，但目前洞内还残存壁画的仅剩下11个。窟式以中心柱窟为主，壁画以本生故事和因缘故事为主。在壁画中出现了地神托举龟兹国王和王后的形象，有些洞窟石壁上绘有大幅本生故事，这在其他石窟中尚未见到。

不远处的**库车王府**（老城区林基路街90号；门票55元；⏲9:00~20:30）是最后一代库车王达吾提·麦合苏提曾经的居所，他曾经亲手栽种的花草和石榴树，仍然生机勃勃地迎接着游人。可在此了解12代库车王的历史，王府中的**龟兹博物馆**（原库车县博物馆）展出了上万件文物。

库车大馕是南疆最出名的大馕，最大直径可达一米左右。这些香味扑鼻的庞然大物已成为库车一道独特的风景。当地人特意建造了**大馕城**（胜利路，近建设路；门票20元；⏲10:00~19:30），复原了库车馕最原始的制作过程。别忘了跟门口的大馕合一张影。

位于库车县城东北26公里的**苏巴什佛寺遗址**（门票25元）初建于魏晋，隋唐时期最为兴盛，曾经是龟兹国的皇家寺庙，高僧鸠摩罗什都在此升座讲经。目前开放参观的西寺范围连整体的四分之一都不到，其中保存相对完好的是西寺中部佛塔和西寺大殿。2015年苏巴什佛寺遗址发现了13座新的佛寺僧房，正在申报世界文化遗产，现在进入遗址区域需要签署承诺书，保证整个参观过程不走出景区的木栈道，走完一圈只需30分钟。

见125页

食宿

独山子区 1

明珠夜市
夜市 ¥

（伊宁路；⏲夏季18:00至次日1:00）有烧烤也可点菜，正宗椒麻鸡店的胡辣羊蹄、小马椒麻鸡大盘店的椒麻鸡最好吃。

玛依塔柯酒店
酒店 ¥¥

（☎0992-388 6866；大庆东路11号；标单/双 468/388元；❄📶🅿）定价亲民的五星级酒店，除了床不够柔软，其他皆不错。

巴音布鲁克草原（天鹅湖） 3

白天鹅酒店
酒店 ¥¥

（☎0996-5350 369；巴音布鲁克镇上；标双150元起，旺季350元左右，含双早；📶🅿）酒店设施较好，是品质旅游团的首选。房间大，床品干净，淋浴房的水很好，较冷的天气会开放暖气。不过因为旅游团客人较多，起床晚的话会吃不上免费的早餐。

蓝天大酒店
酒店 ¥¥

（☎0996-5350 838，152 0996 0688；巴音布鲁克镇上；标双160元起，旺季300～400元不等，含双早；📶🅿）酒店带可停车的院子，还有专门的保安。房间条件与镇上同等价位的酒店持平。

库车 6

卡依木·巴拉提抓饭馆
维吾尔餐 ¥

（友谊路近天山中路；抓饭14元；⏲11:00～15:00）尽管抓饭在新疆随处可见，但这家的抓饭是在我们调研中最让人记忆深刻的一家。带肉抓饭14元一大盘，看似两个人的饭量，美味到一个人能吃完。

库车饭店
酒店 ¥¥

（☎0997-7999 999；天山路266号；标双288元，含双份早餐；❄📶🅿）库车县城最好的宾馆，外观就够气派，五星级配置，服务也是星级水准。房间很大，床品舒适，自助早餐品种相当丰富。还配有简单的健身房。淡季折扣较大，入住物超所值。

步行游览
乌鲁木齐老城区

起点: 汗腾格里清真寺

终点: 洋行清真寺

距离: 3公里

需时: 1小时(不含游览时间)

从解放南路至胜利路(南门到二道桥),是乌鲁木齐历史最悠久的城区,这里隐藏着古老的中亚风情和地道的维吾尔族美食,还分布着本市最主要的几座清真寺,建筑风格各异。

可使用此步行游览的线路:

1 3

❶ 汗腾格里清真寺

(解放南路北端)"汗腾格里"在维吾尔语中意为"王中之王",大寺整体为塔楼形,有醒目的黄砖外墙和高大的新月高塔。

行走路上 » 穿过马路,进入建中路,然后在永和正巷左转,便到了陕西大寺。

❷ 陕西大寺

(永和正巷)颇似中原宫殿,其前部为单檐歇山式,铺琉璃瓦顶,走廊支撑有红圆木柱,后部的望月楼则为上八下四的重檐式"八角楼"。

行走路上 » 回到建中路往南走,在新市路右转,然后回到解放南路继续向南走,在龙泉街右转,即可望见新疆民街极具伊斯兰风情的建筑外观。

❸ 新疆民街

(龙泉街)一栋典型的伊斯兰风格大型建筑,内部汇集了新疆13个世居民族的餐饮、特产等。商品与国际大巴扎雷同,但略显萧条,人流更少。5楼设有展示民族服饰、乐器的民俗博物馆,以及展示了全疆地形地貌、名胜古迹、城市建设的微缩景观。

行走路上 » 过街走进龙泉街南巷,这条人流密集的巷子里也有一座中原亭阁与伊斯兰风格结合的清真寺——老南坊坑坑大寺。路过这个名字有趣的清真寺后,在路口往左转,就进入了熙熙攘攘、热闹非凡的双庆巷。

❹ 双庆巷

这条狭窄的巷子里云集了大量的维吾尔餐馆、小吃店、药店、小商铺,沿街摆着刚烤好的包子和馕、热气腾腾的羊肉、清爽的酸奶刨冰、形形色色的草药,揽客声和叫卖声此起彼伏,头戴小花帽的男子与裹着艳丽头巾的女子从你身边经过。

行走路上 » 穿过双庆巷后，你会发现自己又到了龙泉街，那么就再回到解放南路继续南行，路边通体洁白的白大寺会吸引你的眼球。往前几步在路口左转，就到了撒拉寺。

❺ 撒拉寺

（撒拉寺巷27号）这座清真寺为撒拉族修建，始建于1865年，1948年翻修后沿用至今，除礼拜大殿外，还有讲经堂、水房等。

行走路上 » 再次回到解放南路，往南走就是二道桥大巴扎。

❻ 二道桥大巴扎和南大寺

（解放南路37号）这也是一处采购旅行纪念品的好去处，所售货物和价格与新疆国际大巴扎类似。巴扎南侧有一座采用中原建筑风格的宏伟清真寺——南大寺。大寺始建于1919年，后经三次重修，礼拜大殿由朱红色柱子支撑，屋顶前部檐作歇山式，盖琉璃瓦。

行走路上 » 大寺对面就是新疆国际大巴扎。继续向南走，过马路就到了胜利路。前行5分钟就可以看见洋行清真寺高耸的塔楼。

❼ 洋行清真寺

（胜利路143号）这座清真寺始建于1897年，由塔塔尔族人士捐资兴建，故俗称“塔塔尔寺”。外墙贴满瓷砖，礼拜堂前廊柱有不少雕花彩绘，堂内的房顶、垂檐、门窗装饰着花卉图案、几何图案的砖雕和木刻，堂内铺满地毯，可供千人同时做礼拜。洋行清真寺旁的领馆巷聚集了大量老字号维吾尔族餐馆，在此大快朵颐一番结束这趟步行游览吧。

行走路上 » 在此可搭乘BRT3路返回起点。

步行游览
喀什老城

起点： 艾提尕尔广场

终点： 东巴扎

距离： 4公里

需时： 2小时（不含游览时间）

老城是喀什的灵魂，弯弯绕绕的街巷是中国唯一的有伊斯兰特色的迷宫式街区，也是喀什最能"蛊惑"你的地方。巴扎是维吾尔族人生活的缩影。很难有一条路可以贯穿老城所有的精彩，我们在此提供一条参考路线，但更希望你抛开地图，在迷路中获得惊喜。

可使用此步行游览的线路：

3

❶ 艾提尕尔清真寺

这是新疆规模最大的清真寺，整座建筑庄严古朴，细节处也体现了精湛的工艺。从清真寺南侧走进**吾斯塘博依路**，经过一排衣帽商店，来到一个街心集市，这里有一栋绿色建筑，是家历史悠久的**百年老茶馆**，如果阳台有空座，那可是相当难得。

行走路上 » 穿过解放北路的地下过街通道，进入欧尔达希克路，这里有片小广场，入夜后便成了热闹的夜市。在一个卖馕的摊位处留意一下对面，巷口有个喀什噶尔老城景区的牌子，走进去就进入老城了。

❷ 喀什噶尔老城

老城里每隔几十米便有一座清真寺，你还可以去**铜器手工坊**和**艾德莱斯绸手工坊**转转。当走到**布拉克贝西九眼泉**时，别急着下坡，而是返回到主街上，拐角处便是**吾尔达西克清真寺**。

继续向南，在十字路口转入**恰萨路**，前行约50米是**沙吉亚买德里斯**，这是喀喇汗王朝时期著名的经学院，可推门进去参观，12间教室都已是空屋子。出教室向南，会经过一座看上去灰头土脸又不失威严的房子，屋檐的木雕古朴而精美，这里是**喀什伊斯兰教协会**，也是一座已废弃的经文进修学校。

行走路上 » 从喀什伊斯兰教协会出来，在前面的分岔路右转，接下来就是一连串的巴扎了。

❸ 老城巴扎

当空气中飘来各种香料味，便到了**土特产巴扎**，再前行是**帽子巴扎**。返回来沿着**阿热亚路**走，穿过十字路口，耳边传来此起彼伏的打铁声，这里是**坎土曼巴扎**，也就是铁艺集市。你该在此放慢脚步，周围民居精美的砖雕和木雕都值得你驻足欣赏。

走出阿热亚路后，是**青年广场**，逢礼拜时间，广场西侧的**阿热亚清真寺**就会敞开大门迎接信徒。接下来去看看**花盆巴扎**，这里的花盆都是本地土陶手工作坊制作的。

行走路上 » 穿过吐曼路，黄土崖上的高台民居呈现在你眼前。

❹ 高台民居

民居里面的小巷犹如迷宫，但都是同一个巷子名：阔孜其亚贝希，维吾尔语是“高崖土陶”的意思。这里原来有近百家手工土陶作坊，不少民居已有百年历史。凡挂木牌的民居都可参观，巷子里不时出现过街楼、悬空楼、半街楼。

行走路上 » 出高台民居，从东大桥过河到艾孜热特路上，过红绿灯沿艾孜热特路往东走，你的右手边就是东巴扎。

❺ 东巴扎

东巴扎上有5000多个摊位，市场按区归类，你可以在纪念品专区找到艾德莱斯绸、帽子、英吉沙刀、干果、工艺品等。巴扎的东侧有一条小吃街，逛累的时候可以来这里缓冲一下。周日巴扎最热闹，即使不购物，来围观一下也不会失望。

行走路上 » 你可以打车（起步价5元）回到爱车停放的位置。

甘肃、青海、陕西和宁夏

广袤的甘肃、青海、陕西和宁夏，坐拥灿烂的历史和多元的地貌，是理想的自驾目的地。

河西走廊除了闻名于世的莫高窟，更多文明的遗迹会与你沿途相随：古长城、大佛寺、骊靬古城、嘉峪关……正如丝绸之路上一个个娓娓道来的故事。而黄河另一侧的甘肃南部是青藏高原的东缘，水草丰美。

藏区是无数旅行者向往的地方，大美青海绝非虚言。青海湖、柴达木盆地、青藏高原，都是大美之地。青海前往拉萨的两条公路穿越藏北，能提供更直接的青藏高原体验。

大风歌里金戈铁马，周秦汉唐总是长安。一道长城往西去，古迹伴随高墙一路展开。陕北的黄土高坡曾经红旗漫卷，古村古镇旧貌新颜同在。翻过六盘山，来到回族兄弟的家乡，清真寺里回荡着信仰的声响。

夏秋两季通常是这一地区最好的时节，尤其是7、8月草原花开，更有丰富的民族节日。游玩之余别忘了大街小巷里的特色美食，那里有老饕都赞不绝口的羊肉。

甘肃**张掖**，公路在七彩丹霞地貌间穿梭
视觉中国 提供

甘肃、青海、陕西和宁夏

Classic Trip

5 丝绸之路东线 15天

从西安经甘肃到星星峡，丝绸之路才刚刚开始，历史民俗与自然奇迹一路相伴。（见135页）

6 甘南线 12~15天

年迈者在这里用不老的山河对抗年华，年轻者却渴望终老在飘荡的经幡之下。（见155页）

7 青海湖环线 4~5天

环湖并非只是看湖，油菜花、羊群、经幡、茶卡盐湖，沿途风景变化让你的自驾之行一点儿也快不起来。（见169页）

8 唐蕃古道 7~10天

若你有一部越野车，就可以领略到与西藏不同的浓浓的藏区风情。（见181页）

Classic Trip

9 青藏线 5天

这是进拉萨之坦途，沿途有雪山和草原与你相伴，别忘记提防高原反应。（见191页）

10 西安到延安 8~10天

先沿着黄河北上，再顺着长城往西，雄奇的自然，古老的历史，最好在信天游的高亢中一路驱车。（见203页）

11 西安到银川 5~7天

沿途有众多的佛教石窟，还有道教建筑和清真大寺，翻越六盘山看天高云淡，穿越黄河看黄沙滚滚。（见217页）

不要错过

莫高窟

如果一个美丽的故事在千年后令人悲伤，那么它一定曾美得无法想象。5

扎尕那

这里代表了甘南山水的精华，有越野路线和若干难度不等的徒步路线，商业化气息还不浓。6

茶卡盐湖

这是青海湖环线上的绝对亮点，“天空之镜”映出的完美倒影定会让你惊喜。7

阿尼玛卿雪山

来到这座神山面前不容易，但令人屏息的美景绝对值得你路上的颠簸辛劳。暂时放下相机，加入朝圣者的队伍吧。8

龙洲丹霞

风吹水蚀的独特地貌，波涛般起伏，天光云色的影调变幻，红砂岩更是如火如荼。10

崆峒山

西北的名山，却有江南的秀美。道家的圣地，吸引了无数风流人物。11

敦煌可能是你旅程的尾声，
但对古人来说，漫长的告别才刚刚开始

Classic Trip

经典线路

丝绸之路东线

5

古老的丝绸之路东段从西安出发，至星星峡入疆，沿途分散着数量惊人的文化遗产和迥异于中原的异域风景。

线路亮点

15天
2086公里

最适合

何时去

5月到10月，尤其是7月中至8月底的旺季，正是自然风光最美的时节。

最佳摄影点

丹霞景区，雨后初晴的日出和日落；雅丹地质公园南区制高点。

最佳博物馆

陕西历史博物馆、甘肃省博物馆。

Classic Trip 经典线路

5 丝绸之路东线

追随张骞和玄奘的足印，从西安开始这段漫长的旅途。在陕西境内，中国古代和丝路西进的文明遗产得到了系统性的保留，你更有机会品尝种类繁多的关中小吃。继续向西进入甘肃，历史的表情栩栩如生：麦积山泥塑的微笑，定西古驿站的挽歌，乌鞘岭畔长城的凝视，还有河西走廊迎面吹来的风。武威、山丹、张掖，这些祁连山下的名字，一笔是壮美的山河，一划是耀古烁今的雄心与豪情。然后，西出一个又一个不再有故人的关隘，嘉峪关、阳关、玉门关的干燥与荒凉，以及缓慢褪色的敦煌，仿佛在昭示文明只是昙花一现。

线路亮点

❶ 西安

站在**陕西历史博物馆**[☎029-8525 3806；小寨东路91号；凭有效证件免费领票，特展唐代壁画珍品馆300元，大唐遗宝展 淡季（12月1日至次年2月底）20元，旺季（3月1日至11月30日）30元；自动语音导览机30元；⏲冬季（11月15日至次年3月15日）9:00~17:30（16:00停止发票），夏季（3月16日至11月14日）8:30~18:00（16:30停止发票），周一闭馆]的沙盘边，看张骞和玄奘等先驱当年驻留的驿站渐次亮起了灯，而当你低头，恍然间发现自己正站在这条伟大丝路的起点。历史上，西安的辉煌与黯淡，密切地关联着丝绸之路的兴衰。博物馆展出其中的商周青铜器、历代陶俑、汉唐金银器、唐墓壁画等精美绝伦，值得花一天时间仔细欣赏。

从博物馆向东南走2公里，便来到了**大雁塔**和**慈恩寺**[☎029-8555 1600；雁塔南路北口；门票50元，登塔30元；⏲8:00~18:00（旺季），8:00~17:30（淡季）]。玄奘取经归来后，被请到寺中住持译经，后为安置经书，他受命建造大雁塔。大雁塔无檐无檩，毫不花哨，是真正的大巧不工。

来到西安，自然会去**回坊**觅食，除了琳琅满目的小吃，回坊亦是丝路的见证者之一。来自中亚、西亚的商旅在此聚集，带来了西域商品，也带来了伊斯兰教和清真寺。其中，在**化觉巷大清真寺**里，至今还保存有唐朝时期的地砖雕刻。**钟鼓楼**（见228页）离回坊很近，夜里全楼亮灯，照亮周围的车水马龙，是

当地人声音

庞军

敦煌人、罗布泊自驾向导

罗布泊的冬天很冷，夏天极热，因此最合适自驾的季节是9月至10月。你需要带双倍的水，途中可以加油。进入罗布泊需要分别得到敦煌西湖国家级自然保护局和新疆野骆驼保护局的许可，费用不菲。自驾穿越罗布泊的最大乐趣在于空旷苍凉的风景以及变幻的地貌。你可以看到沙漠、戈壁、湿地等多种地貌，罗布泊的沙丘很特别，那里不是沙山，而是呈羽毛状的平缓沙坡，所以车辆在里面最快可以开到80公里/小时。另外，目前楼兰作为军事用地，已由总后勤部管理，社会车辆无法进入。

上图：法门寺

一处不错的摄影点。

见150页

行驶路上» 从西安走G70福银高速至乾陵出口下即可，然后从乾陵东门进入景区。全程90公里，约1小时20分钟。

线路亮点

❷ 乾陵

乾陵[029-3551 0222；乾县城北梁山；门票为通票，含5个景点，旺季122元（3月至11月），淡季82元（12月至次年2月）；8:30~17:30]在中国历史上创造了三个唯一——唯一的两个皇帝合葬墓、唯一的女皇帝墓、唯一未被盗

视觉中国 提供

掘的唐代陵墓。这里的无字碑与六十一番臣石像留给后世无尽的猜想。

乾陵陪葬墓有17座，目前开放的3座，结构相似但各具特色：**乾陵博物馆**建在永泰公主墓上，展出的文物以唐三彩、彩绘俑、壁画和石椁线刻画为主，旁边还有个**乾陵地宫**；**懿德太子墓**也设有文物陈列室；而武则天次子的**章怀太子墓**规模最小。三个墓道内所见壁画多为复制品，若你已在**陕西历史博物馆**（见137页）见过真品，这里可以略过。

乾陵停车收费混乱，除了章怀太子墓停车免费，其他几个点都要收费10元/次，使得游客不得不去乘坐30元/人的观光车。

行驶路上 » 从环陵路南下至S107省道，随后一直向西行驶。铺装路面，路边主要是垂柳和苹果园。全程42公里，约45分钟。

❸ 法门寺

法门寺[☎0917-5258 888；扶风县城北10公里处法门镇；门票为通票，旺季120元（3月至11月），淡季90元（12月至次年2月）；⏲旺季8:30~17:30，淡季8:30~17:00，佛指舍利展出时间：农历每月初一、十五及周末10:00~16:00]藏有佛教界的至高圣物——释迦牟尼佛真身指骨舍利，以及同时出土的三枚影骨和大量的唐室供佛珍品。这些宝物分别藏于**合十舍利塔**、**地宫**和**法门寺博物馆**。其中，博物馆和寺院提供收费的讲解服务。如果不了解相关历史，只能走马观花看不出个所以然。

法门寺景区门口的停车费为10元/次。

行驶路上 » 沿S107省道向西行驶。全程32公里，约40分钟。

❹ 岐山

历史上，岐山是周人发展壮大的源头、青铜文明的起点，也是三国时期诸葛亮第五次伐魏时的战场。如今，这些历史你都可以在**周公庙**（☎0917-8110 075；岐山县城西北；门票50元，讲解费80元；⏲旺季8:30~18:00，淡季8:30~17:30）以及**五丈原诸葛亮庙**（☎0917-8770 456；岐山县蔡家坡镇南5公里；门票35元，讲解费30元起；⏲旺季8:00~18:30，淡季8:00~17:30；停车10元）寻回。

如今，岐山更知名的则是臊子面。去周公庙的路上会经过**北郭村**（也称西岐民俗村），这是一个以臊子面为主题的民俗村，各家门口的招牌上都写着自己的名字和所获奖项。你可以在这里选择任何一家，感受正宗的岐山美食。

行驶路上 » 从朝阳大道转入S104省道，行驶至凤翔。途中经过有"凤翔泥塑之乡"美誉的六营村，在此可以近距离观摩泥塑生产，还能亲自体验。全程铺装路面，途中有加油站，共22公里，约30分钟。

❺ 凤翔

凤翔古称雍，曾是秦统一六国前的政治、经济、文化中心。有关这一史实，城南的**宝鸡先秦陵园博物馆**（☎0917-7585 520；凤翔县城南6公里；门票35元，讲解费30元起；⏲夏季8:30~17:30，冬季9:00~17:00；停车免费）便是最好的佐证。

在凤翔县城东关的**东湖**（免费；⏲7:00~18:00，夏季延长），你将看到北宋大文豪苏轼是如何把江南园林移植到关中小城的。"凤翔三绝"之一的西凤酒已有3000年的历史，酒厂就位于凤翔县以西10公里处的柳林镇。

凤翔县城路边停车带收费标准为2元/小时，晚间不收费。

🍴 见150页

行驶路上 » 在凤翔大转盘处从S104省道向南转入S210省道，进入宝鸡陈仓区后，可顺道看看这里的姜子牙钓鱼台（陈仓区天王镇；门票50元，讲解费30元；⏲8:00~18:00）。之后沿陈仓大道和大庆路向西进入宝鸡市区。全程约30公里，需40分钟。

❻ 宝鸡

宝鸡青铜器博物院（☎0917-2769 016；宝鸡市石鼓园；免费，讲解费80元起；⏲9:00~17:00，16:00停止发票，周一闭馆)是中国最大的青铜器博物馆,收藏有何尊、折觥、厉王胡簋、墙盘、秦公镈等珍贵文物,值得一看。**宝鸡民俗博物馆**(☎0917-3306 912;宝鸡市公园南路;免费,讲解费50元;⏲9:00~17:00,16:30停止发票,周一闭馆)展示了地方特色浓郁的木版年画、剪纸、刺绣、皮影社火脸谱等民俗风情。渭河北岸则有**大唐秦王陵**(☎0917-3685 109;宝鸡市北坡公园顶;门票50元,讲解费30元;⏲8:45~17:30;停车5元)和**金台观**(宝鸡市北坡陵塬山腰;门票30元;⏲8:00~18:00)两处有历史感的景点。

在宝鸡西南的S212省道上,坐落着曾经"铁马秋风"的**大散关**(川陕公路19公里二里关;门票40元,讲解费50元起;⏲8:00~18:00;停车免费)。

🛏 见150页

行驶路上 » 向西出城,从姜城收费站进入G30连霍高速。车辆不断在隧道和大山间穿行,行驶在超长的麦积隧道里。需注意所有隧道皆限速,部分隧道无手机信号。从麦积收费站离开G30连霍高速后,向南朝麦积山继续行驶。全程153公里,约2.5小时。

线路亮点

❼ 麦积山

麦积山的景点比较分散,其中主要景点是**麦积山石窟**(门票90元;⏲8:00~18:00),这是一座没有断代的中国泥塑通史博物馆,从后秦至两宋千余年来的雕塑风格演变,在此均有清晰的脉络可循。与其他石窟相比,麦积山石窟的雕塑和壁画风格具有明显的世俗化倾向。

游览石窟之后,可以坐景区摆渡车前往东北约11公里处的**仙人崖**(门票40元;⏲8:00~18:00)。这里是古丝绸之路上佛、道、儒三教共尊的一处圣地。

麦积山的另外两处景点是**曲溪**(麦积山南15公里处;门票10元;⏲8:00~18:00;淡季封闭)和**石门**(麦积山东北25公里处;门票40元;⏲8:00~18:00)。曲溪几乎每年都闹水灾,因此只有少数几个月开放,过了麦积山大门后,按照路牌沿岔路行驶即可,不过大部分路段是未铺装的山路,有10余公里,轿车要慎行。如果景区人员阻拦,你可告知是前往观音林场或曲溪。如欲前往石门,可在党川县附近的石门收费站下高速。

行驶路上 » 返回甘泉方向并继续向北,经羲皇大道或天北高速,向西接近市区。当沿路的山坡变得低矮和平缓,透过山上的植被也能够稀疏地看出山的颜色时,天水就近了。全程44公里,路况佳,约1小时。

❽ 天水

天水拥有悠久的历史

当地知识
丝绸之路的起点是否在洛阳?

丝绸之路是指汉代张骞通西域开辟的、到唐代达到顶峰的商贸大通道。多年来,关于丝绸之路起点之争从未停歇,至今尚无定论。一些史学家认为长安(西安)为当时西汉以及盛唐的都城,所以将这里视为古丝路的起点。但也有众多学者认为,东汉建都洛阳时古丝路依旧畅通,唐朝时有东西二都,更有女皇武则天将都城定在洛阳,洛阳亦是当时中国经济文化以及政治中心,洛阳出土的古代东罗马金币、波斯银币及大量的三彩胡俑等文物,也印证了洛阳与丝绸之路的密切关系。因此,洛阳应为古丝路的起点。而丝绸之路申遗成功时的基调则兼顾了双方观点:丝绸之路中国段始于公元前后的中国汉代东西两京(洛阳、长安)。

及丰富的人文景观，值得你在此逗留。自先秦设立邽县，至秦末汉初一场地震引得"天河注水"裂地为缝，形成了"天水井"，天水之名便源于此。

天水市主要包括两大城区，西边的秦州区与东边的麦积区，两者相距约20公里，通常提到的天水市区指的是秦州区。除声名远扬的**麦积山石窟**(见140页)外，天水大部分景点都集中在秦州区。**天水博物馆**(门票免费；⏲周二至周日 8:30~17:30)、**伏羲庙**(伏羲路110号；门票30元；⏲旺季8:00~18:00；淡季8:30~17:30)、**南宅子**(民主路123号；门票免费；⏲8:30~18:00)都位于市中心，这些古宅庙观足以让你花费一整天的时间游览。如果你是个三国迷，那么**街亭古战场**、**姜维墓**、**诸葛军垒**这些借典故之名新修建的仿古景点，或许也值得一逛。如果你喜欢登高，**玉泉观**(秦州城北；门票20元；⏲旺季8:00~18:00，淡季8:30~17:30)山顶是俯瞰天水的最佳地点。

之后你可以从藉河南大桥过河，前往**李广陵园**和**南郭寺**(秦州城南；门票20元；⏲旺季8:00~18:00，淡季8:30~17:30)，二者相距只有不到3公里。

见150页

行驶路上» 沿G30连霍高速向西北行驶至甘谷出口下，几分钟后，大像山就在路的右边出现。晴朗的天气里，位于山顶的大佛遥遥可见。全程54公里，约50分钟。

线路亮点

9 大像山

大像山(门票30元；⏲旺季8:00~18:00，淡季8:30~17:30)因甘谷大佛而出名，这尊高23.3米的释迦牟尼佛像，雕凿于高34米、宽14米、深4.5米的巨型石窟内，是渭河流域唯一一尊唐代大佛。从山下沿步道攀登30分钟可到大佛脚下，如觉意犹未尽，可继续沿步道向上参观至西方三圣殿为止。每年农历四月初八佛诞的大像山庙会期间，十里八乡的信众都会前来朝拜大佛。

另一条较为便捷的登山路径位于后山的**永明寺**，将车开至此处，只需5分钟的路程即可到达大佛脚下。每年农历十二月初八前后，永明寺都会举行腊八粥施粥吉祥法会，热闹非常。

行驶路上» 沿G30连霍高速向西行驶，在到达武山前，你会经过号称西北第一温泉的武山温泉(洛门镇南15公里，可从磐安出口下高速)。全程约44公里，需40分钟。

10 武山

武山的**水帘洞**(县城以北25公里；门票30元；⏲8:30~18:30)是当地的著名景点，此洞与孙大圣并无关联，而是一处始建于十六国后秦，经历代增建、重修，融北魏至清代佛教文化于一体，以浮雕、窟龛、悬塑、壁画为主的石窟群。沟口坐景区环保车途经**显圣池**后，至景区停车场下，经**渡仙桥**，依次参观水帘洞北魏至元代巨幅壁画、**千佛洞**唐代窟龛，走栈道到位于另一座山上的**拉梢寺**，这里有高42.3米的世界第一大摩崖浮雕大佛。整个行程约需要步行3小时。

如果你刚好在农历五月初一来到武山，将有机会看到难得一见的**旋鼓舞**。数百人的鼓队变换各种鼓阵，气势惊人。

行驶路上» 沿G30连霍高速向北行驶119公里后，靠左前方进入G22青兰高速。行驶93公里后，过黄河大桥，进入兰州市。全程221公里，约3小时。

线路亮点

11 兰州

兰州成为丝绸之路上的重要站点，始于霍去病力退匈奴、打通商路。各国客商从长安到了临洮后，在今日兰州附近或舟或筏，渡过黄河，进入河西走廊。如今，你依然可以在**羊皮筏子漂流中心**(滨河中路4号，水车园内；水车园门票10元，漂流80元)搭乘羊皮筏子渡河。如果途中想去一些景点拍照，记得提前告诉艄公停筏靠岸，不然只能擦肩而过。如果水流湍急，羊皮筏可能会停运。

甘肃省博物馆（☎0931-2339 133；西津西路3号；凭个人有效证件免费领票；导游讲解费10人以下100元，10人以上150元；⏲9:00~17:00，周一闭馆）展示了大量汉唐时期的精美丝织品、金银器以及造型各异的唐三彩，将你带回千年之前中西方文化碰撞交融时的繁盛之景。如果时间有限，不妨直奔二楼的丝绸之路文明展，这里有由镇馆之宝"马踏飞燕"引领的气势恢宏的铜车马仪仗队。

见151页

行驶路上 » 由佛慈大街上G109国道，行至兰州北出口进入G30连霍高速公路，从天祝收费站下高速即可。全程138公里，途经龙泉寺、永登服务区及若干加油站，路况佳，约2小时。

⑫ 天祝

祁连山腹地的天祝藏族自治县是河西走廊的咽喉门户，浓郁的宗教氛围和鲜明的民族特色，都使其迥异于这条丝路上的其他地方。

天祝县博物馆（☎0935-3128 415；天堂路25号；免费；⏲周一至周五9:00~17:30）展出了天祝出土的各式汉藏藏品，其中一件青铜制牦牛贵为国宝级文物。

从县城向西前往**天堂寺**（天堂乡；门票25元），路上**石门森林公园**的针阔混交林让人心醉，天祝特产的白牦牛点缀在山岭上。车行2.5小时，将会经过天祝三峡之一的**朱岔峡**，峡谷间有溪流丛林，仿佛从未有人间烟火。**本康丹霞地貌景区**就在公路右侧。可在此下车，步行3公里后即可到达天堂寺。寺内有世界上最大、最高的木雕宗喀巴像。

见151页

行驶路上 » 从天祝到武威需要翻过乌鞘岭。这里是河西走廊的起点，同时也是汉和吐蕃的文化地理分界点。在进入乌鞘岭隧道前若干公里处，你能在车窗左侧看到汉代古长城的遗迹。若觉得不过瘾，可以在安门出口下G30连霍高速，走老G312国道（损毁较严重的铺装路面），去安门村停车观赏，然后往古浪方向行驶。在快进古浪县城时，G312国道旁有一个红军战役纪念碑，可略作休息。过乌鞘岭后的下坡比较长，需注意控制车速。全程138公里，约2小时。

线路亮点

⑬ 武威

这座以霍去病军功命名的城市威风犹在，大部分景点都饱含着历史的余味，而且距离不远，适合步行游览。从南城门出发，在**武威市民俗博物馆**（南城门；门票10元；⏲夏8:00~21:00，冬8:00~18:00）感受从古至今的凉州生活，然后向东去往**文庙（武威博物馆）**（崇文街43号；门票31元；⏲夏7:30~18:00，冬8:00~18:00），这是甘肃规模最大、保存最完整的孔庙，文昌阁卷棚内的历代匾额数量和精美程度无不令人惊叹。紧邻文庙的是**西夏博物馆**（崇文街文庙东南侧；凭身份证登记免费；⏲夏8:00~12:00，14:00~18:00，冬8:00~12:00，14:00~17:30，周一闭馆），镇馆之宝"**重修凉州护国寺感通塔碑**"是迄今为止保存最完整、内容最丰富、西夏文和汉文对照字数最多的碑刻。

从西夏博物馆往北不过2公里，便是**雷台公园**（☎0935-2215 852；雷台东路向东200米；博物馆免费，雷台汉墓45元，免费讲解；⏲9:00~17:00）。马踏飞燕的出土使这里名声大噪。如今，铜奔马已经"远嫁"甘肃省博物馆，而老家只有各类复制品。

见151页

行驶路上 » 从武威到永昌，可以选择G30连霍高速或G312国道，二者的路线和距离相仿。全程70公里出头，走高速需1小时左右，而走国道会多用20分钟。

⑭ 永昌

位于永昌城西南10公

里处的**骊靬古城**，仍旧反射着古罗马军团的吉光片羽：被突厥人打败的一支古罗马部队通过蒙古流落至此，然后落地生根，以算命为生。他们的后裔如今散落在永昌城的巷陌中。永昌的沧桑还写在城北的**圣容寺**中，驱车25公里后，可见明长城残墙在金川峡水库投下的千年倒影以及圣容古塔。

永昌县城以北1公里处的**北海子公园**，矗立着明朝兴建的北海子塔，每年农历四月初八，这里都有非常热闹的庙会。而位于南街十字路口东侧的**红西路军总指挥部**，目前只剩下房屋旧址，院内张贴的宣传画，表明这里已经成了天主教的布道之所。

行驶路上 » 沿G30连霍高速继续向西北行驶105公里，即可到达山丹，约1.5小时。

⑮ 山丹

祁连山深处的小镇山丹，却暗藏着世界最大的室内泥塑坐佛。这一奇迹就位于县城西南5公里处的**大佛寺**（城西瞭高山；门票40元）。农历四月初四庙会时，山丹人会来到寺内的罗汉堂进香、数罗汉。向北面望去，可见到风景不错的祁家店水库。你还可以去**山丹县博物馆**（文化街北段；免费；⌚8:30~18:00，周一闭馆）了解两位国际友人——路易·艾黎与乔治·何克在此援助抗日和创办培黎公益学校的事迹，他们长眠在南大街上的**艾黎与何克陵园**。

山丹美食在张掖地区闻名遐迩，来到这里一定不能错过东大街南侧文化路上的各种小饭馆和路边摊。米酒、马场酸奶、杏皮茶是这里常见的小饮。下午两点开始，小路南侧的一溜棚子开始摆出山丹名吃——**炒拨拉**（10~20元/份）。

🛏 见152页

行驶路上 » 沿G312国道向东南行驶，至岔路口向南，转入山马公路（Z073线），这是一条较窄的双向双车道，沿途是成排的小叶白杨、一望无际的荞麦田野和清亮的水渠。行驶28公里左右，左转进入X210县道，经过李桥水库后1公里，焉支山景区大门就在眼前了，这里距离游客服务中心尚有10公里。全程45公里，约1小时。

⑯ 焉支山

焉支山（☎0936-2851037；大马营乡；10月至次年5月封山；门票45元；停车10元）的美名缘于两位历史人物：霍去病和隋炀帝。前者在此大败匈奴，而后者在此召开了史上第一次"万国博览会"。

厚重的历史积淀如今只能隐隐窥见，但令人着迷的壮美风光，则是焉支山得以扬名的不变招牌。作为祁连山支脉，幽静的寺庙、起伏的沟壑松涛、潺潺的溪水，是山丹本地人大力推荐焉

另辟蹊径
巴丹吉林沙漠和额济纳旗

起点：⑮ 山丹

从山丹出城后沿G312国道向西行驶6公里，右转驶入省道S317，向东北行驶，看到**巴丹吉林沙漠**（门票220元；⌚每年5月至11月）的景区路牌后左转，再开7公里即到。这里被《中国国家地理》评为中国最美的沙漠，你可以使用景区提供的越野车，与专业的沙漠车手共同来一次穿越沙漠之旅。之后沿S317省道原路返回，在阿拉善右旗西南14公里处路口转入S316省道，向西北行驶，在路尽头转入S315省道，经过**东风航天城**、**黑城**后，抵达额济纳旗。每年的9月底至10月中旬，这里的**胡杨林沙漠地质公园**（☎0483-6526136；套票240元不单卖，含一道桥到七道桥150元，八道桥50元，摆渡车40元；三天套票350元）每到秋季，一片绚烂金黄，总能成为旅行者向往的目的地，10月6日至10月中旬是游览的最佳时间。全程约735公里，建议花2~3天时间。

Classic Trip 经典线路

支山的理由。每年农历六月初六，钟山寺庙会吸引如潮的信徒与游客。届时，集市上会出售山丹烙画、剪纸刺绣和蜂蜜等土特产品。

行驶路上 » 返回景区门口，左转，继续沿X210县道行驶，经花寨、夹河到达杨庄。此时你可以在左手边看到祁连山的雪。穿过杨庄和马营乡后，就是总场三岔路口，向东是一、二、四场，向西则是三场和扁都口。途中，你会看见不同的色彩在焉支山的南麓蔓延——那是燕麦、大麦、豌豆、土豆等各种不同的农作物。行至十字路口，取道永民公路，大约3公里后，再次出现岔路，选择通往一场的路，这条未铺装路有29公里长，路况较差。军马场的中石油加油站只供应93号汽油。全程66公里，约2小时。

线路亮点

⑰ 山丹军马一场

军马是山丹昨日的光荣与骄傲，如今只有军马一场能看到驰骋在草原上的神驹。此外，这里还有澄净的高原湖泊、仙境般的森林与溪谷。每年的7月底至8月中，百万亩油菜花悄然绽放，于雪山下浩瀚辽阔。抵达马场后，你可以选择骑马（每小时约30元）或沿未铺装的土路向东南驱车约3公里，前往原始的**窟窿峡**（免费）。窟窿峡的尽头是原马场退休干部李鸿福师傅搭建起的彩条帐篷和木板房，即**接待中心**（153 9361 2559；铺50元）。夏季可以在这里吃到各种当地美味。从场区出发，另一条往东南方向、长7公里的铺装公路通往**西大河水库**（又名**鸾鸟湖**）。一碧万顷的西大河水库南望祁连雪峰，潮水涌上草岸，实在叫人惊叹。如果体力允许，不妨尝试沿河徒步4公里。从窟窿峡前往西大河水库，一路上风景清丽，偶尔有可爱的土拨鼠突然出现，顺便还省下水库的50元门票。

见152页

行驶路上 » 原路返回二场十字路口，沿永民公路继续向西去三场，16公里后抵达三场十字路，继续向西，沿扁永公路行驶16公里后至扁都口。扁永公路路况颇佳，其余道路的路况非常一般，补丁和坑洼较多。另外，二场中石油加油站只有93号汽油。全程64公里，约1小时30分钟。

⑱ 扁都口

扁都口实际上是一条峡谷，在历史上它是河西走廊南端的重要关隘，西出阳关，便会从这里向北翻越祁连雪山。每年7月中旬是扁都口风光最美的时节。天气晴朗时，以雪山为背景的大片金黄是镜头里最美的风景。花季过后，扁都口迅速冷清，直到冬季滑雪场的开放，才又迎来新的客人。

视觉中国 提供

行驶路上 » 沿G227国道向北行驶，途中会经过马蹄寺（0936-8891 646；肃南马蹄乡；通票73元；金塔寺特窟300元）的路口。这是一座藏传佛教与汉传佛教同处共兴的寺

山丹军马场

庙，石窟里还能看见一些珍贵的古代佛像和壁画。全程95公里，路况较好，还会经过多个中石油大型加油站。需1小时40分钟。

⑲ 张掖

我们得提醒你，旺季来到张掖，住宿可能全满，交通基本缓慢。有水的城市往往多一分生机与灵气，位于城北的**张掖国家湿地公园**（G312国道北端东侧；免费）和**润泉湖湿地公园**（北环路东北角；免费，电瓶车10元）正是这座城市水汪汪的双眸。

而更多人来到张掖，是冲着它厚重的历史。由西夏皇室敕建的**大佛寺**（☎0936-8212049；大佛寺巷；门票41元，讲解费40元/次；⏲夏8:00~18:00，冬8:30~17:30）因为拥有亚洲最大的室内卧佛而成了张掖的旅游招牌。卧佛身长34.5米，仅中指就能平躺一人。绕殿一周，因视角不同所见的卧佛目光亦有变化。以大佛寺为中心，其四周还有若干步行即可抵达的古建筑。往西，不远处是**木塔寺**（张掖广场西侧；登塔门票5元；⏲夏7:30~11:30，

15:00~21:00，冬7:30~12:00，14:30~18:30）和**西来寺**（西来寺巷；免费），向北数百米则是张掖地标**镇远楼**（市中心；免费；不能登楼）。

张掖的加油和修车服务都集中在环城路上，南环路就有不少修车铺。早晚上下班高峰会有堵车现象。

见152页

行驶路上 » 沿S213省道向西，途中经过中石化加油站，看到49公里路牌时，公园入口就在左前方。全程40公里，约45分钟。

线路亮点

20 丹霞景区

很少有人过张掖而不入**丹霞国家地质公园七彩丹霞景区**（0936-5678 888；倪家营乡南台子村；门票40元，观光大巴20元；6:30~20:30）。这儿的声誉来自自然恩赐的瑰丽又诡谲的色彩。雨后初晴的日出和日落，是拍摄丹霞最美的时机。观光大巴在4个观景点之间移动，通常半天时间便可走遍。观景点1是拍摄全景大片的好地方，观景点2是有最丰富多彩的颜色，观景点3是能近距离欣赏观景点1远眺时的局部，观景点4则可登高远眺日落美景。由于丹霞地貌的脆弱，游览时请勿因好奇而踩踏砂岩。景区门口的停车收费为10元/次。

沿S213省道继续向西13公里，就来到肃南**冰沟丹霞**（肃南县康乐乡；门票40元）。如果说七彩丹霞是色彩的盛宴，那么冰沟丹霞就是雕刻师的杰作。窗棂状、柱廊状、叠板状等形状各异的丹霞，向世人展示了色彩之外的魔力，另有一番独特韵味。

行驶路上 » 回到S213省道，向西行驶2.9公里过河后，进入X203县道。向北行驶23公里后左转，进入G312国道，至南华镇处右转，经高火公路进入高台县。全程70公里，约1.5小时。

21 高台

若你是历史与军事爱好者，不妨在高台逗留半天。**高台县博物馆**（湿地新区电视塔对面；免费；9:00~17:00，16:00停止入馆，周一闭馆）展示了骆驼草、许三湾及周边魏晋墓葬群的宝藏，全长3米多的人首蛇身伏羲女娲棺木尤其打眼，魏晋墓葬画砖陈列更是1700年前的珍宝。向南走，从前朝来到近代，**中国工农红军西路军纪念馆**（0936-6621 048，6622 136；免费；9:00~17:00）将向你讲述一场惨烈的血战。

行驶路上 » 离开高台，由G312国道向西行驶，距县城20余公里的骆驼城遗址（免费）就在国道右侧，自驾车可以进入。从这里上G30连霍高速，继续西行，直到酒泉。全程143公里左右，需要1小时40分钟。

22 酒泉

丝绸之路上最早设立的四郡之一，如今看起来只是个质朴、干净的现代化小城。但当你从任何一个方向来到城中央，你的怀旧心情

另辟蹊径
许三湾城及墓群遗址和明海古城

起点：21 高台

出高台，看完骆驼城，不上高速，而是沿G312国道继续向西，23.5公里后右转进入X223县道，再经过约23公里后，**许三湾城及墓群遗址**就在道路右侧。这个汉唐古城在规模上虽不及骆驼城，但其完好程度依然值得你下车驻足一观。在X223县道上继续行驶约20公里，**明海古城**就在道路左侧。这座西汉元丰年间的乐涫县城旧址，而今依然雄峙于荒漠之中。四五月份，地下水位上升，明海的三面会被湖水包围，堪称大漠奇景。

视觉中国 提供

嘉峪关长城

将被**鼓楼**（市中心；免费）的四面门额轻轻唤醒。从这里向西，在一条狭小街巷里，矗立着不起眼的**晋城门**（环城南路与小西街交叉口向北100米；免费）。谁曾料想，这竟是国内年代最久远的古城门。继续向西不远，**酒泉中学**（西大街；免费）大气而古朴的校门内有保存完好的古建筑群。而鼓楼以东2公里处的**西汉酒泉胜迹**（公园路100号；免费；⏲7:00~21:00）则有这个城市名字由来的泉水。

见152页

行驶路上» 从酒泉到嘉峪关，最佳选择是酒嘉城际一级公路。这条2012年建成的公路路况极好，为双向八车道。全程20公里，约20分钟。

线路亮点

23 嘉峪关

大部分旅行者冲着明长城而来，明朝初年，征虏将军冯胜发现嘉峪关是河西走廊的至窄之地，嘉峪关长城于是诞生了。在**嘉峪关关城**[☎0937-6396 110；市区西南6公里处；门票旺季（5月1日至10月31日）120元通票，含长城博物馆、长城第一墩和悬臂石关峡长城，淡季（11月1日至次年4月30日）100元通票；⏲8:00~20:00，19:00停止售票；停车4元]你可以一次性购买三个景点的通票，各景点之间的距离为7~8公里，全程为20余公里，游览需要大半天的时间。如果你在下午4点半以后到达，游览时间将会很紧张，不妨在第二天早上游览另外两个景点。对于打算当天离开嘉峪关而前往敦煌的自驾者，我们建议的游览顺序是**城关景区**、**悬臂和石关峡长城**，最后到**长城第一墩**，然后从G312国道或G30连霍高速离开。在景区门口，有一些出租车司机会以低价票揽客，请小心。除了长城，铁路桥也是摄影的好地方。出关城景区后，从G312国道向西不远，有条往南的沙石小路，可以去高处看火车和城墙，钢的血脉和泥的身躯在夕阳的两端对视，这座城安详而美丽。

喜欢冒险的旅行者还可以去城东北的**嘉峪关滑翔基地**[☎0937-6381 070；嘉峪关市东北12公里（嘉峪关机场旁边）]，每年的5月至9月开放，提供滑翔和热气球观光的体验，不过费用不菲。

见153页

行驶路上 » 从黑山湖收费站进入G30连霍高速，过玉门后，你会在路边看到一望无际的大风车，号称“陆上三峡”的瓜州就在前方。全程250余公里，约2小时。

线路亮点

24 瓜州

瓜州不只有瓜，还有遗址、城墙和洞窟。这里较低的旅游热度，能让你有更好的氛围感受历史。沿S314省道向东南驱车40公里即可到**锁阳城**[门票40元，含讲解费，电瓶车20元；⏲4月至10月8:30~18:00（17:30停止售票），11月至次年3月9:00~17:00（16:30停止售票）]。这里有高大的土黄色城郭，依稀可见的街道建筑，遍布沟渠的古代农业灌溉遗迹，都将唤起你对繁荣兴盛的唐朝的想象。在锁阳城以东25公里处，是尚未大规模开发的**东千佛洞**（门票380元，包括特2窟150元，特5窟100元，特7窟100元，普窟30元，含讲解费）。其中2号洞窟最值得一看，为西夏时期的甬道式，两壁的玄奘取经图中已经出现遮前额、签白马的孙行者图像。

从锁阳城继续向南，是文物价值堪比莫高窟、门票价格亲民**榆林窟**（☎0937-5680 099；门票40元，含讲解费；特窟价格100~200元；⏲5月至10月9:20~17:30，16:30停止售票，11月至次年4月10:00~17:00，16:00停止售票；停车免费）。哪怕你是一个人参观，这里也会安排专业的石窟研究员提供讲解服务。最值得参观的是第15、16窟，前者前室的飞天为唐中期的顶尖作品，后者则是曹家窟的代表，绘制了曹氏家族供养人，其中曹氏夫人是一位回鹘服饰的回鹘公主。

见153页

行驶路上 » 沿S314省道瓜敦高速向西南行驶到敦煌，路况很好，但有时风大，易翻车，建议控制时速。全程110公里，约1小时20分钟。

线路亮点

25 敦煌

你到敦煌了，这是旅程的尾声，但对于丝绸之路上的古人们，漫长的告别才刚刚开始。

自驾敦煌通常分为东西二线。西线较费时间，通常是一早出发，沿G215国道向西经七里镇到阳关路口前，会依次经过**敦煌古城**（☎0937-8853 690；门票40元，含讲解费；⏲7:00~20:30；停车免费）和**西千佛洞**（☎0937-8857 158；门票30元，含讲解费；⏲6:00~19:00；停车免费）。后者未完成的壁画和残损的雕像，可以一解旅行者对敦煌塑像和绘画的好奇。

过了163公里路牌处，有一条向南通往**党河水库**的小路，在水库大坝上的观景亭，你可以向东看到沙丘与祁连山的组合。离开水库，继续沿G215国道前行，不久就能看到向右通往**阳关遗址**（☎0937-8833 089；门票50元，观光车10元；⏲全天开放；购买优惠票需要身份证；停车免费）的岔路，23公里后便到达了遗址售票点。景区西南侧800米的墩墩山是景区唯一的古迹，日落时分，也是拍摄“大漠孤烟直，长河落日圆”的最佳地点。

离开阳关，有一条便道向北经过**二墩村**，这里盛产个头极大的里扎马特葡萄，8月到此可以买上一些新鲜葡萄。从二墩村向东，这条路北面的树荫下常有狼出没，13公里后，到路口左转，向西北，约20公里后首先到达**玉门关**[敦煌市西北约90公里；门票40元，包含汉长城和河仓城（大方盘城）；全天]，继续向西北约80公里便到达了**雅丹地质公园**（门票50元，观光车票70元；全天开放，售票时间6:00~19:00）。公园内提供自驾越野车服务，可向南深入雅丹地貌的腹地，在南区的制高点，能够看到更为壮观的落日。每车400元，可坐4人，单程40余公里，需1.5小时。

西线的游玩需要一整天的时间，从雅丹地质公园看完落日回到敦煌市区，常常已是深夜10点以后了，建议出发前加满油，并带足水和食物。

与沉郁苍凉的西线相比，敦煌东线因**莫高窟**[0937-8825 000，0937-8869 192；www.mgk.org.cn；购票需预约，旺季160元，淡季80元（大、中、小学生，60岁以上老人，军人凭证半价，70岁以上老人、离退休干部、残疾人、导游、教师节前往的教师凭证免票）；5月至10月8:30~18:00，11月至次年4月9:00~17:30]而璀璨。出发前最好对莫高窟的历史和艺术，以及佛教背景做一些功课，否则很可能带着粗略的印象憾然离去。请仔细留意那些飘摇的飞天、身穿明光甲的力士、丰富多彩的经变等，感受从北魏至隋唐、五代至西夏，画风与题材变化反映出的历史的动荡。莫高窟参观量单日最多6000人次，你需要提前在网上或敦煌市区进行预约购票。如果条件允许，淡季的莫高窟更值得一去。届时不仅价格便宜，而且可能开放的洞窟更多，讲解也会更细致。

从莫高窟出来后，傍晚来到的是东线另一颗明珠**鸣沙山月牙泉风景名胜区**[0937-8883 388；敦月路；门票120元；夏天6:00~21:30（20:30停止售票），冬天8:00~18:30（根据日出日落调整）；停车6元]。在来鸣沙山的路上，可以顺便拜访**雷音寺**（敦月路；免票；全天开放）和**敦煌历史博览园**（0937-8882 555；敦月路中段；门票30元，含讲解费；8:00~19:00）。

最后，你也许会返回市区休整，别错过**敦煌市博物馆**[0937-8818 162；鸣山北路1390号；免票；5月至9月8:30~18:30（17:30停止入馆），10月至次年4月9:00~18:00（17:00停止入馆），星期一闭馆（节假日照常开放）]，馆内藏有莫高窟藏经洞的珍贵经文和世界罕有的“敦煌遗书”。

机场和火车站有**神州租车**（400 616 6666），但10月中旬以后的淡季会暂停服务。

见153页

从星星峡入疆

出敦煌后，沿G215国道向北到柳园，然后走G30高速直奔星星峡。其中，G215国道虽是铺装路面，但仍有多处较颠簸的路段。而从柳园到星星峡，常有大风，务必控制车速，春夏之交还需注意沙尘暴。全程约210公里，需3小时左右。星星峡是从河西走廊进入新疆的必经之地，历史上，这道关隘不仅是甘肃和新疆的分界线，也是中原和西域风情的分水岭。你可以在镇上的“新疆欢迎您”雕塑下留个影，就从这里，开始进入新疆的壮美旅程。

Classic Trip 经典线路

食宿

西安 1

柳巷面馆　清真菜 ¥

（案板街吉庆巷内南侧30米；人均15元；⏲10:00~20:30）本是无名面馆，因开在柳巷口得名，去晚了只有拼桌、等桌。这里只卖一种面，小碗13元、大碗15元，操作间全透明，可以看到所有面条都是现擀现拉，难怪劲道。牛肉酥麻、番茄酸爽、豆干有嚼劲，连同咸鲜浓郁的酱汁，都在光面条底下，搅和搅和拌一拌，便有了诱人的色香味。可以根据不同的饭量，加肉（8元）、加菜（3元）或者加面（2元）。

老白家水盆羊肉　清真菜 ¥

（☎029-8724 5811；北广济街76号麻家十字西南角；人均20元；⏲7:00~13:00，17:00~21:00）羊肉泡馍和水盆羊肉都是25元起。前者的馍是发面制成的，食客直接将馍泡进羊汤里便可入口；后者的馍是死面，放进羊汤之后还多一道再次煮熟的工序。这里水盆羊肉是招牌，也有泡馍可吃。香气浓郁的汤里有胡椒提味，粉丝增加了爽滑的口感。水盆牛肉和腊牛肉肉夹馍也是很多吃货奔向此处的理由。

亚朵酒店（大唐芙蓉园店）　酒店 ¥¥

（☎029-8888 1010；www.yaduo.com；西影路508号；标双389元起；❄📶Ⓟ）亚朵是近年来创建的文艺范儿连锁酒店，大唐芙蓉园店虽然门牌号在西影路上，其实入口在芙蓉西路上（从西影路往芙蓉西路南拐约100米），距离大雁塔北广场和大唐芙蓉园北门，步行都是8分钟左右，闹中取静。在西影厂隔壁，所以室内设计有不少电影元素。

凤翔 5

豆花泡馍　小吃 ¥

（老大十字北大街口；人均4元）豆花泡馍是凤翔名吃。这家位于北大街的豆花店又名鬼豆花，他们的豆花最有名，是用石磨盘磨的，主食可选锅盔、麻花，或者混放，辣椒油香而不辣。不过一般早上7点就卖完了。

宝鸡 6

开元快捷酒店　快捷酒店 ¥

（☎0917-3296 666；文化路5号；标单/双128元；❄📶Ⓟ）房间带电脑，木色装修简洁温馨，洗漱与洗澡分离。酒店紧邻开元商城，地下为华润万家超市，顶层有小吃城，非常方便。

天水 8

常记呱呱　早餐 ¥

（中华东路步行街1号；呱呱3.5元；⏲6:30至售罄）天水最老、味最正的呱呱店，每天早上门口排的长队让你绝对不会错过它。荞麦做的呱呱捏碎后淋上一层辣油和麻酱，香辣入味，再配上传统的猪油盒（一种猪油面饼）和豆腐脑，便是地道的天水早餐。现在店铺营业时间有所延长，但基本8点以后猪油盒和豆腐脑就没有了。

天水华联大酒店　酒店 ¥¥

（☎0938-821 5356；民主西路10号；标单/双248元；❄📶Ⓟ）这家天水老牌的三星级酒店位于中心广场北侧，到步行街只需步行2分钟。2014年重新装修后，房间设施与卫生条件相对周边来说非常不错。房费包含早餐，后院有免费停车位但数量稀少。可惜酒店隔音效果实在一般，Wi-Fi信号也是时断时续。

天水天嘉商务宾馆 酒店 ¥

（☎0938-831 9333；新华路，长途汽车站南门；标138元；❄📶P）当地交运集团的直营酒店，就在天水长途总站的楼上。房间不大，但是十分干净整洁，服务也让人舒心，就是因邻近汽车站，白天比较吵闹。多关注网络团购，可以拿到更优惠的价格。

兰州 11

舌尖尖牛肉面 面条 ¥

（城关区金昌南路128号；人均10元，牛肉面6元；⏲24小时营业）现在兰州城内已经随处可见舌尖尖牛肉面的店面，不过闵家桥这家店是唯一一家24小时营业的。初次造访兰州的旅行者，可以通过取面处的招牌对兰州的牛肉面了解一二。这里根据面条的粗细分成了9类，炖得香烂入口的牛肉和辣子是这家店的特色。哪怕到了深夜，也有不少食客在此享用牛肉面。

茹记烤肉 烧烤 ¥¥

（张掖路大众巷；⏲11:00至次日2:00）茹记烤肉是大众巷屹立不倒的烤肉店，除了口碑一直不错的羊肉和羊腿之外，还推荐40元20串的酸辣羊肚、胡辣土豆片和3元一份的炒饼。店家还有自制的杏皮水，可以外带。

兰州维多利酒店 酒店 ¥

（☎0931-731 5555；城关区段家滩8号；标双198元；❄📶P）2015年刚开业的酒店，位于雁滩高新区。酒店是欧式风格装修，明亮舒适。停车场也较宽敞，适合自驾旅行者。但是喜欢市区热闹的旅行者可能觉得这里略偏僻。

天祝 12

电力宾馆 酒店 ¥

（☎0935-312 7777；天堂路10号；标单/双120元；❄📶P）位于车站和祝贡路集市之间，巧妙维持了便捷和宁静的平衡。选择面对免费停车场的房间，会有夕照暖房的惊喜。

武威 13

邱家行面 小吃 ¥

（☎1879 354 6466；北关西路新华书店楼下；⏲5:30~18:30；人均21元）六代传承的“三套车”武威老字号，大厅宽敞整洁。行面（8元）劲道入味，腊肉（40元/斤）肥而不腻，茯茶（3元）入口温和，桌旁贴心地配有暖壶，可自行添加。服务员态度热情，会礼貌地提醒客人该点多少腊肉合适。

凉州名优小吃城 小吃 ¥

（凉州市场西侧；⏲7:00~21:00；人均15元）这里是在武威吃夜宵的好去处。老字号**于老二拨鱼儿**（凉州名优小吃城三区尽头；人均10元）永远人头攒动。如果不事先说明，每碗拨鱼儿的浇头会根据现炒的菜式而定，茄辣子和白菜粉条肉拨鱼儿是很多食客的选择。

天舒宾馆 酒店 ¥

（☎0935-633 8088，633 8066；南城门明清仿古街东口；标双168~178元；❄📶P）新装修的宾馆，紧邻文庙，周边传统老街和摊位值得寻觅。房间宽敞得不可思议，且卫浴分离。一楼有酒水超市，价格还算亲民。

华辰宾馆 酒店 ¥

（☎0935-226 5816；南大街89号；标双120元；❄📶P）距离南城门和步行街都不远，房内设施干净，可以满足基本要求。如果对温度敏感，最好询问哪间房已安装新空调。此外，店员能提供比较实用的美食和旅游信息。

山丹 15

艾黎国际酒店 酒店 ¥¥

（0936-281 5555；艾黎大道与G312国道交接口；标双含早餐240元；）这家2015年新开张的四星级大酒店紧邻高速入口，据说是山丹目前条件最好的酒店。设施一应俱全，无可挑剔，房间宽敞明亮，还附赠酸奶。服务员能够提供实用旅行信息。只是远离市区，更适合自驾旅行者。

山丹军马一场 17

牧马人宾馆 酒店 ¥

（0936-289 1182，139 9363 8251；场部中心前行200米；标双120元，7月和8月旺季200元，铺50元）军马一场条件最好的住宿，房内铺有电热毯并提供24小时热水，自家经营的饭馆（人均35元）在当地也比较出名。周边老式砖房的民居也提供住宿，铺位价格在50元左右，条件相对简陋。

张掖 19

甘州特色风味美食广场 小吃 ¥

（青年东街南侧；9:30～23:00；人均20元）当地人口中的"甘州市场"是张掖最热闹的小吃街，除了本地小吃以外，还有川菜、肉夹馍、砂锅等外来客。不要错过毗邻新乐超市入口的丁记桂芳小吃的灰豆汤（3.5元），豌豆绵绵汤糊糊，上铺一大勺白砂糖，算是西北难得的甜食。而出名的**旭升卷子鸡**（大/小55/35元，单份10元）将大份的卷子鸡分成小份售卖，让独行客也能品尝这道西北美食。

孙记炒炮 小吃 ¥

（0936-821 1608，139 9369 0966；西大街大什字东南角；10:00～21:00；人均20元）学着当地人在二楼前台点一大（13元）或一小（12元），等后厨叫号去领盖着大片卤肉的炒炮，搭配免费自助面汤消食。胃口好的游客可以再切上半斤老汤秘制的卤精排（55元/斤），就是最地道的"套餐"了。

西夏青年旅舍 青年旅舍 ¥

（0936-886 1010；铺40元；）位于西夏宾馆大院内，距离汽车西站步行不到10分钟。工作人员热情且能提供非常实用的旅游资讯，淡季也比较容易搭伙拼车。多人间备有空调，环境可能是附近青旅中最好的一家。

西夏宾馆 酒店 ¥¥

（0936-883 7878，886 1008；北水桥街25号，马可·波罗雕像西侧；标单/双248/268元；）这家2015年新开张的宾馆比照四星水准而建，青瓦建筑和宽敞院落让人眼前一亮，而房内的黑石墙面和木制洗手台颇具现代艺术气息。紧邻欧式街，周边饮食非常方便。

酒泉 22

汉唐美食街 美食街 ¥

（专署街、南市街一带）酒泉最有人气的美食街区，当地人也管这里叫"小西街美食"。烧烤、拨疙瘩、麻辣烫、酿皮、炒菜、肉夹馍、面食、西式快餐都能找到。

福华快捷酒店 快捷酒店 ¥

（0937-261 0866；雄关路7A号；标单/双110/120元；）酒店离西关车站很近，步行只要五六分钟，前往美食街、鼓楼也不远。酒店有电梯，大厅有公用电脑供查询信息。房间干净整洁，卫生间内配有吹风机。

嘉峪关 23

眼镜烤肉
烧烤 ¥¥

（镜铁市场美食广场大棚北侧；人均45元；⏲11:00~24:00）大名鼎鼎的眼镜烤肉已不再是大排档了，市场里属他家的装修最好，客人仍然最多。烤肉1.5元一串，当然肉量也要少一些了。大杯的杏皮水（5元）很好喝。

酒钢宾馆
酒店 ¥¥¥

（☎0937-620 1777；雄关西路2号；标单/双420/380元；❄📶🅿）这是嘉峪关的老牌宾馆，品质绝对一流。房间足够大，并带有阳台，十分舒适，可以静静观赏嘉峪关的街道和黄昏，还能远眺祁连山。

瓜州 24

丝路宾馆
酒店 ¥¥

（☎0937-551 5411；瓜州大道301号；标间138元起；❄📶🅿）这是瓜州的一家老牌宾馆，新近装修。房间宽敞，热水、无线网络都不错，可惜没有电梯。离瓜州市场很近，在市场能吃到各种小吃、面食和炒菜，瓜果摊也很多。

敦煌 25

顺张黄面馆
面条 ¥¥

（☎0937-882 4910，151 9373 3399；金山路滨河世纪家园1号楼；人均45元；⏲12:00~21:00）沙州市场有很多自称“老字号”的驴肉黄面馆，不过只有顺张和达记才称得上最好吃。顺张面馆老板的爷爷当年被公认为敦煌做黄面做得最好的，达记黄面的创始人也是他的徒弟。驴肉每斤76元，三两（22元）起卖；黄面大盘10元，小盘9元；另有各种驴肉菜。如今这里旅行者反而比本地人还多，但味道依然不改。

沙州市场（敦煌夜市）
美食街 ¥

（阳关中路、文昌南路、西域路、沙州南路之间）这里是最能体现敦煌多元化的地方，从陕西肉夹馍、兰州风味到四川麻辣烫、杭州包子，东、西、南、北味道俱全。不要去一进市场北门的头几家大型餐馆，那多是为欣赏表演的旅行者准备的，价格也比别家的都贵。往深处走吧，大棚下为各地风味小吃。敦煌的臊子面（8元）与陕西的风味不同，我们推荐**小潘臊子面**（富强街北段；⏲17:30至次日2:00）。市场的午市和夜市比较热闹，尤其是夜市，夏季经常营业到半夜。

敦煌山庄
精品酒店 ¥¥¥

[☎0937-888 2088；www.dunhuangresort.com；敦月路雷音寺对面；城堡式主楼豪华房700元，沙景房800元，普贤阁（专家楼）标双480元，学士阁80元/人；❄📶🅿]一家主打“文化旅馆”牌的精品酒店，装修和外观突出民俗文化、沙漠城堡等风格：低调含蓄的古董，青灰色的石砖地面，优雅简洁的木家具，可爱的小骆驼玩偶，以及介绍敦煌的书籍，再配上极其得体的服务，一切都会让你喜欢上这里。酒店安排班车免费接送客人至沙州市场，也可以租山地车（10元/小时）。主楼房价包括自助早餐。淡季有一定优惠。

敦煌国际青年旅舍
青年旅舍 ¥

（☎0937-883 3121；文昌南路近宁塞路；铺45/55元，标间130元；📶🅿）这里是YHA的加盟青旅，玻璃房、绿植、白格门、宜家灯具……装修得颇为文艺。公共大厅有非常和谐的国际青旅氛围，可以在这里结伴拼车、交流旅行心得。位置稍偏，但很安静。

甘南的**郎木寺**气派雄伟，
在阳光辉映下金碧辉煌

甘南线 6

甘南的景色原始纯粹，却又极为丰富。寺庙、村庄、草原、森林、湖泊、河流、山峰、峡谷姿态各异，却又完美地结合在一起。

线路亮点

12~15天
1448公里

最适合

4WD

何时去

6月至8月或10月上旬，夏季的甘南温度适宜，草场茂盛，格桑盛开。到了秋天，层林尽染，雪后初霁，甘南如油画般美丽。

最佳摄影点

采日玛乡的黄河日出与日落。

最佳越野路段

江迭公路。

6 甘南线

从兰州沿高速一路南下，拉卜楞寺的庄严与神圣将首先击中你的心灵，高原神湖尕海和扎尕那石林，会使你如在梦境。继续往南，玛曲的湿地草原风光犹如一幅展开的画卷，而郎木寺迷人的清晨和黄昏，又是一次人文与自然的双重洗礼。至此，甘南西线结束，东线开始——沿S313省道向东，行驶在白龙江沿岸，拉尕山巨大的垂直落差令人屏息，离开不只是红色教育基地的腊子口，翻越充满挑战的铁尺梁，自有妙趣的卓尼以及绿意盎然的冶力关，在返回兰州的途中等着你。

❶ 兰州

自驾旅行者从四川若尔盖或是青海黄南藏族自治州前往甘南，花费的时间要比从兰州出发前往更短。无论是地貌还是风俗，甘南和兰州都有着巨大的差异。作为甘南线的起点，工业城市兰州并不能带给你更多和甘南有关的印象。

见166页

行驶路上 » 从兰州南上G75兰海高速，再转S2省道兰郎高速，沿途分布着大大小小的清真寺，经过和政时，可顺道游玩和政古动物化石博物馆（☎0930-5524 668；免费；⏲9:00~14:00，周一休息）和鸣岩（☎0930-5524 668；⏲9:00~14:00）。在临夏出口下S2高速，出收费站后右转，沿G213国道朝临夏方向行驶。这条路大车较多，尽量避免夜间行驶。沿途有加油站，但可能出现缺油的情况。如车辆有问题，太石服务区提供修车服务。全程140公里，约需2小时。

❷ 临夏

临夏又名“小麦加”，行走在临夏市区的大街小巷，可以清晰地听见从清真寺里传来的真主召唤弟子的“邦克”声，抬眼便能遥望到伊斯兰建筑上的那一牙新月。这里虽然没有什么让人惊艳的景点，但是厚重的河湟文化和少数民族特色，却烘托出了它别样的气质。

东公馆（前河沿东路中段；门票免费，讲解费25元/人；⏲9:00~17:00）原为“西北三马”之一马步青为亲眷修建的一座别墅，有砖雕189幅，迎门正面照壁上的大型砖雕《江山点河图》最为精致壮观。**临夏州博物馆**（☎0930-6282 579；红园文化广场西侧；免费，讲解费20元；⏲9:00~17:00）最值得一看的是出土

你也可以……

8 唐蕃古道

结束了贡赛尔喀木道的游览，可由阿万仓黄河桥进入青海省，随后沿着沙柯河一路向南至久治县城，再走S101省道向西到达年保玉则，全程170余公里，约4.5小时。

16 九黄大环线

郎木寺也是九黄大环线的一站，游玩之后可以沿S313省道向北，至G213国道右转，往南行驶。20余公里后，花湖景区出现在右手边。继续行驶50公里，抵达若尔盖县，可以向西走S209省道去看看黄河九曲第一湾，由此开始你的黄龙、九寨沟之旅。

于临夏的大量马家窑时期的彩陶。你还可以从红园路出发一路向南，去拜访那些老街上的建筑，聆听当地人对这里的解读。

见166页

行驶路上 » 沿G213国道向南，至S312省道右转，向西行驶至夏河，沿途风景已完全呈现出典型的甘南藏区的特点，高山田园风光如同清新的大风吹过窗外。在秋季，金黄的青稞和青色的大豆，为田野涂上了大面积的色块，煞是好看。总体路况良好，全程100公里出头，需2小时。

线路亮点

❸ 夏河

夏河县是从兰州南行进入甘南州的第一站，也是整个甘南的宗教中心。大夏河畔的**拉卜楞寺**（☎0941-7121 095；门票40元；⏲春冬季9:15~17:00，夏秋季8:00~18:00；停车1.5小时5元，超1小时加1元）被誉为“世界藏学府”，有着完整的藏传佛教教学系统。

拉卜楞寺占据着夏河县城西部大半的土地，这里没有围墙和保安，6大经堂、18座现存的各式佛殿和近千间僧舍，错落分布在僧俗桥另一侧的区域内，占地一千多亩。你不用购买门票就可以穿行在红墙、白墙和金顶组成的建筑群中。不过，如果你想对拉卜楞寺多一些了解，还是建议买门票，跟随会说汉语的僧人导游进入殿堂参观。参观线路一般是**医学院**、**寿安寺（狮子吼佛殿）**、**文殊菩萨殿**、**文物展馆**、**酥油花馆**、**弥勒佛殿**、**大经堂**。其中好几个殿堂都是僧人导游带着人前来的时候才会开门的。全程大约一个半小时，以大经堂以西的佛殿为主，僧人们称之为上部。其实大经堂以东的下部区域也值得探访一番，仔细阅读佛殿门口的介绍，必会有所收获。**贡唐宝塔**对面的小山上，是拍摄拉卜楞寺晨景的最佳地点。

夏河还有一座宁玛派的**红教寺**，寺内大殿和二楼共供奉着1000尊莲花生大师雕像，值得瞻仰。如果时间充裕，你还可探访夏河以北50公里处的甘加乡，那儿有当地人心目中的神圣之地**白石崖溶洞**（门票39元；⏲8:30~18:00）和极有设计特色的**八角城**（门票20元）。

见166页

行驶路上 » 沿S312省道向西南一直开，便到了桑科草原。全程15公里，约20分钟。

❹ 桑科草原

桑科草原是一处旅游开发比较成熟的风景区，你可以在那里找到很多小饭馆、纪念品商店、度假村。大部分草原被牧民围住，进草原收费5元/人。骑马服务由景区马队监管，统一价格为45元一圈，往返约4公里，有专人牵马。若想要脱离牵绳而独自骑马或奔跑，需另加20元，骑马进入被围拦的草原区域要另加10元。所有这些使本来很不错的草原风光大打折扣，而且这里只是当地牧民的冬季牧场，夏天前来只有风吹草低，而不见牛羊。

行驶路上 » 沿S312省道往回走，至三岔路口便右转向南，沿通往阿木去乎镇的公路行驶，这段路被称为桑阿段，风景优美，尤其7、8月野花遍地，加之鹰翔于空，清流于野，令人心旷神怡。47公里后至G213国道右转，继续南下至碌曲。全程92公里，约2小时。

❺ 碌曲

碌曲是藏语“洮河”的意思，洮河和白龙江发源于碌曲境内，滋养了大片高山草场。这是一个以藏族人口为主的牧业县，公路上经常可以看到大群牛羊占住车道，在马路中间慢悠悠地行走。由于郎木寺名声在外，大部分旅行者都不在县城逗留。但以此为起点，游览则岔石林、尕海等景点的路途会更近一些。

行驶路上 » 继续沿G213国道向南，至S204省道右转，尕海就在你的左手边。全程约52公里，1小时路程。

视觉中国 提供

玛曲的格萨尔赛马大会

6 尕海

尕就是小的意思，不过**尕海**（G213国道沿线；门票30元）是甘南第一大淡水湖，每年春末夏初，成群的白天鹅、灰雁、斑头雁等近百种鸟类，从中国南方和东南亚飞来，在这个高原“神湖”安家、产卵、育雏。到了6月中下旬，尕海周围的草原鲜花盛开，平静如镜的湖面倒映着花、白云与山峰，风景如诗如画。你可以沿着石板路和木栈道，在草原中前行到湖边，栈道尽头有两层观景台。夏季草地内蚊虫较多，要注意防蚊。

大门收费处旁的停车场收费10元，然后可以选择步行1公里多到湖边，或乘坐电瓶车（20元/人）进入。

行驶路上 » 沿S204省道继续西行，当盘山公路的海拔攀升至3700米左右时，一个俯瞰壮美甘南的绝佳角度便出现了。可在尕玛梁靠边停车，连绵的高山草原如同绿色的波浪，在这波浪的中央是一条耀眼的玉带，那是阳光下的黄河。不过尕玛梁山路曲折，行驶需要十分小心。全程49公里，约1小时。

线路亮点

7 玛曲

玛曲在藏文中是黄河的意思——黄河在这里转了一个180°的大弯。许多旅行者被**黄河第一桥**（S313省道距离县城约4公里处）吸引而来，“拱桥托日”和“黄河落日”是绝好的摄影时机。对藏传佛教感兴趣的旅行者可以造访**察干尼玛外香寺寺庙**（玛曲县城正北方约3公里处），这是夏河拉卜楞寺的108个属寺之一，从寺院前方空地右手边的木栈道上山，步行15分钟后到达山顶观景台，眺望黄河日落，别有一种长河落日圆的塞外风情。

如果要看黄河美景，不妨前往阿万仓乡的**贡赛尔喀木道**（玛曲县西南54公里；门票旺季40元，淡季20元），这是以贡曲、赛尔曲、道吉曲三条河流与黄河的汇合处为中心的盆形草原区，湿地与湖泊辉映，雪山与黄河并存。玛曲到阿万仓全程为柏油铺装路面，大约1小时车程，沿途风光甚好。

离开阿万仓乡，可以沿着黄河继续向东约70公里，前往采日玛乡和齐哈玛乡，黄河在这里彻底铺开，这里的风景被《甘南纪事》作者杨显惠誉为“中国的亚马孙”。

玛曲的另一张名片是格萨尔王。每年8月13日开始的格萨尔赛马大会都吸引来自全国的赛马好手，这是玛曲一年中最热闹的一周，住宿十分紧张，建议提前预订。

见166页

行驶路上 » 从玛曲到郎木寺有两条路。一是沿着S204省道原路返回尕海，再由G213国道去郎木寺。这条路路况良好，全程约89公里，需2小时左右。

另一条则是经S313省道向东直接去郎木寺。这条省道路程较短，约69公里，但几乎全程都是颠簸的非铺装路面，雨后更是遍布各种大水坑。不建议非越野车取道此路。

线路亮点

8 郎木寺

郎木寺并非单指一座寺院，而是指位于甘肃、四川两省交界处的郎木寺镇。甘南三大河流之一的白龙江将镇子一分为二，江北属于甘肃省碌曲县，江南属于四川省若尔盖县。

郎木寺其实指两座寺院，一座是位于四川境内的**达仓纳摩格尔底寺**（简称格尔底寺，门票30元；⏲6:00~20:30），这是四川阿坝地区规模最大、最具影响力的格鲁派寺院之一，寺庙最高处的殿堂中，安放着五世格尔底活佛的肉身法体。寺庙的后山即是纳摩大峡谷的入口，一些短途徒步始于此。另一座是甘肃境内的**达仓郎木寺甘肃寺院**（又称赛赤寺，门票30元；⏲6:00~20:30）。它是西藏哲蚌寺的子寺之一，属格鲁派，更加气派雄伟，在阳光的辉映下金碧辉煌，众僧经常在大经堂前的广场上辩经。位于寺院西北山上的郎木寺天葬台是安多地区最大的天葬台之一，有400多年的历史。不过，出于对当地习俗的尊重，请不要观看天葬。

两座寺院后山坡上都可以俯瞰和拍摄郎木寺全景，而观赏日出的绝佳位置是郎木寺镇东面高耸的**红石崖**。

如果你想要更为深入地探索郎木寺周边，骑马不失为一个选择，常规线路包括白龙江源头一日游（单人400元，两人以上每人270元）和花海穿越二日游（单人800元，两人以上每人580元）。需要更具体的信息，可以联系**格桑马队**（☎0941-6671 504，138 9399 1541；www.langmusi.net）和**白龙马队**（☎151 0944 1588；www.windhorse-trekking.com）。

旺季时郎木寺的住宿成本较高，自驾旅行者完全可以考虑住在红星乡或者贡巴乡。

见167页

行驶路上 » 经S313省道出城，至G213国道右转，过红星乡后回到S313省道，白龙江就在路旁山谷中流淌。第一个大的村落便是降扎乡。过降扎乡后，在求吉村左转，往里开7公里左右。全程32公里，需要40分钟。

9 降扎温泉

降扎温泉（四川省若尔盖县北部降扎乡境内；门票10元）是藏族人的神泉，群山环抱中的温泉水温常年在31~50℃，内含多种矿物质，尤其是氡，故而也被称为降扎氡泉。由于氡具有一定的放射性，因此，温泉被认为对某些疾病具有一定的治疗作用。每年4月和8月是藏族人来此地泡泉的高峰期。

目前降扎温泉有3处浴

场。第一处就在路边凉亭，露天且男女混浴，收费5元；第二处是男女分开的大池，收费10元；第三处是室内木桶浴，需要另加20~50元（此价格随着游客的增加而随时上涨）。泡温泉需要自己带拖鞋和毛巾，泳衣对当地人来说非必要，带还是不带，看自己承受别人好奇目光的心理能力。

行驶路上 » 回到S313省道，继续行驶至崇尔乡。全程33公里，约40分钟。

线路亮点

⑩ 铁布梅花鹿自然保护区

来到崇尔乡，便进入铁布梅花鹿自然保护区的地界内。这里山高谷深，气候相对温暖，森林植被茂盛，是铁布梅花鹿（也叫四川花鹿）在全世界唯一的栖息地，过崇尔乡后继续行驶5分钟左右，经过省道的183公里路牌后不久，左手边有一条石子路通往沟内，路口有两根电线杆，路边有一条小溪，很好辨认。往沟内行驶，一路上只要密切留意路两侧的山坡，就有可能看到这种精灵般的生物。梅花鹿的躯体是深橘黄色的，尾巴和斑点是白色的，因此在绿树中十分惹眼。它们只有在夜晚才会来到溪边饮水，或去偷吃村庄里的青稞，而平时你需要好的眼力去搜索高岗树丛中这一抹绚丽的黄。进入保护区一定要注意，不能投石、呼喊，以免惊吓到动物。

行驶路上 » 继续走S313省道，除了优美的崇尔田园风光，10月中旬到11月中旬，这条省道更是一条彩色河谷景观路，白龙江沿岸植被种类丰富，桦树、柞树、松树等各种树木色彩斑斓。在X412县道处左转，行驶21公里即到。途中手机信号不稳定，雨天经常有落石，需快速通过，勿停留拍照。全程约36里，路况尚可，需1小时。

线路亮点

⑪ 扎尕那

扎尕那藏语意为“石匣子”，壮观的石壁包围着山脚的盆地与河流，晨曦微明的寺院，晚霞浸染的山巅，使得这片宛若世外桃源的土地充满了原始、质朴的生命力。

石城内的4个藏族村寨自西向东排列，名字分别为代巴、达日、业日、东洼。东哇村是大部分游客的聚集地，景点外设立了临时大门，收环保费10元/人，停车费现为10元/车。收费景区内有两条路线，一条是从右边上山徒步约40分钟后到达**仙女滩**，这是一片山间的平坦草原，从这里回望村落，整片扎尕那美景尽收眼底。日落时分，可以看到霞光穿过峡谷照射在有300多年历史的**拉桑寺**金顶。再往山上走约半小时，从一块小平地走左手边小路向下就会到达**仙女湖**，湖虽不大，但倒映出的石壁蓝天却美轮美奂。你也可以选择骑马上山，至仙女滩100元，至仙女湖150元。另一条路线途

另辟蹊径
光盖山

起点：⑪ 扎尕那

从业日村沿S313省道（又名江迭公路）盘山而上，经过更高处的达日村、代巴村之后不久，省道就变成了未铺装路面。这其实是一条通往卓尼的捷径，但因为路况略差，车辆极少。途中有草原、山川、森林，风光转换很快，令人目不暇接。旅途的终点位于绕过光盖山背后的一个弯道，在这里，你可以眺望到“绿草如山，群山如潮”的震撼景色。天气晴好的日子里，你可以看到远处的合作草原，而高山蓝罂粟、红罂粟和绿绒蒿将近处的山坡装点得斑斓异常。全程约40公里，1.5小时。轿车需慢行，最好加装有底盘装甲。有条件可以带铁锹，碰到小水沟时，可以挖砂石垫路。

经**老虎嘴**、**一线天**最终到达石林深处，徒步往返约5小时，骑马全程400元，沿途山水风景秀丽。进入业日村需缴纳垃圾清洁费5元/人。在山间有个挂满经幡的观景台，当地人称为**洛克观景台**，这里是另一个饱览扎尕那全景的好视角。

近年来几乎每家每户都把自家改造成了民宿。大多为新造的平房，条件尚可，只是可能所有住客洗漱都要靠一两台太阳能热水器。旺季当地电力时常供应不足，会出现整片村庄突然停电的状况。

见167页

行驶路上 » 原路返回S313省道，向南过CNG加气站后300米左右，有一座桥通往白龙江对岸。过桥后你就能看到"达摩神山"牌子和上山的道路。上山弯道较多，经过一小段砂石路后，即转为新修整的水泥路，路况很好，沿途是俯瞰迭部县城全景的绝佳角度。全程30余公里，大约需要45分钟（不包含上山）。

⑫ 达摩山

达摩山位于若尔盖县东北部山地尾部，站在山顶，迭部虎头山乃至扎尕那到安子沟的全部石山都清晰可见。近百年来，山上仅30多户人家的达摩村中，出了7位有名有姓的大活佛，因此这里是当地人心目中的风水宝地。

盘山上行约9公里，看到经幡和白塔后，达摩寺就到了。达摩寺和不远处的尼姑庵都不是景点，可以礼貌地请求参观，进入殿堂前要看看门口有没有缠着哈达的松柏树枝；如果有，说明是法会，谢绝外人进入。绕过一个小坡，就能见到欢喜寂静林火葬场以及色彩缤纷的**伏藏塔林**。

达摩寺上面的路只能步行，往上爬大约20分钟，便能看到格尔底活佛种下的神树及其法座。再翻过一个山头，后面有一个人迹罕至的小湖泊，湖边特别适合扎营露宿。

每逢下雨，达摩山的山路都难以驾驭，山下的车不敢上，山上的车下不来。如果你没有露营装备，那么一旦看到有云飘过来，最好立即开车下山。

行驶路上 » 原路返回S313省道，向西行驶5公里就到达迭部县城了。途中你会经过苯教拉路寺，就在迭部县城东面的拉路村里。

⑬ 迭部

迭部是藏语"大拇指"的意思，传说这里是藏族山神涅甘达娃用拇指摁出来的地方。迭部县城位于甘南州南部，与四川省交界，西近郎木寺，南靠九寨沟，白龙江自东向西穿过全县。对在甘南的旅行者来说，这里既是一个交通枢纽，又是一个补给物资的好地方。

腊子口路上有若干汽车修理店，县城东头和西头各有一个加油站。

见167页

行驶路上 » 沿S313省道向东行驶。这段省道两侧种植了白杨和柳树，白龙江沿岸的山上则分布着油松、云杉和栎树，10月的颜色分外美丽。省道在

另辟蹊径
多儿沟

起点：⑬ 迭部

沿S313省道向东约60公里便到了阿夏林场，从这里过白龙江，进入阿夏沟的余脉多儿沟，这里有甘肃唯一的萨迦派（花教）寺院**多儿白古寺**，寺院围墙是红、白、黑三色条纹。从白古村继续深入多儿沟，你会来到洋布村，这里离四川已经很近，翻过洋布梁就是九寨沟。**洋布水磨群**是这里最美的景致，你会看到成片的原生态踏板房，十二座相连的水磨群依次排开。从阿夏林场到洋布村约有50公里路，山路十分险峻难行，需谨慎驾驶。

代古寺分岔，沿S210省道朝腊子口方向行驶，过尖藏隧道后来到尖藏村，从右手边过桥，沿山路向上开5公里即可。下雨天路面湿滑，十分危险，不建议前往。代古寺有中石油加油站，不过没有97号汽油。全程88公里，约2小时。

⑭ 录坝湖

这是迭部县最大的高山堰塞湖，常年碧绿，分上下两个姊妹湖。两湖相距近300米，中间建有两座平轮水磨，青绿色澄明透亮的湖水，静静躺在群山梯田开阔的怀抱中。晴天去过的人认为它的水色不逊于九寨沟。但若是没有阳光的阴天，湖光水色无甚特别，不值得特地前往。

行驶路上 » 下山后，从尖藏隧道返回代古寺，走S313省道朝舟曲方向行驶至立节乡占单村，经占单大桥过江至景区门口。全程约47公里，需1.5小时。

⑮ 拉尕山

拉尕山（免费）不仅风光犹如世外桃源，同时也是舟曲重要的藏传佛教聚集地。自驾车可从景区门口经18公里的盘山路到达山顶，大约需要40分钟。路面为水泥铺装，配套设施奇佳，每个弯道都有反光镜和防护栏。在这不到20公里的车程中，海拔从1400米上升到2800米，峡谷、草场、森林、高山湖泊轮番登场，亚热带、温带和寒带植被垂直分布明显，四时风光皆有不同。在天气晴朗的情况下俯视1000多米深的白龙江峡，令人倒吸一口凉气。

如果想在山上住宿，可以考虑山腰的拉尕村。山顶的游客中心有仿欧式别墅，夏天可以考虑在此消暑。

行驶路上 » 返回S313省道，继续向东至舟曲。路况上佳，车辆很少。全程43公里，约1小时。

⑯ 舟曲

2010年被泥石流夷为平地的舟曲，如今已经看不出天灾带来的痕迹，唯一的变化大概是政府机关整体搬迁到了大约20公里外的新城，但宾馆、饭店、生活设施还是集中于老县城中。泥石流最严重的三眼峪沟已经建成了**泥石流灾害纪念园**（免费），地上的泥沙碎石和沿途留下来的巨大石块，还隐约透露出这座城市曾经的伤痛。

🛏 见167页

行驶路上 » 沿S313省道向东南行驶约16公里后左转进入G212国道，向北行驶至宕昌县。官鹅沟景区售票处就位于县城南面约4公里处。全程72公里，约1小时40分钟。

⑰ 官鹅沟

官鹅沟（☎0939-622 9138；门票55元；⏲8:30~17:30）地处青藏高原东部边缘与西秦岭、岷山两大山系支脉交错地带，从景区售票处乘坐电瓶车（往返30元），沿山谷向上约18公里，才能到达景区的入口通天门。通天门之后需全程徒步游览，穿过褶皱地形明显的峡谷和十几条飞瀑，到达景区最壮观的**官鹅天瀑**。之后走到公路尽头，沿台阶步道开始登山，经过一片高山杜鹃后可以看见雷古雪山，继续沿山顶高山草甸上的栈道，可以一直步行至鸭子滩欣赏高山湖泊风景，至此大概需要6小时。从鸭子滩可以选择原路返回，或者从另外一个景区大河坝下山。整条路线行程较长，如想全程游览，务必及早出发并带好干粮。每年11月下雪后景区封闭，至来年3月左右才开放，前往游览时可先打电话咨询。

行驶路上 » 回到宕昌县城，沿G212国道向西北行驶至南河乡左转，走新建的宕迭二级公路，经朱立隧道向西至腊子口，全程62公里，路况很好，约1.5小时。进入隧道时，请减慢速度。雨季通过时，要小心沿途落石。

⑱ 腊子口

腊子口是汉藏交界的门户，无论你从哪个方向翻越腊子口的铁尺梁，都会感受到文化交融的冲击。因为一场著名战役，腊子口常常打着红色旅游的招牌，**腊子口战役纪念馆**（☎0941-562 2729；朱立沟内）内比较详细地介绍了腊子口战役的历史背景，有一些实物和史料。

腊子口森林公园（⏲8:00~19:00；腊子河源头；门票120元）由4条沟系组成：**牛路沟**的水帘洞、红军桥和农家牧场各具特色；**老龙沟**的云雾滩怪石林立；**美路沟**有专门开辟的狩猎区域；**龙爪沟**则是公园内最完整的一片原始林区。这些自然资源使迭山穿越成为一条吸引背包客的新徒步路线。

行驶路上 » 沿S210省道向北，途中的铁尺梁盘山公路为未铺装路面，弯道极多，且是上坡，颇为考验驾驶技巧。翻过铁尺梁，在岷县左转进入S306省道，沿着洮河向西至西寨镇，向左驶入X429县道。至木耳镇，左拐向南驶入林区公路。全程145公里，约4小时。

⑲ 大峪沟国家森林公园

大峪沟（门票68元，景区内观光车20元/人）是卓尼县旅游的一块招牌，每年盛夏，很多兰州人会自驾来此避暑，或是深秋到此观赏层林的幻彩渐变。沿着大峪沟和沟边的小河走下去，将会是一段赏心悦目的山水之旅。大峪沟共有9条支沟，分布于大峪沟东南方向。喜欢山水或徒步探险的旅行者，不妨来这里一试身手。

从木耳镇往大峪沟方向行驶至25公里左右，会来到一个三岔路口：右手边的**旗布沟**目前是免费的，内有藏族农家和**旗布寺**，寺庙门口的草滩已经被开辟为**大峪沟藏族风情苑**（标双120元），旺季时可提供住宿；左手边的**阿角沟**已被开发，里面大约有5公里的铺装路面，可以乘坐观光车；继续直行就是大峪沟主景区。

行驶路上 » 返回S306省道，向西行驶至卓尼县。全程33公里，约40分钟。

线路亮点

⑳ 卓尼

卓尼是藏语"觉乃"的汉音译，意为两棵马尾松。相传很早以前，萨迦派第五代法王八思巴被忽必烈诏请，在赴京途经卓尼时，见到两棵奇特的马尾松，便将寺址选在这里。卓尼县就是在禅定寺的基础上扩建而成的。

历史悠久的安多古刹**禅定寺**和规模宏大的**贡巴寺**，都是值得驻足探访的圣地；在**杨土司革命纪念馆**（☎138 9395 1885；主街上卓尼县中医医院旁边的小巷内；⏲周一至周五9:00~17:00，节假日公休），可以探究沿袭最久的土司家族历史。

卓尼的藏族服饰被称为"觉乃"，有很独特的明清贵族风范。卓尼还是中国三大名砚之一——洮砚的出产地，被誉为"藏王故里，洮砚之乡"。

🛏 见167页

行驶路上 » 向北出县城，约5公里后右转进入S306省道，行

洛克在迭部和卓尼

1925年春天，美国植物学家洛克来到甘南，在迭部、卓尼地区开始了为期两年多的植物学考察。现在从扎尕那到卓尼的大峪沟，有一条著名的徒步穿越路线就是洛克当年走过的，沿途的美景让无数户外爱好者赞叹不已。

洛克在卓尼、迭部等地拍摄了近千幅照片，留下了大量记录当地社会、自然的文字资料。他的游记后来发表在《美国国家地理》上，迭部、卓尼的美景因此而名扬世界。作家希尔顿依据这些图片和描写创作了小说《消失的地平线》（*Lost Horizon*），其幻想的东方秘境香格里拉在西方世界引起了轰动。后来真的有人来考证香格里拉的所在地，云南迪庆、四川亚丁等处纷纷站出来争夺这个名号。而从洛克的个人经历看来，也许迭部才是他眼中真正的香格里拉。

至新城镇。进入S306省道后，左手车窗外会出现临潭梯田，色彩和形状之美犹如苍天的调色板，令人陶醉。全程21公里，路况较好，约30分钟。

21 新城镇

来新城镇，主要是为了一睹**古洮州卫城遗址**（临潭新城镇）的风采。这座甘南地区最大的古城是明洪武十二年（1379年）西平侯沐英所筑，明、清两代还经过屡次重修。该城依山而建，东北高，西南低，呈多边形，周长五千多米。这里本来是一个屯军戍边的小城，当地很多人都是明朝时随军迁徙而来的，故至今保留着明代江淮地区高髻银饰、凤头宫鞋的传统。端午节，这里会举行独特的庙会，人们届时将祈求五谷丰登。

行驶路上» 从新城到冶力关的路是S311省道，这条道路损毁较为严重，除了大草滩附近有一段路况不错，其余路面都是被压坏的铺装路或未铺装的坑洼路，另外还有一段翻越长岭坡的盘山路，需谨慎驾驶。全程75公里左右，需要将近3小时。

22 冶力关

冶力关（☎0941-3271344；冶海和赤壁幽谷套票60元，森林公园78元；⏲8:00~17:00，景区11月至次年4月关闭）其实是好几个景点的总称，包括**莲花山**和**冶木峡**（冶力关镇以东15公里处）、**冶海湖**（冶力关镇以北5公里处，白石山与庙花山之间）、**赤壁幽谷**（冶力关镇西北5公里处）、**森林公园**（冶力关镇西南15公里处）等。其中最不容错过的便是冶海湖、赤壁幽谷和森林公园这3个景点。

然而，当你走过了大美的甘南，冶力关的风景可能已经无法打动你了。所以我们建议审美疲劳的旅行者走另一条线路，从卓尼返回兰州：从卓尼经临潭到合作，再由合作回兰州。这样走不仅路况更好，而且合作草原的风景也不错。

行驶路上» 继续走S311省道，经由临洮的三滩大桥上G75兰海高速返回兰州。全程164公里多，3小时左右。

食宿

兰州 1

安泊尔牛肉面 面条 ¥

（☎0931-835 3333；城关区北滨河中路756号；人均25元，牛肉面7元；⏲6:00~14:00）店老板是兰州的调料大王，所有的厨师都是穆斯林，因此全部菜品连料酒都不会放，你可以尝到最地道的回民菜，而这里牛肉面最突出的特点是肉汤的浓郁。除了牛肉面，安泊尔还有一些当地特色小吃，例如烫面油香、糖油糕等。

大漠烤肉 烧烤 ¥¥

（中山路天桥下，胜利宾馆西楼；⏲14:00至次日2:00）据当地人说，很多人会从城西坐车来这家吃烤肉，尤其是秋、冬季，小小的店面一座难求。跟西北很多烧烤按斤点不同，这家店可以五串起点，人少的话来吃也不怕浪费。除了烤羊肉和羊腿，羊汤（大碗3元，小碗2元）和烤饼也是最受欢迎的菜品。

兰州安多香巴拉饭店 酒店 ¥¥

（☎0931-817 1035；静宁南路1号；标双280元；❄📶P）香巴拉是一家藏式特色的酒店，装修精致，酒店内可以提供藏餐。虽然房间相对来说略小，但卫生间很宽敞。房间设施也很齐全，尤其还有难得一见的空气净化器。停车收费。

临夏 2

麻乃手抓王 清真菜 ¥¥

（☎0931-691 3988；红园路红园门口斜对面）临夏是东乡族的发源地，著名的东乡手抓羊肉享誉全省。这家店提供味道不错的河沿面片（6~8元）和手抓羊肉（20元/斤），一个人可以只要半斤。

临夏饭店 酒店 ¥¥

（☎0931-623 2805；红园路9号；标双320元；❄📶P）临夏饭店是按照三星级标准打造的涉外宾馆，可以算是临夏最气派的酒店，进门便可见一幅临夏特色的砖雕作品。酒店设施等各方面都不错，只是平时入住的人很少，服务有些跟不上。

夏河 3

卓玛餐厅 藏餐 ¥¥

（拉卜楞寺旁卓玛旅社内；人均30元；⏲7:00~21:30）装修很藏式的一家餐厅，窗外就是转经道，价格不贵，味道不错。旺季每天8:00~10:00有自助早餐，20元/人，搭配很合理，提供糌粑、酸奶、咖啡。每日三餐时间店里人都很多，来晚了几乎找不到位置。除藏餐外，汉式菜肴也很好吃，推荐你尝尝这里的甜茶。来这里吃饭的阿卡很多，如果对藏传佛教有兴趣，可以借机向他们请教。

卓玛旅社 客栈 ¥

（☎0941-712 1274；僧俗桥头；双/标双100/150元，铺 六人间/十人间30/20元，公用卫浴；📶P）一家已经经营了30多年的旅馆，绝佳的地理位置和干净的房间，让它在国内外背包客中享有盛誉。旅馆现在由一家寺庙经营，他们坚持为远道而来的信徒、旅行者提供价格合理的服务，旺季从不跟风涨价。建议你选择朝西的房间，可以凭窗眺望拉卜楞寺转经道。只有150元的标间有独立卫浴。这家店入住率较高，旺季需提前20天预订。

玛曲 7

忠华手抓美食城 清真菜 ¥¥

（☎0941-612 3366；步行街农行对面；人均40元；⏲9:00~22:00）生意很好的一家清真餐馆，以点菜为主，也有不少种面食供应。手抓羊肉(58/斤)、河沿面片(大/小每碗12/10元)都非常美味,值得品尝。

吉祥饭店 酒店 ¥

(☎0941-612 1111;尕玛路135号;标双200元,含双早餐;@P)三星级的酒店,房间挺大,自配发电机,从而确保电力源源不断。冬天有地暖,热水供应时间为20:30至次日8:30,部分房间里有配置还算不错的电脑。停车场另收费5元,早餐很一般。

郎木寺 8

达老餐厅 藏餐 ¥¥

(☎139 0941 9881;郎木寺主街;人均50元;⏲8:00~21:30)装修很有藏式风格的一家餐厅。特色菜石烹羊肉最负盛名,一整只羊,肚里塞着羊肉和石头,上桌后将羊肚剪开,热气腾腾的羊肉味扑鼻而出,188元一份的价格主要胜在做法的创意,味道就因人而异了。藏餐种类丰富,口味一般;蕨麻米饭、糌粑、牦牛酸奶等甘南特色小吃也都有,只是相对于价格来说分量太少。早上可以来尝试一下牦牛肉汉堡。

达吉商务酒店 酒店 ¥¥

(☎0941-667 1888;郎木寺镇主街中心左手边,近三岔路口;标双 淡季/旺季 180/380元;❄@P)藏式装修风格,房间温馨干净,24小时的热水量很足。酒店的木地板上铺设了消音地毯,隔音效果较好,冬天提供地暖。只是没有电梯,在高原爬四五层楼梯难免会有些吃力。酒店前有一大片空地可以停车。

扎尕那 11

扎尕那旅行者之家 青年旅舍

(☎133 9941 2835;铺40~50元)位于东哇村村口,老板是徒步向导,房间比较干净。此外,村庄里的餐厅较少,小卖部供应的商品很有限,只有简单的饼干、泡面等,建议你自备一些干粮进村。

迭部 13

益民清真美食城 清真菜 ¥¥

(☎0941-562 1807;益民饭店一楼;人均30~50元;⏲7:00~21:00)这家店的老板是临潭县的回民,据说是迭部县最正宗的清真饭馆。面食很好吃,不过炒菜里都会放特别多的花椒,吃不惯的话一定要提前声明。早餐有20元自助式套餐供应。

雍仲宾馆 酒店 ¥

(☎0941-566 6333;县藏族中学斜对面;标双138元起;❄@P)房间里有空调也有地暖,干净整洁,洗澡水量充足。楼顶的露台可以晾晒衣物,无遮挡的视野也不错。有一个很大的院子方便停车。

舟曲 16

青峰大酒店 酒店 ¥

(☎0941-518 8777;城关桥头北侧向东200米处;后楼标100元,前楼标160元;❄@P)位于白龙江边的老牌宾馆,房间的空间相当大而且带阳台。后楼电梯常常不好用,但价格更优惠,两边的房间设施基本一致。在院子里停车要另外收费10元/天。

卓尼 20

佳美宾馆 酒店 ¥

(☎0941-362 8123;噶吉街佳美购物中心旁;标双148元起;❄📶P)2015年开业,房间较大,干净舒适,装修比较现代,Wi-Fi信号很强。淋浴热水水量足,配有吹风机。停车10元/晚。

在**青海湖**边露营，
看天上澄澈的星空，
等待清晨绚丽的朝阳

青海湖环线

7

伴着层峦叠嶂的高山和变化多端的云朵，与环湖骑行者一路，在环湖自驾中，感受中国最大内陆湖的瞬息万变，观赏不同季节的众多候鸟，或许还能从散落的寺院里收获前所未闻的故事。

线路亮点

4~5天
1077公里

最适合

何时去

4月至5月是观鸟的最佳时间。7月至8月是旅游旺季，也是观油菜花的时节。

最佳摄影点

黑马河拍摄青海湖日出、茶卡盐湖拍摄完美倒影。

最佳自驾路段

十二盘坡。

7 青海湖环线

离开湟源，沿湖而行，油菜花田、起伏的草甸交替变化，让这一路开阔的行程并不枯燥。7、8月盛放的油菜花固然是亮点，但初秋的色彩也不容忽视，树林的绿叶由绿转红、由红转黄，远处点缀着白色的雪峰，不知不觉穿行在几个国家森林公园中是何等惬意。沿湖的二二一、151等废弃的军事基地，以及零星遗迹，也增趣不少。受到环青海湖国际公路自行车赛一年年的影响，环湖骑行也成为当下青年人的时尚。青海湖环线路面平整、线路成熟。在旺季，环湖南路、环湖东路会出现交通阻塞的情况。

❶ 西宁

西宁市区并没有特别的观光景点，倒是随处可见的民族风情更加亮眼。若是碰上穆斯林的主麻日（星期五），中午不妨去已有600多年历史的**东关清真大寺**（东关大街31号；免费；周五12:00~14:00为礼拜时间，非穆斯林不得入内）一带看看，上万人做礼拜的场面会让你大开眼界。如果你有兴趣了解学习藏文化，那么**藏文化博物院**（www.tibetanculturemuseum.org；生物科技产业园区

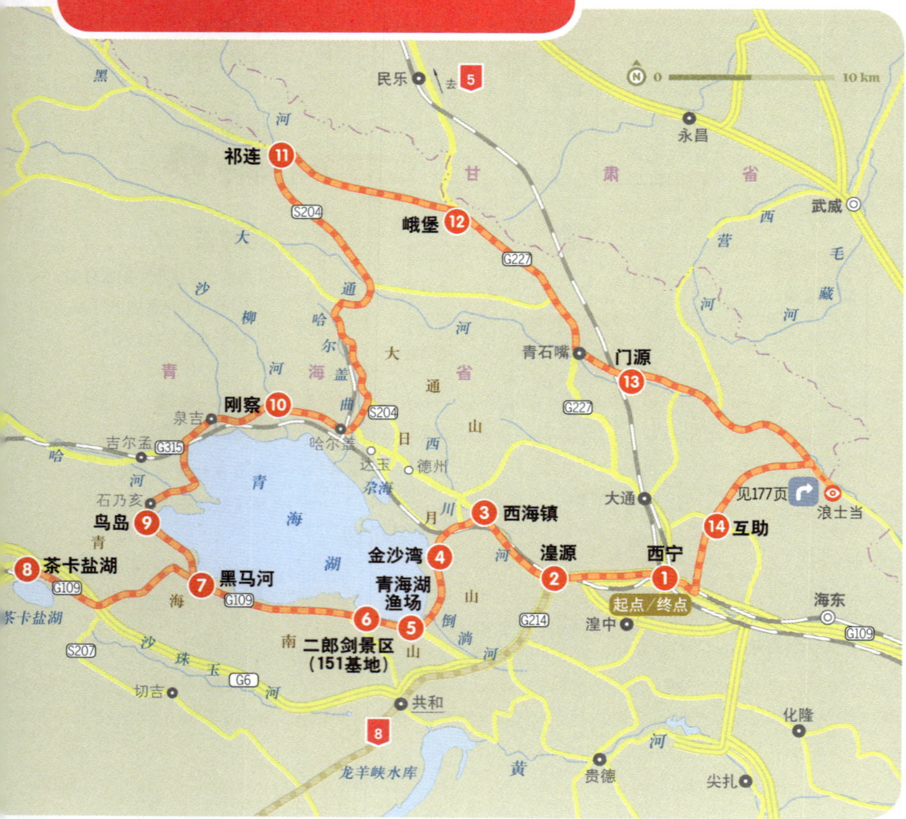

经二路36号；凭身份证领票参观，特展“彩绘唐卡大观”60元，20人内讲解费100元；⏲5月至9月9:00~18:00，10月至次年4月9:00~17:00）绝对值得一看。最引人注目的藏品是二层“彩绘大观馆”内长达618米的“藏族艺术彩绘大观”。这幅唐卡堪称一部藏地历史、文化、宗教、医学的百科全书。还有三幅并排陈列的金、红、黑唐卡也十分珍贵。

见178页

行驶路上» 沿昆仑西路向西行驶，在通海路左转，1公里后驶入西宁南绕城高速。行驶22公里后靠左进入G6国道京藏高速。17公里后出高速，沿G315国道驶入湟源。全程50公里，约1小时。

❷ 湟源

这个在清朝有“小北京”之称的贸易古镇，如今已没了往日的辉煌。当地政府重金打造出来的**丹噶尔古城**（见182页）和中国很多地方的古镇一样，仓促的修复给人以“新古董取代旧古董”的印象。

最好在这里多采购一些补给，虽然一路都有超市，但这里相对便宜，包括加油的费用。

行驶路上» 沿G315国道一路向西北行驶，沿着黄河上游的重要支流湟水，在山转角的高点，可停车俯瞰东大滩水库。全程约50公里，约1小时。

你也可以……

5 丝绸之路东线
从峨堡镇的三岔口沿G227国道北行，约129公里后到达张掖市。

8 唐蕃古道
从湟源县沿G109国道往南行驶，即可抵达日月山。

线路亮点

❸ 西海镇

大部分人把西海镇当作环湖骑行的起点站，其他人则冲着“两弹一歌”而来——中国第一颗原子弹、氢弹都诞生在这里，而西部歌王王洛宾的名曲《在那遥远的地方》，正是诞生在西海镇周围的金银滩草原。多数情况下，西海镇像是个鬼城，而每年夏天，蜂拥而至的游客让这个安静的小镇突然变得喧闹。镇上的各个景点之间还有些距离，如果不想花很多时间，最好不要把车留在原子城纪念馆的停车场。

从湟源方向进入西海镇首先会来到**原子城纪念馆**（同宝路10号；凭身份证免费，停车费10元；⏲周二至周日9:00~17:00）的五个展厅以图片和实物讲述二二一基地从创建到“两弹”升空，再到退役的30年历史。三号展厅的二二一基地微缩沙盘和制作原子弹的仪器设备值得一看。6月到9月每天限3000人次，10月到次年5月每天限1500人次。

二二一基地应急地下指挥中心（西海大道；门票20元，讲解费20元；⏲8:00~18:00）是一座用钢筋混凝土浇筑而成的地下掩体，关上重达3吨的门后，水和毒气都无法入侵。各个房间内陈列的古董仪器，如今仍能正常使用。可以顺便拜访一下旁边的**西海影剧院**（二二一厂电影院；西海大街近银滩路；免费），这里是当年中国西北地区最大的影剧院之一，门口空旷的广场上矗立着毛泽东雕像。

在**王洛宾音乐艺术馆**（原子路26号；门票50元，讲解费100元；⏲8:30~18:00）可以看到王洛宾的手稿。

西海镇镇外便是**金银滩**，这片从祁连山蔓延到青海湖边的大草原，得名于两种野花——金黄色的金露梅和白色的银露梅，每年7月和8月为花期。

见178页

行驶路上» 出西海镇就是金银滩，路面平整、草场开阔，旺季时大批把西海镇作为起点骑行的人聚集在此路段，因此略显杂乱。进入环湖东路，正式开始顺时针绕湖行驶，大约27公里后，当草场逐渐被沙丘取代时，就到了金沙湾。

❹ 金沙湾

金沙湾景区（环湖东路28公里处；免费）实际是沙岛（西海镇以西约35公里处，不在环湖公路上）的一部分。请留心路旁的几个停车带，其实是不错的观景台和摄影点。景区遍布滑沙、沙滩摩托、吉普冲浪等娱乐项目。

之后一路上还有几个小景点，**小泊湖**（环湖东路23公里处；免费）是紧临沙漠的湿地，春夏时，黑颈鹤、赤麻鸭等在这里栖息繁衍。**洱海**（环湖东路6公里处；免费）是由倒淌河水形成的淡水湖，夏季可见到不少水鸟，运气好还能赶上当地藏族人在湖岸举行的传统藏式婚礼。**甲乙寺**（环湖东路与G109国道路口；免费）是一座规模不大的格鲁派寺院，在洱海边即可远远望见寺内高达28米的金色**未来佛**（弥勒佛）。

行驶路上 » 沿环湖东路继续行驶30公里，公路两侧再次从沙丘变为草原，远处可见连绵雪山，青海湖也在行驶中越来越近。之后向右转向G109国道，再行驶约7公里，可以看到进入青海湖渔场的路标。旺季时骑行者相对集中，请注意控制车速。转向国道也意味着你进入了"拥堵路段"，很难说这37公里你会走多久。

❺ 青海湖渔场

在从环湖东路转向G109国道后，路旁便开始密集地出现一片片的油菜花田和一条条通往湖边的土路，藏族同胞会在路旁招揽生意，让你通过他家的牧场和土路去观湖，每人收费10～15元。

青海湖渔场这个观湖地也并无特别之处，只是通往湖边的路较牧民的路略好。工作人员会直接在路口把你的车拦下，然后要求你购票（其实没有票据），然后你可以沿着土路驶向湖边。作者调研期间，每人收费50元，人多可讲价。

行驶路上 » 旺季时，从渔场到151基地的16公里，往往需要花上40分钟。这一路遍地是临时搭建的"风情园"（可以留宿的帐篷）和可以"停车照相"的油菜花，让双向车道显得拥挤不堪。

❻ 二郎剑景区（151基地）

20世纪60年代，这里曾是中国第一个鱼雷发射试验基地，因距离西宁151公里及保密需求，便直接以151基地命名，并一直沿用下来。后因青海湖水位下降，基地无法满足试验要求，其退役后，逐渐由军事重地变为旅游景区。

二郎剑景区（G109国道的2108公里处；门票4月16日至10月15日100元，10月16日至次年4月15日50元；⏲全天）由**二郎剑景区广场**和**二郎剑**

视觉中国 提供

青海湖的鸟岛

两部分构成。广场的各色人工景点只适合匆匆游览，广场南侧有一段延伸进湖的栈道，夏季可观湟鱼。距离湖岸几百米处屹立水中的三层小楼，便是当年的**鱼雷发射试验基地**。从广场**东码头**可乘游船（110/150元）去往西岸的二郎剑码头。**二郎剑**是一小块遍布黄沙、蜿蜒入湖的半岛，集中了景区内大部分的娱乐项目，有沙滩摩托、水上自行车、赛马场等，一般收费都在100元左右。

行驶路上 » 从151基地到黑马河大约68公里，不堵车的话约1小时车程。盛夏时节，湖岸连绵数十里的油菜花是游客争相照相的背景。

线路亮点

⑦ 黑马河

黑马河位于G109国道和环湖西路交叉路口，小镇本身毫无特色，大部分在此停留的旅行者都是冲着黑马河日出而来的。黑马河一带靠湖的地方都可以观看日出，不过如果你想穿过牧民的草场去湖边，可能要缴纳5~10元的过路费。

每天清晨，有大量旅行者在**班禅拉泽**（黑马河西北3公里处；免费）等待日出，景区实际是湖岸边一处开阔的空地。十世班禅曾在此祭海，岸边的**祭海亭**便是为纪念十世班禅而建的。

环湖路边布满了风马旗和哈达的山坡上有个**贡保洞**（环湖东路9公里处；免费），相传是莲花生大士的修炼之地，洞内供奉六臂怙主马哈嘎啦之像，洞口仅容一人通过，进入20米后，路分两岔，据说一路通向拉萨，一路通向印度。

🛏 见178页

行驶路上 » 沿G109国道继续行驶68公里到达茶卡盐湖，不堵车的话约1~1.5小时。

线路亮点

⑧ 茶卡盐湖

中国"天空之镜"的美名让茶卡盐湖在这两年迅速蹿红，慕名而来的游客几乎踏破了景区大门。**茶卡盐湖**（茶卡镇南4公里处；门票4月16日至10月15日50元，10月16日至次年4月15日25元；⏲7:30~18:30）是柴达木四大盐湖中最小的一个，由于湖盐类沉积矿物结晶析出并结成数米厚的"盐板"，而其上又铺着一层几毫米厚的水，因此远远望去，人与天空的倒影清晰可见，造就了水上漂的奇观。夏秋季节是前往盐湖拍摄的好季节，天气温度刚好，湖水也清澈透亮。而且得选择晴天，最好是暴晒，湖面的光线反射更强。若想深入湖心，可乘坐小火车（35元/人）或沿着铁轨步行至盐湖深处。但旅游旺季时为了安全会停开小火车。旺季景区内停车位紧张，自驾车可以选择停在景区门口，然后坐免费环保车进去。

G109国道茶卡镇西南15公里处，有一处写着"漠河盐场"的不起眼的石碑，由此进入，经过4公里的碎石路即可到达人少免费的**漠河盐场**。湖岸边堆积着连片盐山，近岸湖水则结了一层厚厚的盐壳。

记得返回时抓紧时间洗车，以免车身上的盐粒凝固。

行驶路上 » 原路返回黑马河，转入环湖西路，之后大约有20公里的路段紧贴湖边而建。不少旅馆建在这一路段，希望以日出美景吸引旅行者留宿。过后环路逐渐进入内陆，直到在

呵护盐湖

旅游对盐湖造成的负面影响，让茶卡盐湖景区一度关闭。虽然景区已经升级改造，但如果不注意保护，环境破坏很有可能在旅游旺季再一次上演。作为一个负责任的旅行者，请不要乱扔垃圾、不要购买一次性鞋套（用于进入湖区），自带拖鞋或雨鞋下水，不要在人群集中的区域下湖，以免对盐湖产生过度踩踏。另外，要注意湖堤上的警示牌，避开危险区域。

标识处右转进入鸟岛景区。全程132公里，约2小时。

线路亮点

❾ 鸟岛

鸟岛原是一座湖心岛，因青海湖水位下降，1978年以后与陆地连为一体。近年来鸟类生存环境日益遭到破坏，鸟岛"居民"锐减，话虽如此，鸟岛仍然是观察高原鸟类生态的一块宝地。4、5月观鸟最佳。11月，来自俄罗斯的大天鹅在此短暂停留后，将迁往终年不冻的泉湾湿地，度过漫长冬季。

进入**鸟岛**（环湖西路57公里东南16公里处；门票10月15日至次年4月15日85元，4月16日至10月15日125元；⏲8:30~18:30）景区，通过一条长长的观光长廊到达**蛋岛**（也叫海西山），这里因5月、6月的产卵季遍地都是鸟蛋而得名，但旅行者仅能通过观鸟室的隔离窗观赏鱼鸥、斑头雁、棕头鸥、鸬鹚等鸟类。而后到达的**鸬鹚岛**（也叫海西皮）可以近距离观赏鸟类，沿着栈道可以走到高处，观察湖面一座半圆形凸起的巨大岩石，夏季时挤满鸬鹚的景象蔚为壮观。

沙陀寺（环湖西路57公里以西1公里处；免费）是环青海湖地区最大的宁玛派寺院，殿内供奉着3米高的观音菩萨像，佛像怀中一座大小仅5寸的迷你佛像——四臂观音，是五世达赖喇嘛赐予当地信众的宝物。大殿内悬挂着百余幅堆绣唐卡，值得一看。

行驶路上 » 在享受最后的近湖路段后转入G315国道，湖景逐渐过渡为高山草原风景，青藏铁路在一旁忽远忽近地相伴着。全程77公里，约1.5小时。

❿ 刚察

途经刚察的旅行者大多是冲着仓央嘉措神秘失踪的仙女湾而来。旅游景点大都在县城以外，热闹的县城兴建了大量服务设施和人造景观，环湖游客可在此休憩补给。

仙女湾景区（刚察南16公里；门票4月16日至10月15日60元，10月16日至次年4月15日30元；⏲8:30~20:00）还保留了原生态的面貌。5月前后，鸟岛常客斑头雁、鸬鹚、鱼鸥会在这里驻足；6月至8月，色彩斑斓的野花点缀湿地；11月至次年1月，成群的大天鹅在此处栖息。景区内的**三牲拉泽**上下两层，高37米，四周环绕着上百个马头、牛头和羊头雕像，是环湖地区重要的祭海点之一。

刚察大寺（刚察县北25公里；免费）是环湖地区颇有影响力的格鲁派寺院，殿内有不少壁画和木质雕塑值得驻足。

沙柳河景区（刚察县南大街；免费）是观赏湟鱼洄游奇观的最佳地点之一，到了6、7月份的观鱼放生节，可以在河边欣赏"半河清水半河鱼"的壮观景象。

🍴🛏 见178页

行驶路上 » 沿G315国道继续行驶29公里，向左转入哈热段。18公里后左转进入S204省道，沿路行驶141公里即到。全程190公里，约4小时。

线路亮点

⓫ 祁连

这个牛心山脚下的小城，在声势浩大的门源油菜花衬托下，显得寂寥安静。县城周围好看的风景，除卓尔山之外，都没怎么经过开发。如果你爱好摄影，大可避开爆满的油菜花季，9月底再来探访，黑河大峡谷沿

> **最佳建议**
> **十二盘坡**
>
> 从北山国家森林公园到互助县城（威远镇）的威北公路，会经过达坂山著名的**十二盘坡**（又称生肖十二弯），这段连续12个回形针似的盘山路，是环青海湖自行车赛最有观赏性的一段，最高点海拔3448米，很适合摄影。

线从谷底到山巅的色彩变化如同仙境，此时的冰川也更为壮观。调研时，城内城外修路修桥，还有数个“景点”在圈建中。所以来祁连旅行，记得趁早。

卓尔山风景区（祁连县八宝镇；门票60元）这座紧邻八宝河边的丹霞山体，实际上是个巨大的观景台，在这里可以远眺阿咪东索，欣赏丹霞山下连绵起伏的油菜花田。至高点是一处西夏烽火台遗址，可惜“台”小人多，沿着环山顶修建的木栈道视野更佳，可以清楚地看见天上的云彩在大地间投射的阴影变幻。夏季若逢大雨，次日清晨油菜花田烘托出的阿咪东索在晨曦中也十分美丽。由于海拔原因，卓尔山的油菜花开得比门源略晚。

阿咪东索（门票30元；⏲7:30~18:00）景区有两个入口，正门位于祁连县东10公里的峨祁公路（S204省道）旁，后门则在祁连县南二尕公路的**冰沟林海**景区附近；再往北2~3公里处的岔路，有一个不起眼的指示牌，从此处进入阿咪东索可免去门票费用。“阿咪东索”是牛心山的藏语名，意为“众山之神”，当你在50公里长的绕山公路盘旋前行时，就是在进行着神圣的藏地“转山”之旅，雪山、高山草甸、云朵和溪流俯拾即是，其中间或出现藏民帐篷以及散落的牦牛。从后门进入约9公里，还有一小片天然**石林**。

八一冰川（祁连县野牛沟乡；免费）是黑河的源头。前往冰川的岔路口就在二尕公路（S204省道）旁，有一蓝色指示牌。之后是50公里的盘山砂石路，海拔一路升高。当视野随车攀上海拔4600米的峰顶，一座2200米长、15米高的冰川如一堵巨幅雪墙般横空出世，冰川前是一片开阔平坦的雪原，一座挂满经幡的白塔立于其中。虽然大路直通冰川脚下，但请将车在离冰川较远的裸露的砂石路上靠边停稳，再步行前往冰川。切忌将车辆驶入临近冰川有冰雪覆盖的路面，否则极易造成陷落或打滑。看冰川最好的时节是在9、10月份，这时的冰川因新雪飘洒洁白如洗，雪墙峭拔壮观。

黑河大峡谷（祁连县西黄藏寺村起；免费）位于西距八宝镇20公里的黄藏寺村附近，自西而来的黑河与八宝河迎面汇流，突然折向北方，切断祁连山，朝着甘肃张掖方向流去，形成中国第二大峡谷。壮阔的黑河大峡谷因其丰富的色彩，备受摄影师偏爱。从二尕公路通往黄藏寺村的山路十分曲折，在雨水较多的夏季，山体滑坡多发，经常无法通行。

见179页

行驶路上 » 从祁连县八宝镇沿S302省道向东行驶71公里，约1小时。途经阿柔大寺（祁连县阿柔乡；免费；⏲8:00~18:00），作为祁连县境内最大的格鲁派寺院，最令人瞩目的却是那座巨大的黑色牛毛帐房。这座帐房由50人共同缝制，内部面积300平方米左右，据说共用去将近一吨牦牛毛。

⑫ 峨堡

峨堡曾经是连接古丝绸之路的要道，现在仍肩负着连接青海与甘肃的重任，镇中心的三岔口分别通往青海内陆、祁连以及甘肃张掖。现在这里留有一座元代**古城**（峨堡镇三岔口旁；免费），但如不仔细观察，你很可能不会注意到那片残破的土坡，也不会联想到这就是一处古迹。古城遗址旁修建了**峨堡古城遗址公园博物馆**，展示了这座丝路古城的出土文物、历史和发展历程。

行驶路上 » 由三岔口沿G227国道向东南行驶77公里后，在青石嘴镇左转，沿S302省道进入门源县。全程99公里，约1.5小时。油菜花观景点多集中在青石嘴镇周边。

线路亮点

⑬ 门源

毫无疑问，油菜花是门源县旅游的王牌。近年来，青海湖国际公路自行车赛的赛段从青海湖边延伸到了祁连山区的门源。门源油菜花田主要分布在县城浩门镇附近的河谷地带，盛夏7月，一路上就能看到大片的金色花田与绿色青稞田编织成的“巨毯”，令人叹为观止。门源县的几个观景点因位置、地形的差异，所见“花海”各有千秋。如果时间充裕，值得一一造访。

照壁山景区（浩门河南岸；门票30元）距门源县城仅4公里，公路直通山顶停车场，而后你可以再沿上山石阶登临最高处的观景台。对于摄影爱好者来说，这里不仅能拍摄全景式的城乡花海，还是拍摄日出和日落的绝佳机位。

圆山观花台（青石嘴镇北1公里处；门票60元；⏲5:00~21:00，每年6月20日至8月31日开放）是观赏油菜花海最热门的观景点，景观也最好。顺着“之”字栈道登临坡顶的两层环形观景走廊，360度黄绿交错的油菜花海和青稞田所组成的“大地艺术”尽收眼前。

花海芬芳浴（苏吉滩乡苏吉湾村；门票40元；⏲7:30~21:00；每年花期6月底至8月初）并非高高在上的观景台，你可以徜徉于花海之间，和油菜花亲密接触。长长的木栈道伸向花田，连接花海之中的小亭，可以避开熙攘人群，独享滔滔花海。这里还有热气球升空观花项目(150元/人，4人起；约15分钟)。

另辟蹊径
浪士当

起点：⑬ 门源

从门源行驶至甘禅口后，继续沿S302省道行驶13公里，可以抵达**浪士当中心景区**（互助县加定镇桥头村；门票62元；⏲7:00~19:00）。这是北山国家森林公园五大景区中旅游设施最好的。瀑布、溪流和森林在这里相伴生长，虽没什么让人眼前一亮的“景点”，但置身其中，漫步林间，可体验没有网络，甚至没有信号的林间生活。与这种质朴相比，景区有些牵强的“睡佛”等景观就索然无味了。

景区一般不允许自驾车进入，除非店家与检票人员确认你将在景区内吃饭住宿。也可由木质栈道深入林间，乘景区车（30元；⏲8:30~17:30）来往于各景点。

见179页

行驶路上 » 沿S302省道向东行驶，一路有大通河相伴，并穿越仙米国家森林公园。104公里后在甘禅口的三岔口转入省道S103，著名的十二盘坡会让你体验自驾的刺激与乐趣，61公里后抵达互助。全程166公里，约4.5小时。

⑭ 互助

海东市下辖的互助县因古时藏传佛教活动丰富，留下了佑宁寺、夏宗寺等名刹古寺。

佑宁寺（互助县五十乡寺滩村；免费）始建于明朝万历年间（1604年），规模在康熙年间达到鼎盛，它的影响曾一度超过湟水以南的塔尔寺，被称为“湟水北岸诸寺之母”。山头的**白度母菩萨殿**前除了可以俯瞰寺中建筑，7月间对面山谷中大片的油菜花开放，观景尤好。

夏宗寺（平安县三合镇寺台村；门票20元；7:30~19:30）位于**峡群寺森林公园**（20元/人，10元/车）内，只能无奈购买两次门票。年仅3岁的宗喀巴在这里受近事戒，他的启蒙老师曲结·顿珠仁钦也曾在此修行。夏宗寺的最大看点是一座仿佛攀在山岩上的7层庙宇，也叫**噶玛噶举**。循着廊道和台阶向上攀登，可探访一层又一层殿堂。

行驶路上 » 从互助县城向南沿宁互公路即可回到西宁市。全程42公里，约1小时。

食宿

西宁 1

益鑫羊肉手抓馆（花园北街店）

清真菜 ¥¥

（0971-817 9336；花园北街白玉巷5号；人均70元；10:00~21:30；禁带酒水）这家深巷小店前弯弯曲曲的队伍，印证了“肉香不怕巷子深”的说道。食客进店请自行找座，然后派一人上门口点菜，如点了抓肉直接端走。招牌是黄焖羊肉（88元/斤），肉嫩而不膻，即使牙口不好也毫无难度。店里还有多种炒菜和小吃，但不要让善于推销的点菜伙计影响了你的理智。

成林大厦品质酒店

酒店 ¥¥

（0971-811 9333；东大街7号；迷你单间268元，标双398元，均含早餐；P）市中心难得的一家精致酒店，价格与周围几家连锁品牌酒店相当，但舒适度高得多。推荐迷你单间，紧凑但不显拥挤，1个人住会很舒服。

西海镇 3

金昊熬饭烤肉

清真菜 ¥

（138 9710 9179；藏医院斜对面；人均15~40元；9:00~22:00）可以吃到青海特色的熬饭，其实就是羊汤熬炖的烩菜，羊汤没有膻味，可配米饭，15元/份。中午不提供烤肉，牛羊肉按时鲜价卖，羊肉串1.5元/串。

海北宾馆

酒店 ¥¥

（0970-864 2755；银滩路17号；标双300元起；P）当地政府机关接待的三星级宾馆，规模大条件好，房间很多但很难预订，旺季务必提早。设施比较陈旧，但性价比仍然不错。有简单的自助早餐。

福兴圆商务酒店

酒店 ¥¥

（0970-864 5188；刚察路106号；标双320元；P）西海镇最好的酒店之一，偏古典风的装修。房间空间很大，还有在当地住宿难得一见的空调。有自己的中式餐厅。

黑马河 7

青海湖奇石青年旅舍

青年旅舍 ¥

（155 9700 1664；黑马河东侧加油站斜对面；铺70~85元，标双660元；P）淡旺季房价差异极大，标间淡季只要180元，旺季飙涨至3倍多。多人间比较实惠，多人间的实木高低床宽大舒适，房间敞亮还配有保险柜。这里可租到自行车（50~60元/天），可拼车去茶卡盐湖（80元/人）或看日出（15元/人），出租军大衣（10元）。副楼的清真餐厅提供早餐、面片、盖浇饭和炒菜（人均8~20元）。

圣湖人家驿站

客栈 ¥

（133 0974 9827；班禅拉泽景区湖边；铺60元，普双180元；P）这家靠近湖边的帐房宾馆可以提供24小时热水淋浴和干净的冲水卫生间实在让人意外，还有藏式酒吧，甚至能拿着麦克风高歌一曲。用餐人均25~50元，临近湖边，方便看日出。

刚察 10

格桑藏餐吧

藏餐 ¥

（158 9700 7078；东大街近沙柳河路；7:30~21:00；）很受当地人推崇的一家藏餐馆，阿卡包子（10元）、酥油茶（20元）、手抓羊肉（70元/斤）不妨一试。人参果饭（15元）听上去有种仙气，实际就是煮熟的蕨麻、酥油和白糖拌着饭一起吃。

鑫旭商务宾馆

酒店 ¥¥

（159 0970 9999；广场路9号；标单/双298元；）在县城的中心位置，吃饭购物都很方便。三星级的装修，暖气和空调一应俱全，在这个小县城里算是比较高档的选择。只是门口就是广场，早晚的广场舞有点扰人。

祁连 11

恒欣火锅

火锅 ¥¥

（0970-868 7777；祁连县下庄七一路十字御风假日宾馆旁；人均70元）在这里可以吃到当地出产的牦牛肉、鹿肉和新鲜的手切羊肉，更难得的是，这里是一人一锅的小火锅，并且有4~5种汤底可选。这里有不少6~8人的大桌。门口可停车。

阿咪东索青年旅舍

青年旅舍 ¥

（0970-867 2188，189 0970 6919；祁连县林场路146号；铺60元起，大床房180/280元；）普通多人间和藏式多人间区别不大。公共区域是藏式布置，比较舒适。公共卫浴充足，但旺季也会有洗澡热水和卫生问题。旅舍设有洗衣房，但旺季不提供餐饮，要到县城解决。旁边300米即是中石油加油站。

门源 13

回香阁

清真菜 ¥

（132 2972 3328；青石嘴镇宁张公路边，青浩路路口北约150米；人均30元）清真炒菜、凉菜和面食品种都很丰富，价格也实惠，餐后还可以尝尝味道正宗的酸奶和奶皮。

小圆门餐厅

中餐 ¥

（0970-861 3616；浩门镇西大街47号）有牛肉面等各色面食，价钱比街边小馆略贵一二元；也可以尝尝几人小炒，例如，本地特色生炸羊排（128元）和炒人参果玉米（58元）。饭馆位于门源中医院西边。

观花台农家宾馆

农家乐 ¥¥

（138 9700 8166，138 9750 1068；青石嘴镇圆山观花台西800米；标双220元起；）这是距离观花台最近的住处，只要走出房间就能步入花田。房间不大但五脏俱全，也显得比较干净利落，只是要到大厅才有Wi-Fi信号。餐饮价格还算实惠。

海北饭店

酒店 ¥¥

（0970-861 1658；浩门镇东大街29号；标双320起，含双早；）酒店紧邻金源广场，出行方便。房间数量充足，室内也宽敞明亮，旺季性价比较高。

震后的**玉树**已基本完成重建，
现在是一座既现代又有藏族风情的小城

唐蕃古道 8

唐蕃古道是文成公主进藏时的路线，虽然长途跋涉，但对于追求深度藏区体验的旅行者而言，沿途大气的自然风光和丰富的藏区风情，都能让你深感不虚此行。

线路亮点

7~10天
1766公里

最适合

4WD

何时去

6月至9月中旬前往，气候最为适宜，自然风光也最美。

最佳摄影点

达日格萨尔林卡山顶。

最佳风景路段

阿尼玛卿知亥代垭口。

8 唐蕃古道

从湟源出发，经过古时赤岭唐蕃分界碑所在的日月山后，走共玉高速往西南，通过世界海拔最高高速公路隧道——花久高速雪山一号隧道，朝拜过阿尼玛卿雪山后，再长途跋涉、欣赏年保玉则雪山的英姿。折回玛多，探访黄河源头的湖区。驱车前往玉树，欣赏这座震后重生的美丽小城。共玉高速和花久高速新开通后，自驾唐蕃古道、游览果洛的三大景区变得一气呵成。一路都有高原雪峰为伴，大部分景点和寺庙仍本色示人，无“开发”，无门票，无开放时间限制。

❶ 湟源

湟源自古是汉地通往藏地的咽喉，清代这里曾设立丹噶尔厅署，古城因此得名。县城的**丹噶尔古城**（湟源县东大街；通票4月16日至10月15日 80元，10月16日至次年4月15日 60元；⏲收费景点 9:00~18:00，老街24小时开放）可以顺道一游。虽然取了个具有异域风情的名字，但丹噶尔古城实际是个汉族古城，古城的主体是一条半新半旧的老街，长约500米，老街两端是新修复的城门。街上有文庙、县衙、城隍庙、洋行等景点（都可以单独购票），县衙里每天有四场升堂表演，购买联票的游客还可以参观一场民族时装秀。

行驶路上» 从湟源县城出发，沿G109国道（西倒一级公路）南行31公里，见第一处“日月亭”出口，右转3.5公里，即到达日月山景区。

❷ 日月山

最高海拔4877米的日月山历来是内地和西藏道途的咽喉之地。历史上，日月山是北魏和吐谷浑、唐和吐蕃的界山，地理上则是青藏高原农业区和牧业区的天然分水岭。在**日月山景区**观景点（门票40元；⏲8:00~17:00）高处，山口南北两侧立有纪念文成公主进藏联姻而建的两座仿古建筑日亭和月亭，亭内画有文成公主和松赞干布的唐蕃联姻故事，月亭里立有一座公元8世纪的**赤岭唐蕃分界碑**。

购买门票后（特别提示：18:30以后免门票），可以不用走回头路，驾车穿越日月山垭口，继续行驶6公里到达西倒一级公路。

行驶路上» 回到G109国道，向南行驶，在进入G6高速公路之前，会经过一条中国罕见的自东向西流淌的河流——倒淌

河。之后沿G6行驶44公里至共和县。

3 共和

这个干净整洁的小城缺少对旅行者的吸引力，但2800米左右的海拔使得这里比较宜居，在你前往海拔4300米的玛多之前，不妨在这里休整一晚，适应一下高原。

50公里外的龙羊峡是黄河流经青海大草原后，进入黄河峡谷区的第一峡口。从共和县前往龙羊峡镇的公路弯多路窄，限速每小时30公里。可顺路去**土林国家地质公园**（龙羊峡镇西北方向3公里处；门票60元）一游，这是一片沙沟、荒山、幽谷构成的原始、荒凉的世界。**龙羊峡大坝**（☎0974-857 2288；龙羊峡镇；门票120元，含游船费）高178米，目前为亚洲第一高坝。坐在游船上，黄河自西向东穿行于峡谷中，两岸峭壁陡立，水流湍急。进入大坝内部，可以参观发电机的运转。傍晚时分，广阔的高峡平湖景致非常壮观。

见188页

行驶路上 » 从共和县往西南方向，驶上共玉高速，海拔逐渐攀升，路两旁是草原和连绵的草山。约247公里后到达下大武路口，转入新开通的花久高速，长驱直入阿尼玛卿腹地。

线路亮点

❹ 阿尼玛卿雪山

在远古就有的苯教信仰中，阿尼玛卿被认为是战神之王；对从小聆听格萨尔王故事长大的藏族人或是北亚游牧民族来说，朝拜阿尼玛卿，是一件无上的功德与荣耀。前往阿尼玛卿雪山的最佳时间是6月至8月，9月中旬就有可能下雪，10月份则可能大雪封山。

花久高速通车后，在下大武以东6公里的扎德滩有一个出口，这里将是景区的西大门所在。朝东远望，已能看见部分雪峰。但这里最耀眼的却是恢宏的"空中楼阁"：**阿尼玛卿藏文化中心**。它是公路北面1公里的山坳中的**格日寺**才仁拉加活佛用十多年心血建起，给周边少儿免费学习藏文化、汉语、科技等现代知识的地方。

雪山一号隧道穿过雪山北侧的山腰，如果想看**知亥代垭口**的**唯格勒当雄**冰川，你得提前下到破烂的老路上。垭口前10公里开始，联排雪峰跃然而出。随着路况恶化、海拔升高，景色就越发壮美，直到伟岸晶莹的山体席卷熊熊烈焰般的经幡，强力冲击你的视觉时，就到垭口了。主峰**玛卿岗日**离你只有约一千米的相对高度，山体扑面而来，气势磅礴。继续靠近雪山，垭口前方有"千顶帐篷"之称的唯格勒当雄冰川才是阿尼玛卿北麓最大的亮点，沿乱石滩往下手脚并用走一刻钟，千姿百态的冰皱褶像巨型千层奶油蛋糕般诱惑。

行驶路上 » 从知亥代垭口继续前往雪山乡方向，回到花久高速上。绵延雪峰把天际线占满，路边能看到黄河流域最大最长的哈龙冰川。从垭口到雪山乡岔路口约44公里，之后再行驶74公里抵达玛沁县城。

❺ 玛沁县（大武）

大武镇是一个方正、马路宽阔的典型藏地新城，也是通往阿尼玛卿的南大门。这里有果洛最好的食宿和购物条件，把它作为一个中转站很好。县城唯一可供打发时间的**拉日寺**，位于环城路东北端的山脚下。寺庙本身很普通，但后面经幡招展的山坡是俯瞰大武城区的极佳位置。

见188页

行驶路上 » 由玛沁县城沿花久高速继续向南行驶约260公里，抵达久治县城。在久治以西约42公里的S101省道旁，就是年保玉则景区大门。

线路亮点

❻ 久治（年保玉则）

年保玉则雪山是绝大多数旅行者来到久治的唯一目的地，其实**德合隆寺**也可以顺道一观。该寺位于城东6公里处（全程油路），莲花生殿的金顶蔚为壮观。

年保玉则有三个入口，分别是北（景区）、东南（黑河桥）、西南（文措湖）；对应形成三条游览线路：从仙女湖北岸（即已开发景区）到妖女湖南岸、从黑河桥到日干措和从文措湖到德莫措。这三条线路以日干措北面的北垭口为结点，能进一步组合成两条由北向南的穿越线路。

前往年保玉则的最佳时间是7月中下旬，那时草原花开，风光绝美。在非花季前来，如果不打算徒步穿越，那么门票相当于专为仙女湖而买，因为群峰在公路上景观更佳。

年保玉则国家地质公园（☎150 0975 1116；门票120元；⏲8:00~18:30）的主入口位于仙女湖北岸，自驾车辆可以开进景区大门，并停在大门内的停车场。景区内修了观景台和栈道，可以拍摄年保玉则的经典定妆照，观景台下鱼群密布。游览已开发的景区，半个小时就足够了。

如果你驾驶的是越野车，可以考虑去未开发的**文措湖**转转，文措湖位于年保

视觉中国 提供

在年保玉则山间奔跑的孩子

玉则峰的南面，花期比仙女湖一带提早一个月。在S101省道上通往隆格寺的丁字路口处（离景区大门50公里，离久治县城100公里），立有一块年保玉则景区鄂木措（文措湖的藏语名）的石标，从这里去下文措湖约13公里的土路或车辙路，湖区周边有些泥泞，如果侥幸没有陷车，最多可以开到上文措。

见188页

行驶路上 » 从久治县城沿S101省道向西北行驶307公里，到达达日县城，一路是铺装路面，约需行驶6小时。

7 达日

在花久高速公路完工之前，达日是往返于阿尼玛卿、两湖一碑和年保玉则三个果洛王牌景点的必经枢纽。黄河温柔地从县城西边流过，车子可以开上县城西头的**格萨尔林卡**山顶（土公路，只需要开几分钟），这里是俯瞰黄河和满城经幡的极佳视野。当缤纷晚霞绽放，眼前香槟色的河谷就是“快门杀手”。

从县城出发，沿着黄河南岸的公路西行13公里，从岔路口往南拐进一个山谷，远远地就可以看到**查郎寺**金灿灿的建筑群。记得要让僧人打开莲花生殿的门，殿内是满墙典雅的壁画。从查郎寺退回岔路口，再西行8公里，可以到达**狮虎宫殿**，相传这是格萨尔王7岁时运用法力，由狮子、老虎等动物协助修成的宫殿。眼前这座是20世纪90年代重修的，显得太新了一些，在旁边的文物展览馆（3元）可以看到一些旧物。

见188页

行驶路上 » 由达日县沿S101省道向东北方向行驶53公里（铺装路面），进入甘德县城。

8 甘德

甘德是个灰头土脑的小城，没有必要在此停留，而且自来水在这个县城属于稀缺品。

从甘德县城往东南方向行驶36公里（铺装路面），可以抵达宁玛派寺院**龙恩寺**，这里有三座形状奇特的佛塔组成的奇观。最高最大的一座，是尼泊尔式的白塔，名叫夏绒卡哨。高60米，塔身仿佛一个倒置的白碗。碗底上的正方形四边上，绘有精美的法眼，其上耀眼的塔尖直径8米，全部贴以纯金。不远处另外两个形状更怪异的佛塔，一座是梯形的金黄色高塔，名叫金刚座，是效仿佛祖释迦牟尼修炼成佛之地的塔修建而成；而旁边的圆柱形的红色佛塔，更具异国风情。

从甘德往达日方向12公里处，会经过**东吉多卡寺**，寺院外观虽然普通，却有着一道品相完美、信徒如织的石经墙，不容错过。这面石经墙由94万块石经板砌成，墙头列满上百位静怒神尊的彩绘浮雕，墙内众多龛窗中还有真言密咒、佛像等石雕小品。

行驶路上 » 原路返回达日，之后右转驶入S205省道，向北行驶185公里至花石峡。经常刮风的花石峡，海拔在4300米左右，容易引发高原反应。镇上有一些简单的餐馆。在此处转入共玉高速，行驶76公里后出高速，向北经南大街进入玛多县城。全程309公里，约6小时。

线路亮点

9 玛多

玛多是探访黄河源的基地，以黄河源头浩瀚如银河的高原湖泊出名。县城整洁而小巧，主要的商业设施集中在南大街上。城南有个新建的规模庞大的**岭·格萨尔文化博览园**，有岭国几十名大将的雕塑或绘画。玛多县城海拔4300米，建议多喝水，不要剧烈运动。

扎陵湖和鄂陵湖（门票80元）尽管离真正的黄河源头仍有相当的距离，却仍然是青海不可多得的湖光美景。两湖之间的**牛头碑**，是“到此一游”的绝佳留影地。从县城出发，往西北方向行驶，沿途是草原，很有机会看到野驴和黄羊，在40多公里处，你会经过波光浩渺的鄂陵湖。沿鄂陵湖边继续往西行约50公里，出现一座金碧辉煌的寺庙，就来到了**迎亲滩**。传说文成公主进藏时，松赞干布到此地迎接。车可以径直开上措哇尕什则山（牛头山）山顶，纵览

跨越江河源

玛多到玉树，这段331公里长的公路意义非凡，你可以在一日之内跨越黄河、长江的上源。

出玛多县城5公里，首先你会经过玛多黄河桥，这里的黄河水清且浅，远方有巴颜喀拉雪山做背景。再行驶约5公里，可见“星星海”的指示牌。公路两侧开始出现不少小湖泊，连绵十多公里，宛如星星般点缀在草原里。

从玛多驶出122公里，是这段公路的最高点——巴颜喀拉山口，海拔4824米，山顶经幡飘动。巴颜喀拉山是黄河和长江的分水岭。清水河镇是个可以打尖用餐的地方，路过清水河大桥（海拔4400米）时，可以看看水里的鱼群。

出玛多300公里，你会通过通天河大桥，通天河是长江的上源，大桥西侧有条岔路通往三江源自然保护区的纪念碑。大桥以南4公里处还有个晒经台景点（和《西游记》有关），可以快速地看看。

再行31公里是终点站玉树，江河源之旅完美结束。

两湖风光。

从县城到牛头碑有92公里，路况良好。通往牛头山山顶的土路有点陡，但微型车努努力也能爬上去，约需20分钟。沿途指示牌比较清晰。自驾旅行者到达牛头山就可以原路返回了。如果要前往扎陵湖边，必须要越野车以及熟悉路况的当地司机。

在牛头山往西约200公里处，藏着传说中的**星宿海**。曾经黄河之水从各地发源之后汇集至此，终致湖沼密布，水网纵横。然而近年来部分海子已经干涸甚至退化为荒芜的戈壁。真正的**黄河源**在星宿海西南面更深处。黄河源头实际上是汩汩清泉，其中约古宗列曲源头可以开车到达，而卡日曲只能徒步进入。

要进入缥缈的星宿海以及黄河源是一项浩大的工程，最好组织一个装备良好的车队进入，以防意外。

见188页

行驶路上 » 返回共玉高速，往西南方向行驶至玉树，全程约331公里。

另辟蹊径 勒巴沟

起点：⑩ 玉树

从玉树出发，经勒巴沟、文成公主庙返回玉树，是一条100公里的环线，值得花大半天时间游览。

从玉树县城沿G214国道向东行驶25公里，然后右拐上土公路，沿着通天河行驶8公里，即到达勒巴沟的沟口。勒巴沟是通天河的一条支流，沟内的岩壁上和溪水中的天然石块上，刻着无数的六字真言，蔚为壮观。沟内是土公路，但普通小车可以通行。

你可以且行且停，欣赏沿途的石刻。随着上坡，翻越一座大山到达文成公主庙。相传庙中的九座佛像是文成公主下令雕刻的。文成公主庙周边的山上，挂满了经幡，值得走走。从文成公主庙沿G214国道向北行驶16公里，可返回玉树。

⑩ 玉树

经历2010年地震的玉树，已经基本完成重建。展现在你面前的，是一座既现代又有藏族风格的小城。去往G214国道路边、接近出城的位置，有一座用玻璃顶保护起来的坍塌建筑，那是玉树地震时受损的当地民房。如今这里是**玉树地震遗址和抗震救灾纪念馆**（免费；⏲全年开放）。

从格桑花大酒店旁的一条岔路上山，驱车3公里就是**当代山观景台**（免费），可以沿着栈道走到格萨尔王广场的巨大雕像前面，俯瞰一下城市的新貌。

与观景台遥遥相望的是**结古寺**，站在玉树城的任何位置都可以望见这座山顶上的萨迦派寺院。新落成的大殿金碧辉煌，后方青色的僧舍排列整齐。沿着盘山公路驶往主殿时，有好几个位置能让你一览全城。

玉树新寨村的**嘉那玛尼石堆**是藏区最有名的嘛尼石堆，它位于玉树往玛多方向5公里处的路边，面积相当于三个足球场，容纳了二十多亿块玛尼石。

7、8月是玉树的旅游旺季，房价会上涨一些。清真菜和川菜是两大主流菜系，餐饮消费比西宁高不少。

见189页

食宿

共和 3

循化丰收餐厅 清真菜 ¥¥

（☎0974-851 6688，186 0974 0000；共和县医院对面；人均70元）这家清真餐厅的招牌菜是美味的羊脖子和手抓羊肉（75元/斤），不容错过。其他菜式也算得上精致可口，但价格略贵。一楼谢绝饮酒，如果你自带酒水的话，需要在二楼用餐。

元年大酒店 酒店 ¥

（☎0974-751 9999；青海湖南大街37号；标双360元，淡季168元；Ⓟ）酒店处在县城中心位置，用餐购物都很便利，其所在的香巴拉广场是美食集中地带，选择较广。

玛沁县（大武） 5

觉如仓藏式风味餐吧 藏餐 ¥¥

（☎0975-835 3444；班玛路体育场对面；人均40~50元；⊙10:30~21:30）装修别有一番藏式的富丽格调，菜单中不少创意藏餐菜品很可能激发你多来几次把它们尝遍的念头，餐食制作和摆盘考究，份饭（酸奶饭和咖喱饭）15元，酥油茶30元/壶。

年保玉则大酒店 酒店 ¥¥

[☎0975-835 6666；环城南路州医院对面（近达日路）；标双288元起含早餐；Ⓟ]标准的、花哨的仿欧风简装房间类似你在内地见到的很多商务宾馆，在艰苦的藏地还是会有些亲切感。酒店附设口味不错的川菜餐厅，也可以帮你联系向导。

久治（年保玉则） 6

六妹砂锅坊 小吃 ¥

（☎150 0975 5939；南环路游客中心对面，春沁宾馆西侧20米；⊙10:00~22:00；人均15~30元）干净的小饭馆，提供川青风味的砂锅、面和米线等，砂锅牛肉口味不错。

鄂姆措宾馆 酒店 ¥

（☎0975-833 2557；南环路东头路北；普双 120元；Ⓟ）久治性价比最高的旅馆，普间干净清洁，网络和有线电视一应俱全。宾馆地下一层是对外营业的浴室，10元一次。

达日 7

岭国扎拉宾馆 酒店 ¥¥

（☎0975-831 9333；客运站往东斜对面；标双220元，普双180元；@Ⓟ）这是同城综合条件还算不错的一家住处。室内安静，标间和普间设施新净豪华程度一样，普间因不带卫生间而更宽敞。标间淋浴用电热水器；住普间可借用员工的淋浴间（要找人开门），因为是太阳能热水器，需要速战速决。公共洗漱池有热水。

玛多 9

天府人家 川菜 ¥

（南大街丁字路口玛多剧院东侧；人均40~50元；⊙11:00~22:00）和南大街其他的小馆子比起来，它的环境还算体面，川菜很难说正宗，但鱼和牛肉都做得好吃，也有15~20元的盖饭快餐提供。

玛多县游客服务中心

酒店 ¥¥

（☎0975-834 5916；丁字路口东玛多宾馆旁；标双380元；📶🅿）2015年才全新落成的酒店，客房在二楼和三楼，标间宽敞现代，设备是玛多目前最好的。一楼的游客咨询中心可以获得很多有用资料，黄河旅行社可以帮忙安排行程。

玉树 10

腾升阁火锅城

火锅 ¥¥

（结古大道中段；人均70~80元；⏲10:00~22:00）选用本地牦牛肉，用特殊手法腌制，吃起来肉香四溢，口碑非常好。最好跟三四个朋友一起去吃，否则不太划算，点菜也不大方便。

岗嘎日吾藏餐

藏餐 ¥

（日吾格中巷19号，人民银行往西500米；人均40~50元；⏲10:00~21:30）能把藏餐做得符合内地人口味的藏餐馆不多，这儿要算一家。想尝试藏餐又受不了牛羊肉膻味的旅行者可以考虑这里，他们的菜品相对精致考究。

结古寺商务宾馆

酒店 ¥¥

（☎0976-881 7577，881 7588；结古大道，结古寺手机城旁；标双180~220元；❄📶🅿）虽然是结古寺的产业，却暂时由汉族人承包打理。宾馆很干净，无论是楼道还是房间，房内有免费长途和24小时热水，每个房间里都有自己的独立Wi-Fi。房间铺设木地板，也很明亮宽敞。卫生间较大，冬天房间内有暖气。位于琼龙路上玉树州博物馆斜对面的**结古寺大酒店**价位和档次跟这家差不多，也是不错的选择。

格萨尔王府饭店

酒店 ¥¥¥

（☎0976-882 1999；民主路交珠姆路；标双480元起，含双早；❄📶🅿）可能是你见过的最富藏族特色的酒店，虽然这特色将宫廷、寺庙、民居风格混为一体，在懂行的人看来有些过分。进门你会看到一幅巨大的坛城，电梯间和走道墙壁上悬挂着精美的唐卡，一派富贵气象。作为一家五星级酒店，从环境到服务算是无可挑剔。

广袤无垠的**可可西里**并不适合人类居住，
却是藏羚羊的栖息地

Classic Trip
经典线路

青藏线 9

青藏公路是世界上海拔最高的公路，也是从内地进藏最为便捷、安全的路线。道路基本上是铺装路面，弯道也比较少。沿途经过柴达木盆地、可可西里自然保护区以及若干座雪山。

线路亮点

5天
1963公里

最适合

何时去

5 月到 10 月，气候适宜、风光壮丽。7、8 月旺季游人最多，房价也水涨船高。

最佳摄影点

可可西里。

最佳风景路段

G109 国道唐古拉山兵站至唐古拉山口。

Classic Trip
经典线路

9 青藏线

青藏线几乎是每一个自驾爱好者的梦想，戈壁、雪山、湖泊甚至稀薄的空气，在高海拔对身体与精神的挑战中，都显得具有无比的吸引力。从西宁出发，途经都兰，一路西行至格尔木，穿越柴达木盆地。接下来向南，海拔骤然抬升至4000米以上，进入青藏高原，茫茫草原和皑皑雪山与你相伴。翻越昆仑山口（海拔4768米），进入可可西里自然保护区，藏羚羊的身影在路边不时闪现，其他野生动物也很可能被你的镜头捕捉。跨越长江的上源沱沱河，然后翻越此行的最高点唐古拉山口（海拔5231米），在稀薄寒冷的空气中感受自然的威力与魅力。接下来海拔逐渐下降，经安多、那曲、当雄，抵达圣城拉萨。

❶ 西宁

每年7、8月份是西宁的旅行旺季，由此开始环青海湖和入藏的旅行者都很多，记得提前预订好房间。市区的**东关清真大寺**（见170页）和**藏文化博物院**（见170页）足以打发你一天的时间。如果你喜欢牛羊肉，那么来西宁就有口福了，莫家街是当地小吃的集散地。

见200页

行驶路上 » 从西宁出发，走G6经湟源、共和、茶卡盐湖，抵达都兰。全程高速，约426公里，约5小时。

❷ 都兰

即使都兰县城灰尘漫天，都兰周边却拥有迷人的自然景色，这里是柴达木盆地边缘最肥美的绿洲。夏天时，**海寺花海**（都兰县城以东19公里；免费，7~8月收取10元环境保护费）的野花漫山遍野，**科肖图**（都兰县西南50公里；免费）的草原丰茂肥沃。当秋天来临，树叶变黄，层林尽染。

庞大的**热水沟墓葬群**（免费）位于县城东南28公里处，关于墓葬主人身份的争论至今不绝。在此出土的文物都被珍藏在青海省博物馆中，这里只能看到一座高高的多层墓室，一些仿若被盗的小墓的墓坑，以及一个关闭的大墓挖掘现场——血渭M01号墓。从都

兰县城沿G109国道南行12公里，走左边的小道通往热水沟，几乎全为碎石路。看见一块文物保护单位的石碑时，你就已到达墓葬群了。石碑后，有一座高高突起的小山头，走到跟前，沿着崭新的石阶可以爬到山顶，这时你已经站在坟墓之上了。注意观察脚下部分土石砌成的横截面上，有一层裸露出的整齐排列的柏木，当地人猜测这里大约有九层这样的柏木，因此把它称为“九层妖塔”。

都兰西南60公里处、G109国道旁的香日德镇有较多清真餐厅，可在此休息片刻。**班禅行辕**（免费）在镇西4公里处、国道北侧。寺庙规模不大，遍植花草，主殿里供奉着精美的唐卡。

见200页

行驶路上 » 从都兰县城继续沿G6高速往格尔木方向行驶，198公里后在诺木洪转入诺贝公路，行驶14公里。全程为铺装路面，约219公里，2.5小时。

当地人声音

王庆明
西宁旅游包车司机，跑过近百次青藏线

走青藏线最理想的是7月至9月，7、8月草是绿的，到9月草的颜色开始变了，但是有雪景。青藏线全年都可以走车，很少有大雪封山的情况，因为是交通大动脉，一有积雪马上就被清理了。但是冬天走青藏最好备上防滑链。

自驾青藏前，最好提前吃红景天，同时加强锻炼，吃得清淡一点儿，减少血液里的脂肪含量。上路时，应该备好西洋参、葡萄糖、止泻药、感冒药。千万不能感冒。

上图：巍峨的昆仑山脉

线路亮点

③ 贝壳梁

贝壳梁是一处少见的地理奇观。在这片浩瀚的戈壁滩上，突然冒出上千亿个贝壳。它们组成一条长2000米、宽70多米、高8米的堤梁。这里是迄今中国内陆盆地发现的最大规模的古生物地层。据说现在贝壳少了很多，因为当地牧民曾经把贝壳磨碎了做牲畜饲料。为了保护这里的景观，建议你不要带走任何一片贝壳。

行驶路上 » 返回G6高速，向西行驶125公里后，转入G109

视觉中国提供

国道，至格尔木市。道路平直，且为铺装路面，两旁除了偶尔经过的绿洲以外，多是戈壁荒漠。全程约162公里，需2.5小时。

❹ 格尔木

格尔木是青海第二大城市，食宿、购物都很方便。一般来说，自驾青藏线的人都会在这里歇宿一晚，2800米左右的海拔能确保你睡个好觉。

位于近郊的**将军楼公园**（城西北金峰西路；免费）是为纪念城市奠基人慕生忠将军以及青藏公路的筑路工作者而修建，南门入口处的筑路忠魂群雕和天路纪念塔令人印象深刻。园内还有一处**将军纪念馆**（免费；⏲8:30~12:00，14:30~18:00，周二闭馆），并列的两栋砖楼其中一栋名为"将军楼"，修建于1956年，是慕生忠将军办公生活的地方，也是方圆千里内矗立起的第一座楼房，还保留了二十世纪五六十年代的部队建筑风格。楼内介绍了将军生平、青藏公路修建史和格尔木城市史。

见200页

行驶路上 » 沿G109国道向西南方向行驶159公里，约2.5小时。从格尔木到拉萨，基本上都是铺装路面，但和西藏段相比，青海段路况略差，行车需要留心路面上未及时修补的小坑洞，车速不要过快。

线路亮点

❺ 昆仑山口

昆仑山不但景观丰富，而且意义非凡。这里是道教的圣地，也是柴达木盆地内陆水系和长江外流水系的分水岭，有雪山，有清泉，有地震遗迹。

从格尔木向西南行94公里，你会经过**纳赤台清泉**（海拔3540米），八角形的泉台中，喷涌而出的泉水冷冽甘甜，一年四季从不封冻，别忘记带几个装水的瓶子来。

再行驶21公里，路西侧是新修的**无极龙凤宫**（免费；⏲8:00~18:00），虽是道观，殿内还供奉了十世班禅大师像，你还能在这里看见哈达和经幡。

再行驶约15公里是**西大滩**，这是一片非常开阔的滩地，也是攀登玉珠峰的大本营所在。

再行驶27公里，公路东侧有地震纪念碑——2001年11月14日，在东昆仑构造带发生了8.1级的强烈地震，地表破裂带长达426公里。

再行驶3公里是**昆仑山口**（海拔4768米），这里是许多想要走青藏公路前往拉萨的旅行者挑战高原反应的第一道坎儿。如今已被开发成一个景区，经幡飘扬，山口矗立着刻有国家地

另辟蹊径
察尔汗盐湖

起点：❹ 格尔木

如果你有半日之闲，可以去参观亚洲第一大盐湖——**察尔汗盐湖**（免费；⏲9:00~17:00）。湖水在光线的变换下，呈现出或蓝或绿的颜色。据说这里储存的食盐，足够全世界的人吃上2000年。盐湖的中心码头有一尊盐花制成的察尔汗盐湖雕塑，你可以沿着十字型道路往湖区深处走，那里的盐湖更加雪白干净，运气好正赶上机器作业抽取盐卤水的话，你还能看见自然形成的形态迥异、类似一尊尊雕塑的盐花。但遗憾的是，这里并不能像茶卡盐湖一般，拍摄出"天空之镜"。

盐湖集团公司大门处的**盐湖博物馆**（门票50元；⏲夏9:30~16:30，冬10:30~16:00）展示了花样繁多的盐花、自制水采船模型和整个盐湖的沙盘地图，值得一看。

察尔汗盐湖距格尔木市约60公里，自驾旅行者在门口保安处登记后，可以直接开到中心码头。

质公园和可可西里自然保护区的两座石柱，2013年8月修建的索南达杰雕塑也屹立于此，过了昆仑山口，就进入了可可西里自然保护区。山口后方的广场紧邻青藏铁路，呼啸而过的列车都会在山口鸣笛，这里也是你拍摄火车的最佳地点。

行驶路上 » 沿G109国道继续往西南方向行驶21公里，抵达不冻泉，约半小时。

❻ 不冻泉

不冻泉（海拔4600米）因为一口终年不结冰的泉水而得名，它只能算是个驿站，算不上镇子。这里有几家简陋的旅馆，也有餐馆，自驾者一般没必要在这里留宿。

从不冻泉往西南方向行驶33公里，是**索南达杰自然保护站**（4470米），内有一个小型生态展厅，并有工作区、生活区等建筑。夏天站内有简易旅馆可以住宿，50元/铺。

从保护站到沱沱河为止，路边经常可以看到成群的藏羚羊、野驴、黄羊等，也有机会看到狼和狐狸，这些动物基本不怕人，也不害怕过往的车辆。

行驶路上 » 继续沿G109国道行驶，约88公里后就到达五道梁。路面坑洞较多，请小心驾驶。

最佳建议
实名加油

进入西藏地界，加油需要实名登记。进入加油站后，你需要准备好驾照、行驶证和身份证，先到登记窗口登记领条，然后找加油员为你加油。

❼ 五道梁

俗话说：到了五道梁，哭爹又叫娘！如果你到了五道梁（海拔约4600米）依然身体安好，那么基本上已经通过了高原反应的考验。

这个小镇上有几家所谓的“宾馆”，但条件都比较简陋，更不要指望洗热水澡。除非你想挑战自己，一般不建议在五道梁住宿。

行驶路上 » 沿G109国道行驶146公里至沱沱河，约2.5小时。

❽ 沱沱河

沱沱河（又名“唐古拉镇”，海拔约4500米）是进入西藏之前的重镇。和五道梁相比，沱沱河的自然条件要好很多。镇北的草原上，藏羚羊自由地踱着步，这里

视觉中国 提供

沱沱河

是可可西里保护区的南缘。长江的上源沱沱河从镇北流过，从沱沱河大桥北行200米，再西行300米，可以到达**长江源纪念碑**。

沱沱河以南93公里处的雁石坪（海拔4700米）是一个破旧的河边小镇，镇北端的**伊利祥饭馆**有好吃的手抓羊肉。雁石坪以南62公里处，是唐古拉山兵站（海拔4850米），这里有简易的**温泉宾馆**（☎150 8274 6425；铺30/50元），全是平房，可以歇宿，入住可以免费洗温泉。

🛏 见201页

行驶路上 » 沿G109国道继续南行189公里。从唐古拉山兵站到唐古拉山，一路为雪山风光，请放慢车速欣赏。

线路亮点

9 唐古拉山口

海拔5231米的唐古拉山口是青藏公路的最高点，建有纪念碑及标志碑。周围群山终年积雪，其中格拉丹东雪峰是长江的源头，垭口北侧还有个美丽的冰湖。初上高原的你，简单地在山口留个影就离开吧——要避免引发高原反应。

行驶路上 » 从唐古拉山口沿G109国道南行88公里到达安多县城，约2小时。

10 安多

安多县城（海拔4700米）位于国道的西侧，是个繁华的小镇。在前后几百公里的区域内，这里是最好的住宿点了。住在这里，你不必担心物资的匮乏或条件的艰苦，唯一需要担心的是高原反应，好在不少旅馆可以提供免费或者收费的吸氧服务。整个安多县城没有自来水，旅馆可以买水供旅客使用。

✕ 🛏 见201页

行驶路上 » 从安多沿G109国道向南行驶140公里（约3小时），海拔缓缓下降，到达那曲。

11 那曲

那曲是藏北重镇，也是藏北高原唯一称得上城市的地方。但除了8月初的赛马节之外，这里缺乏对旅行者的吸引力，而且海拔较高（4500米），不太适合歇宿。下一站当雄才是更合适的住宿点。

行驶路上 » 从那曲沿G109国道向南行驶165公里（约3小时），抵达当雄县城。

线路亮点

12 当雄

当雄在藏语中意为“挑选的草场”，这里有大片的草场和连绵的雪山。G109国道穿过县城（海拔4265米），政府机关和商业设施都分布在国道两侧。当雄最著名的景区是**纳木错**[门票旺季（5月1日至10月31日）120元，淡季（11月1日至4月30日）100元]，蔚蓝清澈的湖水在终年积雪的念青唐古拉山的映衬下，有一种圣洁之美。纳木错也是朝圣者心目中的圣地，从古到今香客不断。湖中5个岛屿被称作是五方佛的化身，湖的四面建有4座寺庙。

大多数旅行者是从拉萨开始进行纳木错一日或两日游的，所以当雄的旅馆业并不发达。自驾前来的你，不妨住在当雄，当日往返纳木错。从当雄县城到纳木错60公里，要翻过一座五千多米高的垭口，如果是雨雪天气前往，请在县城打听垭口

最佳建议
限速单

我们调研期间，限速单是在西藏普遍执行的一项限速手段。公路沿途有不少检查站，开给你的限速单会告诉你到下一个检查点有多少公里，行驶不得少于多少时间，提早到达会有一定的处罚措施，如原地等候等。

另辟蹊径
羊八井温泉

起点：⑫ 当雄

走G109国道经过羊八井岔路口时，向西望去，远远冒着水蒸气的地方就是著名的羊八井温泉。如果你已经彻底适应高原反应，从岔口右拐，行驶5公里，就能在羊八井泡个温泉（128元），泡温泉的环境是一个露天的游泳池，位于三星级的度假村内，且只此一家。度假村周围地势空旷，对面冒水汽的厂房是地热发电厂。

一带是否因大雪封路。冬天基本进不了纳木错，因为垭口会积很厚的雪。

见201页

行驶路上 » 从当雄沿G109国道向南行驶160公里（约3小时）抵达拉萨。在当雄以南49公里处会经过念青唐古拉山的观景台。如果你有兴趣，还可以去羊八井泡个温泉。

线路亮点

⑬ 拉萨

和一路高海拔、荒凉的青藏线相比，拉萨实在是个很舒适的地方。这是一座古老的圣城，能亲眼看到布达拉宫和大昭寺，你这一路的辛劳都得到了补偿。加入八廓街转经的人群，你能迅速感受到虔诚的气氛（拉萨步行游览见310页）。这也是一座现代的城市，大街上的景象和普通二、三线城市没什么两样，有着各种设施，从精致的住处，到各种菜系的美食，都能让你疲惫的身体好好休息一下。这也是维修、保养你的爱车的合适地点，很多品牌在拉萨都设有4S店。

这是旅途的终点，也是新旅途的起点。拉萨周边有很多条精彩的短途路线，足够你安排一两个星期的行程。如果只想悠闲地打发时间，这里不缺少咖啡馆，但更推荐土风强烈且价廉物美的甜茶馆。

大昭寺（见245页）供奉着释迦牟尼十二岁等身像，是藏族朝圣者旅途的终点，寺前永远有人磕着等身长头，而死在朝圣路上的那些人，亲友会将他（她）的一颗牙齿嵌入大昭寺的廊柱。1300多年历史的**布达拉宫**（见245页）是雪域高原的标志性建筑，它集宫殿、城堡和寺院于一体，在艺术、建筑、宗教、文化各方面都是整个藏地的巅峰之作，值得每一个进藏的旅行者前往。

如果你有时间，还可以在**罗布林卡**欣赏奇花异草，或者去**西藏博物馆**补习一下藏地文化。如果你想远离旅行者，那么拉萨境内还有小昭寺、木如寺等一些不出名的寺庙，同样可以让你领略圣城的气息。

见201页

Classic Trip 经典线路

食宿

西宁 1

富滨炕羊排 清真菜 ¥

（城西区交通巷220号，近胜利路；人均40元；⏲17:00至次日凌晨；可自带酒水）炕羊排是青海当地菜，羊肉一斤起点（75元/斤），里面是羊排、土豆片、洋葱、宽粉等一锅端。除了招牌菜，这家的烧烤也毫不逊色，可以尝尝软糯可口的烤羊蹄（7元/个）、脆嫩多汁的羊腰子（10元/个）和软烂入味的烤羊肚。若不事先说明，辣椒粉会撒得特别多。

珠穆朗玛宾馆 宾馆 ¥¥

（☎0971-820 2788；教场街5号；标双300元起，藏式标双380元；📶Ⓟ）一座显眼的藏式建筑正对着基督教堂，靠近中心广场。藏式标间和普通标间的区别仅在于天花板的装饰。房间较大，木地板显得清爽。现在也可以通过携程、去哪儿等网站提前预订。

都兰 2

小成都菜馆 川菜 ¥

（☎138 9777 5945，138 9717 2418；县城和平街和建设路交会口；人均20元；⏲9:30～21:30）餐厅经营川味家常菜，价格便宜，味道正宗，回锅肉18元。生意火爆，特别是晚上的饭点经常没有位置。

明珠宾馆 宾馆 ¥

（☎0977-833 5000；建设街和新华街交叉口西南角；标单/双136元起；📶Ⓟ）这家2015年开业的宾馆性价比很高，周围环境安静，房间设施新，硬件较好，服务员热情有礼，会主动帮忙提行李。每天还会提供特价房（86元）。

格尔木 4

姥家大灶台（建设路店） 青海菜 ¥

（☎0979-845 5988，159 0979 0497；建设中路格尔木市六中旁；人均45元；⏲9:30～22:00）这家餐厅已经在格尔木开设了两家店，建设路这家设在一所废弃的教学楼一楼，每一个包间就是一间教室，颇有意思。包间里设有一个灶台，台中间有一口大铁锅，所有的菜品均混合放在锅里烧制而成，香气扑鼻，味道麻辣可口。土鸡39元/斤，排骨19元/斤，素菜10～12元不等。

伊兴老炮仗 清真菜 ¥

（☎0979-842 4997，133 6979 6699；八一中路昆仑广场斜对面；人均20元起；⏲11:30～22:30）装修一新的店面很容易在八一路上被找到，店里的老炮仗分量十分足，一个人点一个小碗就足以吃得很撑。这里还售卖手工酸奶（5元），值得一尝。

四季春天品质酒店 酒店 ¥¥

（☎0979-723 3555；八一中路华星大厦5F；标单/双228/268元；❄📶Ⓟ）这家2015年开业的酒店让你在格尔木的住宿有了更高档次的选择。房间的装潢现代大方，配上素雅的国画，显得颇具品位，寝具柔软舒适，卫浴设施整洁干净，配有电吹风等设施，美中不足的是房间空间不大。酒店还配有独立的健身房，所有房费含早餐。

玉湖大厦 酒店 ¥¥

（☎0979-849 1118；八一东路56号；标单/双168元起；📶Ⓟ）这家酒店位于繁华的八一中路上，交通便利，房间宽敞干净，采光不错，Wi-Fi信号强，卫浴设施良好，水量充足。总体性价比很高，适合预算有限的旅行者。

沱沱河 8

唐镇政府宾馆（沱沱河宾馆） 酒店 ¥¥

（0979-8482 2233；沱沱河；普双200元，普三260元；）这家宾馆是在沱沱河住宿的最佳选择。虽然房间不带卫生间，但是干净整洁，足以让你睡个好觉。公用卫生间很干净，没有异味。院内可以停车。房价含早餐。

安多 10

格尔木烤羊肉串 烧烤 ¥

（0896-366 2088；安多宾馆旁；肉串2元，人均40~50元）这家清真烧烤店提供美味的烧烤、羊肉汤和面食，推荐烤羊蹄（10元）。屋内有暖气。

眉山宾馆 招待所 ¥

（151 8220 2033；安狮东路；普单120元，普双150元；）在没有自来水的县城，能有如此干净的旅馆实在难得，老板说每个月要花1000多块钱买水。有公用卫生间。前台备有收费使用的氧气。附近有淋浴室（12元）和很多餐馆。车可以停在门口，有24小时监控。

安多三江源大酒店 酒店 ¥¥¥

（180 8906 5650；安多县G109国道旁；标间480元；）毫无疑问，这是安多县城最好的宾馆。该宾馆2014年开业，三星级的体面环境能让你忘记自己身在藏北高原。这里提供早餐和免费的氧气。

当雄 12

当雄白马宾馆 酒店 ¥¥

（0891-611 2098，158 8909 6668；当雄县当曲卡河东路2号；标间280元起；）这家二星级的宾馆是你在当雄住宿的首选。能洗澡，大堂有Wi-Fi，大院可停车，门口有川菜。

拉萨 13

热玛嘎布餐厅 藏餐 ¥

（0891-634 6963；翁堆兴卡路15号附2号；人均50元；12:00~22:00）青海藏族人开的安多餐馆，藏式火锅（140元起）比别处便宜些，而且味道非常好。盖碗肉（25元）和牛肉包子（28元）也值得一试。餐厅楼上是宾馆。

新疆喀什柯罗兰餐厅 新疆菜 ¥¥

（0891-679 3430；纳金路圣天鹅宾馆对面；人均50元起；10:00至次日2:00）维吾尔族开的餐馆，味道很正，如果你对一路上的川菜和藏餐已经感到厌倦，可以来这里换换口味。抓饭（20元）和烤包子（3元）香气四溢，新疆菜和面食也做得地道。这里谢绝饮酒，门口有停车位。

吉曲饭店 酒店 ¥¥

（0891-636 6555；北京东路18号；标单/双380元起；）藏式建筑，有一个很棒的花园，新楼的设施较好，房间大且干净，房价含早餐。房间搜不到Wi-Fi，院子里有。冬天房价便宜100元。即使不住这里，也值得为这家的尼泊尔餐而来。

白云藏式家庭旅馆 客栈 ¥¥

（0891-634 2222；八朗学二巷13号；标单/双240元；）房间漂亮、宽敞，洗手间干净。在旺季的价格高峰期也只上涨100元，在八廓街里性价比很高了。冬天可降到100元。美中不足的是房间里Wi-Fi信号不太好，上网最好到院子里。

西安既有晨钟暮鼓的典故和碑林，也有皮影等丰富的民俗文化

西安到延安

10

黄河奔流出山川地貌，长城堆垒出历史沧桑，陕北影响了中国的历史，从西安到延安也会给你留下深刻的印象。

线路亮点

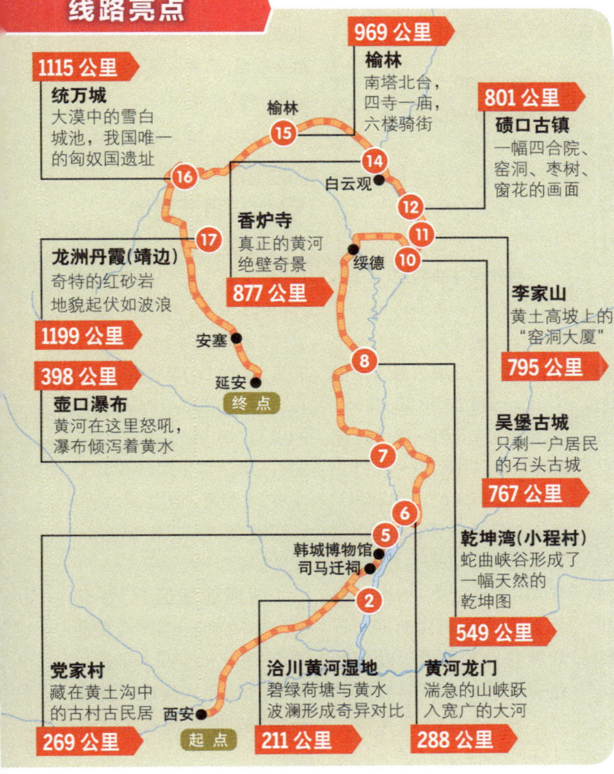

8~10天
1350公里

最适合

何时去

5月至11月，夏秋两季，风光迷人。

最佳摄影点

壶口瀑布、波浪谷。

最佳古村

党家村、李家山村。

10 西安到延安

先沿着黄河北上，看母亲河从滩地平缓到峡谷奔流，晋陕大峡谷旁还有古村、古堡和古建筑。到了榆林一带，长城又会激起你对历史上金戈铁马的遥想，波浪谷与统万城的红白景色，会让相机快门响个不停。进入最后一站延安，那熙熙攘攘来看延河与宝塔山的游客，又会让你觉得历史与现实之间其实很近。从西安到韩城与从佳县到延安之间为高速，其余也皆是铺装路面，虽有山路但是弯道不算多。只是陕北的大货车较多，需要注意。

❶ 西安

延续了大唐街坊传统的西安街道依然是横平竖直。在城里开车可以省心，只要认清南北就不会迷路。醒目的钟鼓楼是城中心，东、西、南、北四条大街在此交会，东大街与南大街是热闹的商业街，西大街和北大街则略冷清。城外，南面小寨和雁塔广场附近也聚集了不少景点。越来越发达的城区多了越来越多的环城路，车子越往外就跑得越快。

在从西安出发前，不妨从**南门**登上**西安城墙**（☎029-8727 2792；www.xacitywall.com；门票54元；⏲南门：4月至10月8:00~22:00、11月至次年3月8:00~19:00，含光门：全年8:00~17:30，其他：5月至10月8:00~19:00，11月至次年4月8:00~18:00），一路走到含光门，低首近看西安城内城外，那里有自然和人力合围出的陕北的轮廓。

西安碑林博物馆（☎029-8721 0764；www.beilin-museum.com；三学街15号；门票旺季75元，淡季45元，6人以下讲解100元；⏲3月至4月8:00~18:15，5月至国庆节8:00~18:45，国庆节后至11月8:00~18:15，12月至次年2月8:00~18:00，闭馆前45分钟停止售票）位于孔庙（即文庙）之中，已有900多年历史，由秦至唐及至明清的历代名碑、石刻画和佛教造像，以及保存完整的文庙格局都很值得一看，尤其是颜真卿、柳公权、欧阳询、米芾、赵孟頫、董其昌等名家的真迹。

行驶路上 » 从灞桥收费站上高速，经谢王立交进入京昆高速。行驶155公里后，从合阳收费站下高速，从收费站出来就可以看见去洽川景区的指路牌。在经过凤凰南路时，可见在环岛中间有一座已经明显倾斜的砖塔，这是一座明万历年间建造的高达35米的“千金塔”。前往洽川湿地景区的一路，皆有明显的指路牌，路况较好但过往车辆较多，限速每小时60公里。但是在开出20公里后，由于有下坡和急弯，突然限速每小时30公里，并有摄像头拍照，需要注意。全程211公里，约2.5~3小时。

线路亮点

❷ 洽川黄河湿地

这里有7处“瀵（音同“份”）泉”，其中的**处女泉**［☎0913-562 0067；洽川镇莘里村东；门票旺季（4月至10月）60元，淡季（11月至次年3月）40元；⏲旺季8:00~18:00，淡季9:00~17:00］泉水深仅1.6米左右，水温常年保持在30℃左右，水里富含矿物质，还可以**泡温泉**（48元，押金50元，提供锁和游泳圈，寄存3元）。

黄河魂景区（门票30元；⏲同处女泉）虽然有**黄河漂流**（80元），但最大的特色是耗时13年才建成的**东雷一级站**。抽黄灌溉工程在

此进行：黄河水经排沙之后被抽入涵洞，过闸的时候河水汹涌奔腾，蔚为壮观。

夏阳瀵（洽川镇夏阳村东；门票15元含游泳；⏲同处女泉）出水量最大，可以游泳、泡澡，但泉水比较深，请格外注意安全。

自驾者可以从洽川镇沿着公路往南，后左转去黄河边，这一段路贯穿了荷塘和芦苇荡。黄河上有连接山陕的**吴王—洽川浮舟桥**，开到山西地界回望，就能观赏洽川碧绿荷塘与黄水波澜大河形成的奇异对比。

🛏 见214页

行驶路上» 回到合阳收费站上高速公路，行驶28公里至芝川收费站下高速，限速每小时120公里。出高速后向右转，有明显的司马迁墓祠指路牌，行驶5公里即到，限速每小时30公里。

3 司马迁祠

崇敬司马迁治史态度的人们不会错过**司马迁祠**（☎0913-541 4335；门票80元，停车费5元；⏲8:00~18:00）。走过大而无当的广场后，可见墓祠依山而居。300多米残存的**司马道**建于宋代，巨大的石块高低不平。登上台阶经过“高山仰止”和“河山之阳”等几道牌坊，继续前行可在献殿和寝宫拜祭太史公。后院，可见顶上古柏巍巍的司马迁**衣冠冢**，其外形仿佛蒙古包，相传是忽必烈敕建。每年3月底有祭典，可电询景区。

行驶路上» 经过芝川镇，然后上G108国道，进韩城老城区，经东环路到韩城博物馆。全程13公里，经过市镇时限速每小时40公里。

4 韩城博物馆

韩城博物馆（☎0913-519 8228；www.hcmuseum.com；门票60元，讲解30元；⏲旺季8:00~18:00，淡季9:00~17:00）将文庙、东营庙和城隍庙由南至北合一而成，拥有涵盖宋、元、明、清风格的108座单体建筑。**文庙**始建于唐，是陕西保存最完整的文庙古建筑群，值得一提的藏品是乾隆和嘉庆御赐的两块牌匾、**五龙壁**的龙鳞、**棂星门**的斗拱。绕过文庙最北的尊经阁就到了**东营庙**，这里建有祭祀关羽的庙宇，庙旁有一块**三龙壁**让人眼前一亮。进**城隍庙**门前先回头欣赏**琉璃影壁**。城隍庙屋顶的琉璃覆瓦和雕饰都很精美华丽，阳光下晶莹澄澈，**西戏楼**十分抢眼。

另辟蹊径
飞云楼和后土祠

起点：6 黄河龙门（见207页）

从G108国道跨过黄河后即是山西河津市，如时间充裕，可花半天时间参观一下河津以南的飞云楼和后土祠。

继续沿G108国道行驶，在G209国道路口右转，2公里后在X807县道路口左转，随后行驶6.5公里至X808县道右转，17公里后抵达万荣县**东岳庙**。**飞云楼**位于东岳庙内，始建年代不详，为纯木质结构，被誉为"中华第一木楼"。楼高23.19米，全楼斗拱密布，玲珑精巧，与应县木塔并称为"南楼北塔"。

经后土大道、张高线往西出万荣县，沿裴运线行驶16公里后，左转驶入小风线。11公里后抵达荣河镇，穿过镇中心，经荣后线行驶7.5公里至**后土祠**（门票40元；⏲8:00~17:00）。后土是土地之神，黄帝时期已开始受祭拜，后土祠内至今仍保存着一块明万历年间篆刻的**"轩辕扫墓碑"**。后土祠及祠内的祭祀楼**秋风楼**，始建于汉朝（公元前121年）。宋真宗亲笔写下的《汾阴二圣配飨铭》石碑目前被安放在秋风楼东南侧的殿堂内。现存后土祠为清朝遗构，正殿装饰极其华美。每年农历三月，后土祠都有庙会。

见214页

行驶路上» 穿过韩城市区，走G108国道到党家村路口，顺着红色指路牌右转2公里后到达。全程12公里，约20分钟。

线路亮点

5 党家村

（门票60元，讲解费30元，停车费5元；⏲8:00~18:00）这个有着近670年历史的村寨深藏在黄土沟中，村民定居在125座保存完好的四合院中，以党、贾两姓为主。受到黄河对岸晋商文化的影响，两姓村民纷纷外出经商，最终在故里建起了100余座民居四合院。由于所处的地理环境、屋顶的特殊材料等原因，屋顶寸草不生、常年整洁，民居历经数百年也毫无颓色。青石铺就的古老巷道、独特的四合院布局、文星阁、节孝碑构成了党家村的建筑风格；大气的门楣、精美的砖雕木刻、具有吉祥含义的照壁、如同治家格言的壁刻家训，构成了党家村的人文思想；城墙、看家楼、夹层墙、泌阳堡，构成了党家村攻守兼备的防御体系。

村里的农家乐提供简单却也干净的床铺，也供应羊肉糊卜、馄饨等小吃和炒菜。

行驶路上» 返回G108国道，沿路行驶19公里即到，路上大货较多，限速每小时60公里。景区免费，大门口可停车。

视觉中国 提供

党家村的街巷

线路亮点

6 黄河龙门

黄河进入陕西境内，历经700多公里晋陕大峡谷的激流奋进，终于在韩城**龙门**突破最后的关口，湍急的山峡恢复为宽广的大河。相传这里是因大禹治水劈山而开的，又名**禹门口**。鲤鱼成龙要跳过的龙门就在此处。可以在禹门港口乘**机动船**（55元，往返1小时），到上游仅仅40米左右宽的石门。如今，狭窄的禹门口架起了3座大桥，只让小型车辆通过。

游过龙门后，建议过河去河津市住宿，以缩短第二天的行程。

行驶路上 » 从G108国道到山西河津转G209国道往北，公路途经山区，弯道多，大货车较多，路况一般。在寺院村上呼北高速，行驶16公里后转入青兰高速，过黄河大桥后，到陕西壶口收费站下高速（在山西的壶口也可以下高速，可以根据摄影所需阳光而决定去哪边）。经G309国道到陕西壶口景区停车场，沿途有黄河地质博物馆和孟门山观景台。全程110公里，约2.5小时。

线路亮点

7 壶口瀑布

（门票90元，停车费5元；⏲6:30~19:30）宽广的黄河在这里被忽然紧束，形成特大的马蹄形瀑布，直接砸进了30多米深的石槽，真正是“天下黄河一壶收”。旱地行船、霓虹通天、山飞海立、冰瀑奇观，壶口有着太多传说中的美景。沿着步道而上，站在壶口看看黄河最雄浑和霸气的一面，回望**十里龙槽**，可谓不虚此行。去壶口最好的时节应该是4~5月的“桃花汛”和9~11月的“壶口秋风”。或者在暴雨过后拜访壶口，会有惊喜。而冬天黄河会结成冰凌，“冰瀑银川”的画面有着无与伦比的圣洁庄严。如果运气不太差，可以看到彩虹横跨壶口，为瀑布增加一道亮丽的色彩。

行驶路上 » 从壶口停车场出来后向右转，沿延壶路往北开行。在6公里处，路旁有黄河壶口观景台，可以在上游远望壶口景区。在20公里处，有黄土高坡观景台，可俯瞰黄土高原的景色。延壶路限速每小时60公里，部分地段有盘山弯道，还有多处局部破损的路面，通过时需注意。

在延壶路行驶44公里后，右转进入S201省道，77公里后到达延川新舍科村，有前往乾坤湾的指路牌，右转进入后行驶30公里到达乾坤湾景区，沿途均有指路牌。全程约3.5小时。

线路亮点

❽ 乾坤湾（小程村）

天下黄河九十九道弯，在延川境内就拐了五道大弯，是我国干流河道上蛇曲发育规模最大、最密集的蛇曲群。**乾坤湾**是**延川黄河蛇曲国家地质公园**（☎0911-811 6688；延川县土岗乡；门票60元；⏲售票时间8:00~19:00）的中心地带，在最高处的观景台上，能看到一只束了口的大布袋，似是应了那句“袋内有乾坤”。

乾坤湾紧挨着小程民俗文化村，村内有两孔风格独特的**古窑**，古窑门楣上刻着匈奴人物造像。往南2公里的**碾畔民俗博物馆**（免费开放，可打门口写着的电话联系开门）3排共28孔窑洞里展现了陕北生活的各个方面，但如果管理员想将展品卖给你，我们建议你还是微笑拒绝。

从县城到乾坤湾会经过**会峰寨**（☎133 7911 9893；门票50元）和**清水湾**的路口。自驾车可比较方便地将这几点串起来游玩。

🍴🛏 见214页

行驶路上 » 从乾坤湾返回新舍科村，右转上S201省道，到延川上G210国道，到绥德。全程140公里，约3小时。

❾ 绥德

吸引人来到绥德的往往是当地精彩的石雕技艺，千狮桥的狮子、四十铺的石雕作品都远近闻名。**绥德博物馆**（门票30元，扶苏墓门票5元；⏲8:00~17:30）的**东汉画像石展览馆**集中展示了绥德的文物特产。它们大多出土于东汉墓冢，有伏羲、女娲等神话题材和乐舞耕作等现实题材。**扶苏墓**就在旁边山顶的亭子前。从画像石展览馆出来往左走，顺着岔道小路下去，能见到清雍正年间的“龙章褒异”牌坊，是绥德老城12座牌坊中仅存的一座。

党氏庄园（县城东南20公里白家硷乡贺一村）是一处保存完好的清代建筑群，始建于嘉庆年间，经财主党氏家族六代人营建，形成如今的格局。整个庄园依山而建，每座窑洞院落看似独立，却彼此连通。试着找找“武举党应阳宅”的花花大门所在，那是庄园内最精美的一座院门，院内的照壁也大有可观。

视觉中国提供

行驶路上 » 由绥德城北5公里的绥德收费站上青银高速，行驶50公里在吴堡收费站出高速。经G307国道穿过城区开上佳吴线，6公里后到郭家腰村，有去吴堡古城的指路牌，向右

壮观的乾坤湾

开5公里后，终点就是吴堡古城唯一通车的北门。

⑩ 吴堡古城

吴堡古城（免费）坐落于吴堡县城外地势险要的山上，古城始建于五代时期。因为曾安置被俘的吴人，又是战略要地，故称“吴堡”。古城东以黄河为池，西以沟壑为堑，南为下至河岸的通城官道，北门外为连接后山的咽喉要道，被古人誉为“铜吴堡”。县衙、庙宇等标志性建筑大多毁于侵华日军的炮火。1941年古县城被废弃，反而使得千年古城没有毁于“拆城运动”。

作为西北地区迄今保存最完整的千年古县城，无人的街道和拥有精美砖雕的纯石质建筑，让你仿佛进入了一场穿越时间的旅程。现在整个古城只有一户居民，主人王象贤老人著有一本《吴堡古城古韵》的小册子，建议拜访王老先生后再游览。

见214页

行驶路上 » 返回G307国道，往东行驶过黄河公路大桥，之后向左进入山西沿黄公路。行驶

22.5公里，向右转入立有“李家山”字样大石头的路口，沿路行驶2公里上山。山路很窄，会车不易。全程28公里，约50分钟。

线路亮点

⑪ 李家山

（免费参观，导游50元）

“窑洞大厦”是对这个黄土高原山沟中的村子的绝妙比喻——近70°的山坡上，一层层开垦的平台处，有一口口的窑洞。一户户人家就居住在两侧山坡的洞中，如今留守的多是白发苍苍的老人家。他们常常搬个马扎，坐在自家门前，面朝黄土，背倚的还是黄土。如此安静缓慢却有着视觉震撼力的画面，让当代美术大师吴冠中赞不绝口。他称李家山“从外部看像一座荒凉的汉墓，一进去是很古老的窑洞，古村相对封闭，像与世隔绝的桃花源，这样的村子，这样的房子，走遍全世界都难找到”。

行驶路上 » 原路返回沿黄公路后，继续前行4公里就到了碛口。

线路亮点

⑫ 碛口古镇

古镇很小，只有**沿黄公路**和**明清街**这两条主道，以及连接两者的一些小巷。一家家**民居**仍是一幅四合院、窑洞、枣树、窗花的画面，极具黄土高原特色。基本上每一户都敞开大门，挂着客栈或住宿招牌的人家更是欢迎你进去看看。黄河边**码头**在旺季有快艇可乘（100元每船），逆流而上不到2公里就返程。**黑龙庙**伫立在转弯处的半山上，可以俯瞰大河南下和碛口古镇的开阔地带。

西湾村距碛口古镇约3公里，沿湫水河东岸的公路前行，遇到第二座桥仍不要过桥，继续直行即到。金、木、水、火、土五条巷子沿着山坡蔓延，一院院保存较为完好的明清民居，同样受到了古建筑专家和摄影爱好者的青睐。

🍴🛏 见214页

行驶路上 » 从碛口顺着沿黄公路往北，到了克虎寨后左转过黄河大桥，便又回到了陕西。过桥左转后开出1.5公里有一岔路口，往左上白云山、去白云观，往右上山去佳县县城。全程71公里，约2小时。

⑬ 白云观

白云山上的**白云观**（门票65元；⏲5:00~19:00）号称“西北第一道教圣地”，也融合了儒、释两教。三清殿是白云观最早的一处庙宇，始建于宋代。真武大殿则是这里最豪华的一处殿阁，大殿门前常年香火旺盛，对面三洞戏台上的装饰也十分精致。在山脚仰望，可见依山而建的绵延不断的建筑，在山顶俯瞰则是黄河奔赴远方的胜景。白云山有3次大庙会：三月初三、四月初八、九月初九，届时周围各省的信徒都会聚集于此。

行驶路上 » 从白云山下来后，再开上盘山路，行驶5公里，进入山脊上的佳县县城。

线路亮点

⑭ 香炉寺

香炉寺（门票20元；⏲8:00~17:00）有真正的黄河绝壁奇景。寺院并不大，但三面悬空伸向黄河，其中观音阁建立在一块孤立的约20米高的巨石之上，仅有3米长的横木为桥，与山崖相连。从北面看，这巨石形如香炉，因而得名“香炉寺”。总体来说，香炉寺远观更有气势，特别是在观景亭一带。可以顺着景区边上的小路直接下到黄河边，在这里看香炉寺又是另一种感受了。

香炉寺在老城路上有两个入口，北面入口有明显的香炉寺入口标识，南面入口则离观景亭较近。大门上写着电话号码，碰到“铁将军”把门就直接打电话找看门的管理员。

行驶路上 » 在县城北，上榆佳高速去往榆林，限速100公里每小时。青云枢纽下高速，经G210国道、S302省道进榆林市区。全程92公里，约1~1.5小时。

线路亮点

⑮ 榆林

“南塔北台，四寺一

庙，六楼骑街”，榆林的格局令人难忘。明清两代对于榆林古城的建设不亚于西安城，而整个**榆林城墙**（长城路世纪广场等多处可进入）形成南北长东西短的长方形。在贯穿古城的中轴线北大街和南大街上，由北到南矗立着6座阁楼——**鼓楼**、**凯歌楼**、**钟楼**、**星明楼**、**万佛楼**、**文昌阁**。这些建筑建造于明清，风格各有千秋。

镇北台（门票30元；⏲夏 8:00~19:00，冬 8:00~17:00）在城北4公里的地方，可登上四层高楼看东南西北不同的风景。镇北台与山海关、嘉峪关并称为“长城三大奇观”，也是长城现存最大的烽火台。新开设的**长城博物馆**就在台下，展示了金、木、水、火、土五行墙砖。镇北台以西2公里处的**红石峡**（门票30元；⏲夏 7:30~19:30，冬 8:00~18:00）除了有被誉为“塞上碑林”的摩崖石刻，还有寺庙洞窟遗址、广泽渠工程和峡谷自然风光。摩崖石刻大多是明清甚至民国时所作，其中以左宗棠的“榆溪胜地”、马占山的“还我河山”等比较著名。

见215页

行驶路上 » 出城上G65国道榆靖高速，行驶54公里后，出高速转入纳巴线。行驶至S215省道路口左转，再经张巴路至统万城入口。全程146公里，约2.5小时。

线路亮点

16 统万城

统万城（门票30元，停车费10元；⏲8:00~18:00）是我国唯一的匈奴国遗址。匈奴末代单于赫连勃勃历时6年兴建统万城，所用材料为石

另辟蹊径
长城沿线的古堡

起点：15 榆林

榆林一带，在明代建有36个驻守长城的城堡。时光荏苒之下，大部分只剩下地表隆起的土丘，但是还有一些成为了村镇。

从榆林出发，在G210国道榆佳高速入口往北约3.5公里处，右转开上新建成的榆麻路。到麻黄梁镇以后，是一条铺装路面的县道，路况不算好，时速需控制在40公里以下。从榆麻路入口到建安堡53公里，需1.5小时。在路旁有座牌楼，从牌楼下的路开上山，就可以到达**建安堡**。这是一个很有原始魅力的城堡，有基本完整的城墙和城门。建安堡的中心是玉帝楼，城堡的南门外还有一座关王庙，不要忽略草丛里那两尊各是一半的石狮子。

从建安堡出来后，右转经过大河塔镇，继续往前约15公里后，过一座桥左转上神王路，便可以到达高家堡。**高家堡**建于明正统四年，是昔日陕北四大名堡之一，也是陕北较为完整的一座明城堡。除了新复建的高大南门外，其余3座城门皆存留了门洞部分。城内街道以中兴楼为轴心，辐射东、西、南、北大街。登上中兴楼，可以看到老城的全貌。

从高家堡行驶锦界收费站上榆商高速，往榆林、靖边方向，行驶97公里，在西左界收费站下高速，然后往左转，到波罗堡22公里。全程约2小时。公路边有座依山而建的**接引寺**，始建于唐代。从寺院右侧的小路可以徒步上山到堡子内，镇政府的右侧也有可以开车去波罗堡的铺装路。**波罗堡**东北边直接沿着悬崖而建，站在绝壁上远眺无定河，是古堡最大的亮点。

波罗堡离横山县很近，向东大约半小时车程。也可以回到西左界收费站，重新上高速去靖边。前往这3个古堡，全程都是铺装路面，全部参观需1天时间。

来陕北拍民俗大片

除了陕北壮丽的自然风光外，对摄影人而言，春节期间的民俗也不容错过。从正月初六到十五，难得一见的传统民俗在黄土高坡上精彩纷呈。有走村串户的拜年秧歌，有佳节期间的乡土婚礼。佳县的**南河底村**，在初六转九曲；附近的**谭家坪村**，在初九会有更加壮观的放赦；腰鼓之乡**安塞**，会在正月十四举办腰鼓表演；到了正月十五，**延安秧歌节**开始，形成了正月里的大狂欢。也不要忘记，冰雪中的壶口瀑布和波浪谷更有别样的魅力。

灰、石英砂、白黏土和糯米汁——类似于现代的三合土，因此雪白的统万城墙坚硬无比。

从统万城遗址的东南城角出发，绕城一圈大约为4969米，高出地面的部分以城墙南段的景观最多。在南边城墙上由东往西走，你首先可以看到南城连续好多个**马面**（敌台）遗址，他们已经被风化出很多孔洞。接着在右手边看到一座高台，仿佛是城中制高点，这是赫连勃勃处理朝政的**永安台**。继续往西到达城角，这里的墩台高达31.62米，旧日壮观之地，今天则成了鸟儿们筑巢的乐园，在蓝天下蔚为壮观。

行驶路上 » 返回S215省道，向南行驶42公里，经X222乡道左转驶入S204省道。在杨桥畔镇右拐，经五杨路到波浪谷。全程84公里，约2小时。

线路亮点

⑰ 龙洲丹霞（靖边）

（目前免费）这里的红砂岩很像美国亚利桑那州偏僻山谷中的波浪谷，所以得名“中国的波浪谷”。夕阳下的**波浪谷**和日出时分**丹韵亭**的光影，吸引了无数的摄影师和户外爱好者。层层的红砂岩和天然的峡谷一起，其间点缀着一座座如镜的水库以及明代遗留的**龙洲古堡**。

景区的开发在稳步进行，但路标仍有些混乱，方向感差的人走在其中如坠迷宫。公路将景区分割成南、北两片区域，最经典的场景如波浪谷和龙洲古堡都集中在南边，北边则有几个水库和一些水上休闲设施。毕竟红砂岩是脆弱的，而亿万年的累积也经不起人们几年的攀爬，因此如无必要，不要直接踩踏其上。

见215页

行驶路上 » 沿五杨路继续行驶至靖边南收费站，上包茂高速，行驶96公里后到安塞北出口下高速，经S206省道进入县城。全程117公里，约1.5小时。

⑱ 安塞

安塞大打民俗牌，腰鼓便被当作一张王牌亮出——看看山头上赫然立着的那个大腰鼓吧。公共建筑上也极尽想象，将腰鼓、剪纸等民俗元素发挥到极致。

县城有一座内容丰富的**安塞文化文物馆**（真武洞街文化大楼2楼；夏季 8:30~12:00，14:30~17:30，冬季8:30~12:00，14:00~17:00），腰鼓、剪纸、绘画、民歌是安塞文化四大宝——在展馆里都有详细的介绍。若是运气好，还能欣赏到小规模安塞腰鼓和民歌表演。安塞境内遗迹丰富，古迹发烧友可以选几处去探访。

很难想象，在高楼平地起的县城内会有**大佛寺石窟**（县法院以北155米；7:00~18:00）这样珍贵的遗迹。这座始建于北朝晚期的佛窟南北绵延400余米，到如今已发现6处。大佛寺（也叫“崇庆禅寺”）内只展出其中4窟，其中2号窟内的大佛，是陕北境内最大的石佛像。这4个石窟都曾高处于悬崖峭壁之上，经历上千年的变迁，时至今日已有一半

视觉中国 提供

延安的窑洞

处于地平面以下。

行驶路上 » 从安塞南上包茂高速，行驶至延安北下高速。全程38公里，约40分钟。

19 延安

在延安，有着看不完的革命圣地旧址。此外，每年正月十五，延安都会有高质量的安塞腰鼓、洛川鳖鼓、宜川胸鼓等表演，不过在拥挤的人群中观演也不是件轻松的事。

在城区中心有**宝塔山**（门票 旺季65元，淡季41元，登塔10元；⏲7:00~20:00）是延安的标志性景观，从城中各处都能眺望山上的**延安宝塔**。山下的**摩崖石刻**上有范仲淹手书“嘉岭山”3个大字，山上有**烽火台**、**摘星楼**、**嘉岭书院**、**范公井**等遗迹或复建品。

宝塔山的对面是**清凉山**（门票47元；⏲7:00~19:00），从山脚的**延安新闻纪念馆**一直到山上的各种广播、印刷旧址，你会发现宣传的神奇力量。半山腰的**万佛洞**，是陕北著名的石窟之一，洞内的万佛雕塑最为震撼。沿路向上，不要错过**蓬莱阁**，门上有年头的精美雕饰和旁边的摩崖石刻，会让人眼前一亮。在顶峰的**太和山道观**可以眺望延安城。

延安的红色旧址颇多，包括**凤凰山**、**杨家岭**、**枣园**、**王家坪**，以及**南泥湾旧址**[凭有效证件免费领票；⏲8:00~18:00（旺季，16:30停止发票），8:30~17:00（淡季，16:00停止发票），每日参观人数上限为2000~3000人]。

见215页

食宿

洽川黄河湿地 2

洽川景区 家庭旅馆 ¥

处女泉门口的街道上，到处都是干净舒适的家庭旅馆，实惠而方便，空调标间60~80元。几乎每家旅馆都有餐厅，并提供好吃的农家饭，鱼25~35元/斤，虾48元/斤，农家菜量偏大，人均30元即可。人少的话可以试试搅团和合阳特产**踅面**（"踅"音同"学"）等小吃，10元就能吃饱吃好。晚上有夜市，烤肉、涮菜都是1元一串。

韩城博物馆 4

民杨夜市 夜市 ¥

（秦晋大道、金塔路十字西北角）有羊肉饸饹、红甜面、馄饨，还有渭南其他各地的小吃和各类烧烤，也有人穿梭叫卖凉菜。在这里你可以挨家换着吃，从傍晚吃到灯火通明。

君悦商务宾馆 酒店 ¥

（0913-839 0123；韩塬北路北段；标间115元；）大概是私营宾馆众多的韩塬北路上最舒适的一家。房间内有绿植，床也挺舒服。往南走几步到路口就是一个小夜市。

乾坤湾（小程村） 8

红红农家乐 农家乐 ¥

（136 3672 2819；四人间不带卫生间100元，标间120元起）村口这家农家乐很受欢迎，因为他们的标间（无空调）算是性价比高的，而且女主人为人热心，厨艺了得，菜量非常实在。

程家大院 酒店 ¥¥

（0911-844 7126；标间280起；）景区内最好的住宿地点，参观院内**民俗博物馆**（门票30元）的话，票价可抵扣房费和餐饮。大院内还有地势较高的观景台。

吴堡古城 10

上海人家 陕北菜 ¥

（0912-6522 377；人民路中石油加油站对面；9:00~21:00）在县城里属于门面较大的饭店，经营的黄河鱼168元一斤，这样不菲的价格，也许真是附近黄水滔滔大河里的出产。车子可以停在路边。

恒泰大酒店 酒店 ¥¥

[0912-6610 777；汽车站旁；标间208元（带电脑、含双早）；]装修很新，推荐豪华标间（238元），房间很干净。车子可以停在地下车库里。酒店附设一个小餐厅，可以在这里点菜吃饭。

碛口古镇 12

六儿碗团店 小吃 ¥

（158 3580 9335；五中大门对面；人均1.5元）到过碛口的人，总会非常怀念这里的臊子碗团（1.5元/碗）。至于黄河鲤鱼，许多饭馆都有烹饪，不过价钱可不便宜，人多了才划算。

锦荣老店 民宿 ¥

（0358-4466 196，135 9338 5836；后西市3号；普40元，标80元；）这座怡人的农家小院，曾经开设过油铺、染铺等，抗战期间的经历也是颇具传奇。窑洞比较整洁，老板娘十分热情，农家饭也很好吃，10元钱一人管饱。

碛口客栈 民宿 ¥

（0358-4466 188，4466 466；西市；铺40元，普60元，标148元；）这里价格比其他窑洞更贵，但打理得也要更勤快一些，二楼的平台也是近瞰黄河的好位置。和锦荣老店一样，碛口客栈也曾是有历史的老店铺。

榆林 15

塞上饭庄

陕西菜 ¥

(☎0912-328 2895；南大街59号；人均50元；⊙9:00~21:00)榆林名声最显赫的老店，晚市有时会爆满。囊括了几乎所有榆林特色美食，从羊杂(58元)、拼三鲜(48元)等硬菜，到糁子粉(18元)、马蹄酥(15元)、炸豆奶(22元)等小吃，无所不包，还有各种做法的榆林豆腐可以品尝。

龙腾国际酒店

酒店 ¥¥

(☎0912-353 0000；长城路南端近榆阳路；标准间280元起；❄@P)四星级酒店，每层都有很气派的休息区和沙发。位置理想，对面就是城墙，机场大巴从门口经过。

塞原明珠大酒店

酒店 ¥¥

(☎0912-812 3333；长城南路47号；标间238元起，含早餐；❄📶P)紧靠城墙外，进城很方便。大楼外表虽破旧，房间装修还不错。远离马路的标间(268元)条件更佳。酒店餐厅(人均50元)也有一些美味的榆林特色菜。机场大巴从门前经过。

龙洲丹霞(靖边) 17

王虎成排骨馆

餐馆 ¥¥

(☎0912-461 1189；林荫路二粮站一楼；一份猪排35元；⊙8:00~21:00)这家老店以排骨见长，香浓入味，配以简单的饭食，也有饮料出售。

乔沟湾老婆风干羊肉剁荞面

面条 ¥

(☎0912-486 5456；长庆路与人民路交叉路口；剁荞面有23元和45元两种；⊙8:00~22:00)剁荞面是靖边一大特色。这家店的羊肉汤和素汤也很不错，面和汤料都不限量供应，再辅以洋姜等佐料，非常够味。

盛世统万国际酒店

酒店 ¥¥

[☎0912-4966 666；人民路西段近汽车站；标单/双198元起(含双早)；❄📶P]靠近汽车站，按照四星级酒店标准建设，大堂和外观都很漂亮，房间比较新。

延安 19

成都旺家自助餐厅

自助餐 ¥¥

(☎0911-267 1666；二道街亚圣5楼；午餐58元，晚餐68元；⊙10:00至次日3:00)二道街从头到尾都有不少吃饭的地方，当地人基本执着于川、湘菜和火锅。这家店里有火锅，也有烧烤，食材非常丰富，还有多种酒水饮料可选，肉类品种跟延安其他几家自助餐厅比都算多的。

川云酸菜面

面食 ¥

(二道街和大桥街路口苏宁电器内；人均20元；⊙9:00~21:30)店内提供有延安特色的酸菜面和各种快餐，还有品种丰富的凉菜。

窑苑假日酒店

酒店 ¥¥

(☎0911-806 8888；延安大学内；标间299元；❄📶P)位于延安大学内那六排标志性的窑洞里。虽然室内并没有传统的炕，略带民族风设计的靠枕稍稍提亮了整个房间的色调。这里时不时会接待来自高校、机关单位的考察和学习人员，因此提前预订房间比较稳妥。

亚圣大酒店

酒店 ¥¥

(☎0911-2666 000；二道街中段；标间260元；❄@📶P)酒店位于市中心，门口还有个难得的不小的停车场。房间舒适，空间大、气氛温馨。顶层的旋转餐厅是一大特色，在就餐时可以顺便看看这个面貌改观了很多的“圣地”。

须弥山的石雕艺术为后来的龙门和云冈石窟提供了最初的技艺

11 西安到银川

连接两地首府，穿越三个省区，看石窟艺术凝固的历史，宗教寺院传承的信仰，在黄河岸边欢乐滑沙，住沙漠帐篷，激情越野。

线路亮点

5~7天
908公里

最适合

何时去

5月至11月，夏秋两季气候适宜，7、8月暑期人流最多，等到秋高气爽人少景美。

最佳建筑

同心清真大寺、中卫高庙。

最佳石窟

须弥山石窟、北石窟寺。

11 西安到银川

这一线上石窟较多，彬县、庆阳、泾川和固原都有分布。如果你更喜欢自然风光，则可以跳过这几个点，直接去六盘山和火石寨欣赏大自然的雕塑和色彩。崆峒山的道教建筑与同心的清真大寺，是截然不同的建筑形态。沙坡头的黄河与沙漠更适合孩子们玩耍。这条线路的主干道全程高速，就算下了高速，也没有折磨你心爱小车的路况。不过笔直而长的公路虽然开得很爽，但要注意避免疲劳驾驶。在县城一带的加油站，97号汽油不太容易见到。

❶ 西安

走上鼓楼旁的西大街，穿过化觉巷牌坊，便可以前往名气最响的**化觉巷大清真寺**。附近的大学习巷、小学习巷、大皮院、小皮院和洒金桥，还有多达六七座的大大小小的清真寺，也值得一探。

走得累了，在回坊里有众多的小吃和饭店。吃过后更要牢牢记住这里的口味和口感，到了宁夏才会有舌尖上的比较。

见226页

行驶路上 » 经六堡村立交上福银高速，开行至彬县东出口下高速。左转后上S306省道，再经西大街到开元广场，这里有国家级文物：高大的宋代开元寺塔。然后继续往前到G312国道，7.5公里后到达大佛寺石窟。G312国道上运煤的大货车较多，注意保持车距。全程约158公里，2.5小时。

线路亮点

❷ 彬县大佛寺石窟

[门票旺季（3月至11月）35元，淡季（12月至次年2月）20元；⏲旺季8:30~17:30，淡季8:30~17:00]彬县大佛开凿于初唐，它的成功经验对之后依山凿佛产生了重大影响。登上依山而建的**明镜台**，在中间一个门洞前，便可看见巨大的佛祖像。这尊身高20米的佛祖像，指长就长达2米，头部周围由浮雕坐佛和飞天精美装饰，不愧

为丝绸之路上的第一大佛。两边的大势至菩萨和观世音菩萨也都高达17.6米，这“西方三圣”加上洞中200余尊大小佛像组成一道奇观。大佛窟的东面是**罗汉洞**窟群，以释迦牟尼主像和众菩萨弟子造像为主。西面是**千佛洞**窟群，这里的菩萨造像大多极富动感，体现了唐代自由开放的风气，绀青和朱红的残色，至今还有很强的视觉冲击力。

行驶路上 » 沿着G312国道往北到亭口收费站上福银高速，之后在长庆桥互通转青兰高速，到了这里也就进入了甘肃的地界。在庆阳南收费站下高速，然后经S202省道到董志镇，这里有前往北石窟寺的指路牌。全程116公里，约2小时。

你也可以……

5 丝绸之路东线

在看过南北石窟和须弥山石窟后，如果还意犹未尽，可以选择南下去天水麦积山（见140页），将对石窟艺术的关注继续下去。从泾河源镇沿S101省道继续往南，转S304省道，经庄浪县、秦安县到天水，全程195公里，约5小时。

行驶到沙坡头，你可以继续往西，前往河西走廊。从中卫收费站上定武高速，在开出284公里后，就到了武威收费站。

线路亮点

③北石窟寺

北石窟寺（门票30元；⏲9:00~17:00）始建于北魏永平二年（509年），与平凉的南石窟寺同为北魏泾州刺史奚康生主持建造，开凿时间相差不过1年，南北辉映，其中又以北石窟寺规模更大，内容更丰富。在复钟山上开凿的北石窟呈南北走向，窟龛如蜂巢般密集地分布在长120米、高20米的黄砂岩崖壁上。

开凿最早、最恢宏的165窟采用拱形的覆斗顶，近3层楼高、堪比中型剧场舞台大小的大殿内，没有任何柱体支撑。窟内有高大的7尊立佛，保存着原大云寺出土的舍利塔，四壁上方还有浮雕千佛、佛传和本生故事等。

行驶路上» 原路返回G22青兰高速，在长庆桥互通转向西行驶，在罗汉洞收费站下高速，转入G312国道，开行7公里后可见南石窟寺的指路牌。全程94公里，约1.5小时。

④南石窟寺（泾川）

南石窟寺（门票20元；⏲8:00~17:00）与北石窟寺在相同的年代里开凿，可是石窟的数量较少。1号东大窟除了规模稍小外，与北石窟寺的主窟如出一辙。窟内的7尊大佛和13座胁侍菩萨像，形态各异，栩栩如生，身上红砂岩的纹路与石窟浑然一体，据说开凿时是从前壁顶部的明窗开始，一点点向下挖掘修建的。

🛏 见226页

行驶路上» 从南石窟寺出来，回到G312国道上，往西穿过泾川县城后，左转入泾崇路，即可到达王母宫石窟。全程11公里，约20分钟。

⑤王母宫石窟

回山是中国西王母文化的发祥地和祖祠所在地。建在回屋山顶的**王母宫**（门票20元；⏲8:00~17:00）是1992年由台湾信众捐助新建的。山脚下的**回屋**有反映西王母早期事迹的摩崖石刻。旁边是开凿于北魏的**王母宫石窟**，比南、北石窟寺更早，窟内造像有3层之多，中心柱及三面窟壁均有千佛、力士、菩萨、驼宝塔的白象等石雕佛像，造型十分精美生动。

行驶路上» 回到G312国道，继续往前1.5公里，转入G22青兰高速，可以前往平凉市或者崆峒山景区。到崆峒山约83公里，需1小时。

线路亮点

⑥崆峒山（平凉）

被誉为"中华道家第一山"的**崆峒山**[www.kongtongtour.com；门票旺季（4月至10月）120元，淡季（11月至次年3月）60元；⏲7:00~18:00]，景区主峰海拔2123米。山上的亭台楼阁似乎悬在绝壁边缘，云雾缭绕，凭添一分仙家气派。自驾车只能开到景区的大门，停车费要20元。

进入景区后可以坐班车（32元）或者索道（50元）到达**中台**。如果喜欢登山，则可以开车至后山的东门，沿木栈道步行1.5小时可以到达中台；或由前山弹筝湖经问道宫上中台，约需徒步2小时，此路线少有人至。自中台向西就是经**朝天门**、**药王洞**、**上天梯**直达**皇城**的经典游览路线，上天梯有369级台阶，自下而上依45°、60°、75°的山势而建，每一角度都有100多级台阶，很需要体力。在崆峒山游览需要半天到一天。

🍴🛏 见226页

行驶路上» 从崆峒山经泾平路可以到达宁夏境内的泾源县。公路经过崆峒山的东门和西门，两侧皆是与崆峒山景色类似的山峰，值得观赏。泾平路弯道颇多，要减速和注意观察。到泾源县后左转进入G344国道，一直到泾河源镇后右转，5公里后到达六盘山森林公园的入口。全程45公里，约1小时。

⑦六盘山国家森林公园

（门票65元，景区车40元，停车费10元；⏲4月下旬至10月上旬7:30~17:00）这里是六盘山最南端，也是集中了

视觉中国 提供

秋日的六盘山景色

最多景点的地方。乘坐景区班车，第一站到**小南川**，沿着木栈道穿行于茂密的林间，1个多小时可到达**小南山瀑布**。接下来是**生态博物馆**和**植物园**。再乘车到**凉殿峡**，这是一条东西走向、长达10公里的大峡谷，清清溪流穿峡而过，如今还留有700多年前成吉思汗屯兵的马槽和残壁。游玩景区需半天时间。

行驶路上 » 经G344国道往北上福银高速，在固原下高速。除了翻越六盘山时有一段限速每小时100公里外，其余均限速每小时120公里。下高速后右转，经G309国道进固原城区。全程92公里，约1.5~2小时。

8 固原

固原的建城史近2000年，西关街上耸立的**靖朔门**曾是古城的北门，与离它不远的**和平门**之间还保留有一段外城墙。想更多地了解固原，可前往**固原博物馆**（政府街与西关交叉路口；免费，讲解80元；⏲9:00~17:00，周一闭馆）。镇馆之宝是**鎏金银壶**、**凸钉玻璃碗**两件波斯舶来品。此外还有一件本土的**漆棺画**，棺侧板的三部分画面以连环画形式，用鲜卑族的人物形象表现汉族二十四孝的故事，其下还描绘了一些裸体女子。院内停车5元。

见226页

行驶路上 » 在固原收费站上福银高速，行车37公里，在三营收费站下高速，右转经三须路到须弥山石窟景区，这段路长12公里。

线路亮点

9 须弥山石窟

（门票60元，游览车10元，讲解费80元；⏲8:00~18:00）在隋唐时期，这里是重要的关隘，是防止突厥人进入关中及中原的第一道防线。同时，它也是佛陀东来和中国丝绸西去的重要关口。北魏时期，人们开始在此修筑佛像，一直到唐末。在此之前，佛像多用泥彩塑，须弥山算是石雕的发端，为后来的龙门和云冈石窟提供了最初的技艺。

须弥山本来有石窟一百多个，可惜目前所看到的大多数窟内已空空如也。第1窟的隋代佛像色彩犹存，旁边的5号石窟就是“大佛楼”，这尊唐代修建的石窟造像可谓须弥山的象征。而圆光寺中的45窟、46窟、48窟是整个须弥山造像最多、保存相对完好的石窟。景区内还有一座以丝绸之路上的石窟和佛教艺术为主题的博物馆。

行驶路上 » 从须弥山经潘西路、S202省道、X929县道到达火石寨景区北门，全程34公里。路况好，限速每小时70公里。在距离火石寨北门500米处，有一座干石窑拱北清真寺，是县级文物保护单位。

线路亮点

10 火石寨

（门票65元；⏲4月至10月8:00~18:00；冬季免费开放）这里以方圆上百平方公里，层层叠叠的丹霞地貌著称。这里也有开凿于北魏时期的石窟群，它们刻于百余米高的绝壁上，一般游客参观的是以寺院石窟为核心的**云台山**，窟内残存壁画、石雕须弥座等。

从南门进入景区，要走过一段公路（2公里）到达游客中心。这里的风化岩层非常漂亮，沿着栈道上山，先路过**扫竹岭石窟**，里面大部分都已空空如也。继续向上，会看到石窟保存最好的**大佛殿**。接着，经过一段陡峭的**天梯**，到达石峰下半部的石窟，洞内能容纳百余人，四周奇峰怪石形态各异。9月和10月是黄金季节，山下峡谷里红黄树叶与红岩相映。到达石峰后，沿着栈道走到**望霞亭**。从这里远望对面壮美的丹霞地貌，是火石寨景区中自然风光最美的地方。沿路标下山，可到**火石寨地质博物馆**，这里收藏了一些地质构造的标本和化石。从此可搭乘景区观光车（20元）返回南门。

行驶路上 » 返回福银高速，行驶至同心收费站，下高速后经S101省道、罗山路到同心清真大寺。全程129公里，约2小时。

视觉中国 提供

黄河流经沙坡头

线路亮点

⑪ 同心清真大寺

宗教、政治、历史和艺术，融多种因素于一体的**同心清真大寺**（免费），在整个宁夏都是值得称道的景点。它始建于明万历年间，是我国现存历史最悠久、规模最大的清真寺之一，将中国古代传统木结构建筑与伊斯兰装饰艺术完美地融为一体。绕过"月藏松柏"的精美砖砌照壁，经门洞拾阶而上，北侧是礼拜大殿，南侧是邦克楼。礼拜大殿内不对非穆斯林开放，可以看看殿外两侧墙上的精美砖雕。

行驶路上 » 回到同心收费站上福银高速，在清水河枢纽转定武高速，到中卫收费站下高速，走迎宾路过中卫黄河公路大桥，至中央大道路口左转，沿着宽阔的中央大道直达沙坡头景区。沙坡头景区分为南区和北区，要注意根据指路牌选择道路。全程123公里，约1.5小时。

线路亮点

⑫ 沙坡头

（www.spttour.com；门票旺季100元，淡季65元，讲解30人以下300元/次；⏲7:30~18:30）景区被包兰铁路一分为二，**南区**是黄河，**北区**是腾格里沙漠。一般自驾车会停在景区东门，也就是南边，而北区的停车场偏小。

进入东门后，顺着电瓶车开的方向走，到沙泉广场，乘坐沙漠大电梯（门票含单程）上到沙坝顶。在这里可看到标志景观黄河第一弯，晴朗时可以看到黄河对面的古长城和群山。之后穿过包兰铁路，进入北区，你可以一分钱不花走沙关古道进入沙漠，再向腾格里沙漠的深部走去。这里沙海茫茫，金涛起伏。沙坡头处在腾格里的东南缘，越往里你越能接触到真正有魅力的腾格里，景色自然要美得多。沙坡头提供自驾越野（1500元/车）和骑骆驼（500元/人，3人起，5小时）两种穿越沙漠的方式。

北区还有骑骆驼（80元）、沙漠越野车（100元）、沙海冲浪（80元）等项目。南区则可以滑沙（30元）或坐缆车（20元）、黄河飞索（100元）等从沙坡上速降。到了黄河边，还有乘羊皮筏子（100元）漂流黄河的项目。不妨留意一下套票，比单独买票要便宜。南区门口的**沙漠博物馆**（⏲8:30~17:30）介绍了世界和国内的沙漠知识。

行驶路上 » 经迎闫公路往北行驶20公里到达通湖草原，再往前4公里就是水稍子。这是一条新建的宽阔公路，两侧是大片大片的太阳能电池板，蔚为壮观。

⑬ 通湖草原

通湖草原（门票 含/不含篝火130/60元；⏲4月至10月中旬）汇集了草原、湖泊、沙漠，可惜的是，因周围有太多工厂，看到蓝天白云的机会并不多。景区内同样是大量的骑骆驼、骑马的收费娱乐项目。最便宜的蒙古包每晚680元，可住8人。

水稍子（门票 40元；⏲4月至10月中旬）特色是沙漠中的一片胡杨林和月牙泉，与通湖草原的经营方式类似。两景区实行冬季试营业，仍有一些项目可玩，不过住宿、娱乐都歇业了。

行驶路上 » 回到中央大道，然后一直往东开，就到了中卫市区。全程28公里，约半小时。

⑭ 中卫

位于城中心的**鼓楼**（免费；不可登楼）是中卫的地标性建筑，其最为特别的地方是有4座小巧的陪楼，这增加了庄严和富丽感。最好在夜晚灯火辉煌的时候前来漫步观赏。**高庙**（门票30元，讲解30元；⏲夏7:30~18:30，冬8:00~17:30）建于明永乐年间，有层层叠叠的楼阁与纷繁的明清砖雕木雕，是儒、佛、道三教合一的古建筑群。三层的中楼和主楼建于中轴线上。主楼位于最高处的上部，结构最为复杂，木雕与雕塑在这一区域比较集中。

见226页

行驶路上 » 从中卫收费站上定武高速，在清水河枢纽转京藏高速，行驶至吴忠市。全程142公里，约1.5小时。

⑮ 吴忠

吴忠市内有很多清真寺，是了解伊斯兰教文化，尤其是哲赫忍耶教派的好去处。宁夏最著名的**板桥西道堂**和**四旗梁子拱北**位于此地，前者是哲赫忍耶派第五辈导师“十三太爷”马化龙的拱北，后者是哲赫忍耶

驾车游城区

银川城区还留存有一些古时的建筑，可以开车将它们逐一看过。

先去**南熏门**（南门广场）。经过多次重修的南熏门，是银川6座古城楼中仅存的硕果，形态酷似北京天安门。接着去旁边隔了一条街的**南关清真大寺**（门票10元；⏲8:00~18:30），这是银川最重要的清真寺，周五主麻日的场面比较壮观。

玉皇阁（解放东街和玉皇阁街的交叉路口；免费；⏲9:00~17:00）因内置铜铸玉帝像而得名，上楼免费，但只能到基台。旁边的**鼓楼**，高台之上的三层楼阁结构严密，但只能围观而不得登楼参观。

承天寺塔（门票5元，登塔20元；⏲夏季9:00~17:30，冬季9:00~17:00，周一闭馆）在进宁南街和新华西街的交叉路口，与凉州（武威）护国寺、甘州（张掖）卧佛寺并称西夏三大佛教胜地。北郊海宝公园里的**海宝塔**（门票10元；⏲9:00~17:00）俗称“北塔”，是银川最老的建筑。

另辟蹊径
银川周边

起点：16 银川

银川以东有水洞沟远古遗迹，以西有沿着贺兰山边的一条风光带，影视城让你进入穿越古今的场景，沙湖里的娱乐最让孩子们兴奋。全程约300公里，需2~3天。

往东南经青银高速、X102县道，可到**水洞沟景区**（门票60元，博物馆10元，藏兵洞30元，交通70元，套票140元；⏲8:00~18:00），这里有中国最早的旧石器晚期遗址。

从银川到西夏王陵，可以由南绕城高速往西，再转入G110国道，往南3公里即到。**西夏王陵**（门票75元，学生/军人/老人30元，租电子导览器10元；⏲夏8:00~18:30，冬8:00~17:00）是西夏王朝谜一般的历史留下的重要遗存。9座帝王陵排列有序，每座帝陵都是单独的完整建筑群。

从西夏王陵沿G110国道往北，再往西经景区公路可依次游览**滚钟口**（门票30元；⏲7:00~20:00）、**拜寺口双塔**（门票20元；⏲8:00~20:00）、**苏峪口国家森林公园**（门票60元；⏲7:30~17:30）和**贺兰山岩画**（门票70元；⏲8:00~18:00）。随后回到G110国道拜访**镇北堡影视城**（门票100元；⏲8:00~18:00）。

从镇北堡开上北绕城高速，在贺兰立交桥转入G6京藏高速，往北到沙湖出口下高速，沿姚沙公路开6公里就到了**沙湖**（门票60元，游船80元，快艇150元，鸟岛130元起；⏲8:00~17:00）。湖面上密布着芦苇丛，4月和10月有黑鹤、天鹅、苍鹭、大鸨等几十种鸟。

派在全国的总道堂。

黄河西岸新建的**中华黄鹤楼**（☎0953-395 6596；门票旺季 50元，淡季40元；⏲旺季9:00~22:00；淡季10:00~17:00，周一闭馆）展品虽多为复制品，却不失为一个了解黄河文化的好地方。登上最高层可欣赏黄河美景。

过吴忠黄河大桥，沿着滨河大道、西塔路，可到达**一百零八塔**（旺季60元，淡季35元），全程约30公里。这片西夏古塔群坐落在青铜峡镇大坝西岸2公里的山坡上。一百零八塔依山势自上而下，按1、3、3、5、5、7、9、11、13、15、17、19层层递增的奇数，共12层。最高一层的体型最大，覆钵式塔身，方形塔基，东开小龛；其余各层塔身各有千秋，2~4层为鼓腹尖锥状，5~6层呈葫芦状，7~12层则是宝瓶状。从第一层俯视，视野开阔，黄河、峡谷、绿地和连绵的远山尽收眼底。

行驶路上 » 沿京藏高速往北行驶，在白鸽立交桥转入银川绕城高速，经亲水南大街进入市区。全程68公里，约1小时。

16 银川

银川兴庆区是老城区，生活最为便利，也是市内诸多景点的集中地，玉皇阁与鼓楼是老城区的中心。不妨参观一下**宁夏博物馆**（www.nxbwg.com；金凤区人民广场东路6号；免费；⏲9:00~17:00，周一闭馆）。其中国宝级展品有西夏的鎏金铜牛、石雕力士志文支座和唐代的胡旋舞石刻墓门。通过西夏文残碑和佛经等文物，你还可以认认比汉字更像方块字的西夏文。三楼是回乡风情展，展出了各种《古兰经》的珍藏版本。

见227页

食宿

西安 1

高家烤肉 清真菜 ¥

[大皮院5号(东端),近北院门; ⏲17:00~23:00]这家店不在正街上,但在傍晚,一旦找到闪闪的霓虹灯招牌,闻着肉香走进巷子,也就找到了这家烤肉店。肉串、腰子和涮肚都7毛一串,10串起卖,烤得快卖得也快,6元一串的鸡翅香酥滑嫩。如果想要来点主食,不妨点一碗6元的砂锅馄饨。

翠华园宾馆 酒店 ¥

(☎029-8233 9666; 翠华北路325号; 标双158元起; ❄@P)从服务到房间都是国营宾馆的典型风格,但胜在位置和价钱,与陕西历史博物馆东门仅一街之隔。楼下就有餐厅,但附近的小吃更有特色。时常爆满,旺季时最好提前订房。

南石窟寺(泾川) 4

五星宾馆 酒店 ¥

(☎0933-3324 518; 泾川县北新街; 标双148元,含双早; ❄📶P)设施和服务中规中矩,距离县城中心很近。宾馆还附设餐厅部,主打地方口味,推荐泡菜羊肉,其细嫩带有酸香的口感,居然超过了在银川吃过的几家羊肉馆子,而且价格适中、分量足。

崆峒山(平凉) 6

百年童家春华楼 小吃 ¥

(新民路西寺街路口; 人均30元; ⏲6:30~15:00)平凉的老字号羊肉泡馍店,号称"西北第一碗",也在不少饮食类节目上露过脸。尽管近几年口碑略有下降,但食客仍络绎不绝。羊肉分量很足,如果担心太过油腻,可以来一碟糖蒜搭配。

新世纪商务宾馆 酒店 ¥

(☎0933-823 6058; 新民南路新世纪商厦B座; 标168元; 📶P)位于市中心繁华地带,出行、就餐都非常方便。房间相当宽敞,而且崭新干净,晚上可以在落地窗前欣赏平凉夜景。房费还包含一顿简单的早餐。

固原 8

登元氽面总馆 面条 ¥

(西关街48号; 面大/中 12/11元; ⏲7:00~22:00)氽面起源于固原三营镇,现在已流行到西北各地,一边煮面片,一边往锅里挤牛肉丸子,煮出来的面香喷喷的。

固原宾馆 酒店 ¥¥

(☎0954-398 2999; 政府街118号,主楼标单/双308元,南楼标单/双含早餐198元; ❄📶P)这是我们在市中心能找到的最好酒店,位于固原博物馆对面,西湖公园旁边,地理位置优越。南楼的房间便宜些,很宽敞,还带电脑。早餐丰富,停车方便。退房时间是13:30。

中卫 14

香山羊羔肉 清真菜 ¥¥

(☎0954-765 0111; 鼓楼南街第五小学对面; 爆炒羊羔肉68元/斤,手抓78元/斤; ⏲11:00~22:00)加入土豆、韭菜、粉条的爆炒羊羔肉是当地一大特色,羊肉味浓,还带点儿椒麻味,十分下饭,可用免费的米汤解腻。还可以品尝到羊羔头、椒麻土鸡、大盘鸡等。

阿郎鸽肉砂锅 面条 ¥

(☎0954-702 2788; 长城东街; 乌鸡白凤肉砂锅面 16元,鸽肉砂锅面 16元,鲜汤素面8元; ⏲9:00~23:00)两层楼的小馆子,生意很好。面是手工的面片,汤很鲜。

中卫大酒店

酒店 ¥

(0955-702 8444；鼓楼北街66号；标双含早餐198元；)设施齐全，房间宽敞，位于高庙斜对面，距离火车站很近。

绿洲大酒店

酒店 ¥

(0955-396 1888；红太阳广场对面；标双145元；)房间干净，设施齐全，靠近步行街的房间会有点吵。

银川 16

同心春

清真菜 ¥¥

(0951-412 2991；富宁南街288号；手抓68元/斤，羊肉臊子面15元/碗，同心包子15元/6个，人均60元；10:00~22:00)一家经营了近30年的老式清真菜馆，戒烟酒，服务员都戴着小帽头巾。在这里可以吃到各种做法的牛羊肉，手抓很鲜嫩，还有馓子、回族果果、油酥饼等回族特色面点。正宗、实惠、量多是本地人对它的评价，旁边还单开了面点铺。

国强手抓

清真菜 ¥¥

(0951-203 1199；西夏区北京西路199号；手抓88元/斤，人均80元；10:30~21:30)银川城里，国强与**老毛手抓**(0951-602 8796；解放东街鼓楼旁；手抓98元/斤，人均100元；11:30~24:00)这两家大名鼎鼎的手抓不相伯仲，价格也差不多。午餐11:45和晚餐17:45以后才能吃上热手抓，可根据个人口味选择偏瘦或偏肥的，如果人少也可以只买半斤。

全季酒店

酒店 ¥¥

(0951-687 6777；中山北街12号；标双299元；)2015年新开业，离玉皇阁很近，装修现代简约，房间干净漂亮。酒店顶层还有个可欣赏夜景的旋转餐厅。

新华饭店

酒店 ¥¥

(0951-603 1353；新华东街203号；标双含早餐150元；)位于新华东街和中山南街路口，离南门很近。房间近两年刚装修过，是在这一区域性价比较高的选择，不过临街一面的房间晚上有点吵。

步行游览
西安古城区

起点：钟鼓楼

终点：含光门遗址博物馆

距离：约5公里

需时：2~3小时（不包含游览时间）

西安古城区保留的历史感是比较密集的，你会在建筑和陈列品中寻回往昔岁月的痕迹。

可使用此步行游览的线路：

5 10 11

❶ 钟鼓楼

（东西南北大街交会处环岛）钟鼓楼有地下停车场，附近商场也有自己的停车场。不过古城内车位紧张，而且价格偏高。游览钟鼓楼之余，可去邻近的回坊觅食。

行走路上 » 沿着东大街走，在路尽头左拐，进入东木头市，尝尝老字号秦豫肉夹馍。继续往前到十字路口，右拐沿柏树林街南行，路左边就是古老清幽的卧龙寺。

❷ 卧龙寺

（免费；碑林区柏树林街东）闹中取静的卧龙寺始建于汉朝，历史颇为悠久。寺内有碑石、牌匾等诸多文物。慈禧、康有为等名人，也在这里留下为后人津津乐道的逸事。

行走路上 » 回到柏树林继续往南，到了三学街右拐，西安碑林博物馆就在眼前。

❸ 西安碑林博物馆

（见204页）这里最大的看点是由秦至明清的历代名碑，请讲解或蹭团会让你听到更多好玩的故事。参观时请不要随便触摸碑石。参观约需2小时。

行走路上 » 沿着三学街继续向西行，不久便来到书院门。这其实是一条步行街。

❹ 书院门

（书院门步行街；⏲约9:00~19:00）在这里的小摊上，虽然有摊主都倦于吹嘘"它是真货"的假古董，还有那些所有旅游景点都不缺的纪念品，不过，如果喜欢书法的话，到这里的仿古街店铺，买一些文房四宝也不错，毛笔尤其好。

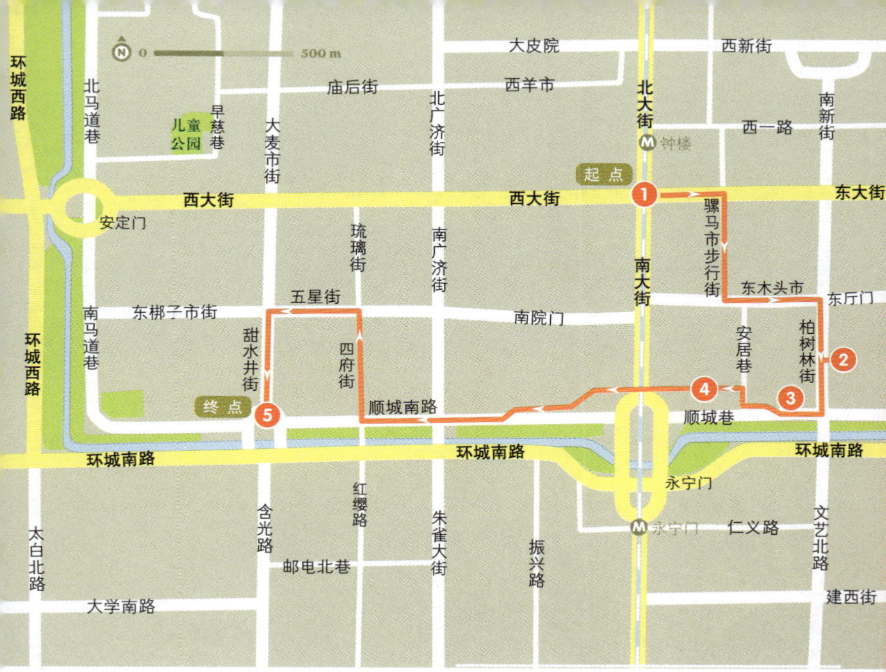

行走路上 » 从书院门步行街西端的地道过南大街，继续往西走，就到了湘子庙街。沿街走200米左右就能逛一下小小的道家湘子庙，出来后沿湘子庙街往西走，看看咖啡馆和画廊，到四府街右拐，上五星街左拐，继续往西，快走到甜水井街时，在右手边可看到天主教堂，欣赏一下中西合璧的特色。到甜水井街左拐往南，可以一直到达含光门。

5 含光门遗址博物馆

（☎029-8763 8548；城墙南段含光门；与城墙联票54元；⏲8:00~17:30）含光门遗址博物馆是了解西安城墙的好地方。二层有楼梯可以直通城墙。

行走路上 » 如果不去城墙，你可以在含光门或朱雀门搭乘公交车返回位于起点的钟楼。

西藏、四川和重庆

从火锅川菜的麻辣爽口，到川藏线的丰饶多姿，从江河奔流的川渝到西藏南部的高原，一路向西，跨越乌江与金沙江，穿过四川盆地和成都平原，翻越无数雪山垭口，千百年来，人们对雪山草原的向往与渴望，如今可以用自驾游来实现。当我们踏上这片雪域大地，仰望珠穆朗玛、南迦巴瓦、冈仁波齐的壮美，朝圣玛旁雍错、纳木错、羊卓雍错的圣洁，见证大小寺庙和五彩经幡代表的信仰，终会明白这片高原的致命吸引力。

曾经，古人感叹“蜀道难，难于上青天”，曾经，进藏代表着翻山越岭、道路艰险，但随着公路建设的不断发展，隧道打通雪山，路桥连接天堑，西部山水与高原已经对自驾游大开方便之门，窗外连绵不断的风景和自由的驾驶快感，对自驾者来说，无疑是最佳的旅行体验。

南迦巴瓦，西藏林芝地区

视觉中国 提供

西藏、四川和重庆

Classic Trip

12 川藏南线 10~14天

从成都到拉萨的景观大道，最热门的自驾、骑行路线，一网打尽高山、峡谷、草原和森林。（见235页）

13 川藏北线 10~12天

经过川西北进藏，少了川流不息的自驾车队，却能见到更多的藏传佛教寺院，一路人文更胜风景。（见251页）

Classic Trip

14 阿里南线 10~12天

翻过雪山，穿越无人区，在藏羚羊、藏野驴的陪伴下一路向西，因为神山和圣湖就在那里。（见267页）

15 拉萨南环线 5~7天

去神湖边观望一下前世今生吧，顺道还能欣赏西藏江南的田园风光。边境线上的世外桃源，道路难行，却有意外惊喜的深山古寺和温泉。（见281页）

不要错过

布达拉宫

布宫的每幅壁画、每尊佛像都是历史的沉淀，徐徐展开一幅恢宏的西藏画卷。12

珠穆朗玛

世界第三极，全球最高峰，让人充分感受天地造化，恢宏博大。14

芒康至八宿

一段曲折的勇者之路，包括著名的怒江七十二拐，可一定要注意安全噢！12

九寨沟

108个海子组成的人间天堂，一年四季都值得造访。16

乌江画廊

从涪陵到武隆，沿乌江而行，人在画中游。17

Classic Trip

16 九黄大环线 5~7天

沿G213国道溯岷江而上，由九寨沟到郎木寺，自然风光与人文情怀的最佳组合。（见291页）

17 渝东山水线 3~ 4天

这也许是自驾者最喜欢的环节：车在公路上自由奔驰，沿路的江峡美景目不暇接。（见301页）

新都桥附近的通透光线和藏地风情，
使其成为川藏线上第一个摄影天堂

Classic Trip
经典线路

川藏南线

12

号称“中国最美景观大道”的G318国道成都至拉萨段，从来都是最著名和热门的自驾路线之一，用贴地的旅行方式从天府之国到日光之城，旅途虽然辛苦，从眼睛到心灵却一直在天堂之中。

线路亮点

10~14天
约2200公里

最适合

4WD

何时去

4～11月都可以进藏。5月和9月可以避开过热的旅游旺季和雨季降水，对自驾来说是最好的月份。

最佳摄影点

邦达至左贡途中能俯瞰怒江七十二拐的观景台。

最佳自驾线路

从芒康至八宿，盘山公路带来紧张却刺激的驾驶快感。

Classic Trip
经典线路

12 川藏南线

翻越美丽的雪山垭口，沿着湍急的江河前进，山峡和激流之间，庄严的寺庙红墙点燃着你的视线。川藏南线是景观大道，也是朝圣之路。沿途总会有磕着等身长头从家乡前往拉萨朝拜的虔诚信徒，他们沉默而坚定的身影仿佛注解着坚忍不拔的某种精神。

如今的川藏南线已经是全程柏油路面，四川境内的二郎山、高尔寺山、剪子湾山、理塘等隧道都已通车，西藏段的通麦天险也已成往事，驾驶难度降低，但风景依然美丽。而且我们还是要提醒一下，在翻越雪山垭口时，盘山路面仍需你打起十二分精神，雨雪天气不要贸然上路。由于沿途高标号汽油极少，要注意考虑所驾的车是否合适前往。

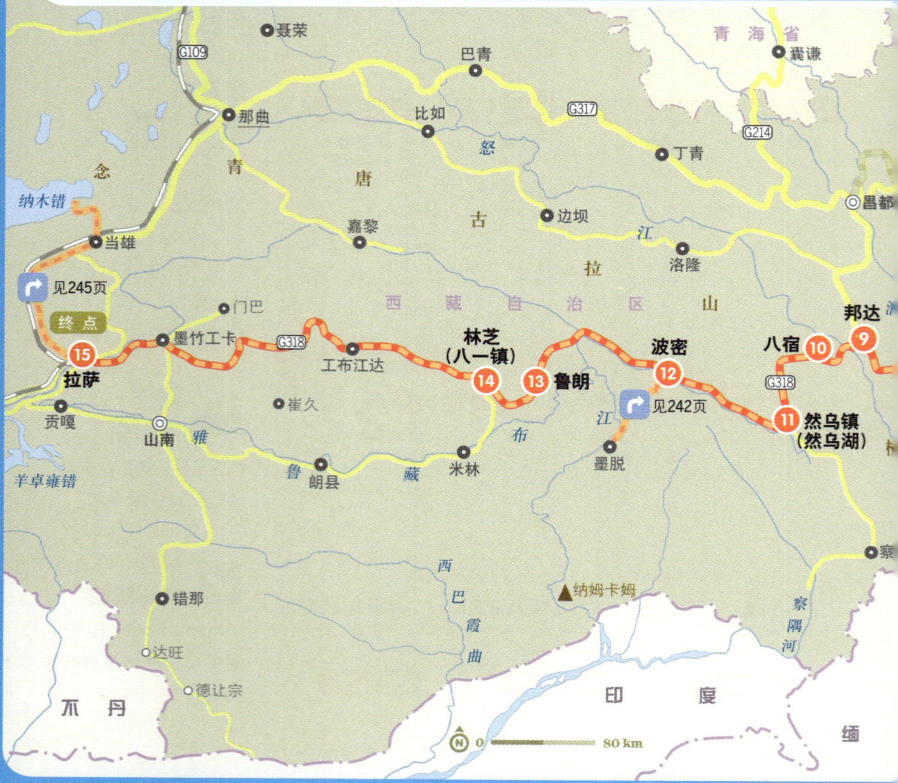

❶ 成都

成都是川藏南线的起点。不管你从哪里来，到了成都，脚步都会不由自主地变慢。在这个美食之都，不妨多给它一两天时间，步行于城区之中（见308页），感受天府之国的悠闲与淡定。

准备进藏的你如果需要采购户外装备，成都也是一个绝佳的补给点。机场路一带有各种汽车品牌的4S店，不妨先为你的车做一次全面保养，防患于未然；人民南路跳伞塔一带集中了不少户外用品店，可以淘到专业装备；武侯祠横街有不少准备进藏的车辆，你可以在那里打听到最新的道路情况，也许还能找到对脾气的同行者。

见246页

行驶路上 » 雅安距成都约140公里，仅2小时高速车程，因而往往被自驾旅行者忽略。其实从成都到雅安有好几条路可供选择，如果时间充裕，不妨沿着G108国道慢慢行来，沿途风景会有趣很多。

你也可以……

13 川藏北线 从邦达沿G214国道北上，到达昌都，开始你的川藏北线行程。

18 滇西北黄金线 从芒康南下到盐井，再到德钦，在飞来寺和雨崩观看梅里雪山的雄姿，然后开始一路向南去大理和丽江。

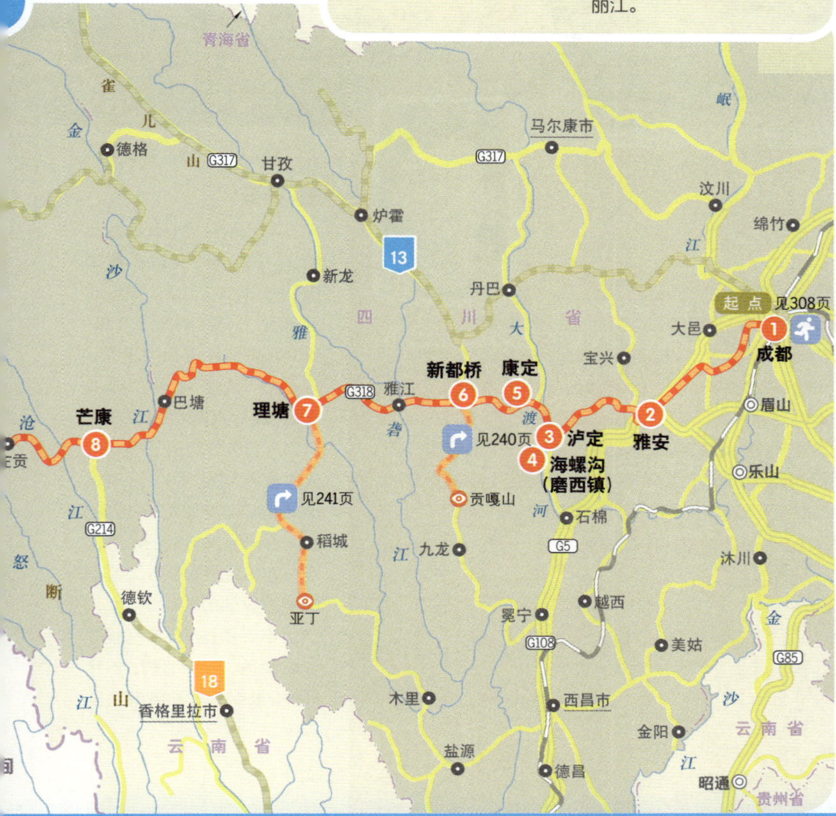

当地人声音

泸定邓师
知名网友，甘孜州自驾达人

甘孜州未开发的旅游资源很多，而且相比西藏，这些景点更容易到达。比如泸定东北方向二十多公里的岚安古镇、星巴五普，雪山环抱峡谷壮美；牛背山西北方向大约50公里处的娘娘山，云海风光不亚于牛背山；理塘去巴塘路上会经过的措普沟，可以说是甘孜州的吉隆沟。它们离G318国道都不很远，路况还行。二郎山老川藏路登高望远也不错，不过那条路有点荒废了，不是越野车不要上去。

上图：海螺沟

② 雅安

雅安城区没有什么好玩的，你可以去川茶故乡**蒙顶山**（☎0835-323 2118；门票4~10月 60元，11~3月 45元；⏲8:30~18:00）品一杯蒙山顶上茶，来一场“洗肺”之旅。或者去**碧峰峡**[☎0835-231 8091；门票风景区118元（含景区观光车及熊猫基地）；⏲夏季8:00~16:00，冬季8:30~15:30]看一看国宝大熊猫的萌态，走一走传说中女娲补天留下的植被葱郁的峡谷。

不要错过“雅安三雅”中的雅鱼，肉质细糯，汤味鲜美，根据季节和旅游热度

视觉中国提供

150~200元/斤。吃完后你会在鱼头中找到一枚酷似宝剑的骨刺，据说那是女娲的宝剑落入青衣江中所化。

见246页

行驶路上» 雅安至泸定约136公里，约需3.5小时。G318国道路况良好，从二郎山隧道出来后风景突变，可在日浴高原观景台俯瞰康巴第一村，春天山下大片的油菜花很是赏心悦目。雅安至康定的雅康高速雅泸段已全线通车，这条路会经过桑耶镇，选择走这条路可以更快捷地前往桑耶寺。

3 泸定

同样，大部分自驾旅行者不会在泸定县城浪费时间，这里只是去往海螺沟和康定的休息站。不过有时间可以去**泸定桥**（门票10元；泸定县城开湘路中段；⏲夏季7:00~20:00，冬季8:30~19:30）上走走，这座建于清康熙年间的铁索桥能跻身中国名桥之列，近代史教育功不可没。城区有单行道和停车限制，注意不要被罚款。

行驶路上» 泸定至磨西镇约55公里，沿G318国道向南行驶约15公里后，在岔路口根据路牌指示左转进入S217省道，继续行驶约40公里即到海螺沟景区入口磨西镇。注意路边的交通标志提醒：连续59公里长下坡。这一路段请小心驾驶。全程需时约1.5小时。

线路亮点

4 海螺沟（磨西镇）

海螺沟的雪山冰川和温泉吸引了众多旅行者前来。磨西镇上遍布宾馆餐厅，食宿条件甚至超过周边县城。这个山谷小镇两边被高山包夹，站在西边的广场上就能看见雪山。

去**海螺沟国家冰川公园**（☎0836-326 8893；门票92元，观光车往返70元，冰川索道往返150元；⏲冬春季上山8:00~13:00，下山末班16:30，夏秋季上山7:00~14:00，下山末班17:30，根据客流调整）可在磨西镇海螺沟景区游客中心乘坐观光车（30公里，1小时），沿途景观以高山峡谷的森林风光为主，到达三号营地（海拔2940米）后，可乘坐缆车（往返150元）飞越冰瀑到达四号营地（3550米），这里能看到海螺沟一号、二号、三号冰川、大冰瀑布，天晴时还可能看到贡嘎主峰。

大海螺沟景区由海螺沟、燕子沟、南门关沟、磨子沟、雅家梗和磨西台地6个景区组成，其中**燕子沟**（☎0836-326 7555；新兴乡；门票旺季（4月1日至11月30日）100元，淡季90元，观光车70元；⏲进沟8:00~14:30，出沟末班17:30）被称为海螺沟的“姐妹沟”，以森林、雪山和红石滩为主，其中十里仙境要步行，风光最美。景区游览约3~4小时，傍晚别急着离开，有可能在景区大门处看到日照金山。

见246页

行驶路上» 从磨西镇到康定，可沿G318国道返回泸定再向北走，全程约102公里，约3小时车程。如果不想走回头路，可以沿榆磨公路从海螺沟经红石公园、雅家梗一路向北，全程76公里，途中要翻越一个海拔4100米的垭口，比较考验山路驾驶技术。沿途的河滩山间以及雅加埂就有很多漂亮的红石景观，边走边玩可能需要大半天时间到康定。我们调研期间，破损严重的榆磨公路正在修路，除非是性能良好的越野车辆，否则走起来会非常痛苦。

5 康定

“跑马溜溜的康定”是汉地和藏地互通的门户和茶马古道上重要的集市。市中心的折多河两侧衣食住行应有尽有。不妨在此好好吃上几顿大餐，此后的川藏线上可能都找不到如此众多的美食选择了。

一曲《康定情歌》唱红了**跑马山**（☎0836-281 2312；向阳街36号；门票50元，缆车单程35元，往返55元；博物馆30元；⏲8:00~18:00），农历四月初八的“跑马山转山会”是这里最热闹的节庆活动。而距康定县城26公里的**木格措**（门票220元，优惠票160元）相对于以后路上看到的海子真的不算什么，建议你把时间用在路上经过的**二道桥温泉**，泡一泡村民自营的小温泉澡堂（泡澡10元起）。

康定县城海拔2400米左右，高原气候初步显现，注意预防感冒和高原反应。修车场集中地在康定县城西的G318国道两侧，如果离开成都的时候你没有调试过车辆，最好在这里检修一番。

见246页

行驶路上 » 从康定出发，沿G318国道西进，才算是正式开始藏区自驾之行，行车时需要小心公路上慢悠悠行走的牛羊，撞到了可要赔钱！前往折多山口的30余公里盘山路路况良好，但弯多路窄，且大货车较多，傍晚易起雾，自驾需谨慎。海拔4298米的折多山垭口，正是验证旅行者有无高反的第一道考验，可以在这里停车拍摄山峦两侧不同的风景以及五彩经幡和白塔簇拥的山口（不过会有人收取10元钱的费用）。翻过折多山垭口，就算真正进入了藏区。新都桥则是你进入藏区的第一个小镇，距康定约78公里，需时约2.5小时。

线路亮点

❻ 新都桥

新都桥的两座桥是一个交通意义上的分界线，从这里的三岔路，你可以选择前往川藏南线、川藏北线或者贡嘎山、大凉山。这个镇本身没有什么景观，开车走一走去往**塔公草原**和**塔公寺**（门票25元）的S215省道吧，那才是一条美景无边的"景观大道"，路边是青稞田野和牛羊牧群，河中散落着"六字真言"玛尼石，清晨和傍晚时分，这条线沿途的通透光线和藏地风情，使它成为川藏线上第一个摄影天堂。

距新都桥镇约2公里的营官藏寨即瓦泽乡如今是旅行者喜爱的落脚处。北侧的小山上有贡嘎雪山观景台（门票10元），爬上山坡可远眺金字塔般的大雪山。

见247页

行驶路上 » 新都桥到理塘约195公里，沿G318国道一直向西，2015年理塘隧道通车之后不再翻越托洛拉卡山垭口，节省了行驶时间，但仍有不少盘山公路，注意驾驶安全。约4小时可到理塘。

另辟蹊径
子梅垭口看贡嘎

起点：❻ 新都桥

蜀山之王贡嘎山主峰海拔7556米，众多6000米级别的雪山依偎四周，众星捧月，远眺群峰最好的位置莫过于子梅垭口（海拔4500米），常有人在此扎营，守望佛光、星轨、云海。

从新都桥出发，沿S215省道向南，经过甲根坝，穿过白马隧道，过沙德乡后，在99公里（99K）驶入乡道，约11公里水泥路到贡嘎山乡，再走15公里土路到子梅垭口的盘山路起点。这里通常有喇嘛收取每人20元的过路费。从这里开始路况较差，底盘太低的汽车慎入，越野车完全没有问题，再坚持12公里就到达子梅垭口。全程约122公里，需时约4小时。

线路亮点

❼ 理塘

理塘县城就坐落在一望无际的**毛垭大草原**上，夏天草原上鲜花盛开，每年藏历六月初三（公历7月底至8月初），康巴地区最为盛大的**赛马会**就在这里举行，你会看到最绚丽的康巴服饰和最欢快的藏地歌舞。沿G318国道向西直到海子山下方，一路上都可欣赏到毛垭大草原的美丽风光。

长青春科尔寺（免费）是康巴地区规模最大的格

另辟蹊径
稻城亚丁

起点：7 理塘

从世界高城理塘调转方向离开G318国道，进入S217省道，你就驶上了与川藏公路景色风光大不同的香格里拉环线。行驶约120公里后到达桑堆乡，从这里转入S216省道，路边牧场开阔平坦，河流平缓如镜，赏心悦目的藏式小楼点缀其间。约100公里后你就到达了稻城亚丁香格里拉镇。

把车停在镇上或景区停车场，**亚丁景区**（☎0836-572 5207；门票150元，三天有效，观光车120元；⏲7:00~18:30）可能需要安排两天游玩。第一天从冲古寺到洛绒牛场（有80元往返、50元单程的电瓶车可选），欣赏雪峰下的森林草原，晚上可以住在不远的亚丁村，第二天早起拍日出，然后从冲古寺步行去珍珠海仰望仙乃日神山。

鲁派寺院，又叫理塘寺，1580年由三世达赖喇嘛创建，与安多地区的塔尔寺、拉卜楞寺并称“外藏三大寺”，理塘版（又称丽江版）《大藏经》奠定了它在藏传佛教寺庙中的崇高地位。从早到晚，寺院围墙外总有信众转经，不妨加入他们，爬至寺庙后面的高地上，远眺毛垭大草原和周边的雪山。

见247页

行驶路上 » 从理塘到芒康约274公里，路程较长，但路况变化较大，颇有驾驶乐趣。沿途会翻越高山、垭口，在过了海子山垭口之后有6个长隧道，依次为德达隧道、列衣隧道、波戈溪隧道、拉纳山隧道、黄草坪1号、2号隧道，进出隧道时注意控制和变换车速。路过巴塘县城，可以停下来稍作休息，剩下的106公里路程，约需2小时车程。经过竹巴龙的金沙江大桥时，可以在旧桥（东边废弃的那座桥）旁边看到长江漂流勇士纪念碑，一定记得拍摄桥上那块出镜率极高的“西藏界”蓝色路牌。从这里开始，你就进入西藏境内了。进入西藏后，油价会明显变高，建议在巴塘将油箱加满。

8 芒康

恭喜你进入西藏！经过西藏与四川、云南的交界处的金沙江大桥后，你的进藏之旅可以说完成了一半。不过从这里到拉萨，还有更曲折的山路在脚下、更艰险的垭口在前方，好好休整一下吧。

见247页

行驶路上 » 从芒康到邦达约264公里，途中要连续翻越拉乌山、觉巴山、东达山3个垭口，路面状况不错，但弯道非常多，使这一路段有着极为独特的驾驶体验。东达山是你进藏途中翻越的第一个海拔5000米以上的垭口，这时你会明显感觉到汽车动力比平原差了不少，手动挡汽车需降挡行驶。下山时注意控制车速。车过左贡之后，道路就变得平坦许多，沿G318国道行驶约100公里，即到邦达镇。全程需时约7.5小时，不过路上的风景会弥补一路的辛苦驾驶。

9 邦达

G318国道和G214国道在邦达镇上交界，这个小镇也因此有了几分热闹。你可以在这里休息一下，选择沿G214国道北上走川藏北线，或者继续你的G318国道线旅行。如果因为身体不适需要中止行程，也可在邦达机场乘机返回成都或重庆。

傍晚时分不妨先去“考察”一下第二天要走的路。向西出邦达镇几公里后的路边有个观景台，站在那里往下看，你不禁会倒吸一口冷气：下面就是著名的怒江七十二拐，它也被称为“川藏九十九道弯”，从海拔4100多米的邦达镇，一路攀升到最高点海拔4651米的业拉山口，再盘旋下降至最低3100米，七十二拐的路段总长约12公里。记得拍一张七十二拐全景。

见248页

行驶路上 » 从邦达到八宿约95公里，铺装路面状况不错，其中的拉根乡路段需要开“限速路条”，84公里的行程必须在2.5小时之后到达。翻越怒江七十二拐时，山路一转又一转，转到最后你根本不可能记得它转了多少圈。令人惊奇的是，在一个又一个大拐弯处，常常能看到方块状的梯田躺在弯道旁，伴着桃李，如同世外桃源，令人叹为观止。翻过越业拉山后，海拔一路降低。沿着怒江峡谷行驶一段，你会经过一座武警把守的怒江桥，这座桥梁长度仅几十米，但它穿透一座山峰横跨怒江，是不折不扣的咽喉要道。过桥需服从武警指挥，单向减速通过。

⑩八宿

到达八宿之后，你可以松一口气了。这里3280米的海拔、拉萨至成都中点的位置，使它成为旅行者逗留歇脚的重要驿站，因而食宿条件相对好些。而且在这之后，盘旋曲折的山路告一段落，接下来你将行进在美如画卷的G318国道之上。

见248页

行驶路上 » 八宿至然乌镇约90公里，1.5小时车程，途中要翻越海拔4300多米的安久拉山口。

线路亮点

⑪然乌镇（然乌湖）

然乌湖是西藏东部最大的高山堰塞湖，就位于然乌镇西的G318国道边。然乌湖周围众多海拔5000米以上的山上都有常年不化的冰川，近湖坡地则长满了四季常青的高山针叶林，明镜般的湖面倒映着雪山、森林和蓝天白云，湖边有大片青稞地和村庄。早晚阳光斜射时是拍摄然乌湖面倒影的最佳时间，许多摄影者为之不惜在高海拔的然乌镇上住上一两天。

距然乌镇约35公里的**来古冰川**（门票30元）可以一次性看到6条十分壮观的海洋性冰川，且村落周围遍布美丽的湖泊与宏伟的雪峰。从然乌湖沿察隅公路前行10公里左右，在路牌旁右转进入水泥路，走10来公里即可到**来古村**景区售票口。村子在冰川脚下，田园阡陌，佛塔桑烟，六七月间冰川脚下杜鹃花开，是一年中最漂亮的时刻。

见248页

行驶路上 » 从然乌镇到波密约128公里，这段路的风景堪称川藏公路西藏段的精华所在，一路上基本都是迷人的森林峡谷景观，雪峰、冰川、杉林、湖泊和田园风光交替在你的车窗外出现。赞叹的同时，记得靠边停车再拍照。

离开然乌镇约31公里后，会路过米堆冰川（玉普乡米堆村；门票50元；⏲全天开放）。这是世界上海拔最低的冰川之一，从景区门口到冰川还有约7公里路程，将车放在停车场，步行

另辟蹊径
开车去墨脱

起点：⑫ 波密

墨脱，藏语的意思是莲花，因四面环山形似莲花而得名。它曾经是中国最后一个不通公路的县城，被称为“最后的秘境”。2010年以前，通往墨脱的四条古道中，有三条都要翻越海拔4000多米的垭口。2013年10月31日，墨脱公路正式通车，从此结束了墨脱县城与世隔绝的历史。从波密到墨脱县城的117公里路程中，地势由北向南急剧下降，你可以几小时中从高寒地带过渡到热带雨林，巨大的海拔落差造就了春夏季节山下杜鹃盛开、山顶仍是白雪皑皑的奇景。途中，你还有机会看到雅鲁藏布的一处大拐弯，极为壮观。墨脱公路因此成为G318国道支线中一条新的景观大道。

从墨脱背崩乡到林芝派镇一线仍未通车，这一段也是中国最受欢迎的徒步线路之一，通常需要3天时间才能走完。

视觉中国 提供

然乌湖草甸

约2公里，骑马100元可到观景台大欣赏冰川风光。看完米堆冰川之后继续沿G318国道西进至波密。全程需时约3小时。

线路亮点

⑫ 波密

有“西藏瑞士”之称的波密，除了沿途风光令人迷醉，这里也是去往**墨脱**的起点，众多户外爱好者云集于此，只为徒步探访这最后的“莲花秘境”。波密较低的海拔也使得这里成为舒适的休息站。

见248页

行驶路上 » 从波密到鲁朗镇约有128公里，曾经令人闻之变色的“通麦天险”已经消失，取而代之的是建成通车的通麦大桥和隧道，这段曾经要走2个小时、一遇雨雪就中断的14公里天险，现在10来分钟就跨过去了。

由于海拔相对较低，波密至林芝地区气候湿润，森林密布，每年3月底至4月中旬，G318国道波密至林芝沿途桃花盛开，绿意盎然。这一段行程可以慢慢往前走，全程需时约4.5小时。途中有限速路段。

⑬ 鲁朗

位于波密和林芝中间的鲁朗镇，有漫山遍野森林覆盖的**鲁朗林海**（门票90元；⏲7:00~18:00）和**鲁朗花海**（门票90元⏲7:00~18:00）。其实行驶在色季拉山口一带，已经能看到壮观的南迦巴瓦峰和加拉白垒峰，山口下层层叠叠的丛林，就是林海风光。收门票的范围主要是3个观景台，如果不是非要拍风光大片，实在没有理由去付门票钱。

花海景区和**鲁朗小镇**是新开发的旅游小镇，已经有五星级酒店入驻，这里应该是整条川藏线上平均住宿水准最高的地点。不过自驾旅行者一般会在鲁朗镇以西几公里的**扎西岗村**停留，家家户户都开办了藏家乐，可以在这里品尝著名的鲁朗石锅鸡，然后去村外免费的森林和草场徒步、骑马。

行驶路上 » 鲁朗至林芝八一镇约104公里，途中要翻越海拔4720米的色季拉山口，非常晴朗的天气可以远眺有“中国最美山峰”之名的南迦巴瓦峰，巨大的三角形峰体被称为“直刺蓝天的战矛”。但峰顶常年云雾缭绕——要看到它，你得有相当的运气。不过冬春的色季拉山极易结冰，需要小心驾驶。全程需时约2.5小时。有区间限速。

线路亮点

⑭ 林芝（八一镇）

气候温润、山清水秀的林芝地区一向有着“西藏江南”的美名。3月底至4月中旬，处处可见的盛开桃花吸引了众多摄影爱好者，桃花节的规模也一年比一年盛大。

林芝及其周边有不少值得一游的地方。**巴松错**（工布江达县错高乡；距离八一镇约120公里；门票120元，观光车50元；⏲7:00~18:00）是一个景色不错的本教圣湖，有时间可在其中徒步和露营。**雅鲁藏布大峡谷**[米林县派镇，距离八一镇约90公里；旺季4月1日至10月底150元，观光车票90元，餐费50元，套票（全包）290元，其余时间半价]堪称林芝的招牌景区，冰川、雪山、开满鲜花的峡谷村寨以及雄伟壮观的雅鲁藏布大拐弯吸引着旅行者前往。初春和秋季是峡谷最美的时节，拍出的照片如同油画。你还有可能近距离拍摄到南迦巴瓦峰。如果不赶时间，建议住在大峡谷景区内的青年旅舍，以自驾和徒步的方式探索这一区域。

见249页

行驶路上 » 林芝到拉萨约400公里，高速公路仍未全线通车，目前只开通了拉萨至墨竹工卡段和工布江达至八一镇段，开通路段限速在60~80公里/小时，全程仍需约7小时才能到达。中途会翻越米拉山口，过了山口之后，经过日多乡时，G318国道的路边就有不少土温泉（泡温泉50元/人）。过了工布江达县城之后，路边是如画的尼洋河风光。随着拉萨城的接近，视线所及越来越绿，当你驶入北京路，看到布达拉宫壮观的白墙金顶时，你是否有别样的感动？

线路亮点

⑮ 拉萨

祝贺你走完2000多公

林芝桃花何处开

公认的林芝市附近桃花最盛的3个地点是嘎拉“桃花村”、卡斯木村和达则村。嘎拉“桃花村”通常会有官办活动，花多人也多；卡斯木村坐落于苯日神山山腰，距林芝镇3公里，居高临下的位置很有优势；达则村在八一镇去往米瑞乡的路上，同样有居高临下的效果。

波密的花期比八一镇早10天左右，不要只在帕隆藏布峡谷里停留，不妨进去倾多沟。它在G318国道的北边的倾多镇，去倾多镇需要经过如纳村。那里长满了各种野桃树，千姿百态，每年三四月份桃花绽放，漫山遍野，煞是好看，故被称为“桃花岛”。走到倾多镇之后，在高处拍桃花和倾多寺也很妙，尤其是倾多沟有非常壮观的冰川群来映衬。如果从倾多镇继续向前翻山到玉许乡，路上的冻油村和白玉村都是一般游客不会来到的桃花胜境。

返回波密县城之后，再从县城出发经过G318国道到达松宗镇，那里也是一片桃花和雪山的海洋。因为规模实在太大，即使在G318国道边也没有人来跟你争抢拍摄位。

里的漫长征途，终于来到川藏南线的终点站——圣城拉萨。拉萨是藏地的文化核心和精神象征，从布达拉宫到大昭寺，多少人终其一生只为来此朝圣。遍布大街小巷的甜茶馆，则是拉萨城的烟火气，不妨在八廓街消磨一天。拉萨步行游览见310页。

布达拉宫（www.potalapalace.cn；门票5月至10月200元，11月至次年4月100元；⏲8:00~16:00；需提前一天到西门凭身份证预约，第二天按预约券上规定的时间提前半小时从正门进入，再到宫殿入口处购票参观，也可以通过官网预约）有1300多年的历史，见证了9位吐蕃赞普、10位达赖喇嘛的起落沉浮。集宫殿、城堡和寺院于一体，在艺术、建筑、宗教、文化各方面都是整个藏地的巅峰之作。进入布宫之前将会接受堪比登机的严格安检，请勿携带刀具、打火机、饮料等；宫殿内多数地方禁止拍照。主要参观白宫、红宫等宫殿，有严格参观路线，最好请导游陪同讲解，会了解更多。

大昭寺（门票85元，讲解100元；⏲8:30~18:30）被视为拉萨的“心脏”，据说拉萨城就是围绕大昭寺逐渐建立起来的。寺庙正殿中供奉着文成公主携带进藏的释迦牟尼等身金像。参观大昭寺最好上午去，如果跟着专为旅行团讲解的藏传佛教僧侣导游，你会对这座寺庙的历史和文物了解更多。大殿入口处右侧的壁画描绘了大昭寺建寺时的场景，里面有7世纪时早期布达拉宫的样子。保留好票，几天之内都可以再来朝拜。大昭寺门口一年四季都有人孜孜不倦地磕着等身长头，虔诚肃穆的样子是拉萨古城最富人文气息的风景。

环绕大昭寺的**八廓街**无论冬夏，无论昼夜，永远都有虔诚的朝圣者绕其顺时针转经，或磕着等身长头。可以跟随人流一起转街，沿途古迹、看点颇多。

见249页

另辟蹊径
纳木错

起点：⑮ 拉萨

从拉萨出发沿青藏线（G109国道）上行，至当雄县上岔道继续行驶50公里左右，就是海拔4700米的天湖**纳木错**（门票120元，11月底至次年4月底60元）。它是西藏三大圣湖之一，湖面广阔而宁静，由浅至深的蓝色层次丰富，清澈丰润，与蓝天白云、湖畔雪山融为一体。如果体力允许，建议在**扎西半岛**顺时针小转湖一圈（5公里），可以避开熙熙攘攘的游客人流，多角度欣赏圣湖的美。想拍日出的话，岛上有板房旅馆可供住宿，60~80元/人，不过纳木错海拔较高，过夜需多带保暖衣物，并注意预防高原反应。

拉萨至纳木错的路上，你会经过大宝法王的道场、噶举派主寺**楚布寺**（免费；距离G109国道约26公里）和著名的地热温泉**羊八井**（距离G109国道约6公里；门票30元，泡温泉另加98元），感兴趣的话可以顺路一游。

Classic Trip 经典线路

食宿

成都 1

盘飧市 川菜 ¥

(☎028-8675 0609；华兴正街64号；⌚8:00~20:30)创于1925年，最早以售卖熟食卤菜为主，现在也经营经典川菜。想品尝不辣的川菜，可以到这家来。

四号工厂 青年旅舍 ¥

(☎028-8626 5770；小通巷4号；铺45元，标单/双 188元；)废弃工厂改建的文艺青旅。LOFT风格的房间简单干净，公共淋浴间有着舒服的花洒和齐全的置物空间。地理位置也很不错，离宽窄巷子走路不用5分钟，且隔壁的奎星楼街热门美食众多。

城市客栈 快捷酒店 ¥¥

(☎028-6667 9000；金河路75号；标单/双 269/289元；P)2016年，方所书店设计师朱志康操刀改造了客栈，新的房间不大但简约干净、风格时尚。正对宽巷子口，楼下就是地铁站。

雅安 2

胖师鱼馆 川菜 ¥¥

(☎0835-222 4222；大北街温州商城二楼B201-202；⌚9:30~23:00；人均80元)以雅鱼汤锅闻名，若嫌雅鱼(149元/斤)太贵，可试试江团(49元/斤)，素菜免费供应。

雅安东升竹庄 客栈 ¥

(☎139 8017 0770，0835-261 6418；雅安市货运站往上400米；铺 20/30/40元，空调房50元/人，双人间、三人间按人数收费；P)一家专门面对自驾旅行者和背包客的客栈，老板会提供G318国道的最新路况以及进藏实用信息。房间简单但比较干净，可以在这里找到跟你同样路线和方向的旅行者，是交流和沟通的好地方。

海螺沟(磨西镇) 4

海螺沟一念时光旅舍 酒店 ¥

(☎0836-326 6033；民俗风情步行街内；铺40元起，标双118元起，旺季价格上浮；P)相当有情调的一家酒店，大厅和公共空间都接近你想象的青年旅舍，细节做得体贴而舒心。

冰川饭店 酒店 ¥¥

[☎0836-326 8607；海螺沟景区入口右手400米；标双300元起(双早)，旺季价格上浮；P]这是距离景区入口最近的一家酒店，有很大的停车场。停车和步行前往景区都十分方便。

康定 5

小兰凉粉 小吃 ¥

(西大街57号；人均6元；⌚8:00~18:00)最出名的康定特色小吃凉粉店，凉粉6元/碗，值得专程去吃，还有火锅凉粉、冒菜等。

口福园 川菜 ¥

(☎0836-281 1228；将军桥沿河上行50米；人均50元；⌚11:00~23:00)康定人认可的老牌餐厅，菜单丰富，鲜椒鸡和筒筒鳝鱼是他们的招牌菜，分量很足。中午时段还有20元/份的盒饭。

玛拉亚藏餐 藏餐 ¥¥

[☎0836-287 7111；沿河东路水井广场6楼(德克士楼上)；人均70元；⌚11:00~23:00]

上电梯到六楼，你会惊讶于这么现代化的环境中居然别有洞天，藏着一个藏味浓郁的大厅，除了手抓牦牛肉（68元）、牛肉盖被（68元）和酥油茶（小份25元）等传统藏餐，藏面、面片等简餐也值得尝试。

卡萨大酒店 酒店 ¥¥

（☎0836-287 9999；东关汽车站对面；标双180元起；P）康巴地区规模最大的当地人经营的连锁酒店，从经理到保洁员都是藏族，民族风情浓郁。康定城街道狭窄停车不易，仅酒店有免费停车场这一点就很受自驾者的欢迎。

汇道客栈 客栈 ¥¥

（☎0836-283 1100；白土坎村72号；铺45元，标单/双 220元；WiFi P）客栈位于子耳坡山腰，对面即是跑马山，远离城区喧嚣的位置和峡谷的视野是这里最大的魅力，硬件条件也不差，房间和气氛都让人身心舒畅。除了热水淋浴，客栈还提供木桶浸浴。

央切尔锅庄 客栈 ¥¥

（☎0836-890 3000；向阳街105号；铺 50元起，标单/双 178/168元；WiFi P）央切尔的房间和公共区域有浓郁的藏式风格，折多河的哗哗流水声也是一道别样的风景。这里的六人间有独立卫生间，冬季统一提供地暖，客栈自带的餐厅水准也不错。

新都桥 6

新都桥318自驾游营地 酒店 ¥

（☎0836-286 8318；瓦泽乡，折多山至九龙、新都桥交叉路口；铺60元起，标双368元起；❄ WiFi P）专为自驾旅行者设计的酒店，有附属餐厅，提供修车服务。有从铺位到家庭小木屋的各种住宿，丰俭由你。

雅克国际青年旅舍 青年旅舍 ¥

（☎286 6645；瓦泽乡国道2914公里附近；铺35元，标单/双180/160元；WiFi P）加盟了YHA的雅克是老牌的背包客栈，有机会遇见很多旅行者。单间有藏式和汉式之分。旅舍不在国道第一排的位置，因此不会被往来大车的噪音影响。

理塘 7

天天饮食老成都郑师傅川菜饭店 川菜 ¥

（☎135 4146 7941；幸福东路126号，人民武装部西侧；人均30元；⏲8:00~22:00）热爱旅游的厨师老郑多年前骑车进藏后就留在理塘开起饭馆。这间同时提供比萨饼、炝炒莲花白和牦牛肉的小餐馆，早已是驴友们口口相传的旅游信息集散地，墙上贴满了花花绿绿的海报。

理塘国际青年旅舍 青年旅舍 ¥

（☎0836-532 4666；格聂东路近幸福东路；铺 35元，标单/双 120元；WiFi P）这里有宽敞的空间和与藏族民居共享的大院，停车位充足；房间整洁，标间配电热水器和电热毯。旺季床铺维持原价。这里也能提供丰富的旅行向导及租赁服务。

梅朵精品酒店 酒店 ¥¥

（☎0836-532 4288；新国道牧民新村；标单/双/三 200/200/300元；WiFi P）G318国道过境改走城南的仙鹤大道之后，这边算是县城的新区，这家新建的酒店条件比起老牌宾馆要好很多，装修现代化，落地窗让房间更显明亮，还提供免费吸氧用品。

芒康 8

邛崃夫妻饭馆 川菜 ¥

（宁静路12-3号；人均30元；⏲7:30~23:00）一家有青旅氛围的川菜馆，墙上满满的都是涂鸦。菜价相对实惠而且分量较足，很受旅行者欢迎。

香林苑牦牛肉店
川菜 ¥

（☎186 8905 0902；宁静路26-2号；人均35元；⏰7:00~23:00）这家店的菜品多与牦牛肉有关，虽然价格相对较高，但口味好料又足。

莽措湖宾馆
酒店 ¥¥

（☎0895-454 2005；宁静路19号，客运站斜对面；标双 150元，6月至8月350~450元；📶🅿）全县唯一有地暖的酒店，再加上24小时保证供应的电力和热水，非常难得。食物则以川菜和丽江风味为主，价格在藏地算是普通。

雪域宾馆
青年旅舍 ¥

（☎150 8907 4076，0895-454 3399；宁静路14号；铺25元，标双80~120元，6月至8月价格上浮；📶🅿）这是一家注册过YHA联盟的国际青年旅舍，门口贴着的各种越野、户外俱乐部标签说明它是多么受背包客的欢迎，房间简单，不过还算干净，天气冷的时候洗澡有点成问题。

邦达 9

邦达青年旅舍
青年旅舍 ¥

（☎139 0895 0026；邦达运输站，怒江七十二拐之前14公里；铺20~25元，标间100~200元；📶🅿）这家青旅房间整洁干净，设施齐全，有免费的电热毯和洗衣机。旅舍一楼是一家挺大的川菜餐厅，素菜15元起，肉菜25元起，在那样的地点来说价格还算合理。

八宿 10

香盆景
川菜 ¥¥

（☎138 8905 8781；八宿宾馆对面；人均50~70元；⏰9:00~24:00）当地小有名气的一家餐馆，门面虽然不大，但夜里23点还是顾客盈门。石锅6人份288元，3~4人份188元，适合聚餐或拼饭。

蓝湖驿站
酒店 ¥¥

（☎0895-456 4999；乃然路冷曲河大桥旁；标双淡季/旺季 168/368元）这是八宿周边的一家本土连锁酒店，在八宿县城有三家分店，房间条件类似常见的快捷酒店，但在西藏要算是设施相当好的了。院子里是带监控的停车场。

八宿宾馆
酒店 ¥¥¥

（☎0895-456 3333；白马上街36号；标双280~380元；📶🅿）一家保养良好的3星级酒店，大堂和房间都宽敞明亮，相当现代化，而且有电梯，免去了你搬运行李的烦恼。

然乌镇（然乌湖） 11

平安饭店
客栈 ¥

（☎0895-456 2606；然乌镇检查站出口，然乌湖畔；铺 100元起，标双 400元，6月至10月为旺季；🅿）如果你不介意然乌湖畔3960米的海拔高度，住在这家店等着拍摄日出日落是再好不过了。藏式观景客房推开窗户就能看到然乌湖。淡季基本是半价。

来古冰川公益客栈
客栈 ¥

（☎177 0895 9920，182 8908 9070；来古村小学；普双130元起；🅿）这家条件简陋但是干净的客栈设在小学教室的楼上，其收益用来支持当地小学的教学。掌柜和志愿者能给你提供很多来古冰川的游览指导，从房间和学校观看冰川，视野很好。

波密 12

帅哥餐厅
川菜 ¥¥

（☎0894-542 2984；扎木中路上；人均50

元；⏲10:00~23:00）一家当地极受欢迎的餐厅，主要特色是石锅，根据大小和食材价格198~398元不等。其他菜肴口味也相当不错，多几个人一起去吃比较合算。

波密悠游道国际青年旅舍 青年旅舍 ¥

（☎0894-542 2111；汽车站往拉萨方向200米；铺40元，标双138元起；📶🅿）这家独栋的院子位于波密县城快要出城的位置，房间和公共空间都是典型的青年旅舍类型，简单实用，不失舒适。漂亮的木屋正对着南方的河谷和雪山，广东店主能做一些清淡的粤菜。

林芝（八一镇） 14

黄老五石锅府 火锅 ¥¥

（☎152 0804 8879；广州大道南段林芝大酒店对面；人均80元；⏲10:00~23:00）林芝开了很多年的老店，生意火爆，特色是各类石锅。他们在新区牦牛广场迎宾大道南段还有一家分店。

罗扎欢喜藏餐馆 茶馆 ¥

（☎0894-588 8768；泉州路教育新村门口；人均15元；⏲8:00~20:00）颇受当地人欢迎的藏族茶馆，你可以喝到与拉萨无异的甜茶，吃到藏面，感受大家一起晒太阳的热闹氛围。

平措康桑藏泊酒店 精品酒店 ¥¥¥

（☎0894-553 3111；白马岗路新区体育馆对面；铺40元起，标双350元起；📶🅿）可以称得上目前八一镇最有特点的精品客栈，融合了舒适的私人空间和青年旅舍开阔公共空间的优点。木雕装饰的客房舒适华丽，为背包客提供的多人间，也有很不错的卫浴。酒店不仅有不错的餐厅，还有个漂亮的书店。

拉萨 15

雪域餐厅 藏餐 ¥¥

（☎0891-633 7323；藏医院路8号；人均50元；⏲10:00~22:00）拉萨最著名的西餐厅之一，菜品兼有尼泊尔式、印度式、藏式、西式风味，每种都有两三个口味不错的招牌菜，加上大昭寺旁边的绝佳地理位置，每天都顾客盈门。

光明港琼甜茶馆 甜品 ¥

（藏医院路香巴拉酒店对面；甜茶0.8元一杯；⏲10:30~19:00）拉萨的老牌茶馆，甜茶未必比其他茶馆好喝，但价格足够实惠，位置又好，是当地人消磨时间的好去处。想感受拉萨悠闲散漫的氛围，在这儿喝上一下午茶是再好不过了。

拉萨唐卡酒店 酒店 ¥¥¥

（☎0891-630 8866；宇拓路38号；标双350元起；❄📶🅿）地理位置绝佳的酒店，步行到布达拉宫和大昭寺都只要十几分钟。楼顶的平台是拍摄布宫的好地方，没有遮挡。房间为藏式装修，设施却很现代。

白云藏式家庭旅馆 客栈 ¥¥

（☎0891-634 2222；八朗学二巷13号；标单/双240元；📶🅿）房间漂亮、宽敞，洗手间干净。最重要的是，在旺季的价格高峰期也只上涨100元，是八廓街里性价比很高的客栈，冬天价格可降到100元。房间里Wi-Fi信号不好，上网最好到院子里。

丹巴藏寨的碉楼散落在高高的山坡上，
随手一拍就是大片

川藏北线 13

相对于自驾热门的川藏南线来说，川藏北线没有那么多的高山峻岭要翻越，却有更多的藏区风情。这里也没有川流不息的自驾车队，却有更多的藏传佛教寺院。如果你不是急着赶路进西藏，那么就走北线慢慢看风景赏人文。

线路亮点

10~12天
1650公里

最适合

4WD

何时去

4月到10月，从春天丹巴的梨花，到秋色沿线的斑斓，更有夏日高原的凉爽，藏寨里的锅庄踏步声响。

最佳摄影点

丹巴藏寨，金川河边神山下，春天梨花秋日红叶，嘉绒藏女更上镜。

最佳路段

甘白路，沿途雪山、峡谷、湖泊、草场皆有，美不胜收。

13 川藏北线

这条路上的S303省道和G317国道的路况基本很好，还有一路伴随的风景，通往白玉的甘白路更是一条景观路，会让自驾赶路的过程变成不断停车观景的过程。虽然双向双车道的公路并不算宽阔，可绝大部分的道路比你想象中的要好许多，新开通的隧道更节省了翻越的难度，只是在白玉和昌都附近还有些难走的路，最好驾驶高底盘的SUV或者越野车。在夏天注意雨水引发的塌方，会引起道路短时间的中断，要关注公路管路部门的实时通告。还要注意，这一路有不少海拔达到4000米的区域，有高反者要谨慎前往。

❶ 成都

成都是个享受生活的城市，城市边上国宝大熊猫慵懒地啃着竹子，城内的人们则悠哉地泡着茶馆。这座城市一直在发展，热闹的街头与街巷的舒缓同时并存。那满眼的车辆人流，与你将要奔赴前往的川藏北线有着极大的反差。

走进**宽窄巷子**（www.kzxz.com.cn；讲解 50元）随心漫步，看青砖灰瓦和仿古建筑，赏华美宅门与院落，尝川地小吃，品酒吧文化。通

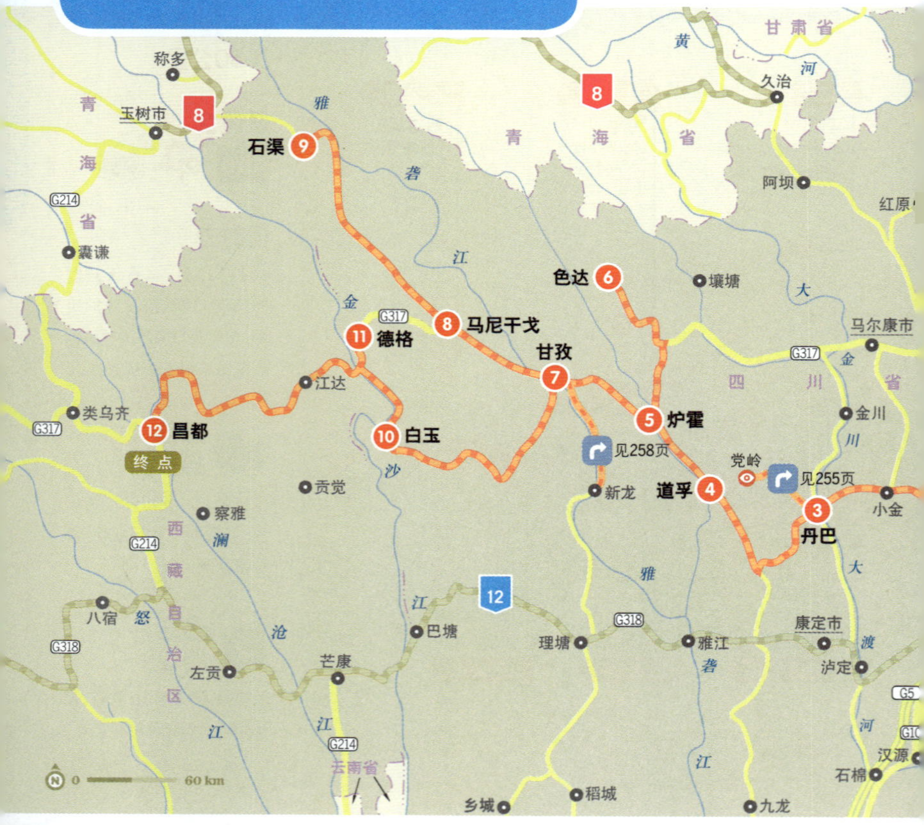

过**金沙遗址博物馆**（☎028-8730 3522；www.jinshasitemuseum.com；金沙遗址路2号；门票80元，讲解100元，语音导览20元；⏲8:00~18:00，周一闭馆）的现场陈列，可以想象**古蜀王国**。如果想对将要前往的川藏路进行一番先期的知识补充，建议去**四川博物院**（☎028-6552 1888；www.scmuseum.cn；浣花南路251号；免费，讲解30元/厅，语音导览20元；⏲9:00~17:00，周一闭馆）参观。那里的**民族文化馆**重点介绍了藏、羌、彝、苗4个民族的生活与工艺品，**藏传佛教文物馆**则展出了很多的藏传佛教文物，有助你了解这个宗教的起源发展与传播，以及4个主要的教派。

别忘记在将车开进川藏路之前去检查保养你的爱车，4S店集中在火车南站西路一带，机场路一带也有各种汽车品牌的4S店。

见263页

行驶路上》从成都开上G213成灌高速、S9都汶高速，约70公里后在映秀收费站出高速。附近有汶川地震漩口中学遗址，可以去看看那倾倒的教学楼。

往前开上S303省道，公路沿着峡谷的河流前行，在开行70公里后，就开上了之字形的盘山路，海拔也会陡然的上升到3850米。不过，8.8公里的巴郎山隧道免去了原来要翻越4530米垭口的过程。在下山的途中，不要忘记在猫鼻梁观景台停车，这里是观赏四姑娘山的绝佳处，可以拍出与它们的合影。全程192公里，约需4小时。

线路亮点

❷ 四姑娘山（日隆镇）

距成都仅仅几个小时，你就会面对雪山身处高海拔。**四姑娘山国家地质公园**（☎0837-279 1063；www.sgns.cn；旺季4月1日至11月30日，淡季12月1日至次年3月31日；夏秋季5月4日至10月7日，冬春季10月8日至次年5月3日）从东往西分别是海子沟、长坪沟和双桥沟，要想全部前往最少需要2天，可根据行程选择。

景色最好，最能接近四姑娘峰的就是**长坪沟**（门票旺季70元，淡季50元，观光车20元必购；⏲冬春季进沟7:30~15:00，出沟末班17:00，夏秋季进沟7:00~15:30，出沟末班17:30，根据客流调整），这条沟的开发最为成熟。乘车进入不久，就能远望到四

你也可以……

8 唐蕃古道

从石渠往西，沿S217省道，98公里后到达G214国道边的歇武镇，可接上唐蕃古道；或从昌都往西，沿G214国道开行320公里，经过类乌齐、囊谦后到达玉树。

16 九黄大环线

从理县往马尔康方向，在通过鹧鸪山隧道后，在三岔路口右转，沿S209省道往北175公里，经过红原后到达瓦切。

12 川藏南线

从八美往南，沿S215省道，经塔公64公里到新都桥；或从昌都往南，沿G214国道，168公里后到达邦达，再沿G318国道去拉萨。

姑娘山；7公里后从喇嘛寺开始步行，沿栈道约1小时到枯树滩；走过沙棘林后，继续前行就要走马道；当你到了幺妹峰下的木骡子牧场，也就可以返回了。全部行程约7小时。

乘坐观光车可到达**双桥沟**（四姑娘镇向西7公里；门票旺季80元，淡季50元，观光车70元必购；⏲冬春季进沟8:00~15:30，出沟末班17:00，夏秋季进沟7:30~16:00，出沟末班17:30）的尽头，沿途有沙棘林、布达拉峰，终点的红杉坪被雪山环绕。双桥沟3小时可以游完，如果徒步进入则要1天。

海子沟（门票旺季60元，淡季40元；⏲进沟8:00~15:00）里深藏着一个个清澈的高山海子，但只能靠双脚或马匹前往。沿着山脊行走到朝山坪约1小时，是观赏四姑娘山的最佳点。如果想去看海子，则要继续前行3小时。

见263页

行驶路上 » 沿S303省道继续往西，115公里后到达丹巴。公路处在山谷中，弯道多视线不开阔，请控制车速。在开出50公里时，路边有10根铁链构成的铁索桥——猛固桥，这也是当年红军会师的地点。

线路亮点

❸ 丹巴

大小金川汇流在此，墨尔多神山下的藏寨里，有碉楼耸立。前往县城以北9公里的**甲居藏寨**（☎0836-352 2902；聂呷乡甲居村；门票50元），几百座红、白、灰相间的嘉绒藏房散落在高高的山坡上，再配上绿树与田地色彩，出片率会很高。寨子的1号观景台最好，高一些的2、3号观景台反倒因树木茂盛而遮住了视野，或者爬上更高的星空台和普鲁窝白塔，随便拍拍就是大片。

中路藏寨（中路乡）在县城以东5公里处，过河开上盘山公路就到。这里设有3个相距不算很近的观景台，其中1号看日出，3号看日落，2号已基本废弃。中路的观景台在寨子高处的山坡上，可俯瞰石屋、碉楼相间的田园风光。

大渡河边上的**梭坡藏寨**（梭坡乡）有县城周边最为密集的古碉楼群。最佳观赏点并不在寨内，而是在大渡河对岸S211省道的观景台，远眺可将整个寨子的全貌收入眼中。由于寨子坐东朝西，最佳拍照时间是下午。如果进村，莫洛碉楼古屋可入内参观，收取10元费用。

见263页

行驶路上 » 沿着S303省道往西南方向去八美镇，全程84公里。途中经过号称“天然盆景”的牦牛谷，这一带奇峰深谷河水潺潺，43公里处的牦牛村一带景色最棒。从丹巴开出61公里时，往南便是通往雅拉雪山的台

四姑娘山户外票

2013年起，四姑娘山国家地质公园向进入景区（三沟一山）进行登山、穿越、露营、攀冰、攀岩等活动的旅行者收取150元的“户外活动专用门票”。门票以3天为基数（不用再购买景区门票），之后每增加1天按每人每天30元收取。户外票实行实名制，景区入口需登记详细信息。

同时，户外活动必须由向导陪同。当地向导费用为150元/天，登大峰、二峰1个向导最多可同时照顾3~4人。租马费用也为150元/天。还要去游客中心旁的户外活动管理中心（☎0837-279 1999）办理相应的登山证、露营证等证件。

长坪沟木骡子和海子沟大峰登山口的管理站可以借宿（自备睡袋）。旺季沟内的牧民能提供食物补给，但还是事先带足干粮为好。向导的食宿自理，不过他们可以帮你做饭。可能遇到向导搭讪，客栈也能帮你找向导，价格可能还要低上很多。但需要在价格和风险性之间好好评估一下。

另辟蹊径
党岭秋色好

起点: ❸ 丹巴（见254页）

党岭（边耳乡党岭村；环保费20元/人）以深山中的海子、森林闻名，10月中下旬雪山红叶交相辉映，许多人会翻山越岭前往观看。

丹巴县城到党岭村约67公里，必须是四驱越野车前去。前20公里为新铺设路面，以后到两河口之间的路况较差，最后的15公里最烂。其中过边耳乡后20余公里的**天堂谷**最美。

这里主要有2条游览路线，都需徒步。一是从党岭村（3370米）至**葫芦海**（4180米），约需3~4小时，其中党岭村到中途的飞机坪可以骑马（往返200元），之后再爬1小时即到葫芦海。如果体力足够，还可从葫芦海继续前往海拔更高的**卓雍措**（4330米，俗称“大海子”），往返另需2个多小时。另有一条温泉路线。党岭村徒步1小时可到一号温泉，水温不高，不如相距十几分钟的二号温泉，水质更好的三号温泉还要再走近1小时。

游览党岭一般都会安排2天，党岭村、葫芦海均可住宿。党岭村条件相对最好，有小卖部，民宿80元/人含早晚餐，一些民宿如老村长家（☎187 8368 2496）还有太阳能洗澡。旺季葫芦海有大帐篷，100元/人含餐，无电力设备，但可尽享晨昏美景；也可自行扎营，不收费用。

站沟，停车眺望，金字塔形的雪山在远处耸立。在距离八美镇还有8公里时，右转3公里便是惠远寺，第十一世达赖降生于此。

到了八美镇后，如果从三岔路口左转，沿S215省道往塔公方向行驶7公里，可到青灰色的八美石林。如果在三岔路口右转，继续沿S303省道开往西北，80公里后到达道孚。

❹ 道孚

鲜水河畔的道孚县，以藏式**“崩科”民居**惹人注目，“崩科”意为木头架起的房子，远观以褐红为主、点缀白色，近看彩绘、雕刻装饰着门楣窗棂，室内更是极尽繁华，尤以佛堂金碧辉煌，可到灵雀寺附近街区去看。**嘎依热藏民居**（☎0836-712 2869；鲜水东路180号附1号；标单/双 150元）是当地最早从事旅游接待的藏家乐，装修非常有气势，还配有特色藏餐厅。

位于县城北面山坡上的**灵雀寺**是康区最早的一批黄教寺庙，这里制作的酥油花造型精美、色彩艳丽。**尊胜白塔**是道孚县的标志性建筑，结构上为13层密檩飞檐的空心塔，内设木梯可攀登至塔顶。如果幸运的话，守塔的僧人说不定会同意你登上白塔，欣赏道孚坝子的风光。

行驶路上 » 道孚前往炉霍，沿S303省道开行70公里到达。沿途路边也有很多的“崩科”民居，结合草场蓝天，会引发多次停车。

❺ 炉霍

车子开到县城，就可见北面山坡上的**寿灵寺**。这个寺庙已有1000多年的历史，先由本教转为宁玛派寺庙，1650年后又成为格鲁派“霍尔十三寺”之一。供奉在大殿里的高达3米的主佛银质释迦牟尼佛像，传说是由五世达赖派精细手工银匠铸造而成，1995年从印度迎回的镀金铜佛也十分珍贵。

🛏 见264页

行驶路上 » 从炉霍往北，开上G317国道（炉色路）。作者调研时，这一段的老折山翻山路由于隧道尚在施工中，有约20公里烂路，行驶速度慢。70公里后到达翁达镇，翁达镇上的色尔坝藏寨很有名，房屋外形奇特，上大下小呈倒立的"品"字形。

左转上G548国道(色色路),两侧的寺庙、经幡络绎不绝,草甸风光成为主角。62公里后到达洛若乡,右转开进五明佛学院大门。由于自驾车不允许上山,必须停在停车场后乘坐公交车(上行3元、下行2元)到喇嘛经堂旁的桑耶佛塔。

线路亮点

6 色达

色达佛学院全称"色达喇荣五明佛学院",近几年常住修行者最多时近3万,成为世界上最大的佛学院。山谷中、山坡上数以千计的红色小木屋密密麻麻、层层叠叠,带来极强烈的视觉震撼。如今的色达佛学院已是川西藏区旅游的热点,而2016年开始的佛学院重新规划、拆建和对部分修行者的遣散,让人们对这里的前途更为关心。

佛学院以喇嘛经堂为界,觉姆(女尼)区在下,扎巴(男僧)区在上。经堂不开放,一旁的桑耶佛塔可上二楼绕转。爬上山脊高处的金光灿灿坛城,这里满是转经信众。沿着坛城旁的大路继续向西,爬上小山,就到了佛学院的天然观景山脊。由此一路向前,直到更高的一座山头,到处都是绝佳的全景拍摄地,日落十分壮观,夜景也很迷人。

翻过这座最高的山头、朝着灰白色歇山顶建筑的方向下山,就能到达**尸陀林天葬台**。天葬仪式在每天中午1点半开始,持续1~2小时。注意不要拍照,也不要将相机放在外面,请尊重亡者和仪式本身。

色达佛学院海拔4000米,有高反者最好不要在此过夜。

见264页

行驶路上 » 原路返回炉霍。继续沿G317国道往西,在55公里处的路右是卡萨湖,这高原淡水湖是川藏北线最大的水鸟栖息地。可以沿着进村的砂石路开到湖边,也可以沿着公路到半山腰的观景台。全程97公里到达甘孜,沿途风景甚好。

从色达佛学院还有公路可以直接到甘孜,虽然缩短100公里,但是砂石路,路况很差,不建议走。

7 甘孜

县城被开阔的青稞田与雪山环绕,温顺的雅砻江一旁流过。北面山坡上的**甘孜寺**是康北最大的格鲁派寺庙,主殿前的平台是拍摄整个甘孜县城的最佳位置,而想要进入主殿参观,最好在下午5点前。山下的根布夏村保存着原汁原味的崩科民居,家家户户的阳台上鲜花争奇斗艳。

德贡波(德巴村28号)是只有2个殿堂的萨迦派小庙,寺庙相传是八思巴为忽必烈修建的护法神殿,由于

视觉中国提供

雪中的色达佛学院

藏汉结合的建筑方式又被称为"汉人寺"。雅砻江边**白塔公园**的中心是高达37米的那仓圆满大宝塔，三面环绕有100多个小白塔。公园西有甘孜县乃至整个川藏北线的老牌温泉，整个村落都在经营温泉生意，每屋20元不限时，可容纳2人。推荐坐落在村子中段的**阳光温泉**（☎135 0829 5801）。雅砻江上的索桥一带风光很好，秋天更是出彩。

见264页

行驶路上 » 沿着似乎要通往天边的G317国道往西，从甘孜到马尼干戈只有95公里。

8 马尼干戈

来到这个似乎从天上降落在草原上的小镇，会有进入"龙门客栈"的感觉。小镇是历来翻越雀儿山之前的休憩点，轰隆隆的大货车在镇子外的公路上奔驰。

马尼干戈向西5公里国道旁有观景台，可以远眺洁白的雀儿山冰川，但停车时注意疾驶而过的大货车。雪山滋养的**新路海**（门票30元）在镇子以西11公里处的路边，这个海拔4040米好像"瑶池"的冰蚀湖被当地人称为"玉隆拉措"，湖畔散布着各种各样的玛尼石。如果你想徒步转湖，请注意西岸的路不怎么好走。建议只走东岸、原路返回，约需2~3小时。

接下来你可以返回马尼干戈去石渠，也可以直接穿越天险雀儿山去德格。2017年通车的雀儿山隧道长7079米，那30公里盘山烂泥路险道变为只用10分钟便可急速穿过，而耗费2小时去翻越最高垭口（海拔5050米）的艰难过程将变为传说。

见264页

行驶路上 » 从马尼干戈到石渠，全程220公里。沿S217省道往北，开行51公里翻越海子山后，在竹庆乡左转开上山坡，

另辟蹊径
新龙探秘

起点： 7 甘孜（见256页）

新龙被称作甘孜州的"肚脐"、康巴藏区的"圆心"，由于远离两大国道，相对闭塞的新龙也避开了浩浩荡荡的进藏大军，称得上康区最后的秘境。

从甘孜往南，沿S217省道进入雅砻江峡谷，全程110公里到达新龙。沿途的峡谷蜿蜒险峻，途中75公里时，在乐安乡的江面上有一座运用藏族古老工艺巧妙建造而成的**波日桥**。在县城南面二完小往南3公里就到**益西寺**，这是康区最大的本教寺庙。寺内墙壁上的生死轮回图和坛城图都有上百年历史，还藏有红军长征时赠送的铜钹和锦旗。

从县城沿S217省道向南35公里到麻日乡，往西过桥后再开8公里的盘山公路即到**措卡湖**。这是新龙人心中的神湖，湖水除饮用外不能用作他途。湖畔坐落着**措卡寺**，一座座五颜六色的殿堂和僧舍倒映在碧绿的湖水中。从县城往东63公里可到拉日马草原（拉日马乡扎宗村），这里森林草原相间，**扎宗村**民居大量使用了石板，别有风情。**扎宗寺**旁由113座佛塔组成的塔林，更是整个康区独一无二的胜景。

游玩新龙后，可以原路返回甘孜，也可以经**皮察沟**（皮察乡）前往白玉亚青寺。秋天的皮察沟五彩斑斓，沟里还能看到奇形怪状的峰林和本教神山的嘎拉神山。从县城沿S217省道向南23公里过博美乡（森工办）后，不过雅砻江桥，继续往西沿X037县道到皮察乡，进入山沟不到10公里就已风光绝佳。这条路一直向前，过通霄乡往西翻越海拔约4600米的垭口后就是一望无际的草原，沿X037县道经友谊乡前往亚青寺。

前往新龙探秘，必须是SUV或越野车，并且具有山路、烂路驾驶经验。

一片谷地里便是竹庆寺，是藏传密宗大圆满法的教授传承圣地，属宁玛派。寺院的很多建筑是新建，气势宏大，酥油花也值得一看。回到S217省道后，继续往北到石渠。

线路亮点

❾ 石渠

地处川西北的一角，石渠天高地远，一条通往青海的唯一的公路贯穿县城。这片边缘之地上的最后荒原，有无数石块垒起的玛尼城。经历千百年形成的神圣，召唤着前来转经的信众，也吸引了不畏偏远的自驾者。不过，县城海拔4200米，有高反者最好不要在此过夜。

松格玛尼城相传是格萨尔王为纪念阵亡将士所建，千百年来的朝拜者用一块块玛尼石堆成了这座高约10米、长约100米的四方石头城堡。玛尼城旁有2处帐房群，一处是前来转经人居住，另一处则是专门镌刻玛尼石的。当从马尼干戈开出约188公里时，在太阳湖的水库大坝前右转（这里距离石渠约32公里），过雅砻江上的蒙沙大桥，转入砂石土路约28公里到阿日扎乡。这时可以看见去松格玛尼城的指示牌，沿着往北河边的土路，约24公里即到。松格玛尼城在地图上的地名是当块，由于前去的一路上可能看不到一个人，所

川藏北线的另一种走法

从成都出发后，也可以沿着G317国道前往那曲，这也是一条从四川进入西藏北部的重要通道，沿途经过汶川、理县和马尔康，然后到达翁达镇，在这里往北可去色达佛学院，往南可去炉霍。

在这段路上，沿途也有很多看点，汶川到理县的羌族村寨是不错的人文景观。位于汶川旁高坡上的**布瓦羌寨**（克枯乡布瓦村），有3座被称为“中国最后的黄泥碉群”的夯土碉楼。离汶川17公里的**桃坪羌寨**（理县桃坪乡；门票60元），有2座九层碉楼（上楼20元），但过度开发的商业味太浓。**筹边楼**（理县薛城镇）建在平地突兀拔起的天然岩石顶上，传说是唐蕃对峙时为筹划川西防务所建。公路边的**甘堡藏寨**（理县甘堡乡）曾是嘉绒藏区规模最大、保留最完整的藏族大寨子，现在是新农村面貌。

过了理县县城后14公里，往左有岔道前往位于四姑娘山北麓的**毕棚沟**（☎0837-682 4845；www.bipenggou.net；门票80元，观光车60元；⏲7:00~17:00）。这里的看点是雪山、森林、冰川、草甸的自然景观，10月中至11月初可以观赏红叶。再往前是**古尔沟**镇，有天然温泉，国道两旁尽是温泉酒店。在**米亚罗镇**一带，秋天的杂谷脑河两岸都是满山遍野的绚丽红叶。米亚罗镇往东1公里是**八角碉藏寨**，碉楼房屋错落。

马尔康东5公里有**卓克基土司官寨**（☎0837-282 9888；门票60元；⏲8:30~19:00），在四层碉房内，有关于这个家族的介绍和陈设。官寨对面是**西索藏寨**，可以提供餐饮住宿购物。马尔康往西14公里，公路两侧出现**松岗直波碉群**。北山岗上是2座四方碉楼，而路南山坡上是2座八角碉楼。

过了石里乡后，有往北通往壤塘的公路，开上15公里，便可以看到**曾克寺**独特的碉楼状九层米拉佛塔，顶层外墙有一圈伸出墙边约20厘米宽的石板，据说只有心无杂念的人才能沿着这完全悬空的石板绕塔转经。

从成都到翁达镇，全程520公里，路况较好，约需2天。这段路中，马尔康是个合适的停留点，有很多宾馆和嘉绒文化美食街。

以最好在阿日扎乡打听得清楚一些。经这段路前往松格玛尼城来回最少需要4小时，并且需要高底盘的SUV车。

从县城沿S217省道往北30公里，公路边就是**色须寺**。这座格鲁派寺庙有佛学院，它和理塘的长青春科尔寺是康巴地区仅有的两座有资格授予“格西”（相当于佛学博士学位）的寺庙。寺里供奉的铜塑镀金强巴佛高达19米，号称“藏区第二大佛”，新建的殿堂金碧辉煌。每天上午9时在广场上开始的辩经会最为生动活泼。

从色须寺东往**巴格玛尼墙**的道路全是铺装路面，16公里便到。这条1.6公里长的玛尼墙身最高处约3米，厚也有2~3米，每隔一段距离还有突出的台子和一座座的白塔。你可以花上1个小时，围着石墙步行转经；也可以向藏民买块玛尼石添加上去。将车开到旁边的高坡上，俯视更能一览无遗。

见264页

行驶路上 » 回到甘孜县，往南开上甘白路，全程250公里到达白玉县。这段路的绝大部分是铺装路面，只有两段由于隧道未通，要开约30公里的砂石路。甘白路虽然一路海拔较高，但沿途的海子山、拉龙错、阿察大草原和偶曲河峡谷风光绝美，是值得推荐的景观路。

途中约115公里时，如左转开上X037县道，8公里后可到亚青寺。

线路亮点

⑩ 白玉

位于白玉以东约130公里的**亚青寺**（www.yqwjcl.com；白玉县阿察乡东南15公里）和色达佛学院有几分相像，同为宁玛派主导的大型佛学院，但亚青寺的修行者多为觉姆（女尼）。寺院处于昌曲河水绕成的半岛上，最醒目的建筑是宽敞的觉姆经堂，每天下午2点开始集体诵经。除了环岛和前往经堂的大路，其他小路都不准男性踏足，并且注意在天黑前离开。

觉姆岛之外的区域是扎巴（男僧）区。这里的**亚青寺大经堂**（圆满光明殿）仿照西藏桑耶寺的邬孜大殿而建。大经堂旁还有一座巨大的玛尼堆，每天转经的信众数不胜数。另一座红色桥梁通往修行山脚下。山坡上遍布着仅容一人盘坐修行的简陋小木屋。修行山的最高处立着宁玛祖师——莲花生大师的巨像，因此小山也被称为莲师山。山顶正是俯瞰觉姆岛的最佳位置。

位于县城北面山坡上的**白玉寺**也是宁玛派寺庙，也是德格土司供养的五大家庙之一。白玉寺中也有印经院，工人很友好，有缘者可入内参观。

见264页

行驶路上 » 白玉到德格，全程100公里，铺装路面的路况尚好。沿着X037县道（甘白路）往西北方向，没有多远后公路就沿着金沙江边，注意开出约17公里时，有跨越金沙江的桥，不妨先走进西藏一次。

继续往北会在岗托镇附近接上G317国道，这时往左过桥进入西藏，往右沿G317国道26公里就到达德格。

线路亮点

⑪ 德格

当G317国道到达德格时，这里就成为了进入西藏前的最后一站，数不清的朝圣信徒和旅行者经过这里继续西行。

最重要的看点就是**德格印经院**（www.degeparkhang.org；巴宫街13号；门票 50元；⏲8:30~12:00, 14:00~17:30），转经的人群像时针一样川流不息。作为藏区三大印经院之首（另外两个是布达拉宫和拉卜楞寺的印经院），这里收藏有木刻印版近30余万块，其中不乏稀世孤本。

印经院并不大，共有三层，楼上大部分用于存放沉重的经板。就着天井射入的光线，许多世代于此工作的印工仍用着古老的雕版印刷技艺，每天推动印纸9600次、印制经文4800张。除了印经，你还能在这里见到裁纸、晒经、装订等各式工作场景。印经院的参观过程

继续你的川藏线

来到昌都，距离G317国道终点的那曲还有740公里，要经过类乌齐、丁青、巴青和索县，虽然有一半的道路是近年来铺装的硬化路面，可还是有近一半的道路处于严重破损或正在施工中，其路况极差。要通过必须是4驱的越野车，还需要经验很丰富的老司机。G317国道的全线改建，也许再过二三年就能完工，那时将会有很大的改观。

昌都到类乌齐

沿G317国道，全程105公里，约需4小时。从朱格村开始翻朱角拉山，这一段是危险的非铺装路面，一路泥泞且有许多急弯道，道宽只容单车通过，经常堵车，至少1小时才能通过。山腰上有**唐代古柏树林**，最大树龄已有1500多岁。下山的路比较轻松。

如果从类乌齐沿G214国道往北26公里，可到**查杰玛大殿**（类乌齐镇；⌚8:00~13:00）。大殿于1328年建成，分为花殿、红殿、白殿三层，开门要掌管钥匙的三位管家同时在场。珍藏的文物有：土旺伦布银质佛像，释迦牟尼佛紫金像，元、明、清时代的唐卡54幅，用金汁、银汁书写的经书等。

类乌齐到丁青

类乌齐至丁青全程148公里，路况已大为改善，只需4~5小时。在卡玛多乡附近有颇为壮观的**卡玛多塔林**。翻越杰嘎尔拉垭口（4680米）后，便是铺装路面。从类乌齐开出约112公里后，往左经13公里土路可去**孜珠寺**（丁青县觉恩乡），这是西藏最大、最早、信徒最多的苯教寺院，保留苯教仪式最完整。宗堡式的房屋建筑在孜珠山梦幻般的悬壁与洞穴上。去孜珠寺至少得留足半天时间。

丁青到巴青

丁青县至巴达乡（约120公里）的路非常烂，几乎全是烂泥积水路和塌方改道路，尤其是尺牍镇之后。翻越斜拉山垭口（海拔4905米）全是“之”字形的土路，尤为惊险。只有过了雅安镇之后路况才好转。这种路况可能会持续好几年。全程230公里，可能需要10个小时，请务必加好油再鼓足勇气后出发。

巴青到那曲

巴青至那曲全程265公里，几乎都是铺装路面。从巴青开出后先到达距离只有32公里的索县，县城南1公里的小山坡上是赞丹寺，有“小布达拉宫”之称，为宗堡式建筑，居中的是红宫，四周是白宫。

出索县后一直沿河谷穿行，翻越4850米的江古拉垭口时为烂路。后半程全程铺装路面，有少量坑洼。索县开出约39公里时，如左转开行57公里后可到“藏北江南”——比如县。比如县最有名的是虫草，以及位于茶曲乡达姆寺的**多多卡骷髅墙**（需经允许，方可入内），这是西藏仅存的保存头骨的天葬台。

海拔4500米的那曲镇是G317国道的终点，这里也是西藏最高、最冷、风最大的城镇。除了每年的赛马节，那曲还是格萨尔说唱艺人之乡，你甚至能在小茶馆听上一次说唱。那曲镇以辽宁路、浙江路为主干道，商业、宾馆都较为集中，文化路也有许多内地口味的小馆。

很自由，但殿内禁止拍照，不过可以去天井和楼顶，那里也有不错的拍摄对象。为了防止火灾，这里没有电灯，印经过程在自然光线下进行，最好在下午4点之前参观。

沿着德格印经院正门外的白塔，上行3分钟即到**更庆寺**（巴宫街19号），是康区萨迦派的主寺，外墙上红、白、黑三色并存正是萨迦派的特色，如今只是一座中等大小的庙宇。

见265页

行驶路上 » 从德格到昌都，全程340公里。沿G317国道往西，过了岗托镇附近的金沙江大桥后不久，就开始翻越矮拉山，由于隧道还在施工中，只能沿路况不好的老公路颠簸盘旋，翻越海拔4447米的垭口。此后的路况变好，下山后可以游览萨迦派的瓦拉寺。要注意江达县城的一段路，由于城建而导致拥挤和路况不好。

江达到昌都230公里，途中要翻越海拔4240米的雪集拉山和海拔4431米的宗拉夷山，虽然翻山的弯道很多且角度大，但路况与风景都不错。

⑫ 昌都

终于来到了昌都，那么恭喜你，这条我们推荐的川藏北线已经走完了。可还要提醒你，进藏的旅程才进行到了一半，真正想走完全程，更艰难的道路还在后面（见261页方框）。

无论怎样，还是先去著名的**强巴林寺**（免费全天开放）看看，这是康区最大、最早的格鲁派寺院，因主供强巴佛（弥勒佛）而得名。早上随转经的信徒绕寺院一圈，感受**措钦殿**的诵经、**曲然**的辩经，观看喇嘛上殿、下殿，这也许是除节日外你能在西藏见到的较大规模的诵经场面。可不要错过**吉阔拉康**的坛城。如果还能看到动作典雅的“古庆”跳神、安确节沙坛城和场面宏大的迎请强巴佛法会就更是幸运了。此外，如果恰逢酥油花灯节就一定要去观赏鲜艳的酥油花。

还有时间就去**昌庆街**逛逛民族街，有服装市场和卖民族工艺品的商铺，这里也是藏餐、茶馆较为集中的地方。街的南口还有许多进行虫草交易的小贩。

见265页

食宿

成都 ❶

组织私房菜 创意菜 ¥¥

(☎158 8102 5102；泡桐树街9号；人均70元；⏲10:30~21:00）坐落于宽窄巷子旁的街巷中，老板曾是饭店行政总厨，直接请他推荐，当然要有招牌回锅肉（38元）和墨脱石锅汤（10元/人，可续碗）。

西姆翰墨酒店 酒店 ¥¥¥

(☎028-8671 0666；庆云南街69号红星国际1号楼；标单/双 368元；) 紧邻市二医院地铁站，周边小吃、药局与便利店都有。房间宽敞，床很舒服。大厅常备的咖啡、茶和口罩能取用。费用含早餐和每日赠送的汽水、零食。

浣花璺台酒店 精品酒店 ¥¥¥

(☎028-8334 6767；浣花南路251号；标单/双 750/850元起；) 酒店由四川省博物院参与打造，环境清幽，古蜀风客房精致。晚上还有问候卡、热牛奶与甜汤助眠。亲子入住，酒店便送上儿童拖鞋与牙刷。房费含早餐及免费送机服务（需预约）。

四姑娘山（日隆镇） ❷

自贡叶师饭店 小吃 ¥

(☎136 1814 7572；日隆镇街道东段；人均15~50元）小饭馆位于镇子前往长坪沟口的路旁，提供手擀面、米线、米粉、水饺、青稞饼等各种小吃，味道不错。也有炒菜、牦牛汤锅等"大餐"。

长坪驿 客栈 ¥

(☎139 8004 0228；长坪村冰石酒吧向西200米；铺 45元，标双 128元；) 装修风格为"文艺小清新"的简约风，整洁素雅。一楼的餐厅提供各种西式蛋糕茶点，当然川菜和小吃也少不了。店家客气，手艺也好。

金阳酒店 宾馆 ¥

(☎0837-881 1888；日隆镇街道东段，四姑娘山镇卫生院旁；铺 40元，标单/双 100元起；) 酒店新近装修，干净整洁。由于坐落在镇子东边，这里前往长坪沟、海子沟步行10分钟即到。标间有空调。

丹巴 ❸

阿布藏家 客栈 ¥

(☎135 5850 8787；甲居藏寨；铺不含/含早晚餐 40/70元，标间不含/含早晚餐 110/180元；) 漂亮的藏式楼房院落，房间干净，庭院很有生活气息，藏式餐饮风味独特。

嘉绒人家乡村酒店 酒店 ¥¥

(☎135 6867 6008；甲居藏寨；标单/双180元；) 新近装修，有家庭房（220元），外观装饰藏化，可室内还是"标准化"的住宿条件。酒店附设餐厅，可点菜。

东坡藏家特色民居 客栈 ¥¥

(☎135 5850 9707；中路乡政府旁；铺/标80/200元，含早晚餐；) 是中路藏寨规模最大的一家，楼顶是观景平台；这座有700余年历史的古藏房很有格调地布置了藏族传统服饰陈列室和画室，提前预约还可吃到丹巴美食酸菜包子。

炉霍 5

卡萨大酒店
酒店 ¥¥

（☎0836-732 3666；团结路24号；标双160元起；wifi P）在汽车站斜对面，条件较好，有地暖，可以提供旅行资讯。汽车站旁的三岔路口餐馆云集。

色达 6

宗莲素食
素食 ¥

（喇嘛经堂对面；自助餐19元）午、晚餐有16道菜可选的自助餐是纯素食，人多也可点一锅素冒菜（20元/人）。

喇荣宾馆
宾馆 ¥

（☎0836-852 6669；铺30/40/80/90元）宾馆位于山顶的坛城一旁。由于生意太好，宾馆已给标间加床，原有的两张木床90元/人，新加的两张行军床80元/人。40元床位在楼顶的板房中，30元的在地下室。标间的独立卫浴、楼顶的公共卫浴都可洗澡。由于不接受预订，只能到了再看有无空床。

喇荣饭店客房部
宾馆 ¥¥

（☎0836-852 5029；标单/双 130/220元起，淡季7折；空调 wifi）离喇嘛经堂很近，位于前往坛城的盘山公路旁；因为是新建的，条件最好。

甘孜 7

康珠藏餐
藏餐 ¥

（机场大道近迎宾路；人均50元；⊙11:00~22:00）康珠提供好吃的藏餐，还可吃到康北地区最地道的凉拌生牦牛肉（45元）。主食有藏式炒面、酸奶饭、藏包子、尼泊尔炒面等，15~20元。

雍康大酒店
酒店 ¥¥

（☎0836-752 6666；机场大道99号；标单/双 228/208元；wifi 空调 P）位于新区的雍康是甘孜最好的酒店之一。房间装修崭新、整齐卫生，入住含双早，还有果盘赠送。

马尼干戈 8

马尼干戈怕尼酒店
酒店 ¥¥

（☎0836-822 2788；普双 80元，标双/单180元；P wifi）是数年不变的地标，不过条件稀松平常，普间无法洗澡。镇上有多家川菜、清真、藏餐馆子可以就餐。

石渠 9

太阳部落大酒店
酒店 ¥¥¥

（☎0836-862 3333；环城路近德吉西街；标单/双 380元；P wifi）是当地最好的酒店，新开张，有地暖，房费含早餐，客房服务热情。城北的德吉街、城南的环城路（S217）也是宾馆的集中地，能找到100元左右的普间和180元起的标间。县城最热闹的德吉街、恩康街是小餐馆的集中地。不少饭店提供砂锅牛杂汤，小份28元一人足够。

白玉 10

亚青宾馆
宾馆 ¥

（☎178 2816 8966；亚青寺停车场旁；普双 120元，标单 160元；P）是当地最好的宾馆，房间整齐干净，不能洗澡；夏天及节假日建议提前预订。亚青寺为素食区，每一家餐厅的素菜都不错（尤其是蘑菇），价钱也是统一规定，炒菜12元起、砂锅15元、面食10元起。

泸州公寓
客栈 ¥

（☎135 5199 3387；白玉县河东上街县交通局住宿楼三楼；普双 80元，标单 100元；📶）是一个干净、温馨的家庭旅馆。从河东中街凤杰超市旁的小巷子拐到河边，有一家小川味（☎135 5169 8594），供应川菜、汤锅、夜宵等，生意很好。

德格 11

迎金缘酒店
酒店 ¥¥

（☎0836-822 6678；茶马上街88号；标单/双 216/289元；📶❄🅿）是当地条件最好的酒店之一，有电梯，房价含早餐。河东的格萨尔大街（正街）坐落有很多餐馆，冒菜、面条、火锅、藏餐都能找到。汽车站斜对面的正兴园家常菜（☎135 5199 1787）是当地不错的一家川菜馆。

昌都 12

强巴林寺饭馆
藏餐 ¥

（强巴林寺南侧墙外；人均15元；⏲7:30~21:00）有藏面（6元）、炸土豆（大份18元）、甜茶（2磅8元，3磅11元）、酥油茶（2磅11元，3磅16元）和一些炒菜。

忆味川菜馆
川菜 ¥¥

（☎0895-489 0777；卧龙商业广场，雄鹰装修公司旁；人均60元；⏲9:30~24:00）非常火爆的一家川菜小馆，炒菜、蒸菜、冒菜为主，价格实惠，又位于市中心的河边。餐馆只容十几桌就餐，上菜得等20~30分钟，但菜的品相和口味堪比当地大酒楼。这里的特色菜里有昌都鱼（128元/份），因为必须新鲜，得提前预订。

昌都饭店
酒店 ¥¥

（☎0895-482 5998，183 0808 5998；昌都西路嘎东街社区375号，解放广场旁；标双320元起；📶🅿）昌都条件较好的三星级酒店，房间混合中式、藏式装饰风格，有较大的卫生间，配有24小时热水和地暖。

尚家连锁酒店（昌都店）
快捷酒店 ¥¥

（☎0895-486 6066；昌都西路茶马桥头，动吧斜对面；标双 238元；📶❄）新开业的快捷酒店，装饰以蓝色为主题色，房间干净、小巧，有热水供应。尽量不要选择靠街道的房间。附近有收费停车场（过夜10元）。

萨迦寺内3000多幅壁画构成了宏大的场面，堪称“第二敦煌”

Classic Trip

经典线路

阿里南线

14

世界屋脊之上，神山圣湖近在咫尺；喜马拉雅深处，古格抚过千年沧桑。西部秘境阿里，是旅行者向往的最后的自驾天堂。

线路亮点

10~12天
1783公里

最适合

4WD

何时去

5~10月，6~9月最佳。其他时间阿里地区寒冷缺氧，且经常大雪封山。

最佳摄影点

巴尔兵站至札达县城的整条线路，变化万千的土林地貌让人停不下快门。

最佳徒步体验

环绕冈仁波齐的转山道是多种宗教信仰中的通往解脱之路。

Classic Trip

经典线路

14 阿里南线

从拉萨出发一路西行，平均海拔逐渐爬升至4500米。告别G318国道之后，驶上G219国道，同样是一条美景不断的景观大道，你会路过神山冈仁波齐和圣湖玛旁雍错，置身于兴盛一时又神秘消失的古格王朝所在地，车窗外除了札达土林的地质奇观，或许还有藏羚羊、藏野驴在自由奔跑。

这条线路全程基本都是铺装路面，普通家轿通行无碍。G219国道沿途大多是高海拔无人区，随车需携带保暖衣服、抗高反药物、充足的食物和水，并提前办理好边防证。出发前最好仔细检查车辆状况，确保不会途中抛锚。

❶ 拉萨

在拉萨休整几天之后，你可以继续沿G318国道向西，驶上G219国道，到达西藏最西的阿里地区。（拉萨步行游览见310页）

行驶路上 » 拉萨至江孜约有270公里，从拉萨城区出发，先沿机场高速行驶约38公里，下高速上G318国道，在达嘎乡转入S307省道（有区间限速），到达冈巴拉山口后，就能看到西藏三大圣湖之一——羊卓雍错。注意旅游旺季时冈巴拉山口会有人向外地牌照的车子收每人40元作为羊湖门票。拍摄照片时注意，偶有当地人以你拍摄了属于他的牛羊、藏獒、玛尼石堆等为名强索钱财。离开岗巴拉山口之后的1个多小时里公路一直沿羊卓雍错湖畔蜿蜒，直到接近浪卡子县时，这片蓝色才会在你的视线之中消失。不过注意，圣湖的水是不可以侵犯的。浪卡子县到江孜还有约102公里，约2小时可到江孜。

线路亮点

❷ 江孜

江孜既是连接拉萨与后藏地区的咽喉要道，也是西藏与不丹、锡金等地通商的商旅重镇。1904年英军入侵西藏，当地军民英勇抵抗坚持了8个月之久，影片《红河谷》的故事便是以“英雄城”江孜为背景。县城中心的**宗山**是这一历史的见证，你还可以徒步前去参观山上的**宗山古堡**（门票50元；⏲9:30~18:00），那是现今唯一保存完整的旧西藏宗政府建筑遗址，古堡内还有当年抗英使用过的炮台。

白居寺（门票60元；⏲9:00~21:00）始建于15世

纪初，融藏传佛教萨迦、格鲁、噶举三大教派于一寺，在西藏独一无二。院中的**白居塔**由近百间佛堂依次重叠建起，被称为“吉祥多门塔式”，塔内壁画、佛龛中的佛像据说总计有10万个，有“西藏塔王”美誉。携带相机进入塔中需另付10元。

达玛节是江孜一带特有的传统节日，多安排在农闲的公历7月20日左右举行，一般持续一周。行程凑巧的话不要错过这一地区性盛会。

见278页

行驶路上 » 江孜到日喀则约92公里，一直沿S204省道西进（有区间限速），路况很好，约1小时50分钟即到。6月左右，路过白朗县时，可以顺道看看当地举行的大棚蔬菜瓜果采摘节，很是热闹。

❸ 日喀则

作为去往珠峰和西去阿里的最大中转站，日喀则多数时候都挤满了在这里补给或是休整的背包旅行者。

班禅驻锡地**扎什伦布寺**（门票100元；9:00~13:00，15:00~19:00）是日喀则市区最大的亮点，由宗喀巴大师的亲传弟子，一世达赖于1447年创建。寺中供奉有历代班禅大师的灵塔。想要看全所有佛殿必须赶早，12:00~14:00部分佛殿不开放，每个殿还会单独收取75~150元的拍摄费用。不妨选择一个下午跟着当地人一起去转寺——沿扎什伦布寺西侧的白墙笔直向上，之后循着“吉祥须弥山”上一路的转经筒绕行寺院一周，最高处还可俯瞰日喀则城区。

有时间可去日喀则以东约40公里的**夏鲁寺**（门票35元）看看，现存的寺庙建筑是元朝时建造的，这在西藏的古寺中极为罕见。寺内壁画、佛像笔法构图颇有敦煌意韵。

见278页

行驶路上 » 从日喀则出发，沿G318国道西行，过了热萨乡之后要翻过海拔4540米的措拉山口，不要错过当车辆越过垭口弯道时突如其来的美景——山脉豁然开朗，展现出一片宽阔的谷地，国道直直地穿过草原牧场，河流蜿蜒而过。下了山，过萨迦桥后向左拐入岔路X207县道，下行约30公里，山上那座高大恢宏的寺庙就是萨迦派的祖庭萨迦寺了。全程约151公里，需时2.5小时。有区间限速路段。

另辟蹊径 亚东

起点：❷ 江孜（见269页）

日喀则地区5条风景如画的山沟中，亚东沟的景色最为秀丽奇特，雪山下常年云朵萦绕，绿树繁茂。过康马县不久，秀美的**多庆错**出现在公路边。路过堆纳乡时，注意留心一个造型奇特如燃烧太阳的建筑，1904年的抗英战争，英军正是沿着这条路线从亚东入侵到江孜，**曲美雄谷抗英英雄纪念碑**也是对这一历史的纪念。

亚东县城海拔仅2700米，空气湿润氧含量丰富，品尝过著名的亚东鱼、亚东木耳后，可以到距县城46公里的**康布温泉**（海拔4500米）体验一下传说中能治百病的神水（50~120元）。沿去温泉那条路继续上行就是**乃堆拉山口**（中印边界）了，每年的5月1日到10月30日，周一至周四的10:30~16:30，你都可以来在距离边界约16公里的中印边贸市场中买到印度来的各种商品。

从江孜沿S204省道（日亚线）走205公里，即到亚东。记得先在拉萨或进藏前办好边防证。进入亚东途中，嘎拉检查站、少岗检查站都要多次检查限速单、身份证和边防通行证。

❹ 萨迦（萨迦寺）

萨迦派又称“花教”，是藏传佛教中唯一允许僧人结

视觉中国 提供

江孜公路边的经幡

婚生子的教派，萨迦法王的传承也是采取父子相传的方式，而非其他教派的寻访转世灵童。**萨迦寺**（门票60元，讲解100元；⏲9:00~21:00）建寺至今900多年，建筑群规模宏大，寺内珍藏有很多宋、元、明各代的经文手抄本，以及大量梵文、汉文的珍贵贝叶经（参观另付10元，有时需到处寻找看守的喇嘛帮你开门）。寺内壁画被称为"第二敦煌"，3000多幅壁画场面宏大。大殿内灯光较暗，欣赏壁画需要自行携带手电或头灯。

行驶路上 » 沿X207县道原路返回到G318国道上，继续西进，行驶约20多公里即到拉孜县，全程约需1小时。途中会经过G318国道5000公里大理石路标纪念碑，从这里到上海人民广场的G318国道零公里点恰好5000公里。在它的上方山坡上有一座精致的强公寺，可以停留一访。

⑤ 拉孜

拉孜县城人口不多，进城前大约20公里的沿途全是农田和村庄，夏天油菜花漫山遍野，雨后青稞地里极易出现气势十足的绚丽彩虹。这里以盛产手工藏刀而著称，国道两侧的村庄里有不少藏刀作坊，你可以礼貌地敲门进入，现场观看工匠打制。

县城附近有**锡钦温泉**，现在已开发成温泉度假村，不赶路的话可以住上一晚。当地人开设的"度假村"，按照房间池子大小20~40元/人。但按照城市标准来说，这里有点让人难以下水，若决心来泡澡最好自带毛巾。

🛏 见278页

行驶路上 » 拉孜到萨嘎全程约300公里，沿G219国道一路往西，你就踏上了去往阿里地区的朝圣之路。因为限速，全程约需6小时。注意春秋季途中风力很强，而且方向变幻莫测，碧蓝色的昂仁错就在国道旁边，湖面深邃平静。距拉孜117公里的桑桑镇是这段路途

另辟蹊径
珠峰大本营

起点：⑤ 拉孜

近距离朝圣珠穆朗玛峰，是无数旅行者的梦想。从拉孜县出发，沿G319国道西行，翻过海拔5200多米的嘉措拉山口，在G318国道的鲁鲁边防站登记过边防证之后，你就进入了珠峰所在的定日县。这段路程约100公里，2小时左右车程，路况很好。过了新定日（白坝）之后，向左转入珠峰路，行驶100公里即到珠峰大本营。这段路为盘山柏油路连续上坡弯道，路面碎石较多，需控制车速谨防打滑。正常行驶约2小时车程。途中你会经过中国最美冰川之一的绒布冰川和世界上海拔最高（海拔5154米）的寺庙绒布寺（门票35元），寺庙有招待所提供住宿。

2015年起，去珠峰大本营要在官方指定的售票点、位于定日县城的旅游一体化服务中心（☎135 1892 1334；上海东路雪豹南路；8:00~21:00）购买门票[180元/人，15岁以下及残疾证半票，自驾车（含摩托车、自行车）按轮子收费，100元/轮子]，检票处位于切进山检查站，门票单次进出有效。

珠峰大本营（海拔5200米）与珠峰峰顶的直线距离约19公里，由一群帐篷旅馆围成，里面还有中国海拔最高的帐篷邮局，可以购买明信片并盖上珠峰的特殊邮戳寄出。你可以乘坐观光车（25元/人）在观景台欣赏世界最高峰，那里的河谷（不允许进入）再往珠峰方向几百米的地方有一片墓地，埋葬着长眠于此的各国登山者。

视觉中国 提供

珠峰大本营上的商业街

中唯一一个能吃上热饭的站点。距离萨嘎县城约60公里的地方有边防检查站，从那里开始需要凭边防证通行。

❻ 萨嘎

萨嘎县城海拔4500米，通常被视作阿里的"大门"。通向阿里的G219国道和去往吉隆沟的X214县道在此交会，不少旅行者会在这里停留一晚。如果你有去冈仁波齐转山的计划，建议在此补充氧气瓶和干粮等易耗品。县城所在地加加镇基础设施较差，食宿价格都偏高，宾馆的洗浴设施大部分时间都不能使用。

对自驾者来说，从萨嘎开始，你需要养成看见中石油加油站就把油箱加满的好习惯，之后的路上，中石油加油站之间的距离往往达到两三百公里，私人加油站有时不大可靠的油品质量会对车辆造成伤害。

见279页

行驶路上 » 萨嘎县城到帕羊镇约230公里，约4小时到达。向西约40公里处有座达吉岭寺，跟随路标离开国道向北2公里即可到达。这座创建于1729年的格鲁派寺庙是拉萨小昭寺的属寺，西侧山冈上旧寺遗址和塔群值得一看。接下来的路程没有什么景点，但你所行驶的G219国道就是一条景观大道，云朵静止在道路两边连绵不绝的雪山上空，倒影于有或没有名字的小湖中，随手拍下的照片都堪称大美风光明信片。

❼ 帕羊镇

帕羊镇是方圆200公里内最繁华的停靠站点，镇上可以用餐，也有一些条件一般的住宿。建议在帕羊镇加满油，接下来你将进入阿里地界，油价飙升。

行驶路上 » 帕羊镇到霍尔乡约217公里，都是状况较好的铺装路面，由于限速，需时约4小时。早点出发的话，萨嘎到霍

尔乡1天即可赶到。驶出帕羊镇不久，就到达马攸桥公路边检站，登记边防证之后（你的边防证上必须有注明阿里地区，旅游旺季可能得在这里耽误1个小时左右），翻过马攸木拉山，路边可以看到波光粼粼的公珠错。

❽ 霍尔乡

如果你不想转山，就没必要买票进入塔尔钦村，霍尔乡是离塔尔钦最近的食宿点，条件比塔尔钦好许多。方圆10公里的公路上你都能看见那标志性的圆锥形山峰。神山对面的连绵雪山是**纳木纳尼峰**，有传说称它是冈仁波齐的“母亲”。

当地人声音
扎西顿珠
藏地自驾旅行达人，藏族人

冈仁波齐转山分为外圈和内圈，内圈是指环冈仁波齐南侧因竭陀山的那条转山道，途中经过江扎寺、色龙寺，还有直贡噶举派十三金塔，它们都有上千年的历史，宗教上有至高无上的意义。因为离神山更近，景色也更为震撼。内圈转山不负重的话1天就能完成，但我们藏族人相信，外圈转满13圈后才有资格转内圈。那条路全程海拔6000米以上，曾经有不少转山的信徒在途中高反去世，一般的旅行者最好不要去。内圈入口在拉曲河谷位置，转外圈的人一定要跟着大部队，没有准备误入内圈还是挺危险的。

上图：终年积雪的冈仁波齐峰

视觉中国 提供

冈仁波齐转山

这是一条难度较高的高海拔徒步路线，需要在山上住宿一两个晚上，只适合体力、耐力都比较好的旅行者。

起点/终点：塔尔钦

需时：2~3天

最高海拔：6656米

最佳时间：夏季

难度等级：中级

危险和麻烦：最容易出现的问题是高原反应，最好在藏地先适应一段时间，如果出现症状，请立刻停止活动，使用药物或氧气，必要时可向工作人员求助（拨打最近提示牌上的手机号或☎0897-110，景区车辆和警车救助免费，而120急救车要收取40元/公里的车费）。转山道上有很多野狗，有时它们会袭击人，不要单独到偏僻无人的地方去。部分路段崎岖难走，使用登山杖会很有帮助。山上手机信号不佳，有必要提前告知家人你的行踪。

第一天

塔尔钦—直热普寺，6~8小时。从塔钦村北侧沿碎石路上山，**恰册岗**是第一个可以完整看见神山的地点。约2小时后抵达**色尔雄大经幡**，每年藏历四月十五，当地人会举行盛大法会，换一根新的经幡柱。继续前行，可以看到始建于13世纪的**曲古寺**。继续在拉曲峡谷中行走，右手边是神山震撼的西壁景观。步行道逐渐转向东，当你发现自己正对着神山北壁的时候，**直热普寺**就到了。这一天步行距离约21公里，略上坡的平整山路，相对比较好走，体力不够的话可以骑马。在距离大经幡约10公里的帐篷茶馆休息和午餐，当晚住在直热普寺，黄昏以及月光下震撼人心的冈仁波齐北壁的景色实在不容错过。寺庙一层提供简陋的床铺（50元/人），下方河岸边条件稍好的旅店则要100元/人，晚餐只有方便面。

第二天

直热普寺—尊珠寺，8小时。如果你想2天转完的话，这一天要尽早出发。日出时的阳光照在神山顶上，金黄色的规则金字塔状山峰美不胜收。接下来是艰苦卓绝的6公里行程，翻越海拔5660米的**卓玛拉山口**时可以拍到距离神山最近的照片。途中你会经常喘不上气，不要吝于使用氧气瓶。垭口的巨大**经幡阵**十分震撼，下方的**托吉错**碧绿如玉。山口下来的路是乱石坡，要注意安全。下坡后你会遇到一条小河，夏季水涨的时候走东岸会好些，西岸更为泥泞。

这一天步行距离约20公里，海拔落差较大，卓玛拉山上均为急上、急下坡，且路况不佳，不能骑马。救援车辆无法上山，最多只能在山口处接应，请量力而行。很多计划3天完成转山的旅行者会住在达仲哲普寺，这里条件和价格与直热普寺相同。

第三天

达仲哲普寺—塔尔钦，3~4小时。这段山路相对好走，但前两天积累下的疲劳会让你感觉很累，腰腿疼痛都是正常现象。沿河岸行走，阳光洒满视野，风景安静而美丽。路坡度平缓，较为狭窄。约6公里后到达转山道的出口**宗堆村**，你可以安排车辆在那边接应，也可以自己继续步行4公里回到塔钦，完成圆满的转山之旅。

见279页

行驶路上 » 巴嘎乡在霍尔乡往西北方向约28公里处，这是你在导航上所能找到离塔钦村最近的点。那里有方圆一两百公里内唯一的中石油加油站，记得把爱车"喂饱"。巴嘎乡沿G219国道继续行驶12公里，在道路突然变宽的巨幅广告牌处右转进去就是塔尔钦村。这一路段仅需时40分钟左右。

线路亮点

9 冈仁波齐（塔尔钦）

冈仁波齐峰是冈底斯山脉的第二高峰，海拔6656米，金字塔式的峰顶四面对称，身披终年不化的积雪，周围环绕的小山高度相仿，如莲花宝座一般簇拥着主峰。在佛教、印度教、本教和耆那教教徒心中，这里就是神的居所和宇宙的中心。千百年来，环绕神山的50余公里转经道上，不辞劳苦从印度、尼泊尔和藏区各地赶来的信徒络绎不绝。对旅行者来说，环绕神山的一周犹如一个圆满的轮回，你将有机会从各个角度瞻仰神山的容姿，并造访沿途寺庙。

神山的售票处位于**塔尔钦**（又名"大金寺"，门票150元/人），村口24小时有人看守，车辆进入需要在售票处旁边的派出所登记驾驶证、行驶证。形形色色的朝圣者汇聚于此，近年来，这里的交通食宿有很大改善，可以在这里住上一晚，近距离瞻仰神山，况且，不进山者还免收门票呢。如果要去转山，可以将车停在旅馆，因为你出来还得至少住一晚上，店主很乐意免费帮你看管。

见279页

行驶路上 » 从塔尔钦返回至巴嘎乡，沿路况良好的S207省道西行约10公里处，你会看见一条新修的柏油路通往玛旁雍错湖边，那里设置有门票站，收费150元/人。其实你没有必要花钱靠近圣湖，继续前行约25公里，公路边的草场上有一条状况很不错的土路，沿那条路下去，经过一个兵站后，触手可及的蔚蓝湖水就呈现在你面前了。从神山脚下开到圣湖边约40分钟。

线路亮点

10 玛旁雍错和拉昂错

玛旁雍错（门票150元）位于普兰以北、冈仁波齐峰和纳木那尼峰之间，与**拉昂错**像是神山的一双眼睛。它们都是马泉河、孔雀河、象泉河、狮泉河四条大河的源头，却有着"神湖"和"鬼湖"不同的称呼。玛旁雍错是中国湖水透明度最高的淡水湖泊，而相隔3公里的拉昂错却是咸水湖；玛旁雍错常年清澈澄明、宁静安详，而拉昂错却总是水色晦暗、恶浪迭起。

如果你的车性能可靠，沿着S207省道避开铁丝网和排水沟，可以将车开下路面，直达湖边。前来朝圣的印度人认为在圣湖中沐浴可以洗去罪孽，获得圆满，旅游旺季时你常能在此看到他们披着毛巾，迅速跑到湖边跳入水中又迅速冲上岸。湖水很凉，我们不鼓励旅行者效仿，这么高海拔的地方感冒可不是闹着玩的。

行驶路上 » 玛旁雍错湖面海拔4700米，而普兰县城海拔仅3700米，沿着蜿蜒的S207省道

穹窿银城

从普兰出发，沿着G219国道，在从巴嘎乡到门士乡附近的象泉宾馆旁有一条不起眼的土路，路况不佳。沿路向西南方向前行约30公里，到曲龙村附近时不要过桥，沿河继续前行一小段路可抵达穹窿（曲龙）银城。那是一片规模宏大的人类居住遗址，占地数万平方米，现存古堡、城墙和周边几座藏地罕见的高规格墓葬。现有的考古资料无法给出确凿的证据，但不少学者认为那就是传说中的象雄都城。象雄与古格一样曾是雄踞阿里地区的地方政权，7世纪前后被吐蕃征服，留下很多千古之谜。

公路一直向南下行约60公里即到普兰，需时约1小时。沿途地貌奇峻壮观，接近县城的那段路上，雪山尤其秀美。

⑪ 普兰

普兰县城（需要边防证）位于孔雀河谷地，来自喜马拉雅西侧的湿润空气在这里形成宜人的高原小气候，雪山环绕但气候温和。这里位于尼泊尔、印度三国交界处，常有前来朝拜神山圣湖的印度旅行团从此出入境（他们会乘直升机空降到距离口岸不远的村庄）。

距离普兰县城约20公里的**科迦寺**（门票30元；⏲8:30~17:00）是位于中国和尼泊尔边境线附近的一座萨迦派寺庙，寺内壁画十分精美。大殿中供奉的3尊"科迦觉沃"银质佛像是这里的镇寺之宝。过科迦寺继续西行8公里便是中尼边境的**协尔瓦村**，隔河与尼泊尔相望。边检严格时你需要特别许可才能前往，不过你可以在县城的**中国西藏普兰边贸市场**（贡嘎路东段近人民路；⏲9:00~18:30）买到不少尼泊尔进口的商品。

每年藏历十一月初一是**普兰年**，届时难得一见的普兰民族盛装与歌舞表演都会隆重出场。如果你在此时到达，一定要留心欣赏一下当地妇女的盛装服饰。普兰藏装承袭了古格王朝的某种审美习惯，奢华昂贵，动辄价值十几万乃至数百万元，平日难得一见。

🍴🛏 见279页

行驶路上 » 从普兰到札达约有330公里，需时约8小时，最好一早就出发。从普兰县返回巴嘎乡，沿G219国道继续西行，在巴尔兵站转上X705县道，行驶约106公里，即可抵达札达。共需4小时车程。巴尔兵站至札达一线堪称地质景观公路，沿途能看到色彩厚重、光影迷幻的土林风景。要小心的是，土林一带道路非常曲折，转弯视线不佳，至弯道时务必鸣笛减速，不能占用对方车道。

线路亮点

⑫ 札达

由喜马拉雅造山运动和风沙雨雪侵蚀形成的**札达土林**，是摄影爱好者喜欢的题材。在札达沟和桑达沟路边的观景台，有拍摄日出和日落最好的角度。公路在土林之间盘旋而下，象泉河河谷在眼前徐徐展现，札达县城（托林镇）突然出现在河谷对岸，托林寺的红墙和佛塔格外耀眼。**托林寺**（与古格遗址分开售票，托林寺35元，古格遗址100元）是古格王朝在阿里地区建造的第一座佛教寺庙，历史上曾经影响巨大，但目前保存较好的只有三大殿和一座佛塔以及一些壁画。

古格王朝曾经在西藏历史上占据十分重要的地位，10世纪中叶至17世纪初，这一政权雄踞藏地西部，它同时还是连接西藏和印度的重要纽带，不少佛教教义就从这里传入西藏。可是仿佛一夜之间，古格文明神秘消失，只留下一座曾居住10万人之众的**古格遗址**[札达县向西18公里；门票200元（与托林寺联票），全程由讲解员带领，讲解费5人以下50元/人，超过5人10元/人，全程约50分钟；⏲9:00~19:00]和无数不解之谜。**拉康嘎布（白殿）**完整保存着15世纪壁画，神秘又绚烂。内墙大门入口上的一组《四季神和五福神》，蓝色的天空主控画面明亮的冷色调，另一组夜半逾城的故事有如西方印象派大师笔下的色彩，是大师们的神来之笔。**拉康玛布（红殿）**中的16世纪前后的壁画则以红色为主调。接下来参观完**度母殿**和杰吉拉康后，讲解员会为你指明去往山顶唯一的路，并且提醒你沿途需要注意之处。**观景台**位于停车场边上，是拍摄古格全景和日出最经典的角度。

🍴🛏 见279页

行驶路上 » 札达至古格遗址和托林寺都是柏油路，状况很好。至此阿里南线行程结束，从札达返回拉萨，全程约1440公里，从安全出发，花2天时间比较合适。你也可以沿G219国道到达阿里首府狮泉河修整一番，考虑是不是途经班公错进入新疆，或是向东折返，体验迷人又危险的阿里大北线。

Classic Trip
经典线路

食宿

江孜 2

江孜厨房

汉餐、藏餐、西餐 ¥¥

(135 1893 3782; 上海路, 江孜饭店斜对面; 人均55元; 9:30~22:00)既充满藏区风格, 又相当国际化的餐厅, 菜单分为汉餐、藏餐、西餐3本, 提供的食物也够丰富。这里还能吃到西式早餐和各种改良的藏餐。

雅迪花园酒店

酒店 ¥¥

(0892-817 5555; 卫国路11号, 利民商店旁; 标双 260元; ❄ Wi-Fi P)酒店邻近宗山古堡, 算是当地比较像样的酒店, 房间配有加湿器, 电器设施较陈旧, 不过服务态度和清洁工作都还令人满意。一层自带餐厅, 能提供中餐、西餐和藏餐。

日喀则 3

丰盛藏餐

藏餐、中餐 ¥¥

(182 8912 8333; 喜格孜步行街62号, 近扎什伦布寺; 人均55元; 9:00~23:30)最接地气的藏式餐厅, 因为临近扎什伦布寺, 所以常常人满为患, 好在门口有很多露天加座, 在有阳光的下午点壶甜茶会十分惬意。菜式以藏餐为主, 主打的藏式火锅(150元)会送一些炒素菜作为配菜, 两人足够。

小胖子川菜

川菜 ¥¥

(0892-882 1768; 珠峰路中段; 人均55元; 10:30~23:30)"小胖子"的名号在日喀则遍地开花, 包括川菜、烧烤, 甚至宾馆。这里的川菜虽不能和四川比, 但能在藏区吃到这个口味已经让人泪流满面。菜式品种齐全, 除了传统的川菜, 还加入了以当地食材制作的菜式, 亚东木耳、岗巴羊肉等在这里也能吃到。菜量不算少, 不论人多人少都能吃得舒舒服服。

扎西曲塔大酒店

酒店 ¥¥¥

(0892-883 0111; 雪强路2号; 标双 300元起, 旺季上浮; Wi-Fi P)号称世界上海拔最高的四星级藏式酒店, 从前台到客房都是很浓郁的藏地风情。房间设施齐全, 整齐干净, 部分豪华套房中甚至配有制氧装置(需付费使用)。

乔穆朗宗酒店

酒店 ¥¥¥

(0892-866 6333; 上海中路, 近珠峰西路; 标双 788元, 套房 1280元; ❄ Wi-Fi P)挂牌五星, 中心地段, 位置绝佳, 房间温馨宽敞, 五星标准配备齐全, 卫浴干湿分开, 采用中央空调, 入住包含自助早餐。网上的促销活动往往可以拿到近8折的价格, 可以说是超值了。

拉孜 5

阳光商务宾馆

酒店 ¥¥

(0892-832 2255; 老中尼路32号, 标双200元; ❄ Wi-Fi P)房间各项设施较新, 温馨且整洁, 店主对卫生相当讲究。可在宾馆旁的老陕饭店(11:00~22:00)就餐, 饭菜可口。

沐森林酒店

酒店 ¥¥

(0892-832 2229; 嘉定路, 近汽车站; 标双240元; Wi-Fi P)这家新店紧邻汽车站, 门面相当引人注目, 装修也花了大力气。除了厕所偏小, 房间都收拾得有模有样, 甚至还用上了地暖。

萨嘎 6

豪生宾馆 招待所 ¥

（☎136 5957 8498；格桑街财政局隔壁；双人间 100元起）房间不大但干净舒适，对面就是县城里唯一一家澡堂（淋浴 30元/人）。门口可以停放3～4辆车。

萨嘎宾馆 宾馆 ¥¥

（☎0892-820 2888；标双 280元；❄📶🅿）拥有惊人的房间数量，但房间也惊人的老旧，因此有很大的议价空间。能在房间洗澡是这里最有吸引力的。

霍尔乡 8

儒家饭店 招待所 ¥

（☎139 8997 8066，189 8023 3355；霍尔乡主街上；双人间 120元起，旺季上浮）这里只能说可以过夜，洗澡就别想了。大多数时候，电力依靠发电机，电压较低仅能照明。10月底至次年3月停业。

冈仁波齐（塔尔钦） 9

神山圣地青年旅舍 青年旅舍 ¥

（☎136 3897 2997；塔尔钦村，离转山道起点200米；铺 60～80元，标双 180～280元，三人间 280～350元；📶🅿）床单干净，窗户明亮，而且一边可以看到冈仁波齐的雄伟壮观，另一边则是纳木纳尼峰的绰约风姿。标间内有独立卫生间，公共浴室5～9月每天3小时提供洗澡热水，暖和的公共区域聚集了很多来自四面八方的旅行者，方便约伴。

岗钦宾馆 酒店 ¥¥

（☎139 8997 1123，189 8997 5997；铺 70元，标双 240元；❄📶🅿）在镇南端农业银行对面。这家藏式旅馆拥有难得的青旅氛围，带有透明屋顶的院子里阳光充沛、花草繁茂，还有舒适的公共空间供旅行者休憩和交流。

普兰 11

渝翁渔府 火锅 ¥

（☎136 0897 5627；德吉路武装部对面；人均60元；⏲10:30～23:30）在普兰能吃到地道的重庆火锅可不容易，鱼有多种选择，辣也分级别。老板和店员热情爽快，气氛很欢乐。饭点有时需要等位。

喜玛拉雅普兰酒店 精品酒店 ¥¥

（☎0897-260 3181，139 0898 8355；陕西路；标双580元；📶❄🅿）普兰县城最大的酒店，每一间客房的窗外都是风景，铺着消声地毯的藏式风格房间有独立网线。走廊挂着与阿里相关的摄影作品。鉴于普兰县城的水质不佳，酒店打了深水井供日常用水。

札达 12

土林城堡酒店 精品酒店 ¥¥¥

（☎0897-266 2888；团结路；标双480元，旺季680元，国庆980元；自助早餐80元，提供早餐打包服务；📶🅿）连绵的土林背景前黄色的城堡式两层建筑煞是显眼，房间里配置的加湿器格外体贴，网络快，还有舒适的床以及抬头就能看到的土林风光。老板对在札达周边自驾很有心得。

重庆宾馆 酒店 ¥¥

（☎139 8907 6951；河北大街5号；铺 50元，标双 220元；📶❄🅿）这家老牌宾馆有一个很大的院子，自驾能开到房门口方便装卸行李。2014年装修过，双人间和大床房宽敞整洁。多人间的空间略局促，采光也不太好，不过房间干净无异味。

气候温润的**林芝**被誉为“西藏江南”，
桃花盛开的春天是它最美的时节

视觉中国 提供

拉萨南环线 15

从西藏江南到藏源山南，探访藏地的第一座宫殿、第一座寺庙，观望能显示活佛转世灵童信息的神湖，零距离接触藏地的历史；而在旅行者罕至的山南洛扎，曾经的茶马古道更能让你体验意外与惊喜并存的越野快感。

线路亮点

5~7天
1076公里

最适合

4WD

何时去

4～10月均可前往，5月前后风景最美。

最佳摄影点

茶马古道上荒废的古碉楼群，伫立在青翠的青稞地，看尽过往。

最佳寺庙

赛卡古托寺里，有米拉日巴大师亲自背石头建造的九层佛阁。

15 拉萨南环线

选择这条线路，你将离开旅游开发略显过度的林芝—拉萨段G318国道，进入人文气息更为浓厚的山南地区。神湖拉姆拉措是寻找灵童转世之地，西藏历史上的第一座宫殿雍布拉康、第一座寺庙桑耶寺都在这里，赛卡古托寺、卡久寺的历史和传说引人入胜；更美的是沿途风光，一路与峡谷激流同行，壮阔惊险。

山南多数地区仍是土路当道，却给了自驾旅行者更多人迹罕至的风景和酷爽的越野体验。这对你的车辆动力、性能和驾驶技术都有较高要求。雨季或冬季请勿冒险前往。洛扎靠近不丹，进入需要办理边防证。

❶ 林芝

如果已经看过了G318国道沿线风景，不如换个方向，沿S306省道向南，行驶约70公里即到有“藏地药王谷”之称的**南伊沟**[门票210元（含观光车）]，乘坐观光车深入沟中，终点处天边牧场有一圈原始云杉，其中的栈道徒步路非常舒服。这里是珞巴族居住的地方，在琼林村和沟口的才召村可以到珞巴族家家访。春天的桃花和10月的彩林都是南伊沟最美的时刻。由于这里属于中印

边境地带，进入景区时需要在驻防的边防部队那里登记（身份证即可），在沟里露营和进行其他户外活动都不大可行。

见288页

行驶路上 » 林芝至朗县约237公里，沿S306省道向西南方向而行，公路多数时候都在雅鲁藏布江两岸延伸，路旁风景逐渐由林芝地区的森林景象变成干热的河谷风光，这里阳光非常充足，最常见的是两岸岩山上星星点点生长的雅鲁藏布江香柏。全程路况良好，需时约4.5小时。有多处限速路段。

❷ 朗县

朗县县城里唯一的亮点是**朗顿庄园**，该庄园始建于1880年，是专为十三世达赖土登嘉措回朗县探亲而建造的行宫，林卡内的果树仍为十三世达赖时期所种植，庄园的建筑还保留了当时的风格。当地人将其奉为圣地，有不少藏传佛教信徒前往朝拜。县城以西约20公里处则有十三世达赖喇嘛土登嘉措的出生地**冲康庄园**（门票50元），林卡古木参天。

行驶路上 » 从朗县沿S306省道继续向西，你会看到一座建在半山腰上的宏伟寺庙，那是林芝地区规模最大的巴尔曲德寺，以生产藏香出名，已有800多年的历史。朗县至加查全程约75公里，路况不错，需时约2小时。有限速路段。

线路亮点

❸ 加查（拉姆拉措）

旅行者来到加查，只为去朝圣**拉姆拉措**（门票50元；⏲8:00~17:30），这是藏区最富传奇色彩的湖泊，传说它是吉祥天母班丹拉姆的寄魂湖。当达赖喇嘛或班禅大师圆寂后，众多高僧会择吉日来到湖边，按照既定仪轨祈祷和观望，以期湖面呈现出有关寻找转世灵童的线索。

拉姆拉措位于距离加查县城约60公里的崔久乡，公路盘山而上，二世达赖喇嘛根敦嘉措修建于1509年的**琼果杰寺**就在通往神湖的道路边。景区管理比较严格，在崔久沟入口检查站需要留下身份证，开限速条，门票站则在崔久乡政府驻

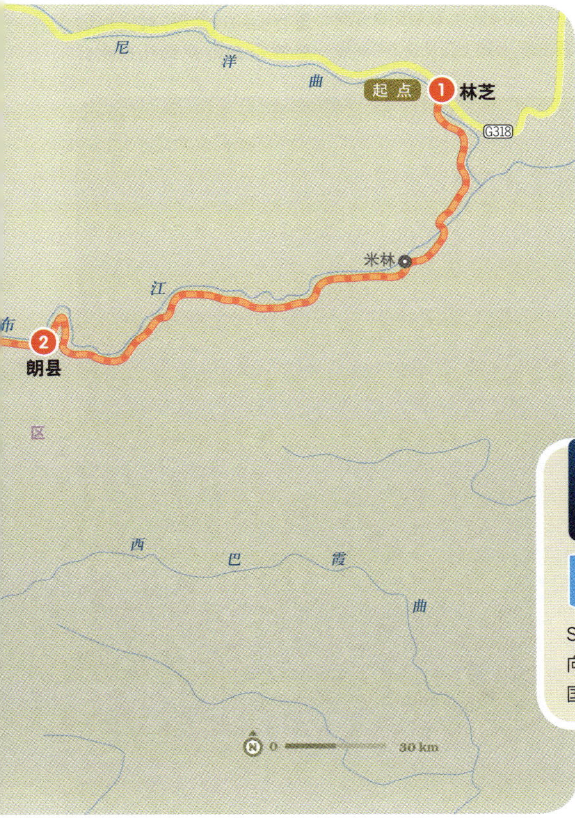

你也可以……

14 阿里南线

从洛扎出发，驶入S307省道，不回拉萨，而是向西进入阿里南线，沿G219国道前往神秘的阿里地区。

地靠近琼果杰寺的地方。购票进入景区后，可将车开到神湖观景台停车场（海拔5000米），再攀登300多个台阶才能上到只有五六平方米大的**观景台**，观景台大约有百米长，密密麻麻地被经幡覆盖，千万小心不能踩踏经幡，只能举起从下面过去，在这里俯瞰群山中如镜面一样宁静的湖面。如果在夏天前往，你还可以沿着小径走到湖边，近距离接触神圣的湖水。有很少部分朝圣者和游人会去转湖。但你必须得掂量自己在5000多米海拔上的山地徒步能力和应对高山恶劣天气的装备与能力。湖岸两侧几乎没有所谓的"路"，转湖一圈保守需要半天时间，最好跟随藏人一起转湖。

朝圣者通常会返回到加查县城住宿，和其他藏地县城一样，这里满街都是价格和品质差别不大的川菜馆，食宿不成问题。

见288页

行驶路上 » 从加查到泽当，新开通了沿雅鲁藏布江的公路，全程约110公里，途经桑日县。从加查县城出发后，先右转过雅鲁藏布江桥，过桥后左转便可开上这条双向双车道的新路，途中经过约50公里长的雅鲁藏布江峡谷。这一段风景甚好，有2处江边观景台。峡谷里常有猴群出没，公路上还设立了可以停车的猕猴投食点。途中偶尔有由于水电、铁路施工而形成的短暂狭窄路段和破损路面。

要注意的是，在作者调研时，导航地图给出的路线还是翻山经曲松县到泽当，并不能引导到新开通的公路上，需要问询当地人。

线路亮点

4 泽当

泽当镇是山南地区的首府，雅砻河在这里汇入了雅鲁藏布江，河流发源地雅拉香布雪山周围古老的村庄和寺庙旁边是宽广的耕地田园。从泽当出城沿S202省道行驶约12公里，就能远远看到雅砻河东岸扎西次日

另辟蹊径
桑耶寺

起点：4 泽当

位于雅鲁藏布江之滨的**桑耶寺**（扎囊县桑耶镇；乌策大殿门票40元；9:00~18:00），是西藏的第一座佛法僧俱全的寺庙。寺内建筑按佛教的宇宙观进行布局，如同一座密宗的坛城，从桑耶寺的东大门进入，处在象征着宇宙中心位置的**乌策大殿**（乌孜仁松拉康）是寺中最高大壮观的建筑，三层楼阁各有其妙，底层为藏式，中层为汉式，顶层则是传统印度风格，分别由三地的工匠设计施工，所以桑耶寺又称"三样寺"。大殿四周还均匀分布着四大殿和八小殿，代表四大部洲和八小洲。整座寺庙外围的圆形围墙则象征着世界外围铁围山。

距离桑耶寺东北方向12公里的**青朴修行地**是藏族的又一圣地。它三面环山，山谷南面正对着雅鲁藏布江的宽广河谷，绿意盎然，风景气候皆佳，众多高僧大德，包括寂护、莲花生都曾在这里修身悟法。目前仍然有不少人在山中修行，上山道沿途有很多小寺庙。青朴山顶的青朴天葬台是世界最著名的天葬台之一，出于对藏民族天葬习俗的尊重，我们建议旅行者不要前往参观。

从泽当到桑耶寺约37公里，约需1小时。途中要翻过挂着极多五彩经幡的列嘎山垭口，山上弯道很多，需谨慎驾驶。看完桑耶寺，可以返回泽当继续往南去琼结，也可以沿S101省道行驶约130公里返回拉萨，2小时可达。泽贡（泽当到贡嘎机场）的高等级公路已建成通车，这条路会经过桑耶镇，选择走这条路可以更快捷地前往桑耶寺。

山顶有一座小小的宫殿，它就是西藏历史上第一座宫殿**雍布拉康**（主殿门票30元；⏲9:00~17:30），始建于公元前2世纪，是历代藏王的住所。可惜原有的建筑在“文革”中都被拆毁破坏，现在你看到的寺庙是20世纪80年代重修的，规模很小，爬上山参观往返1小时足够。当然你也可以从南面下山，沿着公路前行两三百米，就能看到立着一块碑，它告诉你眼前的田地便是聂赤赞普教会吐蕃人耕作的**第一块农田**。

回泽当的路上，可以去看看**昌珠寺**（门票35元；⏲9:00~17:30），这座始建于松赞干布时期的寺庙甚至比桑耶寺还早，是西藏历史最为悠久的寺庙之一。用珍珠串成线条绘出的“观世音菩萨憩息图”是镇寺之宝，跟据说同是文成公主亲手刺绣的释迦牟尼唐卡一同保存在大殿楼顶二层最里面的佛殿中。

见288页

行驶路上 » 泽当到琼结只有30公里，沿S202省道向南行驶至昌珠镇后转入泽鱼线，约45分钟即到琼结。

5 琼结

在琼结最值得看的是距县城南边3公里的**藏王墓**（门票40元；⏲9:00~17:30），恢宏的陵墓群中据说埋葬着吐蕃的几十位赞普和他们的王妃，包括松赞干布。公路边那座香火旺盛的陵墓就是松赞干布的陵墓，你可以走到陵墓的顶上，站在这里眺望四周，山边的沃野里也是层层的陵墓，雅砻地区的田园风貌一览无余。

回城的路上还可以看到对面山上的**青瓦达孜宫遗址**，这是早期吐蕃赞普宫殿群，现存一些宫殿和古城墙遗址。

行驶路上 » 琼结至措美约100公里，沿琼错线一直向南，经过哲古镇后转入泽鱼线行驶约48公里即到措美镇，全程路况不佳，有不少盘山路，注意控制车速，需时约2.5小时。

6 措美

措美是山南唯一一个以牧区为主的县，城北哲古镇（海拔4600米）的**哲古草原**和**哲古错**有山南少见的无垠草原和湿地湖泊风景。每年7月25日，措美会在哲古草原举办牧人节，能看到赛马、歌舞等热闹场景。

措美县城以东约7公里处的山上有**玛悟觉寺**，号称“藏南朝圣古道第一刹”，距今已有900多年历史，从地下挖出的7尊佛像是镇寺之宝，可以一看。

行驶路上 » 措美至拉康镇约有88公里，不少路段修筑在半山腰中，弯道一个接着一个，路面狭窄，两旁就是悬崖，很难会车。但沿途风光无限，当土路在悬崖边盘旋时，高山草甸、村庄、梯田和碉楼会突然出现在视野里。过了边巴乡之后的路段，是洛扎碉楼最集中的地段，据说大部分是清代准噶尔入侵西藏时，为防卫敌侵和防盗而修建的。不少碉楼高达9层，依山势排列，非常壮观。一路观景，需时约3小时。措美到洛扎均为砂石路，且路窄弯道多，路况较差。必须要四驱越野车，普通城市型SUV不建议前往，并且驾车者需有山路烂路驾驶经验。

线路亮点

7 拉康镇

沿拉康镇以北道路上行约1公里处，有岔道可继续盘山而上，约7公里即到雄踞于卡久山顶峰的**卡久寺**（免费）。这个有近1300年历史的宁玛派寺庙在山南地区影响极大，传说有多位修行者在这里练成了凌空飞行的本领。一层大殿正中供奉着的莲花生大师塑像，其历史与寺庙一样悠久。大殿二层房间内悬挂着很多古老的唐卡，最早的可追溯到2000多年前。卡久寺，居高临下，风景绝美。山上有条转经道，全是将近70°的悬梯，十分险峻，但视野极佳，3条峡谷在你脚下交汇，远方是白雪皑皑的群山。

见288页

行驶路上 » 拉康镇至色乡约60公里，但需要2~3小时才能到达。翻山的路上不时能看到茶马古道上遗留下来的古碉楼，与周围古朴自然的环境一派和谐景象。不少路段仍然是在悬崖边，坡度也较大，对你的车和驾驶技术都是个考验，雨雪天气应避免走这段路。

线路亮点

❽ 色乡

色乡与与不丹边境仅一山之隔，著名的**赛卡古托寺**就在乡政府旁边，寺庙本身不大，却有近千年的历史，西藏唯一的**米拉日巴佛阁**（"色卡古托"的藏语意思就是"九层公子堡"）就伫立在寺庙进门右手边，这座传说由米拉日巴亲手修建的塔内，有精美的壁画值得一看。沿着赛卡古托寺门前的山路继续上行7公里，就是**洛卓窝隆寺**，它是噶举派创始人玛尔巴大师传经说法的寺院，噶举派的起源之地。你可以参观白殿、红殿和玛尔巴宝塔，看当年大师留下的脚印和用具。寺庙右侧的山洞里则有闭关中心、天葬台、顺缘田等，参观时不能打扰修行者。

从色乡继续往边境方向的峡谷深入进去约20公里，在奔腾的色曲峡谷畔，有著名的**拉普温泉**。目前可泡的浴池大约近20个，有些池子冠以治疗某种疾病之名，你需要自备泳装、毛巾、拖鞋等物。这里离不丹边境更近了，需要登记身份证和边防证。不过这段路道路狭窄，塌方多发，遇到下雨天或者路面积水，出于安全考虑最好不要冒险前往。

从色乡去往措玉村，再沿新修的公路前行，可以到达**朱措白马林**。它是莲花生大师的4个寄魂湖之一，被奉为圣湖。沿小路上山，湖面全景奔来眼底。漂亮的牧场在春夏时鲜花盛开，与常年冰封的雪山和碧水相依，如同天人交界。

行驶路上 » 色乡至洛扎约47公里，约1.5小时车程。土路坑洼不平，而且道路狭窄，一侧是高耸的山体，另一侧悬崖或临江。遇有视线不佳的转弯处一定要鸣笛减速后通过，如果对面有来车，需要提前找空地才能会车。

距洛扎县城约12公里处有路牌指示前往彩虹沟（当地人称之为扎西根培），沿岔道上去6公里即到。彩虹沟三面都是5000米至6000米的雪山，5月前后，高山杜鹃恣意盛开，每逢晴好天气，前来过林卡的当地人络绎不绝。

❾ 洛扎

"南方的悬崖"在藏语中的意思是"洛扎"。它处在喜马拉雅那些复杂的山峦和纵谷之间，传统上是蕃域文明的南大门。传说曾被莲花生大师加持过的**普莫雍错**深藏于垭口海拔5338米的蒙达山麓，站在湖的北岸，你能清晰地看到南岸的喜马拉雅山10余座雪峰倒映在如梦如幻的蓝色水面。湖边有简易土路，有时间可以开到南岸，看看那里的村庄和雪山。

在返回拉萨的路上可以去看看噶举派的重要寺庙**拉隆寺**，离开洛扎沿浪洛公路行驶约20公里就能看到。它在雪域名气很大，西藏非常有名的历史典籍《贤者喜宴》就是在这里印刷成书的。大殿西侧的喜珠拉康是由不丹王室出资修建的，独树一帜的花岗石骷髅饰带是别处很难见到的。

见288页

行驶路上 » 洛扎至拉萨约293公里，4~5小时车程，全程柏油路，路况好而且风景很美。沿途垭口海拔较高，下车游览需及时加衣，最好随车携带一些抗高反药物。从洛扎出发向西北方向至浪卡子县的浪洛公路是一条柏油县道，行驶约118公里后驶上S307省道，过浪卡子县，行驶约100公里后转入G318国道，此后，你将驶入西藏地区唯一一条机场高速公路（限速100公里/小时），体验一下在高原上驰骋的快感。

❿ 拉萨

对于有些人来说，拉萨是他们进藏旅途的终点；但对于更多希望深入藏区的人来说，拉萨只是开始。从这里出发，你可以继续西行，探索阿里大环线，甚至一直到达新疆。不过记得出发前在拉萨对爱车进行必要的检修保养。土路上比较容易出问题的是轮胎、刹车和避震器，随车最好带上一些备件。更多拉萨内容见38页。

见289页

视觉中国 提供

桑耶寺正在剃头的僧侣

食宿

林芝 1

啦·咧思藏餐
藏餐 ¥¥

（☎0894-582 8588；平安路山水宾馆旁；人均90元；⏰11:00~22:00）装修富丽的新派藏餐厅，有一些林芝特色，譬如藏香猪肉卷饼，夏秋之际也供应新鲜上市的野生菌。

林芝悠游道国际青年旅舍
青年旅舍 ¥

（☎0894-582 2868；新区迎宾大道46号；铺40元起，标双100元起，旺季上浮；📶🅿）新城中心一家条件还算不错的青旅，房间干净，多人间内也有独立卫浴。有宽敞的院子可以停车，旁边吃饭购物也方便。

奇正白玛曲秘花园酒店
酒店 ¥¥

（☎0894-587 6766；德吉路2号奇正藏药厂旁；标双280元起；📶🅿）正对人工湖和山景，有藏式韵味却舒适现代的房间。可以坐在窗户旁边的木台上，对着山水喝茶。

加查（拉姆拉措）3

众信国际大酒店
酒店 ¥¥

（☎0893-732 2299；仲巴街17号，三新饭店斜对面；标双220元起；📶🅿）三星标准的房间干净卫生，设施都维护得很好，附设的餐厅口味还不错。有带监控的停车场院子。

拉姆拉措大酒店
酒店 ¥¥¥

（☎0893-732 8888；仲巴街8号县医院对面；标双368元起；📶🅿）加查设施最好的酒店，拥有中央空调和电梯。不要选择它188元的特价房，那是在附楼，网络很不稳定。

泽当 4

龙马餐厅
清真菜 ¥¥

（☎0893-782 3533；萨热路5号龙马宾馆院内）川湘菜包围中，这一片集中了一些西北穆斯林餐厅，这一间设在宾馆里的餐厅环境不错，干净卫生。吃一餐经典的手抓羊肉，人均60元起。省时间可以点一碗面或粉汤。

丽晶快捷酒店
酒店 ¥

（☎0893-766 8818；格桑路客运站斜对面；标双138元；📶🅿）客运站对面，同时开设浴室，好处就是房间内热水充足。

锦砻商务酒店
快捷酒店 ¥¥

[☎0893-766 8888；民族路18号（体育场对面）；标双228元起；📶🅿]内地好一点的快捷酒店的标准，各方面条件都不错，服务热情，有宽敞的停车场。

拉康镇 7

卡久寺宾馆
酒店 ¥¥

（☎136 4893 3555；拉康镇邮局旁；标双160元起；🅿）位于邮局和四川饭店之间，没有招牌，有个可停车的院子，客房都在二楼。周边有几间餐馆，供应炒菜和面条、米线。

洛扎 9

中粮宾馆
酒店 ¥¥

（☎0893-737 2666，139 8903 3077；嘎波中路教育局对面；标双220元起；📶🅿）洛扎县城最好的住处，但设施和房间都只能说一般。院子里有停车场，兼营洗车。

农电公司宾馆 招待所 ¥

（☎139 8991 2865；嘎波中路人民医院对面；标双120元起；Ⓟ）自称是宾馆，但这家的条件只够得上招待所标准，好在床铺还算干净。

拉萨 ⑩

老拉萨粥坊 藏餐 ¥

（☎0891-682 0815；德吉北路28号；人均40元；⏲9:30~22:00）这里的粥品结合了广东潮汕粥和藏餐菜品的特点，既美味又富有地方特色。

热玛嘎布餐厅 藏餐 ¥

（☎0891-634 6963；翁堆兴卡路15号附2号；人均50元；⏲12:00~22:00）青海藏族人开的安多餐馆，藏式火锅（140元起）比别处便宜些，而且味道非常好。若是没人拼餐，也可点份盖碗肉（25元）或牛肉包子（28元）。

拉萨吉曲饭店 酒店 ¥¥¥

（☎0891-633 8824；北京东路18号；标双480元起，旺季上浮；ⓌⓅ）一家老牌的五星级酒店，曾经是一位活佛的私宅，藏式装修非常地道，各种现代化的设施也很齐全。

东措国际青年旅舍 青年旅舍 ¥¥

（☎0891-627 3388；北京东路10号；铺50元起，标单/双/三 220/350/390元；ⓌⓅ）拉萨老牌青旅，有live show、旅行社、书店、纪念品店等，氛围比条件好得多。

冬季的**九寨沟**少了喧嚣的游人，
还能欣赏难得一见的雪景和冰瀑

视觉中国 提供

Classic Trip

经典线路

九黄大环线

16

“天堂之水”九寨，“人间瑶池”黄龙，花湖草原无边的花海，黄河九曲绚丽的落日，一条环线，串起了川西北藏区美丽的风景，何况沿途还有免费的雪山草原与白塔经幡。

线路亮点

5~7天
1193公里

最适合

4WD

何时去

10月，从九寨沟开始，一路红叶秋景，美得让你不舍得眨眼。

最佳摄影点

黄河九曲第一湾，红柳水鸟大草原，看秋水共长天一色。

最佳景点

郎木寺清晨和黄昏时分，温暖的金黄色光泽铺满大地。

Classic Trip
经典线路

16 九黄大环线

九黄环线基本围绕九寨沟展开，G213 国道南北贯穿，你能领略到以九寨沟为代表的各种妖娆梦幻的水池、点缀于若尔盖草原上灿烂的花海，然后直达连接甘南的郎木寺；中部 S302 和 S209 省道将若尔盖、郎木寺、黄河九曲第一湾等景点“一路呵成”。这条线地域跨度较大，景色随季节变换而不同，任何时候前往都能邂逅美景。路上不可避免地会有泥石流滑坡、山石坠落等突发情况造成的堵车，请务必多备足干粮、饮料。另外，自驾者最需注意的是海拔的提升，长时间的疲劳驾驶可能会引发高原反应。

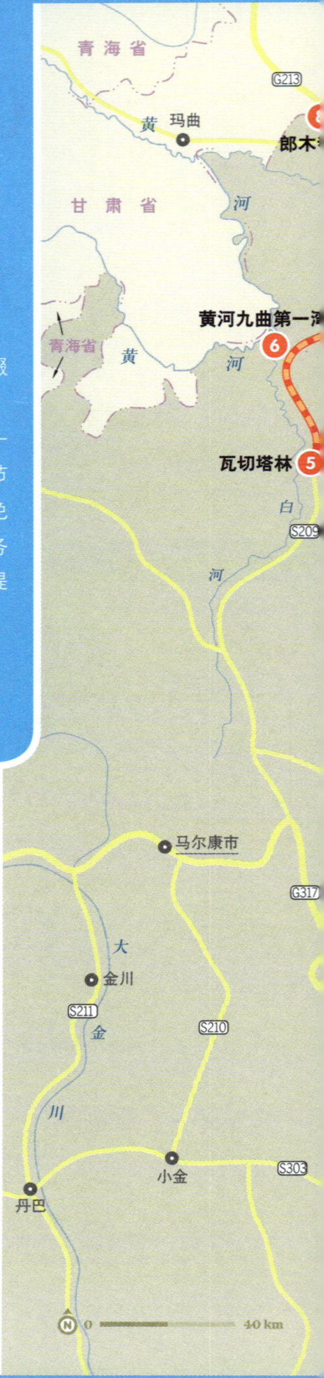

线路亮点

❶ 九寨沟

如果你从成都自驾出发，请做好长途驾驶的心理准备，将近430公里的行程，约9小时才能到达九寨沟景区。走G213国道和S301省道，全程路况不错，但冬季会有暗冰，不建议自驾出行，除非带上防滑链和防冻液。

如果你是飞抵九寨沟，可在**神州租车黄龙机场店**（☎0837-725 8222；松潘县水晶乡药泉山庄；⏲全天）租车开始自驾行程。门店距机场约有15分钟车程，可提前电话预约机场免费接送到店取车，还算方便。

九寨沟（☎0837-773 9753；www.jiuzhai.com；旺季4月1日~11月15日，门票220元，观光车90元，共计310元；淡季11月16日至次年3月31日，门票80元，观光车80元，共计160元；⏲最早进沟时间旺季7:00，淡季8:00）虽然昂贵的门票让人肉痛，但九寨沟的美值得一看。景区呈“Y”字形，由树正沟、日则沟和则查洼沟3条沟组成，108个充

满梦幻色彩的海子和叠瀑、彩林和雪山风光，足以值回票价。一天内全部走完时间略显紧张，观光车的钱就别省了，建议带足水和食物，别在景区内消费。

9月下旬至10月中旬，九寨沟美到极致，彩林倒映在晶莹透亮的海子里，但这也是游人最多的时候。冬季人少，可以欣赏难得一见的雪景和冰瀑，且可隔日二次进沟，但其他景色就打了折扣。

见298页

行驶路上 » 九寨沟到黄龙约142公里，需时约3.5小时。沿S301省道行驶到川主寺红军桥后，向左转入X120县道，再行驶约40公里即到黄龙景区。这段大多是盘山公路，有著名的“十二道拐”，需提起精神，小心驾驶。秋冬路面湿滑，易出交通事故，请提前装好防滑链。中途会经过雪宝顶观景台，天气好的话从这里可以看到雪宝顶全貌，记得停车拍照。

② 黄龙

（www.huanglong.com；门票200元，11月16日至次年3月31日淡季门票60元，索道上行80元，下行40元；⏲8:00~18:00）**黄龙**之美，在于著名的大型露天钙华岩溶地貌，蓝绿相间的池水连接成片，颜色渐变如同上帝的调色盘，在森林、溪水和雪山的映衬下宛如人间瑶池。

从沟口到尽头的黄龙寺

当地人声音

王达军

中国著名摄影家，出版过数本以九寨为题的摄影册

九寨沟的美，使人上瘾。从20世纪80年代开始，我已记不清多少次自驾去九寨，但每次行驶在前往九寨的路上，沿途风景仍像第一次所见，令人迷醉。茂汶羌寨，松潘古城，黄龙仙境，一步步铺垫，直至到达天堂所在——九寨。最好的自驾时段，只在10月中至11月初那20多天，天地间所有绚丽的色彩都来赶赴这一场秋天的盛宴。你要做的就是带上相机，开车出发。

上图：位于唐克乡的黄河九曲

（建于明代）和五彩池全程4公里，全程有修缮完好的栈道，徒步并无难度，步行往返约需4～6小时，带足食物和水即可。当然也可以坐索道上行然后徒步下山，会轻松很多。但12月1日至次年3月初会封山停运索道。

行驶路上 » 沿X120县道原路返回至川主寺红军桥，过黄龙收费站，沿G213国道直抵松潘县城，全程约56公里，需时约1.5小时。

3 松潘古城

松潘古称松州，曾是古氐羌民族的繁衍地。这座古老安静的小城作为川西北

视觉中国 提供

地区的重要门户，同时也是藏、羌、回、汉各民族的“茶马互市”之地。但如今古迹基本都荡然无存，能看到的只是近年重建的仿古城。沿南门外的西山游步道往上，经过观音阁、大悲寺和一处烈士墓园，可以到达西门顶，这里人烟稀少，可以俯瞰古城全景，天气好时能望到对面雪山。

松潘周边倒有不少风景，有时间可在**骑奇乐马队**（☎0837-723 4138，189 0904 3667；古城南街映月巷；骑马220元/天）参加1~2天的牟尼沟骑马穿越活动。这家马队口碑不错，按路线长短实时收费，费用均含马、马夫、向导、饮食、扎营和保险。

见298页

行驶路上 » 松潘距牟尼沟约有24公里，全程约需50分钟。出城向南沿G213国道行驶，沿途有路牌指示，在安宏乡右拐，上山穿过隧道后很快就到达牟尼沟景区。快到沟口有个“丁”字路口，左边去扎嘎瀑布，右边去二道海。

❹ 牟尼沟

牟尼沟兼具了九寨沟的海子与黄龙的钙化池风光，目前开发有**二道海景区**[门票旺季70元，淡季50元；套票（扎嘎瀑布+二道海）旺季100元，淡季70元]和**扎嘎瀑布景区**（门票旺季70元，淡季50元），两处景点各有入口，二道海内有不少海子，海子与海子之间有徒步栈道连接，景区末端有一池温泉，水温只有25度左右，可以泡脚或游泳。扎嘎瀑布是一座多层的叠瀑，为中国最高钙化瀑布，从谷底到瀑布顶总长约2300米，全程有约5公里长的栈道，曲曲折折直达瀑布脚下。

牟尼沟内无食宿，需要自己带好食物和水。当天返回松潘古城。

行驶路上 » 从牟尼沟原路返回松潘，最好住一晚，第二天一早从松潘出发，沿G213国道向北，在川主寺三岔路口向左继续沿G213国道行驶约46公里，左转进入S301省道，行驶约105公里后到达瓦切镇。全程约170公里，需时约3.5小时。沿途路况不错，但不要开太快哦，路上会有牧民的牛羊闲逛，撞到就不好了。

❺ 瓦切塔林

瓦切，藏语意为“大帐篷”，**瓦切塔林**（门票20元）及经幡就在瓦切镇的丁字路口北侧。遥遥望去，绵延的红色经幡伴着白色塔刹，在草原深处若隐若现，在蓝天白云的映衬下更是壮观。据称十世班禅大师先后两次来到瓦切，并在此传经说法。当地民众为表纪念，就在此地建起了灵塔和108座大小不等的白塔，并有一千多平方米的五彩经幡围绕四周。如今的瓦切塔林随时都有转经的人绕塔而行，不如加入其中，近距离感受塔林的美和震撼。

行驶路上 » 从瓦切镇到黄河九曲第一湾约46公里，沿S209省道行驶至唐克乡后转入唐热路，行驶约10公里即到黄河九曲第一湾。全程柏油路，路况良好，需时约1小时。

线路亮点

❻ 黄河九曲第一湾

（若尔盖县唐克乡以西9公里；门票65元，观光扶梯60元，淡季11月16日至次年3月31日门票30元，观光扶梯停运）黄河与白河在此汇合，形成九曲拐弯，虽然未必是真正的“九曲第一弯”，但确实是黄河唯一流经四川之处。最美是傍晚时分，黄河在夕阳下泛着红色的粼光，自由舒展地蜿蜒而行。想要更好的摄影角度，必须从黄河边小山沿登山栈道上高处观景台。近3500米的海拔可能会让你的攀爬速度变缓，想省力可以乘坐观光扶梯上去。远眺黄河九曲，索格藏吉祥大乘寺院可以成为不错的拍摄前景。

行驶路上 » 黄河九曲第一湾到若尔盖全程70公里，原路返回唐克乡，向左转入S209省道，行驶约57公里后到达若尔盖，优质柏油路面，道旁是一望无际的草原。不过这一路段弯道比较多，请小心驾驶——尤其如果你是在看完日落后前往若尔盖，荒郊野外开夜车还是有些危险的。

❼ 若尔盖

若尔盖是个典型的“草原小镇”，县城只有一条主街，没什么景点，倒是在街上散步的身穿藏装的安多姑娘和小伙挺吸引眼光。县城食宿方便，基本是川菜和清真饭馆的天下。商业街若尔盖大饭店附近的川菜馆冬天提供牛羊肉汤锅，驱寒效果极佳。步行街上有不少藏餐馆。当地比较值得一尝的是牛杂汤，几乎每家小吃店内都有提供。

花湖（若尔盖县城以北35公里；门票 75元，观光车 30元，淡季11月16日至次年3月31日 门票30元，观光车停运，可交5~10元费用自驾进景区）这个地处若尔盖湿地核心区的高原海子，湖边芦苇茂盛，6、7月草原上的野花像铺向天边的彩色地毯。景区早上6:30开门，想拍摄日出美景，可一早从县城出发，来这里等着，运气好还能拍到国家一级保护动物黑颈鹤呢！

见298页

行驶路上 » 若尔盖到郎木寺镇全程约85公里，G213国道路况不错，35公里即到花湖。游览出来后继续向北行驶，即到郎木寺。全程需时约1.5小时。县城出城方向有中石油和中石化加油站。

线路亮点

❽ 郎木寺

郎木寺其实并非单指一座寺院，它所泛指的是位于四川、甘肃两省交界处的郎木寺镇。白龙江将小镇一分为二，江南的**达仓纳摩格尔底寺院**（也称达仓郎木寺四川寺院，简称格尔底寺；门票30元）是四川阿坝地区规模最大、最具影响力的格鲁派寺院之一，寺庙最高处的殿堂（6:15~10:00）中安放着五世格尔底活佛的肉身法体；江北的**达仓郎木寺甘肃寺院**（门票 30元）也叫赛赤寺，是西藏哲蚌寺的子寺之一。两座寺院后山坡上都可以俯瞰和拍摄寺院全景，而观赏日出的绝佳位置是郎木寺镇东面高耸的红石崖。

视觉中国 提供

从成都到黄龙，不走寻常路

从成都、绵阳出发，可以经平武穿越丹云峡到黄龙，这种小众走法是自驾爱好者的心仪线路。

经成绵高速到绵阳，沿S205省道向北过江油、平武，转入平松路向西北方向走，中途就会经过丹云峡。这道壮丽的峡谷是川北高原与四川平原的分割线，岷山山脉在平武、松潘一带裂开一道口子，落差达1300米，涪江在山谷中蜿蜒18.5公里。10月下旬，峡谷内的彩林景色毫不逊色于米亚罗和毕棚沟。驶出峡谷，再往前走约18公里，即可到达黄龙景区。这条路全程约410公里，需时约8小时。

若尔盖草原吃草的牛群

见299页

行驶路上 » 从郎木寺返回成都，必须先折返至若尔盖、川主寺、松潘县，然后走西线，经茂县、汶川、都江堰后到达成都，即沿213国道、301省道顺岷江而下，到汶川后转入成灌、都汶高速，朝都江堰方向到达成都。全程约600公里，建议在汶川停留一晚，养足精神，第二天再返回成都。

如果你是在黄龙机场租的车，那就非常简单了，沿G213国道返回松潘还车，并电话预约免费将你送往机场，结束九寨环线自驾行。

9 汶川

如今的汶川新城早已从地震的创伤中走出，一派欣欣向荣的景象。在这找个合适的落脚点并不难，适合你好好休整一夜。

从汶川回成都就非常方便了，一路沿都汶高速向南，133公里只需约2小时即到。

见299页

Classic Trip 经典线路

食宿

九寨沟 1

小布小吃

小吃 ¥

（☎135 5889 8582；边边街3栋1-5号；人均50元）水煮牛肉颇受追捧，小炒热面一应俱全，即使淡季里也有慕名而去的吃客。

阿布氇孜藏餐

藏餐 ¥¥

（☎0837-773 6811；天堂口；人均80元）在装饰风格、接待客人和菜品口味上都极富民族风情，店内陈设着各种传统的民间工艺品、生活用品，藏地气息浓郁。

绿野青年旅舍

青年旅舍 ¥

（☎0837-777 4433；天堂口兴兴超市后的巷子里；铺 60元，标双 148元起；❄📶）公共区域采用全透明落地玻璃设计，标间设施一应俱全，热水24小时充足供应。每个房间都有独立的路由器，冬天会提供电热毯。门口有停车位，有24小时监控，还算安全。

雅乐轩宾馆@云上小筑

酒店 ¥¥

（☎189 9042 2308；隆康村；标单/双 168元起；📶P）虽然是家庭旅馆，但老板提供各种贴心服务。新装修的房间整洁，床品非常干净。即使在冬季，浴霸和足量的热水也不会让你觉得冷。旅馆不在热闹的天堂口，位于隆康村半山腰上，适合自驾旅行者。

松潘古城 3

马燕火锅

火锅 ¥¥

（☎135 1843 7167；太阳河国际大酒店旁边的巷子里；人均70元）这家专营当地特产的牦牛肉和牛杂火锅，食材的新鲜程度看店门口切肉洗料、忙得一刻不停的师傅就知道了。店是老店，价格也划算。

雪原饭店

川菜 ¥

（松潘古城十字路口的东北角；人均30元起）当地人的家常菜，特色菜有罐罐鸡、罐罐蹄花，适合2~3人享用。碰到时令有野生菌子上市的话，记得点一份尝鲜。

小欧洲青年旅舍

青年旅舍 ¥

（☎0837-723 1088；松潘顺江村，北门与客运中心之间；铺 40元起，标双 130元起；📶❄）旅舍在巷子里，比较安静。全木质装修的房间宽敞整洁，24小时热水供应，服务热情周到。小欧洲西餐厅也是他家的，特色牦牛肉汉堡22元，比萨70元。

裕厚长驿站

客栈 ¥¥

（☎137 7869 5577；古城内，映月桥旁；标单/双 150元起；📶P❄）2016年秋天开业，就在古城内，位置很好，床单洁白干爽。老板非常热情，有免费停车位。

若尔盖 7

丽原宾馆

酒店 ¥

（☎135 5859 3959；麦溪路中段；标双100元；❄P）热情的老板娘把院子和房间都收拾得非常干净，房间明亮宽敞，有充足的热水洗澡。可以停车的大院子是自驾者的福音。

豪阳酒店

酒店 ¥¥

（☎0837-228 0555；曙光路，县国税局旁；标单/双 100元起；📶❄🅿）房间宽敞明亮，非常干净，前台服务热情，能提供很多旅行信息。楼层高的部分房间可以看到草原上的日出。

郎木寺 8

丽莎咖啡屋

西餐 ¥

（☎189 1941 7143；郎木寺镇主街；人均40元左右；⏲10:00～20:00）这家名声在外的咖啡屋俨然已是郎木寺的一个景点，装束自成风格的老板娘丽莎据说是从一位英国人那里学会的做西餐。她做的苹果派酥甜馅儿足，值得一试，但中餐家常菜就口味一般。

达老餐厅

藏餐 ¥¥

（☎139 0941 9881；郎木寺镇主街；人均50元；⏲8:00～21:00）装修很有藏式风格，藏餐种类丰富，只是相对于价格来说，分量太少。早上有自助早餐，中式15元/人，西式25～35元。

达吉商务酒店

酒店 ¥¥

（☎0941-667 1888；郎木寺镇主街中心左手边，近三岔路口；标双180元，旺季价上浮；❄📶🅿）舒适安逸的房间完全对得起它的价钱，卫生间干净明亮无异味，24小时热水量很足。对自驾者更具吸引力的是这家有较大的院内停车场。

红石崖假日宾馆

酒店 ¥¥

（☎0941-667 0333，138 9395 5778；主街三岔口往南500米；标单/双120元起；📶🅿）位于半山腰上，视野很好，背后的山坡上就能看到郎木寺全景。房间干净整洁，采光很好，保暖需要的浴霸、热水和电热毯一应俱全，可贵的是冬天还有暖气。老板熟悉周边旅行线路。

汶川 9

小辣椒

川菜 ¥

（汶川博物馆附近，临近中国建设银行；人均50元）周鸡肉和藿香鱼是超受欢迎的特色菜，人多就点个土火锅，好吃实惠。

凯逸酒店

酒店 ¥¥

（☎0837-622 9171；大桥路明珠广场；标双 240～260元；📶❄🅿）由茂县沿G213国道往成都方向经汶川时，从威州大桥的路口往右拐即到，住宿条件不错，比较舒适、上档次。

禹皇酒店

酒店 ¥¥

（☎0837-625 5555；岷江路中段；标单/双240元起；📶❄🅿）2016年秋新开的一家酒店，房间温馨整洁，热水充足，服务也很热情。

武隆天生三桥，四周绝壁高耸、无比险峻，平坦的底部却绿草如茵、空气清新

视觉中国 提供

渝东山水线 17

千里乌江，一路穿越渝东南喀斯特地貌，切割出峡谷与险滩，清澈碧绿的江水和两岸独特的喀斯特峡谷有如天然的水墨丹青，乌江流域山水之美，有待你以自驾的方式深入。

线路亮点

3~4天
763公里

最适合

何时去

9~11月看深秋红叶，3~5月乌江觅春。尽量避开6~8月的汛期。

最佳摄影点

乌江百里画廊，沿乌江一路行行摄摄。

最佳景点

武隆天生三桥，从天坑内仰望四周绝壁入云的感觉甚是壮观。

17 渝东山水线

这是一条名副其实的山水线，G319国道沿乌江而行，一路宛如置身画卷之中，看罢武隆深藏地底的天坑与地缝，再去黔江走一走城在峡上的峡谷，酉阳有陶渊明笔下的世外桃源，而龚滩古镇则是乌江画廊中的一颗明珠。何况这一路还有吸引味蕾的美食，除了重庆火锅与小面，黔江鸡杂、武隆碗碗羊肉和酉阳土家小吃，都值得你专程前往。

❶ 重庆

要体验这座中国最大的直辖市，你得花点时间，陪都风云、山城夜景和老街美食，都需要你调动所有的感官去感受。

在**中国三峡博物馆**（www.3gmuseum.cn；人民路236号；免费；⏲8:30~17:00，周一闭馆）中，你能了解到重庆历史，以及已经消失的三峡风貌。博物馆对面是重庆人民大礼堂，可顺道一观。在**洪崖洞景区**，你能欣赏到光辉炫目、层叠错落的灯影楼群，这是山城最迷人的夜

景，不过在白天，它就变回游人如织的旅游景区，在此你能直观地感受典型的一楼临街、顶楼却是另一处临街平台的山城建筑特色。在**解放碑**、**中山四路**一带有地道的老油火锅和重庆小面，等待你去发掘。

如果你是自驾到达这里，重庆著名的3D交通可能会让你对GPS导航心生怀疑，建议将车停放在**洪崖洞昼夜停车库**（洪崖洞大酒店正门西行100米），然后像当地人一样乘坐轨道交通或迈开双脚，去体会重庆之美。如果你是飞抵重庆，也可在**神州租车**租辆车开始渝东自驾，洪崖洞停车场这里就有一个取车点。

见307页

行驶路上 » 从重庆东环立交出城，走G50沪渝高速约65公里，转入G319长涪高速，行驶约35分钟，进入涪陵滨江大道，即到白鹤梁水下博物馆。全程约110公里，路况良好，需时约1小时50分钟。

❷ 涪陵

白鹤梁原是矗立在长江江心的一块长约1.6公里、平均宽度15米的巨礁，其上留有三峡先民为测量长江枯水水位而雕刻的18尾石鱼，记载了长江1200多年的枯水水位和发生周期，被认为是世界上唯一保存完好的古代水文站。梁上还刻有历代文人墨客留下的165段共3万多字真迹题刻。三峡蓄水之后，白鹤梁礁石被保护起来，建起了一座凝聚着世界尖端技术的**白鹤梁水下博物馆**（☎023-8568 8882；www.cqbhl.com.cn；涪陵区滨江大道2段185号；门票淡季11月至次年3月 50元，旺季4~10月 60元；⌚9:00~17:00，周一闭馆），人们可以乘电梯下到水底140多米处，透过环形隧道上的玻璃舷窗欣赏"水下碑林"。

沿白鹤梁博物馆所在的滨江路就是涪陵的好吃街，有众多餐馆可以选择，没必要在涪陵住宿。

行驶路上 » 不要走高速！从涪陵至武隆最好走G319国道，乌江就在你的车窗外一路随行，尤其是白涛镇至武隆镇一线，就是这一线的山水精华——乌江百里画廊，水色清澈如玉，两岸山形奇特，路况很好，适合一路赏玩拍照。到武隆镇后左转进入S203省道，行驶约20公里即到仙女山镇。全程约94公里，需时约2.5小时。

线路亮点

❸ 武隆

仙女山镇是武隆精心打造的旅游小镇，提供食宿、购物、门票等一站式服务，**武隆喀斯特旅游区游客中心**[☎028-7782 0777；⌚4~9月 8:30~16:30（7、8月延后半小时），国庆期间 8:00~16:30，10月8日至次年3月 9:00~16:00]包括天生三桥、龙水峡地缝、天坑人家、芙蓉洞和芙蓉江等景点，可在**游客中心**购买门票并乘坐景区交通车前往天生三桥和地缝景区。

天生三桥（门票旺季3~10月 135元，淡季11月至次年2月 95元）在1.5平方公里的范围内拥有三座天然石桥和两个天坑，**龙水峡地缝**（门票旺季3~10月 115元，淡季11月至次年2月 85元）则是在一条长约5公里的深谷中欣赏飞瀑和溪流。**芙蓉洞和芙蓉江**（门票旺季 120元，淡季 65元，学生半票；⌚旺季 9:00~16:30，淡季8:30~17:00）则位于距仙女山镇40公里的江口镇，沿S203省道行驶可顺道欣赏乌江风光。

行驶路上 » 从武隆出发一路向东，沿G319国道行驶约104公里，即到黔江城区。全程都是高速公路，需时约2小时40分钟。

④ 黔江

相对于周边的武隆和酉阳而言，黔江的山水风景稍有逊色，所以当地政府在城区搞了座**城市峡谷公园**（门票旺季 70元，淡季 50元；⏲旺季 9:00~17:30，淡季 9:00~17:00），标榜城在峡上，峡在城中，一出城就能欣赏到长约8公里的壮观的峡谷风光。更多人则是为了当地美食而来，光是那一锅黔江鸡杂就值得你专程前往。

黔江区小南海镇的**小南海地震遗址**（门票旺季4~10月 68元，淡季11月至次年3月 34元；⏲7:00~22:00）值得一去，约26公里的路程风光很不错。1856年（清咸丰年间）一次6.25级地震形成了这座堰塞湖，湖边散落着巨大的滚石，当年形成的断岩绝壁等遗迹仍清楚可见。沿小南海景区继续西行，沿板夹溪逆流而上，沿河6公里的山沟里分布着13个原始古朴的土家山寨，被称为板夹溪十三寨，当地政府正在将这里打造为土家族生态博物馆，可以进去看看。

距黔江城区约26公里的**濯水古镇**是阿蓬江边的土家族古镇，历史悠久的风雨廊桥在2013年被火烧毁后于2015年重建，漫步古镇半边街，还是可以寻觅到光顺商号、汪本善旧居、余家大院等老房子。如果是春天到来，廊桥对岸是五彩花田。

见307页

行驶路上 » 从黔江到酉阳约100公里，沿G319国道一直南下，约1小时50分钟即到酉阳城区。

线路亮点

⑤ 酉阳

位于重庆最东一角的酉阳，还保留着土家族的野朴气息，一条酉阳河穿过县城，城北有座**桃花源**（☎028-7576 6888；www.zgyythy.com；门票120元；⏲5月1日~10月7日 7:30~18:00，10月8日至次年4月30日 8:00~17:30），其实是一座巨大的天生石桥，穿过山洞，的确有一种豁然开朗的感觉，里面则被人工打造成陶渊明《桃花源记》所写的世外桃源风光。整个景区游玩下来，大约需要2.5小时。

桃花源入口外有座**酉州古城**，是按照800多年前的酉阳城格局修建的，一条石板路串起依山而建的吊脚楼，旅游旺季还有哭嫁、摆手舞、土司巡城等土家风俗

视觉中国 提供

龚滩古镇

表演。这里的吊脚楼客栈条件不错，住一晚起来，还能在石板街上吃到正宗的土家油茶汤。

位于东南方向G319国道上的**龙潭古镇**距离酉阳县城仅7公里。这个重庆最大的古镇迁建于乾隆年间，安静散淡地保留着旧时模样，有3公里长的青石板街、1.5平方公里的古民居建筑群和150多列封火墙、200多个四合院，适合闲逛半天。

见307页

行驶路上 » 酉阳县到龚滩古镇，沿S304省道往西走，山路弯多，好在沿途有喀斯特地貌可以欣赏。全程75公里，约需1小时50分。

6 龚滩古镇

龚滩古镇自古就是乌江流域水陆货运的重要码头，已有1700多年历史，但彭水水电站的修建，使得龚滩古镇永沉江底，现在人们所说的龚滩古镇，是整体搬迁至旧址下游1.5公里的小银村白水洞的"新镇"。复建的古镇建筑大体按照原有顺序排列，长约1.2公里的街道约有一半石板都搬迁自老镇，两旁的石墙等也多是新旧材料"混搭"而成。现在的古镇规模扩大了许多，适合慢慢悠悠地闲逛。多数人家也在做着各种与旅游有关的生意，不断有新的木头房屋正在搭建之中。有乌江的山水做背景，古镇仍然美丽，也仍然吸引着不少人前来写生和摄影。在老街小饭馆里可以吃到乌江鱼、野蘑菇汤锅和绿豆粉、卤豆腐、酥食（一种糕点）等小吃。古镇客栈也很多，基本是木结构外观的吊脚楼，沿江有可观江景的小阳台。

船游乌江画廊

沿G319国道一路欣赏乌江风光或许有些匆忙，在龚滩古镇，不妨坐船来一次画中游。可在古镇码头搭乘游船（淡季 60元/人，旺季 80元/人；1.5~2小时）游览乌江画廊，很多客栈的老板也可提供乌江画廊定制私家游船线路，但通常不会游览全程，往往在中途就折返。在龚滩游客服务中心则可以购买全程游览船票（☎023-7842 7999，龚滩镇至万足镇往返180元，⏲10:00，16:00，约2小时；龚滩至清泉往返 90元，约1.5小时），但通常是旅游旺季才有，可提前电话咨询。

见307页

行驶路上 » 由龚滩古镇回重庆，得先沿S304省道折返至武隆境内，然后上G65包茂高速，一路通畅。途中还能与乌江有"不间断亲密接触"的机会，看景同时留意山间的几个大拐弯。全程280公里，约需6小时。

食宿

重庆 1

纯阳老酒馆
川菜 ¥

(渝中区纯阳洞中一支路50号；人均30元；⏲11:00~14:00, 17:30~24:00)一家开了30余年的老酒馆，充满市井风情，只有几张八仙桌和塑料凳或木质条凳。酒有多种可选，果酒(15元/壶)味甜，再够劲一点可选高粱酒(3元/壶)。鲜椒蹄花(22元)辣得过瘾，佐酒最佳，淋汁豆腐(7元)可轻松干下两碗白饭。

夜福火锅
火锅 ¥

(☎023-6381 6677；渝中区临江门35号旁，近一号桥；人均约50元；⏲10:00至次日2:00)传说中重庆最麻的老火锅，火锅端上来时里面密密麻麻的花椒令人咋舌，香浓的老油和霸道的麻味会让你大呼三声“爽哉”。注意找到临江门35号的门牌后，抬头走几步楼梯可达。

88号鹅岭公园酒店
酒店 ¥¥

(☎023-6367 7888；www.cq88hotel.com；鹅岭正街181号；标双 358元起；❄📶Ⓟ)重庆首家园林式酒店，背靠鹅岭公园，白日健步或夜晚观江都极其方便。客房整洁有序，适合家庭入住的套房有落地玻璃窗带阳台，观景视野极佳。后院的露天茶座直通鹅岭公园，环境得天独厚。

屋顶顶城市.江景酒店
酒店 ¥¥¥

[☎023-6303 6699；www.wddhotel.com；渝中区嘉滨路88号，洪崖洞景区；标单/双 358元起(含早)；📶@❄]酒店错落有致的吊脚楼风格建筑本身就是风景的一部分，所有客房都面对嘉陵江和千厮门大桥，多花一点钱还能拥有江景露台。不过你有时得忍受嘈杂的声音，因为酒店旁边就是著名的洪崖洞景区入口。

黔江 4

国庆鸡杂老店
川菜 ¥

(☎138 96466968；丹兴路310号；人均30元；⏲11:00~22:00)一家开了20多年的老店，主打黔江鸡杂和青菜牛肉，30元1人，鸡杂香辣鲜嫩，吃到最后往往辣得不行，还好解辣的米汤不限量；青菜牛肉就是清淡口味，青菜入了肉味，下饭很爽。

朵兰大酒店
酒店 ¥

[☎023-6478 1888；石城路348号；标双/单 148/128元起(双早)；❄📶Ⓟ]房间不算大，卫浴设施中档，有个大院，停车很方便。距武陵水岸美食街很近，步行可至。

酉阳 5

锦尚酒店
酒店 ¥¥

[☎023-7566 3999；桃源新都会广场；标双 208元起(含早)；❄📶Ⓟ]酒店位于桃花源广场对面，步行可去桃花源景区和酉阳古城。房间较大，高层景观房可直接眺望到桃花源巨大的天生桥。

龚滩古镇 6

古镇酒铺
川菜 ¥

(☎023-7567 6322；西秦会馆斜对面；人均25元)在临江一侧，可从木窗眺望江景。最出名的菜当然是乌江鱼，有多种做法，既鲜且辣。山野生菌汤煲也值得品尝。

夏家院子
客栈 ¥

(☎159 2362 7740；标双/单 148元起；❄📶)有一个非常漂亮的小院子，院内植物茂盛，能看到乌江风景。房间是木楼结构，设施较简单。夏天尤其适合在这里住上一晚。

步行游览
闲步成都

起点： 天府广场

终点： 杜甫草堂

距离： 约5公里

需时： 2~3小时（不含游览时间）

认识成都这座悠闲的城市，不如多留一点时间，走过大街小巷，领略一下那些因匆忙赶路而被忽略的城市风景。从天府广场开始的这条步行线路不仅有一些历史古迹可以看，还一路吃喝不愁。

可使用此步行游览的线路：

12 13

❶ 天府广场

天府广场周边停车不算方便，最好坐地铁1、2号线到达。**天府广场**前身是有2000多年历史的老皇城坝。广场以北的**毛泽东雕像**是拍摄"到此一游"的好背景。这是中国唯一用汉白玉雕刻而成的毛泽东雕像。广场四周环绕着皇城清真寺、四川图书馆、四川美术馆和**成都博物馆**新馆（www.cdmuseum.com；青羊区小河街1号；免费，⏲周二至周日9:00~17:00），其中成都博物馆是西南地区规模最大的城市博物馆，以20余万件文物勾勒出成都5000多年的历史样貌，值得花点时间看看。

行走路上 » 从广场向西沿着西御街步行约5分钟，路过人民公园东门，可在"百年老茶馆"鹤鸣茶馆里坐饮片刻。出公园正门，沿少城路向西，再顺着长顺上街往北走200米左右，很快就来到人头攒动的宽窄巷子。

❷ 宽窄巷子

（www.kzxz.com.cn）其实是由三条平行排列的老街宽巷子、窄巷子、井巷子围合而成的一个步行休闲区域，也是清代成都满城唯一的遗迹。除了簇新的仿古建筑外，还保留了一些老建筑局部，如老门头、拴马石等，云集了特色餐馆、咖啡馆和商店，可在此消磨小半天时间。

行走路上 » 穿过宽巷子，沿下同仁路往南到底至通惠门路，再向西步行约300米见琴台路的牌坊，据说此路因私奔到此的卓文君得名。走出琴台路，向右转即是著名道观青羊宫。

❸ 青羊宫

（一环路西二段9号；门票10元；⏲冬季8:00~18:00，夏季 8:00~18:30）是成都现存年代最久远、规模最大的道教宫观，明末时曾毁于战火，如今所见都是清康熙年间重修的，仅斗姥殿为明代建筑。每年农历二月十五（老子生日），观中都会举行盛大庆典。

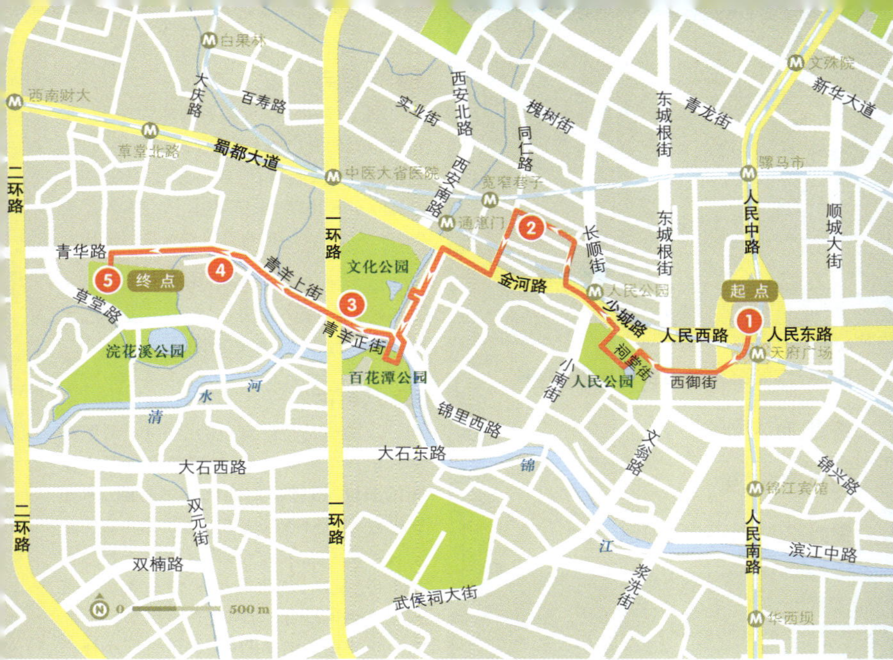

行走路上 » 从青羊宫出来，过马路，沿青羊上街继续前行，走过送仙桥，就看到了四川博物院。

❹ 四川博物院

（www.scmuseum.cn；浣花南路251号；免费；⏲9:00~17:00，周一闭馆）创建于1941年，一楼的汉代陶石艺术馆和二楼的张大千书画馆、三楼的万佛寺石刻馆都有很高的观赏价值。**成都蜀锦织绣博物馆**（www.cdbem.cn；青羊区浣花南路268号）离此不远，可以顺便参观。

行走路上 » 出博物馆，沿青华路西行10分钟，即是本线路的终点——杜甫草堂。

❺ 杜甫草堂

（门票60元；⏲夏季8:30~18:30，冬季8:00~18:00）如今的草堂已是一个具有清代建筑风格的中国古典园林。在草堂中闲庭散步，在竹林里坐下来喝杯盖碗茶，是颇为惬意的事情。

行走路上 » 如果需要回天府广场，可在草堂门外乘坐58路公交车到人民公园下，再步行返回天府广场。

步行游览
朝圣之旅

起点: 宇拓路拉萨百货商场停车场

终点: 布达拉宫

距离: 约6公里

需时: 2小时(不含游览时间)

拉萨是座有1300多年历史的古城,这条线路就是沿着古城的核心——八廓街、大昭寺转一圈,饱览积淀千年的藏地文化,同时近距离体验仍然鲜活的当地人生活。你可以进入隐藏在街巷中的小寺庙,也可以到沿街的特色小店中走走逛逛,喝杯甜茶。

可使用此步行游览的线路:

12 14 15

❶ 大昭寺广场

将车停在广场周边各商场停车场,步行进入大昭寺广场(注意要经过安检门),金顶红墙的**大昭寺**(门票85元,讲解100元;⌚8:30～18:30)就在你眼前,入寺参观需要2小时左右。寺门前有许多磕长头的信徒。

行走路上 » 从大昭寺出来,围绕寺庙一圈的那条路就是著名的八廓街(又叫"八角街"),大昭寺的转经道,注意你要沿顺时针方向走。

❷ 八廓街

八廓街是拉萨真正的市中心,沿街有多处值得一看的地方,如**清政府驻藏大臣衙门旧址**、**根敦群培当代艺术画廊**、**木如宁巴寺**等。各种售卖藏饰、唐卡的小店更是令人眼花缭乱。沿八廓街发散出去有数十条小巷,藏着不少无名小寺。在八廓街与东孜路交界的地方,有因仓央嘉措情诗而家喻户晓的**玛吉阿米旧居**,黄色二层小楼已经变成了一家引无数文艺青年前来朝圣的餐吧。

行走路上 » 沿八廓街顺时针转完一圈后又回到大昭寺广场。沿广场右侧的藏医院工艺品街往北走,沿途会经过明港琼甜茶馆,可以进去坐坐消磨点时间。走200米到北京东路上右转,继续走200米左右,到马路对面左转进入小昭寺路,很快就能看到小昭寺。

❸ 小昭寺

小昭寺(门票20元;⌚8:30～20:30)与大昭寺差不多同期建成,香火已延续1300多年,寺中供奉的释迦牟尼八岁等身金像是藏地至宝。

行走路上 » 出小昭寺,返回北京东路,向东(左转)步行约300米,到木如寺。

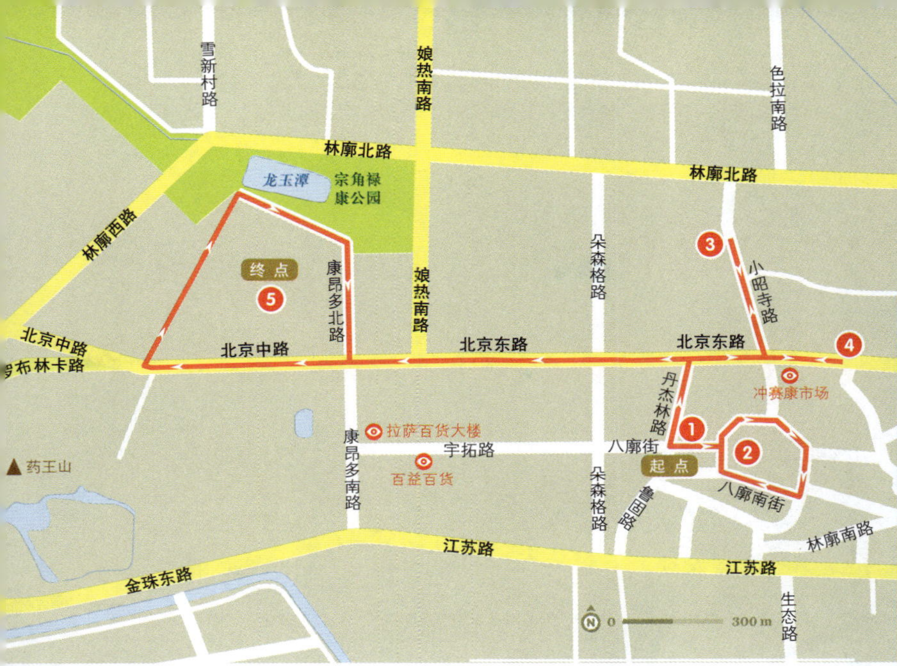

❹ 木如寺

木如寺（免费；⏲8:00 ~ 17:00）现在更像一个藏式的家属大院。大院的一侧房屋被**印经院**占据，它也是西藏唯一以经版印经的地方，透过窗户可以看到工人操作的过程。木如寺对面的**冲赛康市场**是拉萨最古老的交易场所，至今仍然是拉萨最大的日用品批发市场，在那里，你能够最大限度贴近当地人的生活。

行走路上 » 出木如寺向西（右转），沿着北京东路步行约800米，到布达拉宫。

❺ 布达拉宫

游览**布达拉宫**约需 2 小时（见 245 页），其周边也有不少地方值得一看。布达拉宫对面的**药王山**是拍摄布宫全景的最佳地点，上山的小路在布宫对面的白塔后方。宗角禄康公园内的**龙王潭**传说是修建布达拉宫时挖地取土形成的人工湖。布达拉宫西侧有一条遍布石刻、壁画、玛尼堆的小路，沿着它跟转经的人一起慢慢走，每一步移动都能发现令人惊喜的细节。

行走路上 » 结束游览后，沿原路步行回到大昭寺广场取车。

云南和贵州

位于中国西南一隅的云南和贵州，可能最对得起多彩这个形容词。彩云之南，有着丰富的山川地貌，阳光和蓝天，以及如同花儿般撒在高山和峡谷间的少数民族；贵地之州，则崇山峻岭间收藏着苗族的村寨与侗族的鼓楼，以及绚丽的服饰和动听的大歌。云贵高原的奇山秀水与绚丽的传统节庆，能让你的自驾之旅像是奔赴一场斑斓的视觉盛宴。

云贵高原虽然地势险峻，但近年来的高速公路建设已初具规模，自驾云南和贵州正成为越来越多人的选择，何况有些风景与原生态的民族村寨，还藏在公共交通难以到达之处，一辆车与一台GPS导航仪，能让你走得更远更深入，那些盘山公路和乡镇公路，奉献出的则是更多的风景和更畅快的驾驶体验。

西双版纳 泼水节，云南
视觉中国 提供

云南和贵州

Classic Trip

18 滇西北黄金线 7~10天

从大理古城到梅里雪山，滇西南的魅力正是那一路的古村、温泉、雪山与峡谷风光。（见317页）

Classic Trip

19 精彩滇西 5~10天

自驾者向往的越野之路，挑战曲折道路的同时，怒江大峡谷的风光是最好的弥补。（见329页）

20 行摄滇东之旅 6~10天

东川红土地的巧夺天工，普者黑的自然天成，摄影者匆匆赶路或是执着等候，都只为那光影变幻的美景。（见339页）

21 热带秘境线 3~4天

澜沧江、雨林、普洱茶、南传佛教，沿着这些关键词来一次热带秘境之旅吧。（见349页）

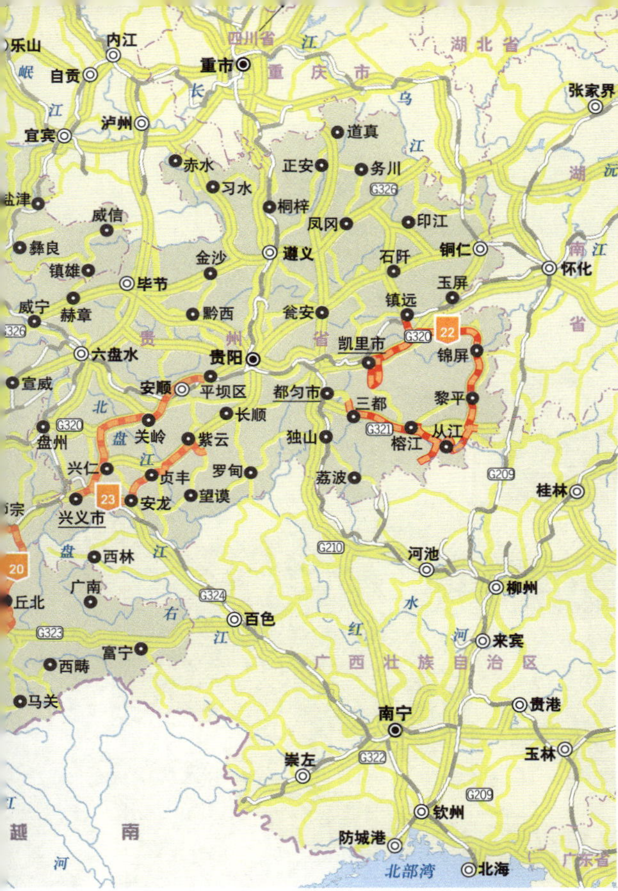

Classic Trip

22 黔东南苗乡侗乡之旅 6~8天

在苗寨中寻访古老的刺绣，在镇远品味汉地文化的底蕴，或者是听一场天籁般的侗族大歌，都值得来这里走一遭。（见355页）

23 黔西南喀斯特之旅 5天

漫步在峰丛和溶洞之间，还有屯堡、抗战遗迹和大瀑布。（见367页）

不要错过

梅里雪山

梅里的日出是许多人前来滇西北"朝圣"的终极目标。18

怒江大峡谷

带着享受的心，领略怒江大峡谷风光的同时挑战曲折迂回的山路。19

元阳梯田

清晨与黄昏，看天空和云彩在元阳梯田里作画，宛若仙境。20

肇兴千户侗寨

走过夜色中的风雨桥，在鼓楼听一场侗族的大歌。22

兴义

去看看地球最美丽的伤痕，壮美的喀斯特景观就在兴义。23

如果嫌**丽江**的古城太过喧闹，
不妨到附近的黑龙潭公园，
那里的一池碧水倒映着玉龙雪山的英姿

视觉中国 提供

Classic Trip

经典线路

18

滇西北黄金线

滇西北经久不衰的“黄金路线”，带动了沿线诸多古镇和雪山的大红大紫。初次到云南的旅行者绝大部分都会选择此条路线，从大理奔赴梅里雪山的一路，是悠闲的放空还是自虐式的户外运动，都在你的一念之间。

线路亮点

7~10天
约690公里

最适合

何时去

5~10月，高原上花开成海，气候宜人。

最佳摄影点

飞来寺，等待梅里雪山主峰卡瓦格博日照金山的那一刻。

最佳徒步线路

中虎跳，徒步难度虽然是初级，但风景却一点不“初级”。

Classic Trip
经典线路

18 滇西北黄金线

在大理感受苍山洱海的风花雪月，继而再去双廊惬意度假。宁静的沙溪古镇是茶马古道唯一保存完好的古老市集，亘古的宁静会让你恍若穿越到百年之前。丽江是柔软的，只是你需要在清晨如织的游人到来之前，才能看到它“上妆”之前的真实模样。走过虎跳峡，奔赴香格里拉，将朝圣梅里雪山作为旅途的终点。

这条线整体路况不错，虽然后半程盘山路段较多，但沿途风景无边，同时也为你提供了更多驾驶快感。

❶ 大理古城

大理机场有**神州**、**一嗨**等连锁租车公司的门店，完全可以选择直飞大理，然后在机场租车开始此次滇西北之旅。如果是从昆明出发到大理，全程高速约320公里，需时约3.5小时，沿途休息区较多。注意，不要从大理东出口下高速，那条路通往凤仪，请从大理出口下高速，来到下关城区西南，再继续走G214国道约30分钟才到达大理古城。古城博爱门外、G214国道人民路口、玉洱路东端和叶榆路中段都有停车场，过夜停车费上限35元。

如今的**大理古城**已经成为城市人群逃离雾霾和喧嚣的首选目的地，但前提是躲开潮水一般的旅行团。除了逛逛小店林立的老街**人民路**、**洋人街**，**大理床单厂艺术园**（微信公众号：DALIART；苍坪街56号；免费；⏲10:00~22:00）是新晋创意园区，汇聚了众多文创小店和艺术工作室，杂字书店和海豚书店都有不少源自大理的文创产品。

苍山是古城以及洱海西边的屏障，南北连绵19座山峰，**苍山世界地质公园**（☎0872-268 4029；进山费40元；⏲9:00~17:30）半山腰的环山步道**玉带路**，被称为大理最美的步道，一路上风景开阔，可随时俯瞰大理坝子和洱海。这条山道长约13.5公里，不是所有旅行者都有体力走完，可选择从**感通索道**（☎0872-268 3551；单程50元，往返80元；⏲9:00~16:30）和**中和索道**（☎0872-267 4399；单程30元，往返60元；⏲8:30~17:00）上下山，节省时间和体力。沿途有小卖部提供食物和饮水，不必携带太多补给。在没有向导的情况下，不建议自行探索非景区部分的苍山。

玩罢苍山，再去洱海看看，**才村**是离古城最近的海边村庄，码头南侧的**才村码头生态公园**（免费）是个欣赏洱海的好地方。穿过公园沿着海边步行10分钟，可以到达才村以前的抽水站，现在被改建成了一家客栈——

你也可以……

20 行摄滇东之旅

从大理出发沿杭瑞高速约3.5小时即可到达昆明，从这里开始一段精彩的摄影旅程，从东川红土地到罗平油菜花，将美景通通收入你的镜头之中。

Classic Trip 经典线路

大理一九六九(见326页),附近的白色现代建筑是知名画家韩湘宁的**而居当代美术馆**。沿木质导览牌漫步村中,可以看到福德祠、洱水神祠等古迹。

见326页

行驶路上 » 从古城至双廊可走G214国道或者环海西路,前者看苍山,后者看洱海,沿途风景都美。全程约50公里,需时约1小时10分钟。

② 双廊

阳光透过云层射在海面上形成的"洱海神光"伴以连绵的苍山为背景,一直以来都是摄影爱好者喜欢捕捉的画面。双廊这个曾经的小渔村,如今已被成功地打造成度假胜地,越来越多的旅行者一掷千金入住海景精品旅店,只为一晚上听汐观月。

隔水而望的**南诏风情岛**[门票50元(含往返船票);⊙8:00~17:30]是洱海游船通常会停靠的地方,环岛小径30分钟能走完。双廊镇海街中段码头有去南诏风情岛的渡船,船程约5分钟。**玉矶岛**(门票10元;8:00~18:00收费)上最值得一看的是有"玻璃城堡"之称的青庐(☎137 0866 6010;咖啡 50元起,套房1800~5600元),入内参观至少得消费一杯咖啡;太阳宫和月亮宫也是青庐主人画家赵青设计的。

玉矶岛南面一条短短的海街上集中了酒吧和咖啡馆,有着相对安静的氛围。喜欢传统文化的可以去看看带有白族传统风格的**本主庙**。此外,主街邮局对面的魁星阁广场是村民的活动场所,这里还有没被圈起来的洱海可以看。

双廊镇上不能开车,你可以把车停在南诏风情岛码头停车场、彪锅停车场及大建旁村公路边小型停车场,过夜20~30元。

见326页

行驶路上 » 从双廊到沙溪可走大丽高速,全长约108公里,需时约2小时。也可走老路G214国道,在牛街镇向西沿牛沙路去沙溪。全长只有约88公里,但需时约3.5小时。虽然路况较差,但沿途植被茂密、空气清新,滇北典型的山地风光在蓝天白云下更显秀丽。进镇前有一段上坡路,非常狭窄,节假日较易堵车。

另辟蹊径 诺邓古村

起点:① 大理古城(见318页)

离开文艺的大理,往西北方翻山越岭而去大约170公里,便可到达因《舌尖上的中国》而名噪一时的诺邓古村。这个大山里的白族小村曾因产盐而商贾云集、百业昌盛,村口有座古盐井遗址,在这里你有机会看到诺盐制作的过程。村中有几家客栈提供食宿,条件虽然一般,但可以品尝到地道的诺邓火腿。上过《舌尖上的中国》的**盐泉农家**(☎0872-552 5111;人均40元)就在村口停车场对面,可以品尝到地道的诺邓火腿和酸木瓜炖土鸡等特色菜。

从大理出发,沿杭瑞高速、沪瑞线行驶约3小时即到诺邓古村,村子在山上,可将车停在山脚村口的免费停车场再步行上山。

线路亮点

③ 沙溪

当丽江、大理相继被游客攻陷之后,安静古朴的沙溪古镇成为背包客的又一选择。古镇不大,通常指的是以四方街为中心的寺登街,这里也是茶马古道上保存完好的古集市之一。始建于明永乐年间的**兴教寺和古戏台**(联票20元;⊙8:00~17:30)是四方街场最重要的一组建筑,寺院正对戏台,据说,是为了方便佛和菩萨

算好时间来过节

大理地区是白族聚居地，有不少传统节日，不妨选对时间自驾赶赴一场盛会。

三月节 又叫三月街，农历三月十五开始，为期一周，地点在大理古城以西的观音古街和三月街（观音街）。有赛马、对歌、洞经等各类民俗展演和商品大展销。

请本主 农历正月初四举行，上午在双廊镇外的红山庙会举行仪式，将本主送上船。村民则舞龙穿过全村，到最北面的水边迎接本主。到了初七村民再送本主回红山庙。同一天在距双廊镇7公里处的青山村更有彝族艺人"上刀山，下油锅"的表演。

开海节 每年公历9月28日开始，在双廊红山庙有隆重的海神祭拜仪式。当地渔民也会表演鱼鹰捉鱼、手撒网等白族传统渔技。要拍摄洱海上白帆点点的场景，记得提前找个好视角。

们看戏，与民同乐。藏在支巷里的**欧阳大院**（门票10元）是沙溪保存最完好的马帮领队马锅头宅院。出东门往南可到**玉津桥**，玉津桥边很适合拍摄沙溪的山水美景，亦是夜晚观星的绝佳地点。不少人选择在沙溪住上一晚，就是为了在玉津桥上观望这片没有遭受光污染的璀璨星空。

古镇内不能停车，可将车停放于沙溪客运站内，邮局往西也有一个停车场。

见326页

行驶路上 » 从古镇出来，沿X804县道行驶约20公里，转入大丽高速直到丽江。全程约100公里，行程2小时。

❹ 丽江

曾经拥有柔软时光的丽江如今已经沦为"艳遇"之地，**大研古镇**任何时候都挤满了吵闹的游客，自驾旅行者不妨多花点时间往城外走走。丽江古城内禁止机动车行驶，古城外比较常用的停车场有**白龙生态停车场**（4元/小时，3小时内6元，40元全天）、**北门停车场**（大水车边，临时停车5元，2小时后按4元/小时计费，全天50元）等，实行机器智能收费。

玉龙雪山（☎0888-513 1068；大研古城以北28公里处；进山费130元；⏲5月至10月 6:00~16:00，11月至次年4月 6:30~17:30）距古城约30公里，景区包括甘海子、冰川公园、白水河和蓝月谷、云杉坪和牦牛坪等景点，所有车辆需停放于甘海子停车场，再乘坐景区环保车到达各景点。乘坐亚洲海拔最高的**索道**（双程180元，儿童半价；⏲7:30~17:30）可到达海拔4506米的**玉龙冰川公园**，欣赏四万年前形成的白水一号冰川。沿着栈道继续往上走，可在海拔4680米处零距离仰望这座神山。

距离丽江城西12公里的**拉市海湿地公园**（门票20元；⏲8:00~19:00），适合冬春季观鸟看桃花，夏秋季则可到周围果园摘新鲜水果吃。租辆自行车环湖骑行是不错的运动，如果要骑马，周边马场很多，记得与马主讲价。

束河就像是大研古镇的翻版，同样有四方街、大石桥和小石桥这样的"家族徽记"。除了在**茶马古道博**

环洱海之旅

驾车环游洱海，能近距离欣赏这片湖水。环海一圈约120公里。洱海东面一段叫环海东路，西面的一段叫环海西路。环海东路基本都是贴着洱海边，环海西路则是田园风景。一路停停走走，留出大半天时间足矣。作者调研时，过双廊一段在修路，不让非古镇车通行，需要绕行大丽高速并穿过一段路况很差的村中土路。

当地人声音

必然，
丽江"土著"，
喜欢自驾和徒步

我曾经带过很多朋友来虎跳峡徒步，这里最好的一点就是有多种线路组合。喜欢自虐的户外运动狂人可以从停车场开始徒步，反反复复地在高山与峡谷间上下，将所有高路和低路线路走完，不放过每一段"天梯"和悬崖栈道。我比较喜欢的线路是走过香格里拉大桥，从望江客栈旁边下到江边（15元），中途会经过一小段直上直下的天梯，到达江中的巨大虎跳石（索桥5元），然后从另一个方向往上走"张老师小路"返回，沿途会经过168级近乎直上直下的勇士梯（10元），不过上比下容易多了。

上图：激流奔腾的虎跳峡

物馆（中和路；免费；⏲8:00~17:30）里看看明朝木氏土司行宫留下的精美大觉宫壁画，多数时间你可以在镇上闲逛一番，四方街西边的青龙桥建于明万历年间，每天下午和傍晚，四方街和青龙桥就成为弹唱者的舞台和婚纱摄影的背景。

自然本真的白沙村曾经是木氏王国的中心，游人不多。**白沙壁画**（门票30元，需出示古城维护费票据；⏲8:00~18:00）的壁画多创作完成于明清两朝，绘画主题融合了汉传佛教、藏传佛教、道教和民间东巴信仰的元素。

见326页

视觉中国提供

行驶路上 » 从丽江古城出发，沿大丽高速行驶约25公里后转入G214国道，行驶约50公里后进入东环线，约3公里后到达虎跳峡景区售票处，全程需时约1.5小时。途中经过茶马古道长江第一湾观景台，可去拍拍第一湾美景。国道路况不错，但弯道较多，沿途限速40公里/小时居多，要小心避免超速。

线路亮点

5 虎跳峡

虎跳峡是金沙江在丽江境内最漂亮的一段，江水流经玉龙雪山和哈巴雪山之中，平缓的江面骤然收缩，两岸高山绝壁对峙，峡中激流奔腾。在两岸山壁间徒步，或者沿陡直的铁梯下到江底巨石，各有各的惊险。即使你对户外运动完全没有经验，也能完成有惊无险的徒步一日游。

在**丽江虎跳峡景区**（桥头镇金沙江东岸；门票50元；⏲9:00~16:30）售票处购票之后，可以将车放在停车场，从桥头出发，往上走纳西雅阁、二十八道拐，在Half Way客栈稍作休息，一路下山至Tina's客栈，然后下到江边，到达中虎跳。如果停留时间不多，可以直接开车到中虎跳Tina's客栈，从这里开始徒步去虎跳石，2~3小时就能来回。当然，如果你时间足够，可以住在**Tina's客栈**（☎139 8875 0111；铺 30元起，标间 120元起；❄ WiFi P），将所有的高路和低路徒步线路走完。

行驶路上 » 从中虎跳到香格里拉有两条路，如果继续去往白水台景区（三坝乡白地村；门票 30元）可沿东环线行驶约68公里到达，欣赏过苍翠群山之间层层叠叠而下的白色水台之后，继续沿东环线往北行驶约100公里到达香格里拉，全程需时约5小时，一路盘山公路，风景非常漂亮。要省时间，可返回桥头镇，然后沿G214国道向北行驶约106公里到达香格里拉，需时约2.5小时。

6 香格里拉

香格里拉，拥有蔚蓝的天空、灿烂的阳光、神圣的寺院和圣洁的雪山，被视为人类最后的秘境。可惜2014年的一场大火，让香格里拉遭受重创，始建于唐朝的**独克宗古城**（又称月光城）保存完好的藏式民居多数被毁，重建工作一直在进行中，颇有些修旧如新意味的"新古城"可能会让一些人痛惜。目前，我们只能在月光广场西面和西南面看到一些逃过劫难的传统藏房了。

月光广场北侧有**迪庆红军长征博物馆**（免费；⏲10:00~17:00）和**迪庆州博物馆**（免费；⏲8:30~18:00），广场西侧是龟山公园，山顶有一个需要四个人才能转动的纯铜镏金转经筒，堪称世界之最。

清晨是参观**噶丹-松赞林寺**[新城北边尼旺路尽头；门

另辟蹊径
泸沽湖

起点：4 丽江（见321页）

遗世独立的**泸沽湖**（云南门票100元）不光有着波光潋滟的风景，还因古老的摩梭族母系社会风情而令人向往。自驾通过景区大门后，可依顺时针方向游览大、小洛水、里格半岛、泸源崖、情人滩、亮海、王妃岛、草海等景点，沿途会经过泸沽湖镇和十余个摩梭村寨。环湖全程约78公里，除云南境内的大洛水至里格段公路弯道较多外，全程平坦舒适，是自驾者的理想之选。泸沽湖镇上有洗车点（30元/次）和加油站。不停留拍照的话，2小时足以兜完整个湖区，走走停停、从容看风景则可能需要大半天。

丽江至泸沽湖云南景区约200公里，从丽江市区出发，先后沿丽宁公路和宁泸公路行驶约4.5小时即到景区售票处所在地宁蒗小鱼坝。

Classic Trip 经典线路

票 115元(含观光车);⏲7:00~20:00]的最佳时间，上午全部佛殿都开门迎客，还有机会听僧人早课、辩经。从寺庙出来，可以沿拉姆央措湖栈道走到对面小山坡上的观景台，这里可以拍摄松赞林寺全景。

香格里拉县城周边不少景点位于G214国道旁，可在前往德钦时顺道一游。**纳帕海**（离县城7公里；门票60元）是公路边一个小小的高原湖泊，湖畔村庄夏天十分漂亮，11月至次年2月则可以观赏黑颈鹤等在此过冬的候鸟。**高山植物园**（纳帕海北边，G214国道旁；门票30元；⏲8:30~17:30）里除了观赏独特的高山植物，还可以俯瞰纳帕海。**普达措国家公园**（www.puda-cuo.com；距县城22公里；门票 258元，含观光车费 80元；⏲11月至次年3月 8:30~16:00，4~10月 8:00~17:00）内有属都湖和碧塔海两个美丽的高原湖泊。

见327页

行驶路上 » 从香格里拉前往德钦约160公里，均沿G214国道行驶，路况很好，2~3小时可达。2016年11月通车的白马隧道全长5180米，自驾者不用再翻越海拔4280米的白马雪山垭口。沿途海拔落差很大，有草原、峡谷、山地等各种地貌，令人目不暇接的风景变化和惊险的盘山路程让人既不愿也不敢更不会在旅程中放松警惕。路上会经过不少景点，其中，金沙江第一湾无须购票进观景台，在路边也能观赏；巴拉格宗国家公园[尼西乡；门票210元（含60元观光车费）；⏲8:00~18:00，16:30后不可进入]也值得顺路游览。特别提醒，每年12月至次年1月，公路会出现积雪结冰的状况，自驾旅行者一定要慎重出行，注意安全。

线路亮点

7 德钦（飞来寺）

德钦县城本身并无景致可看，人们来此只为去12公里外的飞来寺仰望梅里雪山。路牌上写的**南卡扎西寺庙**（免费，不过守庙人会让你花20元点一盏酥油灯）指的就是飞来寺，传说大殿里主供的释迦牟尼佛像是从藏区飞来此地的。其实你不必买票进入飞来寺观景台（门票60元），整个飞来寺区域的观景角度都不错。

身为藏区八大神山之首，**梅里雪山**是藏族的朝觐圣地，海拔6740米的主峰卡瓦格博是云南的最高点，至今无人征服，好多人在飞来寺等候多时只为欣赏日照金山的那一刻。11月至次年5月看到金顶的可能性较大，其中，最为寒冷的11月和12月概率最高，其他时间就只能靠运气了（多数宾馆酒店都提供雪山日出时刻表，请提前查阅）。也有不少人来这里是为了徒步**雨崩**（具体徒步线路请参见Lonely Planet《云南》）。好消息是当地政府终于取消了坑人的梅里雪山套票，如今前往雨崩景区徒步只需购买80元门票。

见327页

视觉中国 提供

香格里拉赛马节上着传统服装的表演者

Classic Trip 经典线路

食宿

大理古城 1

石井私房菜 云南菜 ¥

(☎0872-889 8172; 玉洱路下段; 人均35元; ⊙11:30~22:00) 一家藏在小巷子里的当地菜馆，以传统白族菜肴为主，分量足，口味不错，适合几人聚餐。

益恒饭店 云南菜 ¥

(☎0872-266 3316; 玉洱路下段果子园路口; 人均40元; ⊙11:00~21:00) 老字号菜馆，地道大理家常菜，价格公道，推荐他家的招牌雕梅扣肉(35元)和香草烤排骨(5元/条)。

大理一九六九 客栈 ¥¥

[☎0872-269 0619; 才村码头抽水站; 标双240元起，海景房398元起; 📶]位于相对安静的才村，海景房欣赏洱海毫无遮挡，一楼的房间地板有一块巨大的透明玻璃，看得见脚下的洱海。不过若干房间内没有隔断的设计会让入住者略觉尴尬。

怪兽民宿 客栈 ¥

(☎181 8720 5524; 石门村玉局街41号(荷花苑旁); 标双128元; ❄📶) 民宿将石门村独特的石头房与白族风格建筑相融合，花园长满了多肉植物。墙壁上的怪兽主题插画是老板自己画的，一楼走廊上还有老板的毕业设计作品。提供免费早餐。远离古城喧嚣，适合自驾者入住。

双廊 2

吉祥红 云南菜 ¥

(人均40元; ⊙10:30~22:00) 大青树边上的一家当地菜馆，生意一直不错，自制的青梅金橘汁一定要喝一下。

乐道餐厅 融合菜 ¥¥

(☎0872-256 1282; 南诏风情岛码头南; 人均60元; ⊙11:00~21:30) 藏在南诏风情岛渔文化广场东边的小巷，就在一棵榕树下面，环境舒适。主打不放味精的创新菜，西餐、粤菜、川菜和大理口味融合得挺自然新鲜，可以尝尝招牌清蒸鱼(56元)和柠檬鸡(58元)。

蓝影 客栈 ¥¥

(☎0872-246 1259; blog.sina.com.cn/u/2174436835; 院景房 280元起，海景房 580元起; 📶) 虽然风景不见得是双廊最好的，但海景房性价比很高，房间普遍较大。

沙溪 3

翕庐私房菜 云南菜 ¥

(☎0872-472 1064; 邮局斜对面; 人均45元; ⊙10:30~20:00) 花木葱茏的民居小院，饭菜口味清淡，用料也新鲜，香茅草排骨(20元)是招牌菜。老板娘会根据人数帮你搭配菜肴，一些菜可点半份。

印迹沙溪 客栈 ¥¥

(☎139 8710 3325; 寺登街124号; 大床房99元起; 📶) 由沙溪本地年轻人创办的客栈，院子很大，气氛文艺，花园一旁还有开放式厨房。天台上的三脚架还有一个天文望远镜，沙溪的星空值得熬夜欣赏。

丽江 4

阿哩哩茶餐厅 创意菜 ¥

(☎0888-888 5885; 光义街忠义巷7号;

人均30元；⏲11:30~15:00，18:30~21:00）有一些特色可口的菜，如树花、杜鹃花炒鸡蛋，土豆饺子小巧喜人，内包肉馅，外皮黏脆，是这家独有的。

象山市场 火锅 ¥¥

（象山路中段）著名的腊排骨一条街。街口有一锅腊排骨火锅（小锅78元；⏲10:00~24:00）是后起之秀，桌上有烤架可火锅烧烤一起吃，还有糊米烤茶配着喝。市场深处的钰洁腊排骨火锅（小锅60元；⏲9:00~21:00）则是人气最旺的老字号，用番茄调味锅底酸咸可口。

瓦蓝-懒人居 客栈 ¥

（☎0888-512 5554/518 3158；www.walankezhan.com；新华街黄山上段20号；标双100元；📶）客栈位于万古楼山上，虽然爬山有点累，不过胜在清净。客栈在古城内另有一家分店意庐（☎0888-537 7399；五一街王家庄巷67号；标双680元起；📶），需提前预订。

白房子湖畔小屋 青年旅舍 ¥

（☎0888-510 7077；清溪路中段清溪村内，清溪水库东南角；铺55元，标双180元；📶）既然有车，不妨住远一点，这家台湾人开的青旅避开了大研古城的嘈杂，180度水景瑜伽房、2楼的天台和1楼的亲水平台都是舒适的公共区域，大床房（180元）和带隔帘和阳台的4人间都直面水库和雪山。

茶语屋 客栈 ¥¥

（☎153 9858 6999；康普巷中段东康六社34号，近老四方街；标双248元起；📶）有座近200平方米的纳西大院，房间开窗即能见景。以茶会友是客栈的最大特色，若有茶缘，会有机会喝到老板珍藏的不少好茶。旁边老办事处可以免费停车。

香格里拉 6

顺顺小吃 藏餐 ¥

（☎139 8878 3619；金龙街觉廊7号；人均40元；⏲6:00~22:00）从15元的砂锅米线到68元的小锅藏式牦牛火锅，味道都不错，青稞饼和牦牛酸奶同样美味。另外，这家店开店较早，6点钟就能吃上品种丰富的早餐。

尼西老字号火塘土锅鸡 藏餐 ¥¥

（☎139 8875 5777；香巴拉大道与龙潭北路交叉口；人均70元；⏲10:00~22:00）这家的尼西土锅鸡非常正宗，一只藏香鸡110元，价格比古城中的大部分藏餐厅稍贵一些，但口感也胜出不少。

香格里拉蓝田青年旅舍 青年旅舍 ¥

（☎0887-898 8088；措廊11号；铺45元起，标双150元起；📶❄）这家紧邻四方街的青年旅舍于2016年年初在原址重建，所有的房间都很宽敞，冬季有地暖，多床房也自带卫浴。公共空间稍显安静单调，但前台服务人员十分热心。晚9:00有电影放映活动。

画山别院 客栈 ¥¥

（☎187 6089 8822；金龙街觉廊路9号；标双280元起；📶❄）2016年重新装修，位于古城清静之处，藏房改建的客房虽然较小，但颇为简洁，房间和阳台都有超大玻璃窗，非常适合晒太阳。附属的画山藏餐厅口碑不错。

德钦（飞来寺） 7

梅里往事 客栈¥¥¥

[☎0887-841 6617；G214国道旁；标双500元起（含双早）；📶]这家酒店房间设施只与连锁快捷酒店相当，如此房价只因其无出其右的位置。客栈房间处于飞来寺观景台的第一线，可以全无遮挡地观览群峰全景，客栈还贴心地为每个房间配备了望远镜。

据说**腾冲**地区有88处温泉，
除了最热门的热海，还有各种野温泉

视觉中国 提供

Classic Trip 经典线路

精彩滇西

19

从南向北，寻访沉甸甸的历史往事，享受云淡风轻的古镇时光，深入高黎贡山和碧罗雪山之间的怒江大峡谷，旅途风光不断；两岸高山上的傈僳族、怒族和独龙族等原住民，仍然延续着古老的生活方式，又是另一番风情。

线路亮点

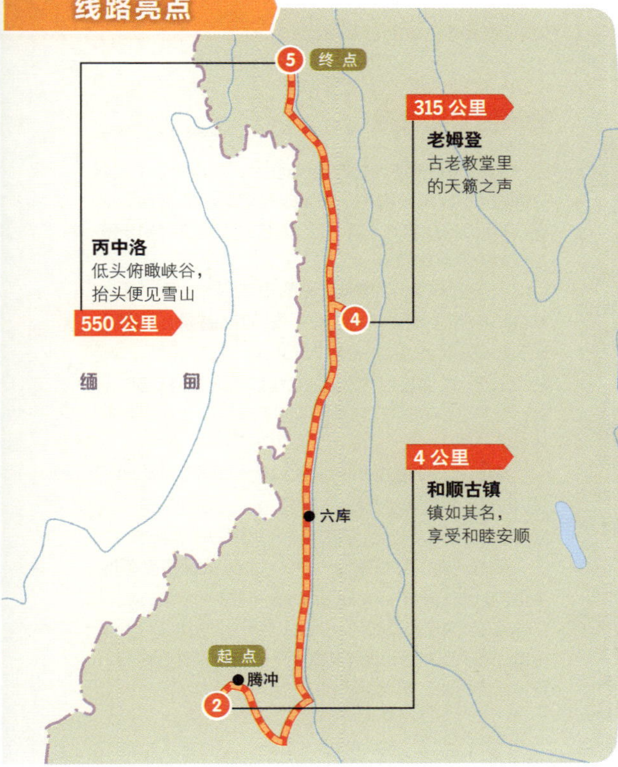

5~10天
约550公里

最适合

4WD

何时去

秋、冬、春都比较合适，泡温泉，看民俗；7～8月雨季不宜。

最佳摄影点

怒江第一湾的清晨，云开雾散那一刻，拍摄下如梦似幻的场景。

最佳体验

在老姆登教堂聆听犹如天籁的四声部无伴奏唱诗。

Classic Trip

经典线路

19 精彩滇西

这是一条先甜后苦却令人热血沸腾的线路，建议驾驶越野车出发，在腾冲、和顺享受一番之后启程前往怒江首府六库，逆着大峡谷一路往北，在老姆登教堂聆听一场四声部合唱，在丙中洛高峡宽谷的田园风光之中漫步。德贡公路已经通车，独贡公路隧道也已打通，不过路况时好时坏，你可以试着挑战最后的越野线路，选择翻越碧罗雪山到达香格里拉，或者沿丙察察线去往西藏圣地。不过，从2017年开始，自驾前往怒江地区，你得做好堵在路上的心理准备，六库至丙中洛的S228省道以及丙察察公路都在修路。

❶ 腾冲

本就拥有世界级的温泉与火山景观，近年又因那段滇西抗战史的挖掘，位于高黎贡山地带的边城腾冲，已经成为云南旅行目的地新贵。县城最值得一去的就是**国殇墓园暨滇西抗战纪念馆**（免费；宝峰路；⏲周二至周五 9:00~17:00，周六、周日 至17:30），这是滇西抗战和远征军将士的纪念地，园内规模宏大的滇西抗战纪念馆将会帮助你更好地了解这段无法忘却的历史。

热海（☎0875-513 3333；www.chinaspa.cn；门票/温泉套票 60/278元；⏲8:00~19:30，天黑后不可入园）是腾冲最著名的地热景区，距城区约12公里，开车约20分钟

腾冲温泉随便泡

据说整个腾冲地区有88处温泉，除了热门且贵的热海温泉，还有档次不一的温泉度假酒店和各种野温泉，你可以根据喜好选择一二。入住当地酒店客栈一般都能拿到温泉优惠券。

位于固东镇以北10公里的滇滩村有一条“温泉旅馆”街，价位相差不大。其中，**供销社温泉**（☎0875-585 4060；温泉 室内/室外 20/30元，标双/家庭 120元起/360元）条件最好，露天泡池有草木隔开，私密性不错，入住可免费任泡，室外温泉包括汤池、游泳池和熏蒸房。

黄瓜箐疗养院（☎0875-583 4099；温泉 2小时 50元起，标双含三餐、大池 148元起）是当地人爱去的平民温泉，澡堂盖在地热田上，泡完汤还可就地做个土桑拿。

要想一家人好好享受一番，可去**荷花温泉度假区**（☎400 0011 686；www.lotuspa.cn；荷花乡热水塘；成人/1.5米以下儿童 260/130元；⏲9:00至次日2:00）马帮主题小镇，25个泡池沿山隐于绿树间，田园远景赏心悦目。费用含自助餐和茶点等。

可到。将车停在景区外的停车场，换乘景区的电瓶游览车（15元）。接下来长约2.5公里的环形游步道会导引你参观蛤蟆嘴、狮子头、眼镜泉、鼓鸣泉等地热景点。景区里有**浴谷**（268元）和**美女池**（238元）两处温泉开放，如果觉得太贵，可以花30元只泡泡脚，感受传说中的光滑皮肤的效果。

火山公园（☎0875-585 3888；门票40元；⏲8:00~18:00）则是快速探索火山地貌的好去处，公园包括“大小空山”“柱状节理”和“黑鱼河”三个相去甚远的景点，自驾前往非常便捷。

见336页

行驶路上 » 神州租车在腾冲机场和县城热海路都设有门店，可以直接预约租借，当场提车。腾冲县城到和顺只有4公里，一脚油门就到了。

线路亮点

❷ 和顺古镇

和顺古镇正如它的名字一样令人安定，不少人来到这里，不为游山玩水，只为一享懒散。古老的街巷民居中保留着古镇的真正气息，安静的高墙大院里还住着和善知礼的人家，小河边的洗衣亭里，仍随时有主妇往来。

和顺古镇如今也收门票（门票80元；⏲8:00~19:30），凭票可以参观和顺图书馆、文昌宫、滇缅抗战博物馆、弯楼子、和顺小巷、刘氏宗

当地人声音

阿文

登埂客栈老板，多次率队自驾丙察察

来滇西自驾，得做好应付烂路的准备，虽然德贡公路、丙察察公路都已经通车，但坏天气常常搞破坏，路也是时好时坏。不过，这样的自驾才更刺激，性能好的越野车走这些路是基本没有问题的，今年我带车走过几次，都很顺利。春天，丙中洛的桃花、油菜花和高大的木棉花都开了，漂亮得很。建议你们在春天自驾来丙中洛，夏天雨水较多，不宜自驾出行。

上图：丙中洛地区的教堂

祠、李氏宗祠、元龙阁、艾思奇故居等收费景点。不过，最值得看的恐怕也只是和顺图书馆和滇缅抗战博物馆。古镇入口停车场（购门票后免费）和古镇西侧部分客栈可停车。

见336页

行驶路上 » 从和顺古镇到六库镇约208公里，需时约4小时。沿S10保腾高速行驶约47公里后转入杭瑞高速段行驶约32公里后转入S230省道、S228省道，一直向北最后到达六库镇。途中会跨越高黎贡山和龙江大峡谷，沿途景色值得一看，但上下坡和弯道比较多，切记靠右、鸣笛。

视觉中国 提供

❸ 六库

作为怒江傈僳族自治州的州府，六库镇本身没什么好玩的，湍急的怒江自北向南穿城而过，将六库镇分成了江东和江西两个部分，江东为老城区，生活气息浓郁，可选择在此住宿，早起跟着当地人去农贸市场赶个早市，傍晚在滨江东路生态步廊散散步。

六库镇往南16公里，傈僳族**百花岭**村因其教堂四声部唱诗而著名。基督教堂就在公路上方200米处的村子里，参观免费，周日早、中、晚（大致是8点、12点、18点），以及周三、周六晚上，是教堂的礼拜时间，能听到四声部的合唱。通常，周日中午的合唱最有气势（但如果不是礼拜时间看表演要收费）。

另一个不可错过的就是和当地人一起参加澡塘会。县城以北12公里处的怒江西岸，有若干个正对江涛的露天温泉，也是傈僳族举办澡塘会的地方。公路边有**登埂澡塘**的指示牌，有修砌很好的两条路径通往一南一北两处温泉。提醒一下，当地习俗是男女同泡，如果害羞就避开人多的傍晚，同时记得带上泳衣。

见336页

行驶路上 » 六库到老姆登共105公里，S228省道交替行驶于怒江两岸，沿途风光不断。途中会经过老虎跳观景点，怒江在此处骤然收窄，江中有巨石，传说老虎曾在这里跳过怒江。注意公路指示牌标记为“腊马登景区”，可以停好车走一走江边栈道。记得在六库加满油再出发，在到达丙中洛之前沿途再无正规加油站。六库到老姆登正常情况下约3小时可到。可以注意沿途几个景点：老虎跳位于称杆乡北5公里处，立着“腊马登景区的牌子”；洛本卓乡向北6公里有金满银滩；不远处过保登桥，公路转至怒江东岸，前行3.5公里处为飞来石。

线路亮点

❹ 老姆登

这个位于碧罗雪山高坡的村落，绝对值得你停留。老姆登村的千余村民多为怒族，温和而友好，同时也是虔诚的教徒，这里有全州最美的**基督教堂**，如逢教堂的礼拜（周三晚、周六晚、周日早中晚），可以听到教众的四声部合唱。除了农历三月六日的开春节和怒族春节，村民们也会过感恩节、圣诞节、复活节等西方节日。在圣诞节期间有长达3日的庆祝活动，平安夜还会有特别的唱诗，犹如天籁。

老姆登村村口有观景台，能将怒江大峡谷美景尽收眼底。还有一个去处是高坡上的**“废城”知子罗**，1986年村民大迁移之后，整个小镇的建筑格局还保持着20世纪70年代的老样子，在这里走走，仿佛穿越至过往。

见337页

另辟蹊径
樱花谷和北海湿地

起点：❶ 腾冲（见330页）

从腾冲县城出发，樱花谷和北海湿地是非常令人享受的一日游行程。**樱花谷**（☎135 7751 0010；www.tcyhg.com；门票 90元含温泉，标双 150元）最美是在11月樱花盛放时，在高大的树木和樱花下，泡着温泉仰望满目青翠的高黎贡山，的确是很惬意的享受。樱花谷距县城约28公里，前11公里柏油路比较平坦，后17公里塘石路会翻越一座山岭，所以驱车仍需近1个小时。

北海湿地（☎0875-513 0102；www.yntcsd.com；门票 110元，船费 30元/人；⏲8:30~18:30）距离县城仅12公里，是国家级湿地保护区，春夏时鲜花、芦苇和群鸟的风貌甚是迷人，4月的鸢尾花（当地人称“北海兰”）更是一大胜景。浮动的草排由历年的草根盘结而成，漂在水上，让你分不清这是草原还是湖泊。你可以顺着浅桥走入湖心，然后坐船逛逛。

Classic Trip 经典线路

行驶路上 » 从老姆登经福贡到丙中洛全程约208公里，沿S228省道一直向北，路上会经过著名的石月亮，在距石月亮乡南七八公里的公路边就可以看到，这个高黎贡山顶形似圆月的大窟窿，同时也是傈僳族最重要的一个图腾。快到贡山县城时，会看到怒江第一啸，因峡谷在这里收窄而形成水流湍急的壮观景象。鉴于S228省道六库至丙中洛段在进行路面拓宽工程，出发前请向当地相关部门了解公路放行情况。

线路亮点

⑤ 丙中洛

贡山县城到丙中洛的公路沿怒江西岸前行，经过的就是怒江大峡谷中最美丽的地段。这里尚无任何雕琢痕迹的质朴野趣让人流连，高黎贡山和碧罗雪山像合拢的双手将丙中洛似珍宝般捧在手心。在距丙中洛约4公里处，可以看到怒江大峡谷的标志性景观——**怒江第一湾**，公路边有观景台，可在此下车拍照。拍摄第一湾的最佳时间是早上，厚厚的云海浮于怒江上，山腰之上早已阳光明媚，山腰下的村子还笼罩在晨雾下，云开雾散那一刻的第一湾尤其梦幻。

丙中洛是怒江峡谷中最大的坝子，两岸山谷四季常绿，天气晴好时抬头便见雪山。好消息是100元的丙中洛门票已经取消，峡谷两岸新建了几座观景台，可登高揽景。丙中洛镇其实就是一条南北长约500米的大街，街中间十字路口往东就是通往重丁、秋那桶和西藏的丙察察公路。想继续前往滇藏边境探秘，可在这里休整两日。

见337页

越野不走寻常路

翻过碧罗雪山去迪庆

结束滇西行程到达丙中洛后，如果不想走回头路的话，你可以翻过碧罗雪山去迪庆州，从怒江峡谷横切至澜沧江峡谷，连接两大峡谷的就是修了好多年的德贡公路。不过虽然已经通车两年有余，但路况极差，时好时坏，非越野车请勿上路。2017年年初，迪麻洛至孔雀山垭口段路基都毁仍在修复之中，会出现单边放行和限行情况。出发前请先向当地人打听下路况信息。

沿着丙察察线去西藏

丙察察公路被越野爱好者视为最具挑战性的进藏公路，从丙中洛到察瓦龙再到察隅，全长约280公里的所谓公路其实就是坑坑洼洼的砂石路和土路，最窄处仅一辆车的宽度，头顶落石、滑坡与塌方更是时有发生，一年中只有5月和9月中至10月中适合走。

从丙中洛出发，18公里后到达秋那桶，再沿土路经那恰洛峡谷行驶约70公里到达察瓦龙。这段路途经臭名昭著的小流沙、大流沙，山坡上众多碎石随时可能砸下来，一定要快速通过。在察瓦龙休整一夜后继续上路，两过怒江桥后，告别怒江开上山路，连续翻过四个海拔3900~4640米的垭口之后，迎来稍为轻松的下山路，路边是漂亮的森林风光。下山后一鼓作气再开30公里到达终点察隅。此段全程195公里，最好天不亮就启程，路途很惊险，没有十来个小时开不到。第三天从察隅北上然乌，之后沿G318国道一路往西至拉萨，就是一路坦途。

如今这样艰难的情况已得到很大改观，丙察察公路已于2017年年底贯通，全程以砂石路为主，普通家用轿车也可通过。但要小心石头划伤轮胎，务必带上全尺寸备胎以防万一。只要出发之前做好相应准备，即可尽情享受沿途美景了。

视觉中国 提供

腾冲的银杏村

Classic Trip 经典线路

食宿

云南和贵州 19 精彩滇西

腾冲 1

朝伟铜瓢牛肉 清真菜 ¥¥

(☎139 8757 5635；华严路满邑社区腾冲四完小下100米；牛肉 60元/斤；⏰9:00~22:00)这家清真饭馆有着口感超棒的牛肉锅，牛肉煮熟切厚片再下到火锅里，再配上些菌菇蔬菜，就足够两三人美餐一顿。

乡村小花园 云南菜 ¥¥

(☎182 8852 9529；热海路，近上绮罗路；人均50元；⏰9:00~21:00)建议先来一碗绿豆莲藕汤，安抚你的胃，然后继续大吃爆炒得焦香鲜美的牛肝菌。店堂红花绿叶，恰似花园。老板与时俱进，接受微信转账支付。

云上四季连锁酒店 酒店 ¥¥

[☎0875-519 1118；玉泉园转盘翡翠小镇别墅区内；标双 199元起(含早)；Wi-Fi 空调 P]云南本土连锁酒店，相比腾冲其他别墅型产权酒店，它的标准更让人安心，性价比也高。

银杏雅居客栈 客栈 ¥¥

[☎0875-516 7406，158 8767 7406；东方路栗树园小区40号；标双 180元起(含早)；Wi-Fi 空调]客栈奢侈地拥有两个带水池草坪的小庭院、一个大大的阳光露台以及餐厅和茶室，房间宽敞干净，卫浴区做了干湿分区。只是早餐稍显单调，晚起的话，可能连米线都吃不到。

和顺古镇 2

妈妈的味道 云南菜 ¥¥

(☎133 7875 3155；贾家坝，故乡客栈旁；人均50元；⏰11:00~15:00，17:00~21:00)本地口碑很好的饭店，店面清爽，罗非鱼酸甜开胃，藕汤浓鲜，锅贴饺子足以抚慰面食爱好者思乡的胃。

寸氏豆粉 小吃 ¥

(村家湾；3元起；⏰早上)不得不尝的本地最有名的稀豆粉，可配饵丝或烤粑粑。

花大门古民居 民宿 ¥¥

(☎0875-514 0612；十字路村十五社23号；标双180元起；Wi-Fi 空调 P)喜欢历史的旅行者不能错过这间有着两百多年历史的三层大宅，拥有独特的英国铁柱阳台、精美雕花和摆满家族照的厅堂，室内配有电热毯和暖风机，房主的好客亦加分不少。位置有点偏，入住前记得告知主人来接。

蒲密客栈 客栈 ¥¥

(☎0875-514 7198；张氏宗祠旁；标双168元起；Wi-Fi 空调 P)房间宽敞舒适，正对着一片荷塘和田野，夏天可夜听蛙声入睡。不到大门收费处(约100米左右)有个农村信用社，从那条岔道拐弯进入乡道可直接开到客栈门口。特别提醒，客栈允许旅行者带宠物入住。

六库 3

兰坪漆油鸡 火锅 ¥¥

(☎0886-362 6599；青山路，兰坪恩棋漆油鸡六库分店；人均70元；⏰8:00~21:00)本地特色的漆油鸡虽然鲜美、口感独特，鸡按整只卖(40元/斤)，再配以各种野菜(6~7元/份)。有必要提醒的是，配料所用的漆油是漆树籽榨出的油，过敏体质者慎食。

水云居茶餐厅

融合菜 ¥

（☎0886-362 6889；临江东路生态走廊中段；人均30元；⏰11:00~24:00）水云居宾馆的餐馆，兼做本地风味、西餐、粤菜、川菜，味道还算地道，价格也实在。炸鸡爪（20元）蘸上调料吃特别香，凉拌土豆（10元）、炸酱面（15元）的点单率也很高。餐厅为半开放式，吹着江风看着江景就餐感觉很爽。

水云居宾馆

酒店 ¥

（☎0886-362 6889；滨江东路生态走廊中段；标双 118元起；📶❄）房间大而干净，紧倚怒江的超级豪华风景房可享无敌江景，临街房间早上会比较吵闹。唯一不好的是，生态走廊需要步行，停车会是个问题，可以联系宾馆前台帮忙解决。

登埂客栈

客栈 ¥¥

（☎139 8860 4600；跃进桥北行200米登埂澡塘路牌下；标双 299元起；❄📶Ⓟ）离登埂温泉最近的客栈，温泉入室，每个房间都有直面怒江的温泉池。客栈共3层楼，每高一层贵100元。稍显不足的是，因紧邻公路，来往车辆很影响睡眠。店主阿文是怒江资深的自驾探险领队，想走丙察察可找他安排。

老姆登 4

姐妹花客栈

客栈 ¥

（☎139 8866 0041；铺 30元，洗澡 每人2元）不管是在当地还是旅游者中都有很好的口碑，老板是一对亲姐妹，热情开朗，为客人指路做菜，服务贴心周到。吃饭点菜按实际消费另算，人多可以预订怒族手抓饭。

怒苏哩150客栈

客栈 ¥

（☎139 8860 0156；铺 30元，标双 120元；📶）位于老姆登村中心，老板是位能歌善舞还烧得一手好菜的怒族小伙，会提供旅行资讯和安排周边徒步事宜。这里也是老姆登为数不多还保留火塘的客栈。客栈阳台视野极佳。手抓饭是它家的一大特色，60元一份够7人享用，请至少提前半天预约。

丙中洛 5

三江源民族饭庄

云南菜 ¥

（☎189 0886 9380；十字路口东北侧院内；人均40元；⏰11:00~21:00）过丁字路口后往前50米，路右侧的大院便是。本地人经常光顾的地方，不用菜单看菜随点，能做所有怒江特色菜，如琵琶肉、木秋鸡等。琵琶肉是怒族人冬季流行制作的一种腊肉，冬春两季能吃到。

阿洛国际青年旅舍

青年旅舍 ¥

（☎0886-358 1168；标双 80元起；📶Ⓟ）丁字路口往下走20米即是，基本设施齐全，老板阿洛做了近十年的向导，为人诚恳实在，有问题尽可以问他。

怒瓦驿栈

客栈 ¥

（☎156 2650 6090；丙中洛至重丁之间，靠近白塔；铺 35元，标单/双 180元；📶Ⓟ）这家客栈房间内部设施不错，房间带一个小小的阳台，可以看到桃花岛。酒吧也很有特色，楼顶亦是很好的观山处。

罗平的“螺丝田”好像水中的螺蛳，
又似大海里的旋涡

视觉中国 提供

20 行摄滇东之旅

云南是摄影爱好者的天堂，而在这条自驾线路上，更是诞生了无数摄影大片。从东川红土地开始，一路追逐光影变幻，土林奇观、油菜花开、梯田风光、古镇沧桑，将所有美景一线打尽。

线路亮点

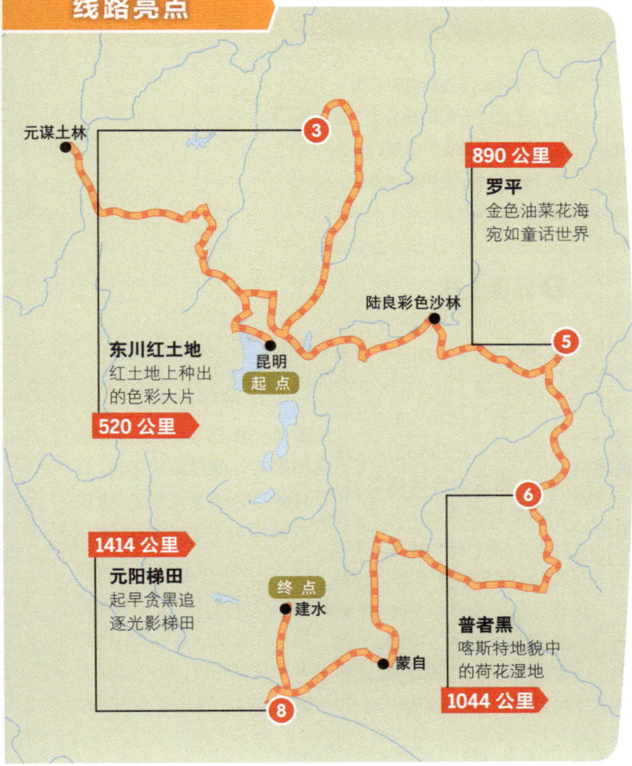

6~10天
约1530公里

最适合

何时去

3~5月，油菜花开，梯田放水，最适合拍大片；11月至次年2月，看东川红土地和元谋土林的雪景。

最佳摄影点

东川红土地，4~5月的麦浪和9~12月的荞麦油菜季都很不错。

最佳体验

在东川泥石流赛道里玩一次刺激游戏。

20 行摄滇东之旅

这是云南境内一条典型的赏景路线，适合爱好摄影的发烧友，由于景点间相距较远，自驾行摄再合适不过。不同的地貌佐以季节，便能调和出各异的风光和色彩。离昆明只有3小时车程的东川红土地近年来成为旅游新贵；罗平油菜花是经久不衰的摄影热点，喀斯特峰丛与80万亩金灿灿的油菜花勾勒出一幅壮阔画卷；美轮美奂的梯田倒影和云海造就的仙境，让人哪怕只看一眼就能满足。良好的路况和沿途的美食，则为这次行摄之旅提供了更为舒适的体验。

❶ 昆明

来昆明就是为了离开。即使这个城市有四季如春的好天气和闲适的生活环境，但就连昆明人也几乎要异口同声地告诉你：昆明没什么好玩的。不过，**翠湖**还是要去的。你很难不喜欢这颗“昆明的眼睛”（汪曾祺语），尤其在每年11月至次年的3月间，红嘴鸥的回归令整片翠湖都显得生机勃勃。翠湖边的云南大学、云南陆军讲武堂、文林街都值得花半天时间走上一遭（昆明步行游览见376页）。

见346页

行驶路上» 从昆明市区出发，沿二环西路出城，驶上京昆高速，一路向北行驶约167公里，转入京昆线行驶约18公里，即到元谋土林景区，全程220公里，路况良好，沿途有休息区，需时约2.5小时。

❷ 元谋土林

被大旅行家徐霞客点赞过的“如身在祥云金粟中也”的元谋土林，自然备受摄影发烧友追捧。目前开发的有物茂土林和浪巴铺土林两处。**物茂土林风景区**（门票8月至次年5月 100元，6~7月 80元，与浪巴铺土林联票 140元）又称虎跳滩土林，主要看点是各种象形土林，最壮观的景点莫过于门票上印着的“小西天”。**浪巴铺土林风景区**（门票8月至次年5月 90元，6~7月 75元）峰丛连绵，相比别处颜色更为丰富。11月至次年2月景色最美，建议摄影爱好者选择晨昏时分进入土林，不用担心有大部队抢占最佳日出和夕阳的拍摄点。买过门票以后，只要事先打好招呼，便可以多次进入景区。但最好不要天黑

后在景区内摸索。

行驶路上 » 从元谋土林到东川红土地没有捷径可走，需向南沿京昆高速返回到昆明城外，从绕城高速转入轿子山旅游专线，行驶约82公里后驶入昆绥线、新杨公路，一路到达东川红土地（花石头村）。全程约300公里，需时约5小时。虽然路程较长，但路况不错。

线路亮点

③东川红土地

红土地指的是以红土地镇花石头村为中心、周边20多平方公里的红色梯田。这里的土壤因富含氧化铁等元素而呈现出鲜艳的赤红色，再加之梯田里种植着随季节变化而呈现不同颜色的农作物，红土、绿地和蓝天的艳丽色彩，吸引着摄影爱好者络绎不绝地到此拍摄美景。每年2~3月下雪，4~5月麦子成熟，9~12月荞麦和油菜花开，都适合造访。

红土地的景点比较分散，沿三条公路分为西北线、东北线和南线，更适合自驾到达。**西北线**从南到北有浪大地、锦绣园、七彩坡和打马坎几个景点，其中，打马坎有炊烟人家，适合日出时拍摄；**东北线**从南到北依次是大平塘、老龙树、冬瓜湾、落霞沟、月亮田等，月亮田的景观层次丰富，摄影出片率很高；**南线**则沿着花石头村通往昆明的公路，从北到南，景点分别有乐谱凹、大窝塘、大丫口。其中，乐谱凹因为平行的梯田看上去像五彩的五线谱而得名。要提醒的是，我们调研时旅游开发公司已在这里修建大门和景区内栈道，以后来拍片说不定就要买门票了。

见346页

行驶路上 » 从东川红土地景区出发，沿轿子山旅游专线返回昆明绕城高速上，然后往东驶入汕昆高速，约120公里后下高速可到达陆良彩色沙林。全程约290公里，约需5小时。注意不要疲劳驾驶。

④ 陆良彩色沙林

距陆良县城约18公里的**彩色沙林**（门票50元；⏲10:00~19:00）是摄影爱好者不能错过的景致。在一条Y字形峡谷中，分布着在3.4亿年间由风化剥蚀作用形成的沙林，不但形状各异，色彩更是斑斓，红、黄、白、蓝、黑、灰等各色沙林随着早晚晴雨以及日照、月光的变化，会产生出更加丰富的色调效果。要想定格这一幅幅画，可就考验你对色彩和光影变幻的把控了。

行驶路上 » 从陆良彩林景区到罗平油菜花景区只有约80公里，进入终南山线行驶1.7公里后转入汕昆高速，行驶约37公里后驶入江召公路，行驶约48公里就能到达目的地。

线路亮点

⑤ 罗平

罗平油菜花田，是此行

视觉中国提供

玩一次泥石流赛道

东川还有一样出名的就是泥石流灾害。尤其在东川绿茂乡蒋家沟，每年6~9月雨季来临时就会发生泥石流，这里的**中国科学院东川泥石流观测研究站**（☎0871-6241 2129；⏲9:00~18:00）常年免费接待关心生态的旅行者。东川每年也会举办泥石流越野车拉力赛，时间一般在4月或5月的某个节假日。赛道根据小江河谷的地形而设，涵盖了河沟、湿地、涝塘、流沙、怪石、潜流等全景式地貌，充满挑战。在非赛季和非雨季，自驾旅行者也可以选择一段赛道尝试一下，但要注意安全，非越野车请勿下去逞强。

东川红土地

另辟蹊径
多依河和九龙瀑布群

起点：❺ 罗平（见342页）

多依河（门票 70元；⏲8:30~17:00）位于罗平县城东南40公里，和贵州兴义的马岭河峡谷山水相连。景区以多依河为主线，可以步行（往返3小时）或乘坐景区内观光电瓶车。最有趣的玩法是橡皮艇漂流（套票150元，含门票和救生衣费用，二人起漂），全程8公里漂流1.5小时，非常刺激。

九龙瀑布群（门票 95元；⏲8:00~17:00）距离县城37公里，拜独特的地质构造所赐，瀑布群沿九龙河随不同山势下跌，形成高低宽窄不等、形态各异的十级瀑布，顺着修建整齐的步道，可以轻易找到每个瀑布的位置，一路上下共需3小时。也可乘坐景区电轨缆车（单/双程30/50元；5分钟）抵达高处观景台，俯瞰十级瀑布全貌。

从罗平城区出发，往东南方向进入江召公路，行驶约38公里即可到达多依河景区。九龙瀑布群则位于罗平城区东北方向，从城区过去，沿新师路行驶约20多公里即到，需时约40分钟。

的重头戏之一。每逢花期，罗平县城便深陷在一片无边际的油菜花海中，你可以以罗平为基地，按照影友们总结的几个大片出产地，逐一自驾前往。**金鸡峰丛**在罗平县城东北约9公里，平坦的油菜花田中零星点缀着一些孤峰，仿佛大海中的航船，视野开阔而不单调，适合拍宽幅照片；**牛街乡**位于罗平县城以北约7公里，梯田中种植着小麦和各类蔬菜，地形和色彩富于变化，拍出的照片很有动感。最有趣的是**“螺丝田”**，一圈圈弧形的梯田好像是水里的螺蛳，又仿佛大海里的漩涡。**湾子湖水库**在罗平县城西南去往师宗的路上，距县城13公里，灿烂的油菜花、青翠的山林和悠远的湖水互相映衬，别有一番意境。在路上还会经过**油菜花节主会场**，也是一大片平坦的花田，是近期开发的拍照好地方。**十万大山**位于罗平县城向东南去往多依河景区的路上，距县城约40公里。地形起伏，山形柔和但峰峦分明，油菜花仿佛一波波惊涛骇浪，拍个全景非常漂亮。

见346页

行驶路上 » 罗平去普黑者约有154公里，可沿S207省道、普炭公路行驶约4小时到达。沿途有部分盘山公路，风景不错，驾驶时注意安全。

线路亮点

❻ 普者黑

（☎0876-461 0004；www.qbpzh.net；丘北县城以北13公里）喀斯特风光和湿地荷花的组合，使得普者黑可以排进云南风光榜前几位。每年6~9月是它最美的季节，6万多亩红白两色的荷花绽放于湖光山色之间，爬上山头俯瞰，200多座喀斯特峰丛彷如飘浮在荷叶上，随便拍拍就是一张仙境般的大片。

蒲草塘、仙人湖和普者黑湖是核心景区（免费），无论是步行还是坐船、骑行，一个整天都够玩转核心景区。青龙山位于普者黑湖区中央，山顶三个观景台可拍普者黑全景，角度各有千秋。如果还有时间可将外围的天鹅湖、西荒湿地和摆龙湖加入自驾行程。**摆龙湖**是普者黑景区的水源，碧水孤岛的景观类似千岛湖，春天可赏桃园花开的盛景。**天鹅湖**（门票 80元；⏲8:00~17:00）湿地是候鸟的栖息地，能看到天鹅、斑头雁、白鹭、苍鹭、斑嘴鸭、针尾鸭等。可以试试用你的超长焦镜头“打鸟”。

见346页

行驶路上 » 从普者黑到蒙自

约242公里，先后沿普炭公路、广昆高速、开河高速行驶，最后沿北京路进入蒙自城区，全程路况良好，需时约3.5小时。

7 蒙自

蒙自虽为红河州州府，但名气仿佛只剩下了过桥米线。其实，这里值得寻访的还有滇越铁路和西南联大的往事。来到蒙自，请把以往吃过的过桥米线都忘记，在街头小店专心品尝一碗脸盆般大的菊花米线，然后去南湖边的**西南联大蒙自分校纪念馆**（南湖北路哥胪士洋行内；免费；⏲9:00~11:00，14:30~17:00）了解西南联大和蒙自分校的这段历史。

从北京路出蒙自城区，沿开蒙路往开远方向走，穿过大片的石榴林，约10分钟就到达距城区12公里的**碧色寨**，个碧石铁路与滇越铁路在此交会，曾催生了滇越铁路上唯一的特级站。今日车站徒余一座亮黄色的法式建筑供火车迷们凭吊。往铁路两边的村庄走走，还能看到几处当年的旧址。

见347页

行驶路上 » 从蒙自到元阳梯田就没有顺畅的高速公路可走啦，可沿个屯一级公路、S212省道行驶，中途会穿过仙人洞隧道，然后转入X10县道行驶，最后经由元绿二级公路到达元阳梯田景区。全程约128公里，需时约2.5小时，沿途一派田园风光。

线路亮点

8 元阳梯田

分布在哀牢山上的元阳梯田，千百年来是哈尼人耕作的天然场所，日出日落与云海雾气的瞬息万变，又让它在每一秒都展现出变幻不定的全新姿态。**元阳梯田**（☎0873-576 8035；门票100元，周票180元，月票280元；附送服务手册一本）的门票涵盖多依树、老虎嘴、坝达和箐口哈尼村4个景点，各景点只可进一次。不过，所谓景区只是修建了小小的观景台，你完全可以在边上或更多不收费的地方观赏梯田之美，例如新街镇的梯田广场也能看到很全的冬日云海。除了12月至次年3月灌水后的梯田倒影，4~5月哈尼村民的插秧场景与9月收割的景象也很壮观。

多依树（新街镇东南25公里；⏲6:00~18:00）是拍日出最热门的地点，所有关于梯田日出的大幅美图都出自这里。较高处的梯田中还点缀着多个哈尼族和彝族村寨。大多数摄影者会先到多依树观日出，然后到黄草岭等待云海的千变万化。**老虎嘴**（新街镇西南18公里；⏲8:00~20:00）则是拍摄经典日落大片的首选地，富有立体感的梯田格局和分布，配以斑斓的色彩，当晚霞出现时当真美妙绝伦。

见347页

行驶路上 » 从元阳梯田到建水古城，可沿元绿二级公路行驶约39公里，沿途经过几个村寨，风光不错，然后转入S214省道行驶约72公里后进入建水城区。全程约123公里，需时约3小时。

9 建水

有了《舌尖上的中国》的“推波助澜”，建水古城在旅行者中得到了美食之城的口碑，何况这座小城还有“滇南邹鲁”的底气，在明清两代，从建水城出去的科举考试中榜者就占了云南省的一半。如今的建水古城依然保留着文庙、朱家花园和天君庙、普应寺和崇正书院等明清建筑，可细细欣赏雕琢繁复的门头和漆痕斑驳的牌匾。

品尝过著名的井水点卤制豆腐和紫陶汽锅鸡之后，不妨前往古城外永桢路以北2公里的**碗窑村**，这是中国四大名陶之一建水紫陶的生产基地，约1公里长的街道两侧紫陶店林立，可在**绍康陶艺**（☎0873-761 8959；碗窑村365号，从路口走进去近1公里；⏲8:00~17:30）看看制陶过程，然后买个紫陶汽锅回家炮制一回建水汽锅鸡。

见347页

食宿

昆明 1

福照楼 云南菜 ¥¥

（☎0871-6538 7858；大观商业城西门；人均70元；⏲11:00~21:00）上了《舌尖上的中国》老字号汽锅鸡总店位于北大门靠近火车北站，加入三七粉的汽锅鸡汤更为香甜清爽，鸡肉也十分细腻。

1910火车南站 云南菜 ¥¥

（☎0871-6316 9486；后新街8号；人均70元；⏲11:00~14:00，16:30~21:00）以滇越铁路为主题的餐厅，位于一幢法式建筑内，包间以滇越铁路沿线车站命名。整合了云南四处的口味，其中，金条稀豆粉（30元1份）做得秀气可爱，味道也很好。

如家（翠湖店） 连锁酒店 ¥¥

[☎0871-6533 5588；翠湖南路152号；标双269元起（含早）；📶P]这家如家的位置实在是太好，房间里便能看到翠湖，服务态度、客房、无线网络等都保持了如家品牌水准。

云大宾馆 酒店 ¥¥

（☎0871-6503 4181；一二一大街云南大学西门；标双 160~260元；❄📶P）位于云南大学内，紧挨文化巷，逛街吃喝都方便。假期时常接待学校交流团体，最好提前致电询问是否有房。大堂、客房略显老气，房间地毯看上去有些陈旧，但总体称得上干净。

东川红土地 3

红土人家酒店 客栈 ¥

（☎152 8836 6915；花石头村；标双 60~180元；📶❄P）花石头村老牌农家乐，性价比较高，两层小楼外墙用原木装饰，挂有辣椒和野鸡等山货，有太阳能和热水器。不足是Wi-Fi信号较差。

福通酒店 客栈 ¥

（☎182 0877 0170；标双 60元；📶）位于新近发展起来的落霞沟住宿区，房间新而宽敞，店家待人周到，有时会免费提供落霞沟的导游服务。附近有银行ATM机。

罗平 5

步行街 美食街 ¥

（罗平县城新华书店对面）晚上会有很多美食摊，出售米线、烧烤等小吃。记得一定要尝试一下布依美食，包括五色花米饭、酸笋鱼、火烤干巴、竹裹粑粑等。油菜花季时还能吃到清炒油菜花、凉拌油菜芽。

新龙门客栈 酒店 ¥

（☎0874-825 1392；罗雄镇新风巷南口；标双 88元起；📶❄）在新风巷与龙门街的交叉口，有着可比商务酒店的装修和设施，周围环境比较安静，对面有一个西餐厅。

花海快捷酒店 酒店 ¥

（☎0874-876 1118；九龙大道189号；标双88元；❄📶P）房间干净舒适，采光很好，菜花节的时候房价也不会涨得太夸张。

普者黑 6

红泥小火炉PIZZA客栈 客栈 ¥¥

（☎133 6876 8412；标单/双 淡季 158/168元，旺季 300元以上；❄📶P）由一幢西式小洋房改建而成，房间是比较精致的混搭风，深色地板、红砖墙，以树桩为床脚，宜家风格的桌、凳。淡季时团购网上仅一百出头，性价比很高。

雅贝·精舍酒店 精品酒店 ¥¥¥

（☎0876-489 7998；标间 淡/旺季 360/

580元，套房 淡/旺季 480/780元；❄📶🅿）2016年7月才开的酒店，目前是整个普者黑景区设施最好的酒店。房间宽敞，床铺柔软，椅背、靠枕用心地饰以普者黑山水画。标间面湖，推窗见景。

蒙自 7

火烧房子菊花米线
米线 ¥

（☎134 0894 9685；兴盛路；菊花米线10～70元；⏲6:00～16:00）最早开市也极早收摊的一家米线店。配菜丰富，10元4种配菜，15元5种，20元6种，以此类推，米线可免费添加。另有一家**鑫桥源菊花米线**是兴盛路上少有的全天营业的米线店。过桥米线有三个档次（8～80元），此外还提供鳝鱼、排骨、焖肉和小锅米线等。

元阳梯田 8

六军饭店
云南菜 ¥

（☎134 0898 7640；梯田广场旁边；人均30元；⏲8:00～22:30）是镇上资格很老的一个餐馆，简朴的店面接待过很多大牌摄影师。豆豉泥鳅、小米菜汤加上用梯田水稻做成的米饭，便是诱人的一餐。

胜村彝族饭庄
云南菜 ¥

（☎137 6944 9227；胜村派出所往多依树方向走200米；点菜人均30元；⏲8:00～21:00）一家兼营米线、快餐和特色菜的"苍蝇"馆子，特色菜包括梯田手撕清汤鸡、清汤猪脚或猪肚、梯田鱼、泥鳅豆豉等。

花窝窝的四季客栈
精品客栈 ¥¥¥

（☎181 8737 5998；黄草岭公路下土路尽头；景观/非景观房 680/380元起；📶）拥有黄草岭最佳观景位置，房间装修具有浓浓的小资风。玻璃阳台房（880元）不仅有落地玻璃窗，还有玻璃天窗，拥有不错的梯田视角。入住可上顶楼天台拍照，每天清晨日照金田时，羡煞楼下寻找机位的非住店游客。

云梯酒店
酒店 ¥¥

[☎0873-578 8188；胜村中心位置；标单/双 360/260元（含早）；❄📶🅿]与新街镇的"云梯"同属一家，房间大而漂亮，设施很新。有些房间没有空调，但房价一样，入住前最好先确认。

建水 9

临安饭店
云南菜 ¥

（☎0873-765 2667；临安路48号；米线 6元起，炒菜人均40元；⏲7:00～19:00）各美食节目频繁在此取景的临安饭店，食堂般的环境，价格也依然亲民。一楼吃米线，二楼点菜。无辣的过桥米线（12元）极鲜，汽锅鸡（40元）当然是主打，人多可以点汽锅宴（598元），大大小小10只汽锅光是摆在桌上已经排场感十足，但需预约。

板井豆腐坊
小吃 ¥

（☎0873-766 8540；大板井对面；人均 5元；⏲8:00至中午）这家上过《舌尖上的中国》的作坊据称始创于光绪年间，出产的豆腐除批发之外，还在早上向散客供应豆浆、豆花、炸豆腐条、豆腐皮（每人5元任吃），豆香浓郁直叫人嫌弃以往喝过的豆浆。

阳光别院
客栈 ¥¥

（☎0873-788 3611；春秋停车场旁；标单/双 188元起；❄📶🅿）房间宽敞干净，设计文雅，双人间是两张1米5的床。周围环境安静，能有一个舒心的睡眠。

朱家花园
客栈 ¥¥¥

[☎0873-766 7109；翰林街16号；标单/双 480元（含早）；📶🅿]位于朱家花园内，28间客房由当年朱氏家族的居室整修而成。现代化的卫浴设施配备半个世纪前的老家具。住客可免朱家花园景区门票。

景洪的总佛寺已有一千多年历史，
金碧辉煌的建筑闪现着南传佛教之光

视觉中国 提供

热带秘境线

21

东南亚的异域风情和热带水果的香甜味交织在空气中与你一路相随。坐在澜沧江边泡着江水喝上一瓶冰啤酒，或是在满目皆绿的茶山里泡一杯香气四溢的普洱，在热带植物园里来一场奇幻的热带旅行。

线路亮点

3~4天
约500公里

最适合

何时去

10月至次年4月出行，如果在4月中旬泼水节期间前来，还能体验到丰富的民俗活动。

最佳摄影点

南糯山半坡老寨，拍花山云海。

最佳体验

漫步树冠走廊，俯瞰脚下的雨林。

21 热带秘境线

西双版纳景点分散且相隔较远，自驾是不错的选择，但如果要造访比较偏僻的山村，越野车更让人放心。这是一条开放性的路线，可以以景洪为根据地探索东西两个方向的目的地。需要提醒的是，西双版纳不少路段限速每小时60公里，一不小心就会超速。如果你有打算开车出境去老挝，那么往东线勐腊方向先去望天树景区感受空中索道，然后至勐腊镇上休息一晚，第二天前往磨憨出境过老挝。需注意的是，出境指南只适合驾驶私家车者，如果你的车是租的，请在出发前和租车公司沟通好。

❶ 景洪

从昆明出发的话，走昆磨高速经玉溪、普洱到西双版纳的G8511（昆磨高速），全程7~8小时，多急弯和隧道。更好的办法是直飞西双版纳，在当地租车出发。**神州租车**（☎400 616 6666；www.zuche.com）和**至尊租车**（☎400 678 8588；www.top1.cn）在西双版纳嘎洒机场均有门店，可以电话预约提车。

毗邻金三角的地缘优势，宜人的气候，美味的食物，让西双版纳成为中国西

南之旅中一处舒适、安稳的秘密天堂。不必在景点之间疲于奔命，你可以在古老的茶山上跟着村民采茶、赶集，或在景洪浓密树荫下享受闲适的咖啡时光。

总佛寺（坝吉路；免费；⏲8:30~18:00）可能是景洪市内唯一值得一看的景点，已有一千多年历史的寺院主体建筑金碧辉煌，在整个东南亚佛教信徒中享有盛誉。毗邻的**曼听公园**（曼听路35号；门票 54元；⏲8:00~18:00）曾经是傣王游玩赏花的花园，花卉植物众多，还仿建了曼飞龙白塔和景真八角亭。晚上有“澜沧江·湄公河之夜”歌舞篝火晚会（280~480元；⏲19:40~21:40；含自助晚餐）。

见353页

行驶路上 » 植物园距景洪60公里，1.5小时左右的车程，共有三个大门，分别位于西区、东区与链接两个区域的吊桥处。从景洪自驾过去，GPS一般会把你带到西门（正门）。景洪到南糯山自驾只需40分钟，全程二级路面，最后一段到山顶丫口寨的土路不太好走；从景洪市区到望天树景区约150公里，至少要3.5小时。

❷ 中科院植物园

（☎0691-871 5914；www.xtbg.cas.cn；勐仑镇葫芦岛；门票104元，导游费西区100元/人，全园260元/人；⏲8:00~18:00）总占地面积1100公顷的植物园，分西区和东区，**西区**的百花园、棕榈园、水生植物园和奇花异卉园植物种类繁多，爱好植物的人来这里恐怕会流连忘返，如果想要更深入地了解，可以提前一天预约植物学/生态学的专家导游（☎0691-871 5261，价格电话咨询）。

东区面积非常大，由热带雨林和绿石林两个景区构成，由于从西区到东区的步道全程有23.5公里，建议旅行者在游览车换乘站购买到东区的车票（50元）。热带雨林内有石板路和吊桥，可以静静享受徒步雨林的乐趣。

行驶路上 » 植物园所在的勐仑镇回景洪1.5小时左右，沿途棕榄绿荫成片。如果想从植物园直达望天树景区，那么你需要继续奔波近90公里，约2.5小时才能到达。考虑到植物园和望天树景区均分别需一天时间才能游完，建议不如先回景洪市区休息，第二天再出发。

❸ 望天树景区

（☎0691-817 5922；www.ynskytree.com；勐腊镇；门票75元，联票198元含空中走廊和游船；⏲8:30~18:00）望天树是热带雨林的标志树种，它的发现，让我国成为世界上森林类型最完整的国家之一。它们是雨林中的巨人，能长到40~80米高，相当于20层楼。坐接驳车（免费，30分钟一班）或游船（40元）都可进入景区。推荐坐船，行驶在碧波粼粼的南腊河上，两岸都是热带雨林，穿过两座吊桥后，便可到达雨林码头。**树冠走廊**是核心景点，这条长500米、最高处为36米的悬空吊桥，挂在数十株巨大的望天树上，本为学者观察望天树树冠搭建，如今为游客游览雨林提供了一个新奇的观察视角。为了减轻树冠走廊的压力，景区在不远处修建了一条玻璃廊桥，虽然玻璃平台可以让人“悬空”俯视脚下，但其受欢迎程度远远比不上树冠走廊。

见353页

开车去老挝

从勐腊到磨憨口岸仅43公里，如果打算从这里开车出境去老挝，可在玩过望天树景区后在勐腊镇住一晚，次日一早出发。请确保你已经手持有效护照和老挝签证，因为走陆路从磨憨口岸出境去老挝，中国护照不能办理落地签。可提前在**老挝驻昆明总领事馆驻景洪领事办公室**[☎0691-221 9355；告庄西双景综合楼二楼；⏰周一至周五，8:30~11:30，14:30~16:30，周六和周日 9:00~10:00（受理加急）]办理30天的旅游签证。3个工作日签出，收费150元，当天加急需要240元，10分钟可取。

自驾去老挝甚至东南亚的手续其实也不难。首先，到磨憨口岸联检楼的运政办证点办理过境保险等手续（⏰通关时间 8:30~21:30尽量在闭关前半小时出入境），在磨憨边检大厅缴费6元办理B种车行驶执照（相当于在老挝的临时国际驾照）；填写一张车辆过境查验卡，填写的时间周期最好大于你在老挝的逗留时间，以防万一；然后审核护照和签证，盖出境章，继续办理海关手续后才能出境。出境时武警会在查验卡上盖章。这里也可办健康证（40元），但不办也无妨。磨憨镇有国家特许经营的货币兑换处通兑四方[☎0691-881 1428；磨憨东盟大道281号；⏰8:30~17:30（节假日不休）]，可兑换老挝币、泰铢、美元和英镑等。

出磨憨后，需要拿查验卡和护照到老挝边检去办理入境签章，20,000基普。过边检后，车辆需要消毒（20,000基普），然后购买保险（100,000基普）。有消息称，这个"保险"其实只为了入境后遇到检查不被罚款，也可不办，所以出门前记得搞清楚自己车辆的保险事宜。

继续行车4~5公里，便是磨丁海关，在办理相关入境海关手续以及车辆路政费（50,000基普）后，便可以在老挝自由开车旅行了。基本上开5个小时就能到琅勃拉邦，全程二级路面路况不是太好，但景色风光保证原汁原味。记得保留好所有单据，以备路上及入境时查验。

行驶路上» 除非你要由磨憨过境去老挝，否则还是返回景洪市区住宿。从望天树景区出来，先后沿小磨公路、昆磨高速行驶约142公里即可到达景洪城区，需时约2小时40分钟。

线路亮点

❹ 南糯山

普洱茶新六大茶山中有五座在勐海，只有南糯山距景洪最近，位于景洪城区东面。虽然大部分茶山没有作为旅游景点开发，但风景毫不逊色，夏季林木蓊郁，冬季云海壮观，当地少数民族基本上家家种茶。

南糯茶山的入口就在公路边上，整座山有32个村子，树龄平均在300~800年的古茶树就有40余亩。一路开车上山，依次经过向阳寨、姑娘寨、半坡老寨等寨子。半坡老寨有片比较开阔的平地，是看云海的好地方，须得赶早，云海早上9点左右就消散了。丫口寨位于山顶，穿过一段约两公里的土路，就可以看到古茶园中那棵800多年的野生茶树王。山上还留有"勐海茶厂"的旧址，对历史和茶叶生产感兴趣的人可以去看看。山上住宿条件较简陋，建议当天返回景洪。

行驶路上» 回景洪走G214国道，全程约40公里，约1小时就能到达景洪城区。

食宿

景洪 1

小菜馆 云南菜 ¥

（☎0691-662 0013；勐遮路20号；人均40元；⏲10:00~24:00）当地人喜欢的小馆子，口味以酸辣为主。冷盘可以用柠檬鸡（48元）来开胃，在柠檬和小米辣恰到好处的酸辣中，你的味觉还能感受到各种香草的芳香。虫草花炒冬瓜猪（35元）很受欢迎，虫草花滑嫩脆香，猪肉紧实鲜香。

曼乱点村果其力餐厅 傣族菜 ¥¥

（☎188 6910 3000；曼乱点村；320元/桌）这个有着奇怪村名的傣族小村在离机场不远的地方，村子以原生态旅游著名，还能在村里买到精美又便宜的傣绣。一桌傣菜足够12个人享用，非常实惠。自驾车队可以选择在这里就餐，去之前需提前电话与老板预订。

江边烧烤 烧烤 ¥

到西双版纳必须吃烧烤。强烈推荐勐海路滨江公园对面、靠澜沧江边的几个烧烤摊吃，支在江水里的板凳桌椅能让你一边吃烧烤一边惬意地享受江水带来的凉意，名气最大的**曼听小寨**（勐海路曼听公园段）是一长溜档口，主要针对游客，价格较高。

湄公河国际青年旅舍 青年旅舍 ¥

（☎0691-229 8000；景兰国际G栋；铺20元，标单60元起；📶❄🅿）开在景洪最小资的一条马路上，被四五层楼高的棕榈树团团围住，住三层以上可以探手摸到棕榈树叶，单人大床房有独立的小阳台。步行可到滨江路夜市和曼听公园，缺点就是夜间较吵。停车场在后面的小区内，免费。

漫云舍 客栈 ¥¥¥

（☎139 1075 0589；告庄景亮寨5栋；标单450元起；📶❄）在漫云舍松软的大床上陷着，会让人不由自主地想睡懒觉。客栈一楼是喝咖啡和品茶的地方，楼上的客房复古洋气，卫浴和床品按五星级标准设置，非常适合全家出行。房间每天都有免费酒水小吃提供。门市价格可能比网上的预订价格更低，可以提前和客栈联系。

悠然台 客栈 ¥¥¥

（☎0691-214 9026；www.yourantai.com；嘎兰北路18号；房间1200元起；📶❄）一对异国夫妇花两年时间在山坡上建造了这所有澜沧江景的客栈。由传统的傣族木楼组成，大部分木料来自当地傣家翻新房屋换下来的梁柱，周边则是原生热带雨林。无论是门廊上的吊床，露天式沐浴，还是山野中的茶室与天台上的阅读室，都深得悠然三昧。酒店只有5间客房，需要两晚起预订。

望天树景区 3

莲雅小舍 酒店 ¥¥

（☎0691-817 5906；园区内；标双170元起）在园区内住宿的好处是推窗即可看见南腊河景色。房间中规中矩，没什么特色。

丽城主题酒店 酒店 ¥

（0691-813 5666；标双140元；📶❄🅿）如果要从磨憨口岸去老挝，可住在勐腊镇上，这家酒店离车站不到5分钟距离，民族风的环境很干净，晚上还可以到附近的夜市逛逛。车站周围的小餐馆味道都还不错。

六座风雨桥和五座鼓楼错落点缀着**肇兴**的千户侗寨，从中传出悠扬的侗族大歌，仿佛天籁

视觉中国 提供

Classic Trip
经典线路

黔东南苗乡侗乡之旅

22

黔东南的吸引力，就在于那些散布于山水之间的苗寨侗乡，雷公山以北，有著名的郎德上寨和西江千户苗寨，雷公山以南，从黎平到丹寨，沿途都是迷人的侗寨。如果赶上民族节庆，你将见证一场又一场节日狂欢。

线路亮点

6~8天
约780公里

最适合

何时去

全年皆可前往，3~10月因为气候适宜而更佳。

最佳摄影点

加榜梯田的发现，使得黔东南的旅行不再仅仅是看寨子。

最佳餐饮

镇远苗伯妈红酸汤，价廉物美的本土风味。

Classic Trip

经典线路

22 黔东南苗乡侗乡之旅

随着沪昆高速、沿榕高速、三黎高速、黎洛高速的相继开通，黔东南不再是崇山峻岭中的穷乡僻壤，自驾旅行也不再是奔波劳顿，你可以轻松便捷地抵达凯里周边的县市和村寨。

从凯里出发往南，沿S308省道，在巴拉河一线走访南花、郎德上寨和西江苗寨，如果有点审美疲劳了，镇远古镇和隆里古城浓郁的汉地风情正好调剂一下。黎平、从江和榕江三县是侗族的聚居地。你可以走乡串寨，看那一座座精致挺拔的鼓楼，聆听天籁般的侗族大歌。何况还有神秘的岜沙苗寨、壮观的加榜梯田，为这片土地增加了别样风情。

❶ 凯里

凯里只是这趟民族风情之旅的一个序曲，建议先去**黔东南民族博物馆**（☎0855-806 8089；广场路5号；凭身份证免费；⏲9:00～17:00，周一闭馆）了解一下黔东南的历史和民族情况，再去**凯里老街**（东门街和西门街）的市集上直观感受一下当地女子琳琅满目的头饰、围巾和土布花衣。在品尝过著名的凯里酸汤鱼之后，可以出发了。

见363页

行驶路上 » 从凯里城区沿迎宾大道向东行驶，在三棵树镇转入S308省道，一路向南沿蜿蜒的巴拉河行驶，沿途风光秀美。路过南花苗寨时可以停留一下；再往南5公里是季刀苗寨，可在路边停车场远望一下寨子全景。全程约29公里，需时约50分钟。

❷ 郎德上寨

郎德上寨是黔东南最早对外开放旅游的苗寨之一，有百来户人家，寨中不少百余年历史的木楼是国家级重点文物保护单位。沿着村中小路上行，运气好可以在芦笙场碰到旅行团包场的由本地群众表演的原生态歌舞。南侧的**朗德上寨民族村寨博物馆**（免费；⏲8:30～17:30）有寥寥几幅图片追溯村庄的历史。继续向上爬，**杨大六故居**（免费；⏲8:30～

17:30）里有这位苗族英雄的铜像和生平。在**纺织点**（免费）二楼展示着织布机实物、纺纱织锦步骤图以及一面墙的传统刺绣工艺品。

行驶路上 » 朗德上寨距西江千户苗寨其实只有约25公里，往北约5公里回到S308省道，遇三岔路口右转即是去西江千户苗寨的X886县道，路况不错，但弯道较多，不到1小时就能到达千户苗寨。如果时间充裕，建议从朗德上寨向南沿S308省道行驶16公里，在三岔路口沿指示牌向雷公山方向行驶，沿盘山公路一直向上到达雷公山山顶，游览风光秀丽的雷公山[门票旺季（3~11月）50元，淡季 30元，含响水岩景区门票]，5月这里的杜鹃花最美。

从雷公山顶返回乌东路口，右转沿X886县道行驶约20公里，转入凯雷高速，行驶约15公里即到西江千户苗寨。

线路亮点

3 西江千户苗寨

（☎0855-333 8666；门

当地人声音

吴虹飞
歌手，侗族大歌的研究者和传播者

侗族大歌是离世俗世界很近的一种天然的民间音乐，很美妙。它分布于整个侗族南部方言区，包括贵州从江县的小黄、往洞、谷坪、高增、贯洞、洛香等乡镇，榕江县的三宝、宰荡、车江、宰麻一带，还有广西三江县的梅林一带。在贵阳、肇兴等地，可以听到有组织的演出。但如果你想听真正原汁原味的侗族大歌，还是要深入侗族村寨，找到每个寨子的歌师，向他们探寻。

上图：侗族青年在黎平侗寨里演唱侗族大歌

票100元；观光车全程20元，单程5元；⏲24小时）西江千户苗寨已经是黔东南旅游的头牌，它由数百米长的古街和游方街组成，商店、餐厅在街道两侧。5座古朴的风雨桥跨过白水河，连接着东岸的游方街和西岸的观景台，客栈和酒店聚集在西岸山坡上。不要错过**西江苗族博物馆**（凭景区门票免费），对苗族的主要节日、建筑形式、婚葬习俗、礼仪和契约等方面有一个大概的了解。顺着也东寨的小路上山，可以找到**鼓藏头家**等景点。西江共有3个观景台，想要观赏宣传片上常见的震撼景观，可以沿西寨门附近被

视觉中国 提供

客栈遮住的小路向上爬，这里不仅有点点星光的苗寨夜景，也有朝阳洒进山谷的宁静时刻。

西江千户苗寨有北、西、东三个入口，自驾车辆不能进寨，可以停放在北入口外的停车场，收费3元/小时，30元/24小时。

见363页

行驶路上 » 从西江到镇远全程约122公里，约需2.5小时。有时间的话，路过剑河时可以去泡个温泉。沿朗西线向西行驶约9公里后驶入凯雷高速，约10公里后转入G60沪昆高速向东行驶，45公里后剑河出口下高速，沿G320国道向东行驶4.5公里，遇三岔路口沿指示牌指引左拐行4公里即到达剑河温泉镇。久格里吉温泉（☎0855-515 8288；68元不限时）环境不错。

从剑河收费站回到G60沪昆高速，向东行驶32公里后转入S25沿榕高速，继续行驶37公里从镇远收费站离开高速，然后行驶7公里（四级路面）抵达镇远县城。

❹ 镇远

在一众苗寨侗乡的围绕之中，扼守湘贵要道的镇远古镇却是座汉风浓郁的古城，自古便是兵家必争之地，县城边玉屏山上至今犹存的**苗疆长城**（门票30元）即是明证。这里也是经商的通道，留下不少会馆和码头。**镇远县博物馆**（顺城街；免费；⏲8:30~17:30）可以帮助你了解这座古城的前世今生。

㵲阳河穿城而过，横跨河上的**祝圣桥**始建于明朝，桥上八角攒尖的魁星阁为清光绪四年（1878年）所建，古桥、古亭和半空中飞驰而过的火车是一幅绝美的画面。祝圣桥东是依山而建的**青龙洞**（☎0855-572 2273；门票 60元；⏲8:00~18:30），始建于明，是集儒释道为一体的古建筑群。

县城周边有两个较大的停车场，北岸停车场在镇远武馆附近，南岸停车场在遇见青年旅舍东南侧20米的小巷中。

见363页

行驶路上 » 从镇远到隆里，可能是这几天最长的距离，但沿途路况很好。先后沿沿榕高速、沪昆高速和松从高速行驶约185公里即到达隆里古城，需时约3小时。

线路亮点

❺ 隆里

明朝“调北征南”的戍边政策，留下了这座富有汉族文化传统的隆里古城，北方四合院和徽州马头墙让远离故土的汉人有思乡的寄托，复杂的街区格局又处处兼顾了军事防御作用。古城东北侧始建于明朝的**清阳门**是正城门，三层翘角门楼悬挂有风信铃。走进城门，入目皆是徽州风格的老宅，广场戏台旁边是**隆里生态博物馆陈列室**（免费；⏲9:00~12:00，14:00~17:00），可以了解隆里的基本格局。沿着狭窄的蜈蚣街向南，高耸的江氏宗祠和龙王宗祠比邻而居，宗祠西侧有规整、古朴的巷道，是整座古城中最漂亮的一条。古城南端的**正阳门**保存得最好，门外还有个可以“瓮中捉鳖”的瓮城。如果还觉得没逛够，可以出城向北登上**真武山观景台**，有更好的视野俯瞰古城。

见364页

行驶路上 » 隆里距黎平只有40公里的路程，已经通车的黎洛高速让这段行程更加便捷，从隆里出来沿X805县道驶入黎洛高速，约40分钟即到。

❻ 黎平

黎平号称侗都，是侗族人口最多的一个县。不过黎平县城并不能看到多少侗乡风情，一条中间低、两头翘的石板路**翘街**是黎平县城唯一可以消磨时光的地方，也只是保留着一些徽派古建筑。其中，**黎平会议旧址**（免费；⏲8:30~17:30）是红军长征的重要落脚点之一，在这里召开的黎平会议奠定了遵义会议的基调。

行驶路上 » 从黎平县城去肇兴千户侗寨只有50公里，沿黎洛高速行驶约40公里后向东转入S202省道即可到达，全程约需1小时。

线路亮点

7 肇兴千户侗寨

（门票100元）这座黔东南最大的侗族寨子如今也实行封闭式管理了，往来车辆必须绕道过境。自驾者可将车子停在寨门外的停车场，再步行约500米进入侗寨。一条肇兴河静静穿过这座山谷中的大寨，六座风雨桥跨河而立，五座鼓楼错落分布于寨子间，为你的闲逛提供方向的指引。靠近北寨门的**肇兴侗族文化展示中心**（免费；⏲8:30~18:00）是一组侗族风格的木楼，21个展厅中关于肇兴周边村寨以及侗族文化习俗与节庆的介绍，可为你规划下一步行程提供参考。不要错过包含在门票内的定时演出，可以听到侗族的大歌、琵琶歌等。尤其是多声部的侗族大歌，仿佛天籁。

位于山顶的**堂安侗寨**号称“没有围墙的博物馆”，由挪威政府资助，整座寨子都保存了传统的风貌和习俗。此外，肇兴周围分布着许多寨子，可以以肇兴为基地徒步走乡串寨，很多寨子也可以开车到达。

见364页

行驶路上 » 从肇兴千户侗寨出发，沿洛贯公路、从贯公路行驶约40公里即可到达从江县城所在地丙妹镇，需时约50分钟。

8 从江

为了著名的从江香猪，你都值得在从江停留一下。从江县城分为北部叫作“北上”的新区和南部的老城区。建议在新区食宿，不但条件好些，而且停车相对方便。新区值得一看的有，位于县城经边鼓楼广场的**大鼓楼**，中间4棵顶梁巨杉据说是从遥远的加鸠、光辉（在加榜梯田附近）山区搜集而来，整座鼓楼均由肇兴堂安的工匠按传统工艺建造，不用一钉一卯。

见364页

行驶路上 » 从从江老城区过从江大桥，沿X883县道行驶约8公里即到岜沙苗寨，路况较好，但弯道较多。售票处外有停车场，但你可以把车开进寨子里去。

线路亮点

9 岜沙

（门票30元；凭门票可免费看表演）岜沙，苗语念作“bia sha”，意思是草木繁多的地方。“中国最后一个枪手部落”是它的宣传口号，但因此而来的游客实在太多，“枪手”们的表演难免有些水分。除了芦笙舞，还能看到岜沙独特的镰刀剃头演示，同时伴有鸣枪仪式。那些高盘发髻、穿着大裆裤、肩扛长枪的岜沙男人，是摄影者最喜欢抓拍的，层叠的梯田、古朴的房屋、雾霭中静静矗立的禾晾架，以及冬天被薄雪覆盖的村落，同样吸引着摄影者。

进寨时注意看寨口的

另辟蹊径
银潭侗寨

起点：8 从江

去银潭侗寨的理由只有一个，就是看当地人身着的民族服装。银潭分上、下两寨，苗侗混居。从写着“银潭”两个大字的寨门进入便是下寨，所有女性都穿着精致的民族服装，其中最吸引眼球的就是绣花大肚兜和绑腿。

银潭侗寨位于从江县城以北约20公里处，出城往北，走G321国道，从河口大桥以西的沿江公路进山即可，全程约需1小时。

玩遍丹寨看非遗

就算把电子地图放到最大，你还是找不到通往某个村寨的清晰道路，但对自驾旅行者来说，行驶在丹寨的“云上之路”，寻访周边村寨中的少数民族非物质文化遗产，绝对充满挑战。但要提醒的是，出发前请向当地司机确认道路状况，特别是在塌方多发的雨季和冻雨较多的冬天。

排莫蜡染 排莫是丹寨的“蜡染之乡”，当地妇人尤其擅长在土布上线绘制并晕染出细密繁复的纹样。可在村中排莫苗族蜡染制作中心欣赏到村民现场制作蜡染，也可以购买一点作为纪念。

送陇百鸟衣 送陇位于丹寨雅灰乡西南方向4公里处的高山苗寨，这里最出名的是华丽百鸟衣，其工艺极其繁复，从手工纺织的土布开始，经过染、捶、刺绣挑花、镶边、镶吊羽绒等工序而成，制作最快也需要1年。农闲时节，家家户户的巧手妇女都在飞针走线，你可以看到百鸟衣的诞生过程。

麻鸟锦鸡舞 麻鸟，在苗语里就是锦鸡的意思。这个村子的苗族妇女最擅长制作锦鸡羽毛般的华丽裙摆，并在节日里模仿锦鸡动作舞蹈。每逢苗年、三月三、吃新节等节日，村中就会上演锦鸡舞。从丹寨到麻鸟的道路始终在大山之间蜿蜒迂回，最快也要3小时，好在路面状况不错。

树林，这片树林相当于寨子的“公墓”。岜沙人出生时，长辈会为他种一棵树，死后，那棵树会被做成棺木，同时在安葬地再种上一棵树。

见364页

行驶路上 » 从岜沙原路回到从江县城，再沿G321国道行驶约36公里，左转进入X883县道，约44公里即到加榜乡党扭村，这一段县道路况较差，又有山路，请小心驾驶。从党扭村开始就是梯田景区，从景区大门到加车村全程都是优良的柏油路。无论从景观还是食宿方便考虑，加车村都是理想的落脚地。

线路亮点

⑩ 加榜梯田

藏于大山深处的加榜梯田，让此次苗寨侗乡之行，有了一处以风景取胜的地方。每年4～5月初（有的年份可能会延迟到5月中旬），加榜梯田开始灌水，而在9月下旬，金黄色的稻田又让梯田显现出不一样的味道。

壮观的加榜梯田延绵约10公里，包括了党扭、加页、加车（jū）三个寨子。**党扭梯田**最佳观景点是老王家（进门费5元）的吊脚楼，你看到的多数气象万千的加榜梯田佳作都是在这里诞生的。层层叠叠的梯田一直延伸到山体的最边缘，梯田中间有十几户人家，画龙点睛般地为梯田添加了更多的生机。**加页梯田**最美是在金秋时节，沉甸甸的麦穗溢出田埂，形成诱人的金黄色弧形线条。最高处的加车村则有**梯田最佳观景点**，在这里你能俯瞰梯田的全貌，以及对面山尖如在云端的苗族村庄。

见365页

行驶路上 » 从加车村出发，沿X883县道原路返回，经过腊俄大桥之后，沿G321国道向北前往榕江县，国道路况较差，约3小时可到榕江县城。三宝侗寨距县城只有约4公里，你可以绕过县城直接去侗寨，也可以选择在城区食宿并休整一晚。

⑪ 榕江

榕江县城很小，没有太多吸引人的地方。如果你感兴趣，可以去参观一下**红七军军部旧址**(古州中路，县委大院旁；凭身份证免费；⏲8:00~

17:00），建于清雍正七年（1729年），是贵州目前保存最完好的古衙门建筑。

见365页

行驶路上 » 从榕江县城沿S308省道往北行驶，约4公里可到达三宝侗寨。道路等级约为4级，两侧居民较多，请放慢车速。

线路亮点

⑫ 车江三宝侗寨

（门票10元，17:00以后无人售票）这座自封为“天下第一侗寨”的寨子更像是一个民族公园。高高耸立的鼓楼建在大广场中间，两边是长长的走廊。葱郁的古榕树群沿河排开，常有侗家人在树荫下的河边洗衣、聊天。榕树下有一座《珠郎娘美》雕塑，这个在侗族地区家喻户晓的爱情故事正是发生在三宝侗寨。此外，这个寨子还有萨玛祠和一些古建筑可看。从景区大门南侧的章鲁村进入，传统的侗族建筑和徽派建筑相得益彰，是摄影爱好者喜爱的画面。

行驶路上 » 回到榕江县城，从榕江收费站上G76厦蓉高速，沿高速行驶约75公里，从丹寨、羊甲出口下，再向丹寨县城方向行驶5.5公里，路的右侧就是通往五彩梯田观景台的步道。入口左侧有家五彩坡农家饭庄，你可以把车停在饭庄门口。

⑬ 丹寨五彩梯田

与藏在深山的加榜梯田相比，美丽的丹寨五彩梯田就在高速公旁边。沿步道步行约15分钟，爬上一座小山头，就是五彩梯田的观景台。一层层梯田像一张巨毯，环绕着高要村平缓而广阔地铺开。在当地政府的引导下，村民在梯田里种植了不同颜色的花木，在春季形成了“五彩梯田”的景观。如果在9月底至10月初，看到的则是一片“水银泻地”的梯田。

行驶路上 » 丹寨距凯里只有60公里路程，沿余安高速可轻松到达，你也可以沿G75厦蓉高速一路向西到达贵州，继续探索黔西风情，全程约158公里，约需2.5小时。

Classic Trip
经典线路

食宿

凯里 1

快活林/亮欢寨酸汤鱼 贵州菜 ¥¥¥

(☎0855-860 1020；凯里市环城西路98号；人均100元；⏰10:00~22:00)快活林有凯里最著名的苗家酸汤鱼，经过改良的酸汤新鲜开胃，更适合外来旅行者的口味。该店分为快活林(大堂)和亮欢寨(包间，收费80元)两部分，席间会有服务员吹芦笙唱敬酒歌，当然菜品价格也不便宜。

牛滚荡生态园 贵州菜 ¥¥

(清江路与桥头巷交叉口南；人均60元)这家餐厅主打酸汤牛肉，红白酸汤都很地道，喷香的蘸水也值得推荐。带皮牛肉和牛背筋都值得尝试，只要点满两个肉菜就免锅底费用并附赠青菜。

凯里龙都璟怡国际大酒店 酒店 ¥¥¥

[☎0855-836 8888；凯里市民族文化园；标单/标双 408元起(双早)；❄📶🅿🏊]这家五星级酒店距离高速凯里西出口只有300米，很适合自驾旅行者。宽敞整洁的客房和体贴的服务以及附设的游泳池和桑拿，物超所值。

多彩贵州文化精品酒店 精品酒店 ¥¥

(☎0855-222 2222；北京东路22号；标单/双 228元；❄📶🅿)这家以地域特色为主题的精品酒店同时也注重房间的舒适度，卫生间配备有直饮水、紧急呼叫按钮、体重秤和晾衣杆，床品甚至鼠标垫都是蜡染风格。酒店环境也十分安静。

西江千户苗寨 3

蝴蝶妈妈苗族文化主题餐厅 贵州菜 ¥¥

(☎0855-321 9459；僦尜僦风雨桥西侧；人均80元)在表演场斜对岸，一层出售土特产和手工艺品，二楼餐厅环境很好，可眺望对面的苗寨，还可坐下来喝杯咖啡。难得的是能吃到雷山鱼酱火锅(88元/斤)。10人以上可以预订长桌宴，以人均50元或100元的标准来布菜。

绘景楼 客栈 ¥¥

(☎151 8556 1461；标双 198元起；❄📶)位于观景台正下方的这家客栈，以风景取胜。房间比较整洁，景观房有独立的阳台，可以俯瞰西江全景，楼顶还有一个大露台对游人免费开放(对立三脚架拍照者会收取相应费用)。

蝶庄度假酒店 精品酒店 ¥¥¥

(☎0855-322 3333；第一风雨桥西南侧；标单/双 428元起；❄📶)这家精致的酒店远离人群拥挤的北门和主街，有舒适的休息环境。房间虽不宽敞，但精致整洁，墙饰和床品也保留了苗寨的细节。楼上有露台可以观景。

镇远 4

苗伯妈红酸汤 贵州菜 ¥¥

[☎133 1243 5777；镇远县和平街(农行对面后街)；⏰10:00~22:00]几乎所有的镇远人都知道这个店，红酸汤正宗，锅底只收10元，菜式自选，小碟10元，大碟20元，蔬菜5元管够，最后数碟数结账。门外有停车位但通常比较紧张。

遇见青年旅舍 青年旅舍 ¥

(☎0855-573 3666；大码头渡口对岸；铺

30~60元，标单/双 88元起；❄📶）这家青旅在南岸东安世第老宅里，也许是古宅改造的客栈之中最便宜的。房间家具有些老旧，距离南岸停车场很近。

悠山月舍精品客栈 客栈 ¥¥

（☎158 7022 7979；顺城街151号；标单/双 178元起；❄📶）就在镇远县博物馆斜对面，房间狭小但不局促，墙壁做了吸音设计，有不错的阳台河景，能看到空中火车从树林中呼啸而过。旺季时房价可能飙升至400元，请提前预订。

隆里 5

济阳家园接待户 客栈 ¥

（☎0855-718 0036；正阳门63号济阳第；标双 80元；❄）整洁的木楼紧靠正阳门，房间比较简单，也没开通网络，但你可以和屋主——花脸龙的传承人讨教一番。

龙溪人家 客栈 ¥

（☎159 0255 9386；隆里古城内；标双50~120元）从东门进去立刻左拐，在第一个路口往右走就可看到龙溪人家。房间不多，但很舒适，有独立卫生间和古典家具。大院子里有树有花，适合小坐。

肇兴千户侗寨 7

嗨来学餐馆 贵州菜 ¥

（人均20元；⏲全天）“嗨来学”是侗语“一起来”的音译，这家店开了20多年，位于肇兴上寨的下段，从农村信用社顺河流走100米就能看到。以肇兴侗族特色菜为主，油茶、糕点都可以试试，也提供饺子、粉面、家常菜等。

那时花开驿站 客栈 ¥

（☎0855-609 8123；西寨门人工湖旁；铺35元，标双 108元起；❄📶）这家客栈拥有亲切的背包客氛围，老板娘能为旅行者提供咨询、拼车等切实帮助。可以使用厨房，也提供拼饭。驴友还能在露台和院子里免费扎营。缺点是离主街稍远，夜晚略吵。

青定阁 酒店 ¥¥

（☎0855-613 0533；礼团鼓楼西；标双220元起；❄📶）位于寨子中心，却又闹中取静，大面积的水泥亚光墙地配上原木材料，简约又时髦。位于中庭的天井让整座建筑拥有难得的明亮，一层大厅提供不错的咖啡和简餐，每层楼也有自己的公共区域。客房设施也很好。

从江 8

从江香猪美食 贵州菜 ¥¥

（☎0855-641 6688；北上公安局路口下坡斜对面，香猪 每斤68元起）这是从江一家香猪养殖公司开设的门面店，保证食客能吃到纯正的从江香猪。香猪清汤火锅每斤80元，两个人吃1斤也就够了。香猪入菜每盘68元左右。店内还有真空包装的烤香猪可打包带走。

从江大酒店 酒店 ¥¥

（☎0855-641 9998；从江县北上开发区，G321国道；标单/双 138~188元；❄📶🅿）这算是从江比较好的一家三星级宾馆，推荐看得到鼓楼的房间。宾馆有餐厅，门前还有一个大花园，饭后散步也不错。

岜沙 9

古风寨青年旅馆 青年旅舍 ¥

（☎0855-692 5035；生态广场长廊下坎；

铺 50元，标双 158元；📶）这家客栈在岜沙简直称得上鹤立鸡群，进门脱鞋的规矩让整个木楼一尘不染。有宽大的公共空间和观景阳台，家具都是主人DIY的。顶层观景房可以俯瞰整个村寨和梯田。主人能做一手好菜，每人每餐30元。

加榜梯田 10

影友之家 家庭旅馆 ¥

（☎151 8558 4438；加车进村左手第一家；普标 80元）这座木楼是整个加车村唯一坐拥壮观梯田景观的客栈，一定要选择二楼朝向梯田一侧的房间，推窗见景。提供公共卫浴，可搭伙（每顿30元/人）。不足是房间隔音较差。

老王家 客栈 ¥

（☎187 9857 3177；党扭村；普标80元）坐落在最佳摄影点上。住在这里的都是守候梯田绝美瞬间的狂热摄影发烧友。近年来，卫生条件有所改善，但还是不要有太大期许。

榕江 11

商贸城夜市 夜市 ¥

（古州中路，旧长途客运站附近）这里白天是菜市场，晚上8点后变身夜市，虽然环境较差但食物美味。除了猪下水、猪耳朵、鸡鸭等卤制品，还有配上榕江独特烧烤汁的各种烤串，以及重口味的猪小弟（猪鞭）。

总兵署榕江大酒店 酒店 ¥¥

[☎0855-383 3888；古州北路170号；标双158元（含早）；❄📶Ⓟ]也许是榕江最高档的酒店。坐落在汽车站斜对角的小山坡上，居高临下。宽大的房间拥有厚实的地毯，卫浴设施也不错。楼层越低Wi-Fi信号越好。

从底到顶拐了24个回头弯的**晴隆二十四道拐**，夜色中更显壮观

视觉中国提供

黔西南喀斯特之旅

23

黔西南的美景可不仅仅只有黄果树瀑布和龙宫，一路游山玩水，你可以欣赏到瀑布、峰林、田园、溶洞等喀斯特地貌。明朝屯兵留下的“少数汉族”屯堡人和当地人一起守望着这里的安宁，别忘了还有舌尖上的安顺美味。

线路亮点

5天
556公里

最适合

何时去

全年，2月、3月的油菜花季节最佳。

最佳摄影点

在西万峰林，看群峰和田园组成的画卷。

最美溶洞

紫云格凸河的燕子洞和穿上洞，曲径通幽，气度不凡。

23 黔西南喀斯特之旅

黔西南是贵州喀斯特地貌最丰富的地区。从贵阳出发，借助G60沪昆高速、S65晴兴高速和新开通的S50都兴高速，可以把喀斯特景点串联起来，老牌景点黄果树和龙宫捍卫着5A级景区的金字招牌；深度旅行者则更偏爱马岭河峡谷和万峰林，格凸河是精彩的收尾，暗河、穿洞和地眼丰富了喀斯特的内涵。除了自然风光，这条线上也有一些历史遗迹，明代屯堡至今保留着600多年前的汉人风俗，抗战时期的史迪威公路仍为人们提供着怀旧而刺激的驾驶体验。

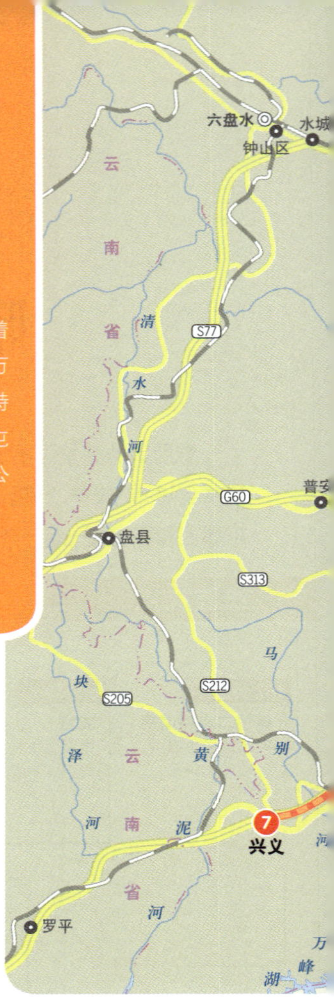

线路亮点

❶ 天龙屯堡

如果你从贵州出发，经G60沪昆高速向南行驶，在天龙出口下高速，再开约3公里就到天龙屯堡景区了，注意，路上有水泥墩子限制大车通行。

明初的屯田政策在贵州留下了许多座屯堡，**天龙屯堡**（☎0851-3429 5548；屯堡门票 35元/人，天台山 25元/人，通票 60元/人，电瓶车票 20元/人；⏲8:00~18:00）是旅游开发最早、也是最出名的一座。这里的建筑、服饰和生活习惯还保持着明代汉族的遗风。一条小河穿过古城，身着传统"凤阳汉装"的妇女们坐在河边或自家门前，一边刺绣，一边出售自己制作的小"凤鞋"。沿着小河走到石板街的尽头，是中西合璧的**天龙学堂**图书馆。往回走过郑家桥，便到了**演武堂**，院子里会上演被称为民间戏剧活化石的地戏（每30分钟一场，12:30除外）。

行驶路上 » 从天龙屯堡到云峰（屯堡文化博物馆）约有15公里，沿S102省道行驶至七眼桥镇，在三岔路往左拐进入云峰路，再走约4公里即到云峰屯堡文化博物馆。最后一截乡村路略有坑洼，小车可以通行。

❷ 云峰屯堡

云峰八寨（联票 50元，包括博物馆、本寨、云山屯；电瓶车30元/人；⏲8:00~18:00）比天龙屯堡保留了更加完好的巷道和民居，再加上春天的油菜花背景，分外迷人。看过云鹫山脚下的**屯堡文化博物馆**（⏲8:00~18:00），在对屯堡文化有个大致的了解之后，继续往山上走，**云山屯**位于半山腰，将车停在屯外，穿过坚固的

石门，沿石板古道进村，两侧分布着不少古民居。有时间可以爬上村寨左侧的云鹫峰，俯瞰云山屯、大片田野与远处的本寨。沿栈道穿过阡陌田园走进本寨，错落的石板屋顶上有七座高矮不一的碉楼，曲折小巷连接着一个个考究的院落人家，不少大门上有雕工精美的垂花门楼。

行驶路上 » 行驶4公里回到七眼桥三岔路口，左转沿S102省道行驶14公里，抵达安顺市区，需时约30分钟。

3 安顺

安顺城中值得一看的可能就是**文庙**（黉学坝路；门票10元；⏲8:00~24:00）大成殿前两根镂空雕琢的精美石柱。但你不能错过的还有“舌尖上的安顺小吃”，儒林路是仅存的一条石板老街，街边小吃店藏着老安顺最美的味道。你也可以在安顺好吃街上将安顺小吃“一网打尽”。

见375页

行驶路上 » 从安顺东收费站上G60沪昆高速，行驶24公里后在龙宫、安顺西出口下高速，沿指路牌再行驶8公里即到龙宫景区。全程约需40分钟。

线路亮点

❹ 龙宫

龙宫（☎400 966 1984；www.china-longgong.com；门票150元；⌚闭园时间旺季3~11月 18:30，淡季12月至次年2月 18:00）是一群由地下暗河串起的溶洞，乘船看洞的形式比较吸引人。此外，还有以漩塘为核心的峰林、暗河、佛寺构成的**通漩田园**景区。如今龙宫周边修建起了环形自行车道，将漩塘的田园景观与附近桃子村、龙潭村等地连接起来，旅行者可骑车游览整个景区。龙宫另一大招牌是**“龍”字地书**，欣赏它的最好地点是在去龙宫的公路上，可在路边观景台停车欣赏。

行驶路上 » 原路返回，从安顺西收费站上G60沪昆高速，行驶约24公里后从黄果树收费站下，转入X453县道，沿途有清晰的指路牌导引你前往景区停车场和售票大厅。全程需时约1小时。

线路亮点

❺ 黄果树

（☎400 683 3333；www.hgscn.com；门票旺季 180元，淡季 160元，含观光车票 50元；⌚6:00~18:00）虽然有争议，但这座高77.8米、宽101米的瀑布还是稳居中国瀑布之首。门票虽然略贵，但两日内有效，自驾旅行者完全可以在这里住上一夜，玩得更悠闲一点儿。景区有五个巨大的免费停车场，淡季允许自驾车开进景区，但注意是单向通行。黄金周等旺季时段景区禁止自驾车进入。

景区包括老牌的大瀑布、秀气的天星桥和相对平淡的陡坡塘瀑布。便捷的游道能让你360° 全方位欣赏**黄果树大瀑布**的风采，乘坐**黄果树大扶梯**（单程 30元，往返 50元）则可下到80米深的峡谷底端，在6个观瀑台上观赏瀑布。**天星桥**是黄果树景区内最大的一个景点，走完3.5公里的全程需要2~3个小时，全程都可欣赏水中盆景一般的岩石，后半程还有一座精美的天星洞。位于黄果树大瀑布上游的**陡坡塘瀑布**，以105米的宽度著称。如果时间有限，远远望它一眼就好。

🛏 见375页

行驶路上 » 回到G60沪昆高速，继续行驶63公里至晴隆收费站。出收费站后，沿G320国道行驶8公里（穿过晴隆县城），路右边就能看到二十四道拐。

线路亮点

❻ 晴隆二十四道拐

二十四道拐是抗战时期修建的史迪威公路的一小段，全长4公里，垂直高度250米，从底到顶拐了24个回头弯，非常壮观。当年，这是国际援华物资的输送要道，如今则被认为是全国条件最理想的汽车爬坡赛赛场。自驾者当然要去走一

另辟蹊径
织金洞

起点：❸ 安顺（见369页）

不想错过美丽的**织金洞**（www.gzzjd.com；官寨乡；门票旺季3~11月 120元，淡季12月至次年2月 100元，电瓶车20元；⌚旺季 8:30~17:30，淡季 9:00~17:00），可从安顺自驾前往。这座规模宏大的地下洞穴里有造型奇特的石柱、石幔、石花等，有“织金归来不看洞”的美誉。

从安顺以北出城，可经X018县道、S307省道前往织金洞，全程约115公里，路经乡镇较多，请注意驾驶安全，全程需时约3小时40分钟。也可以走沪昆高速和厦蓉高速，虽然绕一点，但全程高速路况很好，只需2.5小时即可到达。

视觉中国 提供

从洞内观望黄果树瀑布

走这条路。为了保护历史原貌，二十四道拐仍然是土路面，只要你的车底盘不是太低，就可在上面行驶。

欣赏二十四道拐最好的位置是在观景台。行驶至县城尽头公路边的二十四道拐文物保护碑（这是二十四道拐的起点），掉头几十米然后左拐，沿着一条无等级的柏油路（小车较难交会），向上行驶4.7公里，就是观景台。

行驶路上 » 回到G60沪昆高速上，向左转入S65晴兴高速，行驶约74公里后从兴义东出口下高速，再行驶5公里即是兴义马岭河景区的小青山入口。全程约需2小时。

线路亮点

7 兴义

兴义的外围是光鲜的新城，城市中间则是有着浓浓生活气息的老城。自驾旅行者可把这里当作中转地，去周边欣赏喀斯特景观。

这里有"地球上最美丽的伤痕"**马岭河峡谷**（☎0859-312 2666；庄园路；门票80元；观光电梯 30元；⏲7:30~18:30），能看到喀斯特多层次的地貌——地缝、嶂谷、瀑布、河流和碳酸钙壁挂。其中，最具观赏性的还是一道又一道高悬的瀑布，大者如银河跌落，小者似轻纱白练。

与马岭河深深的沟壑相对的，是有"九龙归位"之说的**万峰林**（☎0859-337 4058；将军桥公车站台旁；门票80元，观光车 50元；⏲8:00~18:00），它分为西峰林、东峰林和万峰湖，最便捷的游览方式是乘坐景区电瓶车沿着半山腰的观峰道俯瞰西峰林全景，沿途欣赏八卦田、地眼、田园风光等。

🍴🛏 见375页

行驶路上 » 从兴义出发，沿G78汕昆高速行驶约53公里，从安龙出口下，再行驶12公里（穿过安龙县城），就是安龙招堤景区停车场。全程需时约1.5小时。

8 安龙招堤

遍植荷花的**招堤**[☎0859-521 0477，旺季门票 40元，观光车（十里荷花）20元；⏲6:30~20:30]，最适合6月、7月荷花开时前来。这座石头堤坝修筑于清朝康熙年间，堤内是万顷良田，堤外湖面荷花盛开。穿过招堤，迎面是古意盎然的**半山亭**（门票5元），背后有张之洞纪念馆。不过非花季这里没什么可看的，观光车也会停运，不建议前往。

行驶路上 » 从安龙到紫云约165公里，沿S210省道一直往东北方向走，中途经过贞丰时可以绕一点路去看看神奇的双乳峰（门票 80元，观光车 30元；⏲8:00~19:00）自然造化形成的两座馒头山酷似一对丰满的乳房，借助景区观光车（车程

视觉中国 提供

兴义万峰林

14公里）可从不同角度欣赏山峰。这段路况不错，但限速多为每小时40公里或者60公里，路边配置了不少凸出路基的临时停车带，适合停车欣赏沿途的喀斯特峰丛。

离开双乳峰景区，从贞丰收费站上S50都兴高速，行驶75公里后从紫云出口下高速，然后行驶35公里抵达格凸河景区。紫云到格凸河为平整的柏油路，但弯比较多。沿途指示牌非常清晰。

⑨ 紫云格凸河

位于紫云县东南的**格凸河风景区**（门票常规游线190元，休闲游线150元；⏲常规游线8:30~16:00，休闲游线8:30~17:00）除了有洞穴、河流和苗寨风光之外，也提供“蜘蛛人”攀岩表演、徒步穿越上洞和盲谷、乘船游览格凸河等独特的喀斯特体验。

常规游线全程包含约3小时的徒步和20分钟的船程。从景区大门进入后，抬头可见绝壁上的两个巨型洞穴，这就是格凸河招牌大穿洞和穿上洞。每半小时一次的“蜘蛛人”徒手攀岩绝技表演就在岸边几乎垂直的峭壁上进行。休闲游线则不包括徒步爬山的部分，看完“蜘蛛人”表演直接乘船离开，在大河苗寨上岸游玩后返回。

🛏 见375页

格凸河的自然奇观

天地神光 这是当阳光照射处于特殊位置时经过大穿洞投射在河面上的一束“电筒光”，一般于9月中上旬晴朗的8:00~10:00可见，时长约40分钟。据说，一年中可看到这束神光的日子只有20天左右。观景的最佳位置在主码头和燕码头。

望天洞晨光 在大穿洞内的天井发生的“电筒光”，一般发生于夏季晴朗的7:00~9:00。在浮桥上可见。

万燕齐飞 从清明节前后到重阳节前后的每天5:00~6:00，燕子会从洞中如潮水般涌到外面觅食，到日落时分才又成群返回，蔚为壮观。在浮桥上可见。

食宿

安顺 3

安顺小吃街 小吃街 ¥

（黄果树大街与龙宫大道路口附近；人均30元）大多数安顺小吃都能在这里找到。推荐去**好心情烙锅**（好吃街7-4；⏲17:00至次日凌晨）品尝牛肉、土豆粑粑和臭豆腐，蘸料是店家秘制的，记得再点一杯酸甜的玫瑰水（2元）。

SOUL旅馆 客栈 ¥

（☎157 1853 3388；西秀新天地小区一区五栋22-3；标单 129元起；❄📶🅿）位于住宅小区内的家庭客栈，一共只有5个房间。私密的环境和舒适的床垫能保证安稳的睡眠。

安顺一家-珀尔斯酒店 酒店 ¥¥

（☎0851-3378 2999；开发区西航路198号；标单 200元起，含早餐；❄📶🅿）酒店距离繁华的大十字仅1公里，智能灯光系统、背景音乐系统、自动窗帘和舒适的床上用品则提供了舒适的体验。

黄果树 5

金谷瀑布山庄 酒店 ¥¥¥

（☎0851-3359 5800；黄果树大瀑布景区旁；标双 450元起；❄📶🅿）作为接待国家领导人的酒店，金谷瀑布山庄的位置果然最佳，在客房里就能看到黄果树大瀑布。房间设计带着些许古韵，部分房间还带小露台。

德意商务酒店 酒店 ¥

（☎139 8573 0760；售票大厅附近瀑韵天城内；标单淡季 120元起，旺季 368元起；❄📶🅿）离售票大厅较近的一家酒店，设计简洁，性价比较高，房间宽敞而安静。除了节假日和7、8月旺季以外，会推出价格较低的特价房，附近吃的也不少。

兴义 7

布依牛魔王 火锅 ¥

（☎139 8598 6260；乐立小学旁；牛肉 60元1斤；⏲11:00~21:00）店里的牛肉来自山上放养的土黄牛，每天新鲜直供，熬制出来的牛肉清汤锅底也格外鲜美。店主在自创的蘸水里添加了薄荷叶等香料，牛肉只需涮一下即可蘸料食用，唇齿留香。应季蔬菜是赠送的，80元就能让两人吃饱。

峰林驿 客栈 ¥

（☎138 0255 3620；将军桥旁；标单/双160元；❄📶🅿）位于景区大门口将军桥旁，交通非常方便。客栈只有7间房，打理得非常简洁干净。客栈主人对当地旅行情况非常了解，能提供详细资讯。

景沣园 客栈 ¥

（☎186 0859 2192；中纳灰公交站旁；标单/双128/138元；❄📶）客栈房间正对八卦田，有两间房拥有超大观景阳台，可以足不出户赏尽万峰林的日出日落。店里的蔬菜从八卦田旁的地里采摘而来，来自万峰湖的清蒸鱼和烹煮6小时以上的酸菜蹄髈是招牌菜。

紫云格凸河 9

蜘蛛人饭庄 农家乐 ¥

（☎159 8530 0292；格凸河景区门外；铺30元；📶）有独立卫生间，有热水淋浴，虽然条件简单了些，这样的价格也是物超所值的。也提供用餐，人均25元。

启能农家乐 农家乐 ¥

（☎135 9539 6551；大河苗寨内；标间 120元）启能农家乐是条件最好的一家，整洁干净，有热水，二楼的房间视线最好。这里也有农家菜可以吃。

步行游览
翠湖周边

起点: 翠湖南路和翠湖西路路口(君乐酒店附近)

终点: 翠湖西路

距离: 约4公里

需时: 3小时(不含游览时间)

曾被汪曾祺老先生夸为"昆明眼睛"的翠湖是昆明的精髓所在,翠湖公园周边则是各路人马聚集的文化活动场所。环湖路上有不少地方可以赏玩,譬如云南大学和云南陆军讲武堂,小吃美食与咖啡馆林立的文林街和文化巷则适合坐下来慢慢混时间。

可使用此步行游览的线路:

20

❶ 云南省图书馆

高大的云南省图书馆就在君乐酒店对面,藏书非常丰富,是消磨时光吸收精神食粮的好地方。沿翠湖西路一直往东,走到尽头就是翠湖南门。由此可进入公园内,春观海鸥夏赏荷花。

行走路上 » 出南门沿翠湖继续向东走到位于翠湖东路上的翠湖宾馆,宾馆隔壁就是卢汉公馆。

❷ 卢汉公馆

这栋芥末黄红瓦屋顶的法式小洋楼是以前云南省主席卢汉的宅子,虽经修复,但尚未对外开放,只能隔着围墙瞻仰一下这栋漂亮的法式建筑。

行走路上 » 此段的翠湖东路集中了不少昆明的顶级餐馆,包括供应顶级泰餐的日月湾和藏有中国当代艺术作品的翠湖会。走至圆通街路口,由圆通街往上走约10分钟就能抵达圆通寺。2、3月间,这条小街樱花盛开,非常漂亮。

❸ 圆通寺和动物园

(门票6元;🕘8:00~17:20)圆通寺最早建于唐朝南诏时代,靠近后山的地方有个铜佛寺,白色尖顶是典型的西双版纳建筑风格。大雄宝殿东边还有个喇嘛教殿宇,于是,一个寺庙之内包容了佛教的三个流派,令人眼界大开。圆通寺的素斋(午餐 11:30开始,晚餐 17:00开始)不错,时间合适可以品尝一下。

圆通寺隔壁就是**动物园**(门票 20元,儿童 10元;🕘7:00~19:00),网罗了多种云南特有的动物,如勐腊虎、黑尾蟒、滇金丝猴等。3月访园,还能邂逅满山樱花。西后门北侧是**唐继尧墓**,中国的传统装饰配上希腊、威尼斯、哥特风,看起来很和谐很气派。

行走路上 » 从动物园西门出来就是云南大学,如果不进动物园的话可以沿青年路、鼓楼路走至云南大学,此路段虽然没什么看点,但一路有

动物园的绿林相伴，还算惬意。

4 云南大学

绿意盎然、建筑西化的云大令人惊艳和羡煞。南门是云大的正门，沿钟型的95级台阶往上，正对面一座典雅的西式建筑就是云大前身东陆大学的主体建筑会泽院，身后的映秋楼和致公堂也各有典故，留意高耸的钟楼边不起眼的云南第一天文点遗址，它是全国最早测出云南准确经纬度的地方；往东，中西合璧的映秋楼原为女生宿舍，由梁思成和林徽因设计。钟楼一侧的工字形三座大楼带有建国时流行的苏联建筑风格，在夏秋季节，楼前的银杏大道和一侧的古梧桐树非常美丽。

行走路上 » 出云南大学的北门就是一二一大街，往西走，从天君殿巷拐入挤满了小餐馆、个性小店和咖啡馆的文化巷和文林街，可以坐下来喝杯咖啡，然后顺文林街走去钱局街、仓园巷，巷子尽头就是云南陆军讲武堂。

5 云南陆军讲武堂

（免费；翠湖西路22号，近翠湖东门；⏲8:00~18:00）讲武堂旧址是一座融合了巴洛克和中式牌楼元素的姜黄色建筑，院子里的大操场则从清代开始就是练兵场地，四合建筑中设立了讲武堂历史博物馆（⏲9:00~17:00，16点停止入馆）和中国远征军主题展。

行走路上 » 参观完讲武堂后可到隔壁的味彩翠园品茶休息，然后由翠湖西路走上翠湖南路回到起点。

华南和华中

被南海的万顷碧波抚慰的华南地区，既有中国最繁华的都市节奏，也有古老悠闲的慢生活。众多经济发达城市呈现出最时尚的一面，驶出百余公里以外，就是旧日时光的古村落和老建筑。粤东、粤北曾为中原客家人提供了世代的安定，沿海一带又为国人打开了通往世界的门户。海滨的金滩银滩上椰树摇曳，海南岛盛产的水果和海鲜格外诱人。八桂大地盛放着多彩的民族之花，喀斯特地貌形成的山水盛誉天下。而地处内陆的华中地区，拥有悠久的历史，襄阳城久经战火，芷江城敌寇俯首。武陵山脉从鄂西连绵到湘西，孕育出奇异峰峦和层层梯田。

华南和华中地区都有着四通八达的公路网，高速公路连通了绝大部分城市，县道乡道密布在田野山区，各条线路的路况都很良好，无论什么车型都可以通达。但要注意山区的道路，那里常见盘旋的弯道，在欣赏沿途美景时更需谨慎驾驶。线路里的著名景点很多，但在全民节假日期间最好避开，以免遭遇路堵和涨价。

开平 的赤坎古镇，广东

视觉中国 提供

华南和华中

临汾
长治
泰安
莱芜
鹤壁
濮阳
济宁
晋城
菏泽
枣庄
运城
开封
三门峡
洛阳
郑州
商丘
徐州
商洛
栾川
平顶山
许昌
漯河
周口
亳州
宿州
西峡
阜阳
南阳
淮南
十堰
丹江口水库
驻马店
广元
安康
信阳
合肥
襄阳
六安
巴中
绵阳
随州
神农架林区
达州
南充
荆门
孝感
万州区
宜昌
安庆
遂宁
广安
武汉
黄冈
恩施市
利川
荆州
鄂州
黄石
咸宁
九江
内江
洛陵区
石门
监利
重庆
岳阳
鄱阳湖
景德镇
永顺
张家界
常德
泸州
洞庭湖
平江
南昌
益阳
吉首市
长沙
宜春
鹰潭
株洲
抚州
遵义
湘潭
娄底
怀化
吉安
邵阳
洪江
衡阳
贵阳
安顺
永州
通道
全州
赣州
三江
郴州
融水
江华
临武
南雄
龙岩
乐业
河池
桂林
隆林
凤山
韶关
大埔
阳山
梅州
田林
柳州
贺州
新丰
新丰江水库
河源
潮州
百色
都安
蒙山
来宾
清远
揭阳
汕头
德保
平果
梧州
广州
东莞
惠州
汕尾
南宁
贵港
肇庆
佛山
深圳
云浮
中山
红海湾
崇左
玉林
江门
珠海
香港
灵山
信宜
澳门
香港特别行政区
钦州
博白
澳门特别行政区
防城港
阳江
北海
茂名
北津港
防城港
安铺港
湛江
湛江港
雷州湾
北部湾
徐闻
红河口
琼州海峡
洋浦港
海口
清澜港
南海
海南省
三亚
越南
南海诸岛
东沙群岛
西沙群岛
中沙群岛
南沙群岛
0
200 km
G209
G107
G104
G310
G312
G207
G316
G108
G42
G318
G65
G326
G210
G320
G45
G319
G55
G324
G105
G209
G80
G325
G15
G98
30
29
24
25
26
27
28

24 桂东北山水线 7~8天

婉约的山，秀美的水，从这里开始，领略八桂大地典型的喀斯特风景。（见383页）

Classic Trip

25 桂西秘境之旅 8~9天

神奇的地貌，原始的生态，这里是户外运动爱好者和冒险家们的乐园。（见393页）

26 粤西南沿海线 9天

沿西海岸线一路南下，领略靠海而生的独特民风，品尝最地道的海鲜。（见405页）

Classic Trip

27 广东客家线 10~12天

从粤北山区到粤东沿海，一路寻觅客家人足迹，走进围楼客家人的日常。（见419页）

Classic Trip

28 海南环岛线 13~15天

海滩椰林和五指山提供了丰富的景色资源，一路上还有极具本土特色的人文内容。除了海边胜地，深入山区会更有发现。（见433页）

29 湘西线 8~10天

张家界的峰林是大自然的杰作，凤凰吊脚楼下的沱江荡漾着浓浓的湘西风情。（见449页）

30 鄂西线 9~11天

沿着长江和汉水，穿越山区与峡谷，连绵的山路边是一幅长长的山水画卷。（见461页）

不要错过

漓江徒步

从兴坪徒步到杨堤，用脚步丈量漓江最美的一段风景。24

自驾红水河

一路的田园风光与峰丛奇观自由切换，犹在画中游。25

赤坎镇

绵延的骑楼街里，呈现时光倒流的一幕幕，也是摄影爱好者的心头好。26

汕头

潮汕菜、工夫茶，古城韵味依旧，吃喝则是到此旅行的重点。27

尖峰岭雨林

教科书上的经典雨林植物随处可见。除了大自然的神奇展示，富含负离子的空气更养心润肺。28

芷江

“血”字形受降坊记述着一段真实的历史。29

奉节天坑地缝

天坑地缝间见识神秘喀斯特的千姿百态。30

在**阳朔**的林立群峰和宁静村庄中徒步、攀岩、骑行或来一次漂流，才是正事

视觉中国 提供

桂东北山水线 24

这里有婉约的山，也有秀美的水，对于从未到过广西的旅行者而言，选择这条线路无疑能够最有效率地切入这片土地的典型风景，一路上，你还能用徒步、骑行、漂流等方式去亲近这片山水。

线路亮点

7~8天
约600公里

最适合

何时去

9~10月，秋高气爽最是适合亲近山水。

最佳摄影点

金秋时节的龙脊大寨梯田最高处。

最佳漂流

五排河，国家级训练水道。

24 桂东北山水线

在约600公里的旅途中，你将完整领略广西喀斯特地貌的山水精华。桂林的两江四湖和阳朔的柔媚峰丛一首一尾，仿佛是浑然天成的杰作，而途经的广大山野则奉献出令人屏息的震撼体验，龙脊梯田的丰收季是铺陈于桂北山间的风光大片，而华南第一峰猫儿山的春天则有满山杜鹃花开。此行多数道路是高速公路和省道，路况良好，五排河、猫儿山等地会经过县道，沿途风光可以弥补行程辛苦。但要注意，3~5月是桂北地区的雨季，出发前请向当地人打听实时路况信息。

线路亮点

❶ 桂林

桂林山水之美，独一无二，何况这座城还有厚重的历史供人凭吊。**象山公园**（滨江路南端，文昌桥东头；门票 75元；⏲淡季 7:00~18:00，旺季 6:30~18:30）中的象鼻山，一直是中国人心中最可爱的桂林地标，而一座**靖江王府**（王城路1号；门票 130元；⏲夏7:30~18:30，冬8:00~18:00）写就了桂林城最辉煌的历史，逛过这两处，你还可以步行或骑车或乘船去看看那些就在城区的喀斯特石山以及两江四湖的夜景，累了便停下来，吃一碗美味的桂林米粉。

见390页

行驶路上» 从西二环路出城，沿G321国道广平线向北行驶约64公里，到和平乡进入景区，从景区门口向内17公里抵达大寨。全程80公里，需时约1.5小时。途中有中石油加油站。

线路亮点

❷ 龙脊梯田

龙脊梯田的美景，一年四季不断。农历四月十五以后的梯田放水期，以及中秋至黄金周的收割季，是梯田最美的时段。景区（☎0773-758 3088；www.txljw.com；门票 100元）包括龙脊古壮寨梯田、平安壮族梯田寨、金坑·大寨红瑶梯田三个核心景区，以及中六寨、金竹壮寨、黄洛红瑶长发村等壮瑶村庄。在和平乡景区服务中

心购票之后，可不限时间随意游览所有村寨。建议按照由远及近的顺序，先将车停放在大寨景区停车场，然后依次走过大寨、平安寨和龙脊古壮寨。大寨和平安寨有各种客栈提供食宿。

农历六月六，大寨会举行瑶族一年中最盛大的节日晒衣节，每年清明和谷雨过后，龙脊古壮寨也有传统的开耕节。如果你恰好在此期间到访，不妨让自己投身庆典活动的海洋。

🛏 见390页

行驶路上» 返回和平乡景区入口，向北沿G321国道行驶13公里，约20分钟即到龙胜县城。

❸ 龙胜

在龙脊梯田的盛名之下，龙胜县城更多地扮演了中转站的角色。城区滨江路上有各种酒店，还有美食一条街能满足你的休整需求，然后再从这里去往三江侗乡，或者去周边的原始森林玩玩徒步穿越。

如果时间充裕又是户外运动爱好者，龙胜周边还有**花坪自然保护区**和**彭祖坪**两处极宝贵的原始森林地可供选择。关于这两条徒步线路的更多详细内容，请事先登录**桂林人论坛**（bbs.guilinlife.com）查询，不要贸然进入原始森林。

行驶路上» 出城沿X144县道向东北行进，沿途都是连绵山峦和苍翠的植被。看到路牌指示后右拐进入龙胜温泉景区。全程约33公里，需时约50分钟。

❹龙胜温泉

（☎0773-748 2888；www.ls-wq.com；江底乡温泉景区；泡汤128元/人）公园位于县城东北32公里处。藏在森林之中的天然温泉是它最大的卖点。这里有四家酒店，入住即可免费泡汤。具体价格可登录官网查询，在官网预订能享受一定折扣。除了泡汤，你还可以玩玩景区内的**岩门峡漂流**（128元），或者在**龙胜森林公园**（门票30元）里来一次轻松的徒步。景区内停车费用为10元/天。

行驶路上》 回到X144县道，继续向东行驶约40公里，注意路边的路牌，在距离车田乡3公里处，你便会经过五排河上游码头。全程43公里，需时约1小时。

❺五排河

（☎0773-443 1275；车田乡；漂流 168元/人；⏲5~10月 8:00~16:30）五排河藏于桂北的高山之中，漂流景区位于资源县城以西27公里处的车田乡。这段从车田到河口的河道长不足30公里，却有200多米的落差。中国激流回旋皮划艇训练基地就设在这里。目前对外开放的河段是上游黄龙—白石17公里的天然河道。漂流时乘坐橡皮艇沿河而下，沿途两岸是陡峭的山峰和茂密的森林。全程约需3小时。

自驾车可将车停在上游的车田码头，请码头工作人员联系代驾将车开往漂流终点的两河口码头或安排包车在下游码头载回起点，费用在100元左右。

行驶路上》 从X144县道向东北转入X149县道，行驶约45公里之后转入S202省道，向北行驶2公里到梅溪村，然后左转沿599乡道向北行驶约10公里，即到八角寨景区。乡道路况不是很好，请缓慢通过。全程约59公里，约需2小时。

线路亮点

❻八角寨

海拔818米的**八角寨**（☎0773-431 8222；资源县梅溪乡大坨村；门票38元）是越城岭主峰，因山顶飞出八个犄角而得名。它被誉为广西“丹霞之魂”，已经与其他几个南方省份的丹霞地貌打包被列为世界自然遗产。从山脚爬上山顶，约需2小时，沿途可欣赏壮观的丹霞风光，然后原路返回。如果你是摄影发烧友，可选择在景区门口处**丹霞山庄**（☎134 7130 8332；标双 100元起；🅿）住一晚，分两天两次登顶，分别拍摄黄昏时分的晚霞以及清晨的云海日出。

行驶路上》 原路返回梅溪村，经S202省道向南行驶约34公里到达资源县城。全程约需1小时15分钟。

❼资源

现在的资源正努力将与漓江朵发源和桂北山区的资江打造成新的旅游胜地。县城以北资江段已被开发成长约22公里、有31湾和45滩的**资江漂流**（机动木

另辟蹊径
去三江侗乡看风雨桥

起点：❸龙胜（见385页）

浔江、榕江、苗江交汇处的三江，侗乡风情浓郁，看过了城区多耶广场高高的**鼓楼**和**三江侗族博物馆**（江峰街17号；免费；⏲9:00~12:00，15:00~17:00）之后，不妨再去**程阳八寨**（门票 60元；⏲7:30~22:00）看看那座64米长的**程阳风雨桥**。

从龙胜出发，向西沿G321国道行驶约35公里后转入G209国道，再行驶约20公里即到三江县城，全程需时约1.5小时。程阳八寨位于城北约18公里处，沿S506省道行驶约30分钟即到。

视觉中国 提供

八角寨的丹霞地貌

船168元/人，橡皮艇980元/6人），终点就是天门山丹霞地貌遗址公园。从城北资江码头顺流而下，行程约2小时，沿途欣赏风帆石、神象汲水等丹霞景观。然后在**天门山景区**（门票60元）弃舟上岸，登上天门山。攀登需要1小时左右，如果想偷懒可以乘坐索道（往返120元）上下。山顶建有天之港绝壁观景平台，但由于高度和长度的局限，惊险程度有限。

见390页

行驶路上 » 沿S202省道一直向南，行驶约50公里，在升坪村路口右转向西进入X134县道升高线，再行驶约10公里即到达高寨猫儿山景区入口。沿途雄浑的山体与清丽的修竹构成了别样的风景。全程约60公里，需时约1.5小时。

线路亮点

8 猫儿山

[0773-621 9168；兴安县高寨；门票100元，套票180元（含往返景区交通车）]这座海拔2141.5米的"华南第一峰"因主峰峰顶形似一只匍匐的巨猫而得名。它是漓江、资江、浔江的发源地，算是桂林的山水之根。山上气象瞬息万变，春夏多雾时节如逢阳光斜照，妙丽光影被人称为"佛光"。每年4月中旬至月底，满山杜鹃花开，分外美丽。迷恋星空或日出的旅行者，可在山顶**云峰阁度假山庄**（0773-605 9116；www.gl-mes.com；标双458元起；）住一晚，或在财神像广场上露营（夜晚很冷，最好事先带上睡袋）。

猫儿山不允许私家车进入，可将车停在门口的免费停车场。徒步上山约需7小时，除非你打算在山顶住宿，否则还是买张套票乘坐景区交通车往返，往返需4~5小时。

行驶路上 » 沿X134县道原路返回到S202省道，向南行驶16公里后，进入G322国道，左转行驶约16公里后到达兴安。全程45公里，约需1小时。

9 兴安

小小的兴安县，却有着**灵渠**（0773-621 5022；兴安县双灵路灵渠公园；门票60元，仿古游船140元；7:30~19:00；停车10元/次）这座改写了中国历史进程的伟大工事——秦始皇用这几十公里的水路，完成了将南越并入中国的征程。先去展览室听一听对灵渠历史和工程构造的讲解，再登上临源楼观景阁俯瞰大小天平坝全景。从后门出去是长约1公里的仿古水街，可以在沿街小店吃上一碗正宗的兴安米粉。

带孩子自驾旅行者不要错过**乐满地**（0773-622 9988；www.merry-land.com.cn；兴安县志玲路；门票150元，儿童和老人半价；3~6月和9~10月 9:00~17:30，7~8月 8:30~18:00，其余月份9:00~17:00），有七个主题游乐区和温泉酒店等，适合全家亲子游。

行驶路上 » 从兴安到阳朔约有152公里，全程都是高速，路况不错。向南驶上G72泉南高速，行驶约46公里后进入桂林。城区道路拥堵，建议驶入桂林绕城高速，向南行驶约44公里后驶出高速，转入G65包茂高速，行驶约35公里后到达阳朔。全程需时约2.5小时。

10 阳朔

盛名之下的阳朔西街已经被举着自拍神器的大军攻陷，我们建议你把视线投向城外。两条可能是中国最美的河流——漓江和遇龙河蜿蜒流淌于几百平方公里的田野之间，在林立群峰和宁静村庄中徒步、骑行、攀岩或是玩一次竹筏漂流，才是正事。十里画廊和遇龙河两岸都是骑行的好地方，如果你想用更好的车探索更有趣的越野路线，可以到**bikeasia**（0773-882 6521；www.bikeasia.com；桂花路8号）寻求专业帮助。攀岩爱好者可去岩邦户外（0773-882 2325；www.rockabond.com；芙蓉路4号）参加各种级别的活动。漓江下游的福利和留公船少水缓，可以驾车来这里玩皮划艇；遇龙河的"抒情版"竹筏漂流和龙颈河的"摇滚版"橡皮艇漂流都是不错的

视觉中国 提供

兴坪古镇

选择。

关于阳朔西街停车收费问题的投诉屡有发生。建议尽量将车停在周边小街上，或者入住带停车位的酒店。

见390页

行驶路上 » 从阳朔到兴坪只有28公里，沿S305省道、S094省道行驶约40分钟即可到达。沿途可以看到不少平地而起的喀斯特峰丛。中途福利镇有中石油加油站。

线路亮点

⑪ 兴坪

虽然兴坪已经喊出了打造第二个阳朔的口号，但相对阳朔而言，这里多少还保留了一点江边小镇的安静，而且它有同样迷人的漓江风光和喀斯特地貌。你可以避开人流，用徒步或骑行的方式，去兴坪周边的村庄寻找一份清静。一定要走一走从兴坪到杨堤这条全长16公里的徒步线路，沿途会经过九马画山、黄布倒影等经典景点，还有一些村庄可以品尝到农家菜。傍晚，花40分钟登顶老寨山，这里是观看漓江日落的最佳位置，可以欣赏到漓江大弯中间的绿洲和村庄，以及深蓝色江上亮起的零星渔火。

见391页

食宿

桂林 1

味香馆

广西菜 ¥

（0773-282 9542；正阳路步行街10号；人均20元；7:00~24:00）始创于1945年的老字号，从小吃烧卤到漓江河鲜都保留着老桂林的滋味，早餐也可以来这里吃碗马肉米粉。两个人可以点一份38元的小吃套餐，包括著名的卤肉粉、船上糕、白果老鸭汤和炒田螺。

阿甘酒家

广西菜 ¥

（0773-288 7575；西城路步行街11号；人均35元；11:00~22:00）本地连锁酒家，以桂林人喜欢的家常口味为主，譬如，腊味蒸芋丝、炒双脆，都是实在又下饭的招牌菜，阿甘酱板鸭也值得尝尝。

瓦当国际青年旅舍

青年旅舍 ¥

（0773-215 4888；www.wadahostel.com；环城西一路212号绿化工程处院内；铺40~45元，标双160元，家庭间240元；）位于安静的单位大院内，有宽敞的公共区域，提供可口的简餐与饮品。不在市区中心的好处是停车方便，适合自驾旅行者。

桂林驿皇家别院

精品酒店 ¥¥¥

（0773-258 6888；西一环路217号，园林植物园内；标间758元起；）闹市之中的清幽之地，植物园清新的空气和葱郁的植被，配上仿唐朝皇家驿院建筑，服务亲切舒服，性价比较高。

龙脊梯田 2

大寨国际青年旅舍

青年旅舍 ¥

（182 7838 7610；田头寨；铺40元，标双100元起；）一楼大堂有观景落地窗，还有舒适的沙发区，尽量选朝向梯田的房间，可以躺在床上看到梯田。这里的饭菜很可口，早餐也不错。

银河湾度假酒店

酒店 ¥¥

（180 7737 1477；www.longji-yinhewan.com；平安寨；标双248元，家庭房588元；）平安村寨最高的建筑，5楼有咖啡厅和酒吧，还设有天文台，可以免费使用天文望远镜。俯瞰梯田美景，仰望星河灿灿，适合玩浪漫。

资源 7

山居人家餐厅

广西菜 ¥

（0773-431 8799；资源县城北路；11:00~22:00）位于城北新区，拥有县城难得的好环境和宽敞的停车位，以各类山货野菜为主，提供资江鱼、蕨菜鸡、野菜小炒等资源特色菜。

盛源大酒店

酒店 ¥¥

（0773-436 8999；城北开发区；标双280元起；）位于城北新区，就在资江西岸，高层房间观景不错，配套有咖啡厅和餐厅，是资源城区最好的酒店之一。住宿可免费停车。

阳朔 10

马姐斑鱼

鱼火锅 ¥¥

（0773-888 3611；府前巷懒人堂分店对面；人均60元；10:30~21:00）阳朔本地最出名的斑鱼火锅，这家藏在巷子里，所以相对清静。汤底鲜美，斑鱼片切得非常薄，价格还算实惠。

没有饭店

广西菜 ¥

(☎0773-882 8897; 西街111号; 人均50元; ⏰7:30~23:00) 开了30多年的本地老店，主打田螺酿、芋头扣肉等本地菜，当然也有啤酒鱼、斑鱼火锅流行款。早上也提供特色早餐。老板是摄影爱好者，还把分店(☎0773-758 3046)开到了龙脊梯田。

娜娜自助咖啡旅馆

酒店 ¥¥

(☎0773-881 9999; www.nana123.com; 桂花路99号; 标双 200~500元; ❄📶) 坐落在热闹的街口，却有着自己的清净。房间有海洋、峡谷、小溪等不同主题，配有自助厨房。一楼还有咖啡厅，门前就是桂花井，坐在这里喝杯咖啡不错。

院子院子INN

酒店 ¥¥

(☎0773-882 8321; 城北路50号，公安局对面; 标双 248元起; 📶❄P) 远离西街的喧嚣，每间客房的装修风格都不尽相同，前后都有独立院子，可以独享阳朔宁静的夜色。适合自驾者和家庭游。

兴坪 ⑪

老地方青年旅舍

青年旅舍 ¥

(☎0773-870 2887; 榕潭街5号; 铺 30元起，标双山景房 120元起; 📶❄) 有亲切周到的服务和景观不错的天台，宽敞的公共空间在晚上会放映电影；还有价格实惠的阳光早餐。提供自行车租车服务(休闲车20元，山地车30元)和详细的徒步、骑行线路图。

云庐

精品酒店 ¥¥¥

(☎0733-870 3077; 兴坪杨家村; 标单380元，标双 680元起; 📶❄P) 就在兴坪至杨堤的徒步路上，十几间乡村黄砖老房被改建成了有着私密空间和舒适设施的客房，配有私享庭院，推窗见山。有宽敞的餐厅、酒吧等公共区域，酒店还提供免费骑行、亲子手工活动等服务。

幽暗的地下河与充满神秘气息的溶洞
构成了喀斯特杰作——**三门海**

视觉中国 提供

Classic Trip
经典线路

桂西秘境之旅

25

来到这里，你会赞叹造物的神奇，幽暗的地下河与溶洞充满着神秘的气息。天坑与天桥的壮阔又令人屏息和敬畏。相对原始的桂西是户外运动爱好者和冒险家们的乐园，一年一度的户外运动节日和赛车盛会就在这里举行。

线路亮点

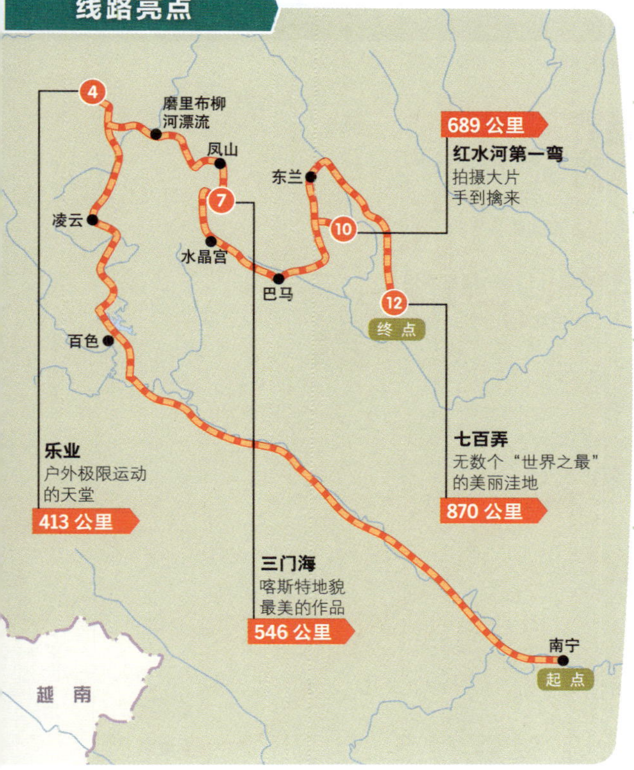

8~9天
约870公里

最适合

何时去

9~10月，田野和山水的颜色进入了佳期。

最佳摄影点

冬季的清晨，在四合村拍摄雾气中若隐若现的红水河第一湾。

最佳路段

磨里经三门海到江洲仙人桥，俯瞰山谷内的绝美风光。

Classic Trip

经典线路

25 桂西秘境之旅

与广西其他地区相比，桂西的景色更为鬼斧神工，神秘莫测。前一天还在琢磨乐业天坑群底部的种种秘境，次日便陷落在凤山三门海和巴马水晶宫的奇风异貌里难以自拔，直到旅途将尽，你站在七百弄洼地深处，眼前蜿蜒的路似乎通往天边，一种不真实的幻觉随之而生。

除此以外，这更是一条充满驾驶乐趣的路线，盘山路上的兜转跋涉尤其适合车技高明的车手。澄碧河、布柳河、盘阳河与红水河始终伴随着沿途如画的青山田园与峰丛峡谷，即使不进入任何一个收取门票的景点，这条线路也能令你一饱眼福。

❶ 南宁

“绿城”南宁的气质，散发于每一条绿植密布的街道之中。当你开车走过全长10.5公里的**民族大道**，立体的绿化带和高耸的大王椰、小叶榕和浓密的扁桃树，更能让你直观地感受城市雨林之美。在此过程中，你可以将车停在**南湖公园**，走一走绕湖一周的亚热带生态景观带。**广西博物馆**（☎0771-281 0907；免费；民族大道34号；⏲9:00~17:00，周一闭馆）也值得一去。

南宁市区有多家**神州租车**门店（www.zuche.com），可在这里租车，开始你的桂西秘境之行。

见402页

行驶路上 » 从南宁到百色约245公里，从南宁绕城高速石埠北立交上G80京昆高速，向北行驶约208公里，下高速后即到百色，全程路况良好，需时约3小时。

❷ 百色

百色起义是这座桂西小城的历史亮点，你可以在迎龙山**百色起义纪念公园**参观红军桥、铜鼓楼、南阁亭、两广青年友谊园等景点，登上百色起义纪念碑，俯瞰百色全城。**右江民族博物馆**（免费；⏲周二至周五8:30~11:30、14:30~17:30，周末和节假日8:30~16:30，周一闭馆）中的民俗展厅值得一看。**百色起义纪念馆**（免费，讲解50元；⏲8:45~17:30，除夕闭馆）分四个展厅介绍了右江革命根据地和百色起义的历史。

作为过去云贵与桂粤之间的通道，长不过四五百米的**解放街**还保留了灰白色骑楼等清末民初风格建筑，仍能感受到百年前商贾云集的场面。

见402页

行驶路上 » 沿着X738县道（东坪路）向北出城，澄碧河边的葡萄园在春光下绿意盎然。约10公里后离开县道，经G324国道向北转入S206省道，行驶约64公里后到达凌云。途中会经过中石化和中石油加油站。

❸ 凌云

凌云这座小城，最适合漫步。将车停在凌云汽车站一带，然后漫步穿行架于城东澄碧河上的八座古桥，找寻古泗城的踪迹。一路经过**下关桥**、**伏龙桥**，在木头风雨桥**金水桥**头品尝当地的五色糯米饭，再走过城中唯一的石拱桥**太平桥**，穿过镜澄桥，可在天下第一壶小广场内看看当地特产凌云白毫茶，最后是**接龙桥**和**泗水桥**，后者桥头有城门春熙门。傍晚时分，古桥上亮起彩灯，夜色迷人。

行驶路上 » 沿S206省道继续向北行驶，一路上田园坝子像珍珠一样镶嵌在起伏的山峦之间。随便走哪个坝子附近停下来都是绝佳的取景点。你也可以走进村里和老乡们聊聊，甚至一起吃顿饭喝杯茶。当公路随海拔慢慢上升，再回头看一眼凌云，正合“一片孤城万仞山”的境界。如果是秋天，临近乐业的青山上枫红片片，煞是好看。全程86公里，一路赏景，约需2小时。

线路亮点

❹ 乐业

不足20平方公里内28个天坑的分布密度，为凤山—乐业赢得了世界地质公园的资格，也使这里逐渐成为“中国最户外的小镇”。在探索乐业之前，不妨先到位于汽车站斜对面的**天坑博物馆**（免费；⏲8:00~12:00，15:00~17:30）了解一下关于天坑的地质知识。然后步行5分钟前往**罗妹莲花洞**（门票50元，5人以上方可进入免费讲解；⏲8:00~17:00）看看洞内的200多座莲花盆。

乐业最出名的天坑则是**大石围天坑**（☎0776-792 0585；www.dswtk.com；同乐镇刷把村；门票90元含车导费；⏲8:00~17:00；Ⓟ），它的各项数据都算得上世界之最。前往大石围途经**穿洞天坑**（同乐镇刷把村竹林坝屯；门票65元；⏲8:00~17:00；Ⓟ）时，可以去看看，其特别之处在于你可以由溶洞走入天坑坑底。如果是中午进洞，可以看到阳光直射入天

当地人声音

马恒

刀锋户外乐业分部负责人

4月，自驾走幼平方向，上五台山看满山的杜鹃；9月，田野变成了金黄色，乐业到甘田的自驾沿途风光甚好：走南面的老路能看到峰丛，走北面的新路可以去夏福看田园和60亩超大草坪，你可以把这条线路走成环线，去程走武称的老路，然后从新路绕回来；11月，六为水库的枫叶非常美，在去大石围的路上，到下六右转即可；冬季，草王山拥有桂西难得一见的雪景，自驾走罗沙方向的村道约40分钟，到罗沙后再开半小时即达。

上图：乐业大石围天坑

坑形成的丁达尔现象。

见402页

行驶路上 » 沿S206省道向南到新化镇，往左进入Y403乡道向东行驶，沿途有布柳河相伴，约20公里后到达磨里。全程45公里，约需1小时。

5 磨里布柳河漂流

布柳河漂流（0776-792 0585；门票90元；16:00关门）险滩很多，十分刺激。在漂流下半段，河流忽然转了个弯，你将穿过一座可能是世界上跨度最大的天生桥。整个布柳河峡谷的原始植被保存得非常完整，你可

视觉中国 提供

以在这里看到以猴群为首的多种野生动物。河边壮族村寨的民风和船夫的山歌也会令你印象深刻。

你可以将车停在漂流起点的停车场，漂流结束后会有车将你送回起点。

行驶路上 » 过布柳河桥，进入凤山界，上X885县道，行驶约55公里后转入S318省道经金沙、金牙到凤山。车离开磨里后，海拔从800米攀升至1000米，俯瞰山谷里的村庄河流，景色极美。全程75公里，约需3小时。沿途可在孟里天生桥的路边观景台下车休息（距离凤山约50公里）。这条路线路面较窄，并伴随有裂缝及落石，且有极多的大角度转弯，没有山路驾车经验和新手慎入。

❻ 凤山

大部分旅行者并不会在凤山县城停留，因为他们的目的地是县城南面的三门海景区。不过**凤山地质博物馆**（凤山县城北穿龙岩；门票40元含导游；⏲9:00~12:00，15:00~18:00）依然值得到此一游，因为博物馆就建在巨大的穿龙岩岩洞内，在天然溶洞里了解桂西地质知识，是一份独特的体验。不过夏天洞中的蝙蝠气味会比较重，请做好思想准备。

穿龙岩在县城北部，你可以把车停在县城里然后步行过来。

有时间可去城东2公里处的**鸳鸯泉风景区**（☎0778-698 8883；凤山县城东南凤凰山腰；门票108元含导游；3人以上开放；⏲8:30~18:00），包括鸳鸯泉和鸳鸯洞两个景点，其中，最具代表性的是洞内数以千计的石笋。

见403页

行驶路上 » 沿S208省道向南行驶，大约15分钟后能看到良利峰丛，到袍里乡坡心村后右转进入X886县道，继续向前则可从高处俯瞰坡心河，盘山往下可以看到路左侧的更社穿洞，继续前行，到达三门海景区。全程约25公里，需时约35分钟。

线路亮点

❼ 三门海

（☎0778-695 5266；凤山县袍里乡坡心村；108元含船票和导游；⏲8:30~17:30；Ⓟ）这是桂西喀斯特地貌最美丽的作品之一，不足1公里的地下河道上竟然形成了7个岩溶天窗，不过目前仅开发了3处，所以叫作三门海。游览是从码头坐船沿坡心河出发，依次穿过三个风格各异的洞穴之后原路折回。天气和时间从很大程度上决定了你所看到的风景的好坏，晴天的中午第二个洞是最美的。到了最后一个洞，偶尔有野猴群会闯入人们的视野。

行驶路上 » 从三门海到水晶宫，沿X886县道向南行驶的这段长约42公里的路程，可能是最值得放慢车速的自驾路程。沿途有令人眼花缭乱的丰富地貌，包括雷劈岩、社更穿洞、阴阳山、鹰王山、蚂拐洞天坑、江洲地下长廊等，而跨度118米的江洲天生桥就在你的头顶，穿过天生桥后，左转向南行驶即到水晶宫景区。全程约需1小时

实用信息
户外爱好者的天堂

每年4月24~28日，乐业会举行中国乐业山地户外运动挑战赛，事实上从4~6月，各地俱乐部都会在此举办包括越野跑、山地自行车、徒步、攀岩、登山、皮划艇、GPS定向、漂流等各种户外比赛，国内外各路高人纷至沓来，自驾旅行者可以“跟着比赛去旅行”，找到属于自己的路线。另外，每年10月的乐业户外精英嘉年华和每年11月的乐业天坑文化旅游节都会邀请国内众多户外俱乐部参加，普通户外爱好者也有机会与高手同场比试。

户外运动爱好者可以去拜访**刀锋户外俱乐部**（☎0776-792 2065；兴乐路128号，县城新人民政府旁；⏲10:00~18:00），这里的专业户外团队能辅助你开展包括探洞、骑行、攀岩等在内的专业项目。

10分钟。

❽水晶宫

（☎0778-622 1069；那社乡大洛村牛洞屯；门票 180元含导游；⏲9:00~17:30；Ⓟ）虽然门票稍贵，但晶莹洁白的钟乳石让它成为一座神话水晶宫，物有所值。你可以看到其他溶洞中罕见的生长于石头上的雪白石花、石绒毛，透明的卷曲石象白木耳般生长，配上面条一样密集分布的鹅管区，把南方溶洞变成了北国飘雪之地。

游览时一定要管住双手——虽然导游不断提醒，但观光客们已将部分钟乳石摸得发黑了。拍照时也不要使用闪光灯。

行驶路上 » 从水晶宫至巴马甲篆乡的县级旅游公路已经建成通车，路况良好。离开水晶宫约2公里，路边有命字河观景台，可欣赏到蜿蜒的河流穿过田野，形成一个草书的"命"字，这已经成为巴马长寿文化的"防伪标志"。在5月至8月的丰水期，能拍到如明信片一般的风光照。在甲篆乡转入S208省道至巴马。全程约42公里，需时约1.5小时。

❾巴马

贵为"世界第五长寿之乡"，来到巴马，你首先需要寻找的便是长寿的奥秘。除了干净的空气与地下水源之外，巴马的饮食也有值得探寻之处。例如，当你随意驾车到巴马附近的某个村屯，就可能在路边的土壤中看到一种摇曳的开着白色小花的植株——当地人管这种野菜叫白花菜。与其清新的口味相对应的，据说这种野菜有降血压和软化血管的功效。每年的4月，你可以在巴马吃到最嫩的白花菜。

此外，巴马也有喀斯特溶洞景观，**百魔洞**（甲篆乡坡月村东；门票 90元；⏲7:00~19:00；Ⓟ）和**百鸟岩**（甲篆乡坡月村东；门票90元含游船导游；⏲8:00~18:00；Ⓟ）正是其中的代表。不过假使你已去过水晶宫和三门海，这两处景点可选择不去。

🛏 见403页

行驶路上 » 沿G323国道向东再向北行驶至三石镇，向右转入Y010乡道，行驶约17公里后到达四合乡。全程约60公里，约1小时40分钟。

线路亮点

❿红水河第一弯

红水河全长659公里，发源于云贵高原的乌蒙山脉，自西向东横穿广西中部，在流经东兰县板文村时，在板文峡谷转了一个"U"形的大弯，其雄伟壮观比之挪威的峡湾也毫不逊色。据当地人说，在冬季的早晨，常能

视觉中国 提供

红水河第一弯

Classic Trip 经典线路

看到云雾悬浮在山腰的景象，如梦如幻。而站在四合村的山路上，就能将这个超级大弯的全景尽收眼底，两岸高山耸立，与水面落差达数百米，蔚为壮观。如果想亲密接触红水河第一弯，可从四合村驾车，经弯弯曲曲的盘山路下到河边的板文村。你也可以步行50分钟下山，运气好的话能租到船只在江中畅游，一览板兰峡谷芳容。

行驶路上 » 原路返回三石镇，沿G323国道向北行驶便到达了东兰。全程45公里，约1小时车程。

⑪ 东兰

红色革命和壮瑶铜鼓是东兰的两张名片。**韦拔群纪念馆**（县政府旁山坡上；免费；⏲8:00~17:00）与**东兰民间铜鼓收藏馆**（新城路拉同桥头；门票 80元；⏲8:00~17:00）毫无疑问能够快速帮助你走近东兰。后者收藏了150多面铜鼓，大都配有山歌般上口又易懂的解说。

除此以外，东兰附近值得到访的还有城西20公里处的**泗孟田园**。农田在林场和峰丛之间展开。碰上春末插秧季或秋收前后，日出日落都很上镜。距离泗孟乡2公里处半山腰有观景平台，这里是拍摄和俯瞰的最佳角度，从这里下坡溜达到乡间农田里也只要半小时。

行驶路上 » 东兰境内最美的风景其实在115公里流程的红水河两岸，放心，你不会错过美景，从东兰到七百弄的行程，正好沿河而行。继续往东走G323国道，转X898县道，从隘洞镇、长乐镇、大同乡再到大化县一线，沿途风光无限，村落原始天然，河岸到处郁郁葱葱，栽满了翠竹和木棉树，红巾翠袖一般衬着青山碧水，煞是好看，尤其适合自驾感受。长乐镇境内的红水河水域宽阔，拍摄日出日落都很有看头。过长乐镇继续延河南下，河面被岸边延伸的梯田和果园分隔成大小各异的湖泊。继续往南，有一处可以下到河面的地方，还有栈桥通到河心，栈桥外就是融入红水河的坡豪湖群。这一路的景色也是摄影爱好者的最爱。全程136公里，路况较好，需时约3.5小时。

另辟蹊径
百鸟岩后洞

起点：⑨ 巴马（见398页）

从巴马县城沿S208省道向西北行驶约21公里到拉累屯（又称拉类屯），将车停在这里，然后步行上坡，在拐弯处看到一个S208省道52公里路碑，继续向前两百米左右，右手边有个下坡，沿着下坡走200米，到溪边后顺溪水步行15分钟左右就可到达百鸟岩后洞。当你走入百鸟岩洞，从前洞搭船进入的游客脸上必然写满惊羡。

线路亮点

⑫ 七百弄

瑶语称洼地为“弄”，七百弄则号称“世界上最陡最深的大洼地”。**七百弄国家地质公园**（☎400 080 7700；门票90元；⏲8:00~18:00）说是“地质公园”，其实是从都阳镇双福村到板升乡的一整段约40公里的乡级公路以及道路两旁的峰丛洼地群。这段路由两条乡道组成，沿Y898乡道到百都村转Y906乡道，即由北至南穿越整个景区，景区内全部看点都在公路两侧。

七百弄峰丛和洼地之间的落差突破了好多个“世界之最”，和云南石林、阳朔峰林一同列入世界级典型岩溶地貌。七百弄的另一个独特珍稀之处是，那些看起来极其严酷的大石山区，缺土缺水的深洼弄底，至今

视觉中国 提供

东兰的田园风光

依然生活着百余个瑶寨。布努瑶在弄底十分艰苦的条件下，在倾斜超过45度的坡地上开出一圈圈盘旋的梯田。最出片子的景点是**千山万弄观景台**和**十里幽峡**，一定记得带上广角镜头。

景区南北两个门都有售票检票处，地质博物馆和千山万弄观景台需要检票才能参观，除此之外并不十分严格。景区公路平整但起伏很大，对自驾者的车技有一定的要求。途中百都村、弄腾村和七百弄乡都有小卖部，可随时补给。

Classic Trip 经典线路

食宿

南宁 1

天福香生料老友粉面 小吃 ¥

（青秀区临胜街）南宁老友粉不可不吃，这家店傲娇到下午4点就关门，可见其好吃程度，粉汤居然品得出甜味，猪肉也相当嫩滑。

甘家界牌柠檬鸭园湖店 广西菜 ¥¥

（☎0771-585 5585；青秀区园湖南路12-2号；人均70元）主营著名的南宁本地菜柠檬鸭（半只78元），将鸭肉和陈年腌制的柠檬、酸辣椒等配料一起爆炒再煨熟，盛在大托盘里端上桌来，一旦开动就难以停口，汤汁佐饭更棒。

瓦舍 青年旅舍 ¥

（☎0771-281 3977；解放路3号3楼；宿舍床铺 40~60元，标双/单 148元起；❄📶）位于一座老骑楼内，有宽敞的公共区域，贴满地图和旅行资料的墙壁、咖啡吧、桌球台营造出温馨的氛围。不足之处是在三楼，停车不便。南宁青旅其实不算真正的廉价住宿，但这温馨的氛围着实讨人喜欢。

南宁饭店 酒店 ¥¥¥

（☎0771-210 3888；民生路38号；标单/双358元起；❄📶P）地处朝阳万达商圈，吃饭娱乐都便利，虽然设施距五星尚有距离，幸好价格也不在五星水平。

百色 2

三和卷粉 小吃 ¥

（共和街近文明街；人均6元；⏲7:00~20:00）百色的卷筒粉不可不尝，此家是当地最具人气的粉店，但卷粉只在上午有售，3元一条，皮Q馅儿多，再淋上柠檬酱、海鲜酱、甜酱油等多种蘸料，内外口感皆丰富无比。店内的免费大骨汤也别忘了自行配一碗。

凯越国际大酒店 酒店 ¥¥

（☎0776-228 9999；向阳路7号，阳光新城A区；标单/双 218元起；📶❄P）百色最受好评的酒店，大厅华丽，房间相当宽敞，欧式装修风格，位处中心地段，却也闹中取静。

望江楼商务酒店 酒店 ¥

（☎0776-358 1588；城东路18号，原百通客运站内；标单/双 128元；📶❄P）位于中山桥头，紧邻右江，去往解放街十分便利。房间热水充足，网络速度让人满意，还有免费停车场。

乐业 4

甘记乐业土鸡米粉店 小吃 ¥

（城南开发区近三乐南路；人均10元；⏲6:30~14:30）不起眼的店面，却常常在饭点排起长队。这里的土鸡粉是我们在广西看到的最大碗的粉，并且能加的浇头更多——肉肠、肉皮、煎蛋、猪脚、叉烧、碎肉等。据说浇头都是当天备料当天售完，称得上汤靓料正，是本地独此一家的美味，当地人十分推荐。只做早餐和午餐，来晚了就只有叹息了。

天缘大酒店

酒店 ¥

(0776-255 3888；兴乐路三乐路路口；标单/双 158/168元；Wi-Fi 空调 P)2012年新开张的准三星酒店，房间和配套设施都达标，前台和内部服务人员很友好，有问必答，也乐意帮助旅行者规划时间路线。住店客人可免费停车。

凤山 6

农贸市场夜市

美食街 ¥

(19:00至次日3:00)夜市有两个入口，穿过柳凤超市进去的地方以烧烤和小吃为主，有卷筒粉和炖品摊子；另一个入口以炒菜为主。另外凤阳路东鹏路一带的夜市内容丰富，小吃很有特色，也是一个选择。

凤山现代商务宾馆

酒店 ¥

(0778-682 6688；云峰路中段；标双120元起；Wi-Fi 空调 P)房间是传统宾馆式，配有电梯。大厅就有两个大车位，如果是心疼爱车的自驾一族可以选择这里。

巴马 9

巴马得哥国际青年旅舍

青年旅舍 ¥

(0778-688 6338；河堤路179-6号；床位 35元；单人间 80元；Wi-Fi 空调 P)目前巴马唯一的青年旅舍，位于河边，环境安静，房间设施干净齐全。老板是摩托车自驾爱好者，能够提供很多在当地游玩的私家建议。门口可以免费停车，但车位较少。

巴马武周度假酒店

精品酒店 ¥¥

[0778-622 5555；城北路1088号，近寿乡文化广场；标单/双 298元/388元(含早)；Wi-Fi 空调 P]巴巴城区硬件设施最好的之一，性价比很高。不过某些房间距离KTV比较近，因此可能有噪声问题。在携程等旅游网站上预订更加优惠。住店客人停车免费。

广州的历史文化与市井气息
交汇融合得恰到好处

视觉中国提供

粤西南沿海线 26

在经济发达城市感受现代与传统共冶一炉，登上“小蛮腰”俯瞰繁华，或者踏访古村落碉楼建筑；沿着海岸线错落的渔村和岛屿，领略靠海而生的独特民风文化，在大陆最南端的“菠萝的海”沐浴金黄。

线路亮点

9天
855公里

最适合

何时去

3月至9月，春、夏两季都是适宜玩水的时节，除了台风天。

最佳摄影点

徐闻菠萝田金黄似海，别忘了将大风车摄入画面。

最佳古建筑

开平碉楼和骑楼群，隐藏在田园风光中的欧式城堡。

26 粤西南沿海线

从广州出发，珠三角地区基本以高速公路为主，路上服务区和加油站众多，雷达测速也非常多。所经省道路况不错，西部沿海高速和一些跨岛大桥，部分路段有极美海景，但若遇台风天，风大路滑须小心驾驶。从珠海开始沿海岸线西行，省道国道交错，稻田果林渐多。进入湛江之后的县道、乡道颇烂，一路稍有颠簸。粤西很多城镇的车道上，汽车、摩托和行人混杂，须小心驾驶。往广州和深圳段，如遇上周末返城时间，高速会略有拥堵。

线路亮点

❶广州

无论是自驾车抵达广州或是在广州租车，如果要游玩广州市区，建议最好让车子休息，搭乘市内便利的公交和地铁，以避免堵车和停车难的窘境。

首先应该去**北京路步行街区**（免费；北起广卫路、南至惠福东路），其“镇街之宝”是玻璃罩下的**千年古道遗址**，展示着“五朝十一层古道”的原貌。一路向南到美食街惠福东路，**大佛寺**（福

东路惠新中街21号；免费）重修之后是广州最气派的寺庙，隔壁光明广场地下一层，是木结构的**南越国水闸遗址**。步行几分钟到**南越王宫博物馆**（中山四路316号；免费，需正门领票；⏲9:00~17:30，17:00停止领票，周一闭馆），看看复原的一千年前的南越国宫苑；**都城隍庙**（忠佑大街；免费）在博物馆隔壁。

要感受艺术气息，绿树成荫的**二沙岛**拥有广州两大艺术地标：**广东美术馆**（www.gdmoa.org；烟雨路38号；持有效证件免费；⏲9:00~17:00，周一闭馆）和**星海音乐厅**（☎订票400 108 8808；www.concerthall.com.cn；晴波路33号；⏲售票中心8:30~21:30），但凡艺术界、音乐界的重要展演，都会在此开幕。

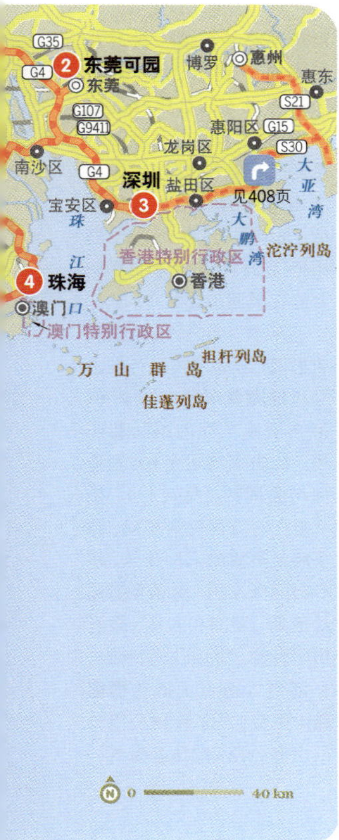

位于城市新中轴线的花城广场—海心沙—广州塔，附近摩天大楼和文化地标汇聚。应该去**广东省博物馆**（www.gdmuseum.com；珠江东路2号；凭身份证免费，语音导览15元；⏲9:00~17:00，领票16:00结束，周一闭馆），北侧是**广州图书馆**（珠江东路4号；www.gzlib.gov.cn；⏲9:30~21:00，法定节假日到16:00，周三闭馆）。珠江南岸是广州的新地标"小蛮腰"**广州塔**（阅江西路222号；www.cantontower.com；门票最低价150元；⏲9:30~22:30，提前30分钟停止售票），塔上的旋转餐厅和观光摩天轮汇聚了吃喝玩乐，可登上488米最高处的观景台，一览广州城市风貌。想体验夜生活，沿阅江西路往东是**珠江·琶醍啤酒文化创意艺术区**，有**珠江英博国际啤酒博物馆**（新港东路磨碟沙大街118号；门票50元；⏲8:30~12:00，13:00~16:45）。

✕ 🛏 见415页

行驶路上 » 从广州市区出发，进入广州环城高速，可走华南快速干线新洲入口，走G15沈海高速进入，其间并合G4京港澳高速，约60公里，1小时抵达东莞。从道南出口进入市区可园路抵达可园。

❷ 东莞可园

建于清代的**可园**（www.dgkeyuan.org；可园路32号；古建筑区门票8元；⏲9:00~17:30，17:00停止入场，周二闭馆；🅿）为广东四大名园之一，也是岭南画派的策源地。古建筑区是收费区，区内10:00、11:00、14:00、15:30、16:30有定时讲解。这里集合了岭南园林的经典元素，登上可楼可俯瞰整个园林。博物馆区包括几个湖的区域都是免费区，走完大概要20分钟。分别有不同的入口进入两个区域，两个门口都有免费停车场。园内的**可园博物馆**（免费）值得一逛，馆内的"岭南传统园林与建筑"展厅，介绍了广东各地古代民间的建筑特色。

行驶路上 » 从可园到深圳，约82公里。从东莞市区走S120省道，左转进入G4京港澳高速京珠广段，这段高速路况很好，但测速区较多，注意限速驾驶。

线路亮点

❸ 深圳

在深圳的游玩是丰富多彩的，南山区的几个主题乐园相当靠近，爱玩机动游戏的旅客可从**欢乐谷**（华侨城侨城西路18号；门票200元，儿童票100元，夜场100元；⏲9:30~21:00，夜场入园

18:00）开始游览，欢乐谷附近停车每小时5元。最著名的老牌主题公园**世界之窗**（华侨城深南大道9037号；门票 180元，儿童票 90元，夜场60元；⏲9:00~22:30，夜场入园19:30），让你一次看完世界各地130多处风景名胜。从世界之窗约4分钟车程可到**锦绣中华民俗村**（华侨城深南大道9003号；门票 180元，儿童票 50元，夜场 65元；⏲9:30~21:00，夜场入园 19:00），晚上这里通常都有特别演出。**华侨城**周边是深圳最富文艺气息的区域，**OCT当代艺术中心**也在其中，这里有不错的骑行区和步行区。

从市区去盐田区可走滨河大道，路面有较多坑和沙井盖，注意车速。**东部华侨城**（大梅沙；门票大侠谷200元，茶溪谷180元；⏲9:30~18:00，假日9:00~18:00）停车费20元/小时，30元/天。大峡谷往茶溪谷的路是依山沿海而走，但弯路较多。走盐葵路前往大小梅沙，**大梅沙海滨公园**（大梅沙盐梅路9号；免费）1800米长的沙滩是深圳人的度假地，附近还有**小梅沙海洋世界**（小梅沙；门票160元，儿童票90元；⏲10:00~17:30）。这里附近宾馆很多，就在海滩对面，住客停车是免费的，非住客10元/小时，35元/天。深圳市区的交通平均限速50公里/小时和60公里/小时，市内交通比较复杂，须紧盯着GPS走。

见415页

行驶路上 » 走G4京港澳高速去珠海，约155公里，约2小时。途经虎门大桥，虎门收费站附近经常塞车，尤其是周末最后一天的小返程，收费站前往往堵塞十几公里的车龙。限速在每小时60~100公里，但易发交通事故，须打起精神驾驶。

另辟蹊径
惠州

起点：❸ 深圳

从深圳可往东行驶，到惠州看海，并探秘客家古村落。在盐田区，进入东部沿海高速，上S30惠深沿海高速，约78公里抵达惠东范和镇。这段路风景很美，东南看海，北部是连绵的山脉，但因靠海行驶，如遇风雨，行驶容易打滑，要加倍小心。出高速后，东南方向进入稔山收费站，到惠东的**范和村**（稔山镇；免费），有始建于明代的**罗冈围**和**吉塘围**，短短的东兴巷两侧都是老房子，村口两座旧戏台静静述说着陈年历史。村中文化广场水仙宫前可以停车。出范和村往南，约24公里到惠东**巽寮湾**（巽寮镇南部；免费），沿着X210县道，一路行驶在蜿蜒的海岸上。旅游旺季时路旁都是海鲜大排档，还有当地人打鱼在岸上卖。海滩一侧聚集了许多五星级酒店。

惠州值得一看的还有因苏轼而声名远扬的**惠州西湖**（环城西路；免费）。从惠东往北经乌塘收费站入惠州市区，可在附近的惠州宾馆停车，但周末这一带塞车严重。

❹ 珠海

进入珠海，首先可驱车沿唐淇路经淇澳大桥前往**淇澳岛**（免费），这里有国内面积最大的红树林湿地保护区，以及作为科普教育基地的赏树观鸟区。可驶入淇澳牌坊看看当地人的生活，每天早上7点到9点，岛民把自己种植的菜和打捞的海鲜在**淇澳市场**贩卖。

从淇澳出来10公里到唐家湾，沿港湾大道行驶会经过**珠海赛车场**，这是中国第一个永久性的国际赛车场。从唐家湾可走107乡道探访**会同村**（免费）“三街八巷”的清代村落布局，除了略显破落的宗祠建筑，还有会同画家村。这条乡道途经池塘、果园和农庄，颇有田园野趣。继续往南行驶，在港湾大道直走抵达**情侣路**（免费），这条28公里长的沿海公路，把珠海海景一

自驾去港澳

自驾到了深圳或珠海，可以抽点时间前往香港、澳门一游。记得带上港澳通行证及个人旅游签注。部分口岸设有“e-道服务”“汽车快捷通道”。

深圳过境去香港

罗湖口岸（人民南路火车站旁；⏲6:30~24:00）最为便捷也是客流量最大的口岸，连接香港新界。地铁罗湖站出站即是，过关后即衔接港铁罗湖站。

福田口岸（裕亨路福田保税区东侧；⏲6:30~22:30）连接深圳地铁福田口岸站和港铁落马洲站。

皇岗口岸（福田区南端；⏲0:00~24:00）通关后过桥即是香港落马洲，有巴士直达香港迪士尼乐园。

深圳湾口岸（蛇口东角头；⏲6:30~24:00）是往来天水围的主要口岸。

珠海过境去澳门

拱北口岸（⏲6:00至次日1:00）从唐家湾大概10公里到拱北口岸，出澳门关闸后可以在中间通道找到澳门酒店的免费接驳车进入澳门。

横琴口岸（⏲0:00~24:00）从长隆海洋王国过来，这里很近，人潮比拱北少，过关后坐车（⏲24小时；车票3元，人民币、澳门币、港币均可）过莲花大桥即可到达澳门。有穿梭巴士往来拱北，公交14路也可直达横琴口岸站。

湾仔口岸（⏲8:00~11:30，13:00~16:30）坐船到对岸的澳门粤通码头（湾仔开船8:15~16:30，澳门开船8:00~16:15；船票25元）只要3分钟，但天气不佳会停航。

览无遗，最好在情侣中路附近的停车场停下，沿堤岸步行，看**珠海渔女**雕像。

长隆海洋王国（zh.chimelong.com/Oceankingdom/；横琴长隆国际海洋度假区；门票380元，加国际马戏城套票560元；⏲10:00~21:00；Ⓟ）位于横琴岛，从情侣路出发32公里路程，区内有**长隆横琴湾酒店**，周末和节假日的预订紧张。

市区走S32西部沿海高速31公里到**斗门镇**（免费）。这里有**斗门古街**骑楼街和**菉猗堂**蚝壳墙，镇上有**御温泉度假村**（☎400 899 9888；www.00800.com.cn；斗门区斗门大道；标双750元；❄@📶Ⓟ）可泡温泉，大堂提供免费的自助吧台热饮服务和周边游资料。

🍴🛏 见416页

行驶路上 » 从珠海斗门去开平，经莲洲收费站上S47江珠高速。途中经过吉仔公、将军山几个隧道。然后沿G15沈海高速前行，途经梁金山服务区。全程约1.5小时，102公里。从塘口收费站出，入开平市区。这段路以省道和高速为主，路况不错，市区会限速在40~60公里/小时。

线路亮点

❺ 开平

开平过去曾是华人下南洋“衣锦还乡”的侨乡，如今多个村落中的碉楼被列为世界文化遗产。以**赤坎镇**（免费）为中心，买一张开平碉楼联票180元（两日有效），前往周边逐一追溯过往的繁盛。有300多年历史的赤坎镇是住宿和美食的汇聚点，绵延3公里的**赤坎骑楼街**，现在是旅游商业区。附近的**赤坎影视城**（赤坎镇；门票30元；⏲8:45~

17:30）是多部影视剧的取景地。沿江往东步行到中华东路，曾经富盛的商业街区还保留着当年的建筑和装修，不过多数改成了小吃摊档。

赤坎镇往北，第一站是**立园**（☎0750-267 9788；塘口镇立园；门票100元；⏲8:30~18:00；🅿），除了主体的别墅群和碉楼外，还有大小花园以及运河，建筑风格相当有代表性。继续北行，离赤坎9公里远的是**自力村碉楼群**（塘口镇自力村；门票80元；⏲8:30~17:30；🅿），9座碉楼6座庐围绕荷塘而立，去找找电影《让子弹飞》里面的**铭石楼**吧。

赤坎往西南到世界文化遗产**马降龙古村落**（百合镇百合圩；门票50元；⏲8:30~17:30；🅿），停车费5元。可沿着竹林进入"世界最美丽的村落"，探访5个如世外桃源般的自然村，开放的**林庐**和**骏庐**可以参观。从赤坎前往马降龙一般是经过G325国道、S275省道、百合大桥前往，但建议改走三圭里（三圭村）进入777乡道抵达马降龙。这条美丽的乡道值得停车拍摄，但路较窄，只容小车通过。

从马降龙往西南方向约行7公里，10分钟到**锦江里**（蚬岗镇；门票50元；⏲9:00~17:00），这座建于清光绪年间的黄氏家族村落，有"开平碉楼第一楼"之称的**瑞石楼**、**升峰楼**和**锦江楼**。沿着狭窄乡道到锦江里牌坊下，停车免费。

🍴🛏 见416页

行驶路上 » 从开平锦江里往南驶往阳江，约1小时车程，103公里到阳江。沿S275省道出发，路过金鸡镇，进入X544县道，两边都是绿树农田，一路美景相伴，驾驶体验非常好。进入S276省道，开过河口大桥，从北陡收费站上S32西部沿海高速，20公里从三山收费站出高速，往南到达海边的阳江东平镇。

吃货请一路向西

开平开始一路往西，堪称广东的吃货路线，每个地方都有着让人垂涎三尺的地道美食。

先在开平赤坎找黄鳝饭，开平和台山的黄鳝饭以传统瓦煲和木柴烹饪，选用本地黄鳝，佐以姜丝、葱花等调和而成，味道鲜美。开平的煎酿豆腐也是让食客食指大动的街头小吃。

阳江和湛江是觅食的"重镇"，一驶入阳江高速公路服务区，就能看见快餐摊位上的猪肠碌。阳江猪肠碌是米粉的一种，异于广东其他地区的肠粉，它以河粉皮包裹豆芽，炒河粉，撒上白芝麻，淋些肉汁和阳江的辣椒酱，口感丰富。阳江和湛江盛产海产，当地人喜欢把海产河鲜晒成干货，如咸鱼、蚝豉、虾米、章鱼干、鱼胶、干瑶柱等。虾米是阳江人必备的下菜干货，用来煮汤和做菜都分外清甜。

阳江和湛江的菜系大多取材于海鲜，出自湛江的"炭烧生蚝"做法——挑选肥美的生蚝，铺上剁碎的蒜蓉或一点辣椒籽，带壳以炭炽烤。而阳江做法是姜葱炒生蚝，保留蚝的肉质鲜甜。湛江著名的还有湛江鸡，以白切鸡的做法，伴以地道的蒜头沙姜酱，比起广式的白切鸡更刺激味觉。

❻ 阳江

阳江有着广东省内海滩开发得最好的海陵岛度假区，除了精美的阳江风筝，手信首选的是阳江十八子刀具、阳江豆豉，这里的海鲜也足以让食客叹为观止。进入阳江可从**大澳渔家文化村**（东平镇大澳村；免费）开始，家家户户都在路边晒鱼干，可以买到新鲜的鱼干和虾酱。沿海堤走入**大澳渔家民俗风情馆**（免费），简单了解这座小渔村的历史，过了大澳牌坊的小巷深处有**大澳商会遗址**。离开大澳约7公里到东平人的大众浴场**珍珠湾**（免费；⏲9:00~18:00），这片阳光沙

视觉中国 提供

茂名的游花船活动

滩很不错，还有烧烤、露营等设施，停车10元。

从东平镇回阳江市区约40公里，鉴于阳江旅游景区的餐饮经常对外地人开高价，要吃到地道和价位公道的海鲜，建议你在阳江市区短暂停留觅食，再前往海陵岛。

从阳江出发去海陵岛，南行X593县道（这段路多车多摩托，驾驶小心）再左转S277省道，经过风景绝佳的海陵大堤，约45公里1小时抵达。**海陵岛**内的精致酒店和高级度假村较多。东边的**十里银滩**（免费）是新兴的度假区，绵长的沙滩沙质洁白细腻。隔壁是**海上丝绸之路博物馆**（门票80元；⏲9:00~17:30；Ⓟ），可以看到2007年在阳江海域出土的宋代沉船“南海一号”。离开博物馆后再进入长约2.5公里的**大角湾**海滩（海滨路38号；门票 40元，无限次 50元；⏲8:00~21:00）。西南角的闸坡镇是海陵岛的中心，不过这里交通比较乱，行人爱横穿马路，小心驾驶。

见417页

行驶路上 » 走S277省道出海陵岛，从阳江港收费站入S51罗阳高速，转入G15沈海高速，在茂名电白收费站出高速，共行驶134公里，约2小时到茂名电白。

7 茂名

茂名值得停留的仍然是海滩，**浪漫海岸度假区**（☎0668-539 2008；www.lm1314.com；电白区博贺镇尖岗；门票50元；⏲8:00~21:00）是茂名新兴的海滨景区，仿照巴厘风情而建，里面有一家**浪漫海岸度假酒店**，附近是**御水古温泉**。从放鸡岛到**中国第一滩**（茂港区海滨二路；免费；⏲全天；Ⓟ），走G325国道可达，位于茂名滨海公园里面，有很多水上娱乐设施，旺季时有海鲜大排档和海鲜音乐城。门口停车10元。

行驶路上 » 若从茂名中国第一滩前往湛江，走G325国道，85公里，约2小时抵达。经过乐山路，然后驶上湛江海湾大桥，过桥要收费（20元）。在湛江辖区内，24小时内驶经两条高速公路以上会有优惠，可详询收费站人员。

8 湛江

曾经被法国殖民过的"广州湾"——今天的湛江老城区还保留着不少殖民建筑，湛江市区限速50公里，主干道基本是五车道。如果有修车和保养的需要，金康东路集中了很多汽配服务商铺。

赤坎老街区一转进来就能看见两侧并排的沧桑的黄色老房子，可以把车停在大众街附近，逛逛附近的民主路、民生路、民权路、和平路，还有法式风格的**广州湾商会旧址**。水井头附近早餐店有地道的海鲜汤，牛腩粉、泥丁生蚝面也很有特色。

从赤坎往南12公里到霞山区，**观海长廊**（免费；全天）沿海湾而建，可步行也可租自行车骑行，步道中段有大片的红树林，北端则是渔港公园和海滨浴场。从观海长廊到**霞山老街区**，在GPS上是找不到霞山老街区的，需要直接定位到东堤路。多数殖民建筑物集中在北至延安路、南至东堤路、西在逸仙路、东至汉口路之间的街区，最值得一看的有洪屋路附近的老建筑，以及**法国公使署**（延安路2号；免费；⏲9:00~17:00，周一闭馆）、**法国警察署**、**维多尔天主教堂**、**福音堂**和**东方汇理银行**（现工商银行）等，可以开车绕行一圈，也可停车后从延安路开始徒步游览绿荫路和民治路段。

如想领略离岛风光和原生态沙滩，可从霞山老街区驱车约1.8公里到**特呈旅游码头**，坐船去海湾中央的迷你海岛**特呈岛**（50元包往返船票和门票；全天），8分钟船程。岛上有住宿，如需把车停靠在码头，停车费 5元，过夜 10元/天。25分钟车程从特呈码头到**湖光岩**（东大门；广东海洋大学西侧；门票 50元；⏲7:30~17:00），这里是世界仅有的两个火山口形成的玛珥湖之一。汽车不能进内，停车费10元。

见417页

行驶路上 » 从湛江湖光岩旁驶入014乡道、X668县道，再转S374省道，经麻章收费站上G15沈海高速，往南约47公里有遂溪服务区。到徐闻县约1小时40分钟，134公里。

线路亮点

9 徐闻

三面环海的徐闻位处

视觉中国 提供

湛江赤坎老街

中国大陆最南端，与海口遥遥相望。徐闻住宿区集中在刚入县城的城东大道一带，住这里可徒步前往（塔附近停车不方便）**登云塔**（文塔路与民主路交会处），听当地人即兴而唱的雷州歌，绕塔一圈都是露天早餐摊。

从徐闻沿X698县道南下前往**灯楼角**（角尾乡；免费），穿过窄窄的堤坝，就抵达**新滘尾角灯塔**，这座退役的旧灯塔前就是中国大陆的最南端。

从灯楼角可前往**大汉三墩**（南山镇；免费），这里是汉代海上丝绸之路的始发港，因海湾有三个紧邻的小岛而得名。如今景区无人看管，基本被荒废，不过周围的红树林保留得很好，可在渔村中看渔民归港，隐约还能看到包括汉城墙在内的几处古迹。

徐闻是著名的菠萝之乡，曲界镇上的菠萝田约有22万亩，丰收的季节，金色果实铺满大地，非常壮观，有**菠萝的海**之称。可走X696县道前往曲界镇，沿途穿越菠萝、木瓜、甘蔗等果田。最美的景色就在曲界往**田洋农场**的路上，可在山坡上观赏壮丽的白色风车群，俯瞰菠萝田，在菠萝的海之中行驶，但这段8.3公里的无名乡道，路窄且烂，出发前先确认你的车子是否有越野性能。也可从曲界镇往调风镇方向走S289省道，约26分钟车程，路况稍好，也可俯瞰附近的菠萝田，亲近大风车。

见417页

小苏村，雷州半岛的文艺注脚

徐闻下洋镇小苏村，距离县城约50公里，全村仅800多人，村民靠种植菠萝为生。虽然小苏村在各种资料里默默无闻，但它可能是徐闻县最“文艺的注脚”，低调地隐藏在一片辽阔的菠萝田中。小苏村教会有将近150年历史，是雷州半岛基督教的发源地，这里也是现代著名诗人黄礼孩的故乡。这个大陆最南端的小村庄，以它独特的历史文化和地理风光，吸引越来越多的诗人、画家、摄影师特地前来探访。

从徐闻曲界镇去小苏村的路上，是极美的热带风景。在这条21公里长，被誉为堪比“日本北海道公路”的道路两旁，有桉树林、红土壤、香蕉林、菠萝海、甘蔗田和糖厂飘出的芬芳。从小苏村再往东沿X702县道前行，走到一个三岔路口，左侧往乌辉塘村，右侧往下港村，两边都能抵达海边。

食宿

广州 1

一记云吞面 小吃 ¥

（020-8382 5225；建设六马路11号底楼；人均15元；7:00至次日2:00；）想一尝地道的广式云吞面，可来这家分店，停车也方便。云吞竹足料，招牌的有五宝云吞，但其实简单的鲜虾蟹子馅也很不错，汤底味道醇香，面身爽口。

摩打食堂 日本菜 ¥¥

（020-8334 2486；惠福东路451号；人均70元；11:00~14:30，17:00~23:00；）全广州人气最高的餐馆，偏偏是一家吃日料的小店。每天分早晚两个时段派筹拿号等位，周末排队长龙更有几百米。如此大的魅力，源于做刺身饭做到极致，大块新鲜刺身搭配丰盛菜蔬，让食客吃完又想回头。招牌是无敌澎湃盖饭和爆发火山沙拉。

炳胜品味（珠江新城旗舰店） 粤菜 ¥¥¥

（020-3803 5888；www.bingsheng.com；珠江新城冼村路2号首府大厦1-4楼；人均100~150元；6:30~24:00；P）新派粤菜的代表者，脆皮叉烧（48元）全广州无人不晓，有入口即化之感，每天开市很快被抢光。菠萝包也是每桌必点。出品质量稳定，有多家分店，几乎成为广州人带外地朋友吃饭的首选。

白天鹅宾馆 酒店 ¥¥¥

（020-8188 6968；www.whiteswanhotels.com；沙面南街1号；标双 1242元；@P）作为全国首座五星级宾馆，历经三年的重修，白天鹅宾馆于2015年7月重开。曾经是广州市民当年拍照的热门地，大堂内的"故乡水"景观被保留下来。能在清幽的沙面一览珠江是客房的优势。早茶也很有名，但价格不菲。

W酒店 精品酒店 ¥¥¥

（020-6628 6628；www.wguangzhou.cn；冼村路26号；标双 1650元起；@P）中国大陆第一家W酒店。装修风格大胆新潮，卧室设有特色W睡床、W枕头菜单、订制LED嵌灯床头板和床侧灯，入睡舒适至极。

迷途主题旅馆北京路3D魔幻店 酒店 ¥¥

（020-8333 6777；文明路63号金佰利广场6~7楼；房 220~480元；@P）位于热闹的北京路边上，广州最"梦幻"的连锁旅馆，房间有小丸子、小黄人等卡通主题，地心引力、阿凡达等科幻电影主题。每间房都不大，但屋内摆设用心，还提供自助洗衣。旅馆没有专门的停车场，可到附近停车场（收费）。

深圳 3

翠园 粤菜 ¥¥¥

（0755-8860 6228；深南大道9028号益田假日广场L2楼22-31号；人均180元；11:00~15:00，17:30~22:00；P）算得上是深圳数一数二的粤菜出品，价位高但味道好分量足，餐具摆设也精致。羊城雀笼点心和鲜果拿破仑是捧场客的挚爱，其他的也不失水准。

五谷坊乳鸽王（海景店） 粤菜 ¥¥

[0755-2506 1946；盐田区（大梅沙）盐梅路10号海景酒店3号1楼；人均90元；10:00~23:00；P]这家乳鸽店在深圳开了很多分店，可见其受欢迎程度，海景店位置在大梅沙正对面。现烤的乳鸽皮脆、肉鲜嫩多汁，各式海鲜也是招牌之一。

Cityinn城市客栈锦绣中华店 连锁酒店 ¥¥¥

（0755-2693 3222；南山区华侨城光

侨街13号新侨大厦；标双 359元；❄@📶P）服务规范，但房间比较小。出行方便，门口就是地铁华侨城站，出门左转步行约20分钟可到华侨城OCT园区，直走过长廊就是民俗村，楼下有简便café，还有自行车出租（20元/小时）。

东部华侨城

茵特拉根城堡酒店 酒店 ¥¥¥

（☎400 830 9996；www.interlakenocthotel.com；盐田区大梅沙东部华侨城茶溪谷；豪双1288元；❄@📶P）靠近茶溪谷入口，装修是欧洲洛可可风，还有私家的天鹅湖。房费已含温泉。住客可拿到打折的门票，如果不需要温泉服务，只需加200元可享有茶溪谷的两天双人门票，不妨先咨询前台。

珠海 4

鱼塘公 川菜 ¥¥

（☎0756-619 6556；香洲扬名广场二期6层L6001铺；人均70元；⏲11:00~22:00；📶）据说是珠海现在刷爆朋友圈的烤鱼店，招牌的椒麻味烤鱼，第一口甜，第二口辣，第三口麻，再配一杯百香果特饮消消热。

金悦轩海鲜酒家 粤菜 ¥¥¥

（☎0756-813 3133；拱北情侣南路265号日华商业广场B区1-3楼；人均125元；⏲9:00~15:00，17:00~23:00；P）珠海无人不晓的老字号粤菜馆，点心出品精致，流沙包、虾饺、凤爪味道不错。周末和平时价格略有不同。对面就是海边，吃饱了可在情侣路散散步。

珠海淇澳海岛商务公寓 酒店 ¥¥

[☎0756-331 9838；唐家淇澳江南街91号红树林路（派出所旁）；标双 198元；❄@📶P]琪澳岛上的住宿多为民宿和青年旅舍，这家新开的私人旅馆条件较好，有电梯和整层的会议室，房间整洁，床铺舒适，但Wi-Fi信号覆盖比较弱。

丽舍酒店 酒店 ¥¥¥

（☎0756-211 6333；康宁路70号，豪单/双389元；❄@📶P）位于香洲区的中心旺区，与情侣路和海狸岛只隔一条街。附近有大型购物中心扬名广场，去酒吧区和餐饮购物都方便。酒店设计风格时尚简约，卫浴和寝具都是精品品牌，性价比高。

开平 5

小煌饭店 快餐 ¥

（☎0750-261 6170；赤坎镇开平巷；人均15元；⏲10:30~15:00，17:00~21:30）各种煲仔饭中黄鳝煲仔饭是招牌，这里的黄鳝饭没有剁成碎肉，而是整条切成几段，饭以柴火煲成，鳝肉入口嫩滑，米饭特别香，好吃得连锅巴也不想放过。

英记糖水店 甜品 ¥

（☎0750-261 3715；开平市东郊路，近赤坎镇文化宫；人均5元；⏲11:00~21:00）始创于20世纪80年代的老牌糖水店，“三沟”糖水是招牌，就是红豆沙加绿豆沙加椰汁西米，这是作者迄今为止吃过的最好吃的椰汁红豆西米露。

碉民部落 青年旅舍 ¥

（☎0750-261 6222；www.kpdmbl.com；赤坎镇河南路126号；铺 50元，标双 120元；❄@📶P）开平唯一的青年旅舍，位置特别好，对面就是赤坎骑楼群，晚上可欣赏骑楼夜景。上二、三楼要爬长长的楼梯，房间比较简陋，冬天洗澡水不是很暖。但氛围很好，提供免费洗衣（居然还有洗衣粉）服务。楼下的媒婆街酒吧时有流浪歌手驻唱。

四美小筑 客栈 ¥

[☎0750-261 9991；赤坎镇二马路47号，赤坎影视城旁；标双 128元（周末 188元）；❄📶]前身是关族图书馆，一楼改造成小餐馆，二

层改建成只有5间房的客栈，很大程度上保留了老房子本来的模样和入门处的内街，房间可眺望对岸赤坎街景。

阳江 6

程村蚝城 粤菜 ¥¥

（☎0662-311 7388；创业路103号；人均60元；⏲10:00~21:00）阳江的程村镇盛产上好的生蚝，肥大鲜美，在这家店全年都能吃到正宗的程村蚝，最佳品尝期在10月至12月。有各种做法，最经典的还是姜葱炒蚝（60元/斤）。粤菜小炒也很不错，我们推荐咸鱼茄子煲，阳江人晒的咸鱼味道极为鲜美。

海记茶餐厅 茶餐厅 ¥

（☎0662-214 1640；东风一路38号；人均20元；⏲9:30~24:00）阳江的老牌茶餐厅，位置在市中心，比较容易找，很多菜式都是地道阳江风味。我们推荐阳江咸汤圆、大乌咸鱼瓦煲饭，在其他地方尝不到，性价比较高。

海韵戴斯度假酒店 酒店 ¥¥¥

（☎0662-369 8888；www.haiyundayshotel.com；海陵岛开发试验区十里银滩；海景标双900元起；❄@📶P）紧邻十里银滩和海上丝绸之路博物馆，走几步路就能独享一片清净的海滩。四星级设施，有山景、园景和海景房，我们推荐海景，价格在官网上预订有优惠，旺季、淡季差异很大。

湛江 8

阿二烧烤 大排档 ¥¥

[☎137 2911 4005；南桥南路（近南桥市场）；人均100元；⏲20:00至次日1:30]来湛江必吃生蚝，这家的烧烤口碑很好，各种新鲜贝类好吃得停不下来。生蚝是时价，分大、小两个等级，论打论只点都可以。烧排骨也是必点，如果你点得豪爽，厚道的老板还会打个折。这里白天是早餐店，有汤粉类，晚上才有烧烤。

御唐厨湛江鸡饭店 快餐 ¥

（☎0759-212 17777；海景路9号；人均20元；⏲10:00~22:00；P）湛江市区的连锁快餐店，出品水准稳定且价格实惠。招牌的隔水蒸鸡，香嫩入味，才19元/例。60元就能吃到一只美味的地道湛江鸡。

城市之家商务酒店 酒店 ¥¥

（☎0759-309 2222；赤坎区大德路1号；标双 179元；❄@📶P）地段很好，在寸金桥公园对面，附近就是大型购物广场，老城区就餐也方便，不过门前车位不多。客房干净舒适，隔音好，部分房间还能眺望公园湖景。

徐闻 9

兄弟鹅饭店 粤菜 ¥

（☎189 3380 9279；东平一路122号；人均50元；⏲11:00~22:30）东平一路是徐闻市内的鹅饭一条街，十多家大排档并排迎客，家家都卖白切鹅。这家鹅很好吃，肉很紧致，还有海鲜和热炒，青椒炒鱿鱼食材新鲜。

新柏莱酒店 酒店 ¥¥

[☎0759-487 3399；城东大道，近东方三路；标双179元（含早餐）；❄@📶P]城东大道上商务酒店众多，但卫生状况都不太理想。这家作为徐闻旅游局的接待指定酒店，房间硬件设施算是标准，但隔音不太好。本书作者调研期间隔壁正在加建一栋，靠近加建楼房的房间味道挺重，建议你选10楼以上。

“客都”**梅州**的花萼楼，
凝聚着客家人的勤劳和智慧

视觉中国提供

Classic Trip
经典线路

广东客家线

27

从岭南南雄到南澳海滩，在粤北的山区里寻觅一份清闲，在客家围屋斑驳的墙壁上触摸文化的厚重，在潮汕用美食犒劳疲惫的旅程，自有一份悠然惬意。

线路亮点

10~12天
940公里

最适合

何时去

4月至11月，非雨季出行更顺畅。

最佳摄影点

坪田银杏基地，11月拍摄黄金大道。

最佳餐饮

潮汕菜、海鲜、粿品、卤味、砂锅粥，讲究的就是鲜美原味。

Classic Trip
经典线路

27 广东客家线

客家人五次翻越梅岭古道进入岭南，保留传统的同时，也融合了当地的习俗，形成了极为丰富的客家文化。各个村子的祠堂依然热闹，寻根问祖是对故土的思念。始兴的围楼，河源的围屋，再到客都梅州，虽然建筑风格迥异，却都凝聚着客家人的勤劳和聪慧。而作为经济特区的潮汕，街头巷尾仍然保留着这份古老韵味，有着融入骨子里的悠闲“工夫”。

南雄到河源一带山路居多，路况并不是很好，灵山秀水却孕育出S244省道这一条绝美的自驾线路。继续往东往沿海方向去，有多条高速沟通东、西、南、北，自驾之旅非常便利。

线路亮点

❶ 南雄

南雄带给旅行者的第一印象是淳朴而安静，在街头漫步，会遇见曾经的古城楼和古城墙。城中最有名的地标**三影塔**（三影塔广场；门票5元；⏲8:30~11:00，14:30~17:00）是广东仅有的一座年份可考的北宋早期砖塔，登塔需要在**南雄博物馆**（三影塔广场59号）内购票。

南雄梅岭扼南北交通要道，历来为兵家必争之地。客家人的祖先为避难曾多次从中原南迁，翻越五岭，经**梅关古道**（☎0751-359 1765；梅岭镇；门票40元；⏲7:00~19:00）进入岭南，最早在**珠玑古巷**（☎0751-361 2684；珠玑镇；门票40元；⏲8:30~17:00）一带落脚。南雄也成为客家人在岭南驻足的第一站。

从市区沿G323国道向东北行驶10公里前往珠玑古巷，曾经一度有多达172个姓氏的客家族群在此居住，一公里多长的古巷保存着一些乌瓦老建筑。每间老房子代表一个姓氏的祖居，虽是后来刻意而为，但客家人仍心怀虔诚地来到这里拜祠堂、查族谱、寻根源，将其视为乡土纪念的一种方式。继续沿G323国道向北行驶20公里来到梅关古道，徒步上山，经过夫人庙、六祖寺，再向前就是粤赣交界处的明代关楼。拱门两侧石匾分别刻有“南粤雄关”和“岭南第一关”的字样。每年1月中旬至2月下旬，路旁梅花次第盛开。

🛏 见430页

行驶路上 » 从南雄城区沿G323国道向西南行驶35公里即可抵达始兴县城，也可向北从南雄高速入口上S10赣韶高速去往始兴。国道路况也极佳，与高速所需时间基本相同，车程约40分钟。

❷ 始兴

“有村必有围，无围不成村”，素有“围楼之乡”之称的始兴，现存大大小小的围楼200多座。有些还有当地人居住，大多已经荒芜破败。

在始兴县城西侧5公里的G323国道北侧，有**东湖坪客家民俗文化村**（太平镇；门票 30元；⏲9:00~17:00），因曾拍过《围屋里的女人》而小有名气，里面壮观的永成堂围楼堪比固若金汤的碉堡。G323国道南侧的沈所镇石下村、顿岗镇周所上街的客家围楼也保存完好，未经开发，能看到建筑原貌。沈北村的**红围**因为通体红色，且做过革命年代的粤北省委办公楼而被人熟知。从沈所镇沿Y326乡道继续向西行驶3公里即可到达**铜钟寨**（☎400 777 7777；始兴县城西9公里沈所镇；门票40元；⏲8:30~17:00），此处为丹霞地貌，形似女阴的阴元洞群被作为“天然‘性趣’博物馆”来宣传。

行驶路上 » 从始兴县东南10公里的顿岗镇向南，沿S244省道行驶90公里抵达翁源县。车程约2小时。这条号称广东最美的自驾公路，因在山区，会经常翻修，走之前需查清路况。如在雨天前往，山顶能见度较低，需谨慎驾驶。

❸ 翁源八卦围

特地来翁源旅行的人并不多，但是城北10公里S244省道旁的江尾镇，在节假日仍有不少人造访，特意来看败落的**八卦大围葸茅岭**（江尾镇西侧3公里；免费）。八卦围根据罗盘八卦图而建，以村祠堂为中心向外扩散，有街道90多条，鼎盛时期有将近2000户人家在此居住。高大围屋之间的街道，窄的地方仅容一人通过，最宽也不过让四五人同时站立，错综复杂的围屋巷子如同“迷魂阵”。围屋里的**张氏祠堂**是唯一热闹的

你也可以……

37 福建沿海线

从汕头月浦收费站上高速，沿G15沈海高速公路向东北行驶80公里即可抵达诏安，车程1.5小时。

地方，当地张姓族民会定期来祭拜。说它败落，是因为从2005年起，陆续有村民从围屋搬出，无人居住的屋子成为蛇虫鼠蚁作乱的场所。现在的围屋已经垮塌了绝大部分，道路房檐上杂草丛生，只有一位鳏居老人在此居住。在有旅行者造访时，他会带路，顺带卖一些所谓宋、明时期的罐子。

江尾镇南1公里的南塘村，有**湖心坝客家楼群**，包括长安围、外翰弟、大夫弟、三门楼等32座围楼，其庞大的规模令人惊叹。相对于八卦围的破败，这片楼群却得到了部分的修缮维护。

见430页

行驶路上 » 从翁源往南继续沿最美自驾公路S244省道行驶至杨村镇，向北转向G205国道可到达河源市，全程180公里，约4小时。有些路段山路崎岖，行车需谨慎。

或者从翁源向东沿S341省道行驶，从忠信收费站上龙河高速，往南转G25长深高速，在河源城北收费站出高速到达，经万绿湖大道进城。行程会少30公里，约3小时到达。

另辟蹊径
坪田银杏基地

起点：❶ 南雄（见421页）

更多旅行者选择在秋天来到南雄，只为坪田村那几千棵老银杏树。每年11月中旬到12月上旬，目之所及皆是金黄。从南雄往东沿S342省道行驶40公里，在田心村向南转向X343县道继续行驶约20公里，约1.5小时就可到达坪田银杏基地。

坪田村周边看点很多。从村中心步行可到坳背村，这里有一棵1200年历史的古银杏树，当地村民经常前来祭拜。远一点可前往东面的冯屋村、迳洞村，欣赏当地面积最大的银杏林。位于南面的军营寨则是看日出的好地方，很多摄影者在此守候光线。坪田地区的银杏有老屋、祠堂等点缀其间，充满乡村之美。坪田周边村落乡路狭窄，自驾并不方便，位于老宅村的停车场已经建成，可在此停车。各村之间需搭乘三轮车前往，一般5元/人。

沿S342省道前往南雄市区西北35公里可到**帽子峰森林公园**（周五至周日门票50元，平日40元），道路两侧种满高大的银杏，到了秋天就变身“黄金大道”。虽比坪田近些，但山路难开，经常堵车。

❹ 河源

作为客家文化重要起源地之一，秦平定南越后，第一任龙川县令赵佗被认为是客家人的始祖，因此河源的客家味道十足。“客家酿豆腐”“东江盐焗鸡”出现在大小餐馆中，节庆时的花朝戏与客家山歌热闹非凡。

位于城西8公里处的**万绿湖**（☎0762-878 0361；万绿湖大道终点；联票1线207元，联票2线177元；⏲9:00~16:00）是河源市内最好的去处。这里是新丰江上拦截形成的水库，因“处处是绿，四季皆绿”而得名，湖区有多个小岛可上，但必须坐船，两种门票都包括船票。

此外，河源出土了17,000多枚恐龙蛋与多具恐龙骨架，城南的**恐龙博物馆**（☎0762-333 3595；滨江大道旁龟峰塔下；门票30元；⏲9:00~17:00，周一闭馆）展出了各种出土标本。晚8点后，河源有号称“亚洲第一高”的**音乐喷泉**（河源大桥与珠河大桥之间的新丰江中心）演出，高达167米，值得一看。

见430页

行驶路上 » 沿G25长深高速在义合收费站出高速，可到苏家围（☎0762-888 2969；义合镇；门票30元；⏲8:30~17:00）参观方形围屋。继续沿G25长深高速向东行驶60公里，从龙川西收费站下高速，

视觉中国 提供

河源林寨

向西折返5公里，即可抵达岭南文化重镇佗城（☎0762-668 3882；门票 40元；⏲8:30～17:30）。为纪念首位龙川县令、后来的南越王赵佗而改名，城中以南越文化为主要看点。继续沿G25龙川高速或G205国道向东行驶70公里去兴宁，车程1.5小时。

❺ 兴宁

兴宁99%以上为客家人，有超过4000座的客家古民居，曾经如火如荼的十大古民居评选已经尘埃落定，明星般的古屋得到了更多的关注和后续的保护。最有名的是**磐安围围龙屋**（叶塘

当地人声音

李德然
汕头人，陶然公益图书馆馆主

汕头是以“千斤谷”著称的文化之乡，你可以在红头船公园（澄海区中山南路与篷岭路交界处；免费）见证潮汕先民远洋“过番”谋生创业的筚路蓝缕；也可在礐石风景区梦之谷的心形游径上寻梦曾令文学大家萧乾魂牵梦萦的红尘绝恋；最后，向南去到潮阳区最南端的莲花峰风景区（海门镇莲峰南路；门票20元），这里矗立着民族英雄、“宋末三杰”之首的文天祥丞相塑像。不妨把遍布全城的陶然公益图书馆作为最后一站，感受更为地道的汕头韵味。

上图：在梅州为庆祝元宵举行的“烧火龙”活动

镇河西村；卫生费10元），它是保存最完整的四角围龙屋，后圆前方，门口有一个半圆形的大池塘。屋内雕梁画栋，古色古香，还有功能分明的书斋、花厅和牛舍马棚等，大大小小的天井就有20多个。此外，还有精美如**罗岗善述围**，古老如**宁新东升围**（九厅十八井），典雅如**棣华围**等都值得去看。

位于城南的**神光山**（☎0753-331 8122；976县道旁；免费）是当地人常去之处，爬陡峭的好汉坡，去老庙求签，在山顶俯瞰兴宁县城，也是一次不错的体验。

行驶路上 » 沿着G25广深高速或者G205国道向东行驶60公里即可到达梅州，车程1小时。国道路况极佳。

线路亮点

6 梅州

来到被称为"客都"的梅州，可以对客家人的历史和文化来一次更全面的了解。位于客家公园内的**中国客家博物馆**（☎0753-225 8830；东山大道2号；www.zgkjbwg.com；免费；⏲9:00~17:30，周一闭馆，主馆免费讲解10:00和15:30）便是一个窗口，清晰地展示了客家人的历史、建筑与风俗文化。与博物馆一河之隔的**人境庐**（东区小溪唇；免费；⏲9:00~17:30，免费讲解10:30和16:00）与旁边的荣禄第、客家匾额馆（恩元第）共同组成**黄遵宪纪念馆**。人境庐将客家民居与日本庭院式建筑巧妙地融为一体，它是黄遵宪参加戊戌变法罢官回乡后的书斋。纪念馆一侧的**小溪唇**有不少民居，适合在里面闲逛。

客都为介绍客家文化不遗余力，新建成的客家主题园区**客天下**（☎0753-211 8888；www.ktxjq.com；三角镇东升村；门票 90元起，电瓶车10元；⏲售票处 8:00~19:30）是由住宅区、酒店和旅游景区组成的综合体，有以自然步道为主的圣人谷和介绍客家文化的客家小镇，晚上也有歌舞表演。对年轻人来说，被改造成创意空间的老围屋**玉庭楼**（☎0753-223 6388；梅江四路玉庭二路39号；⏲8:00~23:00）更有吸引力，刷有毛泽东语录的墙面被别出心裁地加上画框，一楼有茶吧可小憩。

🍴🛏 见430页

行驶路上 » 沿S12梅龙高速或者S333省道向东北行驶90公里即可抵达大埔，车程1.5小时。

线路亮点

7 大埔

为吸引更多的旅行者前来，号称是"客家香格里拉"的大埔未免有夸大之嫌，但这一带的确山清水秀。可以从大埔县城沿S221省道去东南14公里的**百侯古镇**，目前有80多座明清时期的古民居建筑散落在街巷间，其中最值得一看的是侯南村"一"字排开的三座

另辟蹊径
林寨古村落

起点：4 河源（见422页）

从河源出发沿G205国道或G4511龙河高速在灯塔镇转上S229省道，行驶90公里可抵达林寨镇，车程2小时。从镇子沿热闹的集市和仅容一车经过的石桥行驶到最北，即可到达**林寨古村落**（☎0762-566 2488；和平县林寨镇兴井村；门票 30元；⏲9:00~18:00），村中白墙黑瓦的四方碉楼矗立在稻田间，一派田园风光。

林寨最初是南越国的北部要塞，至明清开始出现大量四角楼，目前保存完好的24座，多建于清中晚期和民国年间。修缮后对外开放参观的有古雅的司马第、独特的谦光楼与气派的颍川旧家，碉堡永贞楼已化身客栈。楼内无不雕梁画栋，别有乾坤，几进几出的设计独具匠心。村中老宅墙上红色的忠字标语和历次洪水的水位标记，昭示着这个村庄经历过的风雨。

建筑：古旧的企南轩、新式客家小洋楼海源楼与精美的肇庆堂。沿S221省道28公里去城北的**茶阳古镇**，这里始建于明嘉靖年间，已有400余年历史，最有特色的是沿河的骑楼群，不时还能看到20世纪七八十年代风格的照相馆和老旧的理发店、中药铺。创立了葡萄酒品牌"张裕"的张弼士晚年回乡修建客家围龙屋作为居所，**张弼士故居**（☎0753-564 3738；西河镇车龙村；门票 30元；⏲9:00~17:00）与茶阳古镇隔梅龙高速相望，屋内装饰华丽，墙壁上布满水墨画，门窗上有金漆木雕。

大埔也有不少有特色的客家土楼分布，例如四方形砖石结构土楼**泰安楼**（湖寮镇龙岗村；门票 20元；⏲8:00~17:30）特别像一座巨大的军事古堡。三楼观景最好，内、外两条环楼通道将房间夹在中间，外可尽览楼外风貌，内可拍到最全的土楼内景。

行驶路上 » 沿S333省道向西行至S224省道上，左转向南，沿S224省道继续行驶到丰顺县，转上G206国道继续行驶可到揭阳。全程180公里，车程3.5小时。

城外不远有围屋

不妨开车离开梅州市区，在周边来一次短暂的客家古镇围屋之旅。沿G205国道往城西13公里，在南口镇左转到侨乡村，就可以一次看全几乎所有类型的客家围屋。最有名的是围龙屋**南华又庐**（门票 平日5元，节假日10元），是侨乡村里规模最大的围屋，共有118个房间，大小厅堂数十个，各房屋之间大小庭院错落有致。大屋仍是私产，平时不开门，按门铃就会有人来应答。村中的**德馨堂**气势不凡，**毅成公家塾**是梅州保存最完好的百年私塾。道路边有明确的标牌指向村内的典型围屋。

沿S223省道45公里去往城东北的**松口古镇**，江边一带的老建筑保留得不错，明末建造的**世德新街**长约200米，百余间店铺至今仍然完好。民国初期修建的几条骑楼老街也还保持着原来的风貌，只是十分破败。随着时间的推移，火船码头也变得窄小了不少。紧邻松口中学的**承德楼**是著名华侨梁密庵先生的故居，目前承德楼仍有梁氏后人居住，主人通常都允许旅行者入内参观。

8 揭阳

揭阳是一个有两千多年历史的古城，虽是潮汕文化的发祥地，名气却大不如潮、汕二市。位于榕城区的老城是揭阳的最佳去处，老城区内巷子狭窄，开车并不方便，可把车子停在城隍庙前面的广场，按照进贤门—学宫—双峰寺—城隍庙—中山骑楼街区—丁日昌旧居—石狮桥—禁城—关帝庙—明清民居一条街这样的顺序步行游览。当地的揭阳粿条汤为特色小吃，不可不尝。

夏天更适合去揭西，从揭阳走潮惠高速去**石内河漂流**（☎0663-563 4623；揭西县坪上镇石内路8号；周一至周五118元，周末 138元；⏲10:00~15:30），不但考验胆量，沿途更有青山飞鸟相伴。漂流全程约4.5公里，需2小时。沿S335省道向北走访**黄满磜瀑布**（揭西县京溪园镇粗坑村；门票 80元；⏲8:00~17:00），瀑布依山势而下，由5级小瀑布组成，或纤秀静美，或直坠如霰，姿态各异。从栈道起点爬到最高的飞虹瀑布约需30分钟。

见431页

行驶路上 » 沿S335省道向东行驶30公里即能到达潮州，车程40分钟。

线路亮点

9 潮州

潮州人的生活是融入

粤北最美自驾路线

从始兴县出发到龙门县的S244省道，因为有围楼、古塔、农舍、溪水、竹林等，而被称为广东最美的自驾路线。尤其是在11月初至次年1月初的秋、冬季节，满山红叶加上沿途村庄的炊烟，吸引了大量自驾旅行者。从始兴沿省道出发不久，路两侧的古树就会遮天蔽日，斑驳阳光投影在路面上，最美旅程就从这里开始。

距离始兴20公里的**深渡水乡**，溪流清澈碧绿，清晨打鱼人的竹筏、蒸腾的薄雾就会出现在江面上，如仙境一般，有"广东小九寨"之称。继续往前行驶，从隘子镇驶出省道1公里，到达号称"岭南第一围"的**满堂客家大围**（隘子镇；门票40元；⏲9:00~17:00），由当年的富商所建，雄浑庄严却又高雅精致，里外三层的"回"字结构，犹如迷宫。从司前镇往省道的另一侧，沿X346县道行驶30公里左右可以到达**车八岭国家自然保护区**（☎0751-346 2114；罗坝镇；门票45元；⏲8:00~17:30），喜欢自然风景的不要错过。景区横跨至江西全南县，奇峰怪石林立，里面的小型博物馆内还有不少珍稀动物标本。

从司前镇往南开始进入山道，沿途山区有许多天然温泉，疲惫的旅行者可在此休息。新丰县海拔偏高，且风景秀丽，被当地人称为"小香格里拉"，这段山路道险路窄，有许多货车往来，需小心驾驶。

骨子里的慢，坐下便是喝茶，几乎家家户户都有工夫茶具。潮州的慢也体现在行车上，在市区车速有时会慢得令人发指，横冲直撞的摩托车与电动车才是马路安全的威胁。

潮州手工艺品十分精致，观赏木雕首选便是**己略黄公祠**（☎0768-225 1318；义安路铁巷2号；门票10元；⏲8:30~17:30）；看石雕则要去城外的**从熙公祠**（免费；彩塘镇金砂一村；⏲8:00~17:30）；而在拥有大量古民居的甲第巷中，**民居文化展览馆**（门票 8元；⏲8:30~17:00）主要展示潮州木雕、刺绣、手拉朱泥壶等手工艺品，以及方言、民谣、工夫茶道等民俗文化，它是典型的潮汕民居四点金（屋子四角各压一个厢房）的衍化，楼顶天台则是俯瞰古巷老屋和拍照的好地方。

潮汕人喜爱祭拜各种神明，古城中的宗教场所，诸如有年代的**开元寺**、**叩齿庵**、**泰佛殿**、**北阁佛灯**等，仍吸引着许多人前来祈福。周围还有许多地方值得驻足，例如通过建筑和展厅介绍潮州历史的**海阳县儒学宫**（☎0768-223 1362；昌黎路和文星路交叉口；门票10元；⏲8:00~17:30，17:00停止售票），介绍潮州民居特色与婚俗的**许驸马府**（☎0768-222 5232；中山路葡萄巷东府埕4号；门票 10元；⏲8:30~17:30，17:00停止售票），也有清爽雅致的仿古庭院式建筑**饶宗颐学术馆**（下水门城角；门票4元；⏲9:00~17:00，周一闭馆）。牌坊街周边白天不通车，可把车停在开元寺前，然后步行游览。

🍴🛏 见431页

行驶路上 » 从潮州出发沿S233潮汕公路向南行驶40公里即可抵达汕头市中心，车程1小时。沿途会经过龙湖古寨（潮安区龙湖镇；免费），它融合了南宋以后各朝的建筑风格，至今还保留有百余座古建筑，包括56个宗族祠堂和84座名官府第，如今三分之二的建筑里仍有当地人居住。逢年过节，寨中会有大量的民俗活动，如热闹的腾龙十二式。

线路亮点

⑩ 汕头

汕头的老城区为鸦片战争开埠后慢慢发展起来

Classic Trip 经典线路

的，如今条条老街虽然人头攒动，但老建筑的二层以上却大都狼藉破败。**小公园中山亭**一带德式百余年骑楼“四永一升平”独领风骚。**汕头开埠文化陈列馆**（☎0754-8827 7601；永平路1号；免费；⏰周三9:00~11:00，15:00~17:00，周六9:30~17:00，免费讲解 周六10:30、15:00）里有汕头人对那段旧时光的记忆。“先有天后宫，后有汕头城”是一直以来的说法，**天后宫和关帝庙**（升平路4号和6号；免费；⏰7:00~18:00）是汕头开埠前最早的建筑，如今当地人回乡也一定会前往祭拜。天后宫后面拐角处的汕头**存心善堂**（外马路57号；免费；⏰全天开放）里的嵌瓷、彩塑、石刻、漆画十分华丽，值得一看。改造一新的**1860文化创意园**（☎0754-8688 1860；西堤路44号；免费；⏰全天开放）经常有艺术展览，也是电影、创意、烹饪教室等各种工作室的地盘。

驱车离开城区走G15沈海高速公路或者S231省道，可去东北30公里处的前美村，那里集中了大量潮汕古民居院落。精美华贵如古建筑**陈慈黉故居**（澄海区隆都镇前美村；门票 35元；⏰8:30~17:30），故居里有郎中第、寿康里、善居室和三庐书斋4座建筑506间房，被誉为“岭南第一侨宅”。目前只有被开辟为陈氏家族史展览室以及潮汕文化

品食香鲜的潮汕美食

品粿品

简单来说，粿是米粉加工而成的糕点，原本是祭祀供品，后来渐渐走入街巷，成了小吃。笋粿、韭菜粿、咸水粿、桃粿、芋粿……不一而足。潮汕人讲究“时节做时粿”，比如春节的红粿桃、甜粿、发粿，元宵节是鼠曲粿，清明做松粿，端午是栀粿，鬼节七月半是胶罗钱，十月十五“五谷母生”时则用糯米糍拜祭祈福。

食小食

除去无处不在的粿，在潮汕不为别的，出没于大街小巷的小吃店，让你总在哀叹胃容量的不足。汕头三中夜市的肠粉、十二中的草莓冰、老牌福合沟无米粿甜汤粿品、老妈宫粽球、广场老牌豆花甜汤、老姿娘粿汁、嫩滑的牛肉火锅，揭阳糖葱薄饼、粿条汤，潮州牛肉丸、鸭母捻、糯米猪肠、腐乳饼……不胜枚举，却都一样味美。

鲜海鲜

临海的潮汕地区有着得天独厚的丰富海产，遍布大街小巷的海鲜大排档物美价廉。独特的潮汕风味以清淡为主，例如白灼鱿鱼、小炒蚝珠、白灼濑尿虾和蚝烙等。鱼饭是潮州打冷的主角，所谓“鱼饭”，其实不是饭，而是指把鱼直接当饭吃。另外，潮汕人几乎可以用一切水产做生腌，虾姑、薄壳、血蚶、螃蟹、鱼等。由于只用酱汁调料腌制后便上桌，生腌最大限度地保留了食材的原汁原味，味道十分鲜甜。

香粥香

潮汕砂锅粥大概也是红遍全国的名小吃，粥里配上各种肉类、蔬菜或者水果，鲜美香糯异常。潮汕人爱粥，家常餐桌上少不了一碗白粥，就连夜宵，也叫作“吃夜糜（粥）”。而在这里粥还有细分：一种是砂锅白粥，而另一种叫香粥，是将煮好的米饭放入鱼、鸭或肉汤中滚成的，10分钟就能出锅，讲究的就是汤水的鲜美。

展览室的善居室对外开放。曾为陈宅大管家住所的**文园小筑**（澄海区前美村；免费）也是一脉雅致的生气。村里的**永宁寨**（澄海区前美村；免费）则仿佛凝结了时间一般的安静古老。

从老城区过礐石大桥（过桥费10元），在**礐石风景区**（☎0754-8749 0175；濠江区礐石海旁路4号；门票 15元；⏲售票处 8:30~18:00）登顶塔山景区，可俯瞰汕头市海天一线的风景。另外濠江的南山湾海滩（濠江区风岗村，达南路与疏港大道交会处；免费；⏲海滨浴场 8:00至日落）与中信龙虎滩（濠江区中信大道龙虎滩；门票 60元；⏲海滨浴场 8:00至日落），那里沙平水浅，还有成片的礁石。

见431页

行驶路上 » 从汕头城区出发沿金鸿公路往东北方向驶出，在坝头镇向东转上336省道，通过美丽的跨海大桥——南澳大桥（过桥费单程48元）抵达南澳小岛，全程约50公里，车程1小时。位于海边的新溪镇周边有许多海鲜大排档，随便选一家，味道大都不错。

⑪ 南澳

大多数旅行者是冲着岛上的**青澳湾**（南澳岛东部；免费；⏲海滨浴场 8:00~18:30）去的，绝美的蓝天、碧海、绿岛、金沙、白浪让人流连。竖在海滩上的**北回归线标志自然之门**，是旅行者拍摄“到此一游”纪念照的必选背景。岛上还有一座改为海防博物馆的**南澳总兵府**（深澳镇大衙口；门票20元；⏲8:00~20:00），展示着总兵府的历史与南澳大事件。东北角的**金银岛**（南澳岛的东北面；门票10元；⏲8:00~20:00）一度被称为“贼澳”，据传这是海盗吴平当年训练士兵的地方，他还将很多财宝留在这里。最高处有一座小亭子可以俯瞰海湾美景。小岛南边还有一个围绕着一口古宋井修建的海滨公园**宋井**（云澳镇澳前村东南海滩；门票 20元；⏲8:00~20:00），和视野最佳的观景台**展南亭**。最佳游岛时间为每年4月至10月。

Classic Trip 经典线路

食宿

南雄 1

珠玑大酒店
酒店 ¥¥

[☎0751-387 6888; 建设路12号; 标单/双(含早餐)220元起; ❄@📶P]南雄市区不多的星级酒店，地处市中心，交通便利，距三影塔步行仅需5分钟。经过翻新后酒店设施档次有明显的提高，只是房间空间有些局促。提供独立的大型停车场，方便自驾旅行者。

广府人客栈
客栈 ¥

(☎0751-383 8393; 青云东路广州会馆一侧; 标单/双138元起; ❄@📶P)位于浈江旁的客栈位置优越，前侧的广州会馆经常有各种演出，不失为一种便捷的休闲选择。装修风格比较古朴，房间简洁大方。老板比较热情，提供南雄周边的旅行信息。有大型停车场。

翁源 3

龙翔大酒店
酒店 ¥

[☎0751-612 8888; 龙仙镇建国路8号; 标单/双(含早餐)130元起; ❄@📶P]在翁源算是比较不错的酒店选择。虽然设备有些陈旧，但房间干净整洁。酒店内部的KTV营业到比较晚，对睡眠质量不好的旅行者会有影响。有独立停车场。

河源 4

鸿禧客家王
客家菜 ¥¥

(☎0762-318 2539; 兴源东路A102号; 人均60元起; ⏲10:00~21:00; P)这家店位于河源市中心，门口方便食客停车。主推客家特色菜，如秘制三杯鸡、乡下土猪汤、客家红焖肉和白灼牛肚百叶等，口味咸香，别有风味。

雅园半岛酒店
酒店 ¥¥

[☎0762-382 8918; 大同路与文明路交会处; 标单/双(含早餐)280元起; ❄@📶P]距离有名的亚洲第一喷泉非常近，楼下有超市、餐馆等。作为四星级酒店，服务热情周到，客房空间也足够大，床品也比较舒服。只是设施略微陈旧，屋内插座不多，可向前台索要排插。停车方便。

凯利国际酒店
酒店 ¥¥

[☎0762-222 0888; 源城区西提路10号; 标单/双(含早餐)200元起; ❄@📶]位于新丰江畔，入住江景房可在房间内欣赏到喷泉表演，但需提前预订。房间卫生设施一应俱全，稍微偏远的房间Wi-Fi信号比较弱。虽没有专门的停车场，酒店外有专门的摄像头，保障停在路边车辆的安全。

梅州 6

达兴全猪汤
小吃 ¥

(☎159 8649 9885; 梅江区江新中路中段与团结路交叉口西侧; 人均15元起; ⏲7:00~22:00)梅州最有名的小吃当属腌面，而腌面必配汤，达兴是梅州当地人最爱去的老店，店铺环境市井味十足。腌面就是葱花猪油拌面，简单的食材搭配，面条有嚼劲，加了胡椒的全猪汤分量十足，配面喝回味无穷。

新昌酒店
酒店 ¥

(☎0753-212 0188; 梅松路嘉应大学南门斜对面; 标单/双 90元起; 📶❄@P)环境十分幽静，就在嘉应大学一侧，可以去大学里面散步，周围的各色小吃也比较多。房间性价比较高，装修风格整洁大方，而且每个房间都有独立的路由器，前庭有大型停车场。

皇家名典酒店

酒店 ¥¥¥

[0753-867 7777; www.hjmd-hotel.com; 东门路35号; 标单/双(含早餐)418元起; 酒店比较新,房间宽敞干净。酒店位于街口,但隔音不错。三楼和四楼有KTV营业至凌晨2:00,如果怕吵,可尽量要求高楼层的房间。部分房间可以看见湖景或江景,少量房间受格局影响,书桌就放在门后,使用起来比较局促,最好先看房再确定。

揭阳 8

桐坑粿条

小吃 ¥

(望江北路与同德路交叉口西侧;人均15元;7:00~21:00)揭阳的粿条汤在潮汕地区首屈一指,清淡的汤底配上软糯的粿条,满口盈香。还可以选择海鲜、猪肠、牛肉等配菜。另外炒粿条也十分推荐,是揭阳人经常光顾的小店。

潮州 9

官塘原味鱼生

潮汕菜 ¥¥

(136 7143 8907;湘桥区绿榕北路景山路段14号;人均75元;16:30至次日2:00;P)潮州的美食首推鱼生,多数鱼生店白天不营业,为的是准备新鲜食材为食客提供夜宵。这里主要提供草鱼、鲮鱼鱼生,配上生菜、姜丝、青瓜、柠檬、洋葱等蔬菜,浇上特调的酱料,滑腻却爽口。吃不完的鱼片与虾可以做粥。老板特别热情,会当面秀刀功,切极薄的鱼片。

胡荣泉

小吃 ¥

(0768-225 6831;太平路136-144号;人均15元;8:00~19:00)潮州的百年老字号,单牌坊街上就有三家。鸭母捻(糖水汤圆,8元)和春卷(2元)都很正宗。门口大张旗鼓排开的各种朥饼(所谓"朥"就是肥肉或猪油),口味可媲美各种老式酥皮月饼。另两家都是胡荣泉的后人经营的。

府城客栈

客栈 ¥

(0768-222 6633;太平路分司后巷9号;普单98元,标双158元起;)这是古城里的第一家客栈,由一幢民国初年的三层小洋楼改建而成。每层楼都设有喝茶休闲的地方。房间还算干净,但家具、设施均显老旧,床垫比较硬。古城内停车不便,可把车停在开元寺广场,步行2分钟抵达。

汕头 10

适口餐厅

潮汕菜 ¥

(0754-8326 6356;水仙园38栋101-103南;人均47元起;11:00至次日2:00;P)当地人推荐的地道潮汕砂锅粥,可以配上多种肉类、海鲜及蔬菜,比较有特色的是扇贝鲍鱼粥、黄鳝粥和虾蟹粥等。海鲜肉质鲜美,与粥完美搭配。其他的小炒种类并不多,环境相较露天的大排档算是不错,晚上九十点钟有时也需要等位。

陈记顺和牛肉火锅

火锅 ¥¥

(0754-8686 4010;龙湖区韩江路锦泰花园北区104铺面;人均50元起;9:30~14:30,16:00~21:00;P)汕头的牛肉火锅也是一绝。没有过于复杂的汤底,全靠牛肉本身的新鲜,搭配沙茶酱,撑起香嫩的味道。嫩牛肉必点,而肥牛煮过之后入口是清脆的,并不油腻。吃完后用汤底调一碗香菜香葱汤,驱油暖胃。由于过于火爆,经常需要等位,也设有露天餐桌。

汕头背包客青年旅舍

青年旅舍 ¥

(186 8801 6830;龙湖区陈厝合黄山路与安和街交叉口,欢聚公寓10楼;铺 55元起;P)2014年开业,2015年重新换址装修,有更大空间的公共区域,3个大露台供客人使用。全新的宿舍温馨舒适。老板健谈,对市区比较熟悉,能提供一些旅行资讯。旅舍附近有停车场,费用5~10元。

作为海南拥有最高知名度城市的**三亚**，
仍不失悠闲的度假氛围

视觉中国 提供

Classic Trip
经典线路

海南环岛线

28

从海口绕岛一周回到起点，东段是为人所熟知的城镇和景点，西段有更具原生态的岛国风情。除了沿着海岸开行，更有深入五指山腹地的探索行程。这条路线以休闲享受为主，除领略满眼的美景外，还可一路品尝美食。

线路亮点

13~15天
约1000公里

最适合

何时去

11月至次年3月，此时北国飞雪、南方湿冷，海南却可以在艳阳高照下享受清凉的海风。

最佳摄影点

享受蓝天碧海椰树沙滩，石梅湾是个好去处。

最佳体验

去仙安石林攀上刀山，也许是旅程中绝无仅有的经历。

Classic Trip
经典线路

28 海南环岛线

这是一条环岛线路，每天行驶的距离并不远，沿途城镇密集，找到合适的食宿也容易。路线基本上都是国道、省道和高速公路，无论什么车型都可以畅行无碍，只有在深入五指山时会遇见盘山路，缺少经验者须谨慎驾驶。虽有环岛高速公路，但不赶时间的话，建议你离开高速，这样就能欣赏到更多的海岛田园风光，何况还可随时停车拍照。海南加油站很多，就算到了镇上也可以加到各种牌号的汽油。如果你的时间不够环岛，可将五指山市作为分界点，只自驾东线或者西线，然后经G224国道和S21中线高速回到海口。

线路亮点

❶ 海口

跨过琼州海峡，离开秀英港，迎面而来的椰子树带来浓浓的海岛风情，海南之行的第一站就是海口。

海口市区呈东西走向，长达25公里。由于东西贯通的主干道较少，使得滨海大道上车辆密集，如果正值上下班高峰，最好绕行避开。海口有不少的单向行驶道路和禁止左转的路口，要随时注意观察交通标志。

想感受海口的本地民风与习俗，应该去博爱路和中山路一带的**骑楼老街**走走。在两侧骑楼构成的狭窄街巷里，生意兴隆的小店铺和古早小吃摊，展示着当地生活的日常。

海口有几处值得一看的古代遗迹。最有名的是**海瑞墓**（☎0898-6896 6821；丘海大道39号；门票 8元；⏲8:00~18:00），万历帝题写的“粤东正气”四个大字就镌刻在入门的石碑坊上。可惜历代建筑多毁于“文革”，仅剩下一座墓碑是原物。**五公祠**（☎0898-6535 3047；海府路169号；门票20元；⏲8:00~15:30）有岛上最集中的古代遗迹建筑群，可以找找苏轼被贬海南后挖的浮粟泉、洗心轩后小庙里的宋代铜佛和两伏波祠前宋徽宗手书的御碑。从五公祠开车5分钟即可到达**琼台书院**（☎0898-6573 2291；府城中山路8号，琼台师范学院内；门票 5元；⏲8:00~17:30），这里是三百年前海南的最高学府，现存的主体建筑是建于乾隆年间的两层奎星楼。海口大部分景区及公共场所会有停车场，停车一般2~5元/次，过夜5~10元。注意不要在没有划停车位的路边停车。

见445页

行驶路上 » 从海口到文昌约65公里，需近1小时。开出市区后，从桂林洋互通进G9812海文高速。由于高速路没有封闭管理，不时会有摩托车驶入应急车道，需注意避让。开行51公里后出高速，然后经迎宾路、文昌路和椰乡路到达文昌市区。

线路亮点

❷ 文昌

文昌是海南三大历史古邑之一，**文昌孔庙**（文城镇文东里20号；门票15元；⏲8:00~17:30）是海南保存最完整的古建筑群。殿中悬挂着刻有清代康熙、嘉庆、咸丰和光绪四位皇帝玺印的巨匾。孔庙周边还有各个姓氏修建的宗祠。从孔庙门前东风路往南650米右转过太平桥，就是长约一公里的**文南老街**（免费），立面灰色的骑楼中间，是蜿蜒铺展的青石板街道，近年这里被修复为南洋风格商业街。

从文昌城区往南经文昌大道、文清大道，过清澜大桥后沿通往铜鼓岭的文铜公路前行5.7公里，可右拐前往**东郊椰林**（东郊镇；免费）。近两百万株椰子树依海岸延展15公里，成为我国最长的滨海椰树走廊。

回到文铜公路，右转开上往铜鼓岭方向的一级公路，途中注意公路右侧会出现几座高耸的塔楼，那里是文昌卫星发射中心。经过龙楼镇后，到公路尽头的转盘往左可到铜鼓岭，往前可到石头公园，沿途皆有指路牌。**铜鼓岭**（免费）绵亘20多公里，主峰海拔338米，是海南最东角。自驾车不能上山，只能乘坐交通车（往返20元/人；⏲8:00~17:00）。喜欢徒步的可沿山腰的登山古道登顶，要顺着路走以免迷路。山顶有海军雷达站，不要对着军事禁区拍照。在观景台上，可以看见月亮湾的金色沙滩，还有远处的卫星发射塔。在铜鼓岭风景区最南端，是奇石林立的**石头公园**（免费）。公园无人

你也可以……

26 粤西南沿海线

自驾海南意犹未尽，不妨驱车乘轮渡过海峡，踏足中国大陆最南端的沙滩，再沿着粤西南海岸线一路北上，品尝不一样的广式美食。

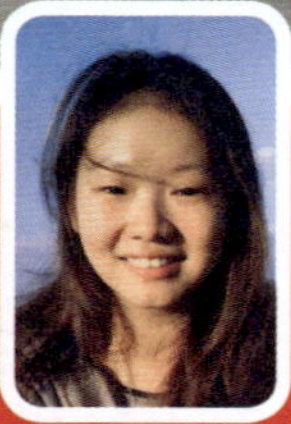

当地人声音

焦阳

三亚咖啡清吧老板，多次自驾三亚到海口一线

从三亚至海口一线，有许多当地美味。清晨从三亚出发，沿东线高速向海口方向行驶，途经陵水，一定要在高速出口拐角处的院子里点一碗地道的陵水酸粉，配上店家腌制的咸鸭蛋，就是一顿充满幸福感的早餐。

离开博鳌后进入潭门镇，午饭可以在镇上临街小店里解决。如果预算宽松，也可以去潭门海鲜第一家大快朵颐，虽然消费偏高，但在享受美食的同时，可以坐看一线海景的也就只有这家了。

从潭门到琼海沿途经过多段乡道，不要着急，慢慢享受一下乡间的宁静。如果要穿过琼海市区，请注意陡然增多的电动车。记得去兴海北路的泮水鸡汤店要一只鸡，半只用来炒，香脆不油腻；另外半只做打边炉，鸡汤里涮进限量供应的自家新鲜黄花菜，绝对是完美的搭配。

上图：海口的骑楼老街

管理，除巨石边有绳索护栏外，没有其他防护措施，行走需谨慎。前往石头公园的最后600米为砂石路，普通私家车小心驾驶可通过。

见445页

行驶路上 » 从文昌大道右转开上S201省道，25公里处左转百米后便到冯家湾海滨，有长达8公里的细软沙滩。继续往前16.5公里，左转2公里后，再往右进入X342县道，开行10公里便到了潭门镇。可以在富港街上选购贝壳工艺品，去饭馆里大啖海鲜。从潭门镇往南经潭门大桥、滨海公路，开行9公里便可到达博鳌镇。在潭门大桥南2公里的博鳌印象楼盘旁，

视觉中国 提供

往左有1.5公里的水泥路通往海边，那里有栈桥与大片红色礁石。全程62公里，1.5小时。

③ 博鳌

由于年年在博鳌召开的亚洲论坛，这个小镇的名气变得很大。从博鳌镇经东山街、大乐大桥和龙潭路即可达到**博鳌亚洲论坛永久会址景区**（☎0898-6269 1509；景区套票128元，含电瓶车及往返玉带滩船票，停车10元；⏲8:00~17:30）。坐观光车进入东屿岛，经过喷泉广场便是**国际会议中心**，附近还有**博鳌亚洲论坛展览馆**和**祈运台**。从游船码头乘船出发，踏上8公里的狭长**玉带滩**，能体会一边海水波涛汹涌、一边河流平静流淌的奇异景色。

从大乐大桥的南桥头往西，沿路面较窄的X161县道开行3公里，便可到达**蔡家宅**（博鳌镇留客村；免费；⏲8:30~18:00）。酷似城堡的蔡家宅共有四座院落，有着浓厚的南洋风情。

见445页

行驶路上 » 从博鳌到兴隆约82公里，需1.5小时。从博鳌镇开上迎宾大道，17公里后从中原互通上G98海南环线高速。往南沿G98海南环线高速行驶54公里后，从神舟半岛出口下高速，经X435县道、兴梅大道，11公里后到达兴隆。如果对原生态渔港有兴趣，可以从G98海南环线高速的山根互通下高速，沿G223国道和X420县道开行12公里去和乐镇的港北港，那里有著名的和乐蟹，港口外伸向海中的一座石山也很上镜。

线路亮点

④ 兴隆

来兴隆，就是为了感受温泉、热带植物和咖啡。入住温泉宾馆后，沿温泉大道向西过太阳河，再左转沿G223国道行驶3公里，右转就到达**兴隆热带植物园**（☎0898-6255 5900；www.xlrdzwy.com；门票60元；⏲7:30~17:30）。这里培植了千余种热带、亚热带植物，可以乘坐电瓶车（20元/人）穿梭于观赏区，还有工作人员提供免费讲解。植物园旁边就是**南药园**（☎0898-6255 2929；门票15元；⏲8:00~17:30），园区有黑桫椤、坡垒、花梨木、沉香等濒危珍稀植物。靠近兴梅大道的**兴隆热带花园**（☎0898-6257 1666；www.tropicalgarden.cn；门票60元；⏲8:00~18:00）也值得一游。

距兴隆镇2公里的G223国道西有**万宁兴隆咖啡文化博览园**（☎0898-6255 6999；⏲7:00~18:00），在这里可以了解兴隆咖啡的历史

自驾进海南

徐闻有三个码头与海口通航，均为42元/人，420元/车（含司机），航程约1.5小时。

海安新港（☎400 885 9088；徐闻县海安徐海大道1号）和**海安港**（☎0759-468 5046；海安新港以东2公里）的渡轮发往**海口秀英港**（☎0898-6865 3315；秀英区滨海大道），24小时滚动发船，也有定点航班（两个港口交替发船，平均每小时1班，通常为整点）。

北港（☎0759-653 0999；徐闻南山镇）发往**海口南港**（☎0898-3168 6888；秀英区滨海大道），9:20~17:00，共6班。北港渡轮船身大，车辆进出方便，航行也更平稳，易晕船的乘客建议走这个码头。这也是国内唯一的火车轮渡，能看到列车进渡轮的有趣过程。

过海轮渡船只受天气影响较大，遇大风、大雾天气会随时停航。琼州海峡在6月至10月遇台风登陆会全线停航1~3天。在12月到次年1月，海面雾气较大，往往要到上午9时以后才会开船。请及时了解天气情况。

另外，车辆上、下渡轮所需时间较长，到节假日等候时间更长，请合理安排到达码头时间。由于深夜安全问题，最好不要夜间过海。

及特色，有各种咖啡豆的样品和咖啡用具展示，还可以去咖啡教室免费学习磨豆和冲泡咖啡的技巧。

从兴隆镇往南沿兴梅大道开10公里，就到了三面环山的**石梅湾**（免费）。绵延7公里长的湾内沙白水清，近海百米处的水深不过3米，是海南最好的沙滩之一。如今这里是高端旅游度假区，有多家五星级酒店及游艇码头等设施。

见446页

行驶路上 » 从兴隆去石梅湾游玩后，从石梅湾互通上G98海南环岛高速，往三亚方向开行31公里后，在孟果坡互通下高速开行3公里后进入陵水县城。如果想先去陵水的分界洲岛，则可从牛岭互通下高速后到达去分界洲岛的码头。

如果直接从兴隆到陵水，可走G223国道，约39公里，路上车辆较多。途中在翻越分界岭时，有约6公里的盘山路，须谨慎驾驶。

5 陵水

陵水的景点分散在县城的周边。**分界洲岛**（0898-8334 7555；www.hnfjz.com；门票168元，包含往返船票；7:30~17:30）在县城东北20公里外的海上，乘船上岛后可在游客中心选择各种价格的海钓、潜水、潜艇和皮划艇等娱乐项目。小岛北边有**海洋文化馆**（门票100元），看活体珊瑚和珊瑚标本，海豚湾还有海豚、海狮等表演。不花钱又能体验自然的方式就是徒步去海岛南部。岛上吃住俱有，多金人士可以选择留下过夜。

如果带孩子出游，可以去南湾猴岛。从县城经建设路开上G223国道，行驶11公里后左拐开进新村镇，3公里后到达新村码头附近的售票处。**南湾猴岛**[0898-8336 0902；www.monkeyisland.com.cn；新村镇；门票163元（包含往返索道或车船费用）；8:00~17:30（16:50停止售票）]是猕猴自然保护区。乘坐2公里长的跨海索道，可俯视疍家鱼排的壮观景象。旺季时可选择售票处东侧的码头乘船登岛。经过人工驯化的猕猴大多以散养为主，幽默剧场和猕猴杂技表演场有猕猴杂技及小品。有时间可去港湾鱼排，船工黎叔（188 7603 8491）可以开着摆渡船，带你看鱼排人家生活和品尝渔家阿嫂的鱼餐。

见446页

行驶路上 » 从陵水北开上S305省道，在约48公里后到

海南高速不收费

海南已经建成环岛高速、海口—文昌高速和海口—屯昌高速，高速公路均为双向四车道，限速100~120公里。当全国的自驾者们为节日高速公路免费而普大喜奔时，海南的高速公路却一直不收费。

由于不设收费站，高速公路开通了很多的立交互通，可以很方便地进出高速公路。这些立交互通间隔较密，最近的甚至只有2~3公里。由于这些立交互通与其他公路的连接路段往往路况一般，在下高速时请控制速度。海南高速不收费的另一面是高速服务区数量和提供的服务略显不足，服务区之间的间隔有时甚至达到130公里。只能从立交互通下高速后就近加油和就餐。

另外，海南省的油价中还增加了机动车辆通行附加费，目前为1.05元/升。比如，当海峡对岸徐闻的92号汽油为5.58元时，海南岛上却是6.63元。建议上岛前将车子的油箱装满。

至于海南的国道、省道，路况较好，一般为双向双车道，限速60~70公里，但是遇到城镇或居民点，往往限速40公里，有的甚至限速20公里。

另辟蹊径
万泉河水清又清

起点：❸ 博鳌（见437页）

一条清澈的万泉河，串起琼海众多小镇。沿河自驾，除了可以领略各个小镇的特色风情，更可以近距离地欣赏海南的乡土生活。全程约73公里，普通家用车通过没有问题。

从博鳌镇沿S213省道可到**龙寿洋国家农业公园**，这里有特色田园经济和水上木栈道。沿S213省道继续往前就到了琼海市，东风路与人民路交叉路口有**红色娘子军雕像**。往西沿万泉河路开上S301省道去**万泉河国家农业公园**，这里有**文宗渡口**和**中水侯王庙**。返回后左转开上X351县道前往石壁镇。从石壁镇过万泉河桥，经X356县道到革命老区阳江镇，路口也有一座娘子军塑像。

可以从阳江镇往西沿X350县道开车22公里，到达**万泉河峡谷风景区**（☎133 8983 0301; www.hnwqh.com; ⏲8:30~16:00）。这里有**激情漂流**（141元/人，电话预订98元/人），线路全长15公里，用时2小时左右。由于漂流受天气、水量、人数的限制，请提前电话联系。

从阳江镇沿X350县道往东到**中原镇**，有高大茂密的藤萝雨树，被称为南洋风情小镇。来到中原互通入口的**钟楼**下，在这里的休息站喝上一杯南洋老咖啡"歌碧欧"，就完成了这趟小镇之旅。

达保亭县。途中在开出约14公里到达本号镇时，可往右开上S215省道，6.8公里后向左到达吊罗山国家森林公园（☎0898-8342 1251; dlsfp.forestry.gov.cn; 门票 70元; ⏲8:00~17:30）。从公园入口沿18公里盘山路行驶40分钟就能到达山顶的吊罗山度假村（☎133 0755 5928; 标双200元，需要预订），附近有枫果山瀑布。

❻ 保亭

保亭最大的看点就是**七仙岭温泉国家森林公园**（☎0898-3183 3888; www.baotingtour.gov.cn/view/6.html; 门票48元; ⏲8:30~16:00），穿过县城往北8公里到达。攀爬七仙岭不算太费劲，3小时左右便能往返。如果喜欢体验心跳加速，可拉着铁索上行去攀登没有步道的山顶。森林公园外就是七仙岭温泉区，那里的食宿选择很多。

行驶路上 » 从保亭沿S305省道往西12公里，右转开上G224国道，往五指山市方向开行19公里后，右转进入X590县道，开行28公里后到达五指山市水满乡。这里才是真正意义上的五指山。

线路亮点

❼ 五指山

水满乡有两处五指山的景区，想探索五指山的雨林风光，可去**五指山保护区**（☎管理局0898-8662 3299，旅游服务0898-8655 0075; 门票50元; ⏲7:00~17:30），有两条登山线路，C线通往昌化江源头，1小时左右便可往返; A线则会带你攀登五指山的一峰和二峰（约5~6小时）。**五指山热带雨林风景区**（☎售票0898-8655 0401，服务中心0898-8655 0464; 门票50元; ⏲8:30~17:00）有可以一睹五峰全貌的观景平台和轻松观赏雨林的环形步道。这两处门票都含观光车（只送到步道起点）。

从水满乡往西北方向，沿X583县道行驶13公里，便是**五指山大峡谷漂流地**

[☎0898-8663 6655；水满乡牙合村；门票188元；⏲每年4月至12月，周六、周日9:00~16:00，节日期间（包括端午、"五一"、国庆、中秋）8:30~16:30]。全程激流险滩较多，务必注意安全。另外，漂流受天气影响较大，去之前需电话问询。

沿X583县道继续前行3.7公里是牙合村，向左转过桥，沿着一条铺装路面单车道开2公里，就到了**初保村**（免费）。村里有一排排尚存的黎族船屋，搞了旅游开发之后全村人都搬到了附近的新村，只有几位不愿离开船屋的老人还留守于此。

返回X583县道，行驶14公里后，向左拐上G224国道，1.7公里后再向右开上一条单车道铺装路面的065乡道，行驶4公里到达牙胡村。村外的**牙胡梯田**（免费）是五指山最美的梯田。4月至5月和8月至9月梯田蓄水，10月稻田金黄，都是最佳观赏期。

见446页

行驶路上 » 返回G224国道后行驶93公里，可到达三亚吉阳区，全程103公里，2.5小时。途中局部路段是盘山道，请谨慎驾驶。在距三亚约27公里处，路旁有呀诺达热带雨林[☎0898-8388 3333；www.yanoda.com；保亭县三道农场；门票170元（含游览车），导游100元/小时，电子导游器免费；⏲8:00~18:00]和槟榔谷黎苗文化旅游区[☎0898-3866 1116；www.binglanggu.com；三道镇甘什岭；淡季（5月1日至9月30日）/旺季（10月1日至次年4月30日）100/120元，讲解80元起；⏲8:00~17:30]，这两个景区都投入了巨资打造，一个是将雨林打造成游乐园，另一个仿建了黎寨和苗寨。如果你更偏爱海南岛的原生态，可以从五指山直接前往乐东黄流镇（见442页），将三亚留给喜欢热闹海滨的人们。

线路亮点

8 三亚

三亚沿海岸东西铺展，从东边的海棠区到西面的崖州区足足有70公里，在东西狭长的城区有数条东西方向的干道。在城区的北部还有G98海南环岛高速通过。可从沿途的多个立交互通进出城区，但到了上下班高峰和旅游旺季时，这一段高速路也与城区一样拥堵。

在三亚市区找一处有空位的停车场，也不是一件容易的事。虽然有不少免费停车场，但是由于指示标志不太明显，导致停车依然困难。建议你先上网查找到停车场的分布图，或者将车子停在宾馆后利用公共交通工具前往景点。停车一般2元/小时或3元/次，过夜则要8~10元。

位于市区东部的**亚龙湾**（免费）三面环山一面临海，有长约7.5公里的洁白细软沙滩，海水清透湛蓝，可算是三亚最好的沙滩。占据着亚龙湾制高点的**亚龙湾热带天堂森林公园**[☎0898-3823 8888；park.ylwpark.com；门票175元（含游览车费）；8:00~19:00]，除了可以在**千里伞**和**沧海楼**登高观景外，最热门的景点就是《非诚勿扰2》里的那座**过龙江索桥**（过桥费20元/人）。

位于三亚市区以南3公里处的**鹿回头山顶公园**（☎0898-8821 0808；门票 白天/鹿回头之夜 45元/180元；游览车往返15元；⏲7:00~22:00），以山顶的"鹿回头"石雕而闻名。最好的便是在山顶看夜景，灯光中的海面和城市别有一番浪漫滋味。附近的**大东海**（免费）虽然比不上亚龙湾的沙滩，但海上娱乐项目的种类和数量也蛮丰富。

最著名的**天涯海角**（☎0898-8891 0131；天涯海角.cc；门票旺季101元；游览车往返15元；⏲ 8:00~19:00）除了"海阔天空"的石刻，沙滩上还有**日月石**、**天涯石**、**海角石**、**海判南天石**、**南天一柱石**等。天涯海角对面的**西岛**[☎0898-8891 0888；www.syxidao.com；门票148元，含往返船票；8:00~17:00（回程末班轮渡时间为18:00）]有国家级

另辟蹊径
上仙安刀山，钻千龙黑洞

起点： ❽ 三亚

在从五指山市至三亚的G224国道西侧，有一处世界顶级的喀斯特地貌奇观**仙安石林**（毛感乡；免费）。居高观望，石林呈现出密密麻麻的刀丛剑树。这样的石灰岩溶地貌在学术上被称为剑状喀斯特，世界上只有马来西亚的姆鲁山尖峰石阵还具备这种地貌。

如今，前往仙安石林的指路牌已经竖立在国道、县道旁，铺装路面也已经直达石林前。不过，眼下要攀爬仙安石林，却是无路可循。由于出过事故，可供攀登的梯子被拆除，在入口处围上了栏杆。如果你有户外攀岩经验和良好的体能，可以联系千龙苗寨的邓向导（☎139 7617 2968）带路前往攀登这片"刀山"。仙安石林附近还有一个同样没有开发的**千龙洞**，可请向导合理安排登山和探洞的行程。上刀山需要3小时，探千龙洞来回也要3小时。请注意保护石林与溶洞的原生态。

从三亚自驾前往石林约64公里，需1.5小时。从吉阳区的迎宾互通沿G224国道开行41公里后，左转入X620县道，18.5公里后到达毛感乡。到达毛感乡后，继续沿着指路牌前往石林，最后4公里的路面较窄，会车时要谨慎。

珊瑚礁保护区，也是理想的潜水运动胜地。可在椰梦长廊西端的肖旗港客运码头乘船上岛，到**西岛游乐世界**选择水上娱乐项目。

椰梦长廊（免费）是从海月广场向西延伸到天涯海角的一条栽满椰树的海滨观景大道，全长20公里。在日出日落时分，沿着椰梦长廊散步、骑行或驾车兜风都是十分惬意的事。旅游旺季时这条路经常会塞车，从市区去往西岛、南山、天涯海角等西线景点最好绕行其他道路。

见446页

行驶路上 » 从三亚城区往东去蜈支洲岛，可走G98海南环岛高速，也可以走G223国道，约20~30公里到达蜈支洲岛游船码头。

❾ 蜈支洲岛

蜈支洲岛[☎400 114 6666；www.wuzhizhou.com；门票168元，含往返船票；8:00~16:00（去程渡轮运营时间8:00~16:00，回程末班为17:00；每20分钟1班，发船时间会随天气情况调整）]在海棠区30公里外的海面上，在海棠湾后海村游客中心购票后，乘坐渡船20分钟后便能登岛。

蜈支洲岛上地貌层次丰富，北部和西北沿海处有人气极旺的白色沙滩；东部和西南沿海则礁石林立。**情人桥**、**观日岩**和**妈祖庙**是岛上著名的三大景点。环岛游览的最佳方式是乘坐电瓶车（80元/1个景点，120元/4个景点，150元/5个景点，含讲解，中途可在指定景点下车）。还可以在游客中心选择预订各种海上运动和沙滩项目，如果在网上订购可以享受优惠。岛上有多家酒店、饭店可供食宿。

见447页

行驶路上 » 从三亚城区上G98海南环岛高速，往西30~40公里后，在崖城互通下高速到三亚崖州区。

❿ 崖州区

崖州的**南山文化旅游区**（☎0898-8883 7888；www.nanshan.com；门票150元；⏲8:00~18:00）依山傍海而建，两大必看景点是仿唐风格的**南山寺**和108米高的**南山海上观音**。金银宝石造就的**金玉观音**也值得一看。

位于南山西部的**三亚**

大小洞天旅游区（☎0898-8883 0188；www.sanyapark.com；门票旺季/淡季 150元/135元；⏲7:00~19:30）彰显道教精粹，核心景点是**小洞天**，景区里还有以恐龙化石为主的**三亚自然博物馆**。

从崖城互通往北，沿G225国道开行5.4公里到达崖城镇。这里是**崖州古城**的所在，仅存的**文明门**后便是**崖城学宫**（免费），这座孔庙始建于宋代，曾是明、清时期海南岛南部的最高学府。沿着学宫门前的街道往东，便是古城的骑楼老街，旧时的商铺字号还依稀可辨。

行驶路上 » 从崖城镇前往乐东黄流镇的莺歌海盐场，可从崖城西互通开上G98海南环岛高速，在黄流互通下高速到达黄流镇，全程60公里；也可以走G225国道经九所镇、利国镇到达黄流镇，全程50公里。黄流车站东200米处路口，往西沿X780县道开5.4公里后，有向右的土路可以进莺歌海盐场。但是路口有拦路杆和门卫，自驾车只能停在路口，步行走进盐田。

线路亮点

⑪ 黄流莺歌海盐场

位于海南岛西南一角的**莺歌海盐场**（免费）是中国南方最大的海盐场。白皑皑的盐堆和白云蓝天投影在结晶池中，别具风情。盐厂的工人很友好，欢迎参观。4月到7月上旬的炎热天气中，是盐场产盐的黄金季节，也是观赏盐池的好机会。最好将来盐场的时间控制在黄昏时分，落日的色彩会给白盐和蓝天更多的渲染，哪怕是手机也可以拍出令人点赞的好照片。

🍴🛏 见447页

行驶路上 » 从黄流镇到尖峰岭国家森林公园，全程31公里。经X793县道从黄流互通开上G98海南环岛高速，13公里后在尖峰互通下高速，往右沿X782县道开行10公里，穿过尖峰镇后便是尖峰岭国家森林公园大门。

线路亮点

⑫ 尖峰岭

尖峰岭国家森林公园（☎0898-8572 0343；乐东尖峰镇；jflfp.forestry.gov.cn；门票60元）是全国面积最大、保护最完整的热带雨林区。自驾车可以开进景区，除了标有"军事禁区"的道路不可进入外，所有的道路尽可任意驰骋。进入大门后，有两条上山的道路，左侧可去天池，右侧可去主峰。两条路都是双向双车道的铺装路面，但在爬升过程中有连续的大角度弯道，请谨慎驾驶。

到天池15.6公里，上山途中有看主峰和海边盐田的摄影点，请注意安全停车。海拔800米处的天池环境优美，环湖有栈道可以漫步。天池周围有多家宾馆和饭店，如**天池桃园酒店**[☎0898-8572 9999；标双788元起（含双早餐）；@ ❄ P]。继续往前，雨林谷有10公里的土路，但路面较平坦，普通家用车均可通过。雨林谷有**度假村**[☎138 7624 6444；标双268元起（含双早餐）；@ ❄ P]，度假村后有小路可去子京瀑布。在天池南侧，向左有2.5公里铺装路面去鸣凤谷。这是海南最美的原始雨林，沿2公里长的环形栈道游览约需2小时。沿途能看到独木成林、通天树、风倒木、绞杀、板根等典型热带雨林景象。

去主峰一般是为了攀登1412米高的尖峰岭，车子行驶15公里到达海拔960米的登山入口，接着就是更考验体力的徒步登高。户外爱好者不妨负重登顶扎营，可以欣赏日落日出的山海胜景。注意：若无向导带路，请勿轻易离开道路深入雨林，极易迷路，更会陷入蚂蟥的围攻。

行驶路上 » 从尖峰镇到东方市66公里，约1小时。在G98海南环岛高速上开行33公里后，在新龙互通下，右转沿G225国道到东方市工业三横路，向左开到海边，再右转沿滨海南路到达东方市最西端的鱼鳞洲。

⑬ 东方鱼鳞洲

在东方市停留一晚，就是为了观赏那凸起在**鱼鳞洲**

（免费）尽头的小石山和山顶的灯塔。鱼鳞洲的海滩由于沙粒粗糙，并不是晒日光浴和游泳的好去处，但这里是海岛极西之处，可以看到西海岸最美的落日美景，夕阳下的滩头奇石和山顶灯塔，成了拍照的最佳背景。

见447页

行驶路上 » 从东方市到昌江县全程58公里，约50分钟。从东方大道经八所立交开上G98海南环岛高速，38公里后从大坡互通下高速，经S311省道进入昌江县。

14 昌江

昌江县吸引游客的霸王岭和棋子湾，分别位于县城南面的七叉镇和西面的昌化镇。从人民南路出城后，右转开上X705县道，到霸王岭27公里，约30分钟。公路经过几个水泥厂，厂区附近大货车多，路况较差。**霸王岭国家森林公园**（0898-2688 3333；雅加景区/白石潭景区门票 30元/30元；7:30~17:30）开发了相距9公里的雅加和白石潭景区。雅加铺设了“情道”“霸道”“天道”“天霸连接”4条观光木栈道，白石潭修建了长1.5公里的“钱道”，沿着这些栈道，可欣赏到各种雨林植物、瀑布等景观。

从昌江县沿S311省道开40公里到达棋子湾旅游区，沿途路况很好。**棋子湾**（免费）是海南西海岸难得的阳光沙滩，且保留了较为原始的状态。现在的棋子湾分为**小角**、**中角**和**大角**3个景区，从小角到中角有近10公里长的海滩徒步线路，既有怪石林立，可攀爬跋涉，也有平缓沙滩，可游泳戏水。

见447页

行驶路上 » 从昌江到洋浦经济开发区古盐田，约71公里，约50分钟。从昌江经大坡互通开上G98海南环岛高速，47.5公里后在白马井互通下高速，经S315省道过洋浦大桥，从开源大道与泓洋路的路口右转到千年古盐田。

线路亮点

15 洋浦古盐田

将海边的火山岩石削平，打磨成盐槽以代替铁锅，这是古时日晒制盐的方式。如今的**千年古盐田**（免费）里仍保存着750多亩的盐田，7300多个石槽和晒盐泥地、盐泥池、盐卤水池、蓄海水池各数十个，盐工依旧沿袭古法制盐。最好在一早一晚前来，或许还能看到盐工们制盐收盐。要注意别随意踩踏盐槽和晒盐地，也不妨买点古法盐做手信。

见447页

行驶路上 » 从洋浦到中和镇，全程24公里。从洋浦开上S308省道，行驶18.4公里后，右转开上X513县道，约6公里后到达中和镇。

16 中和镇

中和镇东的**东坡书院**（0898-2357 1206；中和镇东郊；门票 25元）名气很大，苏轼被贬到琼州后，在这里讲学授业。书院建筑大多于1984年重建，来此更多地只是寄托对东坡先生的追思。建议你先熟背几篇先生的诗词，可以免去门票。

中和古镇（免费）这座宋代古城仍保存有西、北两个城门，北门上的“武定门”3个字依然清晰。北门附近有香火颇盛的复建**关帝庙**。**宁济庙**里有一排拱手跪着的人形石雕，据称是群黎归附石雕。民国年间建成的复兴老街以青石铺砌，街道两旁的骑楼大部分保留了原来的风貌。

行驶路上 » 从中和镇到罗驿村约100公里，需1.2小时。中和镇东新建了绕镇道路，从东坡书院可以直接开到中和镇的南端，然后沿X513县道往南5公里开上G98海南环岛高速，沿高速开行88公里后，在白莲互通下高速，再沿G225国道往南约3.3公里，在穿过白莲镇后，路右有罗驿古村的门楼，穿过门楼后往前1.3公里即可到达罗驿村口。路过白莲镇时不妨品尝一下当地特产美食白莲鹅。

17 罗驿村

罗驿村（澄迈县白莲镇；免票）在宋代就是海南驿道的一处重要驿站。如今村外还有**古驿道**的石板路，以及正在修复的驿站房屋。村口的**李氏宗祠中**，"五岳朝天"式硬山墙有近300年的历史。古村百年前就开办了"澄江书院"，村中有**步蟾坊**，村外有**节孝坊**。村中民居多以黑色火山石修筑，现在大部分房屋已人去屋空，被井绳打磨光滑的几口古井圈依然蓄满了一井清水。

离开罗驿古村后，喜欢古塔的自驾者，还可以沿G225国道往南15公里后，往左开上X260县道，12公里后即可看到建于元代的**美榔双塔**（澄迈县美亭乡；免票）。

行驶路上 » 从罗驿村返回白莲互通，往右上G98海南环岛高速，10.5公里后在火山口互通下高速，右转后一直往南约2公里，到达海口火山群世界地质公园。

18 海口火山群世界地质公园

海口火山群世界地质公园（0898-6546 9666；www.hkhsq.com；秀英区石山镇；门票 60元；7:30~18:30）主要的景点是**马鞍岭火山**，岭上有海拔222.8米的**海口制高点**标记，可以远眺海口和琼州海峡。另一处**风炉岭火口**有石阶可以下到底部，绿荫与流水构筑了一个清凉世界。整个园区游览约需2小时。公园内还有**火山餐吧**（0898-6546 8888；人均60元），可以品尝羊肉火锅及各种特色菜肴。

从这里返回火山口互通，沿G98海南环岛高速往东开行，前方不远就有狮子岭互通、丘海互通、观澜湖互通、龙昆南互通和龙桥互通，从这些互通下高速后往北，均可进入海口市区。

在海南骑行

身在"骑行天堂"海南，虽然你是自驾出游，也不妨来一次既健身又接地气的短途骑行。

文昌**东郊椰林**，骑行距离短，无阳光暴晒，深入椰林时会有土路。可联系文昌517驿站（151 0986 8500；文昌市东郊镇碧海椰都38号；变速车30元/天）租车。

博鳌是骑行天堂，近处可到镇子西的**博鳌乡村公园**，远一些可去**蔡家宅**。可去镇上顺风单车行（0898-6277 8300；变速车40元/天）租车。

兴隆已经建成了散布在乡间长达几十公里的**骑行绿道网**，集中在**兴隆热带花园**一带，有骑行路线和指示标识。热带花园旁有租车点（20元/小时，80元/天），兴隆很多宾馆也有单车可租。如果想骑行山路，可从兴隆镇往西骑至兴隆**侨乡国家森林公园**。

三亚海滨的**椰梦长廊**早晚游人不多，骑行最佳。三亚多数酒店宾馆可以租车，也可去三亚517驿站（0898-8869 5517；三亚湾海坡度假村新城路73号；变速车40元/天）租车。

在**海口火山群世界地质公园**附近有不少古村落，适合骑车探寻。从火山公园门口往南1公里到**美社村**，村里遍植黄花梨树，还有一座百年**福兴楼**。从美舍村骑行3公里到达石山镇，从镇中心小学对面的巷子里进去就是**荣堂村**，火山石砌成的村落屋舍保存完好。村口有老人把守，给10~20元可让他们带路去探访**仙人洞**、**卧龙洞**和**石牌坊**。从石山镇沿232乡道往东北骑3公里到达**三卿村**，这是一个有石头古城墙包围的古村，还有碉楼"**安华楼**"和旁边的"**豪贤门**"。海口**龙行天下环岛骑行服务中心**[0898-6863 0400；滨海大道福隆广场三期G栋1号（秀英港对面）；变速车35~55元/天]可以租车。

食宿

海口 1

琼菜王美食村

海南菜 ¥¥

（☎0898-6666 7788；金垦路农垦机械厂对面，金牛岭人工湖旁；人均80元；⊙11:00~20:30）超大的户外就餐区如露天市民广场，现场点菜展示台琳琅满目。铁板豆腐几乎每桌必点，海南四大名菜和各类海鲜不失水准，本地人爱吃的五指山野菜味道独特。

骑楼小吃街

小吃 ¥

（☎0898-6622 0966；龙华区大同路2号，友谊商场和泰龙商城之间；⊙7:00至次日3:00）这里除了海南本土的小吃，还有各地的人气美食。虽然价格亲民，但是各档口味和质量水准不一。二楼有比较高档的点菜餐厅和老爸茶楼。旁边泰龙城小吃街上的台湾小吃很受欢迎。

曼悦温泉精选酒店

酒店 ¥¥

（☎0898-3660 1333；海甸五东路6号；标双289元起；❄📶P）性价比较高的商务酒店，房间面积很大，卫浴设施和床上用品都很舒适。附设户外温泉和泳池，虽说小点，但是免费。临街房间隔音不太好，预订时尽量避免。

康年皇冠花园酒店

酒店 ¥¥¥

（☎0898-6895 5888；金垦路6号；标双588元起；❄📶P）园林式大堂，毗邻105公顷的金牛岭公园，放眼可观金牛湖。房间舒适安静，设施很好。西式自助早餐40元/位。

文昌 2

文昌三角街鸡饭店

海南菜 ¥

（☎0898-3691 7893；文昌鸡35元/斤；⊙8:00~21:00）沿街并排三家文昌鸡饭店。招牌几乎一模一样。随便挑一家进，口味相差不大，环境卫生一般。肥嫩的文昌鸡配上蘸料，口味地道。鸡油炒的南瓜藤和咸鱼茄子煲都很下饭，米饭拌过鸡油，香味浓。

椰林荷泰海景酒店

酒店 ¥¥

（☎0898-6357 9578；东郊椰林湾；标双258元起，春节 738元起；❄📶P）坐拥8公里椰林海岸，享受海风沙滩，三楼豪华海景房比普通房间只贵20元，可视野更为开阔。酒店有自行车出租，2小时20元起。酒店附设餐厅，附近也有多家小饭店。

博鳌 3

老房子海边

餐吧 ¥¥

（☎155 9587 8978；海天街；咖啡/茶 28元起，啤酒35元起；⊙11:00至次日1:00）散落在海边的三座老房子外形各异，可在观海平台喝一杯招牌饮品“歌碧欧”咖啡。这里还可以点菜，颇具南洋风情的叻沙汤（Laksa）煮小海鲜非常鲜美。

海的故事

餐吧 ¥

（☎0898-6270 8909；海天街；啤酒25元起；⊙8:30至次日1:30）很棒的主题餐酒吧，由大大小小的老渔船改造而成，装饰了很多与船和海相关的物品，沙滩上的小船被打造成一个个独立的包厢。除了酒水，这里的特色菜品有南洋柠檬鱼、辣烤琼海鱼、博鳌鸡绿藤等，味道不错，不过价格也够贵，人均100元以上。

屿舍精品酒店

酒店 ¥¥

（☎0898-6277 9828；东山路5号；标双

168元起，家庭房198元起；❄📶P）东风路和海滨路交界处的一家经济型酒店。一层大堂放置着船木家具，全新的客房明亮宽敞，设施和床品的质量也不错。

和悦海景度假酒店 酒店 ¥¥¥

（☎0898-6260 9999；www.holliyardhotel.com；滨海大道中段；标双间418元；❄📶P）崭新的房间宽敞明亮，每间都带有阳台。想游泳的话可以去酒店露天泳池。一层中西餐厅供应的菜品量大味美。酒店大堂提供自行车出租服务，单人15元/小时，双人20元/小时。

兴隆 4

金三角餐厅 海南菜 ¥¥

（☎131 7891 3827；兴隆镇工业大道27号；人均50元；⊙9:00~20:30）主打乡土风味，简陋的排档式半露天餐厅里，随意摆放着几张塑料大圆桌，可到了饭点就会坐满本地的食客，试试土鸡或鱼片打边炉。

明珠温泉酒店 酒店 ¥¥

（☎0898-6255 5999；兴隆明珠路；标双258元起；❄📶P）房间宽大，设施齐备，只是要放水后耐心等候约20分钟才可以泡个热乎乎的温泉澡。酒店附设另外收费的温泉泳池。大堂有自行车出租，双人30元/小时，单人20元/小时。

陵水 5

光明酸粉 小吃 ¥

（☎188 8913 3801；文化路；酸粉 8元起；⊙9:00~23:00）老字号海南酸粉排档。店铺小而简陋，但口味正宗，细腻滑润，颇受本地人青睐。还有特色的15元沙虫酸粉。

常青树精品酒店 酒店 ¥¥

（☎0898-8333 0088；花园路50号；标双158元起；❄📶P）房间设施新，床很宽大，标双也可以作为家庭房。这条路上还有多家经济型宾馆，价格也近似，选择余地大。

五指山 7

五指山亚泰雨林度假酒店 酒店 ¥¥¥

[☎0898-8666 5555；水满乡；标双 680元起（含双早餐，送2张门票）；❄📶P]酒店位于五指山保护区内，原始雨林就是酒店的花园。最好选择高的楼层，既可观景，潮湿度也低最好先预订房间（有优惠价）。水满乡还有一些农家乐和小宾馆可以食宿。

三亚 8

海亚餐厅 海南菜 ¥¥

（☎0898-8838 888；新风路138号；人均80元；⊙11:00~21:00）老牌海南菜馆，深受当地人和游客追捧。菜品精致可口，最棒的是在这里能吃到"海南四大名菜"以及五脚猪、什玲鸡等三亚本地特色菜。

夜色咖啡馆 咖啡馆 ¥

（☎0898-8826 2273；滨海大道吉祥路口盛世新第大厦12层；咖啡28元起，啤酒20元起；⊙17:30至次日1:30）坐电梯到11楼再走上12楼天台，进门之后一定会被扑面而来的海景所震撼。这里能够俯瞰整个三亚湾，看一回落日就不虚此行。

海韵度假酒店 酒店 ¥¥¥

（☎0898-8838 8888；三亚湾路168号；大床/标双 980元；❄📶P）这家东南亚风格的酒店坐落在三亚湾海坡度假区，与沙滩隔着一条三亚湾路。除了常规的大泳池外，还有一个能够眺望三亚湾海景的空中泳池。相比于其他一线海景酒店，性价比很高。

海岸绿洲 酒店 ¥

(☎184 1727 7772;天涯镇马岭街42号;标双140元起;❄📶🅿)新开张的酒店,交通便利。房间宽大,床上有舒适的被褥。一楼就是餐厅,提供各地口味的菜品。附近还有很多宾馆客栈,想省钱的可以来天涯镇选择住宿。

蜈支洲岛 9

后海湾鱼排 海鲜 ¥¥

(海棠湾铁炉港;人均80元;⏲9:00~23:00)可品尝疍家鱼排网箱里的生猛海鲜。这里位置较偏,从后海村停车场旁的路一直往南开1公里就到,再由店家用船送上鱼排。

千年红客栈 客栈 ¥¥

[☎136 4750 0023;海棠湾镇后海72号(近蜈支洲岛);标双 200元起;❄📶🅿]过了蜈支洲岛码头,走进充满市井气并处处可见客栈的后海村。新装修的千年红客栈靠近海岸,主题房干净漂亮,有多种海景房可选。穿过客栈酒吧就是碧海白沙。客栈门口只能停放4辆车,也可以停在村口停车场。

黄流莺歌海盐场 11

福哥餐厅 海南菜 ¥¥

(☎0898-8585 5408;黄流镇汽车站附近;白切、干煸老鸭 95元/只,老鸭汤 110元/份;⏲7:30~21:00)没有显眼的招牌,藏身于离路边十多米的巷子里,但名气很大,不提前预订就吃不到。选用一年以上的生蛋老鸭,或白切、干煸吃其嚼头,或炖汤吃其酥绵,还附送一碗鸭血空心菜汤。

皇室度假酒店 酒店 ¥

(☎0898-8585 5566;黄流镇通往莺歌海盐场的X780县道旁;标双100元起;❄📶🅿)位置较为偏僻,可也有效避免了嘈杂。房间内的设施很新,面积也足够大。虽然远比不上皇家的头衔,可相对这样的房价,也算很好的性价比。

东方鱼鳞洲 13

姐妹四更烤猪美食店 海南菜 ¥¥

(☎136 2756 9342;东方市滨海南路东方良智海景大酒店路边;烤乳猪 85元/斤;⏲7:30~21:00)经营的**四更乳猪**是东方最享有盛名的美食。这些皮薄肉瘦的四更乳猪,仅3~4斤重便被送上烧烤架,以炭火炙烤。脆脆的薄皮下,便是入口即化的嫩肉,绝对是肉食爱好者的福音。

美都商务宾馆 酒店 ¥

(☎0898-3895 1999;二环南路与解放东路路口南170米处;标双 138元起;❄📶🅿)宾馆开张不久,附设停车场。房间面积较大,设置完备。附近还有多家宾馆。

昌江 14

三得正宗羊羔店 海南菜 ¥¥

[☎0898-2663 0655;昌江惠民路(距路口200米);羊羔肉 98元/斤,人均40~50元;⏲9:30~21:00]其名菜是白斩乳羊,肉质结实,脂肪少,无膻味,味道鲜美不腻。12斤的乳羊以清水匀火烹熟,切片配以佐料食用。还可以尝尝这里的羊粥。

洋浦古盐田 15

天涯时尚酒店 酒店 ¥¥

[☎0898-2881 3666;洋浦区吉浦路;标双168元起(含双早餐);❄📶🅿]穿过街边楼房的一个门洞,便是可以停放很多车辆的大院。外表五彩的三层楼很吸引眼球,房间布置时尚,单独无线路由器,可放心上网。一楼附设餐厅,附近有很多饭店,就餐方便。

跟着沈从文的故事走进**凤凰**，
在古城老街间穿梭

视觉中国 提供

湘西线 29

驱车深入湘西的大山，《湘西剿匪记》的硝烟早已消散在历史中。武陵源里的峰林奇观却依然引人惊叹。跟着沈从文的故事走进边城和凤凰，穿行于江河边风姿犹在的古城老街间，在芷江受降处的签字桌边追忆前尘往事。

线路亮点

8~10天
约700公里

最适合

何时去

4月至10月，景色最宜人，端午节可看丰富的民俗活动，夏日山区正好嬉水漂流。

最佳摄影点

天子山的峰林云海。

最佳体验

苗乡赶场。

29 湘西线

这是一条景观连连的热门线路，除了张家界与凤凰这样的传统景区，还有2015年成为世界文化遗产的老司城与跨越天险的矮寨大桥，以及隐匿于深山的苗寨和沅水、酉水边的村镇。自驾湘西线，有高速路串联各地，每天开行的距离不长，就算是下了高速，也全是铺装路面，基本上任何车型都可以畅行。夏季游客众多，春节、国庆更是车辆拥堵房价翻番。自驾者最好避开这样的高峰，最起码去之前要多加了解路堵情况与车停在哪里。

❶ 张家界

位于湘西群山环抱中的张家界，有飞机、铁路和高速路可以通达。虽然一般人所说的张家界景区还在数十公里以外的武陵源，但张家界市区也还是有值得前去一游的奇观。从张家界市区可以望到天门山，山体四周是陡峭的绝壁，山顶却是一块平地，天门洞豁然洞穿山体。

上**天门山**（☎0744-836 6666；www.tianmenshan.com.cn；门票3月至11月 258元，12月至次年2月 225元，含索道、交通车；⊙8:00~16:00；停车10元）的行程通常可以这样安排：先从索道下站（大庸路）坐缆车到山顶索道上站，然后顺着游道徒步绕山顶一圈。先走西线的**玻璃栈道**（5元）、**鬼古栈道**。如果上**天门山寺**，还要坐小索道（25元）。然后走**樱桃湾**、**神仙坐**、**俯视天门**、**玉壶峰**、**灵泉**，这一段路约2~3小时，之后在**天门翻水**处乘坐自动扶梯往下到**天门洞**（自动扶梯冬季不开放，只能乘索道下山），游天门洞后走下999级台阶，坐游览车沿悬崖边盘旋99道弯的**通天大道**下山到山门，最后坐交通车回到索道下站。

要注意的是，在黄金周或旺季时，排队等待乘坐索道的时间可能要达到2~3小时，景区也会在5:00就提前开始运营。

见458页

行驶路上 » 从张家界市区到武陵源区约40公里，开出市区后，上S306省道，在穿过3个隧道后便到达了武陵源区。要注意，逢到节日黄金周时，这条路极易堵车，而正在建设的双向四车道新路要到2018年方可完工。在这段时间里不妨从张家界收费站开上S10张花高速往常德方向，23公里后到阳和收费站下，然后经阳龙公路、S306省道，27公里到达武陵源区。

线路亮点

❷ 武陵源

距张家界市区40公里的武陵源区，是大多数游客在进入景区前停留的首选之地。在高云路北段和武陵路西段，有不少高档的大型宾馆。在武陵路的东段到河边一带，则云集了众多的小宾馆和客栈。廊桥旁的溪布街，是一条满是酒吧、饭店和土特产商店的步行街。晚上在高云路的魅力湘西大剧院，有《魅力湘西》的演出（168元起）。

世界自然遗产**武陵源**（☎0744-661 2301；www.zjjpark.com；门票3月至11月 245元，12月至次年2月 136元，含交通车，指纹刷卡4天有效；⏲7:00~18:00）独特的峰林景观地貌令人震撼。每天进景区的团队很多，最好早点进去免得长时间排队候车。

从武陵源区沿S306省道往东7公里，就是**黄龙**

洞（门票3月至12月 100元，1月至2月 80元，含船费；⏲旺季 7:30~17:30，淡季 8:00~17:00），最值得一看的是近20米高号称**“定海神针”**的石笋。从武陵源区的天子路往南1.5公里，便是**宝峰湖**（门票3月至11月 96元，12月至次年2月 77元，含船费，环保车20元；⏲8:00~17:30）。可以在湖上坐船观景，山上还有一条游览路线，和武陵源景区里的风景有些雷同。

武陵源景区的停车场集中在入口外，每天30元（含过夜）。但是到了旺季和黄金周，不但需要起早才能有停车位，甚至可能一路堵到武陵源区以外的公路上。自驾前往，最好先电话问询交通与停车情况。

见458页

行驶路上 » 从武陵源区沿S306省道开行30公里到张家界西收费站，沿S10张花高速29公里到芙蓉镇东收费站下高速后左转，沿S229省道36公里到达芙蓉镇。正在施工的经过芙蓉镇的S99龙吉高速竣工后，就可以更便捷地前往。

❸ 芙蓉镇（王村）

这是由于电影《芙蓉镇》而出名的古镇。自驾前来，平时可以将车停在售票处旁的停车场，但是到了旺季，就只能将车停在镇子边上的大停车场。

芙蓉镇（☎181 7440 8666；www.furongzhen.com.cn；门票120元；⏲8:00~15:30）的贞节牌坊是石板老街的起始点，沿途有改建成小学的**天主堂**、**古井**、**观音阁**和**民俗博物馆**，**溪州铜柱**馆里有一根2吨多重的八角铜柱，铭刻着土司年代溪州之战的停战条约。再往前走就是王村码头，这里有乘船游览的项目。码头左边的栈

两天玩转张家界

在武陵源景区里，有密密麻麻的景点、弯弯曲曲的道路、多达五个的景区入口、四条上山下山的索道电梯以及更多的登山小道。需要合理安排线路和体力去看最精华的景色，我们建议这样安排二日行程：

第一天

先到**武陵源标志门**购票进入景区，乘坐景区车到**天子山索道**下站（72元，冬季58元），乘缆车到达索道上站后，有景区车顺序前往**贺龙公园**、**点将台**、**神堂湾**、**大观台**，在这些奇峰林立的景观中，选择看二三处即可。留些体力，在景区车到了**杨家界**之后去攀爬险峻的**乌龙寨**、**天波府**。

之后回到杨家界，再乘车前往**袁家界**。稍事休息后，沿着栈道、石阶，顺序去**天下第一桥**、**连心桥**、**阿凡达悬浮山**、**迷魂台**。

最后到路边候车点，乘车到达**百龙电梯**（72元，冬季 58元），速降366米回到山下，再乘车返回景区大门。

第二天

同样的从标志门进入，乘坐景区车前往**水绕四门**，从这里开始一段5.7公里的**金鞭溪**徒步，换个与昨天完全不一样的视角去领略峡谷群峰之美。走出金鞭溪，从森林公园大门出去，路旁就有班车前往武陵源区和市区。这样你还有半天时间，足够在**黄龙洞**、**宝峰湖**或**天门山**之间选择一处去游玩。

如果你喜欢摄影，则可以选择在山中住上一夜，以便拍出一早一晚间的风景大片。山上的食宿点集中在神堂湾、丁香榕、杨家界和袁家界。

视觉中国 提供

芙蓉镇

道通向**芙蓉镇瀑布**。

从芙蓉镇经X025县道开行19公里，可到达**红石林**（☎0743-472 6888；www.redrockes.com；古丈县红石林镇；门票148元；⏲8:30~17:30），这是一片独特的全部呈红色的喀斯特石林。在前往红石林的途中，会经过有深潭瀑布和峡谷的**坐龙峡**（☎0743-4912 777；门票108元；⏲8:00~16:00）以及土家族古民居群的**老司岩村**（免票）。前往红石林一路上的指路牌颇多。

行驶路上 » 从芙蓉镇往北，沿S230省道开行20公里，路旁有猛洞河漂流服务中心，可参加被称为“天下第一漂”的猛洞河漂流（☎0743-585 4800；www.mdh.cn；门票228元；⏲8:00~15:00）。起点哈尼宫，终点牛路河，耗时约4小时，每年4月到10月为漂流季节。

结束漂流后，继续往前3公里到猛洞河收费站，上S10张花高速转S99龙吉高速，开26公里后在永顺收费站出高速，经连接线、G209国道到永顺县城。

❹ 永顺

永顺古称“溪州”，有世界文化遗产的**老司城遗址**（☎0743-5229 520；www.laosicheng.cn.com；门票158元（含交通车）；⏲8:30~17:30）。从县城前往有16公里旅游公路，途中在“万马归朝”观景台可一览群山的连绵壮观。

进景区后可先参观**老司城博物馆**，然后乘交通车到接官渡码头。虽然有步行道串联景点，但推荐乘船（20元）到**祖师殿**，看过这座明代建筑群后，沿山路返回，沿途有**文昌阁**、**非遗展示区**、**子孙永享牌坊**。占地面积很大的**墓葬群**和**衙署区**，更能展现老司城的建筑

另辟蹊径
探访湘西古村镇

起点: ❹ 永顺(见453页)

流经湘西深山里的酉水及其支流洗车河、捞车河,也是古时的交通道。在这些河水边,有一个个古老城镇和民族风情浓郁的寨子。从永顺到边城,也可以自驾深入去探访那些古老的遗留和淳朴的乡风。

从永顺收费站上S99龙吉高速24公里后,在农军收费站下高速,右转沿G209国道转X015县道、129乡道,19公里后到达曾经是湘西深山门户的**洗车河镇**,横跨河面的**凉亭桥**是当地热闹的小集市,对岸**东平街**上,还可见旧商铺的招牌字迹。从洗车河镇往南,沿S259省道开行9公里,便到了捞车村。这一带称为**"若巴拉"**,一座**三岔风雨桥**连接着被河流隔开的三座小村。村里有土家族的**摆手堂**、**冲天楼**、**土家油坊**,可以去刘代娥**织锦作坊**,看那一根根彩色丝线织出的"西兰卡普"土布。

沿着S259省道开40公里,就到了2002年出土3万多枚秦代竹简的**里耶古城**。里耶**秦简博物馆**(免票;⏲9:00~16:30)展厅布置了上千枚秦简,分类为:官僚制度、户口、刑法、家庭、邮政等。镇中心的**古城遗址公园**(门票30元;⏲9:00~16:30)里,除了三个考古遗址坑就是仿古城墙。遗址公园以南的河边,有**老街**、**老民居**和**商号**,如果逢到农历一、四、七的墟场就更为有趣。

从里耶沿S231省道再转B05县道,50公里后就可以到边城。以上的公路均为铺装路面,限速60公里,家用车通过无碍。

规模和工匠的智慧。

见458页

行驶路上 » 离开永顺城区,经G209国道、高速连接线进入永顺收费站,上S99龙吉高速后转S10张花高速、G65包茂高速,开行91公里后在花垣西收费站下高速,左转沿G319国道到达边城镇。该路段全程106公里。

线路亮点

❺ 边城(茶峒)

因沈从文的小说,使得茶峒被改名为"边城"。酉水岸边有小说里的**白塔**,酉水小岛上有**翠翠塑像**,新老建筑并存的中山路上有**民族博物馆**,还有依然靠着手上木棒来摆渡的**"拉拉渡"**(1元)。

坐拉拉渡到达对岸的洪安小镇,已经是重庆市的地盘。渡口的石阶上,赫然立着一个红色的**语录塔**。沿青石板路往上走进老街,有古朴民居和旧式商铺,以及斑驳的红色标语和几个翻修后的"红色景点"(套票 40元)。在洪茶大桥的重庆一侧,有**"渝东南第一门"**和**"四川东南门户纪念碑"**,在桥下的三角亭旁,有**"一脚跨三省碑"**。当你在踏脚拍照认为已经一脚跨三省时,其实那真正的湘、渝、黔三省交会点却悄悄地隐在眼前的酉水河中。

见458页

行驶路上 » 从边城经G319国道到达花垣西收费站,上G65包茂高速开行42公里后,在矮寨收费站下高速,右转后沿G209国道开500米,路左便是矮寨大桥服务中心停车场。

线路亮点

❻ 矮寨

抗战时期修建的矮寨盘山公路,是这一带交通的咽喉要道,堪称天险。6公里的公路蜿蜒在70多度的陡坡上,440米的高度中,却折了13个180度的急弯,还建有一座立交桥。路边竖立了一尊**开路先锋的铜像**以及一座**湘川公路死难员工塔**来纪念这段历史。

矮寨大桥于2012年通车，1176米的主跨穿越德夯大峡谷，山谷间常常升腾的云雾更是把大桥衬托得如同腾云驾雾。游览**矮寨大桥**（门票 168元，含交通车；⏲8:30~16:30），先乘坐交通车到悬崖顶端的**问天台**，然后游览**吉斗苗寨**；再乘车到矮寨大桥停车场（只想看大桥的可购票后自驾直接到达），步行去大桥**观景平台**；乘坐观光电梯到达桥面后，有桥上300米长的**观光通道**和7米长的凌空**玻璃通道**。

参观大桥后，建议驾车开进矮寨盘山公路。曾经让司机们望而生畏的天险，却成为体验山路自驾的乐趣。切不可随意停车，只能停在途中拐弯处标明了停车场的地方。下山过桥后左转3.4公里，沿较窄的水泥路到达**德夯苗寨**（门票 100元）。这是一个峡谷中山清水秀的苗寨，有三条徒步线路可以沿着溪水去看**玉带瀑布**、**银链瀑布**和**夯峡瀑布群**。苗寨每天上午有**婚俗表演**，下午有**服饰表演**，寨子里有农家乐可以住宿餐饮，晚间还有**民俗跳歌晚会**（120元）。

行驶路上 » 从德夯苗寨开出后，可以往前在G209国道开行25公里进入吉首，然后左转到荣光路去乾州古城。但如果你想再次感受矮寨公路，可以回到矮寨收费站，上G65包茂高速，经矮寨大桥凌空穿越山谷。开行24公里后从吉首收费站下高速（这段高速收费35元），往前开上丹桂路，左转经人民南路到达乾州古城。

❼ 吉首

吉首是湘西土家族苗族自治州的首府，城区以人民路纵贯南北。这条主干道上车辆颇多，最好避开改走平行的道路。在城区南部的**乾州古城**（☎0743-851 2997；人民南路，世纪广场对面；门票 80元；⏲8:00~17:00）入口处，就是始建于清嘉庆年的**拱极门**。虽然古城里有大量的新建仿古建筑，可**胡家塘**一带还留有浓郁的旧时气息。在**十里古街**上，有多所名人的故居，**仁和居**大宅院与**文庙**也值得一看，在冷兵器时代一夫当关的**南城门**，新建后耸立在万溶河边。经风雨桥过河后，可以到百味坊美食街，那里的饭店与客栈很多。

🛏 见458页

行驶路上 » 沿人民路转丹桂路，在吉首收费站开上G65包茂高速，再转G56杭瑞高速，高速上行驶37公里后在凤凰收费站下高速，往前穿过隧道后右转，经凤凰北路进入凤凰城区。

线路亮点

❽ 凤凰

进凤凰古城终于不用买门票了，一年500多万的游客，将沱江两岸和古城街巷拥挤成国内最火爆的景区之一。

但你如果想要参观古城内的景点，仍需要购买**凤凰古城**（☎0743- 350 2059；www.hnphoenix.com；门票148元，2天有效；⏲夏 7:30~18:00，冬 8:00~17:30）的门票，凭票可进入古城内的9个景点。

沈从文故居（中营街10号）是一个简单的小四合院，沈从文童年就是在这里度过的。**熊希龄故居**（北文星街）也是个俭朴的小四合院，却诞生了民国第一任内阁总理。**古城博物馆**（东正街"凤凰城"碑旁）原是陈宝箴家的百年老宅。一楼是主人家的陈设与遗物；二楼为雷雨田私立博物馆。**虹桥艺术馆**（虹桥二楼）是观赏古城沱江的最佳位置。**万寿宫**（沙湾码头）以前是江西会馆，一楼陈列着清代和民国时期的器物，二楼是黄永玉艺术馆。**崇德堂**（史家弄）的院落楼房很气派，里面陈列的木雕和牌匾颇多。**沈从文墓**（听涛山）就在听涛山的半山腰上，他的骨灰一半撒入沱江中，一半安葬在听涛山上。墓碑上"照我思索，能理解我；照我思索，可认识人"，是先生的手迹。

晚间可以去看大型实景演出**《边城》**（☎0743-365 8888；凤凰路1号，天下凤凰大酒店后；票 220元起；

开车去赶集

在苗乡，依然延续着传统的赶场模式，一般每隔三五天就会有一次，选对日子去赶场，就能见识到原生态的苗家生活场景。

开车出凤凰城区，经凤凰北路、G209国道和X034、X048县道，就可以前往**三江镇**、**腊尔山镇**与**禾库镇**。在赶场日里，有老乡们带来的鲜活地产，更多的还是适合山乡经济的百货和生活用品。苗族妇女的服饰最为抢眼，跟随着她们，你会欣赏到缀满苗绣的服装、闪亮精致的银器，还有一圈圈缠绕得又高又大的缠头帽。

赶场最热闹的时候一般在早上10点到中午1点。到了下午就开始收摊。建议你下午开车从腊尔山往南，经121乡道到贵州的正大乡，再经S201、S308省道，共开行36公里到达**黄丝桥古城**（门票40元，可讲价）。这古城是当年的屯兵营。沿S308省道继续往东9公里，路左的小山上便是**拉毫老营盘**，新建的“南方长城”也通向了这个山寨。寨子里有石板垒墙石板铺顶的古老石板屋，还有长满青苔的真正“南方长城”遗迹。

前往这些地点，一路均是铺装路面，山区公路车速最好不要超过40公里。

赶集的实用信息：

时间（农历）	地点	距离	车时
逢三、八日	三江镇	21公里	30分钟
逢二、七日	腊尔山镇	37公里	50分钟
逢一、六日	禾库镇	53公里	80分钟

⏲20:00），时间约75分钟。

由于古城里的宾馆客栈几乎没有停车位，所以自驾者开车来到凤凰后，只能将车停放在古城附近的停车场（每天30~50元），然后拉着行李去古城的住宿点。节假日里的自驾车越来越多，凤凰城区的交通也因此变得拥堵。据称，今后在车辆流量较大时，将不允许外地的自驾车进入城区，只能停在高速公路出口外的停车场，但会有专门的接驳车来接送。如果你要自驾前往凤凰，最好先电话问询如何停车。

见458页

行驶路上 » 沿凤凰北路开到凤凰收费站，上G56杭瑞高速，再转G65包茂高速、G60沪昆高速，107公里后从芷江收费站下高速。过潕水桥后右转沿G320国道开行4.5公里到抗战受降纪念园。

这段路的途中，也可从池回收费站出高速，右转沿G209国道前往荆坪古村，村中有国保潘氏宗祠、五通庙、关圣殿和节孝坊、古民居。游玩后，继续沿G209国道往南到中方收费站，开上G60沪昆高速前往芷江。

线路亮点

9 芷江

芷江在第二次世界大战时是远东第二大军用机场所在地、是中国陆军总部以及盟军在远东地区最大的军事基地之一，抗战胜利时，国民政府在此地与日本军方进行了受降仪式，史称“芷江受降”。如今的**中国人民抗日战争胜利受降纪念馆**（☎0745-683 9937；芷江七里桥，G320国道西；免费，凭身份证取票进入；⏲9:00~17:00；停车10元）便建在这处受降旧址上。

走进园区，首先见到的是白色呈“血”字形的**受降纪念牌坊**，是中国唯一的纪念中国抗日胜利受降的标志性建筑物，牌坊上镌刻着蒋中正、李宗仁、何应钦等军政要人的题词。过牌坊往左边走，是由**受降堂**、**中国陆军总参谋部**、**何应钦办公室**等组成的受降旧址建筑群，房间内按当时的场景复原。与受降旧址遥遥相对的是**抗战胜利展览馆**。

从受降馆原路返回，红绿灯处右转进入飞虎路，可去飞虎队纪念馆。纪念馆与芷江机场候机楼一墙之隔，不要进入机场，从机场大门左侧的道路一直前行，到尽头后右转到达。**飞虎队纪念馆**（☎0745-683 9343；芷江飞机场北；门票 60元；⏲9:00~17:00）是反映陈纳德及所率领的飞虎队援华抗战的专题性纪念馆。

在芷江县城里，还有**龙津风雨桥**和附近的**天后宫**（门票 10元；⏲8:30~16:00）。据说龙津桥是最长的风雨桥，天后宫牌坊上的青石浮雕也值得细细观赏。

见459页

行驶路上» 从芷江过潕水桥，从芷江收费站进入G60沪昆高速，再转G65包茂高速，高速上行驶44公里后，在洪江收费站下高速，往前开行7公里到达黔城镇。沿着古城路一直开到游客服务中心门前，这里卖门票和提供免费游览指南，继续开车到江边，然后右转沿着江边路开到芙蓉楼旁的停车场（免费）。

⑩黔城

潕水流入沅江，在汇流处形成了一个半岛，**黔阳古城**（☎0745-731 2000；www.zgqygc.com；门票 70元；⏲8:30~17:30）就位于半岛之上。买了门票就可以进去参观**芙蓉楼**、**钟鼓楼**、**节孝祠**、**张家老屋**、**然翔园**、**中正门楼**等几处景点，其中以"一片冰心在玉壶"诗句而闻名的**芙蓉楼**在古城尽头的江边，楼后的**玉壶亭**掩映于梧桐绿荫下。正门外的牌坊上，有泥塑"王少伯送客图"，展现了王昌龄送辛渐时的情景。

如果不准备进入那几个景点，则无须买门票，古城内的老街还是可以随意走走看看的。老城区里有**中正门**（西门）和东南西北四条正街，保存最好的便是**南正街**，青石板铺路，临街老屋一律卷棚雕花。

见459页

行驶路上» 从黔阳古城的江边路开始，穿过G209国道后，沿着江水边的洪黔公路开行25公里后，就到达了洪江区。这一路山水相连风景清丽，限速60公里。

线路亮点

⑪洪江古商城

在早年间的沅江流域中，洪江是从沪、汉到滇、黔的必经之地。西南的财富货品齐聚于此，各类人物迎来送往，洪江便有了"小南京"的美誉。

洪江因水运而兴盛，却也因水运而败落，在临街的现代砖混楼房之后，从前的商城只留下一片明清时期的高宅大院。在旅游经济的滋润后，从前的衙门钱庄、会馆商宅、青楼烟馆又被重新包装了外表引来新商户进驻，这片建筑群也有了**洪江古商城**（☎0745-762 6500；www.hjgsc.cn；门票 120元，人多时有优惠价；⏲8:00~17:30）这个名号。景区入口在沅江路的最东头，入口外有停车场（免费），景区门票包括景区内13个景点的导游解说和观看仿古表演，进各景点需在门票打孔验票。虽然进入古商城的主要大道皆有工作人员看守，可是众多的小巷子还是任人进出。

古商城的中心是**龙船冲**，此地是当年钱庄、报社、机关所在地。附近散布着高墙森严的窨子屋，里面有**厘金局**、**复兴银行**、**汛把总署**、**镖局**、**陈荣信商行**、**美孚洋行和四川会馆**、**常德会馆**等，至于很多人感兴趣的烟花巷，则要找到大佛寺后，才能从旁边的巷子里看到那挂着粉翠旗帜的**荷风院与绍兴班**。

见459页

食宿

张家界 1

富正毅三下锅 火锅 ¥¥

（☎0744-822 3987；大庸路天门山索道站斜对面；人均50元；⏲11:00~21:30）张家界最具特色的三下锅，可以从猪肉、牛肉、羊肉及其杂碎中任选三样，再配以蔬菜粉条。3人份的只要98元，会有热腾腾火辣辣的一大锅端上桌来，不能吃辣的要提前告诉服务员。

木易客栈 客栈 ¥

（☎0744-886 8668；天门山索道站后，华天城铂金公寓10楼；标双 旺/淡 458/138元起，家庭房 旺/淡 588/288元；❄📶P）开业不久的商务酒店，套型多，最好要朝向天门山的房间。房间面积很大，用粗大实木打出的家具，卫浴和床上用品都很舒适。除了免费的地下停车场外，还有旁边索道站的停车场（20元），可以确保停车无忧。这栋楼里的宾馆颇多，有充分的选择余地。

武陵源 2

唐师傅餐厅 湘西菜 ¥

（☎0744-555 7779；武陵大道亘立购物对面；人均40元；⏲10:00~21:00）号称"老百姓自己的餐厅"，主打家常菜，从三下锅到土家合渣皆有，价格经济地方特色，人多时还要在门外座椅上等等。

壹年肆季主题客栈 客栈 ¥¥

（☎0744-555 9444；地坪街道盛世武陵酒楼旁；标双 旺/淡 470/260元起，家庭房 旺/淡 660/340元，含早餐；❄📶P）开业不久，24间客房以24个节气命名，房间设施与床上用品很舒适。主人很熟悉各景区情况，可以帮助安排行程路线。只是停车位不算多，要先电话联系确保安排车位。

永顺 4

猛洞河大酒店 酒店 ¥¥

（☎0743-522 5503；府正街1号；标双 258元起，含双早；❄📶P）算是县城里较好的酒店，停车场较大，只是装修有点陈旧。旁边街上的饭店不少，也可以就在酒店的附属餐厅点菜吃饭。

边城（茶峒） 5

悠然居客栈 客栈 ¥¥

（☎0743-761 2666；边城镇老码头；标双 旺/淡 530/330元起，含双早；❄📶P）该客栈为两栋不连在一起的楼房组成，最好选择靠近河边的那一栋。客房较为宽敞，装修家具有格调。楼顶有观景平台，临街有咖啡厅。停车场的位置并不多，最好先电话联系。附近的河边皆是饭店，以角角鱼为特色。

吉首 7

苗族布衣大酒店 酒店 ¥¥

（☎0743-860 0000；人民南路113号；标双 旺/淡 368/268元起，含双早；❄📶P）酒店就在乾州古城的对面，交通停车皆很方便，但最好选择不靠马路的房间。客房套型多，采用民族布艺装饰。沿迎宾路过桥后，路边有百味坊美食一条街的停车场，如果不想走远就选择酒店的附属餐厅，菜式较多足够选择。

凤凰 8

农耕·湘西食记 湘菜 ¥¥

（☎0743-356 7777；邮电局旁，兴隆市场二楼；人均50元；⏲9:30~21:30）饭店的装修布局颇为雅致，菜式品种较多，有实物菜品可供参考点菜，透过大玻璃窗可见厨房操

华南和华中 29 湘西线

作。如果告诉服务员自己的喜好，便可以品尝到不是那么咸辣重口味的菜肴。

惹巴拉灶锅菜馆 湘西菜 ¥

（☎0743-352 0728；虹桥中路25号；人均40元；⏲10:00~22:00）饭桌便是灶台，大锅也是菜盆，大师傅当面献厨艺。推荐土家杀猪菜（68元起），大块土猪肉和猪下水一锅烩，是肉食爱好者的福音。在这条街上，还有名气很大的大使饭店和万木斋，都是凤凰本地风味，要品尝血粑鸭和腊肉，这几家最好。

素履莲花度假酒店 宾馆 ¥¥¥

（☎0743-215 1112；江北东路杜田桥头；标双 旺/淡 1299/859元起，含双早；❄📶P）酒店在听涛山的对面沱江边，房间均为临江带阳台，室内中式豪华装修，卧具舒适，楼顶有观景平台。虽然酒店距离虹桥约1公里，但可以有车接送。该酒店难得的有停车场，可以驾车直接到达。

柚子客栈 客栈 ¥¥

（☎0743-350 0883；古城东正街旁吴家弄16号；标双 旺/淡 300/200元起；❄📶）客栈隐在深巷里，没有江边的喧哗声响。重新装修后的房间更加清爽整洁，还有舒适宜人的卧具。老板娘很熟悉凤凰古城和周边，可以给你量身定制独特的凤凰游历。只是停车场在500米以外的虹桥东路上，并且还要收费。

芷江 9

毛家饭店 湘西菜 ¥

（☎0745-683 9105；抗战受降园的对面；人均30元；⏲9:30~19:00；P）这家饭店以芷江鸭出名，旺季里一天要有上百只的鸭子下锅，甚至还有不少被打包带走。芷江鸭95元一只，还有鸭血、蔬菜和粉丝，足够三四个人吃了。

黔城 10

宴江南 湘菜 ¥¥

（☎0745-210 2777；黔城老街东门斜对面；人均50元；⏲9:30~21:00；P）大堂里的餐桌被一堵堵的隔断分开，可以独享清静。菜品以干锅为特色，还有从旁边沅江里打上来的江鱼。

江莱客栈 客栈 ¥¥

（☎0745-773 3661；古城社区头牌街57号；标双 旺/淡 268/168元起；❄📶）开业不久的客栈面对沅江，楼顶有平台，底层有茶吧。房间不算大，但整洁有序。车子如果不想停在中正门外的停车场，那就只能停在客栈前的路边。

洪江古商城 11

菜根香 湘菜 ¥

（☎0745-762 2870；巫水北路21号；人均40元；⏲11:00~20:00）这家餐馆的洪江鸭和江鲜颇为有名，墙上挂了不少获奖的证书。只是客多时上菜较慢，不妨耐心等候培养口水。

洪江宾馆 宾馆 ¥

（☎0745-213 8199；洪江区幸福西路17号；标双 旺/淡 268/138元起，家庭房 旺/淡 608/488元；❄📶P）宾馆挂牌三星，设施齐全，床具舒适，虽然装修有点陈旧，可是有很大的停车场放心无忧。

神农架不仅有秀丽的风景，
也是金丝猴的栖息之所

视觉中国 提供

鄂西线 30

开进鄂西山区，武当山金顶灿灿，神农架林海苍苍；沿着三峡往西，既有丰富的人文历史，也有天坑地缝展现出的大自然的伟力。从襄阳城保卫战的金戈铁马到土家族摆手舞的独特风情，还有一路的美食相伴，令你将目不暇接、收获满满。

线路亮点

9~11天
约1000公里

最适合

何时去

4、5月山花灿烂；7、8月的山区一片清凉；10、11月的山林缤纷多彩。

最佳摄影点

恩施大峡谷，地缝间飞瀑连连，峭壁外云雾缥缈。

最佳路段

奉节到兴隆段，沿途峡谷间溪流淙淙，还有天坑地缝奇观。

30 鄂西线

从襄阳沿着汉江往西开进鄂西山区。登顶武当、神农后，再沿着长江看看三峡，随后进入恩施地域，天坑地缝、峡谷溶洞呈现出典型的喀斯特地貌。除了一路的山水风景，这也是一条充满驾驶挑战的线路，没有长距离的高速公路，但是有约500公里的山路。这些山路的路况虽好，但弯道很多，需要控制车速。行驶在连续弯道的山路上，对于山路驾驶经验不多的自驾者来说，也算是一次现场教学课，在谨慎安全地完成了这条线路后，恭喜你荣升老司机。

❶ 襄阳

由于地处南北之间的要冲，历史上的襄阳征战颇多。从三国演义到近代的武侠小说，围绕这古城演绎出一幕幕金戈铁马的故事。

襄阳主要的古迹在汉江南岸，全长7公里多被护城河环绕的古城墙是主要的看点。**大北门瓮城**突出在汉江边，青石板的石阶通往老码头。**小北门**的门匾书着“北门锁钥”，旁边就是古时巾帼建功典故的发生地**夫人城**（门票 5元；⏲8:00~

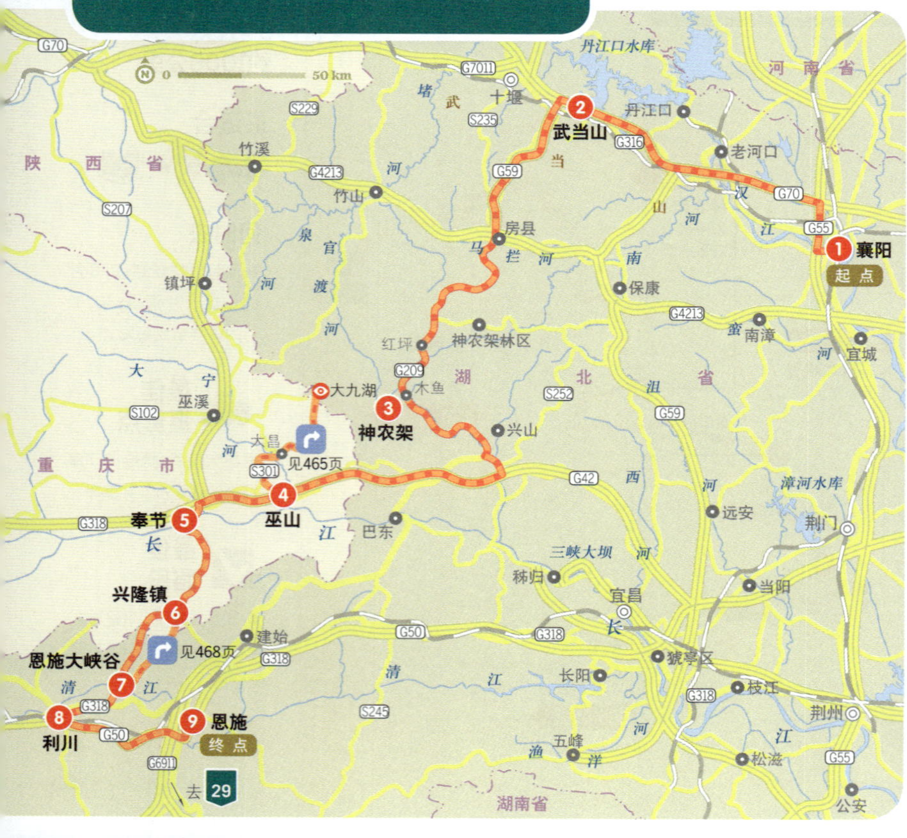

17:30）。古城里还有明代襄王府的**绿影壁**（襄城区绿影壁巷东；门票25元），主画面为“二龙戏珠”，因为大量使用了绿色砂岩而得名。

襄阳城外有国人熟知的“三顾茅庐”发生地——**古隆中**（☎0710-377 3333；www.lzfjq.com；襄城区隆中路6号；门票旺季2月至12月80元，淡季60元；⏲8:00~17:30），景区里的**古隆中石牌坊**、**明碑**、**武侯祠**和**六角井**是流传至今的古建古物，而其他都是参考《三国演义》建起的园林建筑。在开往古隆中的途中，路右有一座**广德寺**（襄城区隆中大道；门票 10元），里面**多宝佛塔**的“五星塔”建筑形式极为独特。

见470页

行驶路上 » 从襄阳到武当山，可从城区西的隆中收费站开上G55二广高速往北，再转G70福银高速往西，在武当山收费站出高速后往左150米就是武当山景区大门。全程130公里，约1.5小时。

你也可以……

29 湘西线

从恩施开上G6911安来高速，再转S99龙吉高速和S10张花高速，行驶270公里后到达张家界，开始你的湘西之旅。

线路亮点

❷ 武当山

世界文化遗产**武当山景区**（☎0719-566 8587；门票 140元，观光车（全山任意乘坐）100元，保险 3元，共243元，另外金顶 27元 紫霄 15元；⏲6:00~18:30）是道教的研修中心，被誉为仙山福地。由于景区不允许私家车开上山，需将你的车子停放在景区西侧的停车场（2.5元/小时，或12小时内20元、24小时内25元）。购票后乘坐观光车，可前往各个景点。

如果你只有一天时间的话，建议一早入景区后直奔**琼台**，乘坐索道上金顶，沿古神道下坡步行至南岩，游览**南岩宫**后乘车往山下，沿途游览**紫霄宫**、**逍遥谷**和**太子坡**。两天则是更合理和普遍的安排。坐车一路上山，游览各个景点，到南岩时住下。第二天清晨早起，走神道过天门，经过**朝天宫**抵达**太和宫**和**金顶**。然后坐索道下山到中观，再乘车下山。

如果还有时间，不妨去看看位于山下的**玉虚宫**、**遇真宫**和**玄岳门**。**武当山博物馆**（☎0719-566 7386；武当山特区文化广场东侧；⏲周二至周日 9:00~11:30，15:00~17:00）有山上看不到的建文帝时期的金龙、玉璧，铜铸莲花灯和铜铸真武坐像也是精品。

见470页

行驶路上 » 开进武当山收费站上G70福银高速，再转G59呼北高速，行驶80公里后，从房县收费站出高速。再经G209国道（呼北线）到木鱼镇。木鱼镇是大部分游客落脚的地方，神农架的大部分景点与木鱼镇接近。沿途皆是山路，虽然路况很好，可是弯道多，有的路段甚至限速为20公里，需控制车速。全程220公里，约4.5小时。

G209国道的途中，有神农架天燕景区（门票 60元，⏲7:00~17:30），自驾车可以开进景区上山。景区有燕径与云栈两条环行步道，通过“彩虹桥”连接，徒步约需1个半小时。距离天燕约8公里处，有红坪画廊（门票40元），是长约15公里的一个峡谷，以秋天红叶石峰景观著名。

线路亮点

❸ 神农架

神农架在2016年成为世界自然遗产，其中**神农顶**（门票 140元，交通车 90元；⏲7:00~17:30）景区最受来此一游者的关注。自驾车可以进入景区，但只能停放在各小景点的停车场，不能随意沿途停车，到了节假日车流量大时，会根据情况调控自驾车的进入。

进入景区后，**大龙潭**是动物保护科研基地，**小龙潭**有金丝猴驯养基地。要爬上“青云梯”的2999级台阶才能登上**神农顶**，最好在上午来登高，下午遭遇云雾天气的可能非常大，很难一望千里。继续朝大九湖方向西行，**神农谷**是景色秀丽的森林峡谷，有一条长达5000米的步游栈道。**板壁岩**是神农顶景区的又一个亮点，这里奇石众多。自驾神农顶需要4小时以上，由于很多路段在2000米海拔之上，云雾出现的频率非常高。如果下雨最好放弃整个神农顶景区，各景点很可能被云雾遮蔽无法更好欣赏，还会对行车安全造成威胁。

经过神农顶景区往西，可以去**大九湖**（门票 120元，交通车 60元；⏲7:00~17:30）。这片高山湿地中有大大小小九个相连的水域。游客必须在坪阡镇换乘景区班车进入景区，再换乘观光无轨"小火车"游览。小火车每天早上7点半发车，全程设八个停靠站点，环湖一周约为一个半小时，可以随上随下。

神农架景区通票 [门票269元（冬季130元），交通车120元] 可以游览神农顶、大九湖、天燕、红坪、神农坛、官门山和天生桥七个景区，五日内有效。

见470页

行驶路上 » 从木鱼镇到巫山，全程160公里，约需3小时。先沿着G209国道（呼北线）开行40公里山路，途中路过官门山（门票120元）、神农坛（门票60元）和天生桥（门票60元）景区。这一段虽然弯道多，可是风景很好，如果想要停车拍照，请选择路边有停车带的地段停车。从白沙河隧道开出后转S312省道（保兴公路），在兴山收费站开上G42沪蓉高速，在巫山收费站出高速后进入县城。这一段高速由于弯道多，往往限速每小时80公里，需注意不要超速。

④ 巫山

"巫山云雨"总是充满暧昧的意味，可真实的巫山却需要在**巫山博物馆**（☎023-5762 9916；免费；⏲9:00~16:30，周二闭馆）得以知晓。**巫山巫水巫文化展厅**展示了巫山地区独有的文化特色；**长江遗珍文物精品馆**则以青铜器、玉器、陶瓷精品文物为主；而**三峡文物抢救保护展厅**以文图和实物讲述了三峡工程开始之前对当地文物的抢救性发掘和保护的过程。

在宁江路旅游码头可乘船游览**小三峡**和**小小三峡**（☎023-5762 1000；门票150元，含小小三峡乌篷船票；10:00为固定发船时间，其他时段视游客人数机动发船），游船依次进入龙门峡、巴雾峡和滴翠峡，再换乘乌篷小船进入支流马渡河，游览小小三峡（三撑峡、秦王峡和长滩峡），往返约5小时。宁江路旅游码头还有游船前往神女峰（门票 70元，往返船票 30元）和**神女溪**（门票 100元，往返船票 30元），各需约4小时。

自驾者可开车去**文峰公园**，那里是观赏江景的好地方。从城区过龙门大桥后，沿S103行驶7.4公里，在七星村七星小学前按指路牌右转，沿路一直往前约7.5公里，到达文峰公园停车场。开到江边停车后建议先去**凌云阁**一带，那里是俯瞰巫峡的绝好位置；待到太阳西沉时，再去**文峰观**前的平台上，看江水染金，拍江峡落日。

见470页

丹江口环湖

在从襄阳前往武当山的途中，可从 G70 福银高速的丹江口收费站出高速，沿 S302 省道开行 24 公里到达丹江口市。登上**丹江口大坝**（☎0719-521 0149；丹江口沿江大道与大坝路路口；门票 65 元；⏲8:00 ~ 18:00）可以鸟瞰库区，乘坐交通车可以参观水电站内部设备；你也可以选择去**沧浪海旅游港**（☎0719-507 7777；右岸新城区武当大道 1 号；游船 100 元 / 人起；⏲8:00 ~ 17:00）乘游船游览；或从旅游港驱车开上环库公路，沿途风光甚好，还有多个观景台可看库区风景。

另辟蹊径
从巫山去大九湖

起点：❹ 巫山

从重庆方向前往神农架的大九湖，不必绕行巴东去木鱼镇，而是经由巫山县的大昌古镇前往。离开巫山县城，沿S103省道转S301省道，66公里到达**大昌古镇**（门票 20元；全天）。这座三峡库区保存最为完整的明末清初古建筑群被整体搬迁，成为一座没有原住民的"新古镇"，最值得看的就是与南城门上一同被搬迁移植的生长了上百年的黄桷树。

从大昌继续往北，就是新修建的大九公路（当九路），沿途的风景点有当阳大峡谷、忍子坪山地、里河等风景，也是一条热门的自驾线路。**当阳大峡谷**位于平河乡到当阳乡之间，其风景好的精华路段约为24公里，沿途有多个观景台。在经过燕子迁隧道后4.7公里，在河床对岸的崖壁上，有一条开凿出的小道，宽度仅有1米，还有一条长约10米的隧道。这是从前人们走出大山的通道，你不妨过桥后去走上一小段。当阳乡是较好的途中休憩点，有多处住宿点和饭店。过了当阳乡便是一段之字形的上山路，到达**忍子坪**后可见美丽的峡谷田园风光。在穿过几个隧道后到达**里河**，沿途可欣赏群峰拥翠的山景。继续往北便是神农架的大九湖了。

这条路全程140公里，开车约需4小时。一路都是双向双车道公路，虽然路况很好，但山路上的弯道非常多。这对于喜欢体验驾车操控感的自驾者来说，会大呼过瘾；可是对于驾驶山路经验不丰富的自驾者来说，会是一场并不容易的考试路段。建议最好有两人来轮流开车，避免长时间注意力高度集中后的疲惫。

行驶路上 » 从巫山沿净坛二路到巫山收费站，开上G42沪蓉高速，40公里后在夔门收费站出高速，经诗城路进入奉节县城。全程55公里，约1小时。

线路亮点

❺ 奉节

位于长江三峡起始点的奉节，在水位上升之后，经历了蜕变新生的历程。昔日雄踞瞿塘峡口的**白帝城**[☎023-8599 1002；门票3月至10月120元（含古象馆和渡船），11月至次年2月80元；⏲7:00~18:00]，如今已成一座水中孤岛，岛上有托孤堂系列彩塑以及两处碑林，乘船可去对岸的**古象馆**，在山顶**古炮台**是观赏瞿塘峡的最佳地点。

古往今来，文人墨客们总喜欢抵达奉节后写诗抒情。如今在**依斗门**旁有一座私人搜集而成的**诗城博物馆**（☎023-5653 6988，138 9629 9009；门票30元；⏲7:30~17:00），从奉节历史开始，再介绍到诗人与三峡、三峡大移民等内容，实物展中还复原了几处老屋。

🍴🛏 见470页

行驶路上 » 从奉节到兴隆镇，全程70公里，约需1.5小时。从奉节过夔门大桥后右转上S201省道（巫恩路），路况好，限速60公里。

在开出44公里到达椅子垴村时，右转可到旱夔门景区。旱夔门由两面如刀削般的600多米峭壁对峙而成，穿过旱夔门后便可进入3公里长的迷宫河，迷宫河与小寨天坑的地下河道相连。从椅子垴村继续往前10公里后右转，便是兴隆镇荆竹乡的小寨天坑（☎023-5678 9228；门票旺季4月至10月50元，淡季11月至次年3月35元；观光车 往返10元；⏲淡季 8:00~17:30，旺季7:30~17:30）。天坑的垂直高度662米，台阶共有2666级，往返约需4小时。

❻ 兴隆镇

兴隆这个不为人知的小镇，由于周围的景色和地处海拔一千多米的山区，正在快速地成为一处夏季避暑地，满街都是宾馆和饭店。小镇以北1公里的S201省道旁，就是**天井峡地缝**（☎023-5652 9399；门票旺季4月至10月50元，淡季11月至次年3月35元；⏲淡季8:00~17:30，旺季7:30~17:30）。天井峡全长37公里，目前景区对外开放的地缝长约3.5公里。进入步行约1小时后，路边有块“罗家坪出口”路牌，这里就是步道终点，可沿阶梯向上一直走到罗家坪出口，旁边还是S201省道。

兴隆还有一条**旅游环线**，全程56公里，开车约需2小时。从兴隆沿S201省道往北约3.2公里，可见兴隆旅游环线的指路牌，往右开上旅游环线。环线分为北段和南段，沿途有不少的路边观景点，可以停车赏景拍照。北段的景点有：**黑湾**、**高炉淌汽车露营基地**（有酒店可以入住，还有帐篷和自行车出租）、**茅草坝**；南段则有**四十二坝高山水库**、**石乳关**、**森林公园**。这条环线为双向双车道，路况很好。但是在北段和南段的连接处长安乡，有约3公里的烂路，普通家用车需谨慎通过或者原路返回。在环线的局部地段，会没有手机信号。

🛏 见471页

行驶路上 » 从兴隆镇先沿S402省道（屯渝线）往西行驶，再转X063县道到达恩施大峡谷，途中经过板桥镇，全程65公里，约需1.5小时。

线路亮点

❼ 恩施大峡谷

恩施大峡谷[☎0718-854 2333; www.esdaxiagu.com; 门票170元; 交通车30元（含往返）; ⏲8:30~19:00]有最典型的喀斯特地貌——地缝、绝壁、峰柱、洞穴、暗河……但如果遇上雨雾的天气，景色就会大打折扣。从游客中心先乘交通车到**云龙河地缝**景区，下到谷底后，能看到陡峭的崖壁和水流飞降而下，全程需要一个小时。

从地缝出来，有两条路线可选择。一是在出口处直接坐索道（票价110元）到达小楼门**“龙门石浪”**附近，然后走**漫天游栈道**、**中楼门**、**一炷香**、**大楼门**。另一种是乘坐交通车到“倒灌水”入口，然后开始徒步登山，大约用时1小时可到达“小楼门”。从“小楼门”到“大楼门”，基本需要四五个小时。其中的“一炷香”，是孤零零的一座峰柱，高达150米，上镜率最高。一路上都有景区设置的指示牌。在终点处大楼门下云梯，然后乘坐扶梯（票价20元）或者步行下山。下到“甘堰塘”返程中心，再坐交通车返回游客中心。

🛏 见471页

行驶路上 » 从恩施大峡谷出发，经063乡道，在团堡镇开上G318国道，往西到达利川，过东门大桥后进入城区。全程38

最美水上公路

当行驶在S312省道接近昭君镇时，你会发现一座新的宽阔桥梁跨越了香溪河，左转开上去后，碧绿清澈的河水就伴随在你的身边，这就是号称中国最美水上公路的古（夫）昭（君大桥）公路，是为了避免筑路对环境的破坏，在香溪河面上架起的长约4.4公里的水上公路桥，也是我国首条水上生态环保公路。

路边有观景区的指示牌，可以停车登高欣赏这条蜿蜒水面之上的公路。当水上公路结束后，还可以过桥走河对岸的S312省道返回，沿路从另一个角度来观赏和拍照。昭君镇附近还有**昭君故里**（☎0717-252 0023；昭君镇宝坪村；门票 60元；⏲8:00~17:00），**昭君纪念馆**中收藏有诸多汉唐文物，包括记载有昭君故事的各种版本的典籍。

视觉中国 提供

恩施大峡谷的一炷香

另辟蹊径
渝鄂之间的新风景

起点：❻ 兴隆镇（见466页）

从重庆的兴隆镇前往湖北的恩施大峡谷，还有一条建设中的渝鄂旅游新线路。先从兴隆镇龙桥街往西南开上新建不久的旅游公路，经过林口村和龙桥村，行驶约15公里到达正在开发中的**龙桥河景区**（调研时尚未卖门票），这是一处有峡谷、天生桥、溶洞、暗河的喀斯特地貌景观。再继续往前4公里到达青树子村，这时旅游公路结束，左转开上X005县道（恩川线），此后是重庆、湖北的交界处，有8公里的破损路面。当到达堤厂开上004乡道（堤沐公路）后，道路又变成由恩施新建的旅游公路。旅游公路会经过恩施大峡谷的**独笋岩**（当地老乡称为“日天笋”）板块，这一带峭壁奇峰甚多，尤以独笋岩的独立高耸最为奇特。沿这条公路继续往前，可一直到达恩施大峡谷景区。

这条跨省的公路全程约52公里，约需1.5小时。但调研时沿途没有看见指路信息牌，地图上也没有这两段新的旅游公路，需要在兴隆镇和路上多加了解询问。当地已有连通两段旅游公路的计划，据介绍将在3年内完成，届时从兴隆到恩施大峡谷就会有很好的全程贯通的道路。

公里，双向双车道铺装路面，路况好。

❽ 利川

利川最有名的就是腾龙洞。从城区经腾龙大道和腾龙洞旅游路可到7公里外的**腾龙洞**（☎0718-726 2455；www.tenglongdong.net；180元/人；⊙8:30~17:30）。先沿着洞前的清江水流走一段，经过水跌落成的瀑布，声如闷雷。走上十分钟的步道就可到达巨大的洞口。在洞的中段是《夷水丽川》土家歌舞表演场，分11:00、16:30两场，表演1小时左右。剧场下是电瓶车停靠点（10元）。电瓶车的终点是洞最深处，右边上山的小路是去激光秀场，左边小道是去后洞景区，有钟乳石、钙化池、硝坑、灶孔。后洞景区和激光秀是一个环路。全程走下来，会花上两三小时（不包括看表演）。

如果想看土家族的历史建筑，可经G50沪渝高速和G5012万利高速，25公里后从齐岳山收费站出高速。这时右转经G318国道、S249省道，37公里后可到**大水井**（☎0718-634 7888；白杨坝镇水井村；65元/人；⊙8:00~17:30）参观李氏庄园和李氏宗祠。如果从齐岳山收费站出高速后左转，经G318国道，过谋道镇后左转，35公里后到达**鱼木寨**（门票 40元）。这座立在悬崖峭壁上的寨子，只有一条狭窄的石道通向写有“鱼木寨”的寨楼。寨内有清代精雕石碑墓10座，碑高一般都在5米以上，还有百年历史的“六吉堂”。去大水井和鱼木寨都是很好的旅游公路。

✕ 🛏 见471页

行驶路上 » 从利川到恩施，经腾龙大道开进利川收费站，沿G50沪渝高速行驶59公里，在恩施西收费站出高速，进入恩施城区。这一段高速限速80公里，但收费却有65元。

❾ 恩施

恩施州内最气派的现代建筑，也是最能纵览恩施历史地理人文风俗的地方，就是**恩施州博物馆**（☎0718-825 3696；www.bwg.org.cn；金桂大道州文化广场；⊙周二至周日 9:00~16:00）。馆内有“恩施记忆”和“生态恩施”，分别展示了恩施的历史和自然，“恩施足音”展厅有复原的唐崖土司城牌坊、石马和一座完全尺寸的土家吊脚楼。

视觉中国 提供

恩施土司城

恩施土司城（☎0718-898 9888；www.enshitusicheng.com；土司路138号；40元/人；⏲7:00~17:00）是一座依着山势修建的复古建筑群，有风雨桥、廪君殿、校场、土家民居、九进堂、城墙、钟鼓楼、铁索桥等景点。九进堂的戏台定时有土家歌舞表演，时间为10点、15点各一场，时长约40分钟。

每年的5月到10月，在恩施城里就可以**清江闯滩漂流**（☎0718-862 11225；qjctpl.xxgsl.com；东风大道；150元/人；⏲8:00~16:00），沿着清江从城区漂至浑水河大桥段，全程将近3小时。

见471页

食宿

襄阳 1

邓家牛腩面店　小吃 ¥

（樊城区汉江一桥头；人均14元；⏲5:30~13:30，17:30至次日1:30）来此吃面的当地人络绎不绝。牛油和牛骨熬制而成的汤底味道醇厚，牛腩块大肉烂，牛腩面13元，黄酒1元。隔壁还开了一家牛腩御锅宴，可当作大餐来吃。

维也纳酒店檀溪路店　酒店 ¥¥

（☎0710-335 7777；襄城区檀溪路178号；标间 178元起；📶❄🅿）靠近高速公路，新开业的酒店，设施全，装修好，虽然靠近干道但隔音效果好，属于性价比较好的酒店。还有专属地下停车场，附近饭店商店也多。

武当山 2

外婆农家饭　湖北菜 ¥

（☎159 9782 0941；太和东路70号；人均40元；⏲9:00~21:00）饭店就在主干道的路边，可以看着陈列的食材点菜，一斤多的剑河鱼68元，还有当地的时鲜菜蔬。早餐推荐剑河路上的**天福大酒店**，拥有几十样品种，牛肉面都称得上美味。

仙都宾馆　酒店 ¥¥

（☎0719-566 5434；永乐路16号；标双旺/淡 388/200元起；@📶🅿）不在主干道旁，显得清静些。三星级的宾馆，服务和设施都很周全。旁边武当路上有不少餐馆。

同福客栈　客栈 ¥¥

（☎136 3623 2222；武当山景区古神道七星树尾；标双 旺/淡 380/180元起；📶）七星树村最高处的客栈，价格也是最高的。装修就是农家乐的水准但称得上干净舒适，服务也有家庭式的周到。

神农架 3

木鱼镇满街的餐厅，都提供着非常类似的菜肴，并没有哪家特别，记住要问清楚每道菜的价格就是。特色是腊蹄子或腊排骨火锅，3、4人分量的腊蹄子火锅大约150~200元，还有高山冷水鱼、懒豆腐和各色新鲜野菜。

神农架心怡酒店　酒店 ¥¥

（☎0719-331 3888；木鱼镇木鱼路48号；标双 旺/淡 378/278元起；@📶🅿）酒店开业不久，有专属停车场。客房设施齐全装修较好，性价比较高。

巫山 4

烂鱼馆鱼庄　火锅 ¥

（☎023-5756 8858；宁江路江山红叶大酒店斜对面；人均45元；⏲11:00~21:00）巫山美食最出名的当然是鱼，烂鱼馆在当地就有好几家，有片片鱼、铁板鱼，最推荐这一家的特色纸包鱼。一条2斤多的青鱼60元。在净坛二路上还有多家烤鱼店，随便选家味道都不错。

江山红叶酒店　酒店 ¥¥¥

（☎023-5761 9999；宁江路333号；标双 旺/淡 438/338元，含双早；❄📶🅿）独占宁江路临江风景，正对大宁河与长江交汇处。房间设施五星级标准，江景房有观景阳台，性价比很高。自助早餐有100多种菜品。红叶节和黄金周期间住房紧张，需至少提前半个月预订。

奉节 5

川东第一锅　火锅 ¥

（☎023-5655 9599；夔州路428号；人均

45元；⊙9:00~21:00）奉节当地最有名的一道菜就是紫阳鸡，是将土鸡和腊猪脚经4小时炖制而成。这家店是当地人最爱去的，小锅/148元、中锅/198元。在诗城路上有几家以吃鱼、吃鸡为主的小饭馆和烧烤店，味道也不错。

依斗门客栈

客栈 ¥¥

（☎023-5680 0555；诗城东路131号；依斗门城墙边；标双/单158元起；❄📶）新开业不久，原木装饰的房间古色古香，卫生间非常宽敞，临江房间可欣赏长江风光。客栈有家庭房，但停车只能在路边的停车位。客栈旁边是依斗门和城墙，对面是诗城博物馆。

兴隆镇 6

潮邑商务宾馆

宾馆 ¥

（☎137 1261 1038；兴隆镇景观大道；标双 旺/淡 130/100元起；❄📶P）开业不久的经济型宾馆，房型多样，热水保证，床具舒适，性价比较好。

恩施大峡谷 7

峡谷居精品客栈

客栈 ¥¥

（☎0718-881 9151；恩施大峡谷停车场下方100米；标双 旺/淡 320/160元起；❄📶P）新开业的客栈，房间面积大，楼顶有大平台，面对峡谷风景好。只是卫生间的热水器容量只有30升，如果有第二人洗就要等候加热。一楼有餐厅供应三餐，可以点菜。

利川 8

汪营土鸭子

恩施菜 ¥

（☎134 7787 5078；前进街1号；人均45元；⊙11:00~22:30）汪营鸭杂放在菜单的第一位，鸭杂就是满锅的鸭胗，并无鸭肠、鸭肝等物。还可以尝试选择其他菜品——魔芋鸭、南坪鳝鱼、酸菜牛灿皮、剁椒羊肾等。这条街上还有多家鸭子店。

新世界国际酒店

酒店 ¥¥¥

（☎0718-725 9999；东城路88号；标单/双 350元起，含双早；❄📶P）现今利川最好的酒店，开业不久，设施较新。房间在高层，虽然面临着街道，也不吵闹。

恩施 9

张关合渣

土菜 ¥

[☎0718-821 3777；www.hezha.net，航空大道118号（近金三角文娱广场）；人均30元；⊙7:00~20:30]供应最为大名鼎鼎，也是最能体现当地菜特色的美食之一的合渣。自己点一个主菜，店家会配上合渣、油茶汤、炸河虾、青菜、土豆米饭，人均消费30~50元。

依水林苑酒店

酒店 ¥¥

（☎0718-842 5555；东风大道148号；标双 旺/淡 296/156元起；❄📶P）房间较为宽大，窗户隔音好，床具舒适。大门旁就是停车场，附近高中低档的餐饮皆有，还有几家价格差不多的酒店可供备选。

步行游览
珠江两岸

起点：天宇码头

终点：沙面基督堂

距离：约5公里

需时：2小时（不含游览时间）

沿江一带曾经是广州海上对外通商贸易的繁盛港口，遗留一座座值得细品的历史建筑。你可以漫步珠江两岸，在新的民间金融街中穿梭古今。

可使用此步行游览的线路：

26

❶ 天字码头

天字码头是广州历史最悠久的码头，也是**珠江夜游**游船码头（☎020-8333 2222；www.83332222.com）之一。马路对面黄色的三层旧建筑是**黄埔军校同学会旧址**，廖仲恺和蒋介石等曾在此办公。往西走3分钟是孙中山亲自创办的**中央银行大楼旧址**，现是中国工商银行广州第一支行。

行走路上 » 天字码头没有专门停车场，附近200米范围内的商厦均有停车位，停车费10~15元/小时不等。沿着沿江中路往西一直走到海珠桥脚，就到了海珠广场。

❷ 海珠广场

广州解放纪念碑雕像身后西侧是**海印缤缤广场**，它的前身是广州旧交易会会址，现在是购物广场。从这里一直往西进入一德路，旧式骑楼底下是挤满了各式饰品精品店的批发市场。**万菱广场玩具精品批发市场**，随时挤满了乐而忘返的游客。

行走路上 » 从海珠广场只需向西直线行走很短一段就抵达一德路，但可能要走很久，原因是路边的精品商铺琳琅满目，而且来往运货的人车也很多。直走右手边的广场就是圣心大教堂。

❸ 圣心大教堂

作为全球四座全石结构的哥特式教堂之一，**圣心大教堂**（一德路旧部前56号；免费；⏲周一至周五8:30~11:30，14:30~17:30，周六和周日8:30~17:00）的设计仿造巴黎圣母院，本地人称它为"石室"。一定要进去观赏它精致的石雕图案和彩色玻璃花窗，注意不可穿暴露衣服和超短裙（裤）、拖鞋进内，教堂门口有披肩可供借用。

行走路上 » 这条路属于一德路海味干货批发区，骑楼下狭窄的人行道挤满各色食铺，很有生活气息。从一德路折返往回走，转入靖海路，再右转到长堤大马路，步行几分钟可达。

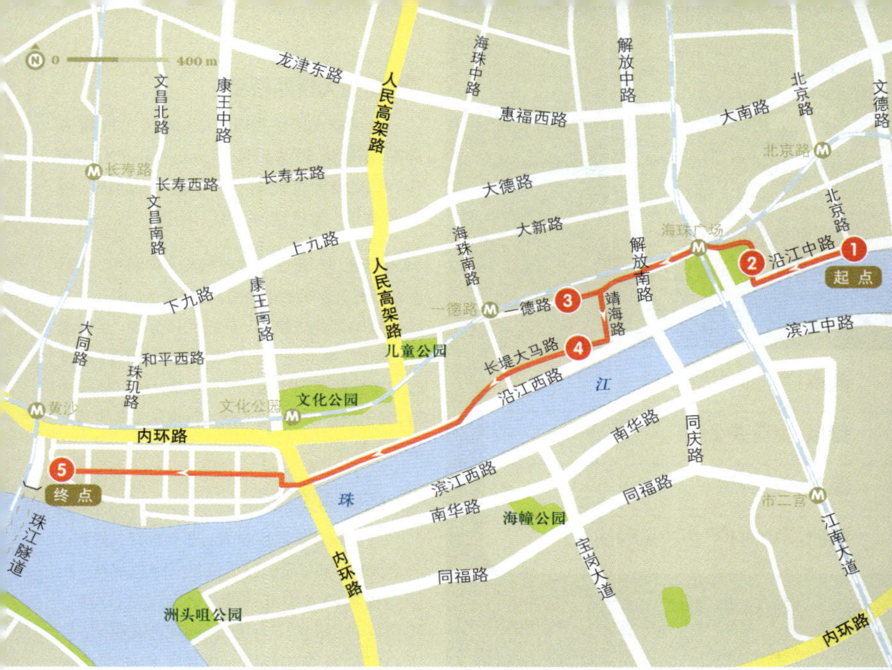

❹ 长堤大马路

这条马路有着大批精美的骑楼建筑，向西步行5分钟，是**海珠大戏院**，这是清末民初以中西结合装饰风格著称的戏院。前面的**东亚大酒店**是民国时期中国四大股份公司之一——先施公司的附属酒店。

进入沿江西路路口，左侧一座三角形建筑是**爱群大厦**，解放前这座哥特式复兴风格的15层高楼曾是广州第一高楼。再往前走是**南方大厦**，它是当时华南最雄伟华丽的百货公司。前面的**邮政博览馆**（门票6元；⏲周一至周五 9:30~18:00，周六和周日 10:00~17:00）曾是大清邮政局的所在地。继续前行是中西结合风格的**塔影楼**，曾是国民革命先驱陈少白的住所。正对面是宏伟的**粤海关**，被称为“大钟楼”，也是清政府设立的首批四大海关之一的旧址。

行走路上 » 沿着江边步行道，从西堤码头一侧西行数百米，会路过刻着“毋忘此日”的沙基惨案纪念碑。继续前行，看到前方有岛屿被河水隔开，穿过一座小石桥，便抵达沙面岛。

❺ 沙面街区

第二次鸦片战争后，英法联军强迫清政府在沙面北端开挖河涌，从此这座面积仅为0.3平方公里的小岛成为广州的租界区，新巴洛克式、仿哥特式、券廊式、新古典式及中西合璧风格的建筑林立。现在的沙面成了休闲旅游区域，开放给游客的有设在原法国领事馆内的**广东海事博物馆**（沙面南街20号；免费；⏲每周二、周四、周六 9:00~11:30）和前身为英国天祥洋行物业的**沙面展览馆**（沙面大街61号；⏲9:00~11:00，15:00~17:00），可以助你了解沙面。周末或许还能偶遇不定期的创意市集。行程终点在最西面始建于1865年的**沙面基督堂**。

行走路上 » 结束游览之后，可按原路从沙面折返回沿江中路，沿江边一路往东步行回天字码头，约行30分钟。打的折返10~15元。

步行游览
南湖公园

起点: 南湖大桥西桥头

终点: 金花茶公园

距离: 约9公里

需时: 3小时(不含游览时间)

南湖是南宁本地居民休闲放松的场所，作为旅行者，没有比这更好融入当地人的途径了。

可使用此步行游览的线路:

25

❶ 南湖大桥西桥头

(民族大道茶花园路口)南湖大桥周边停车场不少，可选择停车，从这里开始你的步行。民族大道北侧有一些精致的小店，包括咖啡馆、杂货铺等，可以闲逛一下。

行走路上 » 穿过桥墩向东北方向前行，步行道左侧种有密集的鱼尾葵，每到夏天，树上就会挂满金灿灿的肉穗花。前行约15分钟，步行道开始变宽，两旁植物逐渐增多。过了碧湖路，穿过湖东岸的滨湖广场，走过南湖大桥东桥头桥墩，暂时离开湖边，沿左侧步行道走上名树博览园的大草坪。

❷ 名树博览园

(南湖东岸居中位置，近双拥路；免费；◷全天)南宁人最引以为傲的"绿色名片"，园内种植的大型亚热带乔木超过六百株，按照树种不同分成了几个不同的景观区，主入口后侧花卉广场上，有五株长相奇特的澳大利亚佛肚树，据说它那纺锤形的树干可储水1吨以上。棕榈园在花卉广场后面，周五晚20:30有水幕电影上演。

行走路上 » 离开名树博览园，沿着步行道继续向西不远便来到雾森景观广场。

❸ 雾森景观广场

(滨湖路；◷全天)广场在名树博览园旁边，由多排、多层的植物景观带构成，从地表到高空，你可以依次看到各种茂密的地被植物、灌木、藤萝、花木和乔木，运气好的话，还可看到人造雾森景观，置身其中，有"绿野仙踪"般的感受。

行走路上 » 向西前行几百米至九拱桥。

❹ 李明瑞、韦拔群烈士碑园

（☎0771-532 4932；南湖九拱桥东桥头；⏲全天）纪念碑上塑有李明瑞、韦拔群等烈士的群像，正后方的**陈列馆**（⏲8:30～17:00）有百色、龙州起义简介，以及李明瑞、韦拔群事迹展。可在碑园旁边的游乐场或南湖山庄休息进餐。

行走路上 » 继续向西，经过教育路的广西儿童图书馆，回到南湖西岸。继续前行，两侧有许多茂密的榕树，转入茶花园路，前往金花茶公园。

❺ 金花茶公园

（☎0771-586 9282；免费；⏲全天）这是全国首家茶花专类公园。虽然只有每年1月至3月才能在公园内茶花观赏区（茶花苑）看到珍贵的金花茶，不过一年中的其他时间，这里也是休闲的好去处。公园后门有一些非常安静的咖啡馆和茶馆可供小憩。走完整个公园约需2小时。

行走路上 » 步行起点南湖大桥西桥头距金花茶公园东门约700米，步行10分钟可到。

步行游览
海口骑楼老街

起点: 文明西路美都家电城外停车场

终点: 富兴街

距离: 约3公里

需时: 约3小时

中国最年轻省会的过往,便凝固在这条步行路上。你的“下海”之旅,不妨从这里开始。

可使用此步行游览的线路:

28

❶ 博爱南路

文明西路在人民公园北门外160米处,往东到路口后左转入博爱南路。这一段路旁的骑楼历经近百年时光后呈现老态。路左有**皓兆园茶店**,这家的“老爸茶”是海南传统茶食,有混搭中西的红茶、咖啡和油条、蛋糕。只需要5块钱便可从中午一直泡到黄昏。

行走路上 » 往北走到博爱南路与新民西路交界处,左、右各有一个市场。

❷ 东门、西门市场

路右的**东门市场**专卖海鲜干货和海南特产,对面的**西门市场**里有许多特色美食,还可以尝尝经营了十几年的**亚妹海南粉**。

行走路上 » 继续往前就是博爱北路。

❸ 博爱北路

翻修出新的骑楼建筑沿马路两侧排开,消失了的老店名重新书写再现。其中博爱北路99号的**博爱大药房**和89号**芳草大药行**,墙上雕花非常精致,具有代表性。

行走路上 » 继续往前200米,向左就是骑楼最密集的中山路。

❹ 中山路

中山路眼下成了游客来往的步行街,六十多家老商铺恢复了门头的字号,但并不实际经营。路左35号是**海口南洋骑楼老街文化展示馆**,楼内展示了历史照片和文字介绍;63号是有150年历史的**邱氏故居**;马路对面68号**老船长会所**,有老船木家具;斜对面的窄巷中,是海南最古老的妈祖庙**天后宫**。

行走路上 » 中山路尽头右转进入新华北路,前行100米左转是得胜沙路。

5 得胜沙路

得胜沙旧日里洋行、茶楼、客栈、戏院云集。71号巴洛克式风格的"**五层楼**"是90年前海口的最高建筑。不要错过77号**冼夫人纪念馆**，冼夫人是南北朝时统领海南的女杰。

行走路上 » 往回走到得胜沙路65号旁，有一条小巷，走进去，尽头就是西天庙。

6 西天庙、富兴街

西天庙还保留着天井、拜亭、厢廊和神龛，老人喜欢聚在这里聊天看电视。庙旁有一条**富兴街**，小街两侧有许多小吃店，可以尝尝清补凉、鸡屎藤、糟粕醋、海南粉和老爸茶。

行走路上 » 往东走出富兴街后，右转沿新华路一直走约650米，便可以回到你的停车处。

华东

华东的五省一市，是江河湖海孕育出的丰饶之地。长江流经江苏和上海，糅合着水乡温情和都市时尚。灯影桨声品秦淮，烟花三月下扬州，从苏锡的水乡风情里能感受到江南无限好。浙江是中国东部热门的自驾游目的地之一，这里既有婉约的杭州，又有富春江边的山水画廊，驱车驶过浙南广袤的山岭和浙东蜿蜒的海岸线，也能感受浓厚的人文历史底蕴。东南一隅的福建被山海环绕，当年中原人“衣冠南渡”，与漫长海岸线孕育出来的海洋文化和原住神明相谐相融。在厦门和漳、泉二州寻觅古早味小吃，深山里看土楼傲然，茶园里闻清香历久。地处内陆的安徽与江西，也有令人向往的美景。皖南的徽派建筑点缀着青山绿水，古村落的炊烟唤起了心头的乡愁，黄山、三清山有奇峰云海，九华山、龙虎山敲响了晨钟暮鼓。

但别以为这里只有温婉的一面，半山半水的地貌更有俊秀呈现，让赶路变成了享受。虽然高速路通达主要市县，但更需驶入县道乡道去寻访美景。你最好具备驾车行走盘山公路的经验，山区公路的弯道多，驾驶不宜过快。好在推荐的线路皆是铺装路面，普通私家车即可走完全程。

无锡太湖，鼋头渚畔樱花盛开
视觉中国 提供

华东

华东
上海
南京
杭州
合肥
福州
南昌
济南
青岛
烟台
威海
东营
潍坊
莱芜
日照
临沂
枣庄
连云港
徐州
宿迁
淮安
盐城
扬州
泰州
镇江
南通
常州
无锡
苏州
湖州
嘉兴
绍兴
宁波
舟山
金华
衢州
丽水
台州
温州
苍南
蒲城
宁德
三明
莆田
泉州
厦门
漳州
龙岩
东山
诏安
黄山
宣城
芜湖
马鞍山
铜陵
池州
安庆
九华山
六安
淮南
滁州
蚌埠
阜阳
亳州
淮北
宿州
景德镇
三清山
上饶
鹰潭
九江
抚州
武夷山
南平
廿八都
松阳
太姥山
台北
高雄
广州
香港
澳门
香港特别行政区
澳门特别行政区
郑州
武汉
长沙
黄海
东海
南海
太平洋
台湾海峡
钓鱼岛
0 200 km

31 长三角环线 8~10天

见证江南风韵的历史遗存和迅猛发展的都市生活，长江边看古往今来。（见 483 页）

32 苏北大运河线 6~7天

感受鲜活且古老的船运时代，体会苏北大地的自然风光。（见 495 页）

33 富春江沿线 9~11天

文人山水画看似写意，但当你走过杭州三江两岸后，才知道水墨丹青俱在写实。（见 505 页）

Classic Trip

34 浙中浙南大环线 14~17天

涵盖浙江众多地貌，风景人文沿途展开，在精彩纷呈中去感受从古至今的文化积淀。（见 519 页）

Classic Trip

35 徽州人文山水线 10~12天

从宣城南下到婺源，再向北折返深入黄山和九华山，一路的粉墙黛瓦中，领略徽山皖水。（见 537 页）

36 赣东宗教文化和地质景观线 6~8 天

三处景色各具千秋的世界遗产都在这条路上，登山、问道或看日升日落都是不同的游览体验。（见 551 页）

Classic Trip

37 福建沿海线 12~15天

福建有着漫长的海岸线，沙滩、海浪、岩石等形成一处处绝美的风景，而海洋带来的美食馈赠也同样令人兴奋。（见 561 页）

不要错过

南浔古镇

小桥流水人家，商贾宅墙庭院，水影斑驳间，古老民居依然旧面貌。31

大运河边的公路

伴着运河行，无论是高邮—淮安段，还是宿迁—窑湾段，皆是一路风景。32

富春江—新安江

中国美学中最典型的写意山水。33

泰顺

隐匿在山间的中国廊桥博物馆，呈现着当地人溪流上的生活日常。34

绩溪

山水相依的绩溪是徽州文化发源地之一，一条风景怡人的X086县道串起了最美的若干古村。35

湄洲岛

妈祖的故乡，吸引着无数信徒前来拜谒。风化的岩石和干净的沙滩，也让小岛充满魅力。37

古人把**苏州**喻为“天堂”，
江南的形与意，在此均清晰可寻

视觉中国 提供

长三角环线 31

从南京到上海，这里从来不缺历史。一座总统府，半部金陵史；“京口瓜洲一水间”，古渡犹存；鼋头寻太湖绝佳处，南浔看江南古镇水；品一曲评弹风花雪月，流连忘返在苏州；黄浦江边看外滩，夜上海时尚得淋漓尽致。

线路亮点

8~10天
约700公里

最适合

何时去

3月至5月，9月至10月；春暖花开、草长莺飞的江南更得你心，秋叶枫林的季节又让这里锦上添花。

最佳摄影点

苏州园林，仔细探访，找个不一样的角度。

最佳餐饮

松鹤楼菜馆，有专为乾隆皇帝烹制的“松鼠鳜鱼”。

31 长三角环线

沿线城市都有高速公路相连，目的性较强的旅行者可以选择全程高速，路况很好也十分方便。每个站点之间路程都不远，加油和沿途补给都不是问题。从南京过来，一路上有镇江西津渡、常州的各大主题公园、无锡南长街以及太湖周边景区；从苏州到上海，更是古典与现代的双重体验。经南浔再到湖州和宜兴，可走G50沪渝高速和G25长深高速，最后回到南京。要注意南京、苏州和上海的高峰时段大堵车，你应该放弃自驾而利用公交和地铁。其他城市路况都不错，并不拥堵，城市公共交通也较为发达，也是很好的城市生活体验。

线路亮点

❶ 南京

整个南京城几乎就是一本历史教科书，**南京博物院**（☎025-8480 2119；www.njmuseum.com；中山东路321号；免费；⏲9:00~17:00，周一闭馆）则收藏了江苏的历史。去一趟**总统府**（☎025-8457 8718；www.njztf.cn；长江路292号；门票40元；⏲3月至10月 8:30~18:00，11月至次年2月8:30~17:00，闭馆前1小时停止售票），感受这里从两江总督府到“天王府”，直到最终成

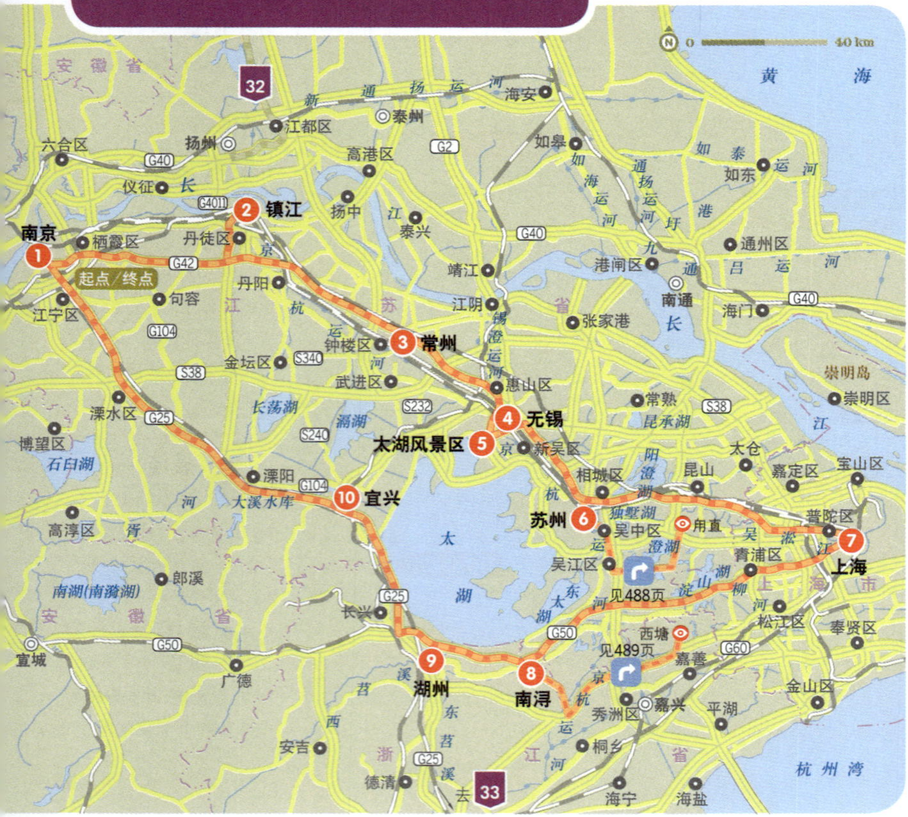

为“总统府”的历史。**夫子庙**(www.njfzm.net;门票30元,有多规格联票;⏲9:00~22:00)街区里真正的古建筑已经不多,可以去附近有三重瓮城的**中华门城堡**(门票50元)和**老门东**。

不妨留出一整天的时间去往东郊风景区,**中山陵**(www.zschina.org.cn;免费;⏲8:30~17:00,每周一中山陵祭堂关闭)整个陵寝排列在一条中轴线上,形成独特的“自由钟”形式。景区停车场12元/小时,但是从景区大门口进去还有一段3.5公里的路,乘坐电瓶车20元/人;从中山陵出来可继续游览**明孝陵景区**(门票70元;⏲6:30~18:00)和**美龄宫**(☎025-8443 1600;门票15元;⏲8:30~18:00)。

南京市区有不少路口右转车道也须等红绿灯,注意不要违章。

见492页

行驶路上» 南京到镇江全程约85公里。从中山东路直接开上沪蓉高速连接线,在南京收费站进入G42沪蓉高速。65.6公里后,在G4011扬溧高速镇江西出口下高速。沿长江路行驶5.2公里,右转就可看到镇江西津渡。

❷ 镇江

很多人从白娘子怒斗法海、水漫金山的民间故事得知了镇江。如今这个以醋闻名的城市有一间**镇江醋文化博物馆**(☎0511-8530 7755;丹徒新城广园路66号;门票30元;⏲9:00~16:30),博物馆有免费讲解,购票时要主动提出。

如果在市区游览,可购买三山联票(120元),包括**金山公园**(☎0511-8551 2992;www.jspark.cn;金山路62号;门票 淡季/旺季 50/65元;⏲6:00~17:30,慈寿塔 至16:30)、**焦山**(东吴路;门票 淡季/旺季 50/65元;⏲7:30~18:00)和**北固山**(☎0511-8885 8088;东吴路3号;门票30元;⏲7:30~17:30)。从焦山码头可乘坐快艇去往北固山(50元/人)和西津渡(60元/人),3人起送。古**西津渡**(☎0511-8528 8555;www.xijindu.com.cn;景区免费,景点联票30元;⏲9:00~16:30)成了仿古街区,沿街是各种饭馆和特色小商店,横跨石板路的**昭关石塔**值得关注。在西津渡的南端,有**英国领事馆旧址**(门票 20元)和**镇江博物馆**(☎0511-8527 7143;伯先路85号;⏲9:00~17:00)可以一游。

见492页

行驶路上» 从镇江出发进入S86省道镇江支线,8.9公里后驶入G42沪蓉高速,51.6公里后从薛家收费站下高速驶入常州外环高架。全程78公里左右,行驶约1小时。

❸ 常州

常州的几个大型主题公园是其旅游特色,尤其适合带孩子自驾游。**淹城春秋乐园**[☎400 188 0005;www.cn-yc.com.cn;武宜南路588号;门票 成人/老人(儿童)/学生 170/95/120元;竹筏 50元;7月至8月16:00以后入园95元;⏲9:00~17:00,7月至8月开放夜场至22:00]以春秋战国为主题,还有现代的影院和剧场。**中华恐龙园**[☎400 616 6600;www.konglongcheng.com;汉江路1号;门票 成人/老人(儿童)230/115元,官网成人票 210元;⏲9:00~17:00,7月至8月 开放至22:30]是常州最受孩子欢迎的主题乐园。另外,**淹城野生动物世界**(☎0519-6888 1111;www.yczoo.com;春秋乐园大门右侧;门票 成人/儿童 180/90元;自驾车200元/辆;

你也可以……

32 苏北大运河线 游完镇江后,可以经G4011扬溧高速到扬州,或者去润州路的镇扬汽渡码头,经轮渡到对岸的瓜洲码头去扬州。一路北上,开始苏北大运河之行。

33 富春江沿线 从湖州开上G25长深高速去杭州,全程80公里,富春江与千岛湖又是一番别样的水景。

花样百出的小吃

长三角一带是小吃的重要阵地，数得出名来的都不下百种。蒸的从小笼包到翡翠烧卖，煮的从糖芋苗到老鸭粉丝汤，煎的从萝卜丝饼到生煎包，甜的是糕团、糖粥、莲子羹，咸的是豆花、馄饨、茶叶蛋……从弄堂深巷的小摊可以一直吃到富丽堂皇的酒店。

在一首名为《苏州小吃》的童谣里，"姑苏小吃名堂多，味道香甜软酥糯。生煎馒头蟹壳黄，老虎脚爪绞连棒。千层饼、蛋石衣，大饼油条豆腐浆……"，足足唱了65种街头常见的美食，简直要把听的人馋死。江南点心精致，分量也不大，到观前街、临顿路、平江路和山塘街走上一走，就能吃上一轮。若是赶上中秋时分，胥城大厦和长发西饼出品的苏式鲜肉月饼，肉香多汁，关键一层酥皮看起来薄得能透出馅心之色。最为天涯南北客所熟知的苏州小吃应该是卤汁豆腐干，几十年来它一向是铁路车站的标配，味道是从未改变的甜津津。

南京的小吃也毫不示弱，除了夫子庙的小吃街，南京的新街口、朝天宫、长安路、山西路、马台街都有不少小吃特色店。秦淮八绝，指南京小吃馆的十六道名点，每道都是一干一稀搭配上桌，比如蒋有记的牛肉锅贴和牛肉汤，莲湖糕团店的五色小糕和桂花夹心小元宵。现在许多店提供八绝的套餐，比如状元楼、贵宾楼或秦淮人家。不过，这些店的很多主顾都是游客，而本地人心中的四绝是刘长兴的小笼包、马祥兴的酱牛肉、回味鸭血粉丝汤和汪家馄饨。想要尝尝复古版的美食，可以试试美龄粥；想要体验惊悚版的食物，不知你能不能接受活珠子——鸡的胚胎。

⏲9:00~17:00，7月至8月 至22:00）因为可以近距离观察和喂食各种动物而受到欢迎。**动漫嬉戏谷**（☎400 186 8888；www.ccjoy.cn；太湖湾旅游度假区太北路1号；门票成人/学生/儿童 230/180/130元，16:00~22:00 120元；⏲9:00~17:30，7月至8月 至22:00）适合年龄稍大的孩子。动漫嬉戏谷距离市区较远，从市区出发走青洋路高架转武南路到S232省道，约16.5公里后到嬉戏路，最后右转进入太北路，全程约40公里。

常州市区所有公交车专用道全都有违章拍照，驾驶时不要走错车道。

见492页

行驶路上 » 常州到无锡全程约61.5公里，行驶约1小时。从市区出发走龙城大道高架，6.3公里后转入青洋路高架，注意进入龙城高架前会经过隧道，限速80公里/小时，从龙城高架转向青洋路高架时限速50公里/小时。沿青洋路高架行驶6.2公里后由青龙收费站上G42沪蓉高速，36.2公里后在无锡收费站下高速转向通江大道，进入无锡市区。G42高速在距离无锡出口18.5公里处有一段路限速30公里/小时并有测速拍照，一定不要超速。

❹ 无锡

一句"太湖绝佳处，毕竟在鼋头"，让无锡当之无愧成为"太湖明珠"。市中心的**南长街**旁是京杭大运河分岔而来的古运河，从跨塘桥到清名桥这一段被称为"江南水弄堂，运河绝版地"，河道两边的建筑基本都由老房子改造而来。**无锡博物院**（☎0510-8572 7600；www.wxmuseum.com；钟书路100号；免费；⏲9:00~17:00，16:00后停止入场）展区很大，展出内容繁多，其中**徐悲鸿艺术展馆**里收藏了少数真迹。

历史文化丰厚的无锡还有很多名人故居，较出名的有**阿炳故居**（崇安区图书馆路30号崇安寺内；门票10元；⏲9:00~17:00）、**钱钟书故居**（健康路新街巷30号；免费；⏲9:00~16:30）和**薛福成故居**（☎0510-8273 5309；学前街152号；门票25元；⏲8:30~17:00）。

见492页

行驶路上 » 从市区南长街出发左转进入金城路（限速40公里/小时），驶入快速内环（限速80公里/小时），5.6公里后从内环南出口转向金城西路，行驶1.6公里后进入环湖路，一直沿湖滨路（限速60公里/小时）到达鼋渚路（限速30公里/小时）。

❺ 太湖风景区

老牌的"太湖第一胜景"**鼋头渚**（☎0510-9688 9688；www.ytz.com.cn；鼋渚路1号；门票105元；⏲夏季8:00~17:30，冬季8:30~17:00）是太湖景区的代表作。而拥有38公里湖岸线和9.1平方公里水域的蠡湖，更是被打造成环境舒适的风光带。建议自驾沿太湖一路往西行，可从**蠡园**[☎0510-8510 1380；www.wxlihu.com；环湖路18号；门票（3月17日至5月27日、7月7日至10月22日）45元，联票含游船60元；其余时间门票 30元，联票 45元；⏲夏季 7:00~18:00，每周五至周日开放夜游 19:00~21:00，冬季7:00~17:30]出发，经环湖路、环太湖公路一路向西开往有无锡新地标之称的**灵山胜境**（☎0510-8568 9010；www.lingshan.com.cn；马山灵山路；门票 210元；⏲夏季 8:00~17:30，冬季 8:00~17:00），附近有新建成的拈花湾禅意小镇。最后到马山半岛顶端的龙头渚结束。沿途共有15个开放式公园，绿道贯穿其中，路旁点缀着精致园林小景，全程约30公里。

行驶路上 » 无锡到苏州全程55公里，行驶1小时，过路费15元。无锡市区从快速内环驶入广南立交，1公里后进入太湖大道，沿太湖大道行驶5.1公里，从无锡东收费站进入G2京沪高速，32.6公里后由苏州新区收费站下高速进入西环路，到达苏州市区。

线路亮点

❻ 苏州

如果要推举一个城市来代表江苏甚至整个江南地带，苏州一定当仁不让。由著名华裔设计师贝聿铭担纲设计的**苏州博物馆**（☎0512-6757 5666；www.szmuseum.com；东北街204号；免费；中文讲解 50元，语音导览 20元；⏲9:00~17:00，16:00停止入馆，周一闭馆）可以作为了解苏州的第一站，镇馆之宝为五代越窑秘色瓷莲花碗和真珠舍利宝幢。博物馆对

最是怡情小园林

如今苏州城里还分布着70余处大大小小的园子，各有各的特色，避开人群，逛逛这些同样精巧的小园林又有何不可？

怡园（☎0512-6524 9317；人民路1256号；门票 15元，含评弹茶资 45元；⏲7:30~17:30）据说是苏州园林中建造最晚的一座，因此博采众长，有较高的欣赏价值。常有人在此进行古琴交流，茶室很受当地人欢迎，亦有评弹演出。

曲园（☎0512-6522 1406；人民路马医科43号，免费；⏲7:30~17:00）是俞樾故居，他是清末探花，自号曲园居士。著名红学家俞平伯是其曾孙，他将此园捐献给了国家。

五峰园（☎0512-6727 5688；阊门西街五峰园弄15号；门票2元；⏲7:00~17:30）是苏州现存明代园林中的一处上乘之作，园子很小，但五座峰石却是太湖石中的佼佼者。

罗汉院双塔（凤凰街定慧寺巷22号；门票 8元；⏲7:30~17:00）建于北宋年间的砖制双塔（舍利塔和功德塔）相隔不过两三米，是建筑史上的奇迹，罗汉寺遗址的石雕也十分精美。

另辟蹊径
江苏探温柔水乡

起点：6 苏州

在苏州附近散落着一个个温柔的水乡。那里小桥流水人家，既可看古建园林，也可尝乡土小吃。从苏州出发，可按同里、周庄、锦溪和角直这样的顺序依次前往，全部行程约95公里。

苏州出城后上G15W常台高速往南，在吴江收费站出高速，经庞东路、云梨路到同里。**同里**四面环水，如购买100元的联票，则可游览**退思园**（0521-6333 3120；7:30~17:30）、**耕乐堂**、**嘉荫堂**、**珍珠塔**等八个景点，如果不是特别热衷，建议你挑其中两三处参观就行。更多的时间可以在古镇走街串巷，感受一下江南的市井气息。

离开同里，经X301、X304县道、龙兴路、大桥路进入周庄。**周庄**在江南古镇里成名最早，这里巷弄与河道交错。景区联票（日游 8:00~16:30，100元；夜游16:00~20:00，80元）的日游包括厅堂和古桥在内的16个景点，而夜游的厅堂只有**沈厅**和**张厅**开放。20:00到次日8:00进入古镇无须门票。**双桥**是周庄的标志，**太平桥**、**富安桥**和**贞丰桥**也是各有故事。

经大桥路、锦周公路，可到有着"小周庄"之称的**锦溪**（0512-5722 4656；www.chinajinxi.com.cn；联票65元；8:00~17:00），古镇沿溪而建，五保湖上有**古莲长堤**，沿着水上栈道可以去**十眼桥**。还有众多民间博物馆值得你一探究竟，最具特色的当属**中国古砖瓦博物馆**。

沿甫澄路往北，可到**角（lù）直**（0512-6900 7900；游览古镇免费，景点联票78元；8:00~17:00），古镇可以免费进入游览，参观景点才需购买门票。古镇在全长5.6公里的河道上保留了宋、元、明、清各朝代**古桥**41座，有"古代桥梁博物馆"这个称号。这里的特产是甫里蹄、甫里鸭，萝卜干和青团等当地小食也可作为特产手信。

面就是最具代表性的**拙政园**（0512-6753 7002；www.szzzy.cn；东北街178号；门票 4月至5月、7月至10月 90元，其余时间 70元；3月1日至11月15日 7:30~17:30，11月16日至次年2月底 7:30~17:00，闭园前半小时停止售票），因此也有着最贵的门票和最多的游客，建议你一早就去，否则兴致全无。中园是精华所在，称得上曲径通幽。

狮子林（0512-6727 2428；www.szszl.com；园林路23号；门票 4月至5月和7月至10月 40元，其余时间 30元；3月1日至10月15日 7:30~17:30，10月16日至次年2月底 7:30~17:00）和**虎丘**（0512-6532 3488；www.tigerhill.com；虎丘山门内8号；门票 4月至5月和7月至10月 80元，其余时间 60元；7:30~17:30）也是苏州的老牌景点，但是一路逛下来难免审美疲劳，不妨去感受一下内地的第一家**诚品书店**（姑苏区旺墩路268号圆融时代广场20幢F1；10:00~22:00），作为台湾诚品在内地的首家实体店，还集合了上百个服饰设计以及文创品牌，只是价格并不亲民。

见493页

行驶路上 » 从苏州市区开上G2京沪高速或S58沪常高速，90公里后可进入上海。但是注意，上海城区在工作日的早7点到9点，晚4点到6点，外地牌照车辆不得进入内环高架和主干道。加之老城区内道路狭窄，单行道比比皆是，停车十分不便且收费昂贵，建议自驾旅行者选择外环一带的宾馆住宿，将车停在入住宾馆后，乘坐密集便利的地铁游玩市区。

线路亮点

⑦上海

上海几乎用光速为中国的近现代史上了一堂名为“改革与发展”的大课，东方与西方、古老与现代的交融碰撞在这里淋漓尽致。如果想切身感受上海，不妨把**外滩**（2号线南京东路站，出站后步行20分钟）作为首站。从外滩坐2号线一站路（也可由南京路步行街步行前往，约2公里）即可到上海的城市中心——人民广场，广场南端有中国四大博物馆之一的**上海博物馆**（☎021-6372 3500；www.shanghaimuseum.net；人民大道210号；免费；⊙9:00~17:00，16:00停止入场），广场北端还有**杜莎夫人蜡像馆**（www.madametussauds.com/shanghai；南京西路2-68号10楼；门票 成人/学生/儿童190/150/140元；⊙10:00~21:00，20:00停止入场），通过官网订票通常会有八折优惠。**上海新天地**则有最具海派特色的建筑——石库门，走在迷宫一般精雕细琢的巷弄里，最能感受老上海的万种风情。豫园是老城厢的代表，**城隍庙**（方浜中路249号；门票10元；⊙8:30~16:30）名震四方的小吃街能让吃货大饱口福。如果对上海的老城感兴趣，不妨花一天时间在城隍庙周边，逛逛最初的老上海。要是意犹未尽，推荐你租一辆自行车，骑行原法租界，上海腔调的灵魂都集中在这里。

见493页

行驶路上 » 从上海市区经延安高架，从徐泾收费站开上G50沪渝高速，88公里后从七都收费站出高速，右转向S230苏震桃公路（限速90公里/小时，部分路段限速80公里/小时），行驶9.6公里右转进入X306县道盛八线（限速70公里/小时）到达南浔古镇，全程约105公里，约1.5小时。

线路亮点

⑧南浔

江南水镇**南浔**（☎0572-301 6999；联票100元），不只有“小桥流水人家”，还是近代史上江浙罕见的中西合璧的巨富之镇。依次游览过首富刘墉的**小莲庄**、**张石铭旧居**的西洋舞池、**刘氏悌号（崇德堂）**的红房子、“民国奇人”**张静江的故居**等，会诱发你遥想百年前丝商如何打造并运用财富的过往。从位于象门街的景区入口出发，请一定耐心走到底，景

另辟蹊径
浙江访精致古镇

起点：⑧ 南浔

从南浔经浔青路、远欣路、人民路可到乌镇，全程20公里。如今被称为“戏剧小镇”和“互联网小镇”的**乌镇**（☎0573-8873 1088；www.wuzhen.com.cn；门票 西栅120元，东栅100元，联票150元；⊙西栅：9:00~22:00；东栅：夏令7:00~18:00，冬令7:00~17:30），白天充满熙熙攘攘的旅游团，有定时定点演出的评弹、皮影戏和露天电影，但**茅盾故居**、**木心故居**、**昭明书院**依然很吸引人。更为精彩的是每年10月举行的戏剧节和**木心美术馆**（☎0573-8873 1822；西栅景区内；⊙9:00~17:00）举办的当代艺术邀请展，使乌镇超越了小镇的范畴，正在与世界对话。

从乌镇往南，在乌镇收费站上S12申嘉湖高速，48公里后从西塘收费站出高速，往北3公里到达西塘。**西塘**（景区联票100元，包含古镇门票和区内11个景点）曾以桥多、弄多、廊多而闻名。如今虽然客栈多游人多，但仍可以在古镇的巷弄中找到水乡的温润，别忘了走上**永宁桥**，眼下便是西塘最美的一角。

区西北**百间楼**那水影斑驳的回廊上，沿河而建的数百幢明清民居仍保持着旧时模样。南浔曾远离古镇商业开发，但近来原本静谧的东大街也开始喧闹。景区门口有停车场，小车10元/次，时间为8:00~17:00。

见493页

行驶路上 » 从南浔到湖州全程约38公里，从群乐路出发到人瑞路，在南林路掉头走G318国道，行驶32公里后到达湖州市区。

9 湖州

作为太湖周边唯一以"湖"命名的城市，风景自然值得一观。其中安吉的**中国大竹海**（安吉县天荒坪镇五鹤村；门票 45元；⏲8:00~17:30）是东南最大的毛竹示范基地。这里还是《卧虎藏龙》的拍摄地，颇有世外仙境的感觉。

在市区可以逛一下**莲花庄公园**（☎0572-250 3985；免费），原本是宋朝书法家赵孟頫别业，现在是湖州城内最大的开放式公园，夏天荷花盛开时十分漂亮。**飞英塔**（☎0572-202 4485；塔下街155号；门票 15元；⏲8:00~16:30）曾被誉为"湖州三绝"之一，是全国唯一一座塔中塔。

行驶路上 » 湖州到宜兴从市区走杭长桥北路（G104国道），6.8公里后从湖州北收费站进入G25长深高速，行驶55.6公里从宜兴收费站下高速，进入氿滨大道到宜兴市区。全程69.3公里，约1小时10分。

10 宜兴

宜兴的**善卷洞**（☎051-08739 1169；www.shanjuandong.cn；善卷镇祝陵村螺岩山；门票70元，联票100元，含所有项目；⏲夏季 7:30~17:00，冬季 8:00~16:00）和**张公洞**（☎0510-8747 8808；湖㳇镇张阳村；门票 70元，联票100元，含所有项目；⏲7:30~17:00）是宜兴开发较早的旅游景点。**中国宜兴陶瓷博物馆**（☎0510-8718 8255；www.yxtcbwg.com；丁蜀镇丁山北路150号；门票 20元；⏲8:00~16:30）给陶器和紫砂爱好者提供了一个好去处。**云湖风景区**（西渚镇；免费）和**竹海风景区**（☎0510-8747 0614；湖㳇镇竹海新村；门票80元；⏲8:00~16:30）里的湿地公园是鸟类天堂，吸引不少摄影爱好者在此逗留。

行驶路上 » 宜兴到南京全程约148公里，约1小时45分。从市区出发，由氿滨大道过宜兴收费站上G25长深高速，行驶120公里后从宁杭高速南京收费站下高速回到南京市区。

视觉中国 提供

南浔古镇

华东 31 长三角环线

食宿

南京 1

南京大排档 大排档 ¥¥

（狮子桥2号；人均50元；11:00~14:00，17:00~24:00）这里除了主菜还有小吃，特色菜有糖芋苗、烤鸭包、虾黄豆腐、臭豆腐和一桶鲜，价格也算实惠。

中央饭店 酒店 ¥¥¥

（025-8315 0999；中山东路237号；标双 498元；）在民国时期这里就接待过很多风云人物。饭店外观还保留着民国风范，内部风格也用材精致，走廊两侧都是历史照片，有种进入博物馆的感觉。

丽锦花园酒店 精品酒店 ¥¥¥

（025-8427 0666；苜蓿园大街33号；标双 348元；）酒店位于月牙湖边，从沪宁高速连接线下来后，很快就到。酒店内有面积较大的庭院，属于闹中取静的好地方。这里邻近附近住宅区的商业网点，购物和交通也比较便利。

镇江 2

宴春酒楼（金山店） 镇江菜 ¥¥

（0511-8551 6877；金山公园对面；人均120元，蟹黄汤包10元/只；7:00~10:30，11:00~13:30，17:00~20:30）老字号饭店以镇江地方特色菜肴为主，水晶肴蹄和蟹黄汤包的制作工艺列入了省级非物质文化遗产。著名的“三鱼两头”也是本店独有。宴春酒楼在镇江还有两家，但是金山店停车最为方便。

镇江雅狮精品度假酒店 酒店 ¥¥¥

（0511-8559 6888；迎江路43号；标间578元起；）靠近西津渡的五星级酒店，大部分房间都可以看到西津渡的夜景；酒店外景富有江南风韵，内部装修又十分现代；入住免费赠送水果。

常州 3

猴王比萨 西餐 ¥¥

（0519-8653 3367；武宜南路698-13号，淹城长兴华美达酒店旁；人均60元；10:00~14:00，17:00~22:00）现烤现卖的纯手工意大利比萨，主厨兼合伙人是意大利人。靠近淹城春秋乐园，对带孩子旅行的家庭来说比较适合。

春秋水岸 酒店 ¥¥¥

[0519-8899 3113；春秋淹城旅游区常乐坊（中医街）60号；标间338元；]这家酒店外观是全仿古设计，离淹城乐园步行只需5分钟，游玩夜场的话住在这里很方便。酒店很干净，部分房间的浴缸放在临窗位置。水景房还有一个中式走廊风格的小阳台。

无锡 4

梁溪饭店聚星楼 无锡菜 ¥¥¥

（0510-8868 3888；中山路177号；人均100元；10:30~21:00）当地人对这家饭店的评价是价格不太实惠，但潜台词却是味道相当好。菜品精致，用料也颇为讲究，如果想吃精心烹制的无锡菜，就千万不要错过这里。

灵山精舍 精品酒店 ¥¥¥

（0510-8537 6888；马山灵山路1号，灵山景区内；标双698元起；）这里并不是一个性价比很高的住宿地，但要兼顾意境又想舒适，这里是不二选择。挑高的大堂，充满禅意的房间设计，连酒店的餐饮都是素食。房间内的单床只有1米宽，大概也有清修的意思。酒店出售的门票可以多次进出景区。

苏州 6

松鹤楼菜馆 苏州菜 ¥¥¥

（☎0512-6770 0688；太监弄72号；人均150元；⏲10:30~13:30，16:30~20:30）有着200多年历史的松鹤楼鼎鼎有名，“松鼠鳜鱼”（188元）还得去松鹤楼吃。名店的菜式自有保证，只是菜价偏高，如果追求性价比，也可以考虑山塘街店及其他分店。

吴门人家 苏州菜 ¥¥

（☎0512-6728 8041；潘儒巷31号，近狮子林；人均80元；⏲早茶 6:30~9:30，11:00~13:30，17:00~20:30）正厅接待散客，后厅包厢做得跟苏州园林一般。苏帮菜樱桃肉（68元）、响油鳝糊（68元）最受欢迎，糖粥（5元/碗）据说每天能卖200碗。这里还供应早茶，20元出头可以吃到十几种苏式小吃。

平江客栈 精品酒店 ¥¥¥

（☎0512-6523 3888；钮家巷33号；标双450元起；❄📶Ⓟ）这家客栈名字和门头都十分低调，由当地望族“方家大宅”和“董氏老宅”改建而成。整个客栈有42间客房，室内以苏州传统的民居样式布置。酒店餐厅的苏州菜也做得不错。

吴宫泛太平洋酒店 酒店 ¥¥¥

（☎0512-6510 3388；www.panpacific.com；新市路259号，标双 588~888元；❄📶Ⓟ）苏州城里最美的五星级酒店，门口巨大的仿瓮城式设计配上后面的瑞光塔。楼房采用苏式格调，气势磅礴，内里却是小桥流水、曲径通幽，一些豪华套房还自带小庭院。这里的后花园就是盘门景区，拿着房卡就能免费进入水陆城门闲逛。

上海 7

上海姥姥家常饭馆 上海菜 ¥¥

（☎021-6321 6613；福州路70号，地铁2号、10号线南京东路站；人均80元；⏲10:00~14:00，17:00~22:00）主打上海本帮家常菜。传统的上海小饭店，居家的装潢，性价比高。姥姥招牌红烧肉、荠菜目鱼蛋和醉鸡都是招牌菜品，不会让你失望。

意难忘融合菜 创意菜 ¥¥¥

（☎021-6120 7657；九江路663号人民大舞台5楼，地铁1号、2号、8号线人民广场站；人均150元；⏲11:00~22:00）做的是中西融合菜式，摆盘和造型都很优美。招牌酱烧骨（56元）入口即化，配的酱汁也特别鲜美。羊排（98元）、疙瘩汤（40元）、巧克力慕斯（35元）也不错。

上海王宝和大酒店 酒店 ¥¥¥

（☎021-5396 5000；黄浦区九江路555号；标双 650元起；❄📶Ⓟ）酒店整体设施不错，装修也较新，在人民广场商圈来说性价比较高。洗手间是干、湿分区，只是水盆略浅，容易溅水。酒店有专门的无烟楼层，可跟前台要求入住。酒店提供的早餐也很不错。

南浔 8

南浔悦木堂别墅酒店 精品酒店 ¥¥¥

（☎0572-290 0117；南浔古镇象门街5号楼；大床房 680元；❄📶Ⓟ）酒店在古镇门口，是一座独栋别墅，只有6间客房，每一处都雅致舒适。酒店的服务也很不错，只是房间没有标准间，都是大床房。

南浔茶之韵书吧 客栈 ¥¥

（☎138 5725 7641；南浔镇百间楼河西23号；标双 200元；❄📶）这家的好处是在景区内，环境还算不错。客栈临河，几个房间还有阳台，可以坐下喝茶发呆。

大运河为**淮安**增添了更多传统风情

视觉中国 提供

苏北大运河线 32

从扬州到徐州，开始一段古运河之旅，用车轮丈量当年漕运船队曾经走过的两岸风光。

线路亮点

6~7天
430公里

最适合

何时去

3月至11月 只需避开严寒的冬日，任何时候来此自驾都是畅快的体验。

最佳摄影点

瘦西湖：五亭桥移步换景，大明寺垂柳听箫。

最佳风景路段

宿迁到窑湾：京杭大运河和骆马湖夹道，落日余晖下是春风沉醉的傍晚。

32 苏北大运河线

相对于苏南的富庶和热门，苏北显得冷清许多，正因如此，才少了些喧闹的旅游团，多了些空间去怀念运河的前世今生。注重驾驶感受和习惯高速的旅行者可以选择全程高速，除了雨雪天气注意湿滑外，路况都非常好。但是建议你选择沿着运河的公路行驶，沿途就是这条线路的主题曲。宿迁到窑湾的一路是这条线路上最美的自驾段，一定不要错过。徐州历史古迹甚多，从宿迁去的路上可以好好感受这座历史古城的岁月变迁。

线路亮点

❶ 扬州

一句“烟花三月下扬州”，不仅道出了扬州的最好时节，也让这里名声大噪。来了扬州则不可不看**瘦西湖**（☎0514-8735 7803；大虹桥路28号；门票 150元；⏲5:30~17:00），景区格局分明，沿着湖边走，宛如进入画中长卷（前提是避开黄金周潮水般的游人）。**大明寺**（☎0514-8730 8999；平山堂东路8号；门票 30元；⏲7:45~17:15）高踞蜀冈之上，由寺院、鉴真纪

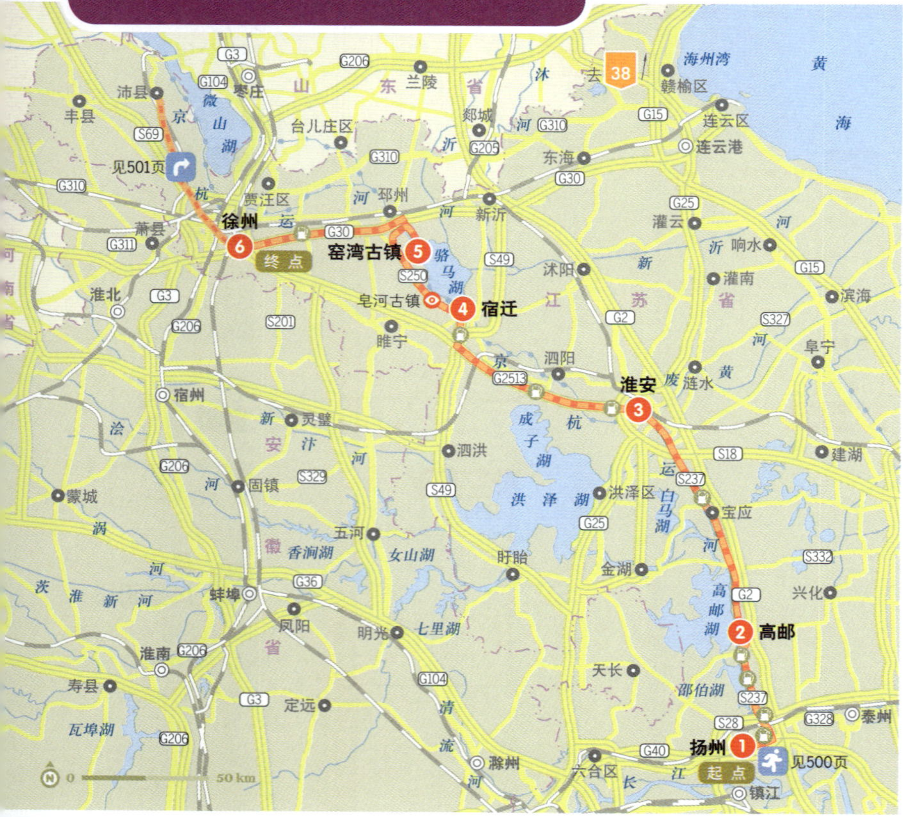

念堂和平山堂组成。登寺院东部的“栖灵塔”需另购票（20元/人）。在大明寺的东边，还有**观音山**（☎0514-8734 0946；平山堂东路18号；门票10元；⏲6:30~17:30），上山路线曲折，一改传统寺庙中轴线式的格局。

扬州老城也值得探访，腰缠万贯的富商们留下了不少园子可供玩赏。**个园**（盐阜东路10号；门票40元；⏲7:15~17:45）内用叠山假石堆砌出春、夏、秋、冬四个不同的意境，与拙政园、颐和园以及避暑山庄同列为中国四大名园。**扬州双博馆**（文昌西路416号；www.yzmuseum.com；免费；⏲9:00~16:00，周一闭馆）和**扬州八怪纪念馆**（驼铃巷18号；门票25元；8:30~17:00）也值得一看。

乘坐运河上的游船，也是一份悠悠的惬意。扬州**城区大运河线**（☎0514-8732 1666；60元；⏲15:00~21:00，整点开船）分为两段：一条是从**便益门码头**到**大王庙**，另一条是从**南门遗址码头**到通扬桥后返回。

见502页

行驶路上 » 扬州到高邮，建议不走高速，而是沿着运河，一路欣赏这世界文化遗产的前世今生。从扬州出发，往东经万福路、龙城路，一路上有若干与大运河配套的水闸船闸，先去看看南水北调东线的起始点——江都水利枢纽。然后往北沿着S237省道行驶13公里去邵伯镇，那里有3座船闸和古运河的老码头老街。从邵伯开始，继续沿着运河大堤上的S237省道，往北30公里就到达高邮。

如果走高速，从扬子江北路经过瘦西湖收费站上S28启扬高速，约20公里后转G2京沪高速，再从高邮收费站出，全程57公里。

❷ 高邮

高邮作为运河线上的一座古城，安静而悠闲。运河河堤旁的**盂城驿**（☎0514-8468 5320；馆驿巷13号；门票30元；⏲8:30~17:30），是我国保存最完好的古代驿站之一。**镇国寺塔**（免费；⏲7:00~17:00）在运河中间的岛上，开车前往需要绕行通湖路的运河大桥，也可在南门渡口坐渡船（2元；6:00~18:00，开船时间不固定）前往，如果赶上傍晚时分去，可以看看镇国寺塔的落日。**文游台**（☎0514-8468 5320；人民路50号；门票30元；⏲8:30~18:00）除了高邮历史和名人展厅，还可以看看碑刻。

见502页

行驶路上 » 从高邮出发到淮安全程112公里，车程约2小时45分。市区走凌波路开到运河大堤上的S237省道（限速80公里/小时），82公里后路左有江苏省灌溉总渠管理处大院，进去后可以看到目前国内最为庞大的水利枢纽工程，其中的水路立交桥使得大运河从淮河的上方跨越。继续往前3公里就是周恩来故居所在的淮安古城区。

如果选择高速，从市区秦邮路经高邮收费站进G2京沪高速，行驶约1小时后从淮安东收费站下高速转入华西路，进入翔宇大道。

❸ 淮安

淮安城的风情多数都靠着里运河支撑，不过周恩来故里还是成为淮安第一响亮的名片。古城老巷的**周恩来故居**（☎0517-8591 2517；驸马巷7号；免费；⏲8:30~17:00，周一闭馆）是一座别致的小院落，虽无特别景致，但是感受一下传说中的好风水也是好的。**周恩来纪念馆**（☎0517-8591 2365；免费；⏲8:30~17:30，16:30停止入馆，周一闭馆）景区本身就荣获过诸多建筑界大奖，除了伟人故里标配的铜像广场，还对照中南海西花厅做了1:1复制。

更多人停留淮安还是为了**清江浦**和**淮安区**（楚

你也可以……

38 山东半岛海岸线

从徐州上G30连霍高速，转G15沈海高速，305公里后即可到达日照，开启半岛海岸之旅。

州)。被古运河围绕的**中洲岛**是里运河文化长廊中心。岛上的规划展示馆、戏剧博物馆、淮安名人馆和运河楹联馆合称为**淮安运河博物馆**(☎0517-8391 0115;免费;⊙8:40~11:00,14:30~17:00,周一闭馆)。**淮安府署**(☎0517-8513 1181;www.hafs-china.cn;东大门大街38号;门票60元,讲解60元;⊙8:30~18:00)是目前全国仅存的两座府署之一,正堂前有对应朝廷六部的六科,其中刑科摆放着各式古代刑具。

淮安区西北的河下古镇还有些老味道,尚存一些老店铺和原生态的居民房。位于打铜巷的**吴承恩故居**(☎0571-8332 6771;门票40元;⊙夏秋8:00~19:00,冬春8:00~17:00)有着传统的文人情调,这座园林宅院也是一座《西游记》文化展馆,带孩子的自驾者可以来此看看。

这里同样可以乘船感受运河,**古运河游船码头**位于运河南岸的轮埠路,可以乘船游览**清江大闸**到**河下古镇**的沿河线路,包船500元起,散客50元/人,满10人出发。

见502页

行驶路上 » 淮安到宿迁走高速全程约1小时30分钟,从黄河西路经盐河大桥到淮安西收费站,走G2513淮徐高速和S49新扬高速,从宿迁收费站出。如选择省道,市区走西安北路(限速60公里/小时)到G205国道,5.7公里后左转入S325省道,沿S325省道行驶约69公里后进入宿迁市区。

④宿迁

顶着项羽老家的名声,宿迁也算得上一座历史古城。**项王故里**(☎0527-8288 8507;黄河南路288号;门票

漫步兴化油菜花海

每年4月,兴化缸顾乡的千岛油菜花都吸引着大批赏花者。这里的油菜花田被一条条小河分支出来的小沟切割成千百个"小岛",兴化人称作"垛"。垛田上开满油菜花,一片片金黄色的花海十分壮观。兴化在每年4月都会举办油菜花节,一般从4月1日开始到5月结束,门票20元。景区中央有一座观景塔,爱好摄影的旅行者可去塔上拍照。游玩后可品尝当地乡土菜,其中青菜烧百叶、扁豆烧芋头、韭菜炒蛋皮、蒸茄子等味道都不错。

从G2京沪高速高邮界首收费站出高速后,右转沿S332省道到缸顾乡,再右转7公里到达千垛景区。全程41公里,车程约1小时。

视觉中国 提供

窑湾古镇

80元；⏲9:00~19:00，17:30停止进入）是一个人工打造的项羽主题公园，所以不妨带着去公园的心态游玩。

皂河古镇（☎0527-8451 1180；联票 70元，景区观光车5元/人；⏲8:30~17:00）位于市区西北20公里。经过牌坊后，右边是乾隆六下江南五次驻跸的**龙王庙行宫**（门票60元，讲解1~15人 60元/次，16人及以上 100元/次），亮点是5米高的御碑，两面镌刻有乾隆五次下榻此处所题写的御笔诗文。如果对行宫没什么兴趣，也可以单独购票去**陈家大院**（门票20元，讲解1~15人 20元/次，16人及以上 40元/次），旁边还有**合善堂**（门票 10元）也可以参观。如果从项王故里出发，走黄河南路约3公里进入S250省道，沿省道一直行驶20公里即到。

骆马湖旅游度假区（免费；24小时）的东南岸是宿迁市大力建设的湖滨新城，也是观赏骆马湖景的最佳地点。**嬉戏谷动漫王国**（☎0527-8258 5859；联票100元，儿童票 50元；⏲9:00~17:30）是常州嬉戏谷的姊妹园，联票包含7个项目，游览湖景的同时可以在里面畅玩一番。暑期会开放夜场到21:30，门票半价。

🛏 见503页

行驶路上 » 从皂河古镇到窑湾全程49公里，约需行驶1小时。走S250省道，27.3公里后右转进入S270省道，7公里后在小新庄转入张新线，穿过张新线转入X211县道（也叫开发区连接线），这条路基本沿着骆马湖走，平时车辆也不多。

建议走另一条路，从宿迁市区出发，到骆马湖边后，左转沿265乡道走。公路的左侧是京杭大运河，右侧是骆马湖，左顾右盼之间十分惬意，堪称苏北最美自驾线，遗憾的是道路并不宽敞，喜欢沿途拍照的旅行者还请选择合适的路段停车。沿265乡道行驶30公里后，在韩湾渡口经轮渡可到对岸的窑湾古镇。

线路亮点

5 窑湾古镇

在大运河的鼎盛时期，**窑湾古镇**（☎0516-8855 4001；www.ywgz.com；免费）曾被誉为“苏北小上海”。但在漕运渐弃后，窑湾逐渐颓败了下来。但是作为大运河上的悠久古镇，招牌建筑炮楼仍完好无损，古镇上两条主要街道也颇有些韵味，整个古镇被京杭大运河和护城河包围，古老的街巷、宅院、会馆、作坊、商行、货栈、典当、码头等风貌犹存。如果要参观**赵信隆酱园店**（10元）和**窑湾民俗史话馆**（20元）则需购票，其他景点如也想参观，可以购买景区联票（60元）。

从古镇往北穿出，可以看到**天主教堂**（免费），正对教堂的就是京杭大运河，长长的运输船队来往河面。清晨和黄昏时分这里都是理想的摄影地。

🛏 见503页

行驶路上 » 从窑湾出发走X211县道，从邳州东收费站上G30连霍高速（高速行驶40分钟），从徐州收费站下来，走迎宾大道到达徐州市区。全程

最佳建议
乘风破浪过大江

王安石说：京口瓜洲一水间。古时的苏北大运河与江南运河之间，被长江横断，江南的京口与江北的瓜洲之间，要依靠船来摆渡。如今虽然有润扬大桥横跨长江，将扬州与镇江相连，可是在两岸之间，依然还有过江的轮渡。不妨将车开上渡船，体验一回在长江乘风破浪的感受。

从镇江的润州路往北到镇扬汽渡码头，车辆排队上船（小车15元），经轮渡到对岸的瓜洲码头。在瓜洲古镇的节制闸附近有古渡公园，内有瓜洲古渡碑和记载杜十娘悲剧故事的沉箱亭。然后沿S243省道（润扬南路）往北15公里，一直开进扬州城。

105公里，车程1小时30分钟。

线路亮点

6 徐州

作为汉朝刘姓皇帝的故乡，能分封于此的皆为位高权重的皇族世家，徐州也因此留下了规格极高和规模较大的文物遗存。**徐州博物馆**（☎0516-8380 4400；www.xzmuseum.com；免费，讲解50元；⏲9:00~17:00，周一闭馆）的藏品甚至超过很多省级博物馆。最不容错过的是位于二楼“天工汉玉”展厅的镇馆之宝——狮子山楚王墓金缕玉衣。还有玉棺、蟠龙纹玉饰、银缕玉衣等藏品也是熠熠生辉。**狮子山汉文化景区**（☎0516-8316 7205；www.hwhjq.com；联票90元，景区观光车5元/人，三条线路任选；⏲夏 8:30~17:00，冬 8:30~16:30）集合了楚王陵、汉兵马俑博物馆及水下兵马俑博物馆、汉画像石长廊（三处讲解一共60元）和竹林寺（讲解50元），让“两汉三绝”齐聚于此。

另辟蹊径
汉室龙兴地沛县

起点：6 徐州

如果对历史文化尤其感兴趣，可去“汉室龙兴地”沛县一游。从徐州出发走淮海西路，2.6公里后看到环岛右转一直驶入新淮海西路，2公里后进入西三环快速公路，然后上徐丰公路，沿徐丰公路行驶16.4公里转入S253省道，继续行驶32.8公里后进入沛县的迎宾大道。

沛县古迹并不多，大多为人工建造。1995年建成的汉城景区，并没有什么特色，不过歌风台中的**沛县博物馆**（☎0516-8962 2246；免费；⏲8:00~12:30，14:00~17:30）对历史爱好者还是有些吸引力。

沛县段的大运河毗邻微山湖，微山湖**千岛湿地**（☎0516-6887 9922；上岛班船60元；⏲8:30~17:30）七八月时芦荡重重，荷花连天。可选择快艇、水上巴士等交通工具包船游湖。码头附近的**千岛印象宾馆**（☎0516-6887 9887；标双108元起）提供简餐。

如果对汉画像石感兴趣，还有专门的**汉画像石艺术馆**（☎0516-8569 9628；www.xzhhxs.cn；凭身份证免费领取参观券，讲解 50元；⏲9:00~17:00）。

不输江南风光的**云龙湖**（免费）搭配云龙山的雄伟连绵，景象大气。湖中路的**云龙湖水上世界**（☎0516-8571 5614；门票 60元；⏲9:00~17:00）曾是亚洲最大的淡水水族馆。想要观云龙湖全景，可以登上**云龙山**（免费）观景台，尽览碧湖淮塔。如果不想爬山，可以选择在汉画像石艺术馆旁边乘坐缆车上行（30元）。

见503页

食宿

扬州 1

富春茶社

淮扬菜 ¥¥

（0514-8723 3326；得胜桥35号；早茶 人均30元，正餐 人均70元；6:30~13:30，15:40~20:30）这家老字号基本代表了扬州的美食传统。无论是早茶的点心包子还是正餐的菜品都做得不错。只是因为名气太响，经常有旅行团带游客前来，比较喧闹。

蒋家桥饺面店

小吃 ¥

（彩衣街1号；人均20元；6:00~10:00）作为扬州的老字号，蒋家桥有3家店铺，这一家位于国庆路上东关街口斜对面。最有口碑的是虾籽饺面（5元）、虾籽馄饨（5.5元）和锅贴（1元1个）。还可以选择干拌面、各式点心和盖浇饭。

三香碎金

淮扬菜 ¥

（淮海路103号；人均30元；10:00~21:30）扬州炒饭作为一种中餐品种已经走向了世界，那么扬州炒饭到底哪家强？在扬州以炒饭为主打品牌的怕是只有这一家了。店里的炒饭品种有七八种，除了标配的"扬州炒饭"（15元），还有创新的翡翠炒饭、宫爆鸡丁炒饭和培根杂粮炒饭等，另外还有5~25元的各色菜肴佐餐。

扬州画舫风情饭店

精品酒店 ¥¥¥

（0514-8212 1177；平山堂东路33号；标双 428元起；P）位于蜀冈旁的瘦西湖畔，临水的一组古典建筑可以算作一个景点了。走廊陈设着收集来的古物，庭院里竹枝扶疏，水上平台可看到瘦西湖。因为交通不太方便，多是自驾来这里的。周边设施也不太完善，不过酒店可以提供饭菜，味道不算差。

扬州星程永乐主题酒店

精品酒店 ¥¥

（0514-8731 5666；南门广场15号楼；标双288元起；P）酒店在南门遗址旁的广场上，附近就是运河游船码头。新建的民居式宾馆，内部的装修和家具也是典雅的中式。一楼均为面积很大的标间，二楼是特色复式房。值得一提的是房间都是密码锁，省去了房卡的麻烦。入住赠送水果，服务员素质较高。

高邮 2

焦家巷面馆

小吃 ¥

（中山路313号；人均20元；5:00~19:00）从府前街走进中山路100多米后，在右手边就可以看到这家店了。阳春面、鱼汤面和饺面最有名，此外还有炒菜，如果客人不多，菜单上没有的，老板也会帮忙做，价格也很经济实惠。

汇富金陵大饭店

酒店 ¥¥¥

（0514-8488 7777；文游中路133号；标双 368元起；P）酒店在高邮可以算是地标性建筑，服务相当好，基本会满足客人的一切要求，还提供免费健身服务。早餐的自制酸奶很不错，停车也很方便。

淮安 3

醉天笑大酒店

淮扬菜 ¥¥

（0514-8377 1777；越河路2号；人均80元；11:00~13:30，17:00~20:00）位于淮阳名菜美食街的最西头，人气很旺的淮扬菜馆，古色古香的外观很是抢眼。这里全部是包间，不过小包间也接待1~2人的散客，并且没有最低消费。软兜长鱼、砂锅蒲菜和平桥豆腐都是这里的特色菜，不过尽量早去，不然特色菜可能会卖完。

文楼饭店 小吃 ¥¥

（☎0514-8580 2346；淮安区北门大街819号；早点 人均20元，正餐 人均70元；⏲6:30~13:30，17:00~20:00）吸一只文楼汤包是来淮安旅游的必修课。目前汤包价格有每只20元、30元、50元三种，差别主要在于馅里蟹黄和蟹肉的含量。除了汤包，文楼也提供早点和淮扬菜（自行点菜或60元/客）。

宿迁 4

恒力国际大酒店 酒店 ¥¥¥

（☎0527-8070 0000；宿城区洪泽湖西路88号；标双588元；❄📶P）自驾前往非常方便，酒店硬件设施不错，装修也很新，三楼的健身房、游泳池和汗蒸房可免费使用。房间配有高低不同的枕头供客人选择。

窑湾古镇 5

圣轩商务宾馆窑湾古镇店 酒店 ¥

（☎0516-8855 5111；窑湾镇劳武西路旅游中心西10米；标双 88元；❄📶P）酒店就在窑湾古镇正门西侧，后院有停车场，可以直接把车停在这里，不用开去景区停车场。酒店环境虽跟星级不能比，但是干净舒适，性价比不错，最主要的是离古镇大门很近，步行三分钟就到了。

徐州 6

两来风精品店 徐州菜 ¥¥

（☎0516-8390 7666；彭城路234号；小吃 人均30元，正餐 人均60元；⏲6:00~14:00，16:00~21:30）位于彭城路步行街北首的两来风精品店是徐州不多的选择之一。辣汤、煎包是特色，烙馍卷馓子等小吃也极受欢迎。店里还提供淮扬菜、徐州菜等正餐。

大红锅地锅鸡 徐州菜 ¥

（☎0516-8372 1861；解放北路5号；人均30元；⏲10:30至次日2:00）这家地锅鸡在地税局对面的院子里，墙上挂着“徐州刁肴”的奖牌，半露天的环境每晚总是烟火缭绕，特色地锅鸡32元/份，其他食材的价格也基本都在45元左右，十分实惠。

小南湖凯莱度假酒店 酒店 ¥¥¥

（☎0516-8337 8855；云龙湖小南湖水街；标双 678元起；❄📶P）徐州的老牌酒店，像一座独立的度假庄园，坐落在湖水中央，倒映着小南湖的山色水光。在这里住上两天，本身就是在度假。大多数房间都能看到湖景，不过一楼的房间略有些潮湿。

流连山间湖畔寻古，
隐身茶园竹林踏青，
最是享受**杭州**的方式

视觉中国 提供

富春江沿线 33

中国历代文人山水画看似写意，但当你走过杭州三江两岸后，才知道始终在写实。从天堂杭州出发，北侧是连绵的天目山、大明山，南侧是清澈碧绿的富春江，这一线，是山水浙江的精华。

线路亮点

9~11天
约700公里

最适合

何时去

四季皆可。尤以6~9月适合避暑，富春江—新安江沿线处处有溶洞、漂流，建德又以“永远17度”闻名。

最佳摄影点

白沙奇雾营造的仙境般美景。

最佳自驾路段

梅灵北路，错过此路也错过了杭州另一半的美。

33 富春江沿线

开上有“中国最美景观高速”美誉的G25杭新景高速，走过富春江、新安江和千岛湖一线，往南前往衢州、江山，在浙闽交界的廿八都结束。沿途景点众多，时而沿江溯流而上，看尽“春来江水绿如蓝”的美景；时而行驶于葱郁林间，享受蜿蜒山道的刺激感觉；乡土建筑点缀沿途风光，江郎山奇峰令才情汹涌。加之大杭州辖区正在进行的乡村实践，有时你也需要离开主干道，深入各种以农家乐的欢乐淳朴姿态面世的古村落之中。

线路亮点

❶ 杭州

杭州半山半湖的格局，浓缩了包括整个浙西在内的大杭州地貌。认识西湖，可经**北山路**，从断桥进孤山，将车停于孤山停车场（西湖景区停车10元/时），按逆时针游览白堤、北山路、孤山几处，沿途会经过浙江博物馆、西泠印社、平湖秋月、宝石山、西湖博览会博物馆、岳王庙、曲院风荷等景点。

如果在不是节假日和双休日的淡季里，可以驾车西湖及天竺、龙井一带。**杨公堤**是西湖三堤中唯一一条车行道，沿途经过**盖叫天故居**、西湖园林借景造园的集大成者**郭庄**（门票10元；⏲8:00~17:00）、古时香客去天竺进香的必经之路**茅家埠**、民国时杭州知名丝绸企业家**都锦生故居**（下茅家埠23号；免费；⏲8:30~16:30）等景点。杨公堤上6座桥起伏很大，是环西湖路中自驾体验最佳的路线。

欣赏过半个西湖后，可以经虎跑山路，盘山而上满觉陇路（注意分清五老峰隧道和满觉陇的盘山路），烟霞洞附近的转角很有行驶感。盘山路会经过杭州最美的村庄**杨梅岭**、**翁家山村**，通向**龙井村**。不过这一条路到了清明等节气以及节假日，会非常拥堵。但若论龙井最美的自驾线路，还得是山中梅灵北路，穿过吉庆山隧道，向西驶入这条深藏山中的崎岖山路。从拥堵城区到山中隐居，只是一个隧道的距离。

从梅灵路驶出，便是**之江路**。从秀美西湖到壮阔钱塘江，杭州城下沙观潮主要依靠沿江大道，全长约26公里。

你也可以……

34 浙中浙南大环线

从衢州经由G60沪昆高速，开90公里可去金华和之后的义乌、诸暨回杭州，或转S33龙丽高速，开120公里去松阳、丽水一带。

35 徽州人文山水线

沿千岛湖北岸的千汾公路转X707县道（干威线）到威坪镇，再沿着新安江边的公路进入安徽，经街口、武阳、北岸等乡镇去歙县。全程125公里。

36 赣东宗教文化和地质景观线

从廿八都开上G3京台高速，再转G1514宁上高速，148公里后进入碧水丹山的武夷山景区。

见515页

行驶路上 » 由之江路沿江而上，经之浦路、云河路、科海路，进入杭富沿江公路，开始山水画的演绎。进入富阳城区前，先去探访画家黄公望隐居地[☎0571-6346 1908；东洲街道黄公望村；门票 60元，往返游览车 20元（含讲解）；⏲8:30~16:30]。

离开黄公望隐居地，还会经过中国古代造纸印刷文化村（☎0571-6334 1187；江滨东大道21号；门票 25元；⏲8:00~11:00；12:00~16:30），这是华宝斋线装古籍的生产地，从造纸到出版，所有步骤都在此完成。之后继续沿江滨大道行驶约3公里，进入富阳城区。全程约45公里。

❷ 富阳

在富阳城区里，整条江穿城而过，沿江形成一条滨江观光带，最东边的是**鹳山**（鹳山路2号；免费；⏲24小时），不少古迹藏身其间，诸如苏轼故居、严子陵故居、郁达夫故居等；围绕郁达夫故居顺势建有**郁达夫公园**（☎0571-6332 2404；郁达夫弄；免费；⏲8:30~11:30，13:00~16:30，周一闭馆）；以孙权故里为名的**东吴文化公园**（滨江西大道；免费；⏲5:30~21:30）则是一座三国文化主题公园。

见515页

行驶路上 » 从富阳前往龙门古镇，跨过中埠大桥后，找到旧的G320国道，之后再转入S307省道，往东南行驶到达龙门古镇。全程约20公里。

❸ 龙门古镇

作为孙权后裔的最大聚居地，**龙门古镇**（☎0571-6350 6192；门票 80元；⏲8:00~16:00）有三百多间厅堂相连。到龙门最好能赶上当地节庆，元宵节前后五天，从正月十三上灯，到正月十八落灯，古镇会挂满具有特色的红纱灯；或者是每年农历八月二十七的龙门庙会，届时会有三天三夜的戏剧演出。古镇有大型停车场，10元/次。

从龙门古镇往北上环金线行驶约12公里，过常安镇后有**永安山滑翔**（☎0571-6356 7588；www.flylands.com；⏲8:00~17:00），这里是目前亚洲最大的人工滑翔起飞场，可选择双人伞带飞体验（560元/人次），从海拔410米的山头跃下。基地每天接待40人，最好提前预约。

见515页

行驶路上 » 从龙门古镇出发，经S307省道入G320国道，向西南行驶约20公里，到达荻浦村，路况良好且畅通。

❹ 荻浦和深澳古村

荻浦和深澳是桐庐古

另辟蹊径
重塑乡村建筑审美

起点：❹ 荻浦和深澳古村

普利兹克建筑奖首位中国得主王澍理想的宜居村庄是怎样的？**文村**（富阳洞桥镇）幸运地成了建筑师第一个美丽的乡村试点。前往文村的路不是太近，可山的深处藏住了好风景。抵达文村，眺望溪水对面十几座夯土改造的老屋，灰、黄、白三色基调下，夯土墙、抹泥墙、杭灰石墙、斩假石的外立面设计相结合，让你对乡村的观念会有颠覆性改变。这片400多年的古民居，幸运地活出了更优雅的姿态。在浙江旅行，你会发现很多村庄的整体外观和自然环境并不输于瑞士，但因为审美断代，遗憾地造成了乡村的遗弃和破败，在文村你能见到中国人重塑建筑审美的实践。

可从荻浦前往文村，经G320国道、S305省道、X416县道（胥高线）一路往西北方向，途中还会经过富春桃源（☎0571-6328 3777；门票 130元；⏲8:00~17:00），在大溪大桥左转进入俞毕线，绕着山脚下的村落再行驶6公里，抵达文村。

视觉中国 提供

龙门古镇

村落的代表。**荻浦**保存了精致的明清建筑，却以规划一新的新式农村姿态呈现。而相距仅2公里的**深澳**（☎0571-6421 0987）以独特"申屠"姓氏为主，申屠氏宗祠保存完好，深澳仍持着完整的古村风貌。四处分布的水塘、暗渠，见证了当年先祖先建水系、再建村落的远见。

见516页

行驶路上》从荻浦到桐庐只有20公里，往北上G320国道，或者往南走G25长深高速皆可。

❺ 桐庐

桐庐城区被富春江和分水江分割包围着。位于分水江与富春江交汇处的**桐君山**（☎0571-6462 2945；门票10元；⏲8:00~16:00）与城区隔江相望，是俯瞰两江风景最值得停留的地方。内有游船（40元/人，5人起），从桐君山往富春江上游开，在桐庐富春江一桥折回，全程约40分钟。从桐君山过富春江二桥，经迎春南路行驶约9公里，到达城区东南部的**大奇山国家森林公园**（☎0571-6424 1159；门票65元；⏲8:00~16:30），这里是一处集江南山水与草原风光为一体的综合性森林公园，游完全程约2小时。

见516页

行驶路上》从大奇山路进入环城南路，通过S210省道、芦梅线、富春江电厂大坝，左转进入钓台路，到达山水间的严子陵钓台。全程约15公里。

线路亮点

❻ 严子陵钓台、富春小三峡

富春江山水中的严子陵钓台—富春小三峡是精华，车行至江边，就能感到非凡气韵。富春小三峡是指富春江至新安江一线的龙门峡、子陵峡和子胥峡，三个峡口合称"七里扬帆"。现因行政区划原因，龙门峡一段在严子陵钓台坐船，另两段在建德梅城和乾潭坐船游玩。

桐庐境内的**严子陵钓台**（☎0571-6465 1646；普通游船100元；⏲8:00~16:30），因东汉高士严光隐居垂钓而闻名，如今作为景区开放的是七里泷—严子陵钓台的龙门峡段游船游览，加上严子陵钓台所在山峰观光。

从严子陵钓台返回芦梅线，再转入S210省道，行驶约5公里，到达**芦茨村**。村子建在富春江一条安静支流上，是桐庐最美的农家乐村庄之一，吃饭小住都相当惬意。

行驶路上》前往建德前，你还可以在S31杭新景高速乾潭或梅城收费站下，七里扬帆（☎0571-6414 8042，6414 6553；游船 50元；⏲8:00~16:30）在两处都有游船码头，游程约20公里，需时4~5小时。沿途景点众多，除之前提到的两个峡谷，还有南峰塔、子胥野渡、江南渔村等景点，形成了山水诗画长廊。严子陵钓台距建德市区约50公里，

另辟蹊径
新叶古村和大慈岩

起点：❼ 建德

建德**大慈岩**（☎0571-6454 9418；门票 85元；⏲8:00~16:00）将悬空的寺庙建在几百米高的山崖。景区处处皆"悬"，栈道、寺庙、大佛都依着陡峭崖壁而筑，让人惊叹古人的想象力和毅力。

与大慈岩之间仅隔着一座玉华山的**新叶古村**（☎0571-6472 3130，门票68元；⏲8:00~16:00），村内明清建筑保存完好，夏季村口被大片荷塘包围，古塔掩映其中，塔下的文昌阁与土地祠比肩而立。和新叶相距约10公里，便是兰溪诸葛八卦村（见530页），可一道游览。

从建德进入新叶古村前，中途需经过G320国道新安江收费处，15元/车；或者也可以通过S31杭新景高速，在寿昌收费站出，经G330国道抵达。

视觉中国 提供

千岛湖边的公路

S31杭新景高速路况良好。

7 建德

提起新安江，能让人更迅速地定位建德的位置，新中国第一个自主建设的**新安江水电站**（☎0571-6454 2523；门票38元；⏲8:00~16:30）直接促成了千岛湖的诞生。新安江水电站的参观虽只能看到厂区一角，但大坝底下的机房以及东、西两侧千岛湖和新安江的巨大落差，仍吸引人前往。

水电站离城区仅6公里，一路沿江行驶即可到达。建德老城可能是杭州辖区内最朴素的县城，这里仍有着浓厚的20世纪计划经济的氛围。新安江从建德主城区穿过，江上**白沙奇雾**在满足条件的早晨都会飘起白雾，成为摄影爱好者追捧的画面，新安江北岸白沙桥到新安江大桥中间位置还矗立了白沙奇雾碑亭。此外，建德“永远17度”的口号，也不断吸引着周边城市的避暑客。

见516页

行驶路上 » 从建德出发，经G320国道入S31杭新景高速，再转入S32千黄高速，向西北行驶约40公里，从千岛湖收费站出，进入千岛湖景区。S31杭新景高速路面平坦，因一路与富春江、新安江、千岛湖相通，被誉为“中国最美景观高速”。

线路亮点

8 淳安千岛湖

千岛湖环湖自驾线主要围绕中心湖区和西南湖区，包括半岛线、北岸千汾公路及南岸淳杨线，全长近150公里，全线路面平整，沿途多设有驿站；但路上限速60公里/小时，几乎每百米就有个电子摄像头，不得不控制车速。若想环湖尽兴，至少留足4小时。

行驶在环湖公路上，其中半岛线上的**上江埠大桥**是整个湖区最有气势的景观。相较北边的千汾公路，淳杨线沿线风景更清新，配套设施更完善，时间有限者，可只沿此线领略千岛湖精髓。但若想看到更多人文景观，依旧要前往千汾公路，自东向西排列着红叶湾、小金山大桥、梅峰揽胜、竹里村等摄影点，可以俯瞰湖区风光。西南湖区的**芹川古民居**、**龙川湾湿地**和姜家镇重现的沉睡湖底的千年古城都值得探索。

你也可以选择骑行，平行环湖线旁铺设有完整的绿道，能更亲近湖面。或者可以在**中心湖区旅游码头**等5个码头，利用4小时左右坐游船欣赏千岛湖。

湖区以外，中国四大石林之一**千岛湖石林**（☎0571-6487 0013；石林镇；门票100元；⏲8:00~17:00）怪石嶙峋，隐于山中，需要行经曲折的白小线以及富西线，这段盘山路需要稳当驾驶。

最佳建议
千岛湖游船

千岛湖目前提供游船服务的码头有5个。中心湖区和东南湖区有“隔日游”政策，购票时缴纳10元手续费，第二天游览不用再购买景区门票，只需购买船票即可。通常入住的酒店即可预订次日游船票。

中心湖区旅游码头（☎0572-6481 6244；游船票 65元）千岛湖最主要的游船码头。

东南湖区旅游码头（☎0572-6488 1959；游船票 65元）每天有4班。

伯爵号码头（☎0572-6486 8666；新安大街5-3号；298元，包含船票、景区门票、中餐）伯爵号码头线路与中心湖区码头相似，但伯爵号是游轮，体量非常大，每层有不同功能区，如中西餐厅、KTV、客房等。

夜游码头（☎0572-6506 7070；秀水大桥东侧；160元，包含船票、表演、自助茶饮；⏲4月1日至8月31日 18:30）从伯爵号码头往西南再走200米就是夜游码头。航行中仅远观不登岛，全程约2小时。

西园码头（☎0572-6502 0266；新安南路；70元起，包含船票、茶饮；⏲9:00、15:00）乘坐小型画舫游览城中湖，游船体验更为休闲。画舫可在钓鱼岛看巨网捕鱼。全程约2小时。

见516页

行驶路上 » 经千汾公路到千岛湖西侧的汾口镇，再沿X713和X603县道，22公里到达开化县的马金镇，附近有霞山村的古建筑古民居值得一游。从马金收费站开入G3京台高速，再转G60沪昆高速，70公里后在衢州西收费站下高速。沪昆高速往返衢州方向常会遇堵车现象，建议你提前查询路况。

❾ 衢州

位于浙江、江西、福建、安徽四省交界的衢州自古有“四省通衢，五路总头”之称，独特的地理位置造就了衢州军事重地的地位。老城区是了解衢州的最佳去处，到**衢州博物馆**（☎0570-858 6971；新桥街98号；免费；⏲9:00~16:30）二楼参观“衢州6千年”展出。然后前往新桥街的**孔氏南宗家庙**（☎0570-304 1551；新桥街96号；门票10元；⏲9:00~16:50），这里是孔子第四十七世孙袭封衍圣公孔端友在南宋始建，明代时迁址至此并重建。之后到达曾经的城市坐标**钟楼**。沿钟楼巷继续往西，经县西街看到天宁巷往南走，可到**天宁寺**（免费；⏲9:00~17:00），走过三重檐歇山顶楼阁的老殿千佛阁，寺内还有免费开放的以佛学书籍为主的永明图书馆。最后不妨拐到天宁寺后街小吃一条街，安顿自己。衢州老城中多数景点都是免费的，需

仙霞古道徒步

简介：徒步仙霞古道（见514页）从保安和小竿岭两段都可以开始。不同的是，从保安出发需购买仙霞古道与戴笠故居套票（60元），反向穿行则无须门票，而且以下坡为主，省力。请为这条路线预留至少半天的时间。整个仙霞古道花脚毒蚊子奇多，建议你穿着长袖长裤。

距离：约30公里

线路：保安镇—第一关—第四关—龙井村—龙溪村—小竿岭隧道

需时：1天

难度：初级

① 保安镇—第一关

从保安镇古道入口检票点进入古道，步行约5分钟到达仙霞关第一关口，此处有仙霞关石碑和南宋修路石碑。第一关口是整段古道上迄今为止保存最为完好的一个关卡。关墙用毛石和条石砌成拱形，门顶设井栏通天。

② 第一关—第四关

一关到岭顶二关距离较远，为曲折盘石磴道，不太好走。步行20分钟左右，经过碑廊和黄巢塑像，继续走20分钟即可到达第二关；再走约10分钟后就到达第三关，第三关建在山顶，关墙上爬满藤蔓，从这里开始便一路下坡了；第三关到第四关距离非常近，只需5分钟就可抵达。由此下坡再走30分钟，会出现被竹林包围的茶村——龙井村。可以选择自此原路返回保安，也可穿过龙井村直上国道搭车前往下一个目的地。

③ 龙井村—龙溪村

这一段很有挑战性，因人迹较少，杂草较多，路面难辨，需要顺深褐色被踩过的草走，途中需注意松动的石块。至少需要1.5小时。

④ 龙溪村—小竿岭隧道

这段路沿途风景喜人，两旁还有稻田和茶园风光。龙溪村是个有十几户人家的小村落，古道在穿过村庄向西过桥方向，沿大道过桥进村，再往南过路边的一条小溪，由小竿岭隧道的北侧出口上国道搭车，才是正道。

要注意各景点午休时长达2.5~3小时（11:30~14:00或14:30），需安排好游览时间。

另外，位于大南门和水亭门两处的古城墙可免费攀登，大南门是老城标志性建筑，也是修葺最为完整的一道城门；登上水亭门可远眺衢江和城西北的壮阔群峰。

✕ 见517页

行驶路上 » 继续往南前往江山，景点都位于城区外围，你可以跳过市区，从衢州经S315省道进入G3黄衢南（京台）高速江郎山收费站下，之后经花峡线直抵江郎山，全程约65公里，约1.5小时。

⑩ 江山

江山的旅游资源颇多，沿着车和人都不算多的花峡线前往江郎山，会途经**清漾毛氏文化村**（☎0570-493 9162；门票 50元；⏲8:00~17:00，村子全天开放），据说毛泽东韶山家谱中记载的“毛氏祖居三衢”中的“三衢”指的就是这里。继续沿花峡线行驶约4公里，便可看到**江郎山景区（江郎山）**[☎0570-491 1010；www.zjjls.cn；浙江衢州市江山市石门镇

如何登上江郎山

江郎山为世界自然遗产中国丹霞地貌的组成部分之一，主要景观为3座并列的高耸入云的巨石。上山有两条路线，南线较平缓，北线多陡直，大多数人会选择南线上山、北线下山。登山之始是一条在密林中蜿蜒的古道**十八曲**，登上461级台阶后到达**开明禅寺**。继续向上就到了**会仙岩**，过岩洞后看指示牌选择去往“一线天”的路。可沿主路前行，也可走左手边那条宽不足1米的**百步峡**（体型宽大者慎行），到丁字路口后左转继续前往一线天，右转可到达**霞客亭**，这里是近拍江郎三峰的最佳位置。穿过300余米、两壁陡直似巨斧劈出的**一线天**后，到达**登天坪**，从这里到达山顶还需要3500多级的临崖陡阶，因宽度仅容单人通过，若无必登顶之决心，建议你还是不要上去。不登顶的旅行者可以从登天坪左侧的**坎坷岭**直接下山。快到山顶的时候有一条去往**舒心坪**的岔路，是一处天然石头形成的大平台，可以俯瞰山下全景，视野要比山顶更开阔些。在山巅的**问天亭**欣赏群山连绵的风光后，顺着“北线下山”的指示牌下山，全程都是近乎垂直的陡阶，需特别小心慢行。下山后如果还有时间，可以参观山脚附近的**江郎书院**，或者在**伟人峰**观景平台仰望山峰寻觅邓小平的面孔。

江郎乡；门票 旺季（3~11月）100元，淡季（12月至次年2月）70元；⏲8:00~17:00）]，俗称三爿石的江郎山呈“川”字，是丹霞地貌老年期代表。江郎山最大的特点是“险”，上山道路陡峭，下雨天不适合上山。

从花峡线继续往南，经G205国道转入乡间小道保安线，行驶约26公里，到达**仙霞古道**（☎0570-401 6171；门票30元；⏲8:00~17:00），这是曾与剑门关、函谷关、雁门关齐名的中国四大古关口，明清时这条唯一的旱路成为了闽、浙、赣三地成熟的商贸运输线，被磨得光滑的石板路和沿途风光吸引了不少徒步爱好者（见513页）。**戴笠故居**（☎0570-481 1274；⏲8:00~17:00）由戴笠自己设计，看似清爽宜人，内里却机关重重，布局错综复杂，不愧是军统第一特务的住所。可在江郎山售票处或各旅游App购买不同组合的景区通票，会省不小一笔。

行驶路上 » 从仙霞古道景区回到G205国道，往南即可到达廿八都古镇。全程约24公里，需半小时。这条路穿越于古道的崇山峻岭之间，风光险峻。一路除了偶尔的大货车，车流较小，你可以在仙霞关隧道附近的加宽带找地停车拍照。

⑪ 廿八都

廿八都地处浙江、福建和江西的交界处，连接三省的仙霞岭驿路为此地带来了商业活力，如今粉饰一新的**廿八都古镇**（☎0570-488 7559；廿八都老镇；门票 75元；⏲8:00~17:00）保存有不少明清建筑，主要景点都在浔里街周边，除门票包含的**文昌宫**、德春堂药店、大户姜家、杨家的精美宅院，在**武官衙门**可以了解廿八都作为军事重地的历史，而**戴笠与女特工陈列馆**则是戴笠曾培训女特工的地方。古镇景区位于廿八都西南侧，从G205国道转入枫桥路到达。

食宿

杭州 1

杭州酒家
杭州菜 ¥¥

（☎0571-8708 7123；延安路205号1-3楼；人均60元；⏲11:00~14:00；16:50~20:30）老字号餐馆，算得上是杭州美食的名片。环境优雅，最主要的是价格也很亲民。如果不想排队，一定要早去。婉烧南瓜是创新菜中很受欢迎的一款，杭州熏鱼、纹丝豆腐等特色杭州菜也很受追捧。

知味观·味庄
杭州菜 ¥¥¥

[☎0571-8797 0568；杨公堤10~12号（花港观鱼西门外）；人均110元；⏲10:30~15:00，16:30~20:30]位于杨公堤上，环境很是清幽。菜品与仁和路总店（仁和路83号）并无二致，不妨尝尝最早诞生、价格也在急剧上升的金牌扣肉（118元），将整块肉切成圆圈环绕的薄片，配上青菜和笋来解油腻。

景像
精品酒店 ¥¥¥

[☎0571-2818 9788；大井巷31号；大床535元起（含早餐）；❄📶]酒店隐藏在伍公山前繁茂的杉林中，由民国时期的三重老式民居改建而成，一步一景，每个房间都配有胶囊咖啡机和地暖。景漪和景栖两种房型有超大的浴池。性价比很高，最好提前预订。酒店不能刷卡。

亚朵（黄龙玉泉店）
酒店 ¥¥¥

（☎0571-8738 2088；玉古路166号；大床490元起；❄@P）亚朵是云南一个古村落的名字，酒店发起人希望将那里的人文风情带给住客。这家亚朵更像是家的感觉，除了客房设施都足够用心，还有书吧供阅读工作使用，并提供自助洗衣、免费消夜、健身房等。前往西湖和灵隐景区都非常方便。

富阳 2

富春堂主题餐厅
浙江菜 ¥

（☎0571-6334 0977；市心北路18号；人均40元；⏲10:00~14:00，16:00~20:00）当地有名的老店，一开二十年，多个招牌菜有自家特色，价格也亲民。铁板鲈鱼皇（38元）外焦里嫩；肉骨头砂锅（38元），筒骨配笋干、千张炖得软烂入味。因生意太好，附近另开了一家分店（龙山路158号）。

乡音沃豆腐
浙江菜 ¥

（☎0571-6332 2271；周家弄9-20号；人均20元；⏲11:00~13:00，16:00~19:00）沃豆腐（23元起）是富阳一道特色菜，将细碎的嫩豆腐由红薯粉勾芡，里面放上肉末、笋丝、香菇、油渣等，口感润滑丰富。这家是当地少有的专做沃豆腐的餐馆，口味地道，有肉丝沃豆腐、虾仁沃豆腐、猪肝沃豆腐等，选择多，分量大，适合两个人吃。

富春宾馆
酒店 ¥¥

（☎0571-6332 7868；桂花路22号；标双300元；❄@P）热闹的桂花路上不起眼的三层棕色小楼，酒店外观和内部装饰都低调有质感。挂牌三星，富阳城内颇具性价比的中档选择。附属餐厅也属于当地老牌名店。不过使用Wi-Fi需要先跟酒店借路由器，略麻烦。

龙门古镇 3

孙权家菜馆
浙江菜 ¥

（☎0571-6350 6098；古街西路33号；人均30元）掌厨的是孙权的第五十七代孙，做的菜传承了孙权家宴精华，也结合了地道的农家口味。这家店被周边地方媒体多次报道，是古镇里最具知名度的餐厅。做面筋号称“世家”，牛肉王、龙门土鸡、剡溪石板鱼也做得味道纯正。

荻浦和深澳古村 4

云夕深澳里 创意菜 ¥¥

（☎0571-5850 9911；深澳古村落景松堂；人均100元；⏲10:00~22:00）在清代四合院的基础上以织布机、老灶台为内饰，让当地老匠人的“绝活”成为融入细节的手工记忆。油沸馒头、冰米糖、糊麦果等传统食物也都做得像“法式大餐”般精致。附设乡村公益图书馆，平添书卷气息。

桐庐 5

窄溪野鱼馆 浙江菜 ¥¥

（☎0571-2960 5677；大奇山路757号；人均70元；⏲10:00~20:30）桐庐颇具知名度的餐厅，店家号称供应的鱼都是野生的，红烧船丁鱼（128元/斤）、上汤螺蛳（22元）都广受欢迎。这家店经常爆满，打算去的话一定要赶早不赶晚。

七里人家 浙江菜 ¥¥

（☎0571-6462 3779；人均60元；⏲11:00~20:30）开在桐君山景区内，庭院式的环境，包房可以看见富春江美景。以本地农家菜为主，口味偏咸辣，梅干菜锅巴、豆腐煲、笋干等是热门菜品。

桐庐醉江景酒店式公寓 酒店 ¥¥

（☎0571-6990 2930；迎春南路666号；大床 260元；@ ❄ P）位于富春江畔，自带观景阳台的房间可以看到江景，酒店就在利时百货里，内有影城、KTV、商场等。并且自带地下停车场，性价比高。

建德 7

严州府 浙江菜 ¥¥

（☎0571-6471 2812；环城北路32号；人均60元；⏲11:00~13:00，16:30~19:30）建德最有名气的食府，口味偏重，辣菜居多。鱼头王（158元）是这里的招牌菜，还有多道特色菜如分水棍子鱼（28元）、建德干菜鸭（58元）等。仿古风格的环境颇为气派。店虽大，但平时关店很早，尽量在晚上7点之前去。

淳安千岛湖 8

红红汤瓶馆 浙江菜 ¥

（☎187 5813 0072；开发路88号；人均30元，⏲11:00~21:00）在淳安一带，以前当地人干农活前习惯将“汤瓶菜”煨在灶头，回来就可以吃上热腾腾的一餐。这家店是现在难得的还能吃到这种菜的特色餐馆。汤瓶类似小砂锅，不同的汤瓶里放入蕨菜风干肉、萝卜排骨、鱼干等。

北大荒淡水鱼馆 浙江菜 ¥¥

（☎0571-6488 3188；新安南路8-36号；人均70元；⏲10:30至次日3:00）人气非常旺的餐厅，当地人常去。鱼头做得好，可以试试一鱼两吃的做法，价钱也比较亲民，人少还可以只点半个鱼头。

汽车人酒店 精品酒店 ¥¥

（☎0571-2990 0333；进贤大道209号；标双258元；@ ❄ P）非常酷的设计酒店，整栋楼做成全黑的立面。酒店走廊地毯压过一道道几可乱真的“轮胎印”，出电梯口会撞见整面墙的滇藏公路、川藏公路……Loft式跃层客房堪比都市新潮公寓。酒店还有自行车租借（20元/小时，押金400元），骑车往南10分钟就可进入羡山半岛。

衢州 9

神农饭庄

浙江菜 ¥¥

(0570-304 9579；上营街28号；人均50元；11:00~21:00)用心做菜的一家老店，没有菜单，全凭看食材点菜，松鼠鳜鱼(40元)是本地人喜欢点的菜，西红柿炒鸡蛋(14元)是独特的微辣口味。不要错过这里的现磨豆浆，25元一扎，单人可点半扎。

廿八都 11

多味农家餐厅

浙江菜 ¥

(158 5700 8622；浔里老街21号；人均25元)廿八都古镇里有不少餐馆，这家位于浔里街中段的餐馆价格实惠，菜量也给得很足。除了家常菜，也可以尝尝当地特色铜锣糕。

和睦家园民宿旅馆

客栈 ¥

(0570-488 6977；浔里街19号；标双152元起；)由廿八都古镇里最大的宅院姜遇鸿部分旧宅改造，大厅天井全部采用玻璃顶，透光不错，还有坐下来喝茶的公共区域。

溪涧之上搭着廊桥和木屋
林坑古村将生活与自然
完美融合

视觉中国提供

Classic Trip

经典线路

浙中浙南大环线

34

从西湖边的宋城到楠溪江的古村，从天台山古寺的晨钟暮鼓，到苍南海滩的阵阵波涛，从小商品走向世界的义乌，到依然农耕的松阳古村。这片土地将浙江人融于自然、改造自然的能力发挥得淋漓尽致。

线路亮点

14~17天
约1400公里

最适合

何时去

四季皆宜。但3~5月的春，9~10月的秋，是探访古城和古迹的最佳时机，春花秋叶中的山水与水墨乡土建筑相得益彰。

最佳摄影点

天台，幽溪古木、禾田稻香围绕下的田园禅意。

最佳路线

S223省道永嘉到林坑段，雁荡山到楠溪江的山水画廊。

Classic Trip
经典线路

34 浙中浙南大环线

从杭州出发，经绍兴古城，沿G15W常台高速或G104国道，前往天台、雁荡，享受山清水秀的自然仙韵。走过泰顺的风雨廊桥后，再登上高山俯瞰梯田的层叠。沿着G25长深高速一路往北，可从仙都仙境到武义星象村。G60沪昆高速串联起从金华到诸暨的多个站点。

但是大面积的山区导致浙南的交通需要依靠省道和县道，可是交通的不发达也让楠溪江和松阳地区保存了大量完好的古村落，也造就了云和与茗岙等大规模的梯田景观。驱车浙南，你最好提前适应在山路的驾驶。温州、丽水几处的自然风光多有重叠，可选择自己感兴趣或者最精华的前往。

❶ 杭州

临安作为都城的南宋时期，可能是杭州城最辉煌的一段历史。先参观**杭州博物馆**（☎0571-8780 2660；粮道山18号；www.hzmuseum.com；⏲9:00~17:00，周一闭馆），通过大量杭州老照片和历史文物快速了解杭州。接下来可到**中山路南宋御街**，路中段的**南宋御街遗址陈列馆**是开放式的宋代道路考古遗址。

往南到万松岭隧道东口，有**南宋遗址陈列馆**（严官巷中河路边；免费；⏲9:00~16:30，周一闭馆），能看到发掘一半的南宋城市遗址。沿中河路经复兴路，到达**南宋官窑博物馆**（☎0571-8608 3990；南复路60号；免费；⏲8:30~16:30），馆藏有大量南宋皇宫御用青瓷、民间用瓷器。之后步行约300米，前往玉皇山东南山脚下的**八卦田**，这里种植有不同的蔬果庄稼，随季节变化而呈现出不同的色彩。

结束南宋遗址的探索，驱车前往**灵隐**[☎0571-8796 8665；灵隐路法云弄1号；

45元（飞来峰、永福寺、韬光寺），30元（灵隐寺）；⏲7:30~17:45]，灵隐寺就位于道路右侧，可进寺上香拜佛，看飞来峰历代佛祖的摩崖石刻造像。此外，儒、释、道三教的道场**韬光寺**（⏲7:30~17:45）和曾经的皇家寺庙**永福寺**（⏲7:30~17:45），颇有深山藏古寺的意境。相比寻迹南宋的路线，穿梭寺庙之间的线路通畅不少，但也要针对西湖景区的限行提前做好安排。

见532页

行驶路上 » 从城区开上S2杭甬高速经G92杭州湾环线高速向东行驶约47公里，在绍兴收费站出高速，往南沿中兴大道10公里进市区。

如果途中在柯桥收费站出高速，经金柯桥大道、柯北大道，即可前往安昌古镇。沿河而建的三里街市古朴依旧，挂满廊檐的香肠风头盖过古民居。

你也可以……

36 赣东宗教文化和地质景观线

从松阳上G25长深高速，再转S36龙浦高速、S0311浦建高速、G3京台高速、G1514宁上高速，225公里后到达武夷山风景区。

Classic Trip 经典线路

线路亮点

❷ 绍兴

绍兴城内窄巷较多，主干道也常有拥堵现象，所以步行或乘坐公交车（票价1~2元）是更便捷的方式。购买一张120元的旅游联票，可游览城内外大部分景点。

可以将**鲁迅故居**（☎0575-8513 2080；免费；⏲8:30~17:00）作为第一站，这里可以解决购票、停车（10元/4小时）等问题。鲁迅故居及周边三味书屋免费开放，至少留足3小时参观。之后在前往相距不远的**沈园**（☎0575-8513 5140；鲁迅中路318号）。参观完和畅路的**秋瑾故居**（和畅堂35号；门票10元；⏲8:00~17:00）后，可以在解放路乘坐公交前往城北站路。先往东进笔飞弄，**王羲之故居**（⏲7:00~17:00）、**蔡元培故居**（笔飞弄13号；5元；⏲8:00~17:00）就在其中，出来时可以走**萧山街**，这里能找到20世纪90年代集市的氛围。之后沿**新河弄**再进**西小路**，绍兴老台门集中在这一带。从西小路出来，西边**大通学堂**（☎0575-8515 4056；胜利西路563号；门票5元；⏲8:00~17:00）是徐锡麟、陶成章创办，秋瑾曾督办的大通师范学堂。解放北路旁的城市中心广场周边还有不少老里弄，比如开发后的**仓桥直街**。

此外，绍兴城内的乌篷船是值得尝试的，路线很多，在**城市广场**（120~280元/船）、**书圣故里**（60元/船）、**鲁迅故里**（60~150元/船）都有游船码头。

走完了绍兴城内之后，你可以驾车出城去周边，先向西南，沿S308省道行驶约10公里，到达**兰亭**（☎0575-8460 0890；门票40元；⏲8:30~17:00），那场曲水流觞的盛会就发生在此。之后沿S308省道向东进入杨绍线，约13公里后，到达**大禹陵**（☎0575-8836 6666；门票50元；⏲8:00~17:00），汽车可以一路开到会稽山下，参观禹陵、禹祠和禹庙等。最后沿着二环路，向东北行驶7公里，抵达**东湖景区**（☎0575-8860 6879；门票40元；⏲8:30~16:30），很难想象这处清丽的水景曾是采石场遗迹。游览东湖的最佳方式是乘坐乌篷船，每船85元，可坐3人。

见532页

行驶路上 » 出东湖景区离开后，沿G104国道进入亚厦大道到东关收费站上G15W常台高速，58公里后在新昌收费站出高速，进入新昌市区。

前往新昌的途中，可以顺路去上虞**曹娥庙**（☎0575-8216 2498；门票15元；⏲8:00~17:00），每年曹娥投江纪念日的前10日（农历五月十三日至二十二日），当地还会有纪念孝女的庙会；还有嵊州的**越剧博物馆**（☎0575-8302 2152；百步阶8号；免费；⏲8:30~11:30，14:00~16:30，周一闭馆），可以了解越剧历史、流派、各式乐器及服饰。博物馆附近**城隍庙**（百步阶9号；票价2元；⏲7:30~16:00）的砖、石、木三雕皆精美无比，其中的老戏台被誉为"江南古戏台之冠"。

❸ 新昌

新昌著名的**大佛寺景区**（☎0575-8638 3030；人民西路117号；门票100元；⏲7:00~17:00）有新建的第一卧佛、双林石窟等十多个景点，你可以直奔景区深处高16米的弥勒佛，这是江南唯一的早期石窟大佛。大佛寺西北侧还有千佛寺，内有一千多尊小佛像。大佛寺景区门前可停车，半小时内免费，之后10元/次。

天姥山曾经留下李白和谢灵运的足迹，沃洲湖到班竹村一段路是"浙东唐诗之路"的精华地段。出城区后依旧在G104国道上行驶，一个选择是在与新大线的岔路口转入盘山路，上山后在长诏水库进入**沃洲湖风景区**（城关镇长诏村；门票60元），可遥见延绵的天姥山。若你已做好穿越天姥山的准备，则需要在G104国道上继续

视觉中国 提供

天台国清寺

行驶约6公里，到达**班竹村**，村里的古驿道与上山的青云梯相连，青云梯已被修葺并有标识和游览指示，攀登到达接近山顶的天姥林场，有太白山庄可休息。之后继续徒步约20分钟可抵达最高点北斗尖，眺望"天姥连天向天横"的湖光山色。

见533页

行驶路上 » 新昌至天台的G104国道和G15W常台高速均从山间穿过，是领略天姥山风光最好的方式。全程约60公里，约1.5小时。G15W常台高速约有35公里盘山路，限速80公里/小时，上坡、下坡需时刻保持谨慎。此外，路上大货车不少，白鹤镇附近是浙江省内有名的事故多发路段，此路段的向南行驶方向较向北方向要轻松些，节假日会有堵车现象。

线路亮点

❹ 天台

从县城往东北进景区，最先见到的是天台山脚下的**国清寺**（0576-8398 8512；天台县城北3公里；进山门票 10元，进寺香花券 5元；8:00~16:00），国清寺是天台宗发祥地，是为纪念天台宗创始人智者大师所建。

前往天台山著名的**石梁飞瀑**（0576-8395 8610；门票 60元；6:30~18:30），则需经天培线和大泄线盘山而上约23公里，自驾车需停在上入口，10元/次。石梁为天生的花岗岩石桥，气势壮阔的飞瀑从桥下跌落40米之下的深潭。山路驾驶并不轻松，可选择乘坐摆渡车，好好欣赏风景。天台山主峰**华顶**（门票50元；8:00~17:00），5月时云锦杜鹃开满山坡。道教"南宗祖庭"所在地**琼台仙谷**（门票 65元；7:30~16:00）也值得一看。

见533页

行驶路上 » 从天台收费站开上G15W常台高速，再转G15沈海高速，110公里后从雁荡山收费站出高速，右转经G104国道

当地人声音

夏雨清

资深媒体人，民宿老板

松阳远在浙西南深山之间，山里隐藏着上百个让人惊艳的古村落，黄土小屋，袅袅炊烟，曾被《中国国家地理》称为“最后的江南秘境”。

这是个没有景区、只有风景的去处，最适合自驾，更适合拍照，每个角度都能拍出乡愁的韵味。从县城开车20分钟，就可以到达中国最美乡村——西坑村，当地人很贴心，在最合适拍照的地方都建有亭子，一路上看到这样的木亭子，不妨停车拍照。沿山路再开10分钟，就能到陈家铺，这是一个明朝的驿站，黄土屋沿山势而建，鳞次栉比。松阳古村里的民宿也是吸引自驾者的原因之一，不少民宿都改建自老屋，有着最好的视野。西坑村的过云山居有一座建在悬崖边的露台，最适合拍云海，运气好的时候，你甚至可以拍下“摘到”云的照片。

上图：楠溪江古村落

后左转进入松溪大道，再经白芙线到达雁荡山景区，全程118公里，约1个半小时。

前往雁荡山，会途经曾经的台州府治临海，从临海北收费站出高速，经东方大道可去江南古长城（☎0576-8530 6305；门票65元；⏲7:00～17:00），这长城旧时是台州府的城墙，目前仍能见到4座城门和瓮城。还有“活”的古街紫阳街（☎0576-8532 1351；免费）。全长1080米的古街是目前中国最长、保存完整的历史街区，街道两旁林立的商铺多是本地人代代相传的。可以将车停在揽胜门下，停车费10元/次。

视觉中国提供

线路亮点

5 雁荡山

绵延的雁荡山沿东海分布在浙东南，主景区位于乐清市白芙线周边，此外还有外围景区的显胜门、羊角洞、雁湖、仙桥等。

西东南—西东北走向的碧玉溪白芙线是雁荡山主要景点的分布处，自北向南依次建有9层殿宇观音洞的**灵峰**（门票50元，夜景门票50元；⏲6:00~18:00；18:50至通宵），分布有多个奇形怪状石柱的**灵岩**（门票 50元；⏲6:00~18:00），从260米高的天柱峰表演惊险飞渡是此处亮点，以及落差达197米的**大龙湫**（门票 50元；⏲6:00~18:00）瀑布。此外，沿线**方洞**（门票 30元）、**三折瀑**（门票 15元）、净明谷景区、雁湖景区都是值得一探的奇峰美景。

雁荡山景区内有不少民宿和餐馆供补给，但若遇汽车加油等问题，则还需前往景区入口处的响铃头镇或距离较远些的G104国道旁的芙蓉镇。景区内停车10元/次，不限时。

见533页

行驶路上 » 从雁荡山至楠溪江是一条山水皆有的黄金自驾路线，一路都是较好的铺装路面。从大龙湫离开雁荡，向西沿白芙线在雁湖乡向右驶入雁楠公路，途经石桅岩（☎0577-6719 8056；门票 50元；⏲8:00~17:00），这座306米高的孤峰是楠溪江标志性景观；龙湾潭国家森林公园（☎0577-6719 1678；门票 70元；⏲8:00~17:00）内有七瀑七潭的景观；蓬溪村康乐亭内有康乐公谢灵运的画像，东侧“近云山舍”上的楹联据说是朱熹造访时题赠。最后到达楠溪江边的岩头镇，全程44公里，车程约1个半小时。雁荡山到楠溪江一段沿途几乎没有加油站，可在雁湖乡东面芙蓉镇加油。

线路亮点

6 楠溪江流域

由北往南贯穿整个永嘉县的**楠溪江**，是浙南最令人神往的山水画廊，其间分散着不少古村落。楠溪江景区最主要的S223省道和坦五线路况都极好，除前往茗岙梯田的盘山路稍显吃力及指示不明，其他路段自驾舒适。如有关于自驾的问题和需求，可前往**太平岩自驾游客中心**（☎0577-6706 1788）咨询。

从雁荡山经**雁楠公路**进入楠溪江边的**岩头镇**，镇子是楠溪江景区最重要的交通枢纽，民宿、餐馆集中。往北上溯**楠溪江上游**，前往林坑的S223省道是不可错过的自驾线路。该线路沿途经过**屿北古村**，村寨根据天地星辰二十八宿布局，犹如莲花绽放。快到黄南乡时有往暨家寨的指示牌，左转过桥，7公里后经深龙村盘旋而上5公里后到达**暨家寨**（黄南乡深龙村），这里三面环山，瀑潭相连。最北的**林坑古村**中，溪涧之上搭建着廊桥和木屋。

走完楠溪江上游，重回岩头镇，附近有楠溪江最重要的古村落：有以“文房四宝”布局闻名的**苍坡古村**；清丽古街**丽水街**；据说是这一带风水最好的**芙蓉古村**（三景点联票40元）。继续往南有**狮子岩**，漂流最为理想；最南端便是**太平岩**，有山水相映的古典美感，被称作**大楠溪**，是楠溪江核心景区。

太平岩往西，是小楠溪江，坦五线自东向西经过**埭头村**（门票 10元），有永嘉生态环境展览馆及楠溪江乡土建筑展览馆；之后是**大箬岩**，内有小楠溪精华**崖下库**（门票 50元），沿步道爬到顶端观万丈深渊；还有南朝陶弘景隐居得道地**陶公洞**（门票 10元），雨季时气势壮观的**百丈瀑**（门票 50元），3公里内分布了同脉9条瀑布的**石门台**（门票30元）。更深处的**茗岙梯田**，则是摄影爱好者喜爱的去处，前往茗岙梯田需盘山而上。

建议你先在游客中心领一份《楠溪江导游地图》，或下载**楠溪江旅游App**，具有讲解和地图导航功能。整个楠溪江流域至少留出2天来游玩才能尽兴。竹筏漂流是到楠溪江最不可错过的活

Classic Trip 经典线路

动，从北到南有渡头到龙河渡5处主要漂流码头。

见534页

行驶路上» 从岩头镇往东过楠溪江二桥，经珍下线到枫林收费站进入S26诸永高速，经S10温州绕城高速、G15沈海高速，122公里后从观美收费站出高速，可前往苍南的几处景点。

7 苍南

温州最南端的苍南是连接沿海和内陆的枢纽，周边有一些深藏的青山古村和崎岖海岸。位于玉龙湖河谷上游山边的**碗窑古村**（门票20元；苍南县桥墩镇碗窑村），曾是明清时粗瓷的生产基地，如今村中仍旧完好保存着陶瓷工场和明清风格的民居、戏台。但节假日里，车子需停在桥墩镇的停车场，再转乘中巴车上山。去碗窑从观美收费站下高速后经G104国道、玉湖路、桥南线13公里到达。

苍南还有几处风景不错的海滩。从观美收费站出高速后驶入S232省道往南，弯道多，但路况好，36公里后到达马站镇，周边景区都从这里发散。转入渔寮支线往东，到达渔寮**黄金海滩**（门票 40元），海水和沙质比浙江沿海一般海滩要好。但你若是想要更安静地享受海风，可以考虑周边雾城沙滩或王孙海滩。从渔寮沿海滨公路往北到海鲜养殖基地炎亭是一条不错的摄影路线，可以拍到漂亮的养殖滩涂景观。

重回马站镇后，往南经马沙线行驶8公里，入魁云线继续行驶6公里后，到达**蒲壮所城**（马站镇蒲城乡；免费），这里是明朝为抗倭而建起的海防城堡，古老的城门城墙保存完好，如今多了世外桃源的氛围。蒲壮妈祖庙、东晏公庙的精致和色彩也会让你赞不绝口。

行驶路上» 从观美互通进入G15沈海高速，12公里后在分水关收费站出高速，往前沿S331省道开行30公里后在泗溪大桥

另辟蹊径
刘基故里文成

起点： 7 苍南

文成县虽毗邻泰顺、瑞安，但文成向西前往景宁的路多为山路，行驶不便，所以往往被自驾者忽略，其实这里也有诸多可看之处。

过温州，经G15沈海高速在瑞安飞云收费站出，向西进入S330省道。其间会经过距平阳坑镇不远的**东源木活字**（门票 10元），东源是目前仍在使用木活字印刷的村庄。继续往前，一路奔向瓯江源头，途经大片青山幽谷碧水的**寨寮溪风景区**（☎0578-6574 7172；⏰8:00~17:00），浙师大美术学院实践教学基地就在此，但从省道前往景区的路并不算好找，沿途路况不理想，所以倒不如沿越发碧蓝的飞云湖继续往西，伴着喜人的青山绿水，抵达文成县城。之后沿S330省道往西南行驶约25公里，到达**百丈漈**（☎0577-6782 1530；门票 65元；⏰7:30~16:30），因一漈落差达207米、国内第一而出名，但水流浑浊，给风景减色不少。从百丈漈沿十黄线行驶约20公里，便可到南田拜访**刘基故里**（☎0577-6776 3070；门票 20元；⏰7:30~17:00），这是明朝开国功臣刘基（字伯温）的故居。S330省道到文成西坑镇，路就断了，之后继续往前便要走蜿蜒山路，那就是往丽水景宁的方向。从瑞安出发到文成南田，全程约100公里，行程约2小时，若想玩好整个文成，至少2天。

前右转进入泰顺县泗溪镇。

线路亮点

8 泰顺

不管在数量上还是质量上，泰顺的廊桥几乎都可以排到全国第一，故而被人们称作“浙南桥梁博物馆”。泗溪镇是旅行者造访最多的地方，镇上**泰顺廊桥文化园**（☎0580-6764 8898）是当地极力打造的旅游景区，泗溪有被称作“泰顺最美廊桥”的**北涧桥**及同为姐妹桥的**溪东桥**。北涧桥位于泗溪镇西北，与溪东桥之间步行5分钟。

距离泗溪镇15公里的三魁镇拥有著名的**刘宅桥**、**薛宅桥**和**永庆桥**，这些布满岁月痕迹的精美桥梁，与周围的山水、庙堂、书斋等相映成辉。从三魁往南经过**严山峡谷**，12公里到仕阳，那里有**仕阳矴步**与**雪溪胡氏大院**可看。

从泗溪镇继续沿S331省道，行驶30公里到泰顺县城。县城东北7公里仙稔乡有**仙居桥**，为最典型的木拱廊桥，桥屋达18间，是泰顺跨径最大的木拱桥。

见534页

行驶路上 » 从泰顺到云和，沿S228省道67公里到景宁县城，出城后从景宁收费站上S34云景高速，转G25长深高速后在云和收费站出高速到达云和县。全程87公里，约1个半小时。

南尖岩和独山村

从松阳往北到遂昌，只有35公里。遂昌是浙南“九山半水半分田”的典型山区县，负氧离子含量高出世界清新空气标准6倍以上。多数风光摄影爱好者会直奔县城西南50公里王村口镇的**南尖岩**（☎0578 855 5666；门票 80元；⏲5:30~17:00），云雾中的森林、梯田和山野、怪石犹如仙境。相距不远的**神龙谷**（☎0578-836 6000；垵口乡桂洋林场；门票 80元；⏲8:00~16:30）有落差达300余米的神龙飞瀑。喜欢看古村落的还可以去西北方向37公里外的独山村（免费），寨墙、石牌坊仍存，明清古民居被群山环抱。此外，一定要尝尝遂昌本地丰富的美食，窝窝头炒腊肉、焦滩鱼头、香炸小石斑都是必尝美味。

途中在S228省道行驶41公里后在白鹤村左转沿白大段可到达云中大漈（☎0578-506 6998；大漈乡；门票80元），有廊桥、千年柳杉、宋代古寺时思寺和瀑布雪花漈可观赏。大漈村有几十家农家乐提供餐食。当路过畲族自治县景宁时，若想了解这个民族，可去中国畲族博物馆（☎0578-509 7226；人民南路350号；免费；⏲8:30~12:00，14:30~17:30，周一闭馆），这里收藏了1800余件畲族服饰、生产生活用具、文献和祭祀道具等。

9 云和

云和市区没有太多景点，你可以直奔城西南11公里的崇头镇**云和梯田**（☎0578-515 6688；门票 80元）。作为华东地区最大梯田区，春季水稻播种、夏季开犁时都会出现层次丰富的水景，运气好还会看到阳光透过云层洒下一道道光柱的“丁达尔效应”，是摄影师最爱的画面之一；秋季稻谷成熟的金色和冬天的雪景也让梯田线条更为妖娆。为拍到最佳的日出、云海，许多摄影师会选择住上至少一周。

见534页

行驶路上 » 从云和收费站开入G25长深高速，再转S33龙丽温高速，在松阳收费站下高速，到达松阳县城。全程69公里，约1小时。

10 松阳

地处山区，工业发展并没有对松阳造成太多影响，辖区内依然保持着颇高的森林覆盖率，说这里是浙江省内空气最好的地方一点都不夸张。

将车停在松阳县政府

Classic Trip
经典线路

外的停车场，向东步行约800米进入狭窄的**西屏明清街**，沿街随处可见打铁铺、草药店和制秤艺人，是少有的依旧活着的老街。南直街53号的原工商联旧址变身为**松阳县非遗展示演艺中心**，展示着松古盆地的传统手艺。而对面的**山中杂记**不仅是一家书店，还将松阳本土物产重新包装后介绍给来客。

松阳县有50个村庄被列入中国传统村落保护名录（sygcl.zgsynews.com），这些村落或隐于群山之中，或坐落于清溪之畔。目前已开发的主要是北面的**三都**和**四都**两座古村落。三都黄墙黑瓦的村落群有"江南小布达拉宫"之称，是摄影爱好者的钟爱之地。但山路狭窄泥泞，弯道颇多，建议你考虑周全后再出发。前往以云雾变化著称的四都乡就要顺畅不少，沿S220省道可直抵四都，沿路还多设有驿站和指引牌。要去松阳境内其他的古村落，不见得都能得到导航仪的帮助，在不清楚路线时最好还是前往客运站问问老司机。

见534页

行驶路上 » 从松阳前往仙都，全程110公里。你可以先上S222省道开26公里后到达丽水的古堰画乡（☎0578-219 6975；门票 42元，含往返画舫船票；⏲8:30~16:00），景区由古堰和画乡两部分组成，分别位于丽水西南的碧湖镇堰头村和大港头镇。因浓缩了当地清幽的水乡妙景，成为美术院校的写生基地，画乡还有自成一派的巴比松油画。

从古堰画乡继续往前，从碧湖收费站上G25长深高速，67公里后在缙云收费站出高速，往前沿外旱线、S219省道到达仙都景区。

⑪ 仙都

缙云县**仙都景区**（☎0578-312 0301；⏲7:30~17:30）的山野风景得到了大批影视剧的青睐。仙都主要景点分布在好溪两岸，清澈溪水给沿岸山石添了不少秀气，仙清线相连各景区，由远及近依次会见到**芙蓉峡**（门票 25元）、**朱潭山**（门票 15元）、**鼎湖峰**（门票 60元）、**倪翁洞**（门票 10元）、**小赤壁**（门票 10元），各景点间距离都在2公里内。仙都景区开发成熟，景区有免费停车场，农家乐也可以在周边找到。

行驶路上 » 从缙云收费站上G25长深高速，19公里后在永康收费站下出口，之后沿永武公路和S312省道向武义下辖的古村行驶，进村的乡道多有限速且不太好找。全程约60公里，约1.5小时。

如果你喜欢古民居，不妨从仙都前往金华前，先去西面16公里外河阳古民居（☎0578-317 2808；新建镇河阳村）看看，那是一个保存有15座古祠堂和百栋旧宅邸的古村落。

⑫ 武义

武义下辖有俞源和郭洞两村，都是风水学演绎

另辟蹊径
永康方岩

起点：⑪ 仙都

不少人会前往永康东北郊的**方岩景区**祭拜胡公，胡公祠最初是为了纪念宋朝官员胡则，慢慢演变成浙中地区老百姓的祈福许愿灵地。胡公祠位于山顶石洞中，梁枋与檐柱均有精美雕刻。而方岩景区的丹霞地貌，是吸引喜欢自然景观的人前来的原因。

方岩景区离永康市区还有25公里，如果从仙都前往，可绕开永康城区，从G25长深高速直接转入S27东永高速，从方岩收费站出高速后右转经方岩大道到达，全程约47公里，需时45分钟。

视觉中国 提供

在仙都的湖上摇橹

的绝佳案例。在S312省道与Y009乡道的交叉路口向南约6公里抵达**郭洞古村**（☎0579-8773 6439；门票 30元；⏲8:00~17:00）。这里背靠龙山，砌城墙形成水口，用回龙桥聚气藏风，形成了绝佳的人居环境。

而位于S220省道不远的**俞源村**（☎0579-8777 9045；景点联票 30元，⏲7:30~17:30），有"太极星象村"之说。村内保存有大量石、木、砖雕精美的古屋，建筑纵跨宋、元、明、清四朝。从村庄西侧小溪旁穿过村外公路，沿石阶上山，山上凉亭可俯瞰由农田构成的太极图案。

两个村落分别位于武义市区的南侧和西南侧，从市区出发均要30分钟的路程，位于省道附近的俞源村，驾驶更为便利些。村中均有多家食宿点。

行驶路上 » 从武义前往金华，可走G25长深高速36公里到达，也可经莹乡路和十白线35公里到达，虽然比不上高速上行驶畅快，但路况也不用太操心。

⓭ 金华

金华江、东阳江、武义江三江曾为金华带来了发达的水运贸易，可惜如今被保留的古迹并不多。想了解金华的过去，可前往鼓楼里古子城历史街区。车子可停在**金华市博物馆**（☎0579-8231 0581；东市街128号；免费；⏲9:00~16:30，周一闭馆），了解过城市历史脉络后，穿过鼓楼里创意街区，步行前往**太平天国侍王府**（☎0579-8233 8358；鼓楼里酒坊巷52-3号；免费；⏲9:00~16:30，周一闭馆），王府的壁画、彩画，是研究当时艺术的重点作品。沿八咏街继续往西，还会看到曾经的金华地标**八咏楼**（门票 10元；⏲8:00~16:30），以及当代诗人、"大地之子"艾青的**艾青纪念馆**（婺江东路238号；免费；⏲8:30~17:00，周三上午闭馆），该建筑也是建筑师王澍的作品。

走出古城，顺着人民东路和清照路往东到达**金华建筑艺术公园**（清照路；免费；⏲24小时），长约2公里的滨江公园是艾青之子艾未未应邀规划的，这里容纳了来自"鸟巢"主设计师赫尔佐格、哈佛大学建筑系主任森俊子，以及设计师张永和、王澍等人的17件公共小型建筑。

离金华市区北约15公里有**双龙洞景区**（☎0579-8259 8016；景点门票 90元；⏲8:00~16:40），这个依靠钙化溶洞和瀑布出名的老牌景区是道教黄大仙祖宫的所在地，若只登山不进入各溶洞内部是免费的。前往双龙洞的S313省道路面多坑洼，尘土较多，过罗店镇后往右继续行驶到达双龙洞。进入景区口后还有一段盘山公路，虽然距离不远，但路上也颇为波折。

见535页

行驶路上 » 沿G330国道往西北约27公里，便到了金华下属的兰溪。

⓮ 兰溪

要看诸葛八卦村和长乐福地，绕不开兰溪。兰溪老城至今留有不少明清旧宅民居，青苔石板路古韵犹存。出兰溪市区后继续沿G330国道往西北18公里就是**诸葛八卦村**（☎0579-8860 0001；门票主景区100元；⏲8:00~16:30）。这是诸葛亮后裔最大的聚居地，按祖制九宫八卦设计，空中俯瞰的村子地形就是个"八阵图"。虽然村子已被景区开发包装得不太友好，但对古村格局感兴趣的游客仍值得前往一看。

行驶路上 » 诸葛八卦村经G330国道回到金华，前往下一站义乌。金华和义乌相差约70公里，G60沪昆高速转入G1512甬金高速，在义乌收费站出，全程约60公里，约1.5小时可到达。

到达义乌市区前，可提前在义亭收费站出，经上佛线探访有"千年古镇，百年商埠"之称的佛堂古镇，长2公里的老

斯宅千柱屋

从浦江前往诸暨时，可经G60沪昆高速转S34绍暨高速、S26诸永高速后，在璜山收费站出高速，沿着绍兴最美乡道之一的浬斯线，探访隐于山间的**斯宅民居**（☎0575-8795 5178；东白湖镇斯宅村；门票 20元；⌚7:00~17:30），沿陈蔡水库往上攀爬，林木愈加繁盛，是真正的"白云深处有人家"的静谧所在。诸暨东南斯宅乡的这两个村落，沿山涧溪流，建有大量明清老宅，它们似乎完全被时代遗忘，半个世纪前的标语仍刷在屋墙上，屋内木结构陈设如初。**下新屋**规模宏大，**千柱屋**有10个天井，120个房间，1322根柱子，这两处古屋更装饰有大量精美雕刻。从千柱屋旁的石径上山，可以通往**笔峰书院**，爬到溪对岸的山上，能看到整个古民居连绵的景象。此外，斯宅村口白色小洋楼，曾是胡兰成避难之所，更因张爱玲与胡兰成的爱情故事而备受关注。

下山离开斯宅，放慢速度，留点时间欣赏浬斯线两侧赏心悦目的乡村风光，之后经过S211省道进入诸暨市区，全程约33公里。

街是佛堂灵魂，路上商铺的木排门、矮柜台随处可见，贩卖的多是本地居民所需，鲜有旅游开发的痕迹。

⑮ 义乌

义乌曾是"初唐四杰"之一骆宾王的故乡，在市区的**骆宾王公园**（城中中路48号）、**孝子祠公园**（稠城街道城中北路）等地可以了解此地历史。蜚声世界位于绸州路的**义乌国际商贸城**自成一国，有5个交易市场大区，大到家电、五金，小到钟表、配饰都能在这里买到，可以说是中国经济发展的奇迹之一。虽然义乌似乎和旅行没有太多关系，但却能了解到当下浙江经济的某个侧面。

✕🛏 见535页

行驶路上 » 从义乌前往浦江全程约24公里，用时仅40分钟，刚出义乌城区的S103省道有些许坑洼路段，但很快进入S210省道，路面就变得宽敞平坦。

⑯ 浦江

可前往距浦江约15公里的郑宅镇，走进**江南第一家**（☎0579-8428 8363；郑宅镇；门票50元；⌚8:00~16:30）的古建筑群，一睹古时氏族共居的居住范本。"江南第一家"是明太祖朱元璋所赐，郑氏宗祠内的168条家规条例彰显着"孝义治家"的理念。前往江南第一家的最佳时机在每年正月十五前后，郑氏家族会举办元宵舞龙。村民们舞的是板凳龙。长达约500年的习俗得以传承。

行驶路上 » 从浦江到诸暨，沿S210省道经浦江收费站上G60沪昆高速，40公里后从诸暨收费站出高速，经迎宾路进入诸暨市区，全程约60公里，约1小时。

⑰ 诸暨

诸暨的浣江边有**西施故里**（☎0575-8737 2550；通票100元；⌚8:00~16:30），一个为纪念西施而建造的庞大中式园林，有着不错的步行街和主题混乱的展馆；而浣江北侧，20世纪80年代重修的**西施殿**（浣纱南路123号）似乎最符合主题，当地搜集了上万件古建筑构件修建此殿，那些木雕花窗、牛腿、雀替都带有鲜明的诸暨特色。

从浣江边离开，经S308省道，行驶约20公里到达诸暨西郊的**五泄风景区**（☎0575-8777 3688；门票80元；⌚游船7:30~16:45），水流呈五种瀑布，吸引了大量游客。停车10元/次。

行驶路上 » 游完诸暨之后可以沿G60沪昆高速往北，经杭州绕城前往杭州萧山机场或其他交通枢纽，结束本次旅程。需提醒的是，杭州绕城过萧山服务区之后，拥堵现象频繁，若是要乘飞机离开，请留足时间。

食宿

杭州 ❶

羊汤饭店 小吃 ¥

（☎0571-8702 7346；中山中路64号；羊肉烧卖 20元，羊汤 5~15元；⏲6:40~20:30）200多年历史的小吃店，专门吃羊，兼营一些非清真面点。羊脑、羊肝、羊杂碎汤配上羊肉烧卖是经典的搭配，烧卖用肥瘦适中的羊后腿肉制成馅料，入口满嘴皆鲜。

菊英面馆 小吃 ¥

（☎0571-8780 3222；中河南路14号；人均20元）杭州最好吃的片儿川，当然价格也比普通小店要稍微贵一些。因为只有一位师傅在厨房挥动菜勺，所以客人总要排队等候。另外，这是一家放寒暑假的面馆，去吃面还得选对时间。

江南驿（上天竺店） 创意菜 ¥¥

[☎0571-8715 3273；天竺路355号（近法喜寺）；人均70元；⏲11:00~14:00（午），17:00~21:00（晚）]恐怕是杭州餐饮里最傲娇的一家店，店门口写满用餐提醒，比如"谢绝催菜，越催越慢，再催熄火"，但尽管是这样，依然被食客挤破门。大鱼烧小鱼（56元）、酸辣包心菜（15元）、椒麻鸡（98元）值得推荐。店家自制米酒（28元/500ml）也很有特色。

凤凰山庄 精品酒店 ¥¥¥

（☎0571-8788 7000；凤凰山脚路164号；大床房 772元起；❄@P）杭州城内为数不多的艺术酒店，位于半山腰，被上千亩天然樟木环抱。酒店保留了三四十年前工业老建筑的外形，原本的防空洞被改成艺术餐厅。酒店主人收藏了上百种艺术类画册和书籍，走廊、房间内都挂有国内外艺术家的作品。

九里云松度假酒店 精品酒店 ¥¥¥

（☎0571-8798 7999；灵隐路18-8号；大床房1577元起；❄@P）九里云松是唐袁仁敬在灵隐道两侧种植的2公里松树，久而久之，松霭连云，成为"钱塘十景"之一。这家度假酒店就隐匿于茶园与参天古树之间，是小型精品奢华酒店（SLH）在国内少数的几家之一，在房间配置、餐饮、服务等方面都耐人回味，是可以住下来静思杭城的地方。

绍兴 ❷

阿丘十碗头 浙江菜 ¥

（☎0575-8880 9365；仓桥直街244号；人均40元；⏲11:00~14:00，17:00~20:00）"十碗头"并不是店名，而是绍兴菜的一种规格。这家毫不起眼的二层小店，厨房就占了一楼的一半空间。菜品很多，看菜点餐，绍兴家常菜在这里都能吃到，口味偏咸。特别推荐老式绍兴菜苋菜蒸豆腐，豆腐滑润，冲淡咸味，再要上一杯加饭酒，是对你适合绍兴口味与否的终极考验。

男眼镜螺蛳摊 浙江菜 ¥¥

（☎188 8878 9702；剡溪路1号夜排档；人均50元；⏲16:15至次日3:00）从螺蛳摊到繁华大酒楼，男眼镜的厨艺不容置疑，这里越晚生意越火爆，门口停满代驾。一定要点一份酱爆螺蛳，再要上一瓶黄酒，还有醉蟹钳，得是生蟹，吃起来咸中带鲜，下酒非常好。新店位于古城内人民西路336号，离绍兴博物馆很近。

悦府精品酒店 精品酒店 ¥¥

（☎0575-8525 1188；越城区西小路30

号；标单 298元；❄@P）枕河而居，窗外是小桥流水、白墙黑瓦，偶有乌篷船划过的纯正老绍兴味道。酒店位于西小路巷内，开车进去颇有些考验，附近是颇具历史的绍兴老台门和味道不错的小馆子，随时可以沿河散步。内部装饰颇具江南水乡元素，因为位置不明显，定价目前并不是很高。

大禹·开元
度假村 ¥¥¥

[☎0575-8829 8888；二环南路1988号；标双 868元起（含双早餐）；❄@P]“会稽山下的江南古村”是这间豪华度假村的主题，距离中心城区约5公里，靠近大禹陵。所有房间都是江南大宅风格的连排别墅，白墙青瓦如画中风景，餐厅和茶馆都颇有格调。白天你还可以免费坐乌篷船顺河享受幽静的江南情趣。

新昌 3

锐思特汽车酒店（大佛寺店）
酒店 ¥¥

（☎0575-8622 2408；鼓山中路216号，劳动市场对面；标双 154元；❄@P）大佛寺附近的一家浙江本土连锁品牌，虽叫汽车酒店，但配置上更接近经济型酒店。距新昌大佛寺步行仅100米，从此处去新昌周边各地也都挺方便。

天台 4

天台山小吃
小吃 ¥

（☎0576-8935 9535；工人东路117号国土局旁，近飞鹤路；⏲24小时）十年本土老店，几乎可以尝遍天台各种奇怪小吃，关键是大多味道还不错。特色有五花年糕（18元）、扁豆汤（5元）、饺饼筒（8元）、鸭爪（2元/只）和炒田螺（10元），当然一定要尝的就是可以包裹任何美食的糊啦太（5元），类似饼夹菜。饭点非常忙碌，看菜点餐，与餐馆老妈妈们的普通话交流有点困难。

天台宾馆
酒店 ¥¥

（☎0576-8935 8888；天台县国清景区内，距大门1公里；标双 270元；❄@P）四星级酒店，就在国清寺东面的老路边。房间略旧，但很清静，如果想远离喧嚣，这里是绝佳之地。淡季有打折。

天台维多利亚酒店
酒店 ¥¥¥

（☎0576-8390 9666；工人东路479-481号；标双 338元；❄@P）位于天台市中心地段，是当地少数的星级酒店，服务用心，提供免费咖啡、夜宵，还有免费洗车服务。西临佛国仙山美食一条街，出门用餐方便，但工人东路作为天台主干道，交通较混乱，上下班时段堵车严重。

雁荡山 5

东园·民宿
民宿 ¥¥¥

（☎0577-6226 2111；大龙湫景区外东园路17号；标单480~580元；@❄）大龙湫景区门口旁的东园村，两个之前从事室内设计的年轻人，把他们理想中的家呈现出来并分享给游客。你会喜欢这里，不仅是因为大大的落地窗可以一望山景，还有那些有意思的细节布置，以及从泰国、土耳其带回来的异域风情的小装饰，更重要的是这里有民宿的精髓，主随客便，不会有人打扰你的山中旅居生活。

静凡居
精品客栈 ¥¥¥

（☎0577-6224 8789；响岭头村谢公路48号，近灵峰景区；标双880元；@❄P）可以在房间眺望灵峰夜色的绝佳位置，一间真正的农家屋改出的精品民宿。室内是日本依奈陶瓷、欧舒丹沐浴用品、智能化控制系统等高规格硬件设置。当你晚上看过雁荡的星空，听过鸟鸣入睡之后，早上醒来有豆腐干汤、糕头、麦饼等当地早餐等着你。

楠溪江流域 6

云逸芙蓉 民宿 ¥¥¥

（0577-5767 0727；芙蓉古村；标双380元起；@ ❄）一进芙蓉古村，石板路左转就是这家由古老房子改造的民宿，曾上过CCTV-4《远方的家》栏目。7个中式主题客房和院内设计一点一滴都透露着主人的心思，你可以在拥有大树的院子里发呆，也可以步行进入古村感受老派生活。节假日房价略有上浮，需要提前预订。

悦庭楠舍 精品酒店 ¥¥¥

（0577-6790 3333；泰石村，泰石小学斜对面；标双530元，田景房670元；❄ @ P）距离九丈大桥不远，走乡村+工业Loft的路线，外墙用竹子包裹，内部注重细节，每一件器物都精心挑选。酒店目前有三人房、田景大床房、套房等5种房型，风格各异，建议你提前预订。

茗岙梯田庄园农家乐 农家乐 ¥

（139 6894 2387；普双 30元，带卫生间50元；❄ @ P）位于茗岙桥头，包括餐饮和住宿，老板是热爱摄影的巡防队队长。他有自制的拍摄点地图，也会安排家人带领住客去周边的摄影点。

如意客栈永平人家 客栈 ¥

（0577-6718 9678；林坑村80号，永平桥头；普双 120元起；❄ @）林坑临溪边第一家，全木质的房间小巧紧凑，也不潮湿。老板一家十分友好，还有简单但味鲜的本地素面提供。仅五间房，如果客满，可以住她家亲戚的客栈。

泰顺 8

泗水山庄 客栈 ¥

（0577-6764 7979；游客服务中心旁，近泗水桥；标双100元起；❄）由一个有190年历史的老宅院改建，拥有漂亮的院子，客房在二层。有农家菜，包吃住130元/间，10人起。仅大厅有Wi-Fi。位置稍偏，适合自驾游客，可在游客中心停车。

云和 9

云曼酒店 精品酒店 ¥¥¥

（0578-538 8888；标单/双 平日 1780元，周末 2380元，全景房平日 3180元，周末3480元；Wi-Fi @ P）云和湖上游的豪华度假酒店，拥有17间360度全湖景客房，可感受马尔代夫小木屋的梦幻。自驾游客人的车子需要停在候车场，出行会有专用电瓶车接送，随叫随到，非常方便。

松阳 10

百仙面馆 小吃 ¥

（西屏镇南直街40号；人均10元）一方灶台、一口大锅、一张面板、一对夫妻、一家老店，只有5款面：清汤、鸡蛋、大排、猪大肠、五花，但永远都要排队。如今的老板娘是百仙面馆的第三代传人，来这儿的熟客都宛如家人般熟络。

过云山居 精品酒店 ¥¥¥

（0578-880 1888；西坑村；大床 880元；❄ @ P）过云山居有8间面朝山谷的阳光房和300平方米的山顶露台，一切都值得你翻山越岭来此享受一个云海升腾的清晨，欣赏西坑村云雾缭绕的美景。

云上平田 民宿 ¥¥¥

（183 5888 3585；四都乡平田村；标间328元起；❄@P）海拔上升到610米，群山环绕古树环抱，晨间云蒸雾绕，晴日晚霞织锦，平田村因而得了“云上平田”之说。如今整个村庄被重新改造成民宿项目，除了民宿还拥有四合院餐厅、精品民宿、青年旅社、茶吧、咖啡吧以及农耕展览馆等，而这些建筑的改造者都是著名的设计师。

金华 13

连根煲庄 浙江菜 ¥¥

（0579-8231 7159；八一北街480号；人均60元起；10:00至凌晨3:00）金华“煲字号”老店，最著名的胴骨煲（小锅100元）里除了长胴骨外，还配有千张、鸭血等，用高汤炖煮后非常鲜美，吃完之后再涮上一些新鲜蔬菜，两个人一份足矣。店开到凌晨3点，来这吃夜宵不错。

老胡煲庄 浙江菜 ¥¥

[0579-8318 2778；婺江西路（近金虹桥）；人均60元起；10:00至凌晨1:00]来老胡家吃饭的人吃的都不是味道，而是风景。店家别出心裁地把饭店开在了金华江的一条船上，客人在吃金华煲的同时还可以欣赏无边江景。

金华贴心管家花园酒店 酒店 ¥¥

（0579-8235 8888；双龙北街689号，火车站正对面；标双 含早餐170元起；❄@P）就在火车站对面，交通便利，服务专业周到。房间布置舒适，服务温馨。酒店每层楼的风格都不同，入住时可以先在前台了解一下。丰盛的自助早餐和园林景观的公共区域是亮点，网速也快。

义乌 15

乌商面馆 小吃 ¥

（133 2589 2568；稠州西路55号，人均15元起；8:00至次日2:40）南方联客运站正对面，是市区里难得的还注重传统小吃的一家小馆子。这里除了有乌商沃面和千张面等当地面食，还有红糖糍粑、酒糟核桃羹等传统点心值得一尝。在市区内还有其他三家连锁分店。

义乌商城宾馆 酒店 ¥¥¥

[0579-8545 8888；江滨中路180号；标双448元起（含双早餐）；❄@P]2014年新开的五星级酒店，性价比相当高，设施、服务和早餐均不输国际连锁品牌的五星酒店。正对义乌江的江景房视野非常好。毗邻篁园服装批发市场，与江东客运站约1公里路程，每天有两班免费穿梭巴士往返于国际商贸城和酒店之间。

西递传统的徽派建筑大多为明清时期所建，
就连街巷的布局也依然如旧

视觉中国 提供

Classic Trip

经典线路

徽州人文山水线

35

青山绿水处，粉墙黛瓦间，无论是纸墨笔砚的人文气息，还是地道徽菜的舌尖满足，徽州总有一种让人身未动、心已远的吸引力。流连于鸡犬陌巷和寻常人家，看似恬淡无梦的徽州已经在你心里留下了一颗梦的种子。

线路亮点

10~12天
680公里

最适合

何时去

12月至次年5月，冬游黄山，春看花海。

最佳摄影点

在西递的高墙深巷里用镜头记录尘封的过往，村尾山丘上的观景亭则可以拍摄到村落的船形全貌。

最佳自驾路段

从宏村到黄山，沿途都是摇曳的竹林、起伏的茶田和影绰的民居。

Classic Trip

经典线路

35 徽州人文山水线

这是一条“梦圆徽州”的经典路线。一路上，黛瓦粉壁马头墙和乡村田园风光接连映入眼底，初春时节金黄遍野的油菜花，更让你难以停下相机快门。徽州老宅子改造成的客栈别具风情，你可以在当地人家小住几日，吃着口味略咸重的地道徽菜，却感受着最风轻云淡的时光。旅途后半程有名山相随，无论是登临道教圣地齐云山、拜访地藏菩萨道场九华山，还是一睹“归来不看岳”的黄山峻秀奇姿，都会让你的徽州之旅变得充实和难忘。

虽然全程都是良好的路况，不过也会有弯道颇多的县道要时刻留意。

❶ 宣城（宣州区）

宣州区作为宣城的市辖区并没什么看点，可以直接前往风景更好的下一站。如果需要在这里停留一日，可以到位于城北的李白赞为"相看两不厌"的**敬亭山**（免费；⏲8:00~18:00）转转，山坡上的百亩茶园很漂亮。还可以在市中心的**宣城博物馆**（☎0563-282 6177；www.xcsbwg.com；府山广场；免费；⏲8:30~12:00，14:00~17:00，周一闭馆）消磨时光，博物馆北侧是**谢朓楼**和**开元塔**，都不需要门票。

见547页

你也可以……

33 富春江沿线

从歙县你可以走012县道沿着新安江南下约125公里、4小时到淳安县，之后再进行富春江沿线的旅行。

36 赣东宗教文化和地质景观线

从婺源沿G56杭瑞高速向西行驶约75公里、1小时可以到达景德镇，开始赣东行程。顺道还可游览**浮梁县古县衙**（浮梁县县衙路；门票50元；⏲4~10月 8:00~18:00，11月至次年3月8:30~17:30）。

行驶路上》 从宣州区向西南出城后沿S322省道行驶，约48公里后到达泾县县城。这条双向四车道的快速通道是2015年新通车的，路况很好，注意全程限速60公里/小时。

线路亮点

❷ 泾县

泾县有意思的景点都在县城外，从宣城过来不要进城，继续沿S322省道行驶，先路过青弋江边的宋代**水西双塔**。继续前行约21公里的路左就是**章渡村**，村中的"千脚屋"很特别。接着沿S322省道前行，在寺基村过了青弋江桥后右转入X063县道，约14公里后就可以到达泾县最有名的**桃花潭景区**（☎0563-587 0418；桃花潭镇；门票82元；⏲8:00~17:00），白墙黑瓦倒映在青弋江水中，构成了一幅绝美的江南山村水墨画。你可以选择在镇上的客栈住宿和吃饭，也可以往前过桥后右转，沿苍溪岭公路（桃潭路）、X037、X064县道行驶约17公里到**查济村**（☎0563-599 5299；www.zhajijingqu.com；门票旺季3~10月 80元，淡季11月至次年2月 60元；⏲8:00~17:00），村中有保存比较完整的古建筑群。这里也有很多客栈可供食宿。你还可以沿X064县道、S322省道返回泾县县城落脚，大约1个半小时的车程。

见547页

行驶路上》 从泾县往南沿G205国道行驶，28公里后到榔桥镇，如左转沿X078县道5公里可到黄田村古建筑群（门票 56元），村中有一座建于清代外墙轮廓形似船体的"洋船屋"，另外还可以在照壁上看见极少见到的"水磨花砖"。沿G205国道到了蔡家桥镇后你有3条路线可选：一是在过桥前的岔路口左转进入X080县道，3公里后到达朱旺村（www.zhuwangcun.cn；门票 20元），看村中的"九井十三桥"；二是过桥后继续沿G205国道行驶约22公里，去江村（☎0563-804 6446；www.cnjiangcun.com；旌德县白地镇；门票60元；⏲7:30~17:00）看牌坊和古宗祠；三是过桥后左转沿S217省道行驶穿过旌德县城后继续南下去绩溪，途中在孔灵村参观汪家大院涅园（☎0563-833 5681；门票65元，涅园、胡宗宪尚书府、太极湖村套票 150元；⏲8:00~17:00）后，左转进入S215省道（徽山大道），直行进入绩溪县城。全程98公里，行驶需要2小时。

线路亮点

❸ 绩溪

绩溪是古徽州的商业重镇，也被视为徽商故里以及徽菜和徽州文化的发源地之一。在绩溪县城参观**绩溪博物馆**（☎0563-816 7190；良安路100号；免费；⏲9:00~

当地人声音

胡伟

绩溪人，客栈老板、当地导游

在徽州一带旅行，其实景点并不太重要。这里随便进入一个村落都会有绝世出尘的田野风光、看不够的粉墙黛瓦和浓郁的文化气息。不必担心交通问题，村子间都修了公路，除了弯道稍多外路况都不错，也没有大型货车打扰。因此不妨远离那些人群蜂拥的"出名"景区，去拜访那些看似默默无闻不要门票的小村子，探秘徽州最真实、最安静的一面，相信你会有更多的收获。徽州一带古道很多，已经重点保护和修复的有10余条，大都分布在群山幽谷之中，沿途风景壮观，也能用脚步亲自见证这一条条曾经繁忙又艰辛的"徽商之路"。

上图：婺源篁岭的晒秋

11:00，13:30~16:00，周一闭馆）和同在一条街上的**三雕博物馆**（☎0563-815 5961；良安路县广播电视台院内；免费；⊙8:00~11:30，14:30~17:30）后，从登源路向东南方向出城，之后沿着路况良好的X086县道行驶，可将绩溪的精华景点"一网打尽"。

出城不远就是**紫园**（☎0563-816 5911；上马石村紫园山庄；门票58元；⊙8:00~17:00），这是一座私人的徽派民居建筑博物馆，拆迁搬来了不少的古建筑，并开设有饭馆和客栈。向前行驶2公里就可以看见**仁里古村**（☎0563-831 8618；门

视觉中国提供

票45元；⏲8:00~17:00）的硕大指示牌。这是一个有千年历史的古村，村子里保留着不少元、明、清时的古建筑。继续前行约10公里就进入了**龙川景区**（☎0563-831 5763；www.longchuanly.com；门票 75元；⏲8:00~17:00），景区内古桥、牌坊、宗祠都值得好好欣赏。**胡宗宪尚书府**（☎0563-831 5587；门票 65元；⏲8:00~17:00）也值得一看，里面巷弄四通八达，仿佛迷宫一般，戏台、私塾、医馆、家庙等应有尽有。

继续沿X086县道行驶约7公里会先后路过**太极湖村**（☎0563-837 0878；门票60元；⏲8:00~17:00）和**障山大峡谷**（☎0563-815 2583；门票60元；⏲8:00~17:00），前者的14座砖雕门楼非常精美，后者则是夏天游山玩水、避暑纳凉的好去处。继续行驶8公里就是著名的徒步路线**徽杭古道**（☎0563-839 1088；门票 68元；⏲8:00~17:00）入口，全长20多公里，需4~5小时，具体路线见Lonely Planet《安徽》一书。若还有时间可以继续沿X086县道行驶约21公里到家朋乡，**磡头古村**的水街和房屋、**梅杆岭梯田**春季层叠盛放的油菜花都是摄影爱好者的绝佳题材。

见547页

行驶路上 » 沿X086县道游览上述景点后，前往下一站歙县还需沿原路折返，过仁里景区后沿Y007乡道行驶12公里后，在临溪镇左转进入X215省道，约17公里后到达歙县县城。注意在行驶到11公里殷家村时，在公路两侧分别有尚书坊和大司徒坊两座牌坊，其中的大司徒坊可算是歙县最精美的牌坊。

线路亮点

❹ 歙县

歙县是徽州文化的发祥地，位于县城的**徽州古城**（☎0559-215 6121；www.guhuizhouta.com；门票116元；⏲古城全天开放，景点8:00~17:00）就是原徽州府的治所。你可以将车停在古城游客服务中心前的停车场，然后从北侧200米处的西门购票进城，没多远就是最有名的**许国石坊**。凭门票还可以参观**府衙**、**曹氏二宅**、**南谯楼**、**渔梁坝**等景点，步行游览线路可参考Lonely Planet《安徽》。进古城的小巷很多，不参观景点则可以不买票。

县城外围的景点以徽州古村为主，但比较分散，景致和看点也相差不多，你可以选择一条线路来个一日游：

西北线：从县城沿S215省道向西出城，在郑村镇右转过河进入Y020乡道，先后游览**郑村**和**棠樾牌坊群·鲍家花园景区**（☎0559-

另辟蹊径
"皖南川藏线"

起点：❶ 宣城（见539页）

风景秀美且有之字形盘山路的"皖南川藏线"，东起宁国市的青龙湖，西至泾县的苏红村。沿途可见青龙湖的波光潋滟，板桥村的春绿秋红，歇脚的农家乐也很多。线路中最为惊艳的便是桃岭公路，海拔均在800米以上，上坡约10多公里，下坡也约10多公里，山势险要弯道多，景色迷人也惊人。这段路上有观景台，切勿随意路边停车，很容易堵塞交通。

从宣城出发，经G50沪渝高速、S05宣桐高速，在宁国收费站出高速，经S104省道、宁国大道到达宁国，这段路50公里。往西沿青龙西路开上X061县道，经过青龙乡、青龙湖、方塘乡、板桥村，开上翻山的桃岭公路，下山到达苏红村，左转往西沿X073县道经西阳乡开上G205国道，这段路90公里，约3小时。上国道后，左转5公里便是泾县榔桥镇。

线路全长145公里，单驾车就要4小时，请留足游玩时间。由于桃岭路段弯多路窄易拥堵，还请避开周末自驾游车辆多的时间前往。

Classic Trip
经典线路

675 1878；门票100元；⏲6:30~17:30）再经X010、X007县道北行约20公里到**许村**（☎0559-660 0378；www.chinaxucun.com；门票40元；⏲7:00~17:00），这里的牌坊和宗祠同样不会让你失望。

东南线：从县城沿S324省道向东行驶，可以依次游览**瞻淇古村**、**北岸廊桥**后到距县城37公里的莱花、云海拍摄点**石潭**，这些都是有千年历史的徽州古村，回程时可以离开北岸镇后左转沿X003、X012、X004县道行驶14公里去往**昌溪**，之后原路35公里返回歙县县城。如果你是摄影发烧友，还可以从返回途中左转沿X012县道去半山腰的**阳产村**，拍摄夕阳中金灿灿的土楼民居，那里也有农家乐，不过上山是弯道很多的窄路。

见547页

行驶路上 » 从歙县县城沿S215省道转S103省道，向西南行驶约24公里便可到达黄山市屯溪区。

❺ 黄山（屯溪区）

新安江畔的黄山屯溪区是多数旅行者登临黄山前后和去往婺源的中转休息站。城区最热闹的就是位于老城的**屯溪老街**（见580页步行游览）一带，青旅和特色旅馆也大都藏在老街的巷弄之中。住在这里虽然停车不太方便，但可以更好地感受老街从清晨到夜晚、从静谧到喧闹的不同样子。

见548页

行驶路上 » 从屯溪区向南跨过新安江后出城，沿G56杭瑞高速可以84公里/小时快速直接地到达江西的婺源县城。不过推荐走省道（S220省道和S201省道）100公里到达，省道路况良好，风景更美，更重要的是会先后经过江湾、晓起、汪口、李坑（4个都为婺源通票内景点）和月亮湾（秋口镇金盘村；免费），这几处也是婺源东线的精华景点。

线路亮点

❻ 婺源

婺源的徽派建筑、油菜花海和纯朴气息吸引着各方旅行者慕名前来。整个婺源就是一个超大景区，通票（210元，5日内有效）里包含的14个景点零星分布，每个景点相隔十余公里，自驾车或包车游玩比较方便。除了通票里这些名声

徽州的笔墨纸砚

笔墨纸砚是古徽州名扬天下至今的产品。自驾徽州，可以顺路看看笔墨纸砚的传统工艺制作过程。

从泾县往西沿S322省道转X072县道，19公里到达黄村镇，可去**晟锋堂宣笔厂**（☎180 9853 1811），看看从选毫到扎头、刻字等十几道流程，70多个工序后，一堆乱毛如何变成宣笔。

泾县县城沿G205国道向南行驶到乌溪乡，公路左侧可以看见**中国宣纸文化园**（☎0563-560 1128；门票60元；⏲8:00~17:00），里面有各道工序操作展示，还可以动手制成带有生肖水印的宣纸（20元/张）。

沿S217省道往绩溪方向，在浩寨乡右转，经009乡道（浩中路）、X090县道，10公里到达上庄镇。这里有制墨大家**胡开文故居和老胡开文墨厂**（☎0563-856 0078），可以参观师傅的揉墨、捶墨和压制成型，还可以看到清代的木刻墨模。在上庄，别忘了去看看"新文化中旧道德的楷模，旧伦理中新思想的师表"的**胡适故居**（门票20元），有他与小脚太太江冬秀的婚房，还有刻着兰花的木雕。

到了歙县，在城东路19号有**歙县工艺厂**（☎0559-653 5356），可以观看老工匠掌刀细刻歙砚，以及琳琅满目的各种成品歙砚。工艺厂也有制墨车间可以参观。

四季游婺源

以婺源县城为中心，婺源景点可大致分为北线、东线和西线。每个景区看似相似，其实各有特点，四季风景皆不一样。若你购买了不算便宜的通票，但停留时间有限，不妨参考下面的游览路线，看最应季的风景。

春季线路（2月底至5月初）：

风景主要为油菜花海、田园风光和徽式古村。

一日游：

以东线为主：**月亮湾**（原生态水墨风光）—**李坑**（小桥流水人家，建议你早晨8点前或晚上6点以后参观，看日出或日落）—**汪口**（三雕精品集萃）—**上、下晓起**（体验亲自动手炒制新茶）—**江岭**（万亩梯田油菜花海）—**庆源**（初春花海，需另付门票20元）。

两日游：

在一日游基础上增加北线景区：**思溪延村**（徽商宅地）—**洪村**（长寿故里，需另付门票60元）—**严田**（水口文化，春季日落最佳欣赏时间为下午4点半到6点）。

夏季线路（6~9月上旬）：

以峡谷、瀑布、溶洞为主的避暑纳凉胜地。

以北线为主：**彩虹桥**（竹筏漂流）—**灵岩洞**（海底演变的千年溶洞）—**卧龙谷**（天然氧吧、清凉水世界）。

秋季线路（9~12月初）：

以红枫、秋收为主的秋色，近距离感受村民"晒秋"。

一日游：

以北线为主：**长溪**（原生态古村，枫叶很美）—**源头**（红豆杉结果，需另付门票60元）—**石城**（看红枫晨雾，最佳时间为11月至12月初早晨8点以前）。

两日游：

在一日游基础上增加东线景区：**江湾**（雪梨沁润）—**篁岭**（五彩缤纷的晒秋人家，需另付门票110元）。

冬季线路（12月上旬至次年2月上旬）：

北线一带的**秋口、浙源、沱川**等都是感受乡村浓浓年味和民俗文化的好去处，浙源乡的**凤山村**过年时会舞龙灯，**察关村**的灯会也很壮观。

如果还有时间，可以去西线的**鸳鸯湖**。每逢冬季，大批鸳鸯会来此冬栖。

在外的景点，婺源许多不起眼儿的小村落都会给你惊喜和感动。在计划你的婺源游览行程前，你可以到县城内的**婺源博物馆**（☎0793-736 8093；文公北路北；免费；⊙8:30~17:30，周一闭馆）对婺源有个全面的了解，也可以在**婺源旅游网**（www.wylyw.cn）上获得更多关于景点、民俗文化和食宿等方面的信息。Lonely Planet《江西》一书里也推介了婺源的若干线路。

✕ 🛏 见548页

行驶路上 » 从婺源县城沿S201省道向北出城，沿着古坦水旁的公路行驶约70公里，就可以到达瑶里的瓷茶古镇。沿途路况良好，只是急弯很多，需注意车速，可以顺道游览思溪延村、清华镇彩虹桥、黄村百柱宗祠、灵岩洞等北线通票内的景点。

7 瑶里

瑶里风景区（☎400 079 1225；浮梁县瑶里镇；景区通票 150元，3日有效；⊙景点 7:00~17:00）由5个主要景区构成，除了**高岭国家矿山公园**位于镇西南方约10公里处（沿S205省道行驶），其余4个景区几乎都在一条线上。你可以到**瓷茶古镇**看看这个由窑而兴也由窑而衰的小镇。之后沿着S205省道向东约2公里就是**绕南陶瓷主题园区**，这里保留着多处古窑遗址。继续向东南方向行驶约6公里，便进入**梅岭休闲度假村**，千年樟树和明清古宅是主要看点。想要活动一下，可从景区内的**徽饶古道**徒步穿行（约1小时）到**汪胡景区**，这里的原始森林中有千年的红豆杉和气势磅礴的南山瀑布，是夏日里避暑的好去处。

行驶路上 » 游览上述几个景区之后，你可以继续沿着S205省道、X032县道行驶，穿过鹤城、流口、凫峰，到达渔亭镇。沿途田园风光怡人，路况良好，但弯道较多。从渔亭镇沿着两侧松树列队的S326省道向东不到7公里，公路南侧就能看到写着“齐云山”的高大石坊，往里走就是齐云山国家地质公园的停车场和售票处。

8 齐云山

齐云山（☎0559-756 1699；休宁县齐云山；门票旺季3~11月 75元，淡季12月至次年2月 55元，索道单程60元；⊙8:00~17:00）古称“白岳”，与黄山南北辉映。作为中国四大道教名山之一和祈福圣地，每逢节假日，就会有络绎不绝的游客上山祈福，特别是临近高考时，许多学子在**梦真桥**拜学的场景更是壮观。山中还有相当数量的道教壁画、摩崖石刻和石碑，几乎峰峰有题词、洞洞有刻铭，让人看得眼花缭乱。

齐云山的景区大门位于山上，除了索道，还有旅游专线车（35/人/单程）从停车场到景区大门**望仙楼**，再向上过梦真桥、一天门、二天门、三天门就是**月华街**，这里有很多客栈，但条件都不算太好，不过可以欣赏到云海日出，也能吃到山民做的徽州土菜。你也可以从景区停车场的**登封桥**走到大门处，大约需要1小时。

行驶路上 » 从齐云山停车场出来后，沿S326省道行驶约1公里右转进入X021县道，看见西递村的指示牌左转走X031县道，约8公里后便进入西递村东口（村头）。

线路亮点

9 西递

西递（☎0559-515 4030；www.chinaxidi.com.cn；黟县西递镇；门票104元；⊙古村全天，景点8:00~17:00）和**宏村**都是成形于宋朝的千年古村落，在2000年一起被列入《世界文化遗产名录》。村子里现存的徽派建筑大多是明清时期的，街巷布局依然如旧，主要景点有**胡文光刺史牌坊**、**大夫第**、**敬爱堂**等。景区配有免费导游，可以带你游览和讲解。这里相较宏村游人少一些。若住在这里，别忘了在售票处登记一下门票，便可以多次进入。

🛏 见548页

行驶路上 » 西递村尾是一大片的油菜田，路北有一座很大的加油站。从村尾离开后沿S218省道一路向北穿过黟县县城，看见宏村的指示牌后走右侧的路便可到达景区售票处。

从黟县城区往西，沿029乡道5公里是拍摄过《菊豆》、《卧虎藏龙》等影视剧的南屏古村（门票43元），继续往前3公里便是有连体建筑“八大家”的关麓古村（门票35元），不妨顺路看看。这一带还有无须门票的碧山、黄村、古筑等古村落。

10 宏村

宏村（☎0559-554 1158；黟县宏村镇；门票104元；⊙古村 全天，景点 8:00~17:00）比起西递少了些人文情怀，但丰富的水系为这里加分不少。根据风水，村子被布局成水牛形，有保存完好的明清古宅140余幢。从

视觉中国 提供

齐云山

正门进村后，沿着南北向的主路漫步，可以先后游览**南湖**、**南湖书院**、**敬德堂**、**振绮堂**、**月沼**、**桃园居**等景点。从宏村沿S218省道往西北3公里，可以先后游览**龙池湾**（☎0559-215 8668；宏村镇龙池湾；门票30元，⏲8:00~17:30）和**卢村木雕楼**（☎0559-554 5017；宏村镇卢村；门票50元；⏲8:00~17:30）。你也可以到宏村正门对面3公里的**奇墅湖**转转，景色很美，临湖建的奇墅湖国际旅游度假村内，有大型水上3D实景演出《宏村阿菊》（票价 180元；⏲19:30~20:30，周一检修停演）。

行驶路上 » 从宏村沿Y102乡道向东北行驶，约2.5公里会路过塔川（☎0559-554 1416；宏村镇塔川景区；门票 20元），这里的秋色很惊艳，摄影爱好者千万别错过。继续行驶过隧道就是木坑竹海（☎0559-554 6918；黟县木坑村；门票 30元；⏲8:00~17:00），电影《卧虎藏龙》就曾经在此取景拍摄"竹林斗剑"。继续前行在加油站处左转进入G205国道，约16公里后到达黄山南大门。

⑪ 黄山（景区）

黄山南大门因距离黄山屯溪区最近，大部分旅行者会从这里上山。南门所在的汤口镇附近也有几个不错的景区，如**九龙瀑**（☎0559-556 1459；汤口镇山岔村；门票62元；⏲7:30~17:00）、**翡翠谷**（☎0559-557 7655；www.hsfeicui.com；汤口镇山岔村；门票 75元；⏲7:00~18:00）和**凤凰源**（☎0559-557 7605；汤口镇寨西村；门票 40元；⏲8:00~16:30）等，都以山水风光为主，距离较近且在一条线上，沿南大门前的G205国道向东北行驶约10公里可到达，时间有限的话选择一个游览即可。

进入**黄山风景区**[☎0559-

556 1111；www.chinahuangshan.gov.cn；门票平时（3~11月）230元，冬游（12月至次年2月）150元，索道单程：云谷、太平 平时80元，冬游 65元，玉屏 平时90元，冬游 75元；⏲售票平日 7:00~16:00，周末、节假日6:30~17:00]则需要在换乘点乘坐旅游大巴。黄山风景区大致由6个分景区组成：进南大门不远就是**温泉景区**，主要为度假酒店，冬季在**黄山温泉**（☎0559-558 5999；汤泉路；门票 238元；⏲9:30~23:00）可以体验一把雪中泡温泉的惬意；**玉屏景区**是从南门上山必经之路，在**玉屏楼**就可以看到**迎客松**、送客松、陪客松和玉屏卧佛，黄山最高峰**莲花峰**也在这里；**北海景区**位于黄山的中心位置，**始信峰**是观看、拍摄云海和日出的较佳地点；西侧的**白云景区**看点主要是古桥、隧洞等，**光明顶**是黄山第二高峰，山顶建有气象站，还有开阔的平台可露营和看日出日落。**西海景区**，也就是**西海大峡谷**也可以算为白云景区的一部分；**松谷景区**位于黄山北麓，从**清凉台**下山到北大门需要4小时（8.5公里）；**云谷景区**在黄山东南部，可选择乘坐索道或徒步上山参观**云谷寺**。

自驾旅行者不必担心从南、北门进出黄山后的异地取车问题，目前景区提供南、北大门间的汽车代驾和旅游直通车业务。汽车代驾收费175元（含服务费 125元，驾驶员返程费 35元，高速通行费 15元），旅游直通车35元一位，在南门调度中心、北门新国线售票处和综合服务楼，可办理相关业务和购票（☎0559-557 2605，139 6551 8635）。

🛏 见549页

行驶路上 » 从黄山南大门沿G205国道折返，在肯德基前面的三岔口向左后方掉转，从汤口收费站进入G3京台高速，从青阳收费站驶出后沿G318国道行驶。之后在五溪镇左转进入S219省道，过九华山售票站大门后继续向前，会路过大铜像景区（门票 180元），远远就能看到这座99米高、手执锡仗托宝珠的地藏菩萨镀金铜像。继续沿盘山公路上山，经过花台索道上行站（单程/往返 90/160元）、黛瓦黄墙的甘露寺（九华山佛学院）、龙池庵、万寿寺等庙宇，之后到达山腰处的九华街。冬季雨雪后，山上雾气会很大，能见度有时不超过20米，加上弯道很多，需特别注意慢行并打开双闪灯。逢到节假日车流量大时，自驾车不允许上山，只能停放在山下停车场。

⑫ 九华山

九华山（☎0566-282 3169，400 111 0566；www.jiuhuashan.com.cn；门票1月16日至11月14日 190元，11月15日至次年1月15日 140元；⏲山中大部分寺庙8:00~17:00）的山上大部分寺庙、食宿都集中在**九华街**周边。

你可以将车停放在九华街，步行游览**地藏禅寺**、**月身宝殿**、**上禅堂**、**大愿宝殿**、**严觉宝殿**、**大悲宝殿**、**化城寺**、**通慧禅寺**、**祇园寺**等寺庙后，登山到（可乘索道，单程/往返 55/100元）百岁宫，看天然睡佛，过**东崖禅寺**、**回香阁**到**凤凰松景区**。之后穿过**闵园尼庵**群上**天台**，这段路较陡，走起来比较吃力，可以选择在凤凰松景区**大觉寺**旁乘坐索道（单程/往返 75/140元），若是一早出发的话，步行至天台差不多已经是中午了。如果你的体力好，可以继续步行下山。在天台正顶往后有条石头路一直通往**花台**，从这里下山到**下闵园**，全程需2~3个小时，再从下闵园走到**老虎洞**然后下山回到九华街。这样一天下来基本上就把九华山游览大环线上的景点都走到了，比较适合身强力壮的年轻人。

🛏 见549页

Classic Trip 经典线路

食宿

宣城（宣州区）❶

清溪楼 徽菜 ¥¥

（☎130 1314 8917；银桥湾小区56-58幢；人均60元；⏲10:00~14:00，17:00~21:00）主打徽菜，味道普遍偏重偏咸。臭鳜鱼好吃实惠（88元/条），马桥豆干很入味。主食推荐新四军焖面，满满一盆足够3~4人食用。

泾县 ❷

老字号香辣面馆 面条 ¥

（☎139 6622 2637；县城城东路与稼祥南路交叉口西100米；人均20元；⏲6:30~13:30）门面不大的一家小馆子，招牌鸭血面分量足，香辣过瘾，配上几块豆干，就能吃得又饱又好。

南泉别墅 客栈 ¥¥

（☎0563-599 5966；桃花潭老街古柏路；标单/双 219/216元；❄📶Ⓟ）客栈环境非常不错，从客栈后门可以直接通向桃花潭和老街，早晨去还可以省去门票钱。除了能吃到红烧琴鱼、粉渣肉等泾县特色美食，客栈的酱菜味道也很不错，可以买些回去。

见朴堂 客栈 ¥¥

（☎0563-599 5966；查济村查济书画院；标单/双 260元起；❄📶Ⓟ）客栈主人是个画家，客栈也弄得有浓浓的艺术氛围。徽式的房屋和院子，随处可见的茶台和池塘，非常适合小住几日。

绩溪 ❸

老胡客栈 客栈 ¥

（☎152 5630 5995；龙川景区胡宗宪尚书府对面；标单/双 111/90元；❄📶Ⓟ）虽叫老胡客栈，老板却是一对热情的年轻夫妻，会给你提供很多旅行信息。客栈门前就是七星湖和胡宗宪尚书府，推开窗就是风景。房间很干净，只是冬季开着空调还是会有些阴冷。老板娘的厨艺很赞，可以吃到最地道的臭鳜鱼、毛豆腐等，价格也实惠。

歙县 ❹

常安土菜馆 徽菜 ¥¥

（☎0559-651 6703；歙县县城黄山中路，公路管理局右侧；人均50元；⏲10:00~14:00，17:00~21:00）地道好吃的徽州土菜馆。招牌菜红烧土鸡（128元）虽然有些贵，但肉质很嫩，味道不错。

九门寨石锅鱼 火锅 ¥¥

（☎159 5590 9607；徽州古城内新百姓缘购物广场后门；人均60元；⏲8:00~22:00）这家的石锅鱼鱼肉鲜嫩，汤味醇厚，还可以在锅里涮羊肉和蔬菜。鱼的个头都很大，适合多人食用。

九月徽州客栈 民宿 ¥¥¥

（☎0559-527 8899；许国石坊南巷子里20米；标双 389元起；❄；📶）古城里唯一的古民居客栈，房型从单人间到配有古典家具的豪华大间均有。在一楼有书吧和茶吧，在楼顶有平台。有旅游工作经验的女主人，可以提供你需要的种种资讯。车子可以停在附近的游客中心停车场（20元/天）。

鲍家花园大酒店 酒店 ¥¥

（☎0559-675 6168；棠樾村；标单/双 225元起；❄Ⓟ）酒店就位于鲍家花园景区内，

步行可至牌坊群游览。周边环境清幽，房间非常宽敞，一楼房间有些潮湿，屋里只有宽带没有Wi-Fi，需要到前台租用无线路由器（免费）。

黄山（屯溪区）5

大傻徽菜园 徽菜 ¥¥

（☎187 5596 6566；老街三马路37号；人均50元；⏲10:00~22:00）这家的徽菜做得比较适合北方人的口味。除了臭鳜鱼（88元），跳水鱼（68元）也值得推荐，嫩滑的鱼肉加上剁椒的鲜香，再配一碗瓦罐腐衣肉丸汤（35元），非常美味。

老街客栈 客栈 ¥

（☎0559-233 9188；老街1号；标单/双120/100元起；❄📶P）客栈位于老街西口，过桥就是黎阳in巷，地理位置极佳。建筑很有古意，房间和设施稍有些陈旧。客栈前有个小型停车场，能停7~8辆车。

婺源 6

赋春猪脚馆 徽菜 ¥

（☎134 7939 5324；凉笠山路靠近茶乡东路；人均35元；⏲10:30~21:00）超级火爆的一家馆子，最好晚上6点前就去占位。菜分量足，且价格实惠，特别推荐小肠煲（25元）、卤鸡爪（25元），其招牌特色猪脚（中/大 28/38元）反倒中规中矩。

竹香楼 徽菜 ¥

（☎0793-747 8111；景观桥斜对面；人均30元；⏲10:30~22:00）本地人爱去的一家餐馆，糊豆腐（18元）、粉蒸肉（58元）都是本地特色，我们推荐没列在菜单上的蒸芋头（22元），特别好吃。

婺源佳居 客栈 ¥

（☎139 7033 3798；县城沿江路52号；标单/双 100/120元起；❄📶P）客栈位于河岸边，可以垂钓。有个独立的院子，可停车，还可以自助烧烤。房间干净，有独立卫生间。老板很热情，可以帮着规划行程。

今生金室酒店 客栈 ¥¥¥

（☎180 7933 077；晓起村，近江家老屋；标单/双 430/620元；❄📶）客栈本身是一座有400余年历史的徽式老屋，距离江家老屋、进士第、荣禄第步行5分钟可至。屋内设施五星级标准，床垫、卫浴和浴品都是高档品牌，冬天还有贴心的地暖。这里的饭菜味道也很不错。客栈距离最近的停车场步行需15分钟。

福绥堂 客栈 ¥¥¥

（☎0793-733 9929；思溪延村将军府；标单/双 680/780元起；❄📶P）客栈是一座清朝乾隆时期的徽商老宅，左宗棠曾经在此住过。房间设施很棒，寝具非常舒服。客栈还有书吧、茶室等公共空间。早餐免费，可以吃到土鸡蛋和现磨豆浆。有独立停车场。

西递 9

陌上居 客栈 ¥¥

（☎0559-515 4789；西递村头，敬爱堂旁；标单/双 220元起；❄📶P）客栈位于村头第一个停车场对面。明清时期的徽州老宅，庭院雅致，虽然只有8间客房，但每间的结构和设计都不同，而且非常干净，一点也不觉得潮湿。主人夫妻俩烧菜手艺也不错，臭鳜鱼、毛豆腐都很地道，菜量也足。

昆仑国际青年旅舍 青年旅舍 ¥

（☎180 7933 077；西递后边溪最后一家，

近亦园；铺39元起，标单/家庭房 119/199元；❄📶）旅舍地点稍偏，但也更加清静。门前就是小溪，坐在溪边喝茶、看落日非常惬意。有多人间、大床房和家庭房。旅舍有个清吧并设有公共厨房。也可以和其他客人一起拼餐，20元/人吃得舒服又管饱。旅舍离停车场有些远，打电话会有人开电动车出来接送。

黄山（景区） 11

中瑞华艺大酒店

酒店 ¥¥

（☎0559-556 6888；南大门，近换乘中心；标单/双 335/288元；❄📶🅿）酒店紧邻黄山南大门，离换乘中心较近。房间设施有点陈旧，卫生不错。房价含早餐，早餐可以送到屋里。

光明顶山庄

酒店 ¥¥¥

（☎0559-558 6518；光明顶峰顶；标单/双 淡季578元起，旺季880元起；❄📶）酒店就在光明顶气象台旁边，视野开阔，是看日出、云海的绝佳之地。房间设施还算不错，干净舒适。屋里有电暖炉，冬季不会很冷，热水也是全天供应。房间里还提供羽绒服，很贴心。酒店不提供洗浴用品和一次性拖鞋，需自备。

九华山 12

和瑞居

客栈 ¥

（☎159 5624 7019；九华山上，盘山公路旁，近月身宝殿；标单/双 125元；❄📶）沿盘山公路上山过九华街不远，在左手边看见合肥饭店就停车，客栈就在旁边的小巷内。客栈离月身宝殿、九华街步行10分钟可到。房间干净，热水充足，Wi-Fi也给力。老板娘厨艺很赞，推荐笋干烧肉，笋子很嫩，肉香不腻。女儿就是本地导游，可以请她带你游览。客栈没有专门的停车场，停在路边空地就行。

白马亭

客栈 ¥¥

（☎130 5329 9096；九华老街化城路；标双 150元；❄📶）客栈位于九华老街中心位置，距离大部分的寺庙都很近。客栈闹中取静，有一个种满花花草草的小院子。房间不大却很干净，热水充足。饭菜好吃实惠。老板是老牌导游，会帮你把线路规划好，还会提供免费的登山杖、地图。

景德镇因瓷得以繁荣，
生活在这里的人民用瓷与世界对话

视觉中国 提供

赣东宗教文化和地质景观线 36

景德镇和鄱阳湖，分别以瓷都和水天一色取胜。而赣东与福建北部的山区主要以丹霞和花岗岩地貌为主，奇峰兀立、溪流蜿蜒。这片山水灵秀之地，同时也是各种宗教文化的发源和传播圣地，人文景观看点相当丰富。

线路亮点

6~8天
约600公里

最适合

何时去

4~11月，春、秋两季更容易欣赏到奇峰怪石和春花秋色，夏季山区的小气候也会带来凉爽感受。

最佳摄影点

在三清山玉京峰上可拍到最美朝霞和夕阳。

最佳宗教建筑

“道教祖庭”天师府气势恢宏。

36 赣东宗教文化和地质景观线

这是一条跨越赣闽二地、含金量较高的路线，你可以到景德镇淘换些陶瓷小玩意儿，在鄱阳湖浩渺烟波和湿地边看候鸟与落霞齐飞，接下来沿途游览三清山、龙虎山和武夷山这3处各具风采的世界自然（和文化）遗产，全身心地融入大自然之中，来一场彻底的“洗肺之旅”。所谓山清水秀，有仙更灵，藏在深山中的宗教建筑和文化氛围是另一种视觉和精神洗礼，也让较难的登山之路不显得单调乏味。全程多为路况良好的高速、国道和省道，以及平坦的景区连接专线，部分上山道路弯多坡陡，需注意减速行驶。

❶ 景德镇

景德镇的大街小巷遍布售卖陶瓷的店铺和集市。**国贸市场**（国贸街与天宝街交叉口西100米）里多为小有名气的艺术家的作品，价格普遍较贵，每天还有古玩早市。要想淘些有趣且便宜的玩意儿，可以到**大学生创意市集**（新厂东路景德镇雕塑瓷厂内；⏲周六、周日上午），这里是学生们的创意作品，价格也不高。在**雕塑瓷厂**你还可以自己动手拉胚制作瓷器。

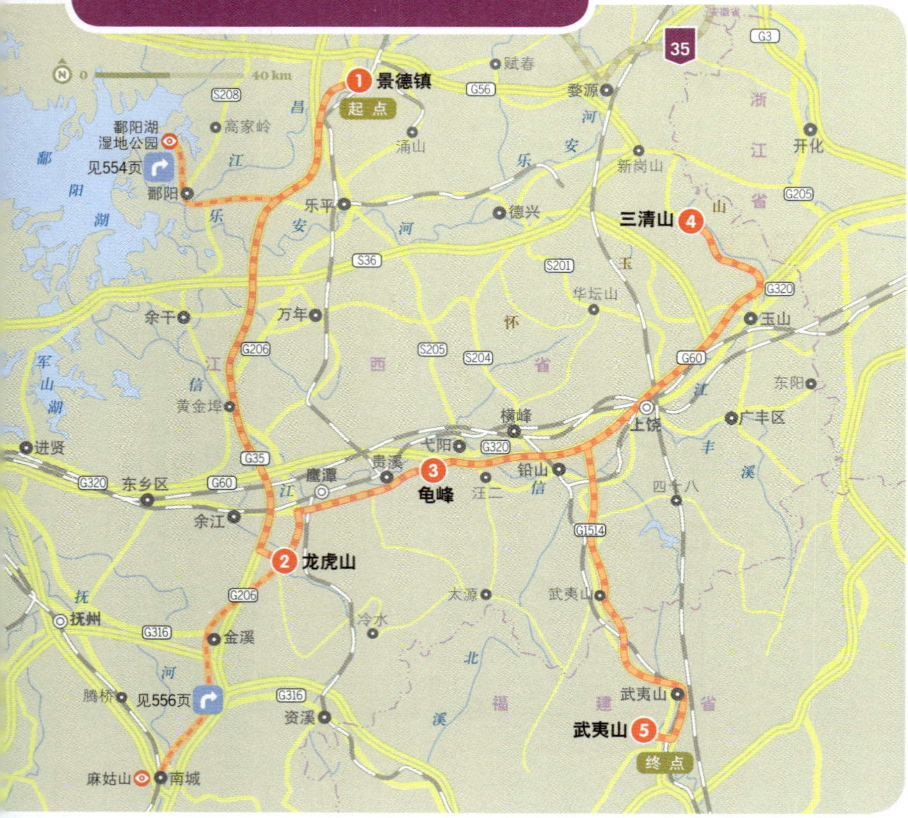

位于市中心的**御窑厂遗址景区**(☎0798-820 1738;珠山中路187号;门票 60元,讲解30元;⏲8:00~17:30)是明清时期皇家窑厂,门口东侧的**官窑博物馆**(⏲8:00~17:00,周一闭馆)里展出了不少精品瓷器,北侧山坡上的**龙珠阁**则是景德镇的地标性建筑。市区西南部的**古窑民俗博览园**(☎0798-853 4444;www.chinaguyao.com;瓷都大道古窑路1号;门票 95元,有效期2天;⏲8:00~17:00)的看点更加丰富,除了有宋至明清时期的古窑遗址,还可以欣赏陶瓷工艺传承人的技艺。市区东南侧的**民窑博物馆**(☎0798-848 1071;航空路18号;免费;⏲8:30~17:00,周一闭馆)规模不大,主要展出的是湖田窑出土的民用瓷器。

城区向南5公里的**三宝国际陶艺村**,是许多陶瓷艺术家创作的大本营,你可以看到原本荒废的农家房屋,在中外大师们的布置下文艺气息十足。村子里也有几家餐馆和民宿。

见558页

行驶路上 » 从景德镇经梧桐大道、G206国道,到凰岗收费站上G35济广高速,126公里后从龙虎山收费站出高速,沿X319县道、G206国道行驶8公里到达龙虎山景区。全程161公里,约2小时。

你也可以……

35 徽州人文山水线

从三清山东部索道(金沙索道)游客中心前的旅游公路向北行驶,约34公里后左转进入S202省道,过新岗山镇后沿着S201省道继续向北行驶入婺源县城。全程约70公里,1个半小时。

线路亮点

❷ 龙虎山

龙虎山[☎400-8853-766,0701-665 8110;www.longhushan.com.cn;江西鹰潭市西南郊20公里;门票旺季(3~11月)260元,淡季(12月至次年2月底)215元;⏲8:00~17:00]是世界自然遗产,风景区面积很大,由象鼻山、仙水岩、正一观、上清古镇等6大景区组成,主要景点大致沿着泸溪两岸从南至北分布。门票包含各个景点通票、观光车(可多次乘坐)以及竹筏漂流/游船二选一。门票默认为当日有效,若14:00之后购票,可申请加盖印章,凭本人身份证第二天可继续游览。

紧凑点可一天游览主要景点。参观北门的**道教博物馆**、**地质博物馆**后,在游客中心乘观光车至最南端的**上清古镇**。这里的主要看点是道教内容的**天师府**和祭神之所的**上清宫**。游览过后步行5分钟就到了**龙虎竹筏码头**,从这里可漂流(约40分钟)到**仙水岩**,沿途奇峰林立。下船后观看"鸬鹚捕鱼"和古崖墓的"升棺"表演(每天10:00~16:00,每2小时一场)。之后沿河步行到**无蚊村**,参观后乘观光车到**象鼻山**南门,沿着高空栈道(约3公里)下到东门,之后可乘车回游客中心。

龙虎山的食宿主要分布在北门外的龙虎山镇、仙女岩景区和上清古镇,无蚊村也有不少农家乐可以用餐。

见558页

行驶路上 » 从龙虎山景区出发,沿G206国道行驶约23公里,右转进入G320国道,直行约43公里见指示牌右转,1.5公里后到达龟峰景区北门游客中心。

❸ 龟峰

龟峰(☎0793-711 2400;www.guifengly.com;江西鹰潭市东35公里;门票60元,观光车10元;⏲7:30~18:00)名气虽不如三清山和龙虎山,但风景却不差,好似一座天然盆景园。景区不大,但山路较陡,老人和儿童最好乘坐观光车游览,对年轻人来说不会很累,整个游览下来3个小时左右。进景区后向前到**龟博馆**(10元)处有岔路。你可以走右侧,沿途经过**老人峰**等景点之后,沿着

另辟蹊径
鄱阳湖国家湿地公园

起点：❶ 景德镇（见552页）

从景德镇沿瓷都大道开进凰岗收费站，沿G35景鹰高速到鄱阳收费站出高速，再沿S307省道穿过鄱阳县城后，往北行驶16公里，沿景观大道到达**鄱阳湖国家湿地公园**（☎0793-666 6699；www.poyanghu.cc；上饶市鄱阳县鄱阳湖景区；门票内湖 80元，外湖 80元，一区船票 50元，两区船票 80元，导游内湖/内外湖 60/100元；⏲8:00~17:00，13:30停售外湖船票，15:30停售门票和内湖船票）。公园内有中国面积最大的湿地。每年11月上旬，白鹤和天鹅陆续从北方飞来这里越冬，这也是观看和拍摄水鸟的最佳时间。

湿地公园分为**内湖**和**外湖**两个景区，都需乘船抵达。内湖建有**鄱阳湖湿地科学园**、**鹤园**、**天鹅湖**等，增进游客对湿地和珍稀水鸟的认知和了解。还有一条半潜入水的玻璃**人鱼道**，可以零距离感受到鄱阳湖鱼类的多样性。内湖的**瓢里山**是鸟的天堂，岛上共有30余种鸟类。外湖岸边还建有四层楼的**高空观鸟台**，平台南侧的**麋鹿苑**里，你可以看到十余只追跑打闹的“四不像”。

景区内可以露营，食宿不便，景区大门游客中心旁的鄱阳湖国际度假村在作者调查时还未正式营业，过夜留宿需要到16公里外的鄱阳县城。

栈道继续向上可抵达最高的骆驼峰脚下，从这里向上登顶。你也可以从龟博馆向左直接到**清水湖**的码头坐船（30元/人，如购买观光车票可直接从景区大门坐车到码头），上岸后经过民俗村，沿着山脊向上，穿过**一线天**，之后登一段几乎垂直的悬梯（恐高者慎重）登顶骆驼峰。之后从另一条路线下山即可游览其他景点，也可以从**好汉坡**直接下山到紫薇园观光车站，步行返回景区大门即可。

行驶路上 » 从景区大门前沿G320国道向东行驶，7公里右转S205省道，从弋阳收费站驶入G60沪昆高速，约92公里后从玉山收费站驶出，从玉山县城外围沿S202省道向北行驶，40公里到紫湖镇后有岔路，左边通往三清山南部（外双溪）索道游客中心，右侧通向三清山东部（金沙）索道游客中心。大部分人会选择东部索道，这里停车位更充足，乘坐索道上山后就是最精华的南清园景

视觉中国 提供

日出时分的龙虎山

区。需要注意的是两个游客中心之间相距约半个小时的车程，建议你游览三清山时选择同一个索道站上下山。

线路亮点

④三清山

三清山[☎0793-218 9373，240 1688；www.sqs.gov.cn；江西上饶市玉山县西北47公里；门票旺季（2~12月）150元，淡季（1月）130元，登记后可二次上山，索道旺季往返125元（上行70元，下行55元），淡季往返110元（上行60元，下行50元），不可二次乘坐；⏲旺季平日6:30~17:00，周末6:00~17:30，淡季8:30~16:30]因有玉京、玉虚、玉华三峰宛如道教的玉清、上清、太清三位尊神而得名。与龙虎山和龟峰不同，三清山属花岗岩地貌，主要景观为石柱、峰丛等。

三清山景区面积较大，由7大景区组成，其中南清园、阳光海岸、西海岸和三清福地为精华景区。如果只有一天的时间，可以只玩南清园，这里集中了三清山自然景观的精华。乘坐**东部索道**（金沙索道）上来就是**南清园**景区，顺时针可游览**东方女神**、杜鹃谷、**一线天**至日上平台，休整后下山，游**禹皇顶**、看**万笏朝天**、**巨蟒出山**等景观后返回至东部索道站。按这样的顺序，可以避开攀登一线天的299级陡峭台阶，省去不少体力。

见558页

行驶路上 » 从三清山原路返回玉山，从玉山收费站上G60沪昆高速，再转G1514宁上高速，162公里后从九曲收费站下高速，右转沿S303省道到达景区。全程约218公里，约3小时。

⑤武夷山

武夷山风景名胜区（☎0599-513 4010；www.wyschina.com；福建南平武夷山市；门票：一日景车票/三联票 210/340元，二日景车票/三联票 235/365元，三日景车票/三联票 255/385元，景车票含门票、观光车，三联票含门票、观光车、竹筏；⏲夏季 6:30~18:00，冬季 6:30~17:30）主要由**云窝—天游**、**九曲溪**、**一线天—虎啸岩**、**武夷宫**、**大红袍—水帘洞**共五大景区组成，面积很大，景点众多且分散，旅行者可根据自己行程安排购买不同有效期的通票。

拥有世界自然遗产和世界文化遗产双重头衔的武夷山，为典型的丹霞地貌，以"碧水丹山"闻名于世。武夷山景点众多，建议你乘坐观光车往返各个景点之间。第一站可以选在**天游峰**，险峻陡峭的山道上游人如织，清晨或许能避开人群，而且有更好的观光视野。接下来可去往一溪之隔的**一线天**和**虎啸岩**，惊险程

另辟蹊径
麻姑山

起点：②龙虎山（见553页）

从龙虎山沿G206国道向西南方向行驶85公里，可到达道教圣地**麻姑山**（☎139 7942 1912；江西抚州南城县西郊6公里；门票20元；⏲8:00~17:00），即将进入县城时可以看到横跨在盱江上的明代**万年桥**，桥长410米，为23孔单曲石拱桥，美观大方。

麻姑山是道教"三十六洞天"和"七十二福地"里唯一两者兼有的。山脚是清澈的麻源水库，沿着蜿蜒的山路可以将车开到山顶。景区里山木葱茏、泉水飞瀑。山上有**仙都观**、**碧涛庵**等宗教建筑，但最值得看的是颜真卿所书、被誉为"天下第一楷书"的**《麻姑山仙坛记》碑刻**。可惜原碑早已被损毁，现立于**鲁公碑亭**内的石碑是1992年按上海博物馆所藏宋代拓本重刻的。

在武夷山探茶

武夷岩茶名满天下，其中翘楚自然是大红袍。真正的大红袍指的是武夷山天心岩九龙窠岩壁上那几株母树所产的茶。不过，现在市面上的大红袍多为无性繁殖技术的产物。按照品质不同，半岩和正岩茶在市面上的价格在800~1800元，而且如今几乎市面上的大红袍都要用其他不同品种拼配。

武夷山地区的村民在景区建成后逐渐迁出，**天心村**是其中一个聚集地。村中家家做茶，一户一作坊。而**下梅村**（☎0599-520 6999；门票60元；www.wysxiamei.com；三姑度假区东北方向约9公里）在古时就是武夷山地区茶叶贸易的集散地，被称为万里茶路起点，其盛况在今天仍然保留的明清大宅里可见一斑。如果不看邹氏祖宅，只在村里闲逛的话不需要买门票。

在三姑度假区和景区南入口中间，**茶博园**（度假区大王峰路南；门票 60元，含表演）有武夷岩茶史的雕塑和文字。张艺谋导演的《印象大红袍》（☎0599-513 2888；www.yx-dhp.com；大王峰路南段茶博园内；票价218元起）演出场馆也在广场旁边。

度不亚于天游峰，胆子大的人一定要去好汉坡和定命桥走走。

接着乘坐观光车来到**星村码头**，乘坐竹排沿九曲溪去往武夷宫。九曲尽头与崇阳溪交汇处便是**武夷宫**，如今是武夷山名人纪念馆和柳永纪念馆。最后来到北侧略远的**大红袍景区**，建议走一走漫游道，独享这一派山水茶园风光。

旅行者大可不必住在武夷山市，离景区入口更近的三姑旅游度假区，有各种档次的餐饮住宿。

见559页

食宿

景德镇 1

马记烧菜馆　江西菜 ¥

(☎131 9798 5719；瓷都大道，人民公园对面；人均40元；⏲11:00~21:00) 当地一家老店，门面不大，环境看上去很一般。菜的味道很不错，招牌村姑鱼鲜辣入味，还可以吃到景德镇特色美食碱水粑。

六本猪脚皇　江西菜 ¥¥

(☎0792-841 7961；陶阳中路，新厂京翰文城旁；人均60元；⏲10:00~21:00) 这家主打砂锅猪脚，软烂适口，汁黄浓香，但口味偏咸偏辣，建议你，若不能吃辣的点微辣即可。

柴火灶土菜馆　江西菜 ¥¥

(☎0798-2816 778；昌江区G206国道旁，近植物园；人均70元；⏲10:00~21:30) 这是一家很大的农家院，布置得很接地气儿。瓷泥煨鸡、手打麻糍都是招牌菜，味道地道。菜普遍偏咸偏辣，吃不了太重口的游客，记得点菜时和服务员打声招呼少放一些盐和辣椒。

1004语居瓷文化酒店　精品酒店 ¥¥¥

(☎0798-821 1004；高新区五德路16号；标单/双 549/576元；❄📶Ⓟ) 中国首家以陶瓷文化为主题的高端精品酒店，外观为徽州民居，庭院精心设计，移步换景，处处体现着瓷都文化。房间的装修也融入了很多陶瓷元素，还配置了电动窗帘、胶囊咖啡机等高级设施。酒店周边还在建设中，比较荒凉，可以选择在酒店用餐，价格还算适中。

一木居艺术旅舍　客栈 ¥¥

(☎0792-820 5777；三宝路，三宝村村委会东侧；标单/双 158/188元；❄📶Ⓟ) 从客栈去往三宝国际陶艺村、民窑博物馆都很方便，周边环境优美安静。房间布置得很有艺术气息，原木家具简单又温馨。有茶室可以品茶、聊天，还有一个大露台可以眺望山景。

龙虎山 2

红背带养心谷　客栈 ¥¥

(☎188 7018 0666；仙女岩景区；双/三人间 248/298元；❄📶Ⓟ) 客栈门前有道路可以通到G206国道，有充足的停车场，可以在客栈购买门票后直接进入龙虎山景区。一排排小木屋隐身山林中，门前就是清澈的泸溪。房间内部设施齐全，Wi-Fi速度很快。当然这种木屋隔音和保暖效果差了一点儿。客栈有茶室提供简餐。

道源山庄　酒店 ¥¥¥

(☎0701-717 2222；排衙石大道9号，邻近游客中心；标单/双 440/325元起；❄📶Ⓟ) 酒店位于游客中心观光车站斜对面，进出景区都很方便。房间干净整洁，没有潮湿感。酒店餐厅的饭菜味道不错，价格也适中。

上清湾大酒店　酒店 ¥¥

(☎0701-663 5188；上清古镇芦溪湾；标单/双 208/174元起；❄📶Ⓟ) 位于天师府和上清宫附近，门前临河，环境清幽。房间比较宽敞，一层的房间有些潮湿，卫生间热水较小，Wi-Fi信号几乎没有。在酒店就可以吃到上清豆腐和板栗烧鸡。

三清山 4

六七八酒食农庄　江西菜 ¥¥

(☎133 0703 0108；金沙索道中心旁；

人均50元；⏲8:00~22:00）农家菜味道不错，价格也很实惠。推荐清炒马兰头，吃起来口感很清爽。饭馆也提供住宿（标双118元）。

喜莱登酒店

酒店 ¥¥¥

（☎0793-690 8888；金沙索道中心旁；标单/双 388元起；❄📶P）注意此“喜莱登”非彼“喜来登”，房间设施较陈旧，山区酒店又普遍潮湿，离索道站很近是最大的优势。

三清山国际度假酒店

酒店 ¥¥¥

（☎0793-223 3333；外双溪索道中心；标单/双 578元起；❄📶P）酒店位于三清山风景区南部索道（外双溪索道）旁。房间设施较新，干净卫生，热水充足。提供地下停车库，餐厅饭菜味道可口，价格适中。

武夷山 5

我家私房菜

闽菜 ¥¥

（☎0599-525 2758；星村镇三姑度假区三仰峰路新华大酒店斜对面；人均60元；⏲11:00~23:00；P）并没有开在人流密集区域的私房菜馆，停车很方便。农家土菜风格，价格不贵，味道却并没有折扣，环境也相对不错。石锅牛肉、醉排骨等菜很受欢迎，不过分量都不大。

旧街一号溪岸旅馆

精品酒店 ¥¥

（☎0599-520 7288；玉女峰路兰汤桥东头；标单/双 258元起；❄@📶P）旅舍的地理位置不错，与武夷山风景区就一河之隔，露台可直接欣赏武夷风光。作为武夷山第一家精品旅馆，把木质内饰的流行风潮带到了整片度假区，客房用品清新精致，别出心裁。

滩涂中的紫菜田、成片的竹竿和渔网，
摄影在**霞浦**也许是最重要的主题

视觉中国 提供

Classic Trip

经典线路

福建沿海线

37

在绵延上千公里的福建海岸线上，海洋几乎就是一切。沿海而行，看人们在海上劳作，在天后宫坚守信仰，古村古建、美食民俗，与阳光、沙滩、海浪一起，为你呈现独特的海洋文化。

线路亮点

12~15天
约1200公里

最适合

何时去

5~10月，温暖和煦才是在海滨城市尽情玩耍的前提。

最佳摄影点

霞浦滩涂上的紫菜田，飘荡的扁舟，与远方的海洋天光构成绝美大片。

最佳海岛

东山岛，电影《左耳》的主要拍摄地，充满文艺气息。

Classic Trip

经典线路

37 福建沿海线

在福建沿海，最令人震撼的莫过于人们对自然与神明的虔诚，数不清的宗教与神祇在这一方土地和谐共处，传统的中原文化在这里找到土壤，而自然风景也因此美得清新脱俗。如果你偏爱“老味道”，大可去漳州泉州寻找正宗的闽南味，而厦门则是古老与时尚结合的最佳产物。如果你偏爱海的无垠，就去东山岛、六鳌、平潭与霞浦吧。如果你嗜吃如命，沿海那些小吃与海鲜会让你担心胃的容量不足。最后你还可以去妈祖的诞生地湄洲岛，许下一个虔诚的心愿。

一条G15沈海高速，几乎串起了福建沿海线的所有城市，只是不免有些单调。福州以南的沿海线大可多走一些非高速的路段；而福州向北，山区开始增多，高速又成为安全便捷的选择。

❶ 诏安

诏安是位于粤闽交界处的一座小城，如果你从广东沿G324国道进入福建，首先看到的就是路旁的“**闽粤第一城**”古城。县城中心有**诏安古牌坊群**（南诏镇县前街），从城关的县前街延伸到东门中街，有7座明代古牌坊，均由花岗岩石雕凿而成。周边有城隍庙、关帝庙、西亭佛祖庵等古建筑和旧街区可连带参观。

沿X552县道向北行驶17公里去往**九侯山**（诏安县东北；门票 20元），这里奇形怪状的石头，会让其他闽南山石立刻黯然失色。半山腰的三宝石下是始建于唐代的九侯禅寺，鲤鱼石松泉前有一个天然石室，南宋宁宗时辟为“九侯书室”。山间峭壁上还有诸多名家的题刻。

行驶路上 » 从诏安沿G324国道向东北方向行驶15公里，从金星乡转上S309省道，继续行驶30公里可抵达东山岛旅行集散地铜陵镇。沿途路况不错，尤其是东山岛上，路面宽阔。车程约50分钟。

❷ 东山岛

游玩岛屿基本以东北角的铜陵镇为据点，**东山风动石景区**（☎0596-562 0293；东山铜陵镇滨海路；门票 60元；⏲7:30~18:30）的主角是一块200吨的巨石，传说风吹即动，人力也能晃动，但曾经的日军船舰拖断铁索却未能搬动。景区最北边的**铜山古城**，因目前只留有一段城墙而少有人问津。景区内的**关帝庙**已有600多年的历史，是明代的一座小庙几经扩建重修而来的。从景区西门广场的轮渡码头，可搭船前往**东门屿**[☎0596-202 3939；风动石景区对面；门票 50元（含游船往返）；⏲8:00~18:00]，岛上最高处有一座建于明代的七层石塔文峰塔，在此可以眺望对岸的海湾。

铜陵镇的**南门湾**，是《左耳》中沙滩戏的主要拍摄地。明星沙滩**马銮湾**（☎0596-563 6929；东山铜陵镇向南2公里；免费）紧邻

你也可以……

34 浙中浙南大环线
从福鼎沿G15沈海高速，向北行驶40公里，即可进入浙中浙南大环线的最南一站苍南，接着便可进入山区看廊桥。

当地人声音

张晓雷
厦门人，生态旅游从业者

除去如雷贯耳的小吃外，住久了才会知道这里还有一种快要消失的地道小吃——糯米炸，炸成金黄的糯米团子，搭配添加白糖粉的花生末与芝麻，甜香异常，在蜂巢山路有个没招牌的小摊可以买到（1元/个；下午三四点出摊）。

来厦门肯定要吃海鲜排档，我们更愿意驱车去同安的渔船码头，或者到东浦的市场去买更新鲜的海鲜，在旁边的排档加工成正宗的厦门酱油水。

厦门是一座书香弥漫的城市。有一家闽南风古旧书坊（大学路54号），在这里可以淘到一些关于老厦门的书。另一侧有个荒岛图书馆（民族路145号），店主爱书懂书，鼓励书友在此存放、交流旧书。沙坡尾还有一家小有名气的琥珀书店（☎0592-251 6707；中华儿女美术馆一楼），主要以古旧书籍为主。

上图：漳州火山岛

其南，游乐项目众多，夏季人满为患，物价也比铜陵贵出许多。7公里外的**金銮湾**，客流量相对稀少，水质也更清。僻静之地**乌礁湾**的渔村，能让你见识海湾的另一面。另外，每年农历五月十三是关帝诞辰，东山岛会举办漳州地区最大规模的关帝文化节，届时有机会看到神像全岛巡游、民众夹道恭迎的盛况。

见573页

行驶路上 » 从G15沈海高速的东山连接线入口上高速，向北行驶90公里，从漳浦收费站出高速，转上S201省道，继续向东行驶10公里，在深土镇向南

视觉中国提供

转向X523县道，继续行驶15公里，即可抵达六鳌镇，车程约2小时。在深土镇锦东村，有一座罕见的金字塔形土楼（内高外低，别称“雨伞楼”）锦东楼。土楼爱好者还可以去探寻损毁严重的慎修楼（旧镇镇寨内村）和瑞安楼（深土镇示铺村），以及更远一点的八卦楼（灶山山顶）。

3 六鳌

六鳌位于漳州以南，半岛上古城、沙滩、海浪、风车景观相映成趣。最著名的**六鳌抽象画廊**（六鳌镇农场东侧；免费）位于六鳌半岛新厝村迎海的沙滩上，沙色的巨岩在海风的长年雕琢之下，呈现出精美绝伦的纹理。沿海是一整排高大的风车。这里也是六鳌半岛上看日出的最佳位置。驱车继续往南来到**翡翠湾**（六鳌半岛中部东侧；免费），巨大的弧形海滩白沙细腻。

六鳌古城（六鳌镇东南侧；免费）是一个民居、民风都保留得相当完好的小村。这里有最质朴的关帝庙、天后宫和旧祠堂。探寻古城中蜿蜒的小路，徘徊于明清古厝群中，会有许多惊喜的发现。

行驶路上 » 由X523县道原路返回至深土镇，向北转上S201省道到前亭镇，向东行驶到海边即是滨海火山岛。全程60公里，车程1小时。

4 漳州滨海火山岛

（☎0596-364 9100；漳浦县前亭镇；门票 80元；⏲9:30~17:30）漳州火山公园主要景点是海边的火山熔岩和两个火山岛。**林进屿**的东南边有一个形成于2000万年前的古火山口，东北海滩上则有多达16处的火山喷气口。南侧的**南碇岛**上有140万根石柱状玄武岩，是目前世界上已知的最为巨大、密集的玄武岩石柱群。

但能不能到火山岛必须靠运气。因为火山景观本身就受潮水影响，发船时间也因此变得不确定，而且涨潮时船只无法停靠。现在景区提供更为人性化的环岛游而非登岛游，满足旅行者一睹火山熔岩风采的好奇心，坐船需要另付费用，价格视情况而定。

行驶路上 » 从火山岛出发，沿X511县道向北行驶20公里，在港尾镇西侧转上S208省道，继续西行50公里，即可抵达漳州。车程约1.5小时。

线路亮点

5 漳州

作为台湾小吃的源头，对于这个“鱼米花果之乡”，你一定要花点时间去吃懂

另辟蹊径
世界遗产土楼之旅

起点：5 漳州

经G319国道、X562县道前往南靖县书洋镇。这里有**土楼游客服务中心**，在此可购买田螺坑门票；可进**南靖土楼博物馆**（书洋镇田中村吕厝；门票 20元；⏲8:00~17:00），了解一下土楼历史。再沿X562、X566县道向南行驶15公里前往田螺坑景区。

田螺坑景区联票（☎0597-788 0111；书洋镇田螺坑；门票 100元；⏲24小时）包括“四菜一汤”土楼群、特色圆楼“东倒西歪”裕昌楼，以及水乡古村塔下村等。站在**上观景台**才能拍出那张见过无数次的照片。离开田螺坑后，可按顺序前往以下的土楼群落，全程50公里。**高北土楼群**（☎0597-557 1786；高头乡高北村；门票50元；⏲24小时）的“土楼王”**承启楼**；洪坑土楼群（☎0597-583 6222；湖坑镇洪坑村；门票 90元，2日内有效，讲解 60元；⏲全天开放）是目前开发最成熟、规模最大的土楼景区；免费的**南溪土楼沟**（湖坑镇南溪边），百余座形态各异的土楼形成近十公里的“土楼长城”。

Classic Trip 经典线路

它。在市区寻觅美食，**明清古街区**是不二之选，**钟法路**就可以让你吃不停。**漳州文庙**（修文西路延安路口；免费；⏲9:00~17:30）是明清古街里最老的建筑，始建于宋代，也是市区里现存的最大古建筑群。而漳州人说起八卦楼**威镇阁**（新华北路南端；门票20元；⏲9:30~17:30），就好比在杭州提起雷峰塔一样家喻户晓。可以在**香港路**淘一些手工艺品，走访两座明代石牌坊**三世宰贰坊**、**尚书探花坊**。**台湾路**也值得走走，老字号的药店和国粹博物馆点缀其间。

从明清古街沿江滨路向东行驶12公里前往**云洞岩**（☎0596-210 6258；龙文区蓝田镇蔡坂村；免费），海拔仅280米，却有无数形态各异、参差不齐的巨石。与云洞岩相隔三个山头，还有个全身刻满《般若波罗蜜多心经》的**瑞竹岩**可以去看看。离开云洞岩，沿漳州的北环城路前往**林语堂纪念馆**（☎0596-261 3058；天宝镇五里沙村；免费；⏲9:00~17:00），这座颇费心思地用书画、音乐、老照片，以及书稿摘录建立起来的纪念馆，浓缩了先生的一生。

见573页

行驶路上 » 从漳州沿江滨路向东出城，向北转上G324国道，在鸿源加油城向右转上X516县道（角江路），一路向东到厦门的海沧区，走海沧大桥到厦门岛，在东渡邮轮中心码头上鼓浪屿（往返三丘田码头35元），车可以停在码头停车场。全程60公里，车程1.5小时。

线路亮点

❻ 鼓浪屿

鼓浪屿是名副其实的"万国建筑博物馆"，也早早就成了文艺小清新的代名词。人气爆棚的同时伴随着大量商家的涌入，在高峰期寸步难行，好在琴岛依然有游人甚少踏足的景点和宁静的时刻。

旅行者可买鼓浪屿核心景点联票100元，包含岛上的制高点**日光岩**（☎0592-206 6598；晃岩路62号；门票60元；⏲5:30~7:30, 18:00~21:00），中国式园林建筑的海上经典**菽庄花园**（含钢琴博物馆；☎0592-206 3680；港仔后路7号；门票30元；⏲5~10月 7:30~18:00，其他月份 7:30~17:30），有郑成功塑像的**皓月园**（☎0592-206 3401；覆鼎岩海滨；门票20元；⏲5~10月 7:30~18:00，其他月份 7:30~17:30），红顶八卦楼**风琴博物馆**（☎0592-206 3226；鼓新路43号；门票20元；⏲8:00~17:45）和**国际刻字馆**，联票仅限当天使用。除了联票内包含的景点，还有**海天堂构**（☎0592-257 0510；福建路38、34、42号；门票 88元；⏲中楼8:30~17:00）值得一观，海天堂构正中的主体建筑38号别墅，被开发为"万国建筑博览馆"，陈列着鼓浪屿百年前的生活用具和老照片。

你也可以不买联票，挑选自己喜欢的一两个景区即可。剩下的时光就在小岛上闲逛，用自己的脚步与岛上的老建筑来一次约会。

见573页

行驶路上 » 在三丘田码头乘轮渡可返回厦门岛。

线路亮点

❼ 厦门岛

厦门环岛路充分展示了海岛休闲城市的优势所在，舒适的步行道和自行车道沿海岸线的自然形状修建，布满热带花卉的绿化带如同巨大的海边花园。可以将车停下，步行或骑行一段才能感受这里的独特魅力。

从厦门大学**白城海滩**开始，沿**环岛路海滨步道**（免费）充分体验厦门海岸线之美。这段滨海步道蜿蜒6公里多，沿途会经过载入了吉尼斯世界纪录的**胡里山炮台**[☎0592-209 7322；曾厝垵路2号；门票 25元（包含所有表演和史料馆）；⏲7:30~18:00（10月至次年5月 7:30~17:30）]，以及书法广场、曾厝垵浴场、音乐广场、白石炮台遗址、太阳湾浴场等。离开步道，可以去环岛路北侧的全国“最文艺的村庄”**曾厝垵**转悠一下，厝内西餐馆、客栈、酒吧林立。继续沿环岛路行驶，位于东南角的**黄厝**（免费）拥有也许是目前整条路上最干净的海滩。

继续向北，途经前埔会展中心前往**观音山**，这里有一片优质的沙滩，夏季的时候会举办白海豚沙滩音乐节和沙雕艺术展，还有一个水上乐园和游乐场，一些餐厅和酒吧供旅行者游玩和歇脚。再往前，邻近环岛路北段的**五缘湾和湿地公园**（免费；⏲全天开放）是海上运动中心，户外俱乐部提供的帆船和皮划艇体验课程非常适合旅行者。

见573页

行驶路上 » 从厦门岛沿翔安隧道（12元）进入翔安，沿翔安大道行驶到翔安收费站上G15沈海高速，45公里后从池店收费站出高速，经机场连接线开进泉州市区。全程约80公里。

线路亮点

❽ 泉州

作为古时海上丝绸之路的起点，北宋时期的泉州，已经与海外58个国家有贸易往来。了解泉州可以从**泉州博物馆**[☎0595-2275 7518；西湖公园北侧；免费；⏲9:00~18:00（11月至次年4月 9:00~17:30）]开始，有“泉州历史文化”“泉州南音，戏曲艺术”等基本陈列。隔壁的**闽台缘博物馆**（城北路；免费；⏲9:00~17:00，16:30停止入馆）更是泉州值得一看的博物馆，从地理、民族、政治、经济、宗教、艺术等各个角度介绍泉州。而这里离泉州之源**清源山**（☎0595-2277 1928；泉州市北郊；门票55元；⏲9:00~17:00）已经不远，可从朝天门走泉山路转入花博路，沿旅游公路直通南台岩。如徒步上山，可沿途去看虎乳泉、老君岩、弘一大师舍利塔、泪墨画以及历代摩崖石刻。

下山后沿少林路前往**泉州少林寺**（清源山余脉东岳山下；免费；⏲9:00~17:00），早上10:00是武僧习武的时间，可来到演武厅看表演。沿刺桐北路向南去往**海外交通史博物馆**（☎0595-2210 0561；东湖路东湖公园西侧；免费；⏲9:00~17:00），它更像是关于泉州逸闻的百科全书。接着一路向东，来到海边的**蟳埔渔村**（东海社区；免费），看福建三大渔女之一的蟳埔女，“戴簪花圈，插象牙筷”的头饰是众多长镜头的焦点。

见574页

行驶路上 » 从泉州往东方向出城，过后渚大桥，沿东西主干道、东张公路、张青公路（S201省道）抵达崇武古城。全程35公里，约1小时。

如果想看建于北宋的洛阳桥（东郊洛阳江），可往东北方向出城，上G324国道，然后右转南北主干道后，再左转上

到八市淘厦门老生活

生活在厦门的人都知道，最为新鲜的海鲜是在清早七点的**第八市场**（思明区开禾路）。早上，从价格亲民的各色虾兵蟹将，到难得一见的野生鲨鱼和巨大的深海鱼类，都带着海洋气息挤满摊位。而到了傍晚，住在老城区的厦门人，习惯下班后来这里带上一把新鲜的蔬菜，或在摆满了荔枝、山竹、黄皮、芒果的水果摊前逛一逛。

从开元路的吉治百货折进第八市场窄仄的入口，从道路中段向右，小巷阡陌纵横，昭惠宫、石狮公庙、福寿宫、玉皇大帝庙、天主堂隐藏其间，各路神仙和买菜的市民一起挤在巴掌大的菜市场里，各得其乐。**昭惠宫**（洪本部街158号）作为丙洲陈氏在厦门的宗祠，见证着这里的百年沧桑巨变。拥有130年历史的**集安堂南音社**大隐于市，不要错过欣赏民间南音表演的机会。绕回到八市主路，邻近开禾路口处，红白相间的**竹树礼拜堂**矗立一旁。

东西主干道去崇武。

9 崇武古城

(☎0595-8768 3297；惠安县崇武镇；门票 46元；⏲7:00~19:00）虽然只剩断断续续的旧城墙，但已算是60多座卫城中保存最为完好的防卫系统，可以登上老城墙一览整个海面。融汇了惠安绝活修建出的**崇武石雕工艺博览园**，有三国、水浒人物石雕等主题园区。此外，博览园中心的大型广场上，周末和节假日（10:00，11:00，15:00，16:00）有**惠安女表演**。

崇武镇**大岞村**与海湾另外一侧的**小岞镇**，是惠安女传统服饰习俗保存最好的地方。尤其在农历三月廿三的妈祖诞辰日，她们会穿上最华丽的装束，这是摄友们前来的最佳时机。

行驶路上 » 从崇武镇沿X308县道（惠崇公路）到惠安县，在城西北处的驿坂收费站上G15沈海高速，向北行驶，在西埔枢纽换上S10莆永高速，向南行驶到湄洲岛收费站出高速，左转沿S202省道前往文甲码头，乘船前往湄洲岛，可以将车渡上岛（往返200元/辆）。全程105公里，车程约2.5小时，渡船10~15分钟。

线路亮点

10 湄洲岛

[☎0594-509 4611；www.mzd.gov.cn；市区东南湄洲湾口；总票价85元（上岛费65元，客船20元）]湄洲岛以妈祖故乡而闻名于世。**妈祖庙**内有妈祖寝殿、圣父母祠、妈祖升天处、宋代妈祖金身等珍贵历史古迹和文物，香火非常旺盛。而旁边的**妈祖文化园**（☎0594-509 4688；湄洲北大道988号；门票 30元）另外收费，它以山顶妈祖石雕巨像为中轴线起点，兴建了一组仿宋妈祖庙建筑群。穿过祖庙群是妈祖碑林，从这里往下可以走到**湄屿潮音**。沿湄洲大道向南不远处来到**天妃故里遗址公园**（湄洲岛上林村），公园所在的上林村是妈祖林默娘出生地，目前还保存有明代“天妃故里”石碑等与妈祖有关的遗迹。

来到海岛的南端，天然的**黄金沙滩**人头涌动。但是更为值得推荐的是最南角的**鹅尾神石园**（☎0594-508 9922；湄洲岛最南端；门票 20元；⏲8:00~18:00），有各种海蚀地貌、风化岩石。

行驶路上 » 从岛上轮渡返回文甲码头，沿S202省道或者S10莆永高速前往莆田市，约55公里，车程1.5小时。

探秘中国近代工业和海军的摇篮

1866年，清政府在马尾设立福建船政，成就了早期的中国近代工业。而今这一片区被辟为**中国船政文化旅游景区**。游览一般从中国近代第一座造船厂**马尾造船厂**（☎0591-8368 6331；江滨东大道139号；门票 15元；⏲8:00~17:00）开始，厂区内的轮机车间被改建为**马尾造船历史陈列馆**；**二号船坞**曾是远东地区最大的石砌船坞。从造船厂出来，沿港口路往东步行约20分钟即到昭忠路上的**昭忠祠**（☎0591-8368 2339；昭忠路1号；免费；⏲8:00~17:00），马尾海战中殉难官兵的英烈祠，现辟为“马尾海战纪念馆”。背后马限山上有中坡炮台、英国领事分馆、圣教医院、梅园监狱等清代遗址。昭忠祠西侧是**中国船政文化博物馆**（☎0591-8398 3253；免费；⏲8:30~12:00，13:30~17:30），展出600余件中国船政文化相关文物。回到港口路继续向东，便到了**罗星塔公园**（☎0591-8368 8351；马尾区罗星路11号；免费；⏲8:00~17:30），园内罗星山上的罗星塔是世界航海标志上中国唯一被标注的古塔，又被叫作“中国塔”，站在塔前可远眺马尾港全景。

视觉中国 提供

崇武的惠安女

Classic Trip 经典线路

华东 37 福建沿海线

⑪ 莆田

莆田市内的主要景点可以从南至北依次游览。位于城南的**木兰陂**（☎0594-389 0682；屿下村内；免费；⏲7:00~19:00）是伟大的宋代水利工程，可以去**木兰陂纪念馆**了解其历史。城西凤凰山麓的**广化寺**（☎0594-269 2537；www.ghsfjltc.org；西南郊凤凰山东麓；免费；⏲9:00~17:00）内，有释迦文佛塔和两座石经幢等宋代遗物。而**梅峰寺**（☎0594-229 5943；胜利北路535号；免费；⏲8:00~19:00）更靠近市中心，寺庙因宋代山上遍植梅树而得名，可瞻拜亭中有宋徽宗御赐的"梅林佛国"匾额。与梅峰寺相距不远的**莆田市博物馆**（梅园东路391号；免费；⏲8:00~17:00，周一闭馆）前身是赫赫有名的元妙观，镇馆之宝是木构大殿三清殿。其他还有宋徽宗赵佶的瘦金体宋碑《神宵玉清万寿宫诏》等。

✖🛏 见574页

行驶路上 » 由莆田收费站上G15沈海高速，向北行驶到渔溪枢纽，向右转上S1522渔平高速公路，过平潭海峡大桥，行驶到终点下高速，就到达了平潭。全程105公里，车程1.5小时。

⑫ 平潭

平潭岛上曲折蜿蜒的海岸线有长达100多公里的洁白沙滩，而周边大大小小100多个岛屿上，遍布着各种造型奇特的海蚀地貌。我们推荐海岛上的**龙凤头沙滩**和**坛南湾沙滩**，距县城近，而且水质清澈，大排档和水上活动也丰富。

位于海岛东南角的**将军山**（☎0591-2446 8622；敖东镇青观顶村；门票10元；⏲8:30~17:00）是全岛最南端的一处海蚀地貌，有悬崖边的惊心动魄。而位于东北角的**东海仙境**[☎0591-8889 0002；门票15元；⏲7:30~18:00（11月至次年4月 8:00~17:00）]，天然海蚀洞在涨潮时声如洪钟。最后，来到西北角的**石牌洋**[苏澳镇看澳村；门票45元（含往返船票）]，这里有两座巨大的海蚀柱，形似船帆耸立海面，是平潭岛的标志。那些散落在海湾与半山之上的石头厝是平潭岛上的另一个特色，有流水镇东美村、北厝镇东壁村、中楼镇杨梅坑村与白青乡白胜村这几个特色村落。岛上道路通往各个景点，路况良好，指示牌非常清晰。

行驶路上 » 沿S1522渔平高速公路返回G15沈海高速，继续北上福州。全程130公里，车程2小时。国道与省道的路况并不是很好，车速平均在40公里/小时，不建议你选择。进入福州市中心之前，在东三环快速与福马路交会处，有福州当地人钟爱的鼓山（☎0591-8366 9140；福州东郊8公里处；免费，涌泉寺门票 40元；⏲6:00~17:30），登高可远眺福州市区全貌。

线路亮点

⑬ 福州

对福州的探索可以从**三坊七巷**[☎0591-8767 5791；

安溪铁观音寻祖

前些年名茶"铁观音"热让安溪开始进入大众的视线，而铁观音的祖先，就在安溪西坪镇的南岩山腰上，母树被包围在一圈石牌坊内。每年5月和10月的茶季，自驾沿207省道从安溪去往西坪，沿线可以饱览茶乡漫山遍野、层层叠叠的绿。安溪也在大力打造茶文化名片，县城内有**安溪茶叶大观园**（凤城北侧凤冠山；门票 5元；⏲7:30~21:00），能见识到铁观音、黄金桂、西湖龙井、武夷岩茶、凤凰水仙和台湾冻顶乌龙等来自中国各地和日本的50多个名优茶叶品种。你甚至可以亲自参与乌龙茶初制传统工艺的全过程。

另辟蹊径
尤溪联合梯田

起点：⑬ 福州

从福州开上G70福银高速，45公里后从金沙收费站出高速，向南前往号称是中国最大的单幢古民居**宏琳厝**（☎0591-2246 7270；闽清县坂东镇新壶村；门票50元；⏲8:00~18:00）。回到高速继续向西，在洋中收费站出高速，向东去**桂峰村**（尤溪县洋中镇；免费），古村外还有壮观的深坑大峡谷可看。回高速路继续前行，从尤溪收费站出高速，进入联合乡之前，会经过景色宜人的**伏虎岩**，然后到达目的地联合乡**联合梯田**（☎138 5919 6110；联合乡；免费）。

联合梯田之美，在于田块曲线繁复，色彩丰富多彩。可按照联合—联东—联南—联西—东边—云山—连云的顺序，依次看过去，一条水泥公路串起了全程景点，还有观景台和指示牌，非常适合自驾。其中的几个村子要特别推荐：**连云梯田**规模最大；而**东边**和**云山**除了日出日落的景色外，银杏、油菜花与木槿花等植被也为梯田添色。每年清明节后放水期（4月10日至5月10日）和黄金周水稻成熟季（9月中旬至10月）游客较多，此时去记得提前预订住处（详见Lonely Planet《福建》）。

www.sfqx.gov.cn；联票120元（含12个收费景点）；⏲收费景点9:00~21:00]开始，一条南后街能满足旅行者一站式的吃喝娱购，而深藏于两侧的坊巷才真正隐藏着老福州的魂魄。例如福州人林则徐次子的**林聪彝故居**（宫巷24号；门票20元）就被辟为福州漆器博物馆，可欣赏“福州三宝”之一的脱胎漆器和漆画。而古典园林式祠堂建筑风格的**林则徐纪念馆**（澳门路16号；⏲9:00~17:00）就在南后街南侧不远处。

福州的寺庙众多，“福州五大禅林之一”的**西禅寺**（☎0591-8373 2354；西郊工业路455号；门票20元；⏲5:30~17:30）豪华大气。而隐身闹市的**开元寺**（☎0591-8760 4435；开元路经院巷；免费）则是福州现存最古老的寺院。**华林寺**（☎0591-8782 2672；华林路78号；文物管理费2元；⏲9:00~17:00，周一闭馆）的一座珍贵的唐风宋代木构大殿，就绝对值得你跑一趟。

去**福建博物院**（☎0591-8375 7670；www.fjbwy.com；湖头街96号，西湖公园里；免费；⏲9:00~17:00，周一闭馆）与**福州市博物馆**（☎0591-8364 0094；www.fzsbwg.com；文博路8号；免费；⏲9:00~17:00，周一闭馆）参观，会知道烟台山如何成为了“万国建筑博物馆”，以及这座城市曾经的辉煌和伤痛。

🍴🛏 见575页

行驶路上 » 从福州马尾收费站上G15沈海高速，开行148公里后从霞浦收费站出高速，进入霞浦县城。

途中如果在飞鸾收费站下高速，可以前往三都澳，海上渔排是海湾中最特别的人文景观。作为全国最大的网箱养殖区，电话营业厅、商店、饭店、卡拉OK甚至警察局，全都在水上漂浮着。

线路亮点

⑭ 霞浦

摄影在霞浦也许是最为重要的一个主题。滩涂中的海带和紫菜田、成片的竹竿和渔网、星星点点的海岛和渔船、面朝大海立在悬崖上的小村庄，都能成为摄影师镜头对准的目标。我们为自驾旅行者们规划了三条摄影线路（见572页方框）可作参考。

离市区不远的**北岐滩涂**（霞浦北岐村；免费）可

能是匆忙的旅行者最好的选择。从霞浦东侧出城，沿福宁大道去往北岐村，大约5公里。在景区前坪停好车后，顺新修的山道往上走，即可找到好的摄影角度，山崖下就是滩涂和紫菜架，远远望去，穿梭往来的船只与此情此景光影交错，浑然一体。北岐适合拍摄日出，如果拍摄日落，则要去对岸的**古岭下村**和**后岐村**。自驾东线终点的**大嵛山岛**（☎0593-720 3618；三沙古镇码头东5海里；门票 80元，含景区公交）名列“中国最美的十大海岛”，海岛上半米高的牧草已是难得的自然奇观，再加上“岛在海中央、湖在岛中央”的错乱迷离，引得无数背包客翻山越海而来。大部分上岛的人都会选择在天湖边的帐篷区（游客中心一侧的山顶）露营，看日出日落。

🛏 见575页

行驶路上 » 从霞浦收费站上G15沈海高速，32公里后从太姥山收费站出高速进太姥山镇。

从霞浦去往福鼎。约75公里，车程1.5小时。另外可选X973县道，但路况较差。

⑮ 太姥山

耸立海边的太姥山仿佛壮丽的“山海大观”图。**太姥山岳**[☎0593-727 7848；www.517time.com；秦屿镇西约12公里；门票 130元（含景区观光车往返15元）]是太姥山的核心景区，以山中岩洞和观海奇景出彩。景区入口处有一座免费的**太姥山地质博物馆**，介绍了太姥山的地质成因。从外面看“太姥无俗石，个个似神功”，在里面走才发现太姥山是空心的，山中遍布100多个岩洞，洞洞相连，纵横交错。按照景区线路图，从迎仙栈道或萨公岭开始爬山，一个接一个的山洞爬起来万分惊险刺激。途中可在观鲤亭看“九鲤朝天”佳境，在覆鼎峰览海天一色美景。

如果还有闲暇，可以再去秦屿镇周边的**牛郎岗海滨**（☎0593-727 1636；秦屿镇东南约8公里；门票 50元；⏲6:00~19:00）戏水，到**九鲤溪**（☎0593-739 3568；秦屿镇西南约35公里；漂流138元）玩竹筏漂流。

🍴🛏 见575页

最佳建议
霞浦摄影自驾路线

东线（大嵛山岛）：从县城沿X973、X981县道开21公里前往**小皓**摄影点，在山崖上一览壮阔海景。再往东经过视角开阔的**虞公亭村**，到达依山傍海的**东壁村**，继续往东约2公里，就是山崖上的**留云禅寺**，都可以作为短暂停留的摄影点。再往前去**三沙古镇码头**乘船（☎139 5939 9573；单程 50元/人；⏲9:30，12:00），40分钟可抵达大嵛山岛码头。从岛上返回的渡轮有7:00和13:00两班。三沙码头有停车场。

南线（去往大京海滩）：从霞浦沿X961县道进入东冲半岛，在快到沙江镇的**沙塘里**转角高坡上，是拍摄海上日出、渔船的经典地点。穿过**沙江镇**后沿县道直行，不远处便是海带养殖基地**涵江**。继续前行，经长春镇向南便转入海岛**文岐**，在这里能拍摄到壮丽的日落景观。再往东行至海边便是**闾峡海滩**，往北折返经过**高罗海滩**，这是能拍出“明信片”画面的地方。返回主路上再往北，还可以到达同样漂亮的**大京海滩**，那里有城堡、山岛和海带田可供拍摄。

西南线（去往东安岛）：与南线一样，先去往沙江镇，再右转沿X982县道去**厚首村**、**白鹭村**，路上的馒头山颇适合拍日出日落。继续前行到台江，在这里可以拍海上人家。

Classic Trip 经典线路

食宿

东山岛 2

东山岛海之缘公寓 客栈 ¥

（0596-566 2188；铜陵镇水产路桥雅街南门湾海景楼；标单/双 120元起，海景房180元起；）当地渔民在水产路旁边晒鱿鱼的劳作画面尽收眼底，《左耳》中的唯美海滩扑面而来，公寓距海边只有20米，海浪声入梦而来。房间足够温馨，老板会帮你介绍东山岛的一切。

漳州 5

广和隆猪蹄面 小吃 ¥

（0596-262 0091；钟法路永信楼A幢6号；人均15元；10:00~13:00，16:00~23:00）猪蹄面是漳州拌面中最传统的一种，除了标配的猪蹄外，可以再依口味添加其他卤料。钟法路上还有其他琳琅满目的小吃，生烫也是其中一种，值得推荐。不过巷子内不好停车，可停在古街外围，再走路进来。

背包客青年旅舍 青年旅舍 ¥

（182 5022 2201；南昌中路清华园1幢502室；铺35元，标双70元起；）漳州第一家青旅，出自一位90后之手。装修风格简洁，氛围轻松自在，如同入住当地朋友的家。入口稍显隐蔽，好在老板随时接受骚扰，可以在小区内停车。

漳州雅特兰酒店公寓 酒店 ¥

（0596-203 3596；胜利西路香江新城7楼715室；标单/双 130元起；）酒店位于湘江大厦里面，很好找，房间大多在高层，可以俯瞰漳州城。房间空间很大，设施齐全，性价比高。大厦有地下停车场可以使用。

鼓浪屿 6

褚家园咖啡馆 咖啡馆 ¥¥

（0592-208 3702；中华路15号，近体育场；人均50元）花上一杯星巴克咖啡的价格就能在这里品尝到2013年WBC（世界咖啡师大赛）中国区冠军亲手制作的意式咖啡，绝对物超所值。手工制作的提拉米苏和芝士蛋糕值得一尝。院子和大厅布置得非常别致。

李家庄 精品酒店 ¥¥¥

（0592-256 5008；漳州路38-40号；大床房 480元起；）这栋优雅的老宅很有来头，是当年菲律宾"木材大王"李清泉的私家住所。这里的布置显得奢华大气，房间名称根据档次来分，最贵的有大公主房、老爷房等，不少房间内配有欧式豪华的大浴缸。

厦门岛 7

临家闽南菜（曾厝垵店） 闽南菜 ¥¥

[400-181 8666；环岛南路308号（曾厝垵对面）；人均80元；11:15~14:00，17:15~21:00]将时尚与闽南乡土气息结合的一家连锁餐厅，环岛路分店的靠窗座位可以看到大海。菜品每季创新，临家姜母鸭、原味土猪汤、香煎山地鸡、泡椒鲜甜脆都是点菜率较高的菜式，闽南小吃也都可在此查漏补缺。

莲欢海蛎煎 小吃 ¥

（0592-203 5236；思明区中山路局口街局口横巷；人均10元；10:30至次日1:00）以海蛎煎为招牌，也出售鱼丸汤和薄饼，订制的铁煎锅一用就是20年。海蛎嫩滑饱满，料足又新鲜，蘸着甜辣酱吃才够味。

侯记面线糊 小吃 ¥

（0592-523 5321；湖里区嘉禾路334号东方巴黎广场344号；人均18元起；9:00～21:00）面线糊大概是厦门的另外一个特色小吃了，软糯的面线加上十几种可以选择的配料，清淡的汤底烘托出海鲜、蔬菜与肉的鲜味。配料可以选择猪小肠、腊肉、猪肝、海蛎等。再加上一根酥脆的油条，就是地道的厦门古早味。

阿么爱睡觉民宿 民宿 ¥

（180 2077 3016；思明区黄厝茂后141号；标单/双 80元起；）市井味与文艺清新完美融合，离黄厝海滩很近。民宿内可以放电影，楼顶的露台能烧烤。房间设计符合年轻人的口味，懒人沙发配上涂鸦，时尚简洁。新建的大型停车场为自驾旅行者提供便利。

厦门10点钟主题客栈 客栈 ¥¥

（0592-350 9980；思明区曾厝垵上里208号上李山半山腰；标单/双 280元起；）位于厦门岛上不多的未开发区域上李山，山路蜿蜒但是路况不错，距离曾厝垵20分钟步行时间。每个房间至多配三个停车位，装修属于Loft风格，有木质家具和大气的卫生间。提供KTV、自主观影区、啤酒区等休闲区。

泉州 8

忠记盐烧鸭 闽菜 ¥¥

（崇福路中段；人均40～60元；10:00～22:00）开了十多年的老店，招牌菜是泉州特色盐烧鸭，也就是姜母鸭：老姜、米酒、中药和整只鸭子一起用炭火烧制，滋而不腻，不过口味偏咸香，可以配店里的汤一起吃。

五叔公土笋冻 小吃 ¥

（0595-8315 2035；鲤城区西街109号；人均10元起；10:00～21:00）闽南地区有名的一种小吃，星虫经过熬煮，释放出明胶后形成的果冻一样的食物。配以永春醋，添上海蜇丝、番茄条等，清爽可口。这家土笋冻是正宗的安海做法，口感更地道。

悠品青年旅舍 青年旅舍 ¥

（186 5974 6288；鲤城区后城小菜巷43号；铺 40元，标双 90元起；）位于老城区的青旅，近古玩街，周边市井味气息十足。大厅摆有茶具，每天都有茶会。旅舍由别墅改造而来，设施比较豪华，公共卫生间会让你惊喜。在距青旅50米的后城街有公共停车场（5元）。

F城市行馆酒店 酒店 ¥¥

[0595-2810 1010；新华南路T淘园园区2号楼；标单/双（含早餐）190元起；]2014年开业，房间还保持崭新，独具匠心的现代化装修风格。酒店背后就是芳草园，独守一片清静。房间内卫生条件令人满意，并且配有冰箱，还放置了音乐播放器，十分贴心。

莆田 11

老蒲鲜海鲜楼 海鲜 ¥¥¥

[0594-502 8777；荔园西路738号（新一中对面）；人均100元；10:00～22:00；]当地人最爱去的海鲜饭店，装修有莆仙特色，服务员都是湄洲女装扮，也能观赏到莆仙戏表演。除了一品靓汤、生猛海鲜等大菜，也有妈祖麦煎、炝肉等本地小吃。特色菜推荐紫菜焖蛤蜊、滴露鸭等。

白天鹅公寓酒店
酒店 ¥¥

[☎0594-250 8999；城厢区学园中街484号；标单/双（含早餐）160元起；Wi-Fi 空调 @ P]酒店风格简单明快，客房内的落地窗让本来就很大的屋内看起来更加宽敞明亮，设施和床品也比较新。各种类别的房型都有，满足不同人的需求。有独立停车场。

福州 13

聚春园驿馆
闽菜 ¥¥¥

（☎0591-6303 3666；三坊七巷宫巷22号；人均150元；⏲11:15~13:30，17:00~20:30；P）始创于清朝同治年的聚春园已不能简单被称为一家餐厅，它几乎是福州闽菜的一个商标。改良"佛跳墙"推出素食版，适应时下环保养生的潮流。讲究色、形、味的荔枝肉，鲜香盈室的鸡汤氽海蚌，传统的淡糟炒螺片都不容错过，一份简单的芋泥也做得精致美味。

醉得意
闽菜 ¥

（☎137 7450 2131；鼓楼区省府路23号；人均40元；⏲10:30~14:00，16:30~21:00；P）省府路上有许多餐馆可以选择，这家闽菜馆的入口比较窄，注意别错过。装修风格偏古朴的中式。人气不低，周末可能需要等位。推荐干锅片片鱼、醉排骨、江湖烤翅等。

于山宾馆
酒店 ¥¥¥

[☎0591-8335 1668；鼓楼区于山路10号；标单/双（含早餐）330元起；Wi-Fi 空调 @ P]酒店背倚于山，距三坊七巷非常近。作为福州的老牌三星酒店。房间干净整洁，只是设施稍微有些陈旧。提供24小时温泉洗浴也是一大特色。有配套的茶艺室、咖啡馆和大型室外停车场。

璞宿时尚酒店
酒店 ¥¥

[☎0591-3810 1666；台江区金屏路15号；标单/双（含早餐）230元起；Wi-Fi 空调 @ P]酒店内的装饰对得起名字里的"时尚"二字，灯光效果配合默契。赠送矿泉水和其他饮料，床品也比较干净舒适。有独立停车场。

霞浦 14

隐墅青年客栈
客栈 ¥

（☎158 5937 1661；汇隆花园7号楼02单元；铺 38元，标双 78元起；Wi-Fi 空调 @ P）位于霞浦的一个小区内的别墅，一楼是咖啡厅，配有简餐，味道不错，价格不贵。二楼、三楼是宿舍，四楼是标间，房间并不多，但设计很好，每个房间还有书架和一些旧书。前台服务会推荐特色旅行目的地。车可以停在小区内。

太姥山 15

食鼎记饭庄
闽菜 ¥¥

（☎183 5055 7772；秦川路198号；人均55元；⏲9:30~23:00；P）在旅游季时常针对游客有第二份菜单的秦屿，这家饭馆的价格算是厚道。有用海鲜做出的家常小炒，鱼丸汤与芋头饭值得推荐。附近停车便利。

福鼎丽豪假日酒店
酒店 ¥¥

[☎0593-795 6666；秦屿镇水井头环岛；标单/双（含早餐）210元起；Wi-Fi 空调 @ P]秦屿镇上的住宿并不太贵，这家酒店的位置稍微有些偏离镇中心，停车会更加方便。房间按照星级标准来准备床品和各项设施，干净整洁。只是隔音效果有些不好，能听到走廊与隔壁房间的声音。

步行游览
上海原法租界

起点：新天地

终点：马勒别墅

距离：约3公里

需时：约3~4小时（含游览时间）

如果现在还能有哪里能代表“老上海”，那一定是把怀旧和摩登糅合得天衣无缝的曾经的法租界，以淮海中路为中心的这一片街区，处处都深藏着上海的旧日风情。

可使用此步行游览的线路：

31

❶ 诸圣堂

穿过新天地东侧的淡水路，可以看到正对复兴中路路口的诸圣堂，是圣公会高派建筑风格的基督教堂。整座教堂外墙都是由红砖砌成，在1966年关闭后直到20世纪80年代才恢复使用。没有教会活动的时候，教堂一般不对外开放，此处游人不多，停下来拍几张文艺的照片，效果十分不错。

行走路上 » 走路沿复兴中路一直向西，穿过重庆南路，到达思南路的路口，就可以看到思南公馆的洋房群。

❷ 思南公馆

思南公馆和思南路的名字来源于法国著名音乐家Massenet。而这里的改建与新天地相比虽然异曲同工，但要幽静不少，可以在此静享慵懒的午后时光。拉普里奥的蛋糕很受欢迎，**安薇塔英国下午茶**（☎021-6433 9199；复兴中路529号思南公馆27幢；人均100元；⏲10:00~21:00）是年轻人的最爱。另外，庭院深处的慧公馆颇有私家花园的情调，中式下午茶是它的特色。其实餐饮区只是思南公馆的一部分，隐藏在其身后的是思南公馆酒店。它由三栋老式洋房改建而成，按栋预订，每晚4万元起。郭敬明《小时代》中的超豪华女生公寓就在这里取景。

行走路上 » 走路沿着思南路向北走会经过皋兰路，在路口隐约可以看到由俄国建筑师设计的圣尼古拉斯教堂，如果不想停留，再往前走几步就是闻名上海的阿娘面。

❸ 阿娘面

阿娘面[思南路36号（近南昌路）；人均30元；⏲11:00~20:00]鼎鼎有名的黄鱼面已经成为口口相传的美味。黄鱼处理得很好，一点都不腥，肉质也很嫩。需要提醒的是，黄鱼面每天限量供应，还是尽量早一点去，以免扑空。

行走路上 » 走路从阿娘面出来往南昌路方向，

能发现不少时尚小店。在南昌路路口右转靠近科学会堂就能看到老上海旧杂货。

4 老上海旧杂货

老上海旧杂货[☎021-5306 0018；南昌路55号1楼（近科学会堂）；⏲10:00~21:00]有着浓郁的海派摩登气息。铺面不大，但堆满了众多老上海的宝贝，各种民国时期的灯具是这里的一大特色，还有皮箱、老式台钟、收音机、饼干铁盒等各种物件。

行走路上 » 走路出门往左，沿着南昌路一直走到茂名南路路口再一路向北，穿过淮海中路的十字路口继续往北，走到长乐路就能看到花园饭店了。

5 花园饭店

这座法国文艺复兴风格的饭店（☎021-5108 3050；茂名南路58号；标双 838元）共拥有5个餐厅，3个酒吧，都由原法国俱乐部的老建筑改建而成，保留了法国古典装饰主义的艺术风格。值得一提的是位于二楼东侧的百花厅，大厅中央由彩色玻璃镶拼而成，中间则为船底造型的顶灯。

行走路上 » 走路从花园饭店出来到长乐路，往西去往陕西南路方向，到达路口后往北走，就能看到马勒别墅古堡的尖顶了。

6 马勒别墅

在陕西南路30号，有一栋每个女孩心目中的梦之城堡。事实上，它的确是一位父亲为女儿的一个梦境而花费10年建造的，青铜色外衣的城堡拥有挪威式顶尖和中国式琉璃瓦。现在，这里被改造为**衡山马勒别墅饭店**，除了选择在此入住一晚，度过一个穿越历史的梦幻之夜，还可以在阳光明媚的下午在欧式风情的草坪前，享受一次宫廷古堡风的英式下午茶（套餐258元）。

行走路上 » 走路从别墅出来沿陕西南路往淮海中路方向走，在路口陕西南路站可以乘坐地铁。或者继续沿陕西南路一直走到复兴中路，往新天地方向走，回到起点。

步行游览
扬州老城区

起点: 新胜街绿杨旅社

终点: 廖氏盐商大宅

距离: 约2公里

需时: 2.5小时（含游览时间）

扬州城的味道一半都在老城区，而南河下片区又是扬州最大最有特色的历史文化街区，一些从清代就开始经营的店铺至今仍在，各种官宦豪商宅院也隐藏其中。虽然很多房子已经不复从前的辉煌，但走一走老路，看一看长着青苔的门楣，或许能回到一段旧时光里。

美中不足的是老城区停车不方便，需要步行进入。

可使用此步行游览的线路:

32

❶ 绿杨旅社

（☎0514-8734 1590；新胜街23号，标双120元）一家保留着民国风貌的老牌旅社，有中西合璧的外观，进门仍然是老式的曲尺柜台。踏入中庭后，在通天舞池仰望高高的天棚，登上吱吱作响的木楼梯，与墙上照片里的民国人物打个招呼。

行走路上 » 从绿杨旅社出来，对街不远处就可以看到大陆旅社。

❷ 大陆旅社

与绿杨旅社一街之隔，还有一间大陆旅社，也是民国时期的一家老牌旅社，据说在日据时期曾经被作为"慰安所"。

行走路上 » 从大陆旅社出来，穿过国庆路就是三义阁，进去大概走20米，路的左手边68号就是永宁泉。

❸ 永宁泉

永宁泉（三义阁68号；🕙10:30~24:00）是一家建于清末的老浴室，现在浴池门两侧还留有清代的石刻"身离曲水精神爽，步上瑶池气象新"。价格很平民，人均消费不到20元。

行走路上 » 从永宁泉出门继续前行不到300米，就可以看到古三义阁。

❹ 古三义阁

古三义阁是清初由山西盐商筹建的用来祭祀刘、关、张三兄弟的庙宇，从此这条街也改名叫三义阁。

行走路上 » 从古三义阁前往右，经过湾子街走到广陵路，路对面有条犁头巷，穿过这条斜巷就是渡江路，往左走20米，路的左边就是苏唱街，沿着苏唱街一直往前会路过丁家湾。

❺ 四岸公所

（丁家湾118号）四岸公所是清代湖南、湖北、江西、安徽四省大盐商会商决策

的地方。公所门楼比较壮观，内部构造和雕饰也颇有特色。

行走路上 » 顺着丁家湾继续向东能看到右侧的一条小巷，名字叫“如来柱”，走进如来柱，拐上两个弯，来到大树巷。从大树巷往西，便是小盘谷。

❻ 小盘谷

（门票20元；⏲9:00~11:00，14:00~16:00）在丁家湾大树巷内，为清光绪时期的两江总督周馥所建。园子里假山围绕，石径盘旋，所以得名“小盘谷”，因为地处僻静，所以游客不多。

行走路上 » 从小盘谷的门口往西，又回到了丁家湾，沿着丁家湾往南便来到东西方向的新仓巷，从4号开始就是岭南会馆。

❼ 岭南会馆

岭南会馆在新仓巷4—16号之间，是清代粤人众盐商在扬州议事聚集的场所，还有交易、情报、住宿和娱乐之用。岭南会馆高大的门楼以及规模，在扬州所有会馆里是保存最为完整的一座。

行走路上 » 新仓巷往西走到头，就是引市街。左转走过引市街，就到了东西方向的南河下。

❽ 廖氏盐商大宅

（南河下118号）这里是晚清盐商廖可亭的住宅。典型的盐商大宅门已经没有了当年的显赫，门楼被民居遮挡并不容易发现。宅子大致维持了原貌，只是如今看起来显得衰败。

行走路上 » 从盐商大宅出来，往西走100米就到了渡江路，沿着渡江路一直往北走，就可以回到新胜街。

步行游览
屯溪老街

起点： 戴震公园

终点： 文峰桥

距离： 约3公里

需时： 1小时（不含游览时间）

老街是屯溪的灵魂，依旧保留着自己独特的文化元素。纵横交错的街巷，青石条铺就的路面，两侧青瓦白墙的店铺鳞次栉比。街上售卖徽州小吃和文房四宝的店铺交叠，空气中的酱菜香气夹杂着中药味道，人间烟火中又带着翰墨清风的魅力。

可使用此步行游览的线路：

35

❶ 戴震公园

可以将车停放在**戴震公园**（新安北路45号；免费；⏲全天）东门旁的停车场后进入游览。公园还留有戴震所修的水坝遗迹。登上小山可以俯瞰老街全景。

行走路上 » 游览后从公园南门出来，过马路就是老街一马路的入口，直行到三岔口左转100米街南边有一家工艺造型茶博物馆（老街104号；免费）。继续向东至二马路的十字路口，西南角就是万粹楼。

❷ 万粹楼

（☎0559-251 3355；老街143号；门票50元；⏲9:00~20:00）这是一家私人博物馆，高大的四层楼阁是由主人四处搜寻的古建残料建成的。门票不便宜，但内部藏品较丰富，有木雕、家具、砚台、瓷器、名人字画等。有免费的陪同讲解员。

行走路上 » 过十字路口继续向前50米，路南侧就是屯溪博物馆。

❸ 屯溪博物馆

（☎0559-253 8024；老街168号；免费；⏲9:00~17:00，周二闭馆）博物馆很小，主要介绍了徽州和屯溪老街的历史和文化，还有一些明清家具、字画和古玩等，有一块巨大的宋代歙砚算是镇馆之宝。

行走路上 » 继续向东步行到三马路的十字路口左转，有两家老街最有名的小吃，呈坎罗氏毛豆腐（☎152 1232 1412；三马路13号；人均5元；⏲7:00~21:00）和汪一挑馄饨（☎0559-252 0527；三马路14号；人均15元；⏲7:00~23:00），过十字路口50米之后继续向东走约200米就能看见老街牌楼。

❹ 老街牌楼

这里是老街的正门，牌楼高10余米，宽5米多，精致秀气，前后分别有两对石狮子，代表了徽州人追求的四平八稳。

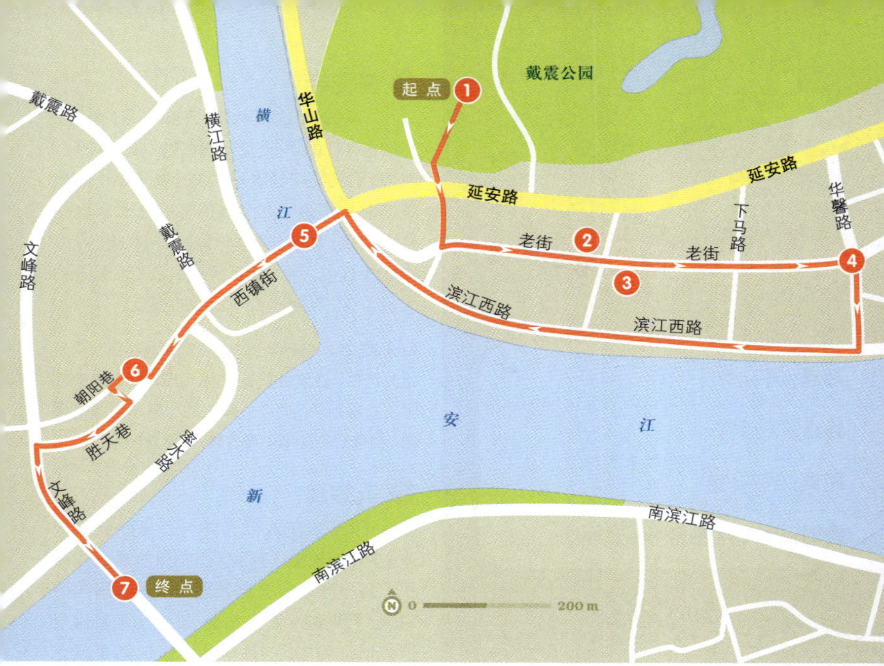

行走路上 » 在牌楼前的四岔口右转直行150米就到了新安江边，接着沿着滨江西路向西走，没多远就能看见老大桥。

5 老大桥

老大桥名镇海桥，始建于明代，已有近500年的历史。大桥为七孔石桥，6座桥墩上有翘起的尖形分水头，背部为龟背纹。

行走路上 » 过桥直走约150米就可以看到黎阳牌坊，往里走就是黎阳in巷。

6 黎阳in巷

黎阳in巷（☎0559-256 0088；黎阳镇黎阳老街；免费）是在原黎阳老街的基础上修建的休闲旅游区，古建筑不多，氛围也偏于“丽江化”。过牌坊后，沿着主街和潺潺溪水向里走，右侧会先后路过**不见山客栈**、**石家大院**和**贾家大院**，都是明清古建筑，但大院并不对外开放。在贾家大院前的岔路口右转进入欢庆广场，北侧有一座古戏台，对面是座小小的尖顶西式**教堂**。教堂南侧也是一座百年老宅，现在改为**徽堂壹号客栈**（☎0559-252 5998；黎阳街2号；标单/双 298元；❄📶），设计很有味道。

行走路上 » 从教堂和客栈之间的胜天巷向里走，然后左转穿过朝阳巷回到主街上，右转向西继续步行，两侧有很多当地艺术大师的工作室。一直往前走就到了文峰路，沿着文峰路向南走200米就到了文峰桥。

7 文峰桥

横跨在新安江上的文峰桥是一座徽派长廊式仿古桥。看文峰桥最佳时间是晚上，灯火通明的文峰桥与桥下的江水交相辉映。

行走路上 » 你可以过桥后乘坐出租车（约10元）回到起点，或者沿原路返回。也可过桥后沿南滨江路向东步行，穿过新安大桥后沿新安北路回到起点，全程约3公里。

步行游览
泉州老城区

起点： 开元寺

终点： 天后宫

距离： 约5公里

需时： 3小时（不含参观时间）

泉州把传统文化的“老”与“雅”融化在生活的一招一式当中，宗教作为重要的组成部分，在这个城市占据了很大的比重，各路神仙在此相处融洽。在老城内拜访各大宗教的领地，一路吃吃喝喝，泉州的味道悠然可得。

可使用此步行游览的线路：

37

❶ 开元寺

（☎0595-2239 4182；西街176号；免费；⏲7:30~17:30）开元寺里的东塔（镇国塔）、西塔（仁寿塔）是老城的高度标杆，其他建筑必须比塔低。一些被迫害的外来宗教的精美遗迹，在明代重修时被移到这里，寺内印度教石壁、佛教密宗佛像、梵文壁画等的大量留存，反倒成了开元寺的亮点。

行走路上 » 沿西街向东走，经过与中山路交叉口的钟楼，继续沿东街向前，100米处路南有侯阿婆肉粽老店。旁边摊贩上的土笋冻脆酸有嚼劲。继续前行在福中路右转，可看到元妙观。

❷ 元妙观

（东街新府口，状元街中段；免费；⏲全天开放）元妙观是一座道观，门口的蟠龙柱显示了其不同寻常的道教地位——八闽第一道观，殿内供奉玉皇大帝。这里历来是泉州道教活动的中心，每年各大庙观都要到元妙观举行“晋表”“领旨”仪式。

行走路上 » 从元妙观出来返回到东街，继续向前，在南俊路向右转，可顺道去有名的涂门贡糖老店带些伴手礼。不远处就是承天禅寺。

❸ 承天禅寺

（☎0595-2227 2857；南俊路115号；免费；⏲8:00~17:00）承天寺是五代时节度使的别墅，并不像一般禅寺那样端着架子，反而更像一个清幽的园林。寺院整体的建筑风格没有太多闽南建筑的华丽繁复，但结构错落，宽敞明快。

行走路上 » 沿南俊路继续向南走，在打锡街左转前行，就能看到百源川池了。

❹ 百源川池

（百源路；免费；⏲全天开放）作为古代排水系统之一的百源川池，可是唐代以来形成的府内“八卦沟”的活化石。西北角的铜佛寺内有清乾隆年间的16尊铜佛可以去看。

行走路上 » 从百源川池南侧沿府学路向西直行，即可看到泉州府文庙。

❺ 泉州府文庙

（☎0595-2228 1076；涂门街，凯利大厦附近；门票 3元；⏲9:00~17:00）作为2016年央视春晚的分会场之一，泉州府文庙的地位自然不一般，它的规模在中国东南可排首位。文庙东庑是泉州古代教育展览馆，西庑建起了泉州历史名人纪念馆。西侧的中山路是老城的一条南北主干道，另一侧的金鱼巷内有**海丝金凤元宵**，也是泉州一绝。

行走路上 » 从文庙走出牌坊到涂门街，沿这条街道向东走，路北就能看到清净寺。

❻ 清净寺

（☎0595-2219 3553；涂门街108-110；门票 3元；⏲8:30~18:00）它是穆斯林在中国创建的现存最古老的清真寺，曾经教徒们每日去礼拜的奉天坛，在1607年泉州大地震中成为废墟，整个清真寺将其保留以示纪念。

行走路上 » 沿涂门街往前走，经过泉州旅游购物中心，人头攒动的地方就是关岳庙。

❼ 通淮关岳庙

（涂门街255号；免费；⏲8:00~17:30）当地人更喜欢叫它关帝庙，殿内正位左祀圣帝君（关羽），右祀武穆王（岳飞），其余的地方布满对联和碑刻，皆为文物。不大的庙宇内人声鼎沸，青烟袅袅，香火特别旺盛。

行走路上 » 过马路到另一侧的天后路，往南一直走到底就能看到天后宫。

❽ 天后宫

（南门天后路1号；免费；⏲8:00~17:30）这座天后宫是中国东南沿海现存最早、规模最大的一座。殿内至今留有雍正御书匾额“神昭海表”和“海邦砥柱”。农历三月二十三妈祖生日的时候会有盛大的祭拜活动。

行走路上 » 原路返回文庙，再沿中山中路一路向北回到起点开元寺。

华北

突出于黄海与渤海间的山东半岛，有绵长的海岸线，碧海金沙畔崂山耸立，青岛有西洋文明的痕迹，威海有历史的伤痛，蓬莱则是被缥缈的神话笼罩，最东方的成山头，率先迎来喷薄的海上日出。赶赴大海之约的自驾旅行，注定了是一次休闲之旅。得益于沿海地区的经济优势，你几乎不用为路况费神，又能享受一路吃不完的海鲜。

太行山峡谷险峻奇胜，晋中平原物华天宝。人说“华夏五千年文明，地上看山西”，遍布于山西境内的文物古迹，有如镶嵌在历史长卷中的颗颗明珠，熠熠生辉。虽然拉煤的大货车、漫天的黄土难免令你风尘仆仆，但当你领略过一段太行山的旖旎风光，推开一扇古建筑的大门，倾听过一段晋商往事之后，你会感悟到山西的晋善晋美。

越过长城，就是茫茫草场。“草原天路”拉开序幕，达达线奏响乐章，沙地云杉是跳动的音符，阿斯哈图石林曲风变幻，红山军马场扬起沙尘，在塞罕坝穿越林场，桦木沟远望落日，便是这一趟自驾之旅浩大的闭幕乐章。

桦木沟的蛤蟆坝，内蒙古克什克腾旗

视觉中国 提供

华北

38 山东半岛海岸线 6~7天

沿着半岛的海岸线，依次领略黄海与渤海的风光，看古往今来波涛起。（见589页）

39 山西北南线 10~12天

“表里山河”的古建筑和宗教文化，“晋善晋美”的大院和古城，从北到南的山西，厚重历史在路上。（见597页）

Classic Trip

40 晋东南线 6~8天

在峡谷间行游，于挂壁路间穿梭，位处深山的青莲寺，还有柳氏民居、皇城相府，构成了精彩纷呈的晋东南。（见611页）

41 坝上天路环线 8~10天

先驰骋草原天路，再赶赴达里诺尔湖，从黄岗梁到红山军马场，草原线上有看不完的日出日落，数不清的云卷云舒。（见621页）

日落时分的青岛海边

不要错过

日照

碧海蓝天、扁舟扬帆，你喜欢的大海的样子这里都有。38

佛光寺

与五台山台内的寺庙相比，这里显得过分冷清了。但它的发现成为梁思成多年来寻找古建筑中最快乐的时光。39

王家大院

总面积比紫禁城还要大，走进去才见识了什么是“豪门”，却无丝毫“暴发户”的气质，反而处处透着儒雅和才气。39

太行山大峡谷

“中国最美十大峡谷”绝非虚名，千峰竞秀、万壑争奇、溪瀑逐流，建议你选择一两个精华景点深度游。40

草原天路

别以为九曲十八弯只能形容河道，也别以为草原都是一马平川。来草原天路吧，给你不一样的自驾体验。41

中西合璧、山海相间的**青岛**
既豪爽又优雅

视觉中国 提供

山东半岛海岸线

38

这片北方的海，虽没有热带岛屿的婆娑椰林，也不够水清沙白，却因有了分明的四季而格外迷人，唯一不变的是浪花拍岸里的豪情。

线路亮点

6~7天
约550公里

最适合

何时去

7~10月，夏天嬉海水，秋天吃海货。

最佳沙滩

大沙洼。

最佳活动

赶海。

38 山东半岛海岸线

山东的海依旧是北方人民消夏避暑的首选地。旅程起点——日照的水和沙开启了你对大海的追逐，此外青岛的饮食文化、威海的战争之殇、烟台的果园飘香、蓬莱的仙境传说，都吸引着你不断前行。全程平坦顺当的道路，让你不必费神路况，在腥咸的海风中，尽情享受你与大海的亲密接触吧。

线路亮点

❶ 日照

日照有绵长的海岸线、清澈的海水和柔软的沙滩。**万平口海滨风景区**（海曲东路东头；免费；⏲全天）是这个城市最有名的地标，这里的**第二海水浴场**沙粒很粗，浪也很大，但旺季时依然人山人海。如果想体验日照最美的沙滩，除了万平口北边的**金沙滩海水浴场**（董家滩旅游度假村正东；免费；⏲全天），更不要错过**日照海滨国家森林公园**（☎0633-368

0998; www.rzhb.com; 北沿海路北端; 门票 旺季4月20日至10月10日 60元，淡季 40元; ⏲全天）里面的**大沙洼**沙滩。这里浪缓滩阔、沙质细润、海水洁净，游客较少。

除了下海游泳，建议去市区南边的**刘家湾赶海园**（☎400-013 9519, 0633-295 7005; www.ljwghy.com; 东港区涛雒镇刘家湾; 门票 50元; ⏲旺季7~8月 8:00~17:30, 淡季9月至次年6月 8:30~17:00)，以及北边的李家台、任家台等渔家度假村，都可以让久居内陆都市的人们体验到捕获海鲜的乐趣。

见594页

行驶路上 » 从城区沿日照北路出城，在日照北收费站驶入G15沈海高速，在胶南收费站驶出，进入青岛市黄岛区，继续沿S293省道行驶，经过国内最长的海底隧道——全长7.8公里的胶州湾海底隧道后，便进入中心城区。全程122公里，约2小时。

线路亮点

❷ 青岛

青岛有着坐在路边大排档剥海鲜、"哈"啤酒的豪爽，也有着在花园庭院里喝杯咖啡的优雅；它有高耸入天的大厦，也有掩映在绿树中的多国建筑；它有寻真悟道的**崂山**（☎0532-96616; www.qdlaoshan.cn; 巨峰景区 旺季 80元，淡季 50元，流清、太清、棋盘石、仰口景区套票 旺季90元，淡季60元，北九水景区 旺季 65元，淡季 40元），也有乘风破浪的**奥帆中心**（五四广场东边，邻近澳门路; 小型帆船 60~80元/人，快艇约80元/人，需与船主协商）。

青岛老城位于市南区中西部一带，走街串巷中你便会与**天主教堂**（浙江路15号; 门票10元; ⏲周一至周六 8:30~17:00，周日 10:00~17:00）、**基督教堂**（江苏路15号; 门票10元; ⏲8:30~17:00）、**天后宫**（太平路19号; 免费; ⏲9:00~16:00）、**德国监狱旧址博物馆**（常州路25号; 门票 旺季 25元，淡季 5元; ⏲旺季 8:30~17:30，淡季 9:00~17:00）、**八大关**（见634页步行游览）等"青岛记忆"相遇。东部则展现了青岛现代、繁华都市的一面。这里的**极地海洋世界**（东海东路60号; 门票 旺季 180元，淡季 150元; ⏲8:30~16:30)，会让小朋友们找到属于自己的乐趣。

市北区台东一带则是"吃货"的天堂，夜市可以完全让你融入青岛"哈啤酒、吃蛤蜊"的饮食文化之中。而胶州湾对面的黄岛新区，这里的街道更加宽敞通畅，消费较低，**金沙滩**、**银沙滩**都是躲避青岛"一浴""二浴"人潮的不错选择。

另辟蹊径
成山头的日出，烟墩角的天鹅

起点: ❸ 威海（见592页）

在中国大陆伸向海洋最东端的**成山头**（☎0631-783 4888; www.xixiakou.com; 荣成市西霞口村最东端; 门票180元; ⏲全天）的**好运角**，可以看一场"最早"的海上日出。景区内还有秦始皇采仙药留下的**秦桥遗迹**和中国唯一的**始皇庙**。

从威海市区向东沿环海公路和S302省道行驶约66公里，便可到达成山头景区，它的北边还有戚继光大败倭寇的**摩天岭**（门票 60元，与成山头联票 170元; ⏲旺季4~10月 7:30~18:00，淡季11月至次年3月 7:30~16:30)，里面有一条亚洲最长的**跨海索道**（20元/人）。

从成山头回程时，你可以在成山镇沿着S301省道南下约10公里抵达**烟墩角**村。每年入冬至来年3月，这里便成了飞来越冬的天鹅天堂。数百只白天鹅聚集在一起，游弋飞翔着，众多摄影发烧友在海边架起一串"长枪短炮"蓄势待发，不肯放过任何一瞬的美景。烟墩角村里的海草房也很特别，屋顶用特有的海带草苫成，冬暖夏凉。

见594页

行驶路上 » 沿G308国道离开青岛市区，在G20青银高速青岛东收费站驶入，从S24威青高速威海收费站驶出，随后沿S203省道直行进入威海市中心环翠区。全程约260公里，约3个半小时。

❸威海

1894年这里留下了甲午海战的伤痛。120年后，硝烟和枪炮声已被湛蓝无瑕的天空和吹动松涛的海风代替。

而历史依旧值得铭记。曾被称为"不沉战舰"的**刘公岛**（www.liugongdao.com.cn；门票138元；⏲7:30~16:00）上的**甲午战争博物院**和**陈列馆**，是在北洋海军提督署的遗址上修建的，内部的图文史料和文物生动再现了战争的历史原貌。登上旗顶山上的**炮台**远眺，你会难以想象这辽阔美丽的海湾曾经炮火漫天。原本停靠在威海港内的**定远号纪念舰**（门票75元，与刘公岛联票188元；⏲7:30~17:00）被迁移到刘公岛客运中心西侧。

威海海滩的名气仅次于青岛，其中名气最大的是**威海国际海水浴场**（环海路近沈阳路；免费；⏲7月1日至9月25日 9:00~18:00）。由于这里是山东半岛最东端，直面黄海，海水交换快，所以水质清澈，沙质柔细。还可以去市区另一侧的**葡萄滩海水浴场**（环海路近安海路；免费；⏲7月1日至9月25日 9:00~18:00），这里的沙滩和海水都不逊于前者，但更为清静。

见594页

行驶路上 » 从威海环翠区沿着世昌大道（S301省道）出城，途中会看见威海影视城花花绿绿的城堡，随后在G18荣乌高速双岛收费站驶入，在烟台收费站驶出后，沿着观海路进入烟台城区。全程76公里，约1个半小时。沿途虽多与海同行，但路旁松柏却将海景遮了个严实。

探秘长岛

世界地理上有很多"长岛"，但很少有像山东长岛这样，被各种传说加身，变得有些神秘。

坐落在渤海海峡中的长岛，是由32个岛屿组成的，较多渔民居住和游人拜访的是南长山岛和北长山岛。其中南长山岛是县城所在地，也是往返蓬莱的轮渡停靠的地方。这里有长岛最高的**峰山**，对面的**林海**，森林茂密，尾端可以看见黄海、渤海分界线。游览过南长山岛后，可以从跨海大桥到北长山岛。这里有**九丈崖**的海蚀地貌和千层激浪；**月牙湾**的海水浴场不仅湛蓝清澈，而且沙滩是国内少见的砾石滩，随处可见斑斓晶莹的球状小石头，不过为了环保，看看就可以了，千万不要带回家。如果是5~8月到访长岛，应该去**万鸟岛**。这座面积仅有0.05平方公里的无人小岛，却栖居着上万只海鸥，落霞与海鸟齐飞的景象非常难忘。

蓬莱的**蓬长客港**（☎0535-321 2218，0535-564 2551；海港路11号）每天5:30~19:00，每半小时就有1班发往长岛的轮渡，票价30元/人，航程1小时。长岛的游览实行通票制。南、北全线（三日有效）180元；南、北单线（两日有效）120元；除此之外还有渔船出海、海上游等不同组合通票，100~230元不等。岛上包车根据景点距离、车型，60~380元不等。虽然车子上船进岛要140元，但如果想玩得更自在和尽兴，还是建议你开车上岛去。

❹烟台

明洪武三十一年（1398年），为提防倭寇，曾在一座三面环海的小山上设狼烟墩台，这就是**烟台山**（历新路7号；门票50元；⏲7:00~17:00），这座城也因此得名"烟台"。

除了在烟台山上的**灯塔**眺望大海和城市风光、

载车过海去大连

从威海、烟台到隔海相望的大连直线距离只有170公里，然而开车过去却要绕行渤海湾一圈将近1400多公里，用时约16小时。这时带着爱车走“海路”则是更好的选择。

威海港客运站（☎0631-528 1250；威海市海埠路288号）和**烟台港客运站**（☎0535-650 6666；www.bohaiferry.com；烟台市环海路2号）都有去大连的载车滚装船，购票需携带本人身份证和车辆行驶证。

烟台每天出发到大连港、大连湾的轮渡有十几班，航程约6个小时，客票从180~1200元不等，小型车票600元起。但每天的开航时间并不固定，港口每天会根据气象预报安排第二天的时间表，所以务必提前打电话进行咨询。

威海—大连港船票时刻表

船号	出、到港时间	票价（人）	票价（车）
葫芦岛轮	9:30~17:30	190~1080元	1~8座700元，9~19座800元
生生2轮	21:30至次日4:00	200~1880元	1~5座700元，6~11座800元，12~19座1000元

在**第一海水浴场**（滨海北路大马路口；免费；⏲全天）洗个“海澡”以外，你还可以到**芝罘岛**看看尚未被开发的海岛样子。这座陆连岛的南坡草木苍翠，风景如画，北坡则怪石嶙峋，崖壁陡峭。

带孩子的旅行者，可以去**烟台海昌鲸鲨馆**（滨海中路45号渔人码头街；门票120元；⏲9:00~17:00）看世界上最大的鱼类，也可以去牟平区的**养马岛**，这里有海水浴场和大型游乐场。如果是过春节时来烟台，还可以和当地人一起去毓璜顶公园（毓璜顶西路；免费；⏲5~9月5:00~22:00，10月至次年4月6:00~21:00）逛场闹哄哄的庙会，园内**玉皇庙**（门票10元）和**小蓬莱**，都是值得一看的古迹。

见595页

行驶路上 » 从烟台市区离开，在G18荣乌高速莱山收费站驶入，随后从蓬莱收费站驶出，先后沿S211省道、G206国道（北京中路）进入蓬莱市区。全程91公里，约1个半小时。

线路亮点

⑤ 蓬莱

“蓬莱”和“仙境”两个词似乎总是被连在一起。这里是中国出现海市蜃楼最多的地方之一。登临依山傍海的**蓬莱阁**（迎宾路7号；门票140元；⏲旺季6:00~18:30，淡季7:00~17:00），重温“八仙过海”的传说，还可以眺望海中的长岛（见592页方框）。蓬莱阁景区很大，门票同时包括**田横山**、**登州博物馆**、**水师衙门**等景点。特别是从蓬莱阁到田横山，可以乘坐跨海缆车（单程30元，往返50元）。随后沿着**田横栈道**到山顶，可以看到很清晰的黄海、渤海分界线。

三仙山（海滨路9号；门票120元；⏲旺季7:00~18:00，淡季7:30~17:00）是蓬莱另一处“寻仙”的地方。三仙山指的就是传说中“蓬莱”“方丈”“瀛洲”三座山，不过此三仙山景区是全新修建的一座私人园林。园内有古典精致的亭台水榭、金碧辉煌的庙宇楼阁、高大珍贵的玉卧佛、玉观音等。

见595页

食宿

日照 ❶

八旗羊汤 鲁菜 ¥¥

(☎0633-363 6969；济南路与临沂北路交会处西100米路北；人均50元；⏲9:00~22:00）这里的招牌羊汤汤醇肉香，没有什么膻味。功夫鱼肉质鲜嫩，鱼刺酥软可吃。这里也提供铜锅涮肉。

青岛风味烧烤 烧烤 ¥¥

(☎183 6330 4180；滨二路南端，中豪国际饭店旁；人均60元；⏲11:30~22:00）位于烧烤一条街上，有包间也有户外大排档。这里的麻辣小龙虾、麻辣鸭头都做得很入味，羊蝎子和烤鱼也很有特色。

蓝海国际大饭店 酒店 ¥¥

(☎0633-886 7888；万平口世帆赛基地内；标单/双 238元起；❄📶Ⓟ）酒店临海，正对游轮码头，离万平口、灯塔等景区很近。B座房间装修稍显陈旧，但打扫得很干净。海景房可以欣赏到日出和日落。

悦轩酒店 酒店 ¥

(☎0633-222 2223；海曲中路10号；标单/双 119/128元；❄📶Ⓟ）离高速出口较近，距海边的万平口景区约8公里。房间干净整洁，床很舒适，Wi-Fi速度快。

青岛 ❷

海佳小院 海鲜 ¥¥

(☎0532-8388 6577；延安三路206号；人均80元；⏲10:00~22:00）花园式的海鲜小馆。辣炒蛤蜊（26元）很大一份，扇贝、生蚝都很肥美新鲜。除了海鲜，这里还提供山东家常菜，棒子骨和风味茄子都很受欢迎。

安南 越南菜 ¥¥¥

(☎0532-5557 5707；山东路6号华润万象城L3层；人均120元；⏲11:00~21:00）一家装修低调的高端餐厅。菜品味道和服务态度都没得说，价格较贵。推荐生牛肉汤河粉（48元）和炭烧香茅猪扒（58元）。

如家精选酒店 精品酒店 ¥¥

(☎0532-8612 0011；太平角三路2号；标单/双 177/186元；❄📶Ⓟ）酒店位于太平角公园北1门旁边，环境清静，距八大关和海边步行约10分钟。酒店房间干净舒适，装修简约精致，淡咖啡色的色调让人感到很舒服。

欧圣兰廷度假公寓 酒店式公寓 ¥¥

(☎0532-8616 6555；黄岛区井冈山路157号中南金石国际广场；复式房 252元起；❄📶Ⓟ）酒店位于青岛市黄岛区，离市中心约30公里，但周边餐饮、购物设施齐全，交通更为便利。房间拥有无敌海景，内部设施齐全。

威海 ❸

金味德牛肉拉面 面条 ¥

(☎131 8188 3697；韩乐坊10号楼1层；人均30元；⏲7:00~21:00）面馆很大，兰州牛肉拉面的味道正宗，饭点时排队的人非常多。

安博士烤肉城 烧烤 ¥¥

(☎0631-385 0255；韩国风情街北端11-67号；人均80元；⏲9:00~21:30）很多在威海的韩国人会在这家吃烤肉。五花肉不肥腻，配菜、小菜也像正宗的韩国烤肉一样超多。

理想家自助度假公寓 酒店式公寓 ¥¥

(☎156 6231 1169；上海路乐天双子星B座；平层/复式 150元起；❄📶Ⓟ）公寓邻近韩乐坊、韩国风情街，餐饮、购物设施齐备。复式房非常宽敞，可住4~5人，适合带父母和孩子旅行时入住。厨房、洗衣等设备齐全。

百纳中心大酒店

酒店 ¥¥¥

（☎0631-522 2888；新威路58号；标单/双 328/319元；❄📶🅿）酒店与刘公岛隔海相望，邻近威海港码头。服务耐心周到，房间打扫得也很仔细，还会留下贴心的手写问候卡。唯一比较麻烦的是，在酒店内停车需要每天去更换停车卡，否则过时需要收费。

烟台 4

兴临砂锅

鲁菜 ¥

（☎138 353 2332；环山路84号；人均40元；🕙11:00~14:00，17:00~20:00）一家烟台老字号餐馆。砂锅种类很多，比较受欢迎的有鲇鱼砂锅（38元）、海蛎砂锅（30元）、肥肠砂锅（40元）等。菜量很大，每个锅都是满满的一盆，汤汁鲜美入味，里面的配菜、豆腐都很好吃。

韩安东

韩国料理 ¥¥

（☎0535-681 0555；芝罘金街C3-107，中华基督教堂西侧；人均60元；🕙10:00~20:30）这里的安东鸡甜辣适度、肉质很嫩，配菜的粉条和土豆都很入味。小份的已经是很大一盘，完全够两个女生食用。

米特私人公寓

酒店式公寓 ¥¥

（☎186 6002 6162；万达广场1单元；标单/双 212元起；❄📶🅿）房间装修得非常温馨，收拾得很干净。虽为自助公寓，但洗浴用品、毛巾、餐具甚至是健身器材一应俱全。停车收费。

鑫悦湾假日酒店

酒店 ¥¥

（☎0535-303 6789；海滨路36号；城景/海景 151/158元；❄📶🅿）酒店紧邻金沙滩海水浴场，离市中心约26公里。房间宽敞、干净，海景房可以无遮挡地远眺大海风光。

蓬莱 5

奶奶家米肠汤饭

朝鲜族菜 ¥

（☎0535-566 0637；沙铺路文苑小区3号门附近；人均40元；🕙11:00~14:00，17:00~22:00）饭馆老板都是延边人，店内收拾得干净利落，菜品味道很地道。自制的米肠很香，炒年糕厚实软糯，牛尾汤做得也不错。

苏南阳春面

面条 ¥

（☎186 5489 7275；钟楼北路，利群广场对面的悦动港湾内；人均40元；🕙7:00~21:30）这家招牌大肉面，量足实惠，骨汤入味，红烧肉偏甜，但并不油腻，面条筋道。除了面条，也提供各式海鲜小炒和砂锅。

中粮君顶葡园酒店

酒店 ¥¥¥

（☎0535-575 9999；君顶大道1号；标单/双 339元起；❄📶🅿）一家集葡萄园、高尔夫球场、餐饮娱乐和住宿为一体的城堡式庄园。离市区很远，环境清幽。可以参观酒窖、摘葡萄和体验酿酒（另收费）。除了房间装修有些陈旧，其他都好。

仙海情缘大酒店

酒店 ¥¥

（☎0535-565 8077；钟楼西路248-1；标单/双 218元；❄📶🅿）酒店去往蓬莱阁、海洋极地世界都不远，邻近蓬莱港客运站，坐船去长岛也方便。房间宽敞干净，但设施有些陈旧，热水出水较慢。

云冈石窟是5~6世纪佛教艺术最高成就的代表

视觉中国 提供

山西北南线

39

山西是名副其实的“地上文物”大省。多元民族与文化的交锋融合，为这片土地留下了无数站立着的史书。由北往南来一次山西古建、古城和大院的巡礼，就如同浏览了中华文明数千年来凝聚和积淀的精华。

线路亮点

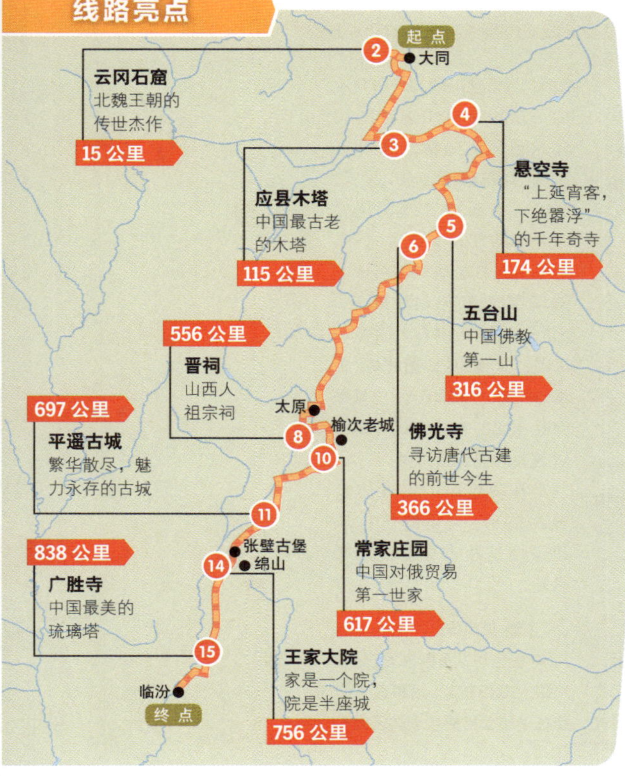

10~12天
约1200公里

最适合

何时去

3月至4月，初春到绵山体验寒食文化；7月至8月，五台山是消夏胜地；9月至10月，秋天古建风韵更浓。

最佳古建筑

佛光寺。

最佳雕刻艺术

云冈石窟。

39 山西北南线

在这片曾是北方游牧民族与南方华夏民族相战相杀又相融相生的“表里山河”上，遗留下了许多人文艺术瑰宝。从大同出发，一路南下，世界文化遗产云冈石窟、五台山和平遥古城贯穿其中；应县木塔和悬空寺堪称木构艺术精品，佛光寺更是呈现出了唐代文化的璀璨；青山绿水间遍布深宅大院，张壁古堡的明堡暗道弯曲迷离；高速公路串联起悠久历史，太行吕梁间一片“晋善晋美”。全程皆是铺装路面，家用车也可顺畅通行。要注意旅游旺季时著名景区会车满为患。

❶ 大同

大同是座历史古城与现代都市交相辉映的城市，北魏到明清的文化交融使这里气度不凡，而看上去崭新的**大同城墙**（门票 30元；⏲8:00~22:00）则宣示着这座古城的新时代。

古城里的古建比比皆是。**华严寺**（下坡寺街459号；门票65元；⏲夏季 8:30~18:00，冬季 8:30~17:00）里的薄伽教藏殿是辽代建筑，其木构与小木作为经典代表作。殿内的29尊辽代彩塑佛像中的胁侍菩萨像身姿神态之美，被誉为“东方维纳斯”。**纯阳宫**（鼓楼西街；门票 30元；⏲8:00~18:00）供奉着道教全真祖师吕洞宾。**鼓楼**（凭纯阳宫门票登楼；⏲8:00~18:00）的三层十字歇山顶楼阁式建筑曾为传递信息和报更所用。**九龙壁**（大东街18号；门票10元；⏲8:00~18:00）比北京北海的九龙壁更大，整座照壁由五彩琉璃构件组成。**法华寺**（和阳街；门票 40元；⏲7:30~17:30）内有大同唯一的覆钵式喇嘛塔。**善化寺**（永泰门内街；门票 40元；⏲夏季 8:00~18:00，冬季 8:30~17:30）建筑布局仍保留唐风。

在争议声中完成的老城改造后，大量的仿古新建筑使这座古城既古老又崭新。

见608页

行驶路上 » 从市区出发，经云岗路，S339省道，沿景区指示牌行驶15公里便可到达云冈石

窟售票处。

线路亮点

② 云冈石窟

（☎0352-320 6817；www.yungang.org；大同市西南16公里处云冈镇；门票125元，讲解150元，电子导览20元；⏲4月1日至10月15日 8:30～17:30，10月16日至次年3月31日 8:30～16:50）云冈石窟代表着5～6世纪佛教艺术的最高成就。整个石窟群依山开凿，现存主要洞窟45个，大小造像51,000余尊。其中比较有特点的是：**大佛洞**、**释迦佛洞（5～6号窟）**：5号窟内后室北壁中央坐像高17.1米，是云冈石窟中最高的；6号窟中央的连接窟顶的两层方形塔柱，高约15米，是云冈石窟的代表作。**西来第一佛洞**、**佛籁洞（7～8号窟）**：窟内造像胡风汉韵交相杂糅。7号窟的6尊供养天人造像被称为“云冈六美

你也可以……

10 西安到延安 从临汾上G5京昆高速转G22青兰高速，120公里后在壶口收费站下，去看壶口瀑布，开启你的沿黄河之旅。

41 坝上天路环线 张家口是有“中国66号公路”之称的草原天路线的起点。

龙壁之城

除了著名的代王府九龙壁，大同另现存龙壁8座，享有“龙壁之城”的美誉。这些精美的龙壁，造型风格既出同源，又各具特色。位于大同县文庙的4座一龙壁，龙体雕饰修长，精致细腻，现存于大同博物馆。位于观音堂山门前的三龙壁，是大同现存唯一的双面琉璃龙壁，三条龙造型生动，姿态奔放。文庙五龙壁在魁星楼西侧，是雕砖艺术精品的代表，五龙静中有动，活灵活现。另外两座五龙壁，分别是善化寺门前的兴国寺五龙壁和西院的天竺庙五龙壁。

人”；8号窟内雕有多手多臂的罗天造型，体现了早期佛教杂密兼容的特征。**五华洞（9~13号窟）**：五个洞窟因施泥彩绘绚丽，合称“五华洞”。其中12号窟是世界上绝无仅有、用立体雕刻形式记载古代盛大演出场面的“音乐窟”。**昙曜五窟（16~20号窟）**：为云冈石窟最早开凿的5个洞窟，其形制相同，窟内主像雕饰奇伟无比。

景区内还有一间**云冈陈列馆**（免费；⏲9:30~16:50），展有北魏时期的部分文物。

行驶路上 » 从云冈石窟出发，沿S339省道回到大同市区，从大同收费站上G55二广高速，从G18荣乌高速应县收费站出就可到达应县木塔。全程约100公里，约1小时。

线路亮点

❸ 应县木塔

（应县佛宫寺内；门票50元；⏲4月20日至10月10日7:30~19:00，10月11日至次年4月19日 8:00~17:30）这座让梁思成惊叹不已的应县木塔，始建于辽清宁二年（1056年），是中国现存最古老的木塔，也是世界木结构建筑的典范。奇在它不用一钉一铁，全部榫卯连接，屹立960多年。为了安全，游客现在只能参观木塔的第一层，中间供奉着11米高的释迦牟尼像。木塔西侧还有个**佛牙舍利展厅**（门票100元），展出的两颗佛牙被认为是释迦牟尼的灵牙遗骨。

行驶路上 » 离开应县木塔景区，从G18荣乌高速应县收费站驶入，从S45天黎高速浑源西收费站出，转入S303省道，进入浑源县城后右转S203省道，随后需走2公里山路到达悬空寺景区。山路上大货车较多，超车时需注意对面来车。全程59公里，约50分钟可到达。

线路亮点

❹ 悬空寺

（浑源县城东南5公里；门票 旺季4月至10月 125元，淡季11月至次年3月 117元；⏲旺季 8:00~18:00，淡季 8:30~17:30）坐落在翠屏峰的悬崖峭壁间的悬空寺，始建于北魏太和十五年（491年），已有1500多年历史。这座建筑物巧借岩石暗托，凿崖插梁为基，大小殿阁40余间，可谓建筑奇绝。在仅容一人上下的木梯和狭窄的廊道上行走，老人及孩子最好有人全程陪同游览。

行驶路上 » 原路返回到浑源西收费站，经G18荣乌高速，在S45天黎高速五台山北收费站出，随后经G108国道、S205省道行驶约50公里即可到达五台山北门售票处。购票后沿山路行驶约7公里可达五台山中心的台怀镇。全程铺装路面，共142公里，约3小时。还要注意，每逢节假日车辆较多时，会不允许自驾车进入景区大门，只能停在大门外的停车场。

线路亮点

❺ 五台山

（门票 旺季4月至10月145元，淡季11月至次年3月 120元；⏲全天）世界文化遗产、佛教第一圣地五台山，是山西旅游的传统首选地。这里气温较低，每到七八月，来这里消夏避暑、烧香拜佛的人络绎不绝。香火最旺的当属**五爷庙**（免费；⏲7:00~17:30）；**塔院寺**那圣洁的白塔下的转经筒似乎从未停歇。这时也是五台山物价最贵的时候。酒店房间普遍阴

视觉中国 提供

大同土林

另辟蹊径 大同土林

起点：❷ 云冈石窟（见599页）

大同土林（大同县杜庄村；门票60元）与南方的石林不同，土林因质地的特殊性，随着时间的推移、风雨的侵蚀，时时刻刻都在发生着变化。成百上千个形态各异的土柱、土墙、土墩，有的连绵，有的成双，有的独立，组成各种让你无限想象的画面。清晨或傍晚阳光投射在土林上面，形成明暗对比和色彩变幻，更使这里增添了似有似无的鬼魅气氛。建议摄影爱好者携带广角镜头，下到沟壑之中拍摄。

从云冈石窟经大塘公路上S30孙右高速行驶约50公里，1小时可到达大同土林。

冷潮湿，餐馆里的饭菜动辄百八十元，吃住在五台山都不是件太顺心的事情。

见608页

行驶路上 » 从台怀镇出发，先后沿S205省道、S311省道行驶约44公里，进入豆村，过加油站后在十字路口右转，沿S123省道行驶约4公里会看见“佛光寺”的指示牌，右转继续行驶约2公里便可到达佛光寺。全程约50公里，需70分钟。早晨山内多有大雾，注意行车安全。

当车子不能进入台怀镇时，只能经S205省道、G108国道和S213省道从北面绕行前往。

线路亮点

❻ 佛光寺

（五台县豆村镇佛光村；门票 15元；⏲8:00~18:30）被梁思成誉为“中国第一国宝”的佛光寺，名声虽大，却游人罕至。进入山门，庭院当中伫立着一尊唐朝**经幢**，左边建有金代**文殊殿**，宋辽时期的7尊塑像和精美的明代五百罗汉壁画值得一看。沿中轴线上台阶便是正殿**东大殿**，是现存规模最大的唐代木结构建筑，殿顶上有用黄、绿色琉璃烧制的脊兽。殿内佛坛上的35尊唐代彩塑，高2~5米不等，色彩异常鲜艳。墙上还有十余平方米佛教故事壁画，是古代寺庙壁画中仅存的唐作。大殿的左右4根梁下，留有不少珍贵的唐人墨迹。殿外南侧有一尊六角形的北魏**祖师砖塔**，是全国仅存的两座北魏古塔之一。

如果你喜欢古建，还可以从佛光寺往南，经豆村、东雷村，再按指示牌行驶即可到达南禅寺。南禅寺（五台县东冶镇李家庄村；门票 10元；⏲夏季 8:00~18:00，冬季 8:00~17:00）始建年代不详，但殿中大梁上刻有“大唐建中三年重建殿法显等谨志”的题记，让它超越佛光寺成为中国现存最早的木结构建筑。其中的**大殿**屋檐平缓舒展，檐下斗拱朴实无华。殿内尚存14尊唐代彩塑。

行驶路上 » 从佛光寺先沿S213省道回到来时豆村的十字路口处，往前经S311、S310省道，穿过五台县城，从五台南收费站上S46五保高速，经S5502忻州绕城高速、G55二广高速到达太原市，全程165公里。

❼ 太原

为了对接下来的晋商大院之旅进行铺垫，在**晋商博物馆**（☎0351-416 8501；迎泽公园内临近东门；免费；⏲9:00~16:30，周一闭馆）可以通过展品了解晋商从崛起至称雄的历史进程。之后你可以到**山西省民俗博物馆**（☎0351-202 9436；迎泽区文庙巷3号；门票30元，家庭套票60元，每月第3个周三免费；⏲9:00~16:00，周一闭馆），这里也是太原文庙所在地，侧重展出山西特色的人文民俗。离文庙不远的**纯阳宫**（五一广场西侧；门票30元；⏲夏季 9:00~18:00，冬季 9:00~17:00，周一闭馆）始建于元代，现为山西省艺术博物馆，展品主要以汉到清的石刻造像、馆藏陶器和道教文物等为主。还可以到明代的**永祚寺**(迎泽区永祚寺路；门票 旺季4月至10月 30元，淡季11月至次年3月 20元，讲解30元；⌚9:00~17:30)看看。因为寺内有两座高塔，当地人更习惯称这里为“双塔寺”，它是太原市的标志性建筑。

见609页

行驶路上 » 从太原市区沿滨河西路出城，随后沿新晋祠路行驶9.2公里，转入迎宾路直行2.1公里便可到达晋祠景区停车场。全程约25公里，约45分钟。

线路亮点

❽ 晋祠

(☎0351-602 1393；www.chinajinci.com；太原市晋源区晋祠镇；门票 旺季4月至10月 80元，淡季11月至次年3月 65元，讲解 50元，电子导览 20元；⌚8:30~17:00)分为**晋祠公园**和**晋祠博物馆**两部分。晋祠公园不收门票，主要有龙兴晋阳群像、飞龙阁、老君庙等近年建筑，每年9月、10月，晋祠公园会有大型的菊花节。

穿过公园才能到晋祠博物馆，也就是真正的晋祠。可以按照中、北、南三条线来参观。中线是从晋祠大门口到圣母殿，为晋祠的主体建筑；北线是从文昌宫至吕祖阁，有很高的艺术价值；南线从胜瀛楼至公输子祠，颇有江南园林的风格。如果你时间有限，可以仅看“晋祠三绝”。一是位于圣母殿内的43尊**宋代彩塑**，主像为圣母邑姜，其余42尊是宦官、女官和侍女。二是**难老泉**，晋水的源头就从这里流出。三是**周柏唐槐**，是晋祠千年古树的代表。除此之外，圣母殿前的**鱼沼飞梁桥**，建于宋代，呈十字桥形，是国内现存古桥梁中仅有的一例。晋祠内唐太宗李世民亲自撰写并手书的《晋祠之铭并序》碑，同样非常珍贵。

行驶路上 » 从晋祠景区出发，沿S039省道行驶，在晋祠收费站驶入G5京昆高速，随后从武宿C收费站驶出，进入晋中市后，先后沿汇通北路、顺城街、府兴街行驶便可到达榆次老城。全程36公里，约1小时。

另辟蹊径
古城古关隘

起点：❻ 佛光寺(见602页)

在佛光寺的西北方向，有古城代县，还有长城的著名关隘——雁门关。从佛光寺出来，沿S312往北，到G108国道往西，全程68公里到达代县。**边靖楼**(鼓楼；门票20元；⌚8:00~18:30)像地标一样坐落在古城正中。宏伟高大的**阿育王塔**(免费；⌚全天)隐藏在县政府院内。**文庙**(代县文庙路；门票15元；⌚8:00~11:00，15:00~18:00)和**武庙**(老爷庙街；免费；⌚8:00~11:00，15:30~18:00)则偏安在古城西南一隅静静地历经岁月变迁。

从代县经G108国道、G208国道可到达雁门关后腰铺游客中心。全程32公里，约45分钟。虽为铺装路面，但沿途会经过雁门关著名的山路十八弯(G208国道上)，大货车非常多，转弯时需小心慢行。进入**雁门关**(www.yanmenguan.cn；代县和山阴县交界处；门票 100元；⌚8:00~18:00)首先看到烽火台，之后到达**明月楼**广场，再上雁门关。由**瓮城门**进入后，迎面就是**地利门**，上边建有宁边楼，现为雁门关古代军事博物馆。地利门西侧伫立着一座古炮台，旁边是点将台。与地利门遥相呼应的是**天险门**，城门上建有雁楼，它也是从雁门关进入中原的最后一道门。之后可以沿着长城接着游览镇边祠到西城门沿线景点。

如还有兴趣，可沿G208国道继续往北9公里，可到新旧广武城堡。

❾ 榆次老城

(☎0354-329 6800；www.yclc.com.cn；晋中市榆次区俞家街；门票 60元，讲解 50元；⏲夏季 8:00~17:30，冬季 8:30~16:30）榆次老城是隋开皇二年（582年）始建，经历过消失与复建，非节假日期间进入老城，只逛街道不要门票，购票后可以参观老城内的各个景点。其中城隍庙内的**玄鉴楼**是最值得一看的，曾入选“山西十大最美古建”。除此之外，古城内还有县衙、文庙、凤鸣书院等景点。

行驶路上 » 从榆次老城离开市区，沿S108国道行驶约13公里，沿途会经过几个醋厂，空气中有些酸酸的味道。到东阳镇后右转，行驶约4公里便到达常家庄园。全程25公里，约40分钟。

线路亮点

❿ 常家庄园

(☎0354-275 6906；东阳镇车辋村；门票 60元，讲解 40元，电子导览 10元；⏲3月至10月 8:00~18:30，11月至次年2月 8:00~17:30）虽为晋商巨贾之家，常家庄园里却处处透露着书香门第的气质，庄园融合了北方的建筑特点与南方的园林艺术。院落里的砖雕花墙、木雕窗饰、石雕影壁等尽显北方的大气典雅。后院的**静园**高阁低亭、水溪池潭，却有着南方园林的灵秀。常家庄园现已修复开放的4万平米宅邸和8万平米园林，只占庄园原规模的四分之一，可见这里曾经有多么恢宏气派。

行驶路上 » 从常家庄园出来，往北到X914县道，右转经榆次收费站上G55二广高速，转S60榆祁高速、G5京昆高速，48公里后从祁县收费站出高速，右转经S320省道、G108国道，左转经泰安北路到平遥北门。全程80公里，约1小时。

线路亮点

⓫ 平遥古城

[☎0354-569 0000；平遥县城中部；古城免费进入，联票150元（常年执行折扣票价，旺季3月至11月 120元，淡季12月至次年2月 90元），3日内有效，导游80元，电子导览10~20元；⏲古城全天开放，景点 旺季8:00~18:30，淡季8:30~18:00]与以彩塑闻名的**双林寺**（古城西南6公里桥头村；门票 旺季32元，淡季24元；⏲8:00~18:30）、五代木建筑的**镇国寺**（古城东北12公里郝洞村；门票 旺季24元，淡季18元；⏲8:00~18:30）一起申遗成功后，游客云集。古城内禁止自驾车驶入，可以选择坐电瓶车（私人经营，10~20元/人）或租自行车（5~10元/天）游览。其实古城内大部分热门景点相对集中在东、西、南、北四条大街上，以及衙门街、城隍庙街一片，可以步行游览

视觉中国 提供

常家庄园

道不尽的山西大院

山西传统民居因其类型丰富、独具地方特色而被视为中国北方民居的代表。外雄内秀是晋商大院的典型特征。因为晋商的雄厚经济实力，这些大院大都规模恢宏，外围是防御性极好的城墙，呈封闭的城堡状。内部装饰则精致细腻，“三雕”工艺及图案都极其讲究。在从本线路的常家大院到平遥古城之间，还会路过**孔祥熙宅院**（☎0354-623 0121；太谷老城上观巷1号；门票48元，讲解 40元；⏲8:00~18:30）、**曹家大院**（☎0354-613 0020；太谷县北洸村；门票 72元，讲解 60元；⏲旺季 8:00~18:30，淡季 9:00~17:30）、**乔家大院**（☎0354-532 1045；祁县东观镇乔家堡村；门票61元，讲解80元；⏲8:00~17:30）、**渠家大院**（☎0354-522 3101；祁县古城东大街33号；门票 35元，讲解 40元；⏲8:00~18:30）等大院的附近，这几处晋商大宅也各具特色，可以选择其中心仪的去看看。

（见636页）。

✕🛏 见609页

行驶路上 » 沿平遥古城北门外的G108国道行驶约11公里，过穆家堡收费站后转入S221省道，行驶12公里后沿X378县道（介秦线）行驶12.5公里后到达张壁古堡。全程约40公里，约1小时。

⑫ 张壁古堡

（☎0354-708 6156；介休市城区东南10公里龙凤乡张壁村；门票 旺季 60元，淡季 50元，导游60元；⏲8:00~18:30）“地上明堡，地下暗道”的张壁古堡虽然面积不大，却有金代墓葬、元代戏台、明清民居等许多文物古迹。张壁古堡最值得看的**军事地道**，分为三层，层层相连，里面有马槽、水井、通气孔、粮仓等设施，以及各种暗杀机关。古堡内还有北门附近的**空王行祠**，内有大殿三间，殿顶有明代三彩琉璃装饰，前廊下有两尊罕见的琉璃碑，黑字书写，碑额为青黄绿二龙戏珠。

地上的张壁古镇几乎还保留着原生态，坑坑洼洼的青石条路面，略显破败的古老民居，仿佛时光静止了一般。

行驶路上 » 从张壁古堡南门出来，在分岔路口便能看见“绵山风景区”的指示牌，继续向南，沿X378县道直行便可到达绵山的游客中心。全程9公里，约15分钟。

⑬ 绵山

（☎0354-705 5111；www.cnsanjia.com；介休市城区东南19公里；门票 旺季4月至10月 110元，淡季11月至次年3月 90元，景区游览车 50元，2日有效，导游 150元，电子导览 40元；⏲9:00~21:00）景区非常大，现有14大景区，360余个景点，我们推荐几个主题一日游线路：

若你对清明节文化发源感兴趣，可以沿**栖贤谷—介公岭—清明寒食节文化展厅—寒食碑苑—万寿苑—介子文化广场**这条线路游览；喜欢游山玩水的旅行者，不能错过**水涛沟**，山环水绕、瀑布成群；热衷佛教、道教文化的旅行者，可以选择沿（道教）**蜂房泉—大罗宫—天桥—一斗泉—朱家凹**一线或是（佛教）**云峰寺—正果寺**一线游览；想了解李唐文化，**龙头寺—龙脊岭—李姑岩**这条线是个不错的选择。

绵山景区门票和观光车票均是2日内有效。景区外附近的村子里有农家院，大概60元就能住到不错的带独立卫生间的标间，景区山上有几家宾馆，标间价格368元起，可以在游客中心详询。

行驶路上 » 从绵山到王家大院全程约10公里，需要20分钟。从景区游客中心出发沿X378县道走到丁字路口左转进入S221省道，随后在环岛右转进入静升古镇，沿景区指示牌行驶即可到达王家大院。

线路亮点

⑭王家大院

（☎0354-559 6666；www.sxwjdy.com；灵石县静升镇；门票 55元，讲解 80元；⏲夏季8:00~19:00，冬季8:00~17:00）坐落在灵石**静升古镇**的黄土山坡上。目前开放的王家大院，仅是当年王家五座家堡中的两座。**高家崖**的主门为东门，里面大小院落的门道上下左右相通，呈现迷宫式的感觉。从西门穿过一座小桥，就是**红门堡**，这里的“三雕”因出自乾隆早期，古朴粗犷。整座建筑依山而建，从低到高由左右对称的四排院落组成，中间主巷道与三条横巷组成一个规整的“王”字。其中三甲巷内还开辟了**中华王氏博物馆**。

从红门堡出来在南下坡临街处有一座**王氏宗祠**。旁边不远处的**文庙**（门票10元，导游15元）内有一块元代的“鲤鱼跃龙门”照壁，双面镂空，雕刻精湛。

行驶路上 » 从王家大院到广胜寺全程82公里，用时约1个半小时。从静升镇离开，在G5京昆高速灵石收费站上高速，沿临汾方向行驶，随后从G0511明曲高速广胜寺景区收费站驶出，接着沿广胜路一直行驶，便可抵达广胜寺上寺入口。

线路亮点

⑮广胜寺

（洪洞县广胜寺镇；门票55元，讲解20元；⏲4月至11月 8:00~18:30，12月至次年3月 8:00~17:00）广胜寺由上寺、下寺、水神庙三组建筑组成。始建于东汉，初名“俱庐舍寺”，唐代改为“广胜寺”。闻名于世的**飞虹塔**坐落在上寺院中，塔身青砖砌成，琉璃镶嵌，檐下的盘龙、鸟兽等琉璃构件，造型精巧，施色鲜艳。下寺后殿有元代三世佛及文殊、普贤二菩萨塑像。毗邻下寺的**水神庙**是祭祀霍泉神的风俗性祭祀庙宇。庙中明应王殿内的元代壁画保存完整，其中“元代戏曲图”最为珍贵，人物线条飘逸流畅。下寺门外即为霍泉，建有分水亭和分水碑。

行驶路上 » 从广胜寺的下寺出发，沿广胜路行驶，在G0511明曲高速广胜寺收费站驶入高速，后从G0501临汾绕城高速临汾北收费站驶出，沿G108国道、G309国道行驶便可抵达临汾市内。全程45公里，用时1小时。

⑯临汾

临汾市区不大，比北京的鼓楼还要高大的**平阳鼓楼**（门票 10元）坐落在市中心，周围东、西、南、北四条大街，是临汾最为繁华的地段。位于鼓楼西南方的**大云寺**（近山西师范大学北门；免费；⏲9:00~17:00），始建于唐贞观六年（632年），现在开辟成了临汾博物馆。

沿鼓楼南大街向南行驶，便可到达**尧庙**（尧都大道与鼓楼南大街交叉口；门票 50元，讲解 50元；⏲夏季 8:00~18:30，冬季 8:00~18:00），主要景点有五凤楼、广运殿、尧井台、古柏等，其中广运殿为重建而成。沿尧都大街向西直行到尽头，就是号称“天下第一门”的**华门**（尧都大道西尽头；门票 45元，讲解 40元；⏲8:00~18:00），建成于2004年，内部五层分别为不同主题的博物馆。

见609页

华北
39
山西北南线

食宿

大同 1

凤临阁酒楼

山西菜 ¥¥

（☎0352-205 9699，205 9799；鼓楼西街凤临阁院，近华严寺；人均70元；⏲11:30~14:00，17:30~21:00）有着近500年历史的凤临阁酒楼，讲究奢华的装潢让它更像一个景点。饭点几乎都需要排号，且限量接待，最好提前电话预约。菜品和味道中规中矩，但上菜速度较快，必点的特色菜是“百花烧卖”（18~68元/笼）。

鼓楼小吃城

小吃 ¥

（☎0352-205 2228；鼓楼西街纯阳宫西侧；人均20元；⏲6:30~24:00）如果你想一站式体验大同小吃，这里或许是个不错的选择。从刀削面、凉粉到羊汤、兔头，这里汇集了晋北最有特色的美食。民俗风情的装饰，开放式的售卖档口，晚上会有民俗表演。营业时间至深夜，是个吃夜宵的好去处。

花园大饭店

酒店 ¥¥

（☎0352-586 5825；永泰街59号；标双280~360元；❄📶Ⓟ）位于古城内的四星级酒店，位置非常方便，紧邻鼓楼，步行10分钟可达华严寺、善化寺、九龙壁等景点。房间干净舒适，美中不足的是Wi-Fi信号时好时坏。酒店后院有充足的免费停车位。网上预订更划算。

大同北都国际酒店

酒店 ¥¥

（☎0352-555 8881；御华帝景23号，近平城街与御华西路的交叉口；标双 248元起；❄📶Ⓟ）这是一家性价比较高的酒店。虽然位于古城外，离华严寺等景点3公里左右，但房间宽敞，装修精致，设施齐全，周边餐饮、娱乐、购物都很便捷。免费停车位充足。

五台山 5

一品香土菜馆

山西菜 ¥¥

（☎186 3501 6364；杨柏峪友谊路口；人均80元）五台山景区餐馆价格普遍较高，这家主打台蘑的几道菜也不算便宜。台蘑炖土鸡168元，但味道很不错。刀削面10元一碗，还算实惠。用点评App结账，也许会有小额的优惠。

一元利面馆

面条 ¥

（杨柏峪龙华宾馆西50米；人均20元）这家属于景区内少数好吃又不贵的良心小馆。店面较小，环境一般。招牌刀削面分荤、素两种卤，面片薄而均匀，长而不断。推荐搭配卤丸子和豆干，非常入味。也提供山西家常炒菜。

五峰宾馆

酒店 ¥¥¥

（☎0350-6548 988；龙泉寺旁；标双 323元起；佛教节日、法定节假日 800元起；Ⓟ）这是我们调研时五台山唯一的五星级宾馆，但是和大城市的五星级水准相差甚远。酒店房间比较陈旧，阴冷潮湿，但热水充足，不会出现一些小宾馆限时供水的现象。可惜房间内不提供Wi-Fi。

五台山丰泽国际大酒店

酒店 ¥¥

（☎400 788 9889；繁峙县砂河镇G108国道东楼牌对面；标双 238元起；Ⓟ）这家酒店除了离五台山景区稍远（约50公里，1小时）和房间没有Wi-Fi以外，实在挑不出其他毛病了。三星的价格，五星的设施，房间宽敞，干净舒适，赠送的洗浴券可在酒店康体中心使用，餐饮价格实惠、菜量足。适合第二天自驾上山或者下山返程时入住。

太原 7

福稻临　新派菜 ¥¥

(柳巷南路86号；人均80元；11:30~22:00)环境很棒的一家餐厅，绿植很多。菜品属于新派创意菜，招牌特色菜是芝士猪蹄（88元），甜品也不错，我们推荐椰奶南瓜汤。点评App上有优惠。停车不方便，建议你选择公共交通工具前往。

滨河味道　山西菜 ¥¥

(0351-309 6688；北大街109号；人均80元；11:00~14:30，17:30~21:00)环境高端大气，服务主动热情。这里的八宝烤鸭很出名，鸭皮酥脆，肉质鲜嫩，不油腻。老坛腌核桃也是老顾客经常点的一道菜。

栖兰甄选酒店　酒店 ¥¥

(0351-820 0588；迎泽大街27号万邦国际5层；标单/双 168/234元；)临近火车站、汽车站，去柳巷商业街也很方便。房间干净，设施新。不足之处是临火车道一面的房间会有些吵。

亚朵酒店　酒店 ¥¥

(0351-836 9666；经济开发区龙城街；标单/双 241/263元；)酒店偏离闹市，更适合自驾旅行者出行。房间干净舒适，服务热情。酒店设有一处书吧，藏书上千本，文艺范十足。

平遥古城 11

地主婆牛杂　小吃 ¥

(151 1061 4688；古城南大街85号；人均30元；9:00~21:00)平遥的牛肉非常出名。这家小店主打牛杂，25元满满一小碗，牛杂处理得很干净，里面还有金针菇等配菜，食量不大的姑娘一碗就能吃饱。如果不喜欢吃内脏，可以点牛肉丸和香草牛肉，味道都很赞。

喜迎春饭店　山西菜 ¥¥

(134 5334 3921；古城南大街183号，临近古城南门；人均50元；6:30~22:30)这家的山西家常菜味道正宗，价格实惠。招牌菜平遥牛肉松软可口，过油肉不油腻，炒栲栳栳也是点得比较多的一道主食。喜欢喝点小酒的，可以试试店里的玫瑰汾酒，味道醇香又有特色。

泰和客栈　客栈 ¥

(134 5326 5599；古城外中都路中街55号；普标 52元起，标双 78元起，土炕3人间 93元起；)临近平遥古城北门，步行约10分钟，旁边就是加油站，方便停车和出行。房间干净温馨，热水充足。

聚朋居客栈　客栈 ¥

(0354-568 1961；古城内西南门头街衍纸巷68号；标单/双 149/167元，土炕2人间/3人间 187/276元；)客栈离文庙、县衙、明清老街等景点都很近。客栈古色古香，院子环境优美、安静。房间布置得很温馨，干净舒适，热水充足，Wi-Fi好用，老板热情。古城内不让行车，可以把车子停在城外停车场，客栈提供接送。

临汾 16

老地方　山西菜 ¥

(0357-626 6666；尧都区向阳西路红黄蓝幼儿园对面；人均40元)餐馆装修为山西农村怀旧风格，让人感觉很温馨。菜品分量足，味道也非常不错。推荐干煸兔肉，麻辣过瘾，肉质很嫩；熬鱼做得也入味；主食推荐剔尖面，非常筋道。

格林时尚主题酒店　旅馆 ¥

(0357-397 555；尧都区车站街，火车站对面；标双 90元；)邻近临汾火车站，周围设施齐全，交通便利。房间干净，停车方便，性价比高。

皇城相府拥有只要看上一眼
便足够让人惊艳的庞大建筑群

Classic Trip

经典线路

晋东南线

40

驾车穿梭在太行深山中，悬崖峭壁在两侧为你开路，千折百绕的曲流与你同行，那幽深的峡谷中神秘又摄人心魄的景色，绝对值得你来一场绝壁公路上的冒险。出了大山，又有深宅大院的古建，栩栩如生的彩塑等着你去游览。

线路亮点

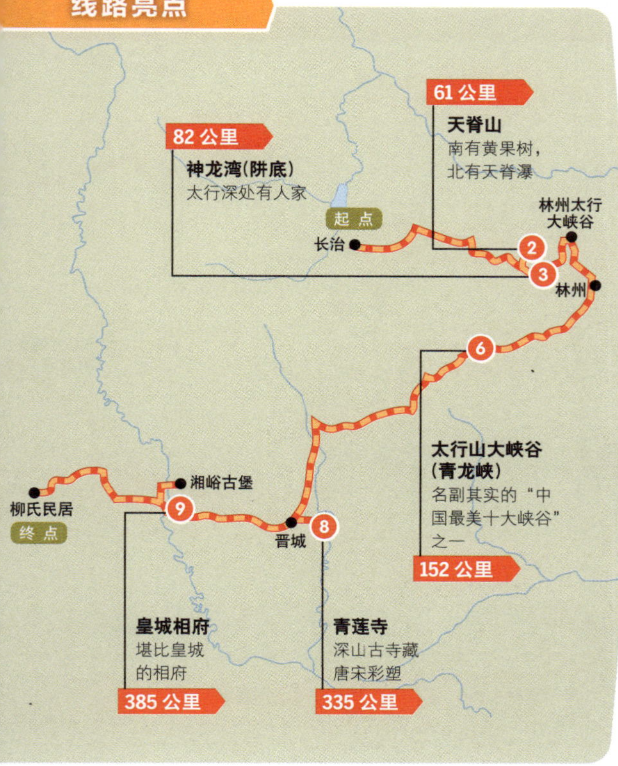

6~8天

450公里

最适合

何时去

6月至8月，山谷清凉，避暑胜地；9月至10月秋意浓厚，层林尽染，正是乡村收获季。

最佳摄影点

石板岩画家村、八泉峡、红豆峡。

最佳路段

阱底挂壁公路。

Classic Trip

经典线路

40 晋东南线

开车深入巍峨壮美的太行，虽多为山路，但路况很好。很多连接景区的盘山公路都禁止大卡车通过，为自驾旅行者的安全提供了保障，可刚获得驾照的朋友最好还是谨慎。深山中的加油站较少，需要在沿途城市中及时补给。餐饮和住宿的选择很多，不必担心在深山老林里无处投宿。有些景点地处偏僻，除了电子导航外最好勤加问询。到了晋城一带就不是深山峡谷，可随之而来的却是车辆的增多。最好避免在黄金周去著名景区里扎堆，线路里也有冷门的精彩等你欣赏。

❶ 长治

位于晋、冀、豫三省交界处的长治，有重要的军事地位。从千年郡属**上党门**（长治市西大街府坡街北端；免费）以及新地标**八一广场**便可感受到。这里有号称全国最大的**潞安府城隍庙**（长治市东街庙道巷13号宏门西20米），但这里更热闹的是小吃街，夜市里人头攒动。

见619页

行驶路上 » 从长治市区出发，沿S325省道行驶，穿过平顺县后沿X671县道走一段盘山路，在一分岔路口可看见天脊山的指示牌，继续行驶便可到达景区售票处。途中山路多，须控制车速谨慎通过。全程61公里，约1个半小时。

线路亮点

❷ 天脊山

（平顺县东寺头乡；门票80元；⏲8:00~19:00）天脊山位于太行山南段。景区内的山体呈现为横向展开的延绵崖壁和垂直向上的层状阶梯形态。天脊山中的瀑布遍布山谷。**玉龙瀑**落差达346米，气势宏伟；**霓虹瀑**轰鸣不绝，如万马奔腾。崖壁上的绝壁栈道，落差300余米，惊险刺激之余，山间美景尽收眼底。

行驶路上 » 从天脊山景区原路返回至分岔路口处，可见神龙湾（阱底）风景区指示牌，继续沿X671县道（古石线）行驶约10公里便可到达神龙湾村（阱底）。途中会穿越著名的阱底挂壁公路，隧道内光线很暗，道路狭窄，请注意行车安全，不要在隧道内停车拍照，拍摄阱底挂壁公路全景的最佳地点在对面山中的"哈楼梯"，也就是公路未修前阱底村民出入大山的唯一通道。全程21公里，约30分钟。

线路亮点

❸ 神龙湾（阱底）

（平顺县东寺头乡神龙湾村（阱底）；门票60元；⏲7:00~17:00）过去的阱底已改名为**神龙湾**，驾车穿过幽闭又惊险的**阱底挂壁公路**，沿着蜿蜒的盘山公路可下到谷底被绝壁环绕的**阱底民俗村**。这里有独特的气候，山雨欲来时，云雾缭绕绝壁之间，形成长长的云带。神龙湾村附近有个叫**祥云湖**的水库，清澈见底。祥云湖的上游便是**天瀑峡**，景区门口左侧坡地上有一株珍贵的**千年红豆杉**。峡谷内的**双龙飞瀑**最为出名，泉水从山崖上两个泉眼飞流而下，汇成了巨大的**玉龙潭**。阱底有很多农家院，适合闲住几日。

见619页

行驶路上 » 从阱底出发，沿古石线、石桃线、林石线行驶，路旁有很多农家院和写生的学生，经过猪叫石、王相岩等景

你也可以……

39 山西北南线

从最后一站柳氏民居出发，经定中线、迎土线、S334省道，在沁水西收费站上S65晋侯高速，转G5京昆高速，在临汾收费站出高速到达临汾，行程160公里，约2小时。

当地人声音

吕茂英（秋风）

太原人，自驾游资深领队

太行山大峡谷景区内重新开放的八泉峡是峡谷内风景最好的地方。最出名的几条挂壁公路之一的阱底公路，惊险之余，沿途风景更是绝美。神龙湾村（阱底）每年清明过后桃花盛开，加上四周的青山绿水大峡谷，可称得上真正的世外桃源。

对于自驾旅行者，建议你夏、秋季节来太行山，冬季雪天路滑容易出事故，自驾游最重要的还是安全。因山路危险，地点偏僻，建议你找有经验的人带路，或参加自驾团队游（如67号营地），与专业领队和志趣相投的朋友们一起自驾，都是可以玩得既开心又安心的方法。

上图：太行山大峡谷的挂壁公路

点指示牌后，便能看见林州太行大峡谷景区售票处。全程19公里，半小时可达。

❹ 林州太行大峡谷

（河南省林州市石板岩乡；通票160元，含观光车，有效期2天；⏲8:00~18:00）林州太行大峡谷简称**太行大峡谷**[与山西壶关的“太行山大峡谷”（见615页）仅一字之差，导航设置时要注意]。峡谷内包含多个景区。**王相岩**景区东临溪水，西依悬崖，左右两侧峭壁环绕，前与朱雀峰相对，可以尝试攀爬悬崖上的凌空栈道以及80米高的筒梯。喜欢水景

视觉中国 提供

的可以去**桃花谷**游览，溪水跌落成瀑，潭瀑相连。从桃花谷到**仙霞谷**中间会经过百里画廊的**太行天路**，沿途设有观景台，是俯瞰太行山的绝佳位置。随后可以游览三伏酷暑水结冰的**太极冰山**。此外，林州太行大峡谷还是户外极限运动的天然胜地，**林虑山国际滑翔基地**便坐落于此。还可以去附近的**石板岩乡**看看，处处都是用山石头建造的石头房屋。这里农家院很多，有住宿需要的旅行者可以自行选择。

行驶路上 » 从林州太行大峡谷景区出来，穿过太行隧道，沿林石线往南，路旁著名的红旗渠一路与你相随，随后宽敞笔直的红旗渠大道欢迎你来到林州市。全程18公里，30分钟。

⑤ 林州

这里是“红旗渠”的故乡，可以到距市区20公里的**红旗渠风景区**（牛岭村下方；门票100元；⏲7:00~18:00），先参观分水苑景区的红旗渠纪念馆和纪念碑，然后来到分水闸，顺势游览红旗渠总干渠和一干渠、二干渠等。之后来到青年洞景区，登上红飘带廊桥，继续前行到达青年洞，也可以乘船穿越青年洞，亲身感受洞中岁月的艰辛。

林州是个不错的中转休息站点，餐饮、住宿选择很多。

🍴🛏 见619页

行驶路上 » 从林州市区出发，沿S228省道、S302省道行驶33公里，便可抵达太行山大峡谷的青龙峡景区，用时约一个半小时。沿途峰回路转，崖壁林立，风景如画，但须小心落石。

线路亮点

⑥ 太行山大峡谷（青龙峡）

（☎400 071 0999，0355-552 0886；www.thsdxg.com.cn；山西省壶关县城东南方向40公里；通票175元，含观光车，有效期2天；⏲7:00~19:00）被誉为“中国最美十大峡谷”之一的太行山大峡谷，主要由青龙峡、八泉峡、红豆峡、紫团山、黑龙潭等景区组成，可以选择乘坐观光车，也可以自己驾车沿327省道从东向西依次游览，建议你选择1~2个景区深度游。

八泉峡是太行山大峡谷风景最好、内涵最丰富的景区，峡谷奇峰林立，山泉

另辟蹊径
法兴三绝

起点：❶ 长治（见613页）

位于长治市长子县翠云山上的**法兴寺**（门票15元；⏲8:00 ~ 18:00），原本坐落在对面慈林山上，始建于北魏年间。20 世纪 70 年代后期因挖掘煤矿破坏了古寺地基，导致殿宇倾斜，人们便将它整体搬迁至现在的地点。寺内有国宝级的“三绝”——唐代孤例**舍利塔**、全国仅存三个之一的**燃灯塔**以及**宋塑十二圆觉像**。

进入法兴寺的山门后，就是始建于唐咸亨四年（公元 673 年）的舍利塔。通体砂石构成，外观呈“回”字形，似塔非塔，似殿非殿，在中国独一无二。塔南、北设门，东、西开窗，内有石佛像，可进入塔内绕行一周。舍利塔后有一座唐大历八年（公元 773 年）的燃灯塔，也称“长明灯台”。塔身形制秀古，浮雕精致，是中国盛唐时期浮雕艺术难得的实物遗存。后面的圆觉殿，斗拱疏朗，出檐深远。殿内两侧各有宋代圆觉菩萨像 6 尊，形神自若，享有“宋塑菩萨之冠”的美誉。

在法兴寺以东 7 公里位于紫云山的崇庆寺，建于北宋，殿堂里的宋代塑像也属珍品，可以顺路前往观赏。

从长治市区出发，沿 G207 国道、S227 省道行驶约 34 公里就可以到达法兴寺。

飞瀑。景区开发了"地上看、水中游、天上观、云中行"等观光项目，游览需时3小时。**红豆峡**景区内生长着寓意相思的珍稀树种"红豆杉"。穿过红豆峡北口，两侧悬崖峭壁，沿着小溪逆水前行，瀑布迎面出现，下方是双龙潭。继续往前就是七仙峪，之后穿越幽暗的红线洞，进入红豆谷，穿梭在大片的红豆杉之中，下坡后来到龙眼泉，拾级而上紫云岭，随后从山的另一侧沿着狭长如带的三叠潭，步行回到大路上乘坐景区电瓶车。游览红豆峡全程要4个多小时。

见619页

行驶路上 » 由东往西顺序游览太行山大峡谷各个景区后，从黑龙潭景区离开，沿X677县道、S225省道、S332省道行驶40公里到达陵川县，这段山路的弯道多，需控制车速。然后从陵川收费站上S80陵侯高速转G55二广高速，50公里后在晋城收费站出高速，全程100公里，约1个半小时到晋城。

在陵川城西4公里处有西溪二仙庙，为国保金代古建。也可上S80陵侯高速后往东29公里后，从王莽岭景区收费站出高速，前去**王莽岭**（☎0356-687 8610；陵川县古郊乡东14公里；www.wangmangling.com；门票 旺季 110元，淡季 80元，观光车 50元；⏲8:00~18:00）领略另一种壮美的太行风光。

7 晋城

晋城古称"泽州"，市区并不大，可游览的景点也不算太多。最能体现晋城文化特色的景点集中在城区西北的**泽州古城**这一带，最有名的**程颢书院**（北街办事处古书院社区东南部；免费）是北宋哲学家、程朱理学创始人程颢创办的第一所书院。离水陆院市场不远的**怀覃会馆**（东巷街内；免费）建造于清乾隆五十七年（1792年），属于行业公会性质，主要建筑有照壁、东西戟门、大殿、拜亭、耳殿、廊庑等，建筑上的精雕细刻依然可见当年的繁华。

沿城北的S332省道，往东10公里，可到府城村**玉皇庙**（门票 10元；⏲8:00~18:00）。这里有金代木构建筑，但以金、元不同时期的彩塑而闻名，尤其是西殿的二十八宿彩精彩绝伦，其人物造型动作表情各异，令人流连驻足赞叹不已。旁边**关帝庙**（免票）里的几根石雕柱子，也很值得一看。

见619页

行驶路上 » 从市区东南的东

另辟蹊径 金灯寺石窟

起点： 3 神龙湾（附底）（见613页）

隐秘于巍巍太行之中的**金灯寺**（玉峡关乡背泉村；门票68元），虽算不上是人迹罕至，但也鲜有游客到访。沿着坑坑洼洼、碎石遍地的古石线、玉石线公路盘旋而上至林虑山之巅（39公里，1小时），金灯寺便赫然出现在眼前。金灯寺建在悬崖峭壁之上，经常被云雾笼罩。寺庙现存34间殿堂，构成七进院。北崖山腰凿有大小14个洞窟，其中最大的是**水陆殿**。殿内上置平顶天花，雕方形藻井，泉水常年从西北角石隙中涌出，并在下方汇集成一池清泉。过石板小桥便可来到3尊盘腿打坐于莲花宝座上的佛像前，四周墙壁刻满十八罗汉、礼佛图等。寺院北面百米处有一片**塔林**，有大小形态各异的舍利塔46座，最引人瞩目的是高约10米的**千佛塔**，相传塔内原保存有寺庙创始人净真禅师的包骨塑像一尊，后毁于战乱。

上庄立交桥开上G5512晋新高速，10公里后从丹河收费站出高速（如果你不想多跑30多公里到河南焦作掉头，记得千万要从最右侧的珏山专用通道驶出），行驶约700米后右转进入青莲寺隧道，沿着珏山方向行驶便可到达青莲寺。

线路亮点

8 青莲寺

（泽州县硖石山麓；门票20元；⏲6:00~17:30）青莲寺建筑依山势展开，分为古、新两部分，古寺在下，新寺居于半山处。古寺始建于北齐天保年间，正殿弥勒殿中有唐代彩塑7尊，其中以中国唯一的一尊倚坐垂足佛像的艺术价值为最高；寺内西侧的唐代惠峰石塔、东侧的藏式佛塔，以及南殿释迦殿内的宋代泥塑，都同样具有很高的文物价值。新寺也称“福岩禅院”，建有北宋的释迦殿、观音阁和地藏殿等，并藏有宋代彩塑造像。

离青莲寺1.5公里左右便是有“小武当”之称的**珏山**（☎0356-395 9777；www.jueshan.net；泽州县金村镇寺南庄村；门票 60元，缆车 单程25元，往返45元；⏲8:00~18:00），山清水秀，风景怡人。

行驶路上 » 从青莲寺返回丹河收费站，经G5512晋新高速、G55二广高速、S86晋阳高速，开行43公里后，在北留收费站出高速，左转按路牌指示3公里后到达皇城相府。注意，节假日间，堵车可能会堵到高速路的出口处。

挂壁公路：天堑变通途

太行山峡谷中多为如削的绝壁，最深处可以达到上百米，像是一面巨墙将山内人家与世隔绝。然而在这个根本无法修建盘山公路的地方，“走出大山”的梦想，让太行山人用崖壁上打洞凿隧的方法，一锤一钎地愣是在绝壁上掏出了一条条山路。

挂壁公路共有7条。其中5条位于山西，分别为：锡崖沟公路、陈家园公路、昆山公路、虹梯关公路和陉底公路，其余2条郭亮公路和回龙公路位于河南。

最早开始挖掘的是**锡崖沟公路**，从1962年开凿到1991年贯通，持续了30年，规模也最为壮观，远看呈上、下两层“之”字形分布；**陈家园公路**是最宽敞的，也是S311省道其中的一段，大货车比较多，下方是清澈见底的水库；**昆山公路**是最长的，近3公里，也最为惊险，路面崎岖，风大的时候，洞内疾风呼啸，让人心惊胆战；**虹梯关公路**还是最原始的状态，路面状况较差，下方则是现代化的高速公路，对比鲜明；**陉底公路**通行条件较好，可容两辆小轿车并行，从隧道洞窗向外看，美不胜收；**郭亮公路**最早出名，村民从此再也不用爬着崖壁上的石窝出行了；**回龙公路**的地面和洞顶都用了水泥铺装，侧窗也用石条装饰过，隧道在山腹里转了个“S”形，驶出后可到达山另一面的山脊上。

线路亮点

9 皇城相府

（☎0356-484 7999；www.hcxfjq.com；北留镇黄城村；门票 120元，淡季 100元，旺季4月至10月，淡季11月至次年3月，导游 130元，电子导览20元；⏲旺季 8:00~19:00，淡季 8:00~17:00）这是清代相国、康熙帝师陈廷敬的府邸，因康熙两次下榻于此，故名“皇城”。整个皇城建筑群主要分为内城、外城两部分。外城有刻满陈家五代人所授官职的石牌坊，康熙皇帝曾下榻的大学士第，以及御赐的“午亭山村”匾额和楹联；还有陈家的小姐院和望河亭。内城是陈廷敬祖父辈的宅邸，其中的河山楼是战时避难之处；麒麟院和容山公府均为陈家前辈居住的宅子，院内建筑庄严、雅致。附近的农家乐很多，可以食宿无忧。

要注意的是，前往皇城相府的旅游团较多，节假日里人头攒动。而在附近几公里范围内还有属于全国重点文化保护单位的**郭峪古城**和**上庄古村**的古民居古建、**海会寺**的琉璃双塔、**砥洎城**的坩埚城墙，不妨前去看看。

行驶路上 » 从北留收费站开上S86晋阳高速，转S65晋侯高速，5公里后在润城北收费站出高速，往前右转沿端润线开5.4公里，在红绿灯处右转进入001乡道，看见三都（湘峪）古城的宣传牌后右转，再行驶5公里便可到达景区售票处。全程22公里，约30分钟。

⑩ 湘峪古堡

（☎0356-760 5700；沁水县郑村镇湘峪村；门票 旺季 50元，淡季 25元；⏲8:30~18:00）背山面水的湘峪古堡，洞洞相连的城墙，高耸直立的角楼，层层叠叠的屋顶，粗犷雄伟的气势扑面而来。

古城共开三座城门，西门已毁，现存东门和南门。城内的街巷大体上呈"五纵三横"的棋盘式格局，不过，这些街巷大多并不是笔直的，其军事防御目的非常明显。城中古民居保存尚好且最具有代表性的是**三都堂**，这座五层高楼隐藏在一条小巷中，楼身四方开窗十余间，用于瞭望和防守，也被称为"看家楼"。**双插花院**是古城内又一座很有特色的建筑，主楼坐北朝南，东北、西北角各建四层高楼一座，而正北中间堂房却只有三层，形成两边高、中间低的样式，其外观恰似一顶古代双插花的官帽，因此得名。

行驶路上 » 回到润城北收费站，上S65晋侯高速，23公里后从芹池收费站出高速，左转沿S332省道1.2公里，右转沿芹张线到张村乡，再沿定中线到柳氏民居。全程63公里，约1个半小时。

⑪ 柳氏民居

（☎0356-705 0398；沁水县西文兴村；门票 3月至11月 50元，12月至次年2月 42元；导游30元；⏲8:00~18:00）柳氏民居为"唐宋八大家之一"柳宗元的后裔在明永乐年间建造的宅邸。村落骨架是一条穿起几个大院落的环形通道。其中最宽的一条街叫牌坊街，街上有两座有关"学习"的明代石牌坊，牌坊下的八头石狮依旧活灵活现。牌坊后面便是**司马第**，司马第门楼左右有两对抱鼓石狮，门头上九层斗拱。迈过高高的门槛，迎面是一方砖雕照壁，中无图案，四周雕花。当看到府中河东世泽大院门上的12道门栓，以及上空密布的铁丝网与地下的地道时，想必就知道这不是一个没有故事的普通院子。

当然作为文人世家，柳氏民居遗存的名人、文人墨迹数量相当可观。最出名的有吴道子的画作，以及朱熹、王阳明、文徵明的碑刻等，现存放在**关帝庙**的阁楼里。

食宿

长治 ❶

驴肉香 中餐 ¥

（☎0355-603 1313；府后西街347号客运中心进站口对面；人均50元；⏲11:00~22:00）长治的驴肉很有名。这家餐馆环境不错，停车方便。驴肉锅和泰米红烧肉是常点的招牌菜。

潞府菜馆 山西菜 ¥

（☎135 4651 0261；东中营街路北；人均50元；⏲11:00~22:00）这家主打长治特色传统家常菜。我们推荐汤味鲜美的清蒸肉丝和外焦里嫩的溜夹馅。

太行明珠精选酒店 酒店 ¥¥

（☎0355-416 1111；东外环路客运东站北500米；标双 184元；❄📶🅿）酒店离市区中心稍远，门前有超大停车场，适合自驾旅行者。房间设施很新，打扫得也很干净。周边环境较荒凉，但房价含一日三顿自助餐（菜品比较单调），也省去了就餐的困扰。

长治麦禾精品酒店 酒店 ¥¥

（☎0355-312 3777；城东南路58号；精品房188元；❄📶🅿）酒店离城隍庙1.4公里，交通便利，附近餐饮设施丰富。酒店房间宽敞、干净，但是隔音不太好，临街的房间有些吵。

神龙湾（阱底） ❸

神龙湾客栈 客栈 ¥

（☎136 2355 5877；天峡瀑景区门口；标双100元起；📶🅿）离阱底村2公里，去往各个景点都比较方便。客栈饭菜可口。经常会有美院师生包场入住，建议你提前电话预订。

林州 ❺

老城砂锅 河南菜 ¥

（南环路口西北侧；人均30元；⏲10:00~23:00）主营砂锅和烩面系列。菜量大，价格实惠。我们推荐砂锅排骨。

林州红旗渠国际青年旅舍 青年旅舍 ¥¥

（☎0372-678 5656；红旗渠大道西段路南；铺/标双 61/156元；❄📶🅿）新开业的超大型青年旅舍，在红旗渠大道上非常好找。多种房型可以选择。房间干净，热水充足，但需自带洗漱用品。

太行山大峡谷（青龙峡） ❻

八泉峡大酒店 酒店 ¥¥

（☎0355-877 6777；太行山大峡谷桥上乡；标双 187元；❄📶🅿）是一家按三星级标准兴建的旅游酒店。周边景色优美，在房间内就可以眺望远山。交通方便，自驾去往大峡谷各个景点都不远。不足的是热水限时供应，水流也比较小，也算是山内酒店的通病吧。

晋城 ❼

三鑫酒家 山西菜 ¥

（☎0356-205 6369；泽洲路新华书店对面；人均 40元）晋城老字号餐馆，主打山西家常菜。味道地道，菜量足，价格实惠。推荐当归三黄鸡和罐焖牛肉。

国贸酒店 酒店式公寓 ¥¥

（☎0356-898 0099；泽洲路与红星街交叉口；标双 238元；❄📶🅿）位于晋城市区中心位置，紧邻超市和快餐店。房间宽敞，设施很新，干净整洁。房价含早餐，餐厅位于30层，可以俯瞰晋城市景。

弯道多、起伏大的**草原天路**，
沿途山岚水雾、风光无限

视觉中国 提供

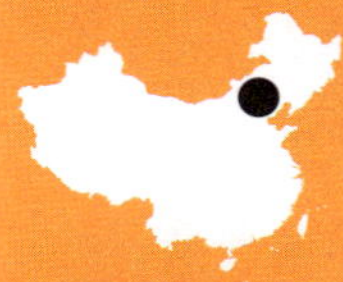

坝上天路环线

41

穿越号称“中国66号公路”的草原天路，奔赴达里诺尔湖，一路是数不尽的自然风景和民族风情。这条线路既有曲折崎岖的山路，也有一望无际的坦途。无论是自驾老手，还是新人上路，都能享受不同的快感。

线路亮点

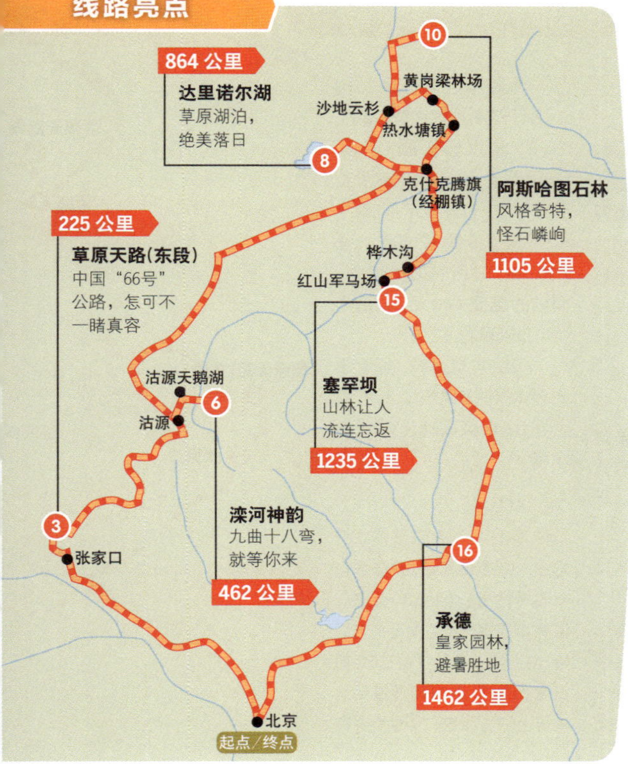

8~10天
约1700公里

最适合

4WD

何时去

7月中至9月中，夏季的斑斓，秋季的金黄，都是难以舍弃的梦。

最佳摄影点

草原天路东段发电风车群、桦木沟盘山路拍摄日落。

最佳路段

热阿线（热水塘到阿斯哈图）。

41 坝上天路环线

开上“口外”的草原天路，只是让你激奋的前奏。接踵而来的天鹅湖、闪电湖，更有荡漾的旖旎。滦河源头九曲十八弯的落日固然惊艳，可是在达里诺尔湖的日落后再尝尝当地的特色菜——烤羊腿和华子鱼，更令人回味。当带着满足穿越达达线和热阿线时，不要错过阿斯哈图石林的怪石。红山军马场适合越野驰骋，塞罕坝可以悠闲散心，最后到承德避暑山庄逛逛，带着满车草原上的清新空气返回起点北京。

从北京至经棚镇，全程为铺装公路，路况好得令人咂舌，其余的路段自驾难度也不高。旅行者大可轻松自在地计划时间，也适合安排家庭出行。

❶ 北京

北京的动物园和植物园都充满野趣，尤其适合带孩子参观。**北京动物园**（www.beijingzoo.com；西城区西直门外大街137号；门票 旺季15元，淡季10元，联票 旺季20元，淡季14元，儿童半价；⏲旺季 7:30~18:00，淡季 7:30~17:00）是中国动物种类最多的动物园。**北京海洋馆**（www.bj-sea.com；海淀区高梁桥斜街乙18号，北京动物园北门内；门票 旺季 165元，淡季 160元，儿童半价；⏲旺季 9:00~17:30，淡季 10:00~16:30）最受欢迎的是海底环游隧道，每天上下午有潜水员表演喂食，周二除外。北京动物园有专门的停车场，周末和节假日接受网上预订停车位。收费1元/半小时。**北京植物园**（www.beijingbg.com；海淀区香山卧佛寺路；门票 5元，儿童半价；⏲旺季 6:00~20:00，淡季 7:30~18:00）四季花开不败，园内的**温室**（50元，儿童半价）有珍稀花木。

说到自驾出城，那天不亮就得起床出发，不然就会在G6京藏高速上堵成停车场。

✂ 见632页

行驶路上 » 从北京清河收费站进入G6京藏高速，从张家口东收费站出。全程180公里。G6京藏高速出京方向是每日必堵，旅行者一定要提前在6点前出发。或者，走G110国道到延庆再上G7去张家口。哪怕绕道

走北京西部的G95北京环线高速也比堵着不动好很多。

❷ 张家口

大境门（张家口市区北侧；门票 20元；⏲旺季 7:00~18:00，淡季 8:00~17:00）是非常少见的市区长城，除了城墙上“大好河山”四个字，就只有登上城墙，微微眺望一番了。如果想真的“爬一爬”长城，就要登上西太平山。这段长城是用石头垒起来的，旁边修有山路，可以走上一段。山路很短，最多2小时就能转完。

作为北上草原的重要中转站，张家口在自驾旅行者的心中，一直都占有不可或缺的战略地位。草原天路不是成熟的旅游景点，食物和饮水要提前备好。这里也是你最后一个靠谱的加油站点。

✕ 🛏 见632页

行驶路上 » 沿S10张石高速向北行驶，穿过野狐岭1号隧道和野狐岭2号隧道后，到达野狐岭出口。全程45公里。下高速后右转，见口立刻左转，可看

你也可以……

42 锡林郭勒草原线 从经棚向西，沿G303国道行驶163公里，可以直达锡林浩特。全程为铺装路面，约3个小时。

到蓝色路牌“东线入口”，行驶10分钟后到达草原天路东段大门。

线路亮点

❸ 草原天路（东段）

自从美国66号公路被国内自驾爱好者熟知后，就总有人想在国内寻找一条与之媲美的景观路。今天，草原天路沿途已竖起充满广告意味的“66号”路牌，你只能叹服当地人的善于借用。

如此大热的自驾路线，建议你避开任何小长假或周末，至少要做到错峰出行。否则先堵在京藏高速，再堵在草原天路，一堵就是十几公里。草原天路景区路段全长154.7公里，但弯道多、起伏大，对新手来说是个挑战。

这一路的风光确实极好。从野狐岭入口进入，塞北梯田在脚下，山岚水雾在身边，巨大的发电风车群就在眼前。天路每10公里左右会有观景台或小停车场，千万不要随便停车拍照。曾发生过等得恼火，把乱停的轿车推下路沟的情况。

这一路走走停停，不堵车也要开上3～4小时的光景。天路全程无网络信号，3G信号则时有时无。

见632页

行驶路上 » 草原天路向东开到尽头，左转进入S242省道。从桦皮岭收费站进G95北京环线高速，48公里后从沽源收费站出高速，右转沿S241省道，13公里到沽源。

❹ 沽源

对自驾旅行者来说，沽源县是途中的充能站。可以加加油，买买东西，缓解一下疲劳。县城内交通比较杂乱，人、自行车、小轿车和卡车混在一起，需小心通过。县城里有很多专门为去往闪电湖、天鹅湖设置的路牌，一目了然。

这里的住宿环境比较宽松，很多酒店都可以带宠物入住，可以事先致电询问。

见632页

行驶路上 » 从县城出发，沿X402县道向北行驶约4公里，向右转入南梁路。继续行驶2公里，至天鹅湖景区售票处（天鹅湖度假村）。全程铺装路面，需10分钟左右。如果自驾者车况好（越野或SUV），也可不在南梁路右转，而是继续向前，在下一个路口右转。这条路可以绕到天鹅湖北侧，路况较差，但景色更好。

❺ 沽源天鹅湖

沽源天鹅湖（沽源县城北3公里）本名“库仑淖尔”，因每年4月和10月有天鹅聚集而得名。湖边遍布白杨，水中鱼儿成群。北岸和南岸的道路都可以直达湖边，但风景不同。北岸土地干燥，多为草场；南岸有树林，但湿地面积大，行车需谨慎。南岸还有一家**天鹅湖度假村**，提供餐饮、住宿和一些游玩项目。收费较贵，入内需购门票，但停车场免费。

行驶路上 » 沿S402省道向南行驶约4公里进县城，见路口左转进入桥东大街（025乡道）。

东段西段，任君选择

草原天路分为东段和西段，自驾者通常选择东段游览。东段西起野狐岭，东至桦皮岭，沿途风光多样，设施完备。有观景台，有卫生间，有停车场，还有各种小贩叫卖其中。因为东段太过出名，很多旅行者都以为“草原天路东段”指东段的东部，“草原天路西段”指东段的西部。

其实，真正的西段另有其路。那就是从野狐岭出口向西行驶，约30公里后至白龙洞结束。这段路人少车少，野味十足。虽然没有风车群，没有油菜花，但路况丝毫没有偷工减料，完全可以畅想另一种天路风情。天路西段尽头是白龙洞，目前没有其他延伸路线，必须原路折返。

视觉中国 提供

阿斯哈图石林

另辟蹊径
冬季去崇礼滑雪

起点：❸ 草原天路（东段）（见624页）

从草原天路东段出口向右转，沿S242省道行驶约35公里，可到达崇礼县。全程铺装路面，一派乡间景色。崇礼是2022年北京冬奥会滑雪项目赛场所在地，这里的酒店和滑雪场争先开张，酒店一家比一家豪华，雪场一座比一座高级，当然价格也水涨船高，但凭心而论，崇礼的滑雪场算是物有所值。荷包充足的旅行者，可以选择雪场自办的酒店，喜欢热闹的自驾者也可以留宿县城。

开到尽头后，左转沿S244省道，行驶8.3公里后，左转进入进入S402县道，继续行驶约9公里后，左转进入024乡道。约600米后到达，滦河神韵景点入口就在路左侧。全程约17公里。最后一段乡道路窄，但不影响会车，路况也不差。

线路亮点

❻ 滦河神韵

滦河神韵（沽源县东北20公里处；门票60元；⏲7:00~18:30）最让人津津乐道的景色就是“九曲十八弯”，当地人称之为“羊肠河”。很多摄影爱好者会特意赶来拍摄落日。

景区内面积不大，修有栈道和亭台用以观景拍照。可先向工作人员询问水量情况，如遇旱期则不推荐入内。入口处有免费停车场，8月前来，山坡上会有大片油菜花。

行驶路上 » 往东开上X402县道，8.5公里后右转上S244省道，12公里后返回沽源县城。沿S241省道，从沽源县向西北方向行驶，约10公里后接X501县道。继续行驶30公里后，到达宝昌镇。从宝昌北收费站进入S27锡张高速，104公里后在桑根达来收费站出高速，沿S105省道160公里后到达经棚镇。全程310公里，约需4~5小时。车行半途会经过宝昌镇（太仆寺旗），大部分人选择在这里停车吃饭。对于不喜欢赶路的旅行者来说，也可以在这里停留一晚。

❼ 克什克腾旗（经棚镇）

经棚镇位于贡格尔草原东侧，当地人称呼经棚为“克（一声）旗”。从这里出发，西有达里诺尔湖，北有阿斯哈图石林，东有温泉小镇热水塘，南有塞罕坝森林公园。无论你准备从哪个方向饱览草原风光，经棚都是必不可少的休整之地。

这里有数目惊人的酒店和宾馆，可性价比却不好。一般来说，新开张的卫生条件较好，但要特别注意有装修气味的问题。这里的把子肉、锅包肉和奶豆腐都值得一试，还可以买点有名的傻子王风干牛肉在路上吃。傻子王有红、蓝两种牌子，红色牌子的味道更好。经棚有正规的中石油加油站，最好出发游玩前一口气加满。

见632页

行驶路上 » 沿G303国道向西北方向行驶，经过达来诺日镇后，有两条路线可选。一是向前行驶23公里，左转进入307乡道，至达里诺尔湖北岸。全程路况尚可，92公里，约需1个半小时。二是向前行驶约2公里，左转进入达达线，至达里诺尔湖南岸。该路段为单车道，会车需将一侧车轮驶下路肩。要小心重型卡车和拖拉机，还有傍晚回栏的大群牛羊。全程92公里，坑多路窄，约需3小时。

线路亮点

❽ 达里诺尔湖

达里诺尔湖北岸（☎0476-509 6336；门票90元，学生半价；⏲7:00~18:00）每年5月上旬和10月上旬，成千上万的候鸟在这里停留，不该错过这难得的景致。旅行者可以选择免费的观鸟望远镜和观鸟车，还可以多付80元乘坐观鸟船。观鸟期之外的北岸则相对乏味。

从北岸到南岸可以走沿湖小路，车道狭窄，会车需要在安全的地方提前下路肩。全程约33公里，虽为铺装路面但多坑多石块，约需2小时。安全快捷的走法是原路返回达来诺日镇，从达达线去往南岸。**达里诺尔湖南岸**（☎0476-509 6336；门票120元，学生半价；⏲7:00~18:00）包含碧海银沙和曼陀山两个景点，都是白天看风景，早、晚拍日出日落的好地方。曼陀山已禁止私家车通行，需乘景区摆渡车前往。不定时发车，景点下客后不等人。如果你错过回程车，就只能徒步下山。

如果你想拍摄湖边的第一缕阳光，可选择景区内唯一一家酒店。但价高质低，取暖条件艰苦，最好带足衣物。景区外和北岸另有大量住宿可供选择。达里诺尔湖的华子鱼是当地特产，大部分小店15元左右一条。

✕ 🛏 见633页

行驶路上 » 沿达达线向东北方向行驶，在三岔口处直行至G303国道。右转沿G303国道继续行驶14公里左右，在十字路口左转驶入下一段达达线，沙地云杉景区就在左手边。全程约70公里，是铺装路面但质量一般。沿途景色好，对于摄影发烧友和草原发烧友来说会耗费较多流连的时间。如想走更完整的达达线，可在之前的三岔口选右路至G303国道。该段路况十分复杂，开小轿车的旅行者务必三思。

❾ 沙地云杉

（克什克腾旗白音敖包国家自然保护区；门票40元，儿童半价，⏲5月至8月7:00~19:00）沙地云杉是十分珍稀的树种，只有在这片景区内，才能看到连绵不断的壮观景色。这里的云杉树龄都有500~600岁，最小的也有100多岁。景区门口有面积巨大的免费停车场。

需要注意，沙地云杉景区每年9月到来年4月都会封山护林，不对外开放。

行驶路上 » 从沙地云杉景区出发，沿达达线一直向东北行驶，至阿斯哈图石林南门，全程62公里。沿线拥有克什腾旗最美的公路风景，趣味十足，且气势非凡。大部分自驾者都会陷入忘我的境地，实际行程时间无法预料。

线路亮点

❿ 阿斯哈图石林

阿斯哈图石林（克什克腾旗世界地质公园；门票 120元，儿童半价，讲解 80元，观光车 20元；⏲8:00~18:00）公园内的冰川石林形态多变，夏季是最美时节，草甸开满繁花；9月绿意退去后天高地阔，别有一番情趣。公园内开放的景区有四个，好风景大多集中在第一和第二景区。在每个景区游玩后，要在候车亭乘坐观光车前往下一处。园区很大，即使匆匆掠过，也要花费2~3个小时。草原天气多变，建议你随身携带外套。另外，景区内没有任何餐饮服务，这里离最近的食宿点热水塘镇约78公里。

石林内禁止一切私家

另辟蹊径
灯笼河草原

起点：❼ 克什克腾旗（经棚镇）（见626页）

从经棚出发，向南走经山线，这条路线景色优美。行驶105公里后，向左转入乌灯线，向前约1公里后，灯笼河草原就在道路左侧。全程110公里左右，约需5小时。虽然建有大门收费（30元，节假日会出现因无人看管而意外免费的情况），但这里并没有太多人工开发的痕迹。比起周围人声鼎沸的贡格尔草原和乌兰布统草原，灯笼河草原显得幽静许多。你可以随心所欲地漫步，轻轻松松消磨掉半天时光。这里的野生蘑菇千万不要轻易尝试，谁也不能保证安全。

车穿行。车辆可停放在公园门口的大型免费停车场，换乘景区观光车入内。那些想从南门穿越石林，再从北门走完达达线的自驾者，最好提前打听情况调整行程。

行驶路上 » 沿热阿线向南行驶48公里，途中约36公里处十字路口右侧有中石油加油站，对面有测速。该路段又宽又平，路况极佳，且车辆稀少，风光绝好。再加上心情放松，又缺少参照物，基本上稍不留神就会超速。

⑪ 黄岗梁林场

黄岗梁林场（国家森林公园）不设景点，没有门票，却是热阿线上决不能错过的路段。当你随着山路转过一个弯，眼前扑出无数白桦树的身影时就到了。山顶有一处平台可以停车休息，走一走栈道。这里非常适合远眺。举目望去，所有附庸风雅的华丽辞藻都会忘得干干净净。

行驶路上 » 沿热阿线继续行驶，至热水塘镇，全程29公里。热阿线为全程铺装路面，路况好。但中段山路有几处急弯，新手要小心驾驶，在转弯处提前鸣笛。黄岗梁森林公园设有车卡，因此在该路段不会遭遇重型卡车。不过手机网络信号不强，最好提前下载地图。

⑫ 热水塘镇

热水塘镇是当地大力开发的温泉旅游度假区。全镇只有一条主路，两侧林立着一家挨一家的宾馆和酒店。但没有露天泉水或池塘，想泡温泉只能入住宾馆，淡蓝色的温泉有一股硫黄味，水温有80℃左右。

旺季时，这里的房间千金难求；淡季也不能掉以轻心，热水塘镇有著名的冬季蒸汽机节，全世界爱好蒸汽火车摄影者都会聚集在这里。小镇配套服务不多，用餐推荐在宾馆解决。如果对温泉不感兴趣，可选择东北方向38公里的林西县。那里的餐厅和宾馆数量众多，性价比高。

见633页

行驶路上 » 沿G303国道往南，过经棚镇后左转入经山线，行驶52公里后右转进入经乌线，约35公里后到达目的地。越接近桦木沟，白桦林的面积就越大。步步有美景，处处想停车。但这条路线并无停车点，千万不要冒险停在路边。全程约120公里，多山路、多弯道，请控制车速。

⑬ 桦木沟

桦木沟（克什克腾旗西南部，位于红山军马场北部约30公里处；门票 30元，骑马联票 50元；⏲8:00~18:00）景区十分广阔，主路为铺装路面，8月份路旁有大片的油菜花。**蛤蟆坝**（门票 30元）和**公主湖**（门票 30元）是必到景点。如果时间紧张，单

视觉中国提供

红山军马场

去蛤蟆坝一处就可收获满满。如果想拍落日美景，最好在太阳西沉前到达公主湖，但如果不想留宿景区的小村，还是要早早返程。

行驶路上 » 向西南出发，从S304省道向经乌线行驶，到达红山军马场。此路线自带“随时停车”光环，无论淡季、旺季，日落时分总有大批摄影者扎堆，务必小心突然从车边冲出的行人。全程25公里。

⑭ 红山军马场

红山军马场（门票 120元）是乌兰布统景区的俗称，主要景点有**将军泡子**、**小红山**和**欧式乡村摄影基地**，如果有雾，**野鸭湖**是拍摄日出的绝佳摄影地。这里的景点比较分散，有些需要越野车或SUV才能到达。越野车出租价格居高不下，旺季一天租金要1200元左右。但宁可放弃少数景点，也不要贸然尝试用小轿车越野，可以选择前往将军泡子拍摄日出。在这里拍摄日出必须早起，不然就会发现岸边好一些的角度都站满了人。

红山军马场已经完全商业化，全年无淡季。夏天水草丰美，冬天有冰雪旅游摄影节。无论住宿还是餐饮，期望值不要高。注意：门票只在当日有效，想在公主湖、红山军马场和塞罕坝景区之间随意游玩的自驾者，请务必安排好时间。景区服务参差不齐，无论是购物还是吃饭，一定要先问清价格。

见633页

行驶路上 » 沿经乌线向东南方向行驶，8公里后到达塞罕坝国家森林公园北门。该路段景色乏味，可以专心驾驶。

线路亮点

⑮ 塞罕坝

塞罕坝（门票 150元；⏲8:00~19:00）的山景完全值得逗留，持门票可以游览大部分景点，但登高**塞罕塔**要单独付费25元，近观**滦河源头**也要单独付费5元。

车过景区大门后，左手边就有一家中石油加油站。从这里到承德之间，中石油和中石化加油站极少，建议你一口气加满。即使不游玩任何景点，景区内的林场也能让人流连忘返。这里的道路又宽又平，搭配道路两侧的白桦林，便是理想的拍摄点。如果想在塞罕坝里拍摄日落，可以选择**七星湖**或**月亮湖**。两处风景都十分秀美。七星湖畔还有一些宾馆和农家乐，价格不低。

行驶路上 » 沿四御线（S256省道）往南行驶，经G111国道后从围场北收费站进入S50承围高速。约72公里后接入G45大广高速，从承德东收费站进入承德市。全程共227公里，理论上需3个半小时。但进入高速前重型卡车数量繁多，超车困难，会浪费不少时间。

线路亮点

⑯ 承德

进入拥堵的市区，会

最佳建议 草原住宿小能手

草原的住宿情况像天上的云一样变幻莫测，需要精心策划，还得准备些随遇而安的好心态。不要过于信任电话或网络预订，即使预付费也有可能被取消。特别是旺季，拼的是先到先得，否则可能面临整片地区客满的窘境。

如果入住时价格出现变动，请不要太过惊讶。草原价格浮动十分飘忽不定，除了常见的淡旺季差价，还有周末价和“坐地起价”。可选择价格相对真实的连锁快捷酒店。

除了夏季，春、秋两季也是草原游的热点时间。当地早、晚温差巨大，如选择蒙古包或农家院住宿，需确定取暖条件。为了安全考虑（也为了钱包考虑），无论何处都不要贸然野营。可以付费租借牧民家附近的草场，但收费高昂，每车至少百元以上。

让人有些心烦。但这里丰富的食宿和成熟的景点服务，能缓解你旅途中累积的劳顿。

承德避暑山庄[承德市丽正门路20号；门票 旺季（4月至10月）145元，淡季（11月至次年3月）90元；⏲旺季 7:00~18:00，淡季 8:00~17:30]值得来此一游。凭门票可游览**避暑山庄博物馆**（⏲旺季 7:00~17:50，淡季 8:00~16:30），但不包含环山游路线的登山车票。如果想上山观景，每人需额外付费50元，游览时间约1小时。如果不准备上山，只想徒步游览园区，要2~4小时。大门售票处有导游机出租，20元一台。门口的两个停车场面积都不大，停车费10元一次，最好尽量早来。

逛完避暑山庄，你可以从山庄路直达**普宁寺**（承德市双桥区普宁路1号；门票 旺季80元，淡季60元；⏲旺季8:00~17:30，淡季8:30~17:00）。普宁寺属于避暑山庄周围的外八庙景区，门票可同时游览隔壁的**普佑寺**。外八庙中值得一去的还有俗称"小布达拉宫"的**普陀宗乘之庙**（承德市双桥区环城北路狮子沟北侧；门票 旺季80元，淡季60元）。庙门外有修建完好的停车场，10元一次。

如果上述景点都准备游览，可在任一景点售票处购买套票，优惠25元。

见633页

行驶路上 » 从承德收费站进入G45大广高速，行驶约230公里后，回到环线起点北京。全程约3个小时。

最佳建议
嘘，有摄像头在前面等你

草原自驾，往往在不经意间超速。最容易放松警惕的路段是省际大通道和热阿线，这两条路又宽又平，很多路段前后一辆车都没有。除了偶尔起伏的缓坡，就只剩通天大道，等你回过神来，会发现已经超速甚多。草原公路常见的限速是60公里/时，有些路况很好的地方甚至也只有40公里/时。

千万别忘记这里是草原，公路上的牛、羊、马、猪，哪种都惹不起。有些动物的花色和草原景色十分相似，如果等到了眼前才发现路中间站着一头牛，一切就太晚了。最好的做法是用安全的速度行驶，遇到动物时减速或停车。可适当按喇叭催促。

除了动物，还要特别留意当地的运货轻卡。这种车装满干草后，司机的后视镜会被完全挡住，根本看不到后车。超车时务必鸣笛闪灯示警，同时确认对面无车。另外，很多当地拖拉机和小车没有尾灯，夜间行车一定要打开大灯。

食宿

北京 1

京味斋
北京菜 ¥¥

[☎010-6498 8301；朝阳区安苑路安苑东里1区2号楼（北苑路口）；人均35元；⏲10:00~22:00；❄P]便宜实惠的北京菜，面条做得特别地道。卤是自取的，种类很多，但过了中午1点和晚上8点后就只有炸酱面了。服务员应声快、手脚慢，打包是个不错的选择。门口有免费停车位，先来先得。

便宜坊
烤鸭 ¥¥¥

（☎010-8405 9988；朝阳区工体北路13号世茂广场5层；人均110元；⏲10:00~22:00；❄📶P）便宜坊乃乾隆御赐，取"方便宜人"之意。焖炉烤鸭占北京一绝，花香酥味道的最受欢迎。如果只有2人用餐，点半只足够。商场的地下停车场可免费停车2小时，需到一楼服务台领票。

张家口 2

巷子深
中餐 ¥

（☎0313-709 8817；桥东区帝达购物广场肯德基对面小张茂巷子内50米；人均50元；⏲11:00~14:30，17:00~21:30；❄）名副其实的"巷子深"，第一次来不太好找。喜欢吃肉的一定不要放过这里的肘子，质地松软、好吃不腻。整体菜量大，略油略咸，可提前和服务员说清口味。店面不大，装修有私房菜的感觉。

中泰商务宾馆
酒店 ¥¥

（☎0313-586 9333；桥西区清水河中路49号；标双 120元，家庭 170元；❄📶P）位于路边，非常显眼。房间质量起伏大，卫生间有返味的情况。最好能先看房，再入住。门口有公交站和客运站，临街的房间会比较吵。酒店停车场设在隔壁小区，有门卫看管。

草原天路（东段） 3

草原天路露营地
露营地 ¥

（草原天路东段；免费；P）草原天路途中建有三处专门的露营点。有宽大的停车位和塑胶地面，可容纳多顶帐篷。周围是树林，入口处有巨大的垃圾箱，白天还有小卖部营业。三处露营点都有明显标志，且接近村落，比野坡、野地安全许多。

沽源 4

福运来莜面馆
中餐 ¥

（☎135 1313 1332；中环西路152号，农行家属楼底商，欧景园售楼处对面；人均约35元；⏲9:00~22:00；❄📶P）莜面是当地特产，一份足有脸盆大小。就算不点其他菜搭配，味道也不会让你失望。老板娘服务特别热情，虽然有上、下两层店面，照顾得却很周到。不过这里上菜很慢，饥肠辘辘时一定要做好心理准备。

发羊财酒店
酒店 ¥

（☎0313-582 7887；新城南街文体广场东侧；标双 140元，家庭 180元；📶P）新开业的酒店，在当地性价比非常高。房间又大又干净，但Wi-Fi信号不是很好。有些房间没有外窗，入住时要和前台确定。太阳能热水是24小时的，但遇到阴天和人多时就不太够用。酒店自带一家火锅店，附近的驴肉火烧味道不错。

克什克腾旗（经棚镇） 7

呼和图力嘎茶馆
蒙餐 ¥

（☎158 0486 5383；解放路，经棚政府东门对面；人均50元）名字虽然叫"茶馆"，门脸却非常小。这里的手把肉很受欢迎，如果想吃得痛快，一定要点肥瘦相间的。15元的奶茶是整整一个暖壶的分量，千万别喊"每人来一份"。

经棚宾馆 酒店 ¥¥

（☎0476-522 2888；经棚镇应昌路98号；标双 淡/旺季 280/480元；❄📶P）顺着经棚的主路行驶，你一定不会错过这家老字号宾馆。后院是超大的免费停车场，半夜锁门，非常安全。房间类型多样，但只有晚8点到次日早8点有热水供应。

达里诺尔湖 8

鱼把头 中餐 ¥¥

（☎0476-509 0158，158 4762 6882；达里诺尔湖北岸；人均约100元）如果想吃全鱼宴，这里是比较靠谱的选择。580元一套，有五六人份的量，可适当砍价。华子鱼单点20元一条，鱼子摊鸡蛋是必点菜。

蒙古汗国度假村 蒙古包 ¥¥¥

（达里诺尔湖北岸；标双 淡/旺季 400/500元，三人间 淡/旺季 200/300元；P）蒙古包条件不比宾馆房间，要有体验艰苦生活的心理准备。夏季蚊虫狠咬，其他三季阴冷潮湿，晚上8点以后才有冷、热水。双人蒙古包内用木板隔出了厕所，不能洗澡，价格比没有厕所的三人蒙古包还要贵一些。

热水塘镇 12

伊发锡蒙羔火锅（清真） 火锅 ¥¥

（☎0476-555 5553；林西镇春蕾街302号；人均约70元；⏰9:00~23:00；❄P）这家店肉类特别鲜嫩，但丸类和内脏类是冷冻的。番茄锅非常受欢迎，建议你涮锅前先喝一碗汤底尝尝。牛肉和羊排好吃得停不下来，菜量足，不小心就吃撑了。

克什克腾旗群冠环保宾馆 酒店 ¥¥

（☎0476-510 3365；热水开发区303国道；标双 淡/旺季 210/560元；❄📶P）当地老牌宾馆，设施稍显陈旧，行政楼条件更好。老楼没有电梯，服务员会帮忙提行李。房间和浴室都很大，但热水只供应到24点。早餐要另付15元。

红山军马场 14

布赫蒙餐（清真） 蒙餐 ¥

（☎136 3476 4566；经乌线与红山线路口；人均约35元；⏰6:00~22:00；P）饭馆临街，位置非常好找，有蒙餐一贯量大的特点，早饭和正餐都能解决。早上蒙古果子配奶茶，中午锅茶加土豆烧牛肉，晚上烤羊腿再来个野菜摊鸡蛋，简直完美。

克什克腾旗塔拉额吉 旅馆 ¥

（☎187 4800 3944，138 4897 1348；小红山子村吉祥超市北20米向西50米，近经乌线；标双 淡/旺季 100/320元；📶P）设施很新，屋里有暖气。旅馆没有招牌，门前是超大停车场，窗外就是草原。10月假期过后需先打电话确定天气，下雪时可能会封路。

承德 16

新顺和小馆 家常菜 ¥

（☎0314-252 8883，252 9993；双桥区府前路世纪城二区，格林豪泰酒店北；人均约40元；❄📶P）饭点儿总是爆满，炖锅和坛菜很受欢迎，绿豆咯吱特别地道。服务不会过分热情，基本能做到有求必应。最好看准家常类下手，吃烤鸭不是个好选择。

汉庭酒店（避暑山庄店） 快捷酒店 ¥

（☎0314-592 2888；双桥区丽正门大街7-5号；标双 142元；❄📶P）距离避暑山庄非常近，个别景观房能看到山庄的建筑。酒店共5层，电梯只到3层。和家人同游或习惯多带行李的自驾者，最好和前台提前确认。停车场在马路对面，下午3点到早上8点免费。

步行游览
青岛八大关及周边

起点: 太平角公园

终点: 小鱼山公园

距离: 约4公里

需时: 1小时(不含游览时间)

在纵横交错的八大关内步行,你可能需要手机导航的帮助。但如果恰逢季节,你还可以用树木来区分每条道路:韶关路的碧桃和宁武关路的海棠会在春天绽放,初夏正阳关路的紫薇树繁花似锦,秋风把嘉峪关路的五角枫、山海关路的梧桐和居庸关路的银杏染成金黄,临淮关路的龙柏会为冬日添上一抹墨绿,而雪后紫荆关路的雪松更具意境。其实不必费力分辨,更无须刻意去寻找一座建筑,在这里漫无目的地走走已足够美好。更多青岛老城区的步行游览线路,请参考Lonely Planet《山东》和《IN青岛》。

可使用此步行游览的线路:

38

❶ 太平角公园

你可以将车停在**太平角公园**(太平角一路与三路之间;免费;⏲全天)西门旁的免费停车场里。然后逛逛这个美丽清幽的环保公园。每年四五月初春时节,这里樱花烂漫。

行走路上 » 从公园西门出来,右转沿着太平角一路步行约250米,靠左进入黄海路,直行约350米便来到花石楼。

❷ 花石楼

花石楼(黄海路18号;门票8.5元;⏲9:00~18:00)是一座建于1930年的俄式城堡别墅,整幢建筑都是用大理石砌成的,因此得名。登上顶层的平台,辽阔大海尽收眼底。

行走路上 » 沿花石楼对面的山海关路行走约180米,到达与宁武关路交叉口,右转向北120米后在十字路口左转进入居庸关路,90米后便见到位于三岔路口西北角的居庸关路14号。

❸ 居庸关路14号

这座有蓝色栅栏的欧式别墅建于1937年。因在此拍摄电视剧《宋庆龄和她的姐妹们》,故有"宋家花园"之称。不对外开放参观。

行走路上 » 继续沿着居庸关路直行约80米,十字路口西北角就是公主楼。

❹ 公主楼

公主楼(居庸关路10号;门票 15元;⏲9:00~18:00)是一座北欧田园风格的别墅,建于1941年。由不规则斜顶屋组成,蓝绿色的墙面搭配白色窗户,就像童话故事。

行走路上 » 从十字路口沿正阳关二支路,向南步行约130米回到山海关路,左转70米就是山海关路9号。

❺ 山海关路9号

院子里有两幢建筑,均不对外开放。右面的美式别墅建于1943年,整体线条简洁明快,墙面多镶有大块玻璃窗,1947年由美国驻青岛总领署使用。左面的新楼建于

1993年，刘少奇、周恩来、邓小平、西哈努克亲王等中外领导人和贵宾曾下榻此楼。

行走路上 » 沿山海关路原路折返，过十字路口后继续直行约260米，到达位于八大关宾馆对面的元帅楼。

6 元帅楼

元帅楼（山海关路17号，不对外开放）是一座日式别墅，建于1940年，呈现“红瓦黄墙”的青岛建筑风格。彭德怀、刘伯承、贺龙、罗荣桓、徐向前、叶剑英六位元帅曾下榻于此，故有“元帅楼”之称。

行走路上 » 沿山海关路继续向前行走约220米，街拐角处就是山海关路21号。

7 山海关路21号

这座欧式别墅（不对外开放）建于1934年，由中、苏两国建筑师联合设计。1935年，由胡蝶主演的电影《劫后桃花》在此拍摄，也被称作“桃花楼”。

行走路上 » 从桃花楼街角右转之后，沿着海滨步行栈道，吹着海风看海景，800米之后便可到达第一海水浴场。

8 第一海水浴场

这里也叫**汇泉海水浴场**（免费；⏲7月1日至9月25日 9:00~18:00，其中7月15日至8月15日 9:00~21:00）这里风浪小，景色辽阔，是青岛浴场中接待游客最多的一个。

行走路上 » 从“一浴”向主马路方向步行，在文登小学前的人行横道过马路后，沿着鱼山路的坡道继续走，在福山支路右转，前行至岔路口处便能看到小鱼山公园北门。全程约1公里。

9 小鱼山公园

小鱼山公园（福山支路24号；门票10元；⏲4月至10月 6:00~20:00，11月至次年3月 6:00~19:00）内的山虽不高，登上览潮阁却能尽览大海、栈桥、八大关等景观。

行走路上 » 从小鱼山公园出来后，你可以在北门旁的年代咖啡馆喝杯饮料歇歇脚，然后打车（约12元）回到起点。

步行游览 平遥古城

起点: 古城北门(拱极门)

终点: 古城下东门(亲翰门)

距离: 约3.5公里

需时: 1.5小时(不含游览时间)

作为最具代表性的北方古城,平遥古城并不是想象中那般方方正正,而是犹如一只巨大的"神龟"。东、西、北三面俱直,唯南墙蜿蜒。南门外探似龟首,城外两眼井为龟眼,北门为龟尾,东、西上下四门做四肢;城内的四大街、八小街、七十二道蚰蜒巷,则宛若龟甲上的八卦图案,经纬交织,主次分明。

可使用此步行游览的线路:

39

❶ 古城北门(拱极门)

古城北门称作"拱极门",取"四方归向、众人共尊"之意。城楼明代已有之,清康熙年间重修,宽五间,进深四间,为三重檐二层七檩歇山回廊式建筑,造型端庄典雅。

行走路上 » 与北门相连的就是古城四条主大街之一的北大街,沿北大街向古城内步行约600米,在与西大街交会处左转,便可看到日昇昌票号。

❷ 日昇昌

日昇昌票号创立于清道光三年(公元1823年),是中国第一家专营存款、放款、汇兑业务的私人金融机构。现在这里已开辟成**中国票号博物馆**,共设20余个展厅,从中可以看到中国银行业的发展轨迹。柜台后墙壁上的顺口溜是兑换汇票的一套密码,暗藏了汇票的时间、地点、金额等内容。

行走路上 » 继续向东步行,在十字路口处右转进入南大街,也就是被誉为"中国古代华尔街"的明清街,继续向南步行过市楼约90米就是协同庆钱庄。

❸ 协同庆钱庄

现为中国钱庄博物馆。这里最大的看点就是位于地下的**金库**,里面的金银元宝让人看得眼发直。中间的神龙宝柱据说可保财源滚滚,已被游人摸得锃锃发亮。

行走路上 » 继续向南步行不到100米,便是中国镖局博物馆。

❹ 中国镖局博物馆

这里是明末清初镖局的旧址,内部展览主要介绍中国镖局发展史,以及走镖过程中的逸事趣闻。后院还有两个小演武场,可以在这里玩玩石锁,拉拉弓箭。

行走路上 » 继续向南行走约190米,在南大街与衙门街交叉口处便是百川通。

❺ 百川通

原为中国十大票号之一,如今是晋商家私博物馆,展出了大量明清珍贵家具。

行走路上 » 从十字路口右转进入衙门街，直行不到300米便来到平遥县衙旧址。

6 县衙

平遥县衙始建于元至正六年（1346年），除少量元代建筑外，大部分为明万历年间重修的。规模宏大完整，有六部、牢狱、大仙楼、花园等，最多的还是各种警醒为官者的楹联。

行走路上 » 从县衙前的照壁南街继续向南步行，在道路尽头处左转进入西南门头街，继续直行约630米便来到位于东南门头街的文庙。

7 文庙

文庙始建于金大定三年（1163年），是中国现存祭拜孔子的庙宇中最早的、也是唯一的宋代建筑。

行走路上 » 游览过文庙，从其北门出去，斜对面就是城隍庙。

8 城隍庙

城隍庙与在同一条大街上的平遥县衙对称设置，所谓分治阴、阳两界。庙内灶君庙和财神庙分置东、西两侧，屋顶上的琉璃瓦及琉璃造型，工艺精美，色泽如初。

行走路上 » 从城隍庙向西步行60余米，右转进入贺兰桥街，一直向北走，在与东大街交会处右转，300米后便到达清虚观。

9 清虚观

清虚观始建于唐高宗年间，是平遥古城内最大的道观。慈禧太后西逃时曾来此一游。观内汇集了元、明、清三代数百年的建筑遗构，除了龙虎殿、三清殿、玉皇阁等主体庙宇，还有不少彩绘泥塑和方碑。

行走路上 » 从清虚观出来继续向东约80米就到了古城下东门处。

10 古城下东门（亲翰门）

下东门也称“亲翰门”，因古时为古城的战略要冲，取“戎事乘翰”之意，告诫人们要以保家卫国为己任。沿着有2700余年历史的**古城墙**墙根继续向北走，在角楼处左转，直行便可回到起点古城北门。

东北和内蒙古

白山黑河大草原，还有绵绵的兴安岭。在中国东北部的辽阔大地上，各个季节都有足够的理由让自驾者欣然而来：初春杜鹃盛开出一片花海，夏日草原荡漾着凉爽清风，金秋五花山如油画般蔓延，隆冬雕琢出梦幻般的童话世界。

驱车走过中蒙、中俄和中朝边境，在诺门罕回顾昔日战火，在额尔古纳河边偶遇蓝眼睛大妈，在图们江边看中俄朝三国交界，最极致还能到达祖国的北极和东极。黑龙江边燃起的篝火，与变幻的北极光遥相呼应；静谧的乌苏小镇，等待着到达神州的第一缕阳光。

草原上有大通道贯穿，黑土地上有高速路纵横，哪怕是兴安岭的深山里，也有道路通达小山村。绝大部分路况很好，但如果想另辟蹊径，那最好开上一辆越野车。如果你有足够的时间，不妨将大兴安岭线与边境线串联起来一次走过。但要注意那些著名景点会有更多的车辆来追捧，最好避开节假日前往，免得堵在半道郁闷。外地司机也最好不要在冬季冰雪路面上逞强，请幽默直爽的当地人帮助不失为一种明智的选择。

冰雪中的**海拉尔**，内蒙古
视觉中国 提供

东北和内蒙古

42 锡林郭勒草原线 5~7天

除了草原上的羊群和奔马，还有世界遗产元上都和神奇地貌平顶山，追寻“狼图腾”的故事，领略九曲河水蜿蜒。（见643页）

Classic Trip

43 大兴安岭线 11~13天

探访火山留下的天池，悠闲在草原度假，再深入大兴安岭山林，沿着额尔古纳河走边境，穿越了大兴安岭，满眼的风景与风情。（见655页）

44 寻北线 10~12天

2000公里的跋涉，穿越山水村城，当到达了华夏神州的北极点，你也终于可以说：可算找到了“北”。（见675页）

45 东北边境线 12~14天

江湖山岭蜿蜒数千公里画出的边境线，有历史的硝烟，也有渔夫的船歌。感受边境的异域风情，一睹神秘的天池真容。（见687页）

抚远冬捕

不要错过

元上都遗址

草原帝国曾经雄起，故城荣华百年一梦，看遗址苍凉草原上，金莲花还在年年盛放。42

临江

西临额尔古纳河，俄罗斯就在河对岸，虽然蓝眼睛的东北口音很奇特，可是小村庄满是人情味。游客们都会起早贪黑，摄影点上人来人往。43

北红村

以纬度4′的微弱优势成为中国最北的村庄，虽然在加速商业化，却还有着粗犷的原野之气。44

伊春小兴安岭

广阔的小兴安岭林区孕育了丰富的动植物种，秋天的五花山色彩绚烂，“谋杀”摄影师手中的无数快门。45

抚远

回归故土不足十年的黑瞎子岛，最东小镇乌苏镇，奔涌而来的黑龙江与乌苏里江，神州大地的第一缕日出，定义了抚远小城。45

在漫无边际的**锡林郭勒**大草原，
寻找《狼图腾》的故事

视觉中国提供

锡林郭勒草原线 42

驶入千年游牧的草原，九曲河水蜿蜒，骏马羊群散落。在元上都遗址，遥想那庞大帝国的往昔；登乌里雅斯太山，俯瞰光影变幻的原野。寻找狼图腾的额仑草原，落日余晖下，牧人和羊群披上了一身的金灿灿。

线路亮点

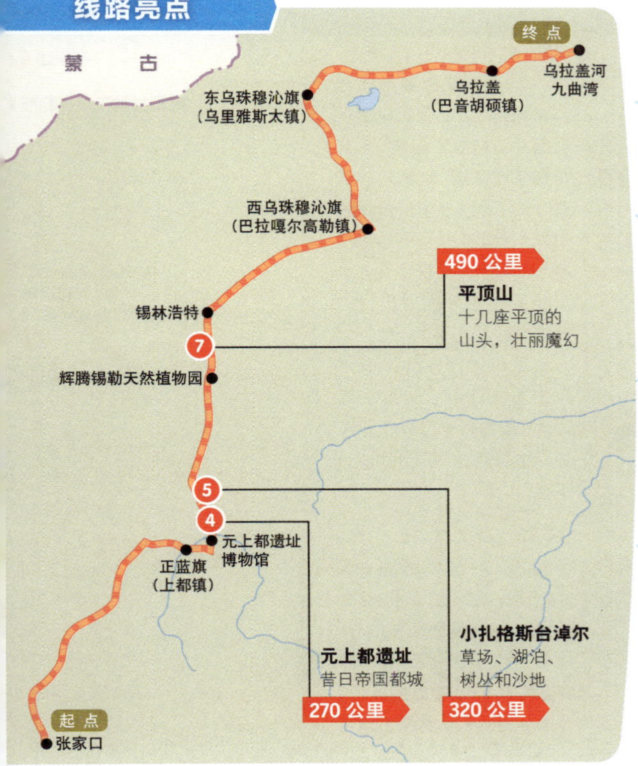

5~7天
约1100公里

最适合

4WD

何时去

7月至9月上旬，是草肥水美、牛羊遍牧场的时节，也是夏日里避暑的佳选。

最佳摄影点

小扎格斯台淖尔、平顶山、乌里雅斯太山。

最佳餐饮

春卉火锅。

42 锡林郭勒草原线

从张家口到乌拉盖，一路草原无垠，美景目不暇接。首先看到昔日草原帝国元上都的城垣，在萋萋芳草中袒露出残缺的片段。来到锡林郭勒大草原，漫无边际的草场上，羊群陪伴着天上的白云。到了乌拉盖牧场，随着一年年的夏绿秋黄，“狼图腾”的故事也在代代流传。

主线全程的路况好得出乎你的预料，如果你还想深入草原或者去挑战前往阿尔山的路，那么除了高超的驾驶技术外，更需要高底盘甚至是四驱的车辆。

❶ 张家口

作为长城沿线的一处重要关隘，历史上这里既是屯兵的要塞，也是内地与塞北互市的闹市。在张家口市区被本地人俗称“堡子里”的**张家口堡**（当地读“bǔ”；鼓楼北街；⊙8:30~17:00），位于河西区的中心，保存有较完整的明清建筑群。以文昌阁为中心延伸出去的东、南、西、北四条街上，散布着**抡才书院**、**定将军府**、**康熙茶楼**、**玉皇阁**（以上5个景点联票50元，也可单独购票，每个景点10元）以及古戏楼、关帝庙、钱庄、洋行等历史建筑，构成了历史上张家口的核心区。

前往张家口很方便，东、南、西、北有多条高速公路通达。可是张家口市区道路的走向很不规整，尤其是在老城区里，迷宫式的道路，很容易让外来的自驾者们找不到北，并且不易找到停车的位置。建议自驾者将车稳妥停在外围后步行进入老城区。

在市区停车除了有停车位置的饭店、宾馆和商铺外，最好将车停放在停车场。收费每次从2元到5元不等。

✕ 🛏 见652页

行驶路上 » 张家口到正蓝旗240公里，约3小时。先经张家口北绕城公路开进S010张石高速（在进入内蒙古后成为S27锡张高速）。高速路限速100公里/小时。进入内蒙古境内

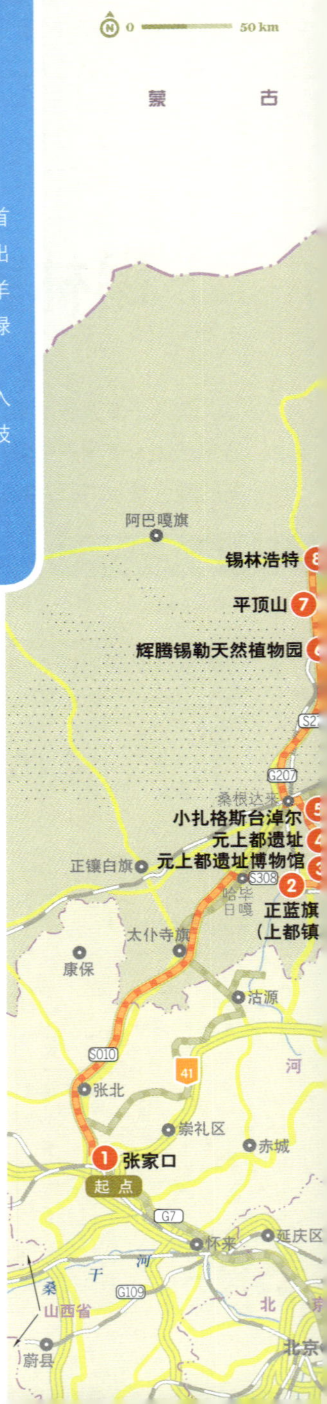

后，视野变得极开阔，很容易超速，要注意控制油门。约200公里后在哈毕日嘎收费站出高速，开上S308省道，路况较好，限速60公里/小时，约30公里后到达正蓝旗上都镇。

❷ 正蓝旗（上都镇）

旗府上都镇是个面积不大的草原城市，金莲川大街连接了进出的国道和省道。忽必烈广场位于上都镇的西部，居中是高大的忽必烈骑马塑像，附近还有马可·波罗、八思巴、郭守敬等人的塑像。与广场隔着一条腾飞路的**元上都博物馆**（☎0479-423 5024，134 7474 4437；忽必烈广场旁；门票 30元；⏲8:30~12:00，14:30~18:00）为民办博物馆，是了解元上都遗址重要的窗口。展厅中的文物大部分出土于元上都遗址，可以通过元上都的复原模型，直观感受这座世界罕见的草原都城。

你也可以……

41 坝上天路环线

可以从小扎格斯台淖尔出来上S105省道后，往东150公里到达经棚；也可从锡林浩特走G303国道，开行约90公里后去达里诺尔湖；还可以从西乌珠穆沁旗走S204省道约110公里去阿斯哈图石林。

见652页

行驶路上» 从上都镇金莲川大街驶入S308省道，接着沿G510国道往前，这段路为双向四车道一级公路，限速80公里/小时。约11公里后有通往元上都遗址的指路牌，左转开进元上都旅游公路。约5公里后，路右就是元上都遗址博物馆停车场。

③ 元上都遗址博物馆

2015年夏开馆的**元上都遗址博物馆**（☎0479-225 8614；免费，讲解5人以内50元；⏲9:00~17:00，周一闭馆）建在一座山包的山腰处，通体朱红色，为半地下形式。注意一层展厅里那个巨大的白色大理石雕成的方形龙柱，曾是“大安阁”的基础支柱。二楼还有三尊头部缺失的坐姿汉白玉雕像，细细观察那些生动的纹饰，不难想象其完整时的风采。

停车场停车5元，从停车场到博物馆约500米，乘车5元/人。

行驶路上» 从元上都遗址博物馆入口处继续往北约6公里，路边有一尊极高大的石碑，上有“元上都”字样和世界遗产标志，沿着石碑后的道路开行约1.6公里，可到达元上都遗址停车场和售票处。

线路亮点

④ 元上都遗址

元上都遗址（☎0479-422 6629；www.xanadu-china.com；门票50元，学生25元，儿童免票；⏲8:00~19:00，18:00停止售票）在美丽的**金莲川草原**上。曾经的蒙古帝国统治中心的元朝国都城，如今内城和外城都不复存在，只留下整个繁盛王朝的苍茫痕迹。城垣呈方形，分内城、外城和外苑三重，城周长十六七公里，从残留的废墟、建筑物台基，不难想象当年都城的繁华景象。

明德门是第一座城门，从**御道**继续往北走，依次经过**御天门**、**大安阁**、**穆清阁**，往东可以抵达**东城门**，而皇城的西、北两侧为**外城**。

自驾车不能进入景区，电瓶车10元/人，只送到明德门，剩下的1公里路段需要步行。最佳的游览方式是租自行车进入皇城和宫城，单人自行车10元/小时，双人自行车20元/小时。还可以乘坐马车游览元上都遗址，60元/人。

行驶路上» 从“元上都”石碑处往东2公里，转弯往北8公里，来到明达拉苏莫，穿过村子继续往北，29公里后到达小扎格斯台淖尔。这一段为铺装路面，路况较好，需要将近1小时。沿途路边陆续有蒙古人家、牧人之家、巴音特等夏季旅游营地，手机信号忽好忽差。但这一段路地图上没有道路的名称标注，注意遇人时问询。

线路亮点

⑤ 小扎格斯台淖尔

绿色的草场、蓝色的湖泊、千姿百态的古榆树林和浑善达克沙地，在这里完美融合。这里同样是非常原生态的夏营地，几十个小

草原上的节日

敖包祭祀

农历五月十三，锡林浩特的额尔敦敖包山、呼伦贝尔的宝格德乌拉都会举行盛大的敖包祭祀大典。来自草原各处的蒙古族会穿着民族盛装，带着哈达、奶制品和酒聚集而来。他们敬拜神灵，祈求风调雨顺。祭祀仪式结束后，会有摔跤、赛马等庆祝活动。

那达慕

草原上的“嘉年华”——那达慕在七八月间举办，以旗为单位的最隆重，时间长达两天。你可以在东乌珠穆沁旗、陈巴尔虎旗、甘珠尔庙等地参与这一民族盛会，看看惊险而刺激的赛马、传统的搏克以及射箭这“男儿三艺”。

这样的节日盛会是深入了解蒙古族的好机会，也是摄影爱好者的好素材。记得提前预订好住宿。

视觉中国 提供

锡林浩特民俗技艺比赛上的摔跤手

湖(水泡子)构成水色清澄的淡水湖群，零星的蒙古包就散落在湖边，自然也少不了牛、羊、马和骆驼的美妙身影。

所有来这里的人都会惊艳于稀树草原与沙地地貌相互交错时带来的光影震撼，树的形态也非常优美动人。这里的星空也更胜别处，在夏季晴朗的夜晚，你会看见璀璨银河横跨过头顶的正上方，正因如此，这里也是露营的绝佳之地。

旅游牧场所在的湖边东侧，还有可以更加深入探访那些小湖泊的砂石路，如果不怕颠簸，普通家用车也可驶入。

见652页

行驶路上 » 从小扎格斯台淖尔原路返回约4公里后，向右有通往桑根达来镇的公路，全程为铺装路面，但路面较窄，会车时需注意。约25公里后向左开上S105省道(内蒙古东西大通道)，限速80公里/小时，4.5公里后是南北向的G207国道，路口往右转便是桑根达来，镇上有几家食宿点。之后沿G207国道前行约97公里，路右即是辉腾锡勒天然植物园。这条国道路况好，车辆不多，限速80公里/小时。从小扎格斯台淖尔到植物园需要2小时。如果赶时间，也可以从桑根达来附近的收费站直接开上S27锡张高速去锡林浩特。

6 辉腾锡勒天然植物园

辉腾锡勒天然植物园(门票40元)拥有一条长达百米的**柳兰沟**，这种可以入药的多年生草本植物，繁茂地生长在沟里的坡地上，这里也是世界上仅有的两处野生柳兰生长地之一。从每年8月初开始的短短两周时间内，齐腰高的野生柳兰盛放，漫山铺展花海。进门时先问问柳兰花开的情况，然后再决定是否去看。

行驶路上 » 回到G207国道继续前行约7公里，路左有观景台，台上的双面人头雕塑一面为男一面为女，在此可以遥望平顶山。从观景台往前约5.8公里，向右开上跨越高速公路的立交桥，过桥后沿铺装街道开到尽头，然后左转开上土路，土路到头后，右转开上一条黑色的砂石路，尽头便是可以登上平顶山的"科考栈道"。

线路亮点

7 平顶山

沿着石阶登上几十米，便到了火山喷发后又被大自然鬼斧神工造化出的**平顶山**(免费)顶端，平坦的山顶上布满了石块，细细看去，那些石块上满是岩浆喷发凝固时形成的小孔。放眼望去，只见附近十几座山的山顶像是被一刀齐齐削去，形成了与附近台地同样高度的成群平顶山头。风格壮丽而魔幻，是拍照的绝佳地点，可以拍摄阳光和积云在一座座平顶山间投下的明暗光影，夕阳时分更为璀璨。

行驶路上 » 回到G207国道，继续往前约19公里后，往右有去"锡林九曲"景点的公路。虽然修建水库导致九曲已经面目全非，不过那一带的风景值得开5公里去看看，那里还有锡林河旅游度假区，在一座巨大的蒙古包旁有小蒙古包众星捧月般围拢，度假区可以提供食宿。原路返回G207国道后继续往前10公里，便是锡林郭勒盟的首府锡林浩特市。

8 锡林浩特

建在城市西部新区里的**锡林郭勒博物馆**(☎150 4891 2203；锡林西大街与上海路交叉口；免费，讲解10人以内100元/次；⏲8:30~11:00，14:30~17:00)，外形像是一个巨无霸级别的蒙古包。馆内关于元朝的文物较丰富，也对游牧生活进行了全面的介绍，可在进入牧区前多做了解。

古老的**贝子庙**(额尔敦路与贝子庙街交叉口；门票20元，学生10元；⏲夏季8:00~12:00，14:00~19:00，冬季8:30~12:00，14:00~17:00)位于城市北端的额尔敦敖包山脚下。台地上，五座院落"一"字排开，著名的三大殿(明干殿、朝克沁殿、却日殿)位于西边的三座院落内，目前只开放中间有**朝克沁殿**的寺院，殿内有一块乾隆皇帝御赐，以满、蒙古、汉、藏文四种文字书写的匾额“崇善寺”。穿过寺院中间的通道，拾级而上便来到**额尔敦敖包山**（免费）顶，十三座敖包沿一条直线整齐排开。每年农历五月十三日的**敖包祭祀**在此举行，热闹非凡。

虽然锡林浩特的街道宽阔，可是上下班时段也车流滚滚，闹市区里也要等几个绿灯才能通过十字路口。停车一般没有问题，可也不能随意停在道路上。市区的修车与洗车点在额吉淖尔路南端和振兴大街西段较多。

见652页

行驶路上 » 开出锡林浩特城区，往东驶入S307省道，约145公里后到达西乌珠穆沁旗，正常行驶需要2小时。这是一条很好的一级公路，限速100公里/小时。在靠近集镇村庄时，会有限速40公里/小时的标志和测速探头。这条公路由西往东为新建道路，而由东往西的部分路段则利用了老公路，路况稍差，要注意控制车速。这段路也展开了锡林郭勒草原的最美画卷，自驾者在停车拍照时一定要注意停车的位置，不要拍照而忽略了从身边疾驰而过的车辆。

9 西乌珠穆沁旗（巴拉嘎尔高勒镇）

三名强壮的蒙古族摔克手的巨大塑像，表明这里是蒙古族搏克（蒙古式摔跤）圣地。西乌旗不只是搏克圣地，还有“民族服饰之都”“游牧民族文化之源”等头衔的原生态草原。

九世班禅行宫（乌珠穆沁文化广场；免费；⏲8:00~11:00）是因九世班禅额尔德尼曾在此多次讲法而为其修建的“班禅庙”。庙门前有两尊涂了颜料的怪异石狮子，以及一面画有十相自在图的青砖瓦脊朱红照壁。

最佳建议
如何前往阿尔山

来到东乌旗，很多自驾者的最终目标是数百公里以外的阿尔山。选择哪条路线前往阿尔山，需要综合考量你的车技与车型车况。

如果是有经验的自驾者，愿意驾驶着四驱越野车去挑战著名的“弹坑路”——S303省道，那么就从S101省道的宝拉格苏木往北开上S303省道，驱车300公里，经过满都宝力格和宝格达山林场，到达通往阿尔山的S203省道，然后沿着这条路况很好的公路开行50公里到达阿尔山。虽然这是从东乌旗去阿尔山的最近道路，可我们还是建议你在满都宝力格镇停留一晚，那里有途中唯一可以补充油料和食宿的地方。由于路况实在是糟糕，普通的SUV最好不要轻易选择这条路。

自驾者还可以从乌拉盖的巴音胡硕镇出发，沿S101省道往东，40公里后在铁路桥旁可见往阿尔山的指路牌，沿这条铺装路面公路往北约20公里，可到贺斯格乌拉牧场。然后再往东北方向走65公里砂石路后，右转沿S303省道开约75公里，就上了S203省道。这段路全程约200公里，虽然牧场以后的140公里路况也不好，还是可以将S303省道的300公里烂路大大缩短。不过还是需要底盘较高、动力强的车辆，另外更需要向当地的司机问询最新的路况。

如果只是普通家用车，最好还是老老实实地绕道。从乌拉盖沿S101省道，经过霍林郭勒、阿力得尔苏木，开上前往阿尔山的S203省道，全长410公里。这条线路中的霍林郭勒到阿力得尔苏木路段是2017年初才通车，该路段全长150公里，为双向四车道一级公路，限速100公里/小时。这也成为了从东乌旗前往阿尔山的最便捷的途径。

进入大门可看见一层殿门上方悬有一块木质雕龙竖匾，匾上用汉、蒙、藏三种文字刻有“大乘法胤法轮寺”。

沿着S204省道，从巴拉嘎尔高勒镇往南17公里，就可以到达位于路右的**蒙古汗城**（免费，停车5元）。景区内以金顶大帐为中心，周围由蒙古包群组成。如果你不介意较高的收费，那么蒙古长调、草原搏克以及传统的乌珠穆沁服饰，甚至就连小型那达慕和蒙古式婚礼也会为你一一呈现。还可以选择骑马、骑骆驼、射箭等传统常规收费项目，也可以选择住在这里（蒙古包 标双/三480元），在草原上度过美妙的一夜。

另外，在到达西乌珠穆沁旗后，加油站间隔较远，最好每天灌满油箱再出发。

见653页

行驶路上 » 沿S204省道往北约120公里，2小时之内即可到达东乌珠穆沁旗。S204省道限速80公里/小时，路况好。这段全程均是笔直的长距离路段，一眼看去，恰似延伸到天边的“天路”。由于来往车辆也很少，自驾者往往会情不自禁地猛踩油门，超速行驶。虽然没有测速探头，但安全可不能忽视。

⑩ 东乌珠穆沁旗（乌里雅斯太镇）

跟西乌旗相比，和蒙古国共享着500多公里边境线的东乌珠穆沁旗显得更加辽远和神秘。乌里雅斯太广场东的**乌珠穆沁博物馆**（☎0479-322 1875；免费；⏲9:00~11:00，15:00~17:30，周末闭馆）是一个了解草原文化的地方，许多老照片展示了真实的乌珠穆沁牧民生活，藏品绝大多数来自考古发掘和牧区征集。

沿着乌珠穆沁大街往北，路左有**喇嘛库伦庙**（免费；⏲8:00~11:30，14:00~16:00）。寺庙始建于清乾隆年间，鼎盛时期曾有近1600名喇嘛。1956年以后，乌珠穆沁旗政府曾设在此寺庙中，如今庙中只有15名喇嘛。背后的**敖包山**是乌里雅斯太镇的最高点，山上一排整齐的敖包非常壮观，这里也是拍日出的最佳点。

见653页

行驶路上 » 从东乌珠穆沁旗往东沿S101省道到乌拉盖，全程约160公里，双向双车道铺装路面，限速60公里/小时，路况较好，2.5小时就可以到达。

⑪ 乌拉盖（巴音胡硕镇）

这片2005年才命名的管理区其实历史悠久，政府所在地巴音胡硕镇是座干净并热情好客的城镇，日益兴旺的旅游业也给小镇增添了许多新建筑。

从镇子东面的布林泉路往北10公里，便是**布林泉旅游景区**（☎138 4791 5668；门票20元；⏲夏季 8:00~18:00，冬季 8:00~17:00），自驾车可以进入。进入景区后不远便是“T”字路口，往左可以前往**宝力格蒙古大营**（☎139 4796 3196；人均150元），主营餐饮服务，可品尝到草原特色，如蘑菇、手把肉等，旺季最好提前预订。蒙古大营后面山坡上的**拜佛寺**，也称布林寺，始建于清代，香火

另辟蹊径
乌里雅斯太山

起点：⑩ 东乌珠穆沁旗（乌里雅斯太镇）

从乌珠穆沁大街往北，开上S204省道，16公里后右转，再沿着笔直的公路开上11公里，便来到**乌里雅斯太山**（免费）景区门口。辽阔草原上最缺乏的就是地标，而**乌里雅斯太山**这种尖锐如锯齿、突兀而出的山，就成了视野中极明显的标志。沿着两侧皆是嶙峋怪石的曲径山道攀缘而上，登至山顶。看天地茫茫、浑然一体，而公路已经变成满目绿色中一条蜿蜒的细线。山脚下修建了蒙古包和一家蒙古酒吧提供给游人，可是只在夏季才有人管理。

鼎盛时期喇嘛多达170人。拜佛寺毁于1945年，如今的寺院为近年来重建，也是香火不断。

从路口往右就是天然泉水**布林泉**，在假山和亭台中间有一眼清澈甘甜的泉水，有游人在此取水饮用。从布林泉旁边的砂石路开进去1公里，便是**《狼图腾》拍摄基地——兵团小镇**（门票 10元，学生半价，自驾车 5元/辆）。这是为拍摄电影而打造出的一个兵团小镇，有供销社、兽医站和卫生院。那些墙上往日激励人心的红色口号，与旁边的当红影视明星照片形成了反差。

见653页

行驶路上 » 从巴音胡硕镇沿S101省道往东，该路段限速60公里/小时。在约57公里时，可见路旁的“九曲湾”景区指路牌，左转19公里后，再左转开上一条砂石路，4公里后可到达九曲湾景区。这段路开车需要1.5小时。

另辟蹊径
额吉淖尔盐湖

起点：⑩ 东乌珠穆沁旗（乌里雅斯太镇）（见650页）

从乌里雅斯太镇往西开上S101省道，42公里后右转，再行驶11公里到达额吉淖尔镇。全程双向双车道铺装路面，路况好。镇子西侧的**额吉淖尔盐湖**（免费）是内蒙古三大盐场之一，以产大青盐著名。进入盐场的管理较严格，只能从镇子里往南开上一条土路去湖边，那里有条1公里的长堤。在长堤上可以看见晾晒盐巴的盐池和远处堆积如山的大青盐，附近的湿地里还有成群的飞鸟，傍晚时分景色最佳。

⑫ 乌拉盖河九曲湾

作为内陆河的乌拉盖河（乌拉盖高勒），在20世纪70年代被截流而形成了如今的**乌拉盖湖**。位于水库东面上游的**乌拉盖河九曲湾**（☎152 4950 0111；门票 30元），在草原上蜿蜒曲折。较高的一处山坡上设有观景平台，不过河边的树丛遮掩了曲折迂回的河道与清澄的河水，不免逊色。山坡下有蒙古包可提供餐饮，并修建了十余间别致的小木屋（标双388元），也成为九曲湾一景。

如果你是深度摄影发烧友，还可以在去九曲湾的路上40公里处左转，前往**贺斯格乌拉牧场**（五十三团），那附近有两处季节性极强的绝佳摄影点。牧场东南3公里处的**天鹅湖**（免费）又名**布日都淖尔**，每年5月是观鸟的最佳时期，有天鹅、大雁等候鸟来此栖息。而牧场东北12公里处的**芍药沟**（免费）里，每年6月下旬满山的芍药花竞相开放。但去这两处有部分土路，高底盘车方可前去。

食宿

张家口 ❶

香园楼　河北菜 ¥¥

（☎0313-808 3388；桥西区西坝岗路32号；人均60元；⏲10:30~14:00，17:30~21:00）这是一家当地人较推崇的饭店，一进门就会看见“舌尖上的中国”宣传照片。口蘑狮子头（29元）、烩南北（48元）、四方肉（58元）和火爆虾（68元）的点餐率较高，价格也算亲民。

又一顺莜面城　小吃 ¥

（桥西区明德北路；人均20元；⏲10:30~14:00，17:30~20:00）可不要被招牌上的“城”字唬住，其实就是个沿街的小饭店。不过小店实在地道，燕北特产莜面（6元/屉）是必尝的，香滑口感好，再加上一碗羊肉蘑菇汤（6元），就可以很经济地吃饱吃好。

华丰商务酒店　酒店 ¥¥

（☎0313-218 8008；桥西区清水河中路，解放桥南约600米；标双 旺/淡 278/188元；❄📶P）酒店靠近市中心，样样皆很便利，对面就是清水河，晚间散步很好。走到附近的张家口堡也就600米。酒店开业不久，装修设施舒适，但是洗浴时水可能漫出卫生间，需要注意。

张家口世纪饭店　酒店 ¥¥¥

（☎0313-226 2222；桥东区东兴街23号；标双 旺/淡 588/428元，含双早；❄📶P）交通方便，高速路下来很快就可以到达。这里号称准5星级，房间宽敞，设施全，不过不要太讲究装修的细节。附设有餐厅，入住后还可以以49元的优惠价享受温水游泳。

正蓝旗（上都镇）❷

金托尼蒙餐　蒙餐 ¥

（☎0479-422 2282；广场南路；人均40元；⏲6:30~14:30，16:30~21:30）喝奶茶、吃手把肉，当然是进入内蒙古后不可错过的项目，除此外也还有各种荤素菜品可以点选。

恒峰酒店　酒店 ¥

（☎0479-423 0999；上都大街百货大楼十字路口东南角；标双 旺/淡 260/138元；❄📶P）软硬件皆好，位置也非常棒，值得一提的是该店免费提供一次性环保面料毛巾，可带走并反复使用。另有少量特价房标价为128元。

小扎格斯台淖尔 ❺

上都湖原生态旅游牧场　酒店 ¥¥¥

（☎152 4955 5957；标单/双 1660元起）酒店无论外形还是室内设施都显得十分雅致而低调，同时配有高档浴缸。虽然房间的标价很高，但电话预订往往也会有较大的折扣。作者调研时，旁边还有一座据称是按五星标准设计的酒店建筑已经完成主体施工。在附近的公路旁，也有当地牧民开办的夏季旅游接待点，价格一般为300~500元/蒙古包。

锡林浩特 ❽

春卉火锅（总店）　（清真）火锅 ¥¥

[☎0479-827 3999；锡林大街西段（原一中对面）；人均80~120元；⏲10:30~21:30]这家经营传统的铜锅涮肉，以苏尼特羊肉和乌珠穆沁羊肉为主打，每份羊肉按半斤或一斤出售，其中羔羊五花肉、手切冷鲜肉值得品尝。讲究的十几种传统小料也会让你眼前一亮。该店生意火爆，最好提前预订。

玛拉沁手把肉　蒙餐 ¥¥

（☎0479-827 6359；察哈尔大街蒙医研

究所西200米；人均70元；⏲7:00~21:00）盐水煮羊肉配上韭菜花调料酱，就是最地道的美味。另有一家分店就在马路正对面，这两家店的所在地察哈尔东街（都兰小区附近），被当地人称为手把肉一条街，沿街的手把肉餐馆不胜枚举。

朗廷商务宾馆　酒店 ¥

（☎0479-810 2000；额吉淖尔路；标双旺/淡 260/138元；❄@📶P）房间较大，设施齐备，全部是不临街的房间。附近还有其他宾馆和饭店，选择性较大。这条街上还有加油站和若干车辆维修点。

北斗鑫商务酒店　酒店 ¥

（☎0479-696 8888；锡林大街46号；标双旺/淡 278/130元；❄📶P）是一家连锁酒店，在整个锡林郭勒有多家分店。锡林浩特这家设施豪华，所处地段也十分便利，性价比较高。只是Wi-Fi信号忽好忽差。

元和建国饭店　酒店 ¥¥¥

（☎0479-829 9299；南京路6号；标双旺/淡 566/426元起；❄📶P）这里的建筑和设施是四星标准，也是锡林浩特市最好的酒店之一，旺季价格甚至能攀升到800元左右。

西乌珠穆沁旗（巴拉嘎尔高勒镇）9

湖日哈茶馆　茶馆 ¥

（☎139 4794 1667；罕乌拉街教育局旁）干净卫生，奶茶7元起，牛肉面20元，干肉面26元，肉饼60元/斤（6元/张）。这家茶馆还有免费的Wi-Fi。

昭君宾馆　酒店 ¥

[☎0479-352 0303；罕乌拉街（富华小区对面）；标双旺/淡 200/100元；❄📶P]标准间的面积非常大，条件设施不错，是很好的住宿选择。

添赢时尚宾馆　酒店 ¥¥

（☎0479-385 9999；巴彦高勒路，文化广场南500米；标双旺/淡 248/148元；❄📶P）房型多样，房间宽敞，一面墙的宽大玻璃窗更显得满屋明亮。宾馆位于主干道上，停车与交通均方便。

东乌珠穆沁旗（乌里雅斯太镇）10

阳光假日宾馆　酒店 ¥¥

（☎0479-228 8881；宝格达乌拉街电力公司对面；标双旺/淡 258/158元；❄@📶P）这是性价比很高的一家宾馆。开张不久，设施新，房间宽敞，还有一张独立写字台，Wi-Fi信号也很好。后院里有个蒙古包，可以选择在那里点菜就餐。

嘉誉宾馆　酒店 ¥¥

（☎0479-322 2222；乌里雅斯太广场西；标双旺/淡 298/268元，含双早；❄📶P）从101省道进入镇子后，不用拐弯就可以到达宾馆门前。宾馆的房间面积大，全新设施。还附设餐厅，就餐方便。

乌拉盖（巴音胡硕镇）11

三利宾馆　酒店 ¥

（☎0479-335 3567；巴音胡硕大街步行街入口以东50米；标双旺/淡 240/80元；❄@📶P）非常棒的房间，设施齐全，带电脑的房间淡季100元，性价比高。这家宾馆除了临街的此处外，在对面小区里还有一处，更加安静。在宾馆的对面有家锅烙店，早餐的品种多，食客都是当地人。

华原宾馆　酒店 ¥

（☎0479-228 9888；巴音胡硕大街47号；标双旺/淡 328/128元；❄@📶P）宾馆2015年才开业，全新设施，房间宽敞。附近小宾馆多，也有很多小饭店。

一半是草原一半是森林的
呼伦贝尔是个用尽了自然神力的地方

视觉中国提供

Classic Trip

经典线路

大兴安岭线

43

从阿尔山到漠河，除了静谧的火山口、一望无垠的草原、九曲蜿蜒的额尔古纳河，还有大兴安岭无垠森林里夏绿秋黄的四季多彩。近在咫尺的俄罗斯，留下了错综往来的历史痕迹。

线路亮点

11~13天
约2200公里

最适合

4WD

何时去

7月至8月，最适宜消夏度假。在9月短短的中下旬里，秋风将满眼绿色变为五彩斑斓，是一年中的最佳时光。

最佳摄影点

阿尔山、临江屯、白鹿岛、伊克萨玛、九曲十八弯。

最佳越野路段

金帐汗草原、四卡到七卡。

Classic Trip 经典线路

43 大兴安岭线

这条线路有水草茂盛牛羊成群的草原和连绵起伏叠翠流金的山区。你可以骑马、射箭，体验牧民生活，也可以沿着额尔古纳河去感受俄罗斯民族村的风情，在穿越大兴安岭时，你还可能遇见饲养驯鹿的鄂温克族。当最终到达国土的最北端，夜空里奇幻的北极光也许会梦幻般降临。

绝大部分的道路畅行无阻，少数林间土路要经受颠簸。如果你想深入草原或开行四卡到七卡的边防路，那最好还是开高底盘车，并且不要随意开进放牧的草场。从伊尔施镇到满洲里之间的加油站较少，到了旗府要注意加满油。山岭间部分路段的手机信号不好。建议不要赶着七八月凑热闹，这时人多费用高。进入9月后，可以在寂静中欣赏大兴安岭正上演的色彩斑斓的秋色童话。

❶ 阿尔山市

阿尔山市位于大兴安岭西南麓，夏季是避暑胜地，可进入9月之后山林变得色彩缤纷，是一年中最美的时节。这是中国最小的市，也是一座专为旅游打造的新城市，一条宽阔的主干道贯通南北，两侧的欧式建筑鳞次栉比。夏季阿尔山游客众多，可到了8月底便骤减，过了国庆后，更有许多宾馆干脆关门歇业。

历史建筑**阿尔山火车站**（免费）是日本关东军于1937年所建。这是一座仿欧乡村风格的低檐尖顶二层建筑。战时的瞭望哨、炮楼和机枪眼都保存完好。不可错过的还有离火车站不远处的**火车头掉头转盘**，建于日伪时期的1935年，由工人推动转盘让火车头转向。

阿尔山南面散布着几处山水风光和历史遗迹，可以用上半天到一天的时间，开车170公里走一条环线去看看。先往南沿S203省道开行约72公里后，向左转入S303省道，往东约22公里到达一个三岔路口，往右从五

岔沟镇南通过。从三岔路口开出6公里后，可见路右有一小型飞机场。这个机场是1935年日军所建，机场南侧散落着一个个拱形建筑，是停放战斗机的**停机堡**。原路返回三岔路口，沿右边的公路往北前行。30公里后到达**洮儿河国家湿地公园**。湿地公园旁边就是**白狼峰**（门票40元），海拔1506米。车可开到半山腰停车场，然后20分钟就可以登顶。沿公路往西北方向继续开7公里就是白狼村，这里有**林俗博物馆**和饭店。再往前11公里，路左是白阿铁路隧道口的**南兴安碉堡**（门票5元，停车5元），5层堡垒保存完好，里面有关于日本关东军在兴安南的侵占史和铁路、要塞的修建过程的展览。当沿着盘山公路开到山顶时，路右有一个**兴安敖包**，据说这是内蒙古最高的敖包。下山后就回到了阿尔山市。

见671页

行驶路上 » 从阿尔山市到阿尔山国家森林公园约60公里，需要1小时。沿温泉路往北开

你也可以……

44 寻北线

从漠河往北，沿双向四车道的207省道（漠北公路）开车行73公里，就到了北极村的景区大门。

当地人声音

苏德夫
呼伦贝尔人，自由摄影师

这条线路从海拉尔开始，刚好跟呼伦贝尔草原线连起来。

呼伦贝尔在进入6月份以后，会有很多民俗活动，其中牧民自发组织的敖包祭祀、那达慕，更能让人感受传统蒙古族文化气息，并且参与度、观赏性较高。呼伦贝尔最负盛名的敖包祭祀，在新巴尔虎右旗境内的宝格德乌拉圣山，每年会在农历五月十三和农历七月初三举行，届时会有成千上万的牧民来祭祀，场面极为壮观，祭祀完还会有“男儿三艺”的比赛。

对于喜欢自然风光的摄影爱好者，在呼伦贝尔草原牧区，我们推荐拍摄以下几个地方：呼伦湖日出，可以在成吉思汗拴马桩附近露营，迎着东方的日出，可以观赏到海天一线的壮观景象；新巴尔虎右旗阿墩楚鲁，这里是呼伦贝尔草原非常独特的自然景观之一，有成群的怪石，以及生死树。

上图：阿尔山的乌苏浪子湖

到伊尔施镇后，沿镇子外北面的道路开往森林公园。路况很好，限速60公里/小时。在前往森林公园的途中有两个哈拉哈河漂流点，漂流价格为120元，约1小时。为了保证有足够时间在森林公园里游玩，建议你还是先去森林公园。

---

② 阿尔山国家森林公园

阿尔山国家森林公园（☎400 015 1757；aesfp.forestry.gov.cn；门票6月1日至10月15日 180元，10月16日至次年5月31日 140元，观光车 105元，门票、车票均2日有效；⏲观光车运行时间 7:00~17:00）以原

视觉中国 提供

始森林和火山熔岩地貌为特色。

需要注意的是，如果想自驾进景区游览，也只能将车子停在天池或兴安服务区，然后改乘观光车去景点（就是你必须购买观光车票）。但是观光车的发车频次往往不能匹配你游玩的速度，只有住上一夜才能游玩所有的景点。若只有一天时间，必须有所筛选并赶早出发。可将驼峰岭天池、石塘林、三潭峡、大峡谷、杜鹃湖、不冻河列为必选项。

每年5月至国庆期间，景区内的天池服务区、兴安服务区能提供食宿，七八月住宿580元左右，其余时间低于150元，餐饮要比阿尔山市里贵不少。景区大门外也有一些家庭旅馆，条件相对简陋，不过价格要比景区内便宜。

行驶路上 » 从森林公园入口处回到伊尔施镇51公里，如果天色还早，不妨在沿途风景好的地方停车拍照。

如何游览阿尔山

我们建议你按以下顺序游览。

乌苏浪子湖 是火山喷发形成的堰塞湖，离景区大门最近。但晨雾很重，可能什么也看不到，可以在最后离开时再来流连。

不冻河 就是金江沟至三潭峡之间约20公里长的哈拉哈河，因地热的影响，即使寒冬腊月也生机盎然地潺潺流淌。

阿尔山天池 海拔1332.3米，如同镶嵌在万顷绿林中的一滴泪珠。辛苦登上998级台阶后，椭圆形的天池在你脚边铺展。

三潭峡 位于哈拉哈河上游，长3公里，河床坡度比较大，左岸是陡峭的山峰，右岸为玄武岩熔岩台地，峡谷里分布着悦心潭、虎石潭、卧牛潭。

石塘林 是森林公园里最壮观的一片火山地貌，面积之大和保存之完整堪称亚洲之最。火山喷发后岩浆遭冷却受阻而凝结，经千年的风化形成怪石嶙峋的熔岩台地。

龟背岩 就在兴安服务区，这一地貌是熔岩流表壳冷却收缩形成不同方向的裂隙，呈网格状，就如放大了的乌龟壳形状的地面。

杜鹃湖 属于火山堰塞湖，因湖畔长满杜鹃花而得名。春天杜鹃花肆意绽放时最美，夏季湖面有成片浮萍。日出时湖面水汽蒸腾，是它一天中最美的时候。

大峡谷 是更新世火山熔岩断裂带经千百年的水流侵蚀后形成的，长约11公里，谷深30~130米，有木栈道可深入谷底，时间足够的话可以徒步一小段。

驼峰岭天池 同样是需要爬山的景点，湖面呈长条带状，但观赏性更好，沿景区栈道可以走过湖边。

❸ 伊尔施镇

距离阿尔山市28公里的伊尔施镇，有一些饭店宾馆，**红高粱农家粗粮馆**（☎0482-715 2200；伊尔施镇大街）有各种东北特色炒菜；**林业宾馆**（☎0482-743 1378；伊尔施镇大街；标双 旺/淡 480/200元；📶❄🅿）是老资格的宾馆，附设餐厅。游玩过森林公园又不想回到阿尔山市的自驾者，可以选择在这里过夜。

在伊尔施镇西北8公里的S203省道边，有**玫瑰峰石林**（门票 20元，停车 5元；⏲8:30~17:00），十几座千姿百态、错落有致的红褐色石峰在傍晚时分被夕照染红。

从伊尔施镇到满洲里，沿途除了旗府外没有加油站，需注意及时补充燃料。由于那一带地广人稀，城镇相隔甚远，最好随车带上饮用水和食品以备急需。

行驶路上 » 从伊尔施镇沿S203省道往北，虽然路况仍然不错，可要注意限速变成70公里/小时。从伊尔施镇到诺门罕战争遗址陈列馆约120公里，需要近2小时。博物馆售票处在S203省道左侧。

4 诺门罕战争遗址陈列馆

诺门罕战争遗址陈列馆（门票 30元；⏲8:00~18:00）介绍了1939年发生于哈拉哈河两岸、中蒙边境的诺门罕战役，因调用了除海军以外的所有兵种和装备，被称为世界近代史上第一次大规模的立体化战争。日军入侵蒙古进而向苏联红军发起军事试探，但最后以惨败结束。陈列馆就位于当年的战场实地，设计成了被洞开的碉堡形式，共2层，详细介绍了诺门罕战役的全过程，陈列了当时战场上使用过的军用设备、武器、军装等。

行驶路上 » 从诺门罕战争遗址陈列馆到新巴尔虎左旗（当地称"东旗"）约63公里，1小时可到。东旗有多家饭店和宾馆，选择余地多。离开东旗后继续沿S203省道行驶，由于是老公路，路面略有破损，限速70公里/小时。从东旗开出18公里后的三岔路口有一座三层楼阁，登楼可以环顾平坦辽阔的草原。从路口直行2公里就是甘珠尔庙。

5 甘珠尔庙

甘珠尔庙（☎0470-660 1950；门票 35元；⏲8:00~18:00）无论从历史传承还是从寺庙规模来看，都是呼伦贝尔地区最值得参观的寺庙。

寺庙建筑风格兼具中原、西藏、蒙古三地特色，建筑主体有清水砖、木质红门、红柱、琉璃瓦，顶部饰以藏传佛教的双鹿和法轮等。全寺共有11座殿，中轴线上依次是却伊拉殿、占巴殿、桑吉德莫洛姆殿和索克钦殿。却伊拉殿曾是喇嘛学经、考试之地。索克钦殿是第一大殿，挂着乾隆亲笔题写的"寿宁寺"牌匾。

寺庙旁边是东旗的那达慕会场，每年8月立秋左右，会举行盛大的那达慕。除此之外，还会在每年农历六月十九举行庙会，在阳历的8月10日至15日举行伊罗勒大法会，10月25日举行千灯会等。

行驶路上 » 从甘珠尔庙到到满洲里约230公里，这一段S203省道，经过维修后的路况很好。在离开新巴尔虎右旗25公里时，有向右通往呼伦湖边的公路，6公里到达黄金海岸（门票20元）景区。

线路亮点

6 满洲里

这里是中国最大的陆路口岸城市，从一道街到五道街林立着拜占庭、哥特、巴洛克风格的建筑，街头店铺用中、俄、蒙三种文字向你传递着"洋气"。

城市最西端的**国门景区**（☎0470-623 2315；门票 80元；⏲8:00~18:00），将两国边界的庄严国门作为旅游景点，又增添了飞机广场、火车头广场、和平广场、红色展厅、红色国际秘密交通线遗址、中共六大展馆等内容。最醒目的建筑当属国门，是1993年建成的第五代国门，已作古的前四代国门，以仿制品形式位于国门外的广场上。

国门以东4公里处，是**套娃广场**。这是由200多个大大小小、图案各异的套娃和彩蛋组成的主题广场。广场中心是世界上最大的套娃，高32米，画着中、俄、蒙三国少女，环绕广场一周还有大大小小洋葱头的俄式风格建筑。

在满洲里开车要注意，单行道很多，尤其是主干道五道街以南的一道街到四道街，均是或西向或东向的单行道，最好跟随着前面当地牌照的车子一同拐弯。路边停车也要在路面画有停车位的地方。

🍴🛏 见671页

行驶路上 » 从满洲里沿着迎宾大道一直往东开，就进入通往海拉尔的G301国道（海满一级公路），限速100公里/小时，路况好但车辆较多，在靠近城镇、收费站时限速70公里/小时，并且有测速摄像头。在开出15公里时，按指示牌左转便进入扎赉诺尔区。

7 扎赉诺尔区

如果带孩子自驾，扎赉诺尔是必须要停留的地方。进入扎赉诺尔区后500米，路右就是**扎赉诺尔博物馆**（免费，讲解 50元/厅；⏲9:00~16:30），分为扎赉诺尔历史文化、呼伦湖生态湿地、煤炭三个展厅。历史文化展厅里有3万年前呼伦湖流域的猛犸象、披毛犀等大型哺乳巨兽化石。呼伦湖生态湿地展厅有几十种鸟类、鱼类、植物的标本，介绍湿地的生态变迁和渔业发展史。煤炭展厅介绍了煤的形成、成分和用途，模拟矿井带你从手工采煤走到机械化采煤阶段。

博物馆南侧是**猛犸公园**（免费），有87头大大小小的猛犸象的雕像围绕在人工湖边。猛犸公园里那座高大的俄罗斯风格建筑，是**儿童科技馆**（门票70元；⏲9:00~16:30），面向3~14岁少年儿童设置，主要以互动和体验为主，在游乐中感受现代科技。

猛犸公园东南有一栋外形参考1901年落成的满洲里火车站的建筑，这是**蒸汽机车博物馆**（免费；⏲9:00~16:30）。展品丰富，其中有不少可以活动的构造模型，比如可以亲手拉响的火车汽笛声。其中在蒸汽机车构造展厅里，还有全国唯一的剖视蒸汽机车模型。

行驶路上» 从扎赉诺尔回到G301国道，左转后1公里处是一个三岔路口，向左去海拉尔，沿着G301国道开163公里，就到达与国家高速G10、S201省道连接处的海北互通立交，右转后6公里即到达海拉尔。从扎赉诺尔到海拉尔要开2.5小时，途中公路边有两个"呼伦贝尔旅游驿站"，有小卖部和卫生间，可以停车休息。

哪片草原适合你

满洲里到海拉尔沿途路旁有几处旅游度假村，可以食宿、游乐和观看表演，其价格、条件、内容和风景各有特色。我们按到达的先后顺序，列出了各个度假村的介绍。住宿条件以5分制来打分：5分最高，0分最低。

景区	门票（元）	住宿价格	住宿条件	蒙古包形式	床位	表演	活动	特色	风景
巴尔虎蒙古部落	0	¥¥¥	4.5	砖式、木质毡帐	有	有	牧民家访、骑马、射箭	娱乐、表演项目多	在草原上
一代天骄	0	¥¥	5	砖式、木质毡帐	无	无	骑马、射箭、漂流	风景好，适合拍照	在高岗上，视野很好，靠近湿地
孛尔贴旅游区	0	¥¥	3.5	木质毡帐	无	无	骑马	相对清静	在草原上
呼和诺尔	20	¥¥	3.5	砖式毡帐	有	有	骑马、四轮摩托、射箭	娱乐、表演项目多	旁边就是湖泊，可以乘船

8 海拉尔

在进入市区之前，过桥后便可右转去**世界反法西斯战争海拉尔纪念园**（☎0470-823 4533；北山；门票 50元；⏲8:20~18:00）。海拉尔要塞是第二次世界大战时，日本关东军在东北境内设立的17个军事要塞中最大的一处，纪念园便建在该遗址之上。路旁山坡上还有苏军战士形象和坦克的1:1模型，再现当年战地的场景。园里的**博物馆**有沙盘和老照片介绍海拉尔要塞的详细情况，影像厅还播放纪录片。参观温度很低的**地下要塞**需要租件大衣（5元），如今修复后的可参观路线仅260米，里面包括厨房、医院、厕所、司令部、通讯室、休息室等各个单间。

参观胜利大街上的**呼伦贝尔民族博物院**（☎0470-821 7952；免费；⏲9:00~16:00，周一闭馆），可以了解更多草原的背景知识。各种装饰精美的马鞍是展出的亮点，其中景泰蓝、鲨鱼皮、象牙、金饰的马鞍，是古代贵族甚至是皇帝才有资格使用的。

见671页

行驶路上 » 从海拉尔到拉布大林的S201省道路况较好，限速70公里/小时。全程128公里，需要近2小时。从海拉尔开出后，直行通过立交桥，然后一直往北。在接近拉布大林时有岔路，往左是去黑山头的S301省道，沿哈撒尔路直行可到达额尔古纳大街，是城区的主要大道。进入城区限速40公里/小时，有测速摄像头。

9 额尔古纳（拉布大林）

额尔古纳大街和哈撒尔路交会地带是城区中心区域，附近食宿点多。城市

穿越金帐汗草原

从海拉尔开出约24公里时，从“金帐汗草原”指路牌向右开入双向双车道的铺装路面，约9.5公里到达**金帐汗草原**（☎133 2700 0919；门票 20元）。作为开发相当成熟的景区，这里集住宿、娱乐、表演于一体，5月至国庆开门迎客。用以住宿的蒙古包有豪华套房、浪漫圆床和标间（680元起），但5人铺（100元）包内只有床。

离开大门外的铺装路面，继续往前开上砂石路和土路。一开始的30公里，靠近莫日格勒河，沿途有三四处高岗上可以俯瞰草原，被称为“天下第一曲水”的莫日格勒河蜿蜒而过，景致胜过其他的售票“九曲”景区，傍晚时分最美，斜斜的光影赐予最浓烈的饱和度。

一路上要经历一连串起伏丘陵，而公路其实只是留在地面上的数道车辙印。在低洼处常有积水和小溪，判断后用合适的车速通过。途中会遇见一条宽约4米的小河，如果不是雨后的话，水并不深，可以通过。在距离鄂温克民族苏木约11公里时，会开上一段破损极严重的铺装路面，大大小小的坑洼几乎布满道路，车辆只能极慢速地颠簸通过。这段路开到尽头后，左转经过两座小桥，就可以看见鄂温克民族苏木。然后沿铺装路面的002乡道开14公里，就回到了S201省道。

这条穿越路线全程79公里，其中砂石路和土路有55公里，需要4小时左右。沿途虽有岔道，只要朝着偏北方向的路开，就不会走错。建议你最好开具有越野性能的车辆，普通家用车可以在高岗上看过莫日格勒河后原路返回S201省道。如果在雨后，所有车辆则要慎入。

视觉中国 提供

额尔古纳弯曲的河流

的西北部是**额尔古纳湿地**（☎0470-699 8222；门票5月16日至9月15日 65元，9月16日至次年5月15日 20元，电瓶车15元，讲解 100元），是根河湿地的一部分。湿地拥有丰富的野生动植物资源，是丹顶鹤的重要繁殖地之一。正对着湿地的山坡上，修了一圈栈道，在最适合摄影的角度都设有观景台。该景区早上7点前和晚上7点后进入无须购票。

见672页

行驶路上 » 从拉布大林到恩和，全程92公里，需要1.5小时。在拉布大林城区的东端，沿着S301省道往北，过了根河上的拉布达林大桥后，在三岔路口往左开上一级公路的S201省道。在S201省道上开行27公里后，路右有白桦林景区（免费），9月份特别出彩。50公里时，到达上护林屯，这是一个有历史的老村，街道两侧散落一些上百年的老木刻楞房屋。街上有几家小饭店，可以停留就餐。

线路亮点

⑩ 恩和

一座四面环山的乡村，哈乌鲁河在村北缓缓流淌。穿行于俄式木刻楞间，与穿着长裙、戴三角头巾、蓝眼睛的俄罗斯族大妈不期而遇，她那一口纯正的东北口音让你产生穿越感。声名鹊起后的恩和，每个夏天都挤满了慕名而来的旅行者。

乡政府是恩和的中心，也是旅游纪念品的集中购物点，以此为中心的前、后、左、右街上都是木刻楞家庭旅馆。**俄罗斯族民俗馆**（门票 10元；⊙8:00~18:00）在乡政府后面，介绍了生活于此的俄罗斯族的历史发展，也陈列了一些俄罗斯族的生产生活工具。二楼是模拟的东

另辟蹊径
沿着额尔古纳河走边防公路

起点：⑨ 额尔古纳（拉布大林）（见662页）

从拉布大林到恩和，还可以走另一条路。先往西到黑山头镇，再往北沿着额尔古纳河到七卡，然后转向东北到达恩和。这样可以沿着以额尔古纳河为界河的国境线，一路有俄罗斯的风景在身边。

从拉布大林往西沿S301省道，50公里后到黑山头。沿途路况好，限速80公里/小时，有一段路为区间测速。黑山头本是个普普通通的小镇，因可以前往恩和，而成为自驾者喜欢的休憩地。天气晴好的傍晚，可以开车到镇子西面的山头上守候日落，那里也是欣赏湿地风光的最佳观景点。镇上近年建起了不少宾馆客栈，有**彩虹宾馆**（☎158 4909 6692；标双 旺/淡 380/120元；❄📶P）和**秋菊酒店**（☎0470-697 2234；标双 旺/淡 300/100元；❄📶P）。

从黑山头镇西端往北开上X904县道，过桥8公里后，路左有800多年前成吉思汗分封给其长弟拙赤·哈撒尔的**黑山头古城**，如今只剩下一圈约1.5米高的长方形围墙。

沿这条路继续前行便是四卡至七卡的边防公路，这是一条新铺设的公路，路况好。沿途是满眼的风景，可是公路边的铁丝网在提醒你，国境线近在咫尺。可以驱车开上坡度很大的河边山冈，风景可以秒杀那些城市附近的湿地公园。

从黑山头到七卡为96公里，到了七卡后，往右沿着公路开47公里，就到达恩和俄罗斯民族乡，从黑山头到恩和的全程需要4小时左右。也可以从七卡继续沿着额尔古纳河往北，再开93公里后到达室韦镇。

正教教堂。

村子北面的小山顶上是摄影的好地方，无论是拍落日还是晨雾，皆有出彩景色。如果是SUV，可以从山后开上山顶。山下的湿地与河边早晚出没的牛马也十分上镜。

见672页

行驶路上 » 从恩和到室韦70公里，路况较好，行驶1个多小时。从恩和东边的三岔路口往北，沿S201省道通往室韦。在19.5公里处，路左是哈乌尔河景区（门票 30元；⏲7:00~18:00），有木栈道通往白桦林和山顶，上小山可看草场茵茵、河道盘曲。再往前约40公里，路右有一处国家矿山公园，是从前的采金遗址，河道边尚存一个个淘金坑。

⑪ 室韦

室韦镇与俄罗斯小镇奥罗奇隔着额尔古纳河相望。同为俄罗斯民族乡，它比恩和更早开发，真正的俄罗斯族已很少，多是外来人在这里经营客栈、餐馆等，商业化非常严重，消费水平也高。在**室韦口岸**（门票 20元；⏲7:00~19:00）可以近距离欣赏额尔古纳河，但不能登上中俄友谊桥。河边的111号界碑也被刀片铁丝网隔开，只能用长焦镜头远望。

行驶路上 » 从室韦到临江只有11公里，可全程是砂石路，坑洼很多。速度宜控制在20公里/小时，普通家用车也可以颠簸通过。

线路亮点

⑫ 临江

更接近额尔古纳河的临江屯，村民大多是华俄后裔，这里比室韦少了很多商业元素，有更原生态的自然气息，不过这两年新建的客栈也日益增多。临江也有更好的摄影点，村南500米处有座紧靠河边的小山，只有几十米高，车子也可以开上去。那里是拍摄落日的好地点，看余晖在山下蜿蜒盘曲的额尔古纳河上洒满艳红。清晨，村西的河边晨雾弥漫，前来饮水的牛群映照出扑朔迷离的身影。村东的山坡顶则是拍日出的绝佳处，晨光中木屋上升起的炊烟，更增添了光影效果。每天的一早一晚间，那些扛着“长枪大炮”的摄友们在这几处来回穿梭。

见672页

行驶路上 » 从临江屯往北去太平屯约36公里，很多导航地图上由于不能显示道路而无法导航。不过，只要顺着较宽阔的道路往前就不会走错路。在旺季里走这条路的车辆也不少，可以询问一下。这条路全程为砂石路，前半段坑洼较多，虽然通过没有问题，但只能以较低的速度行驶。

在约14公里时会经过一座桥，过桥后有一个三岔路口，向左直接去太平屯，往右可去**老鹰嘴**。往右走约1.5公里的土路后，会来到一处平地上，如果你往断崖边沿走去，就会发现那尊酷似鹰头的岩石，正凸出在下方的崖壁外。看过老鹰嘴后，沿着土路继续往前几百米，就能回到前往太平屯的砂石路上。此后的砂石路较为平坦，再往前20公里，就到达太平屯，经由老鹰嘴的全程近2小时。

⑬ 太平

田园牧歌式的太平屯，无名小河在村旁缓缓流淌。村子不大，路边木屋散落，这个淳朴怡然的太平屯游客不多。有好几处农家乐可以就餐和住宿，住宿条件也比几年前大有改观，喜欢僻静的话就不妨在这里小住一天。这里的几家餐厅无论菜品和价格几乎都差不多，柴鸡炖蘑菇150元一盆。需要提醒的是，饭店偶尔会推销野生动物，拒绝应该是旅行者唯一的选择。

行驶路上 » 从太平屯到莫尔道嘎国家森林公园共约48公里，需要近1小时。离开太平屯后，砂石路较为平坦，可以开到60公里/小时。一路上有几处岔道，顺着主路走就可以。约35公里后到达一个三岔路口，往左可去白鹿岛，往右是X325县道（也称拉莫线或根白公路），6公里到达森林公园。这段路是铺装路面，但冻土地带导致路面沉降，使得道路出现了很多小起伏，当车速较快时会产生颠簸，需要控制速度。

Classic Trip
经典线路

线路亮点

⑭ 莫尔道嘎国家森林公园

可以自驾车进入的**莫尔道嘎国家森林公园**[门票160元(包括白鹿岛);⏲5月至10月 7:00~17:00],是目前国内已开放参观的面积最大的森林公园。森林公园内一条土路连通了所有景点,最美是秋季,满目所见都是光影斑驳的暖黄。

进入景区9.8公里处是第一个景点**红豆坡**,因数百公顷的山坡上长满了北国红豆而得名,沿栈道走一圈并不长。继续前行是**鹿岛**,因曾有狍鹿下山喝水踩出这条小道而得名,看点是超过300岁的两株樟子松。位于森林公园内16公里处的**一目九岭**,可以让你充分领略大兴安岭的姿态。一目九岭对面有一条1公里长的**猎人之路**,走一趟可以体验狩猎民族的生活之地,有着几头被圈养的鹿装点其中。继续前行,会来到一片典型的森林演替群落景观——**冰上森林**,林中有杜香、水藓、落叶松。

可以原路返回大门,也可以继续前行到森林公园的北大门,从那里去白鹿岛。

行驶路上 » 从莫尔道嘎国家森林公园大门往南,沿S325县道开行10公里后到达莫尔道嘎镇。

⑮ 莫尔道嘎

建议在傍晚时分前往镇东的龙山公园,有木栈道直上200米高的山顶,一路看林木在地上画出的长长身影。也可以驱车沿着山北的砂石路走1.4公里,在一个检查站前向右,沿山路一直开到山顶的小楼前。楼顶上的平台,是瞭望和拍摄林海的好地点,旺季时三脚架林立。看夕阳燃烧着云朵,一

另辟蹊径
白鹿岛和奇乾

起点: ⑭ 莫尔道嘎国家森林公园

从莫尔道嘎国家森林公园大门到白鹿岛为93公里,需要1.5小时。路况好,但局部路段不甚平坦,需控制车速。**白鹿岛**(门票 80元;⏲5月至10月 7:00~17:00)是森林公园里最美的一处景点,位于激流河汇入额尔古纳河的上游处,激流河呈S形环绕在白鹿和苍狼两个半岛之间。路边有指示牌,车子右转可开进白鹿半岛,岛上植被茂盛,桦木与灌木相依而生,激流河碧蓝如洗。夏季有漂流(☎0470-296 3188;150元),约漂1小时。白鹿岛有两处较高档的食宿点,标双的旺/淡季价格为680/260元。

从半岛入口继续往前,路边观景台是看风景最好的位置,那湛蓝河水的曲线之美令人赞叹。不恐高的话还可以攀上观景台旁的防火瞭望塔。从这里往前5公里,就是激流河大桥,也是漂流的终点。

如果还想去更遥远的边陲小村,沿着路况很好的公路继续开37公里,就到了前几年还是存在于传说中的**奇乾村**。这个只有7户人家的村子很小,三面环山,额尔古纳河在村子西侧缓缓流过,121号界碑就在河边,对岸便是俄罗斯。在进村前的半路上,有森林检查站拦路检查,过了9月15日就需要到林业局办理通行证才能进入。

村子有3户人家开办了农家乐,**王家驿站**(☎153 3481 1185;铺 旺/淡 120/80元)每间房内有3~4张铺位,公共卫浴也在同一栋屋内,电热水器可以保证不受天气的影响。早餐15元一位。最好提前联系,以免进入奇乾时在检查站遇到麻烦。

直到重重叠叠的山影来熄灭红光。

见673页

行驶路上 » 从莫尔道嘎到根河118公里，需要近2小时。往南出镇子后开上X325县道（也称拉莫线或根白公路），全程路况较好，限速60公里/小时。98公里后，向左开上S301省道，路况好，限速80公里/小时。在S301省道上开20公里后到达根河市，市区限速40公里/小时。

16 根河

根河市周边都被森林环绕。市区西边3公里的**敖鲁古雅使鹿部落**[☎0470-541 8980；门票 80元（含3个景点），讲解 50元]，是政府为鄂温克猎民安置的定居点。如果不进博物馆和部落，只是去村子里转悠不用买票。**驯鹿文化博物馆**介绍了该民族的文化、风俗、宗教和发展变迁，有很多曾使用过的打猎用具和生活用具。出博物馆对面是**桦树皮文化博物馆**，展示了桦树皮工艺和销售纪念品。距离博物馆500米有个**驯鹿原始部落**（单独购票30元），你会看到圈养几十头大大小小的驯鹿，只有几只幼鹿没被圈进去，可以让游客亲密接触。你可以买上一筐苔藓（10元）喂它们。

从市区经明珠街、创业路，往东北方向5公里，便是**根河源国家湿地公园**（门票80元），为新开发的景区，鹿苑是看驯鹿的地方。观景点冷极湾，可以很好地欣赏湿地，爬上500米长的木栈道，根河湿地尽收眼底。

行驶路上 » 从根河到满归205公里，X324县道的路况较好，局部路段有起伏，需要4小时。开出根河30公里处，路边有中国冷极标志，这里曾经测到-52.6℃的最低温度。旁边就是呼伦贝尔旅游驿站，可以停车休息。

途中经过金河镇。如果从莫尔道嘎不经过根河去满归，可以从莫尔道嘎龙山公园北的砂石路开到金河镇，这样走可以节省130公里的路程，不过这条路的路况较差，普通家用车还是走根河为好。在距离满归2公里处，路左是北疆怡园，有栈道可以上卧佛山看风景。再往前600米是三岔路口，有木材检查站，往右过河就是满归镇。

17 满归

满归地处大兴安岭的西北坡，激流河从镇子的西边流过。这里是呼伦贝尔有人居的最北端，也是森林资源最丰富的核心。满归镇呈狭长形，东边拥挤破旧，是生活区，西边宽敞干净，是新兴的政府办公区，商店宾馆集中在主街林业局大街的两侧。

最佳建议
避开旺季，抓住秋天

内蒙古东北部的旅游旺季出现在七八月，恰逢暑假，让举家出行成为可能。这是草原最美最宜人的季节，大兴安岭的林海里也是避暑的好地方。为了迎接陡然猛增的客流量，景点开始执行旺季的门票价格，最多也就比淡季翻一番而已。而宾馆的房价却如同股票的牛市般飞涨，甚至能达到淡季的4倍。相对而言，价格变动最小的是就餐，可是当饭店人满为患时，你也就不要指望服务员的态度与厨师的精心了。

到了8月底，短短几天里，旺季却快速逆转为淡季，景区里的游客稀稀拉拉，宾馆的房价天天下跌，旺季的400元房价又恢复到100元。这时来到内蒙古的东北部，虽然草原正处于由绿转黄的阶段，大片的草场被收割，可是那一个个草垛子却让平坦的草场增添了生趣，夕照带来满目金色的草原。森林也进入了最美的时光，可是一波接一波的冷空气，使大兴安岭的五彩缤纷保持不了多久，进入10月，就会迎来冬季里的第一场雪。因此我们建议你9月份来内蒙古东北部，有最佳的性价比。

镇子东北有凝翠山公园，车子可以开到山顶，那里一早一晚也是居高摄影的好地方。

见673页

行驶路上» 从满归镇往北过激流河桥，在三岔路口往右去伊克萨玛国家森林公园，距离26公里，全程砂石路，部分路段小坑洼较多，要控制车速。游玩后只能返回满归镇。

线路亮点

⑱ 伊克萨玛国家森林公园

伊克萨玛国家森林公园（北岸林场内；门票 80元）位于满归西北方向。伊克萨玛是鄂温克语“美丽宽阔的河”的意思，公园内是连绵的群山，激流河伴随流淌。最大的看点是**月牙湾**和**脚印湖**，从半山腰公路边的观景点看去，近的是月牙湾，河滩呈月牙形；远的是脚印湖，日出时这里的云海松林宛如仙境。从月牙湾再往里约35公里处叫“1409”，因此处海拔1409米而得名，与内蒙古东部最高峰奥科里堆雪山遥遥相望。

伊克萨玛国家森林公园内的景点彼此挨得并不近，路况一般，虽然普通家用车也可以通行，但是速度快不起来，并且前往各个景点均无指示标志，需要在售票处询问清楚。景区里几乎没有手机信号，游玩最少需要半天时间。公园里在夏季有度假村（北岸森林人家宾馆）可以住宿，9月15日以后要到林业局开具进山证方可通行。

行驶路上» 从满归到九曲十八弯140公里，需要3小时。从满归往北开上X324县道（漠满公路），路况较好。在25公里后，路右的三角形门楼里是亚库特·多妮娅·布氏族营地（20元）。一对年近七旬的鄂温克老夫妻，还在这里坚持着传统的生活，几个梭罗子再现过去的情景，几头刚出生的小驯鹿在围栏里，还有二十几只驯鹿被散放在山林里。这样的场景也许并不能延续多久了。

这条路从内蒙古进入黑龙江，途中很长一段没有手机信号。进入黑龙江后，道路为Z040专用公路，是新铺的水泥路面，限速60公里/小时。在开出131公里后有三岔路口，往左去漠河，向右是去塔河方向的S207省道，8.6公里后到达九曲十八弯景区。

线路亮点

⑲ 九曲十八弯

蜿蜒曲折的额尔木河在这里形成了**九曲十八弯**（门票 40元）。景区的主体是一座五层的腾龙阁，登楼俯瞰，白桦林和松树林一望无际，林间一道清澈的河水

视觉中国提供

根河市敖鲁古雅使鹿部落

蜿蜒流淌。如果是在清晨或雨后，有烟雾弥漫在林间山腰。

从景区售票处继续往前2.3公里，路右就是景区的湿地木栈道入口。这是新增添的景点，可以让游客步行深入湿地看风景，栈道长1800米，游玩需要约1小时。

行驶路上 » 从九曲十八弯往回沿S207省道开行18公里，20分钟即可到漠河县城，路况较好。

⑳ 漠河

无人不知漠河是中国的最北端，一年到头，这里的阳光都是斜斜的，让人感觉到边疆的辽远与苍茫。

1987年，大兴安岭5起几乎同时爆发的山火成了林区人心中永远的痛。为了纪念丧身的同胞和森林生灵，建造了**大兴安岭五·六火灾纪念馆**（☎0457-288 7312；中华路31号；凭身份证免费；⏲夏 8:30~11:00，14:00~17:00，冬 8:30~11:00，14:00~16:30，周一闭馆）。序厅内的焦黑日历永远定格在1987年5月6日，还可以观看火灾环幕电影纪录片。

中华路与育才街交叉口东北侧的**松苑原始森林公园**（免费），方圆只有5公顷，但这是中国唯一位于城区中心的原始森林公园。森林以兴安樟子松和落叶松为主，在比较粗壮的乔木上，可以看到写明树名和树龄的标牌。

从漠河县城还可以前往西北方向50公里的**胭脂沟景区**（门票30元），这里自清朝起便是淘金圣地。景区里的**李金镛祠堂**（金沟林场西侧）重建于2007年，以纪念昔日的"金圣"李金镛。附近的**观音山景区**有一座10.8米高、坐北朝南的林海观音。

每年的夏至日，也是**北极光节**的首日，漠河的白天达到漫长的19个小时，游客们纷纷到来，使小县城的食宿空前紧张和高价，建议提前预订或者避开。

🍴🛏 见673页

Classic Trip 经典线路

食宿

阿尔山市 1

山野农家菜
东北菜 ¥

(☎186 0444 2680；温泉路王府井门市楼；人均35元；⏲9:00~22:00)店里服务到位。门口几口锅里面热气腾腾的就是客人们最常点的几种大锅菜，店里主推的羊腿骨也可以尝尝。

农家乐农家饭庄
东北菜 ¥

(☎0482-712 2444；阿尔山广场北侧；人均40元；⏲9:00~22:00)被冠以“笨”字的鸡、鸡蛋、猪充满乡土气息，大盘大碗尽显东北人的豪爽。这里还能吃到四川厨师烹制的川菜。

牧马人度假酒店
酒店 ¥¥

(☎0482-712 9677；温泉路；标双旺/淡580/180元，含双早；❄📶P)酒店不临街，安静也就少了几分热闹。除了普通的房型，还有家庭房可以选择。早餐的包子不错。

海神温泉大酒店
酒店 ¥¥¥

(☎0482-715 6666；温泉路；标双旺/淡1300/450元起；❄📶P)阿尔山市里最高级的酒店之一，房间类似商务酒店，干净宽敞，地毯柔软，房价含早餐。酒店与温泉博物馆属同一个公司，住客泡温泉可打8折。

满洲里 6

卢布里西餐厅
俄餐 ¥¥

(☎0470-623 1378；三道街华都宾馆楼下；人均60元；⏲7:00~24:00)口碑很好的一家俄式餐厅。煎土豆片(28元)是这里的招牌，皇后沙拉(35元)卖相诱人。其他值得尝试的有炭烤猪排(58元)、奶香雪球和西米丹奶酪面包。饮料主打格瓦斯。

草原饭店
火锅 ¥¥

(☎0470-622 3666；五道街保险公司对面；人均100元；⏲10:30~21:30)即使下午3点钟来，依然人满为患。双层铜锅是这里的特色，鲜羊肉的口感很好，但牛肉偏硬。

理想宾馆
酒店 ¥

(☎0470-624 5666；立交桥南路；标双旺/淡 340/140元；❄📶P)从右旗方向进入满洲里，首先就看到这家2015年新开张的宾馆。30平方米的房间与完善的配套设施，使房价显得很值。对面有加油站，隔壁是洗车行。

满洲里饭店
精品酒店 ¥¥¥

(☎0470-621 7555；中苏路141号；标双旺/淡 1180/300元起；❄📶P)这家酒店从设计、设施、服务上都对得起不菲的价格。俄式复古风格贯穿各处细节，金色印花的壁纸、窗帘、枕头，复古的地板、风扇，配色有格调，简约而不失贵气。房价含早餐，但是房价经常变动，可提前电话咨询。

海拉尔 8

佳伦火锅城
火锅 ¥¥

(☎0470-826 0692；六二六小桥河边；人均70元；⏲10:00~20:00)二十多年的火锅店，在本地人中口碑很好，羊肉是当之无愧的特色，酱料有韭菜花和腐乳等，饮料推荐奶茶。除了火锅也有手把肉和炒菜等。

哈萨尔蒙餐
蒙餐 ¥¥

(☎0470-834 4959；西大街海一中路口；人均60元；⏲8:00~21:00)地道又实惠的一

家店，但手把肉（48元/斤）通常得2斤起卖。奶茶可以按碗卖（3元/碗），有些人喝不惯内蒙古奶茶的淡，那是你没掌握诀窍，吃了手把肉后再喝，味道刚刚好。羊蹄广受好评，布里亚特包子更是全城一绝。

森粮宾馆
酒店 ¥¥

（☎0470-810 9099；西山广场数码大厦；标双 旺季/淡季 880/150元起；❄📶🅿）准三星级的标准，房价含早餐。洗手间宽敞，地毯干净。8月的房价变化幅度较大。

名豪商务酒店
酒店 ¥

（☎0470-855 3666；东大街；标双 旺季/淡季 600/120元起；❄📶🅿）商务酒店该有的样子，房间大小适中，床铺舒适，地毯柔软，卫生间让人满意，房间里有小冰箱。旺季价格几乎每天都有变化，有为数不多的特价房，便宜100元左右。

额尔古纳（拉布大林） 9

铁山冷饮
奶制品 ¥

（☎0470-682 1129；云杉路；冰激凌 5~8元；⏲6:00~22:00）很多本地人开着车，专程为这个羊肉店外的冰激凌铺子而来。没有花哨的装饰，就靠原料取胜，无添加剂，满口都是纯正的牛奶香。早上6点至9点和晚上6点至10点有不兑水的鲜牛奶（10元/斤）供应，非常值得一尝。

刘季面包房
面包房 ¥

（☎0470-682 6614；金鹊街；列巴 6元；⏲7:00~20:00）口味迎合中国的市场而改良过，不再酸得难以入口。这家店每天出炉两波列巴，第一波在早上7点，如果你8点后才来买，恐怕已经没有了；第二波在下午1点，下午的量会多一些，不过也要尽量赶早。

华融宾馆
酒店 ¥¥

（☎133 4700 7377；哈撒尔路15号；标双 旺/淡 400/250元；❄📶🅿）拉布大林最入眼、最漂亮、最亮堂的酒店之一，房间宽敞、舒适、整洁，洗手间没有一点污渍。美中不足的是冬天因没有暖气而停业，你只有在每年5月至10月中才能入住。

教育培训中心宾馆
酒店 ¥¥

（☎133 4703 4466；迎春街与301路口东北；标双 旺/淡 380/150元，含早餐；❄📶🅿）位于S301省道东侧，附近有加油站和车辆维修，想洗车的话这里也可以提供胶管喷水。有家庭间和三人间，天冷还会有水暖。这里也兼营旅游咨询服务。

恩和 10

索妮娅之家
旅馆 ¥¥

（☎0470-694 2276；标双 旺/淡 380/150元；📶🅿）位于乡政府对面巷子里，俄罗斯族女主人非常和善热情，房间打扫得干干净净。吃是这家的特色，俄餐分量非常大，苏巴汤（48元）、葛德列克、俄式煎蛋（面包煎蛋淋上洋葱番茄汁；38元）、葱爆羊肉和自酿的蓝莓酒、蓝莓果汁等值得一尝。

露纳娅宾馆
旅馆 ¥

（☎159 0470 4945；恩和街88号；标双 旺/淡 380/100元；❄📶🅿）2015年开业，全原木结构的房屋令人舒心。客房数量多，还有家庭房和三人间，可以满足自驾游的多种选择。宾馆附设餐厅。

临江 12

嘟丽思哆玛家庭游
旅馆 ¥¥

（☎147 4701 8991；标双 旺/淡 340/150

元；🛜🅿）全木结构的两层楼就位于通往江边的路旁。喜欢摄影的旅行者，可以选择朝向路的房间，早晨会有摄影人的脚步声来提醒你何时出门。这里有餐厅，可以点菜。

索妮娅家庭游 旅馆 ¥¥¥

（☎183 4707 0037；标双 旺/淡 1280/500元；❄🛜🅿）木楼建在山岗上，使得这里成了屯子里唯一可以居高临下看风景的旅馆。除了装修颇好的房间外，一楼有俄式风格的餐厅，二楼有酒吧平台，夏季里可以把酒临风。

莫尔道嘎 15

姐妹酒店 东北菜 ¥¥

（☎0470-296 3986；人均70元；⏲10:00~21:00）在当地口碑很好的饭店，以野菜和东北炖菜为主，菜的分量很大，味道非常好，并且很多可以点半份，时令蘑菇类的菜（48~108元）最值得一吃，锅包肉（58元）也是特色菜，而最平凡不过的一个炒蔬菜，可能会是你此行吃到的美味之最。

千登宾馆 酒店 ¥¥

（☎139 4709 6337；标双 旺/淡 580/150元；🛜🅿）镇子东头性价比颇高的小宾馆，设施完备。9月天气转凉时有暖气。隔壁就是附属的餐厅，可以供应一日三餐。不好的是Wi-Fi只有靠近前台时才能连上。

千叶松宾馆 酒店 ¥¥

（☎0470-691 0988；标双 旺/淡 680/150元；🅿）位于镇子西头，房价含早餐，房间宽敞、漂亮，床有舒适的靠垫，美中不足的是Wi-Fi只限于大堂，因没有供暖，9月中便会停业。

满归 17

元江酒店 东北菜 ¥

（☎152 4707 0891；人均35元）当地人常去的饭店，东北菜经济实惠分量大，小鸡炖蘑菇只要38元（半只鸡）。

林海商务宾馆 酒店 ¥

（☎0470-286 2888；标双 旺/淡 480/120元，含双早；🛜🅿）2015年新开业，全新实木家具，是我们调研时镇子里较好的宾馆。一楼有餐厅，当地土菜，人均50元。

萨玛假日酒店 酒店 ¥

（☎0470-537 5888；步行街口；标双 旺/淡 200/80元；🛜🅿）2014年夏天开始营业，是镇上条件较好的住宿，很新很干净，房间宽敞。一楼有餐厅。

漠河 20

东方红炖菜馆 东北菜 ¥¥

（☎131 3670 1230；商贸路与繁荣巷交叉口北侧；人均50元）貌不惊人的炖菜馆里，有很多东北特色的乱炖和酱菜，小鸡炖蘑菇、鳕鱼炖豆腐，都能带给你最典型的东北味觉体验。

坛焖牛肉二米饭 东北菜 ¥

（☎131 9932 1596；金沟路西侧；人均45元）以坛焖牛肉为主打的东北菜。还有老板不断推荐的江鱼——酱焖“北极神柳”。菜量在东北不算大，价格略贵。

圣源电力宾馆 酒店 ¥¥

（☎0457-284 7000；金沟路；标双 旺/淡 538/290元，含双早；❄@🛜🅿）20平方米的房间比较宽敞，单独的路由器更能保证网速，隔壁的圣源餐厅可以就近解决一日三餐。

比邻宾馆 酒店 ¥

（☎0457-288 9898；中华街27号；标双 旺/淡 180/100元，含双早；🛜🅿）只有10个标间的小宾馆，安静安全，房间的干净整洁给人印象极深，后院有宽敞的停车场。

最北的邮局、最北的雕塑、最北的银行，
北极村里所有事物都被赋予了“最北”的意义

视觉中国 提供

寻北线 44

为了寻找中国陆地的最北端，驱车穿越东北三省。三个省会城市承载着厚重的历史，黑龙江边精彩纷呈，最终在“鸡冠”的顶尖迎来寻北之行的高潮。

线路亮点

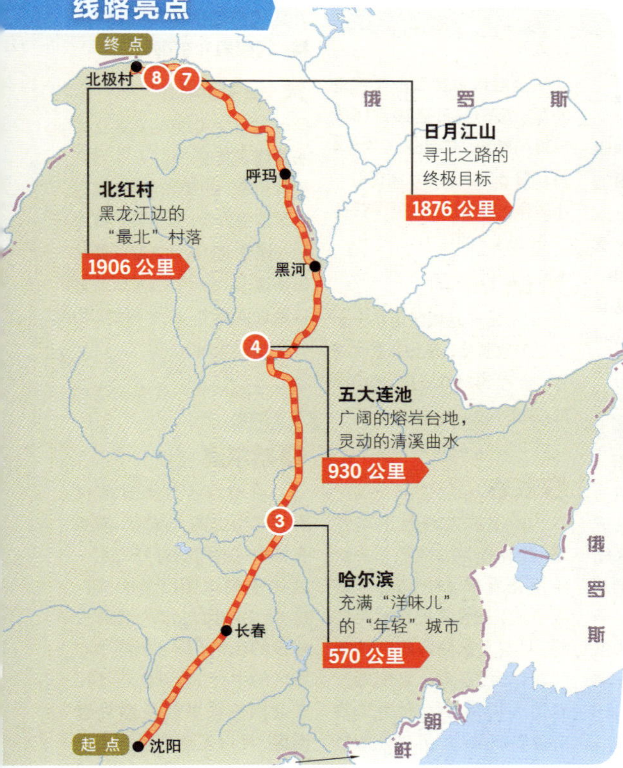

10~12天
约2000公里

最适合

何时去

7 月至 10 月的夏、秋二季，气候宜人，大兴安岭风景如画。

最佳摄影点

龙江第一湾、五大连池。

最佳建筑

沈阳故宫、哈尔滨圣索菲亚教堂。

44 寻北线

从沈阳到哈尔滨，高速公路畅行无阻。虽然大城市交通拥堵，可还是有丰富的看点值得深入探访。离开哈尔滨，一路往北，大自然开始展现其独特魅力：五大连池的火山遗迹原始蛮荒，黑龙江边的风景和美食挽留着你的脚步。最美还是深入大兴安岭，沿着林海间的公路开始寻北的最终冲刺。在北极村、北红村寻找"最北"究竟在哪儿。

寻北线的大部分路段为高速公路，黑河以后的公路也是铺装路面。除了从呼玛到北红村之间的食宿、加油站间隔得比较远之外，其余均无问题。

❶ 沈阳

沈阳并不是一个一眼就能讨喜的城市，大规模的路桥和地铁建设，让本就拥挤的道路不堪重负。**沈阳故宫**（www.sypm.org.cn；沈阳路171号；门票 60元，讲解100元；⏲4月10日至10月10日 8:30~17:30，10月11日至次年4月9日 9:00~16:30，除法定假日外周一上午闭馆）是必去的，自努尔哈赤定都沈阳，沈阳就跻身皇城之列，成为东北重镇。沈阳故宫也成为中国仅有的两座保存完好的皇家宫殿群之一。奉系军阀的张作霖、张学良父子同样留下了历史之痕，从**张氏帅府**（www.syzssf.com；朝阳街少帅府巷46号；门票60元，包括帅府、赵一荻故居、沈阳金融博物馆和古代铜镜特展；⏲5月1日至10月15日 8:30~18:00，10月16日至次年4月30日 8:30~17:00，闭馆前一小时停止售票）仍能窥得昔日"东北王"的势力。

见684页

行驶路上 » 从城区里找一个就近的收费站，开上G1京哈高速，全程约290公里，约3小时，到达长春。

❷ 长春

由于沙俄修筑中东铁路，长春作为沿线重站开始城市化发展。1905年日俄战争后，长春又被日本人控制。日本人把傀儡政府伪满洲国作为"国都"来配置，新民大街两旁陈列的是政府各职能部门。另一处值得参观的伪满洲国遗址是**伪满皇宫博物院**（0431-8286 6611；www.wmhg.com.cn；光复北路5号；票价80元，语音导览器10元/次，押金100元；⏲5月1日至10月10日 8:30~17:20，16:20停止售票，10月11日至次年4月30日 8:30~16:50，15:50停止售票），这几幢带有明显"兴亚式"东西混合风格的建筑，曾被分给多个单位使用，因此内部绝大多数陈设和器用都是复原复制的。如果想更合理地游览，可以从兴运门东侧的迎辉门进入后，右转来到缉熙楼正门，先后参观内廷主楼**缉熙楼**、外廷主楼**勤民楼**，以及**怀远楼**、**同德殿**和**东御花园**。

见684页

行驶路上 » G1京哈高速犹如长春绕城高速一样，从东侧环抱着长春，由G1京哈高速前往哈尔滨很方便，就近开上高速后一路往北，从瓦盆窑收费站出高速，沿学府路就可以最直接地进入市中心。全程约250公里，约3.5小时。

线路亮点

❸ 哈尔滨

希望深入理解这座仅有百年历史的大城市，需要在城中花些时间好好走走。到访**中央大街**已是必需，这条当时犹太与沙俄商人建设的街区，是哈尔滨中心城区的中心。沿着松花江往东北四五公里就是**道外老街区**，可以先到中华巴洛克

风情街四处走走，感受老道外。再去“传统美食一条街”**南二道街**一家一家吃个遍。

离开喧闹的市中心，往南开24公里（车程1小时左右），就到达了**侵华日军第731部队罪证陈列馆**（含侵华日军731部队遗址；☎0451-8710 8731；www.731yz.com；平房区新疆大街47号；免费，需登记身份证；⏲9:00~16:00，周一闭馆）。恶名昭著的731部队就在区内进行生化和细菌试验，而陈列馆就建立在遗址上。过松花江公路大桥沿利民大道向北27公里（车程1小时左右），就来到了**萧红纪念馆**（☎0451-5395 2211；呼兰区南二道街204号；免费，需登记身份证；⏲4月1日至10月7日 8:30~16:30，10月8日至次年3月31

你也可以……

45 东北边境线

从寻北线转到中俄边境线，你可以有多种选择。黑河就是边境线的起点，你可以沿着黑龙江一路往东；也可以从哈尔滨沿着G1011哈同高速开行780公里，直接前往抚远，在“最东”端迎接日出；从长春前往长白山最近，经S26抚长高速转G11鹤大高速，380公里就到天池的脚下。

另辟蹊径
并非虚名的"中华枫叶之路"

起点：❶ 沈阳（见676页）

如果"寻北线"的自驾行程赶在9月下旬或10月上旬，很值得沿G1113丹阜高速先从沈阳出发至本溪，寻访有"中华枫叶之路"之称的本溪至桓仁公路——本桓线。

本溪河南岸有两条沿河走向的公路，靠南一条叫峪明路，沿峪明路往东开就能上本桓线，全程4个小时，一路都是极好的铺装路面。虽然离开本溪市后一路风景就不错，但过碱厂镇10公里后，从新开岭隧道开始，景致才真正变得惊艳，刚一出隧道，就能看到一条蜿蜒的小河沿着公路向远方流淌开去，两旁是红叶烂漫的山峦。新开岭隧道口上方有醒目的"中华枫叶之路"广告牌。

过新开岭隧道后14公里处减慢车速，注意路旁有一石碑，上书"洋湖沟省级生态村"，旁边是进村的小路。建议你在这个世外桃源般的村子休整一下，吃顿农家饭，如果时间充裕，住一天也很值得，国庆假期时村里的食宿会变得非常紧张，旅舍一般不接受预订，先到先得。

如果想要回到"寻北线"，也不用开到桓仁，在八里甸子注意选择左边的本桓线北上，转S13永桓高速沈阳方向，接S10抚通高速沈阳方向，至G1212沈吉高速长春方向即可抵达长春，全程400余公里，用时5小时左右。

日8:50~16:00，周一闭馆）和纪念馆东侧的**萧红故居**（☎0451-5732 2998；免费，需登记身份证；⏲同萧红纪念馆），展览馆内介绍了这位传奇女作家的短暂、波折、却才华横溢的一生。这些景区均设有公共停车场，停车不麻烦。

不过，进入位于"堵城"排行榜前列的哈尔滨后，最好还是从你的爱车里出来，进入公共交通车辆，免得在人生地不熟的城市里，被前后左右的车辆们围堵得不知何去何从。

🍴🛏 见684页

行驶路上 » 从哈尔滨到五大连池镇，全程360公里，需要4小时。过松花江桥，经G1001哈尔滨绕城高速，开上G1111鹤哈高速，在绥化南转S202绥北高速（过了北安后称为前嫩高速），一直开到五大连池风景区收费站出高速。出高速后往前开往风景区所在的五大连池镇，公路限速80公里/小时，路况好。

线路亮点

❹ 五大连池

这个以火山堰塞湖闻名的景区小镇，有宁静的环境和充满奇趣的山林。在游览**五大连池风景区**（☎0456-729 6999；www.wdlc.com.cn）之前，建议你先参观**五大连池世界地质公园博物馆**（☎0456-722 4300；石龙北路与药泉西路交叉口北100米；免费；⏲8:00~17:00），有繁多的岩石标本和图文介绍，让你在走进景区前能有所了解，还有五大连池的风光片可看。

🍴🛏 见685页

行驶路上 » 从五大连池镇前往黑河，建议你走X180县道（沾五线）往东35公里，直接到沾河收费站上G1211吉黑高速，可以比从五大连池镇往南开上S202前嫩高速缩短52公里。从沾河收费站到黑河213公里，G1211吉黑高速限速100公里/小时，有区间测速。全程3小时。

❺ 黑河

在黑龙江，没有哪个地方像黑河这样，有中俄两国的繁华都市隔江相望。在黑河的欧式街道上，随处可见将这里当成度假购物天堂的金发碧眼的俄罗斯人。

视觉中国 提供

哈尔滨圣索菲亚大教堂

不要错过哈市的教堂

日新月异的哈尔滨，如今还有大量教堂遗存，最有名的是**圣索菲亚教堂**（哈尔滨建筑艺术博物馆；☎0451-8468 6904；道里区石头道街与兆麟街交叉口；门票20元；⏲8:30~17:00），曾是远东最大的东正教堂。教堂内部现为哈尔滨市建筑艺术博物馆，介绍这座城市遗留的历史建筑。而**哈尔滨犹太历史文化展览馆**，即**犹太新会堂**（☎0451-8763 0882；道里区经纬街162号，近通江街；门票25元；⏲8:30~16:30）是哈尔滨建筑艺术馆的分馆，在一楼有几座历史建筑模型，其余都是对历史上在哈犹太人的介绍。比这座会堂更早的**犹太老会堂**（道里区通江街82号）在2014年修葺一新，成为对外开放的庆典会所。除此之外，还有大量的教堂可以感受这个城市的美妙，包括**圣母栅幪教堂**（南岗区东大直街与鞍山街交叉口）、**圣·阿列克谢耶夫教堂**（南岗区士课街与革新街交叉口）、**尼埃拉依教堂**（南岗区东大直街与鞍山街交叉口）等，有些还有宗教活动，有些就只能从外面感受这些精美建筑了。

位于黑龙江中的**大黑河岛植物园**（免费）是生态保持良好的江心公园。除了原生的杨柳灌木以外，这里的植物并不多。公园南、北两侧都是沿江的石滩，距离对面的布拉戈维申斯克（海兰泡）仅仅750米，不仅能看清对岸的建筑，甚至能看到在江边游泳的俄罗斯人。沿着北侧的栈道一直向东行，有个仿古的金法寺，看看即可。

见685页

行驶路上 » 黑河到呼玛230公里，开上S209省道，路况较好，限速80公里/小时，有区间测速，全程需要3小时。途中有不少路段紧靠着黑龙江，可以选择在山腰处路边停车，观赏风景。

❻ 呼玛

在漠河以东的“鸡冠”前缘，静静的呼玛县依然地处偏远，只有不多的自驾者前来，将这里作为冲刺“最北”前的休整点。小小的呼玛城区极其干净，也没有很多的车辆。黑龙江边的长长林荫道值得漫步流连，清新宁静的氛围，还有江里的鱼鲜，都能引发你想流连几日的念头。

见685页

行驶路上 » 从呼玛往北，进入寻北线的最终冲刺路段，也是进入大兴安岭深处的过程。这一段全程415公里，S209省道限速80公里/小时。呼玛到白银纳乡之间部分路段的路况较差，坑洼多，同时还有区间测速。全程需要6~7小时。

需要注意的是，从呼玛到北极村，沿途只有白银纳乡和十八站两处有加油站和饭店宾馆，需要注意安排加油和食宿。在日月江山景区前，公路边有“631公里”路牌，景区在公路右方。

线路亮点

❼ 日月江山

原来的林场，如今被赋予了一个很光辉的名字——**日月江山**（门票 50元）。黑龙江在这里绕出了一个弧度，中国版图最北端就在此段黑龙江主航道中心线上，江边的**乌苏里浅滩**也就是中国陆地的“最北”，夏季这里的江景与附近的黑桦树林格外迷人。这个中国“最北”的地理位置，被刻在了江边的一个树段上：东经123° 15′ 30″，北纬53° 33′ 42″，海拔287米。别忘记在“恭喜您找到北啦”的大石头前留影，以证明自己的清醒。

位于“最北”以东的**龙江第一湾**，是黑龙江在红旗岭一带弯曲出的一个完美Ω形，其壮阔的景致比任何著名大拐弯都毫不逊色。

进入景区，里面的路口均有指路牌，不用担心开错路。道路全是砂石路，小坑洼较多。从入口到乌苏里浅滩22公里，再开到龙江第一湾的山脚22公里。要注意，到龙江第一湾的途中有一个三岔路口，横杆拦路，有管理人员验票。这里往左7公里，可到第一湾观景台的山脚下，要登上约200米的栈道台阶到观景台；往右11公里，可以直接开到山顶，但路况不好，坑洼较多。如果有看管人员索要额外费用，应该抵制，因为门票包括了开车上山。从第一湾回到景区入口38公里。单景区内的路程就有82公里，再加上游玩时间，全部最少需要3小时。你需要综合考虑这一天的行程、食宿和游览安排，以防天黑了还在漫无边际的大兴安岭里"找北"。

行驶路上 » 离开日月江山，开上S209省道往西，这段新公路的路况很好。开出12公里后，有路牌指向北红村，往右沿2015年新通车的X203县道开16公里到达北红村。

线路亮点

8 北红村

在漠河东北方110多公里车程的北红村，以北纬53° 33′的4′优势超越北极村，成为真正最北的村庄。这个只有几百人的小村比北极村偏僻许多，也能找到更多的原始气息，村外就是茂密的原始森林，北侧便是黑龙江与莽莽俄罗斯。成排的木刻楞房屋让这里看上去像20年前的北极村。这里的几个景点就是村北的江景、村东的哨所以及142号界碑，更多的还是乡村里恬静的生活和村外丰饶的黑土地。

这座最北小村2012年才通电，为旅行者知道并不久，但正在快速地走向旅游化。就连村子里的屋顶，也在经历着从老旧木板到鲜艳铁皮又被指令更换成新木板的过程。目前的北红村并不能提供舒适的宾馆和精心烹调的美食，只有民居改建的客栈和大妈大嫂的家常菜。

见685页

行驶路上 » 从北红村到北极村97公里，需要2小时。出村往

五大连池2日游

如果早晨从哈尔滨开车到达五大连池镇，当天也就只有半天的时间可以游览。建议你先去黑龙山新期火山观光区，游玩后有时间的话就去二三池火山堰塞湖观光区乘船荡漾；第二天往东，在冰洞和地下冰河两个景点里选择一处看看地下景色，然后去龙门石寨游览。结束观光后，沿X180县道继续往东上高速，傍晚时就可以到达黑河。

黑龙山新期火山观光区（门票 80元）又称"老黑山"，是五大连池14座火山中最高的一座，海拔515.9米。自驾车只能停在停车场，乘坐游览车（25元）到登山入口，顺着石阶上山。下山后还可以乘坐电瓶车前往相距2公里的火烧山，那里有大面积喷气锥碟群。

前往五大连池镇以北10公里的**二三池火山堰塞湖观光区**（门票 25元），乘坐景区的游览车进入观光栈桥，可以行走在二池和三池之间的狭窄步道上，也可以乘三池的游艇在湖上兜风，只是三两游人时不会开船。

从圣水广场游客中心往东，开上X180县道（沾五线），6公里到达**冰洞和地下冰河**（冰洞门票 30元，地下冰河门票 30元；⏲5月至10月 8:00~17:00）。冰洞的人工痕迹多，而地下冰河的原始状态保存得更好。两个景点的温度常年都在-5℃左右，在冰洞中还有常年不化的冰雕展览。

沿X180县道继续前行3.5公里，左转3.5公里到达**龙门石寨**（门票 50元）。这是景区内面积最大的火山熔岩台地，喷涌出的岩浆便形成了面积广博的石海。

南沿X203县道，到路口后向右开上双向双车道的S209省道，限速60公里/小时。65公里后有指路牌，过立交转弯开上双向四车道的S207省道，限速80公里/小时，23公里后到达北极村。

9 北极村

当你已经去过了真正的"最北"后，如果还想看一看名气更大的**北极村**（☎0457-285 8049；门票 60元，观光车 30元，导游 100元），也可以来这个新兴城镇，但车子只能停在景区外（每8小时15元）。

这个位于中国最北县北方的临江小镇，拥有广告效应的最北邮局、最北雕塑、最北银行，最北甚至包括了冷饮店和卫生间。如今的北极村成了建设中的新城镇，施工虽然导致有些杂乱，可是这里提供的食宿却比更北的北红村好很多，何况还有七星广场、"神州北极"和著名的金鸡之冠雕塑、中国北极点雕塑等气派标志可以拍照留念。巨大的三维"北"字雕塑下有经纬度——北纬53° 29′ 53″、东经122° 20′ 27″，再看看地面上的中国地图，估算一下与自己家的遥远距离吧。

🛏 见685页

视觉中国 提供

北红村

食宿

沈阳 1

宝发园名菜馆
东北菜 ¥¥

(☎024-2431 4173；小什字街天源巷1号；人均60元；⏲9:00~21:00）创建于1910年的老馆子，煎丸子、熘肝尖、熘腰花、熘黄花是当年张学良钦点的“四绝菜”，如今仍是招牌。口味上合“老沈阳”的胃口，且有不少慕名而来的主，饭点儿爆满，最好提前订位。

沈阳寓宿假日酒店
精品酒店 ¥¥¥

(☎024-3197 9999；大西路335-1号；标双 321元起；❄@📶P）室内接近五星的配置，除旅行者外还颇受本地小青年的追捧，火爆程度非同凡响，即便淡季也需提前三天订房。酒店不临街，比较安静，大西路上有明显标识，非常好找，15:00以后办理入住手续。周边餐厅林立，还有几家酒吧。

世海哲人精品酒店
精品酒店 ¥¥

(☎024-8629 1111；中山路59号朗勤泰元中心；标双 299元起；❄@📶P）酒店隐身于朗勤泰元中心大厦上层，只在与写字楼共享的大堂一边设置了接待前台。房间和走廊设计感很强，新中式风格，房间的面积很大，窗外视野很好，设施品质堪比五星级酒店。Wi-Fi连接不太理想，房间服务不是很到位，不过瑕不掩瑜。

长春 2

真不同
东北菜 ¥

(☎0431-8874 3349；永春路55号；人均30元；⏲10:00~21:00）国营风格的油腻地板和柜台，都靠足够美味获奖无数的小肚（20元）和鸡丝卷（20元）来加持。和东北炖菜的粗放不同，这里的熟食和炝拌菜都很精致，不过现蒸现卖的灌汤包（15元）味道一般。

春谊宾馆（迎宾楼）
酒店 ¥¥¥

(☎0431-8209 6888；www.chunyihotel.com；人民大街80号，火车站南广场东南；标双378元，含早餐；❄@📶P）紧邻火车站而不嘈杂，安全性也很好。宾馆的迎宾楼是大和旅馆旧址，小楼从内到外都有优雅的历史感，二楼大厅墙壁上有在此居停的传奇人物故事，旁边是一面溥仪用过的穿衣镜。层高略显逼仄，但房间宽敞、一丝不苟，浴室是分离式的。二层走廊的房间最优。

哈尔滨 3

喀秋莎
西餐 ¥¥

(☎138 3614 8098；中央大街261-1号；人均60元；⏲11:30~21:30）俄式家常小餐馆，位置不很明显，菜价也相对低一些。装饰很有东欧风情，俄罗斯食客不少。蒜蓉面包（8元）口味独特，红酒牛舌（58元）是招牌大菜。如果想更俄式一些，可以来一杯伏特加，苏红12元/50ml。

毛毛熏肉大饼
东北菜 ¥

(☎0451-8464 3731；大安街56号；⏲冬季 10:30~20:30、夏季 至21:00）熏肉配大饼的习俗源自闯关东时期，哈尔滨本地人很认这家店。熏肉小份24元够两人吃，再配上5元一份的大饼，夹上2元一套的葱和酱一起吃，附送的小米粥很解咸。特沙拉皮（14元）也是每桌必点，大分量有东北特色。

海友酒店中央大街店
酒店 ¥

(☎0451-8660 0338；道里区兆麟街52号，近田地街；标双 139元；❄@📶）一楼的公共区域有青旅氛围，住客也是年轻人偏多，房间偏小但装饰活泼。虽然离中央大街有一段距离，但位置很方便，步行5分钟到圣索菲亚教堂，对面的银行也是历史建筑。

马迭尔宾馆　精品酒店 ¥¥¥

（☎0451-8488 4099；中央大街89号；标双 598元，含双早；❄@）因为马迭尔惨案和马迭尔冰棍，这家宾馆的名气持续了一个世纪。普通标间设在一侧的新楼里，设施较陈旧，花998元就可以住进历史楼里条件更好的欧式标间。正门在西八道街上，不住这里也可以从中央大街上的西餐厅门进入，看看宾馆展出的白俄贵族精美餐具。

五大连池 4

王毛驴豆腐　东北菜 ¥¥

（☎0456-726 6333；阳光小区财政餐厅对面；人均60元）名声在外的特色餐馆，主打菜是以五大连池矿泉水制作的豆腐，各式豆腐料理上百种。矿泉鱼炖豆腐味道鲜美但价格高。由于成名已久，价格已经和镇上的其他餐馆拉开了距离。

轩煌大酒店　酒店 ¥¥¥

（☎188 0456 6166；风景区客运站东侧；标双 400元；❄@P）五大连池镇上唯一的一家四星级酒店，紧挨客运站。从里到外气势庞大，有不同系列的中式和欧式套房。房间宽敞气派，而且隔音不错。

黑河 5

列娜餐厅　西餐 ¥¥

（☎0456-866 0887；中央街474号；人均40元）便宜得令人惊叹的俄式西餐厅，每天都会坐满俄罗斯食客，他们主要点选的是东北菜，但这里的西餐也非常地道。服务员们操着一口流利的俄语，会热心地为顾客讲解并提出建议。香浓而油腻的猪包牛、苏伯汤、罐羊等俄式餐品，都透出浓浓的俄式风情。

望江假日酒店　酒店 ¥¥

（☎0456-281 1666；王肃街与邮政路交叉口；标单/双 198元；❄@WiFi P）开业不久，大堂和房间都足够干净，还有重金打造的20米观光电梯，能饱览黑龙江和对岸的异国风情。

呼玛 6

呼玛知青宾馆　酒店 ¥¥

（☎0457-351 9100；中华路与龙江街交叉口东北；标单/双 180/190元；❄@P）呼玛县条件最好的三星级宾馆，距离黑龙江边很近，欧式古典风格建筑在夕阳下本身就很壮丽。宾馆门口有回忆知青生活的浮雕，房间也足够宽敞洁净，还有自己的餐厅和知青展览室。

北红村 8

翠花轩青年旅舍　客栈 ¥

（☎138 4576 7517；铺25~30元，标双 旺/淡季 100/80元；WiFi P）虽然极其偏远，但主人也尽力营造出青旅风格的客栈。有土炕房，可以体验“老婆孩子热炕头”的滋味。有暖房，冬季车子不会挨冻。早餐10元，点菜人均30~40元即可。

北极村 9

雍北源一号客栈　客栈 ¥

（☎133 3652 6666；神州北极广场西侧；标双 旺/淡季 300/120元；WiFi P）墙上挂了不少本地老照片，还摆放了一些农家物品，让住客感受到一些原生态的气息。房间里一色的清水实木家具，干净清爽。

索金大酒店　酒店 ¥¥¥

（☎0457-287 8999；通往神州北极广场路北；标双 旺/淡季 800/400元，含双早；❄@WiFi P）房间宽大，装修高档，内部陈设也对得起房价。自助早餐很丰富，中西品类多达几十种。

来到中俄边界的**黑瞎子岛**，
不妨与俄罗斯境内的
金顶东正教堂合个影

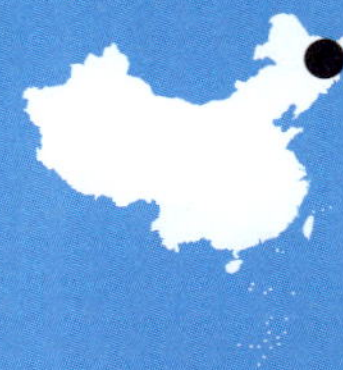

东北边境线 45

两条大河，弯出中国东北鸡冠般的边境线；一个大湖，如同雄鸡明目扼守着一方太平；些许岛屿，似是雄鸡咽喉与华夏大地共同呼吸；一座白山，耸立傲视边境大地沿途有历史有山水，有恩怨纠葛，也有亘古长存的静谧。

线路亮点

12~14天
约2900公里

最适合

何时去

7月初至10月中是夏季旅游旺季，9月至10月的秋天风景最佳，长白山则冬、夏皆有景。

最佳摄影点

伊春小兴安岭五花山林区、抚远南山日出。

最佳风景路段

大小兴凯湖间的林荫大道、长白山环山路。

45 东北边境线

在幅员辽阔的三江平原，松花江、乌苏里江由此汇入黑龙江，从抚远离开中国。珍宝岛、虎头要塞还残存着外敌入侵时留下的痕迹。登上防川的龙虎阁，可以实现一眼望三国。

因大部分路段地处大江边境，界江畔的公路经常被大水侵蚀。每年夏天是边境公路翻修的时间，经常需绕道，要提前咨询路况。开上了边疆的公路，也会看见中俄或中朝双语的路牌。秋天是自驾长白山线的最好时节，G302国道和G12珲乌高速，绝对可以入选中国最美公路排行榜。虽然少量的路段有些破损，可这条线路对车辆和驾驶要求都不高，开着普通的家用车就可以东北边境行。

1 黑河

黑河，与同是繁华都市的俄罗斯城市布拉戈维申斯克（海兰泡）隔黑龙江相望，美丽的欧式建筑与金发碧眼的俄罗斯人在这里一点也不突兀。**旅俄华侨纪念馆**（☎0456-610 7607；王肃街72号；免费；⏲冬季 8:40~11:00，13:30~16:00，夏季 8:40~11:00，14:00~16:30，周一闭馆）通过照片和油画，真实地讲述了东北流民成为旅俄华工的过程。纪念馆在每天上午9点、10点和下午3点有免费的讲解。

沿江不远处的**中俄艺术陈列馆**（☎0456-777 7796；海兰街241号；免费；⏲9:30~16:30，周一闭馆）里仅存的一些中俄艺术品，算是了解中俄艺术发展史的小窗口。由于陈列馆是俄国旅行团的边境游目的地之一，偶尔也能看到俄国游人。当然大多数国内的旅行者来到黑河，是为了隔岸布市的一二日出境游，具体方式见690页方框。

见702页

行驶路上 » 沿黑大公路往南行驶10公里，可以从黑河收费站进入G1211吉黑高速，向南继续行驶20公里，从瑷珲高速收费站出高速，抵达瑷珲镇，车程40分钟。另外，也可从黑河收费站附近的大乌斯力村转入S311省道，路程比高速远将近10公里，车程1小时。

线路亮点

2 瑷珲

瑷珲镇不大，因中俄《瑷珲条约》而被世人铭记。**瑷珲历史纪念馆**（☎0456-820 1907; www.aihuihistorymuseum.com; 瑷珲镇萨布素街东侧; 凭身份证免费; ⏲9:30~16:30, 周一闭馆）进门东侧的魁星阁，是瑷珲古城众多庙宇中唯一幸免于1900年庚子俄难战火的古建筑，但现已为新修。展厅从黑龙江流域的各个少数民族说起，紧接着介绍了《尼布楚条约》与《瑷珲条约》的概况，以及俄罗斯制造的庚子俄难。展馆有免费讲解，可在入口处咨询。

全国最大的**知青博物馆**（☎0456-821 1126; 瑷珲镇城关村S311省道西; 凭身份证免费; ⏲夏季 8:30~11:30, 13:00~16:30, 冬季 9:00~11:30, 13:00~16:00, 周一闭馆）也在瑷珲古城，被“插队”知识青年在黑土地的蹉跎岁月，在这里被真实集中地展现。

行驶路上 » 沿S311省道继续向南行驶约260公里即可到达嘉荫茅兰沟国家森林公园，道路窄，路况差，山路较多，车程4小时。

途中经X186县道行驶15公里可以前往孙吴胜山要塞（☎0456-842 2808; 满族达斡尔族乡境内X186县道旁; 门票40元; ⏲9:00~17:00），由

中俄边境出境游

如果希望自由行出境去俄罗斯，需要事先准备好护照和签证，自黑河、抚远或绥芬河等中俄边境口岸出境，根据边境交界地理情况，选择不同的交通工具，例如黑河（70元，15分钟）、抚远（198元，3小时）可乘船抵达，而绥芬河则需要通过陆路交通（火车与大巴）。如果选择随旅行社出行，中俄边境口岸城市大都与对岸的俄罗斯城市实行免签制度（仅限旅行社团队游），因此只需携带护照和身份证原件，正常情况下，提前一天办理即可，旺季需提前预约。

从黑河去布拉戈维申斯克（海兰泡）

最受欢迎的二日游费用通常在800~900元，主要看点包括布市列宁广场、胜利广场、结雅河、远东最大的阿穆尔州地志博物馆，以及精美的东正教堂和火车站。

从抚远去哈巴罗夫斯克（伯力）

有两日游和三日游行程，费用为1100元/人左右。看点主要涵盖哈巴罗夫斯克列宁广场、光荣广场、哈巴博物馆、溥仪囚禁地等。由于每年10月末至次年5月初抚远口岸闭关，所以旅行只能在夏季成行。

从绥芬河去符拉迪沃斯托克（海参崴）

一般为三日或四日游，其中往返路途占两天，散客参考价1200~1400元/人。主要参观景点有陆港火车站、西伯利亚大铁路终点标志碑、列宁雕像、战士广场、二战功勋C-56潜水艇博物馆等。

于在后面的路程中还有虎头要塞和东宁要塞，所以不是特别有兴趣者可不必前往。

线路亮点

❸ 茅兰沟国家森林公园

（☎0458-387 8882；嘉荫县城北67公里，S311省道旁；门票 65元；⏲8:00~17:00）小兴安岭山麓之中的茅兰沟风光尤为俊美灵秀，有“东北小九寨”之称。由于交通不便，这里的游客不多。进入景区大门后，可以继续自驾进入景区腹地，另收费10元。穿过旅游行车路线到达中心景区停车场，继续往前是一片白桦林，而道路北侧就是茅兰沟的奇山秀水。穿过搭在山壁上的木栈道，看茅兰河在脚下静静流淌。主要的景点有茅兰瀑布、黑龙潭、仙女池等，中心景区不大，步行往返全程1.5小时。森林公园大部分还保持相对原始的状态，蚊虫较多，夏天到达请做好预防措施。

行驶路上 » 沿S311、S204省道向南方向230公里，到达伊春市。这段路的途中，附近有恐龙国家地质公园（☎0458-262 2501；嘉荫县西9公里，红光乡北3公里；门票80元；⏲8:00~17:00）、黑龙江唯一的5A级汤旺河国家森林公园（林海奇石风景区）[☎0458-357 4024；汤旺河区西侧14公里；门票 90元（含区间车）；⏲7:30~17:30]和以红松景观闻名的五营国家森林公园（☎0458-381 7001；www.wygjslgy.cn；五营区北18公里；门票 60元；⏲5:00~18:00）；上甘岭溪水国家森林公园[☎0458-383 3015；上甘岭区林业局溪水林场施业区内；门票45元（含区间车）；⏲8:00~17:00]。可以选择其中喜欢的前去。

❹ 伊春

有着“伊春归来不看林”美称的“林都”伊春，从市区随处望出去就能看到广袤的森林。可以去**小兴安岭**

视觉中国 提供

伊春汤旺河边运行的火车

植物园（☎0458-307 9901；北山公园东北侧；免费；⏲全天），植物园共分为九个占地广阔的园区。在药物保护区，你能看到五味子、山葡萄的苗圃，自然也少不了大片粗壮的白桦林区，还有丁香家族等组成的观赏灌木区，茂密的天然次生林区等。

还有**兴安森林公园**（当地人称为"南山公园"）（☎0458-360 4001；兴安路东南侧；免费），登上海拔653米的最高峰和47米高的兴安塔（登塔 10元，16:30关门），从伊春市区的制高点，可以俯瞰被环绕在森林中的城市胜景。公园入口不远的高大杨树间架起了森林悬梯，走在摇晃的莽林之间十分惊险刺激。徒步登山登顶约需1小时，也可在入口向右开车上至山顶。如果对森林感到审美疲劳，可以去**中国林都木雕园**（☎0458-361 6234；花园路与通江大街交叉口南400米路西；免费）走走，这里有精美的浮雕长廊和木雕牌坊，木雕园对面的**小兴安岭石苑**还有不少石雕值得一看。

见702页

行驶路上 » 从城东伊春火车站附近出城，沿G1111国道（鹤伊公路）行驶130公里左右到达鹤岗市区，再沿S101省道（鹤名公路）向东北方向行驶90公里到达萝北名山镇，车程1.5小时。抵达名山前有省道收费站（15元）。全程240公里。

❺ 萝北名山岛风景区

（☎0468-683 1177；名山镇东江心岛；门票 30元；⏲6:30~17:30）离开伊春林区，自驾路线又回到黑龙江畔不大的名山镇，**萝北口岸**就在镇内，可以去参观国门，江畔有边境界碑和"中俄边境·名山"的界石。

名山岛位于镇子的最东侧，有浮桥连接，可开车上岛（停车5元），另外也可以乘坐新建好的观光索道登岛（20元）。岛上自西向东分为水上游览区、综合游览区、别墅区、演通讲寺、园林狩猎区五个主要的功能区，最西侧的瞭望塔是岛上最高的建筑物，登塔可欣赏黑龙江水在山林间蜿蜒。岛上也建起了犹太与俄罗斯的民族风情园，能提供民族特色的食宿以及歌舞表演等，也有民族工艺品售卖。在通往名山岛的桥上观看黑龙江，尤其是落日余晖下的江面，别有一番滋味。

见702页

行驶路上 » 从名山出发向东南方向沿S312省道行驶110公里，经过绥滨到达富锦，车程2小时。离开富锦后，可通过G1011哈同高速向北行驶90公里到达同江三江口，车程1.5小时；也可沿G221国道抵达，但是国道路面不平整，车程2.5小时，不建议选择。

❻ 同江三江口

（☎0454-297 4188；同江市区东北7公里，同三公路起点；免费）同江三江口不仅是黑龙江与松花江浩浩荡荡的交汇之处，也是中国南

另辟蹊径
太平沟黄金古镇与龙江三峡

起点：❺ 萝北名山岛风景区

位于萝北县东北35公里的龙江三峡风景区，是黑龙江流域最为俊美的山水景致精华段，从名山沿鹤名公路往西10公里处向北转，继续沿312省道向北48公里抵达太平沟村，这里曾是闻名遐迩的慈禧太后胭脂地。**太平沟黄金古镇**（门票 50元；⏲5月1日至10月中旬8:00~17:00）内的铜雕栩栩如生，展示当时淘金者的生活状况，别开生面的北方性文化博物馆具有极高的艺术价值。

龙江三峡从嘉荫河口开始，一直到太平沟兴东滚兔岭山下，名为龙门峡、金龙峡、金满峡。三峡界江游船（50~100元）可谓"揽两国三域风光"，风光最佳为金满峡。

北公路的大动脉的同三公路起始点。广场上最显眼的地标是32米高直入云霄的方尖锥形景观塔，塔前是同三公路0公里起点碑。景观塔北侧是浩荡的松花江水，江面比更北的黑龙江水更加宽广，乘快艇游界江（50元/人，可讲价包船），在两江混合地带，可以清晰地分辨出深、浅两种颜色。

向南穿过一片白桦林，赫哲族“撮罗子”形的建筑是**同江市赫哲族博物馆**（凭身份证免费；⏲5月至10月 8:00~11:30，14:00~17:00），介绍了赫哲族聚居地的自然资源，展示了赫哲族剪纸艺术和渔叉等生活用具。在通江街北端与沿江公路交叉口处，一座精致古朴的欧式建筑是**拉哈苏苏海关旧址**。1901年清政府签订《辛丑条约》时，清政府为还债，决定以关税作为抵押，在黑龙江设立三处海关作为赔偿，此处便为其中之一。

见703页

行驶路上 » 从三江口出发沿X012县道和013乡道，向东行驶40公里抵达街津口赫哲族乡，车程1小时。我们调研的时候，街津口正在大规模修缮和建设，县乡道上有很多货车往返，路面较窄，且不平整，行驶途中请注意。

❼ 街津口赫哲族乡

想要了解赫哲族的来龙去脉，可以到**街津口赫哲族文化村**（☎0454-292 2228；街津口乡外环路西南侧；门票12元）一窥这个古老的渔猎民族的真容。街道两侧尖顶的桐黄色小屋墙壁上有浓墨重彩的鱼类涂鸦。民族文化村的主体是入口不远处的赫哲展览馆，你可以看到赫哲族才有的桦皮船和鱼皮服装；还陈列了三江平原的自然资源及赫哲族独特的文化艺术，让赫哲人骄傲不已的大马哈鱼、鲟鳇鱼和傻狍子等野生动物；以及惟妙惟肖的剪纸和鱼骨雕都有所呈现。

北侧的**街津口北山公园**（☎0454-298 5222；街津口乡北1公里；免费）非常醒目，山顶上的瞭望塔与风车在任何角度都能看到。沿街津口乡主干道乌日贡大街一直向北，便可到达小巧的北山公园，拾级而上，可以看到江水汇合的壮丽景色。与山体有吊桥相连的临江峭壁上建有小亭，是观赏江景的绝佳位置。小亭前方屹立着国界碑，台阶下有高大的红色赫哲钓鱼人雕像立在江边。

行驶路上 » 离开街津口，沿S313省道一路向东行驶约140公里到达浓桥镇，换S210省道继续向北20公里就能到达抚远县城，车程3小时。

❽ 抚远

顶着“中国东极”名号的抚远，自然一切都要以“最东”标榜。来到位于城西的**西山公园**（友谊路西端；免费），从山上的开阔处能看到黑龙江江景与一江之隔的俄罗斯。顺着路上山，公园南侧有高耸的苏联海军英雄烈士纪念碑。接着，在茂密的树林中沿步道上山，就到达了**南山公园**（县城西南角；免费）。多数旅行

最佳建议
时间有限，分段自驾

如果觉得时间不够，也可以将本线路分为几小段，选择其中一段去自驾。

黑河到黑瞎子岛段：4~5天，1200公里。沿着黑龙江，一路往东走，直到最东极，黑瞎子岛上看界碑。

抚远到兴凯湖段：3~4天，700公里。乌苏里江长又长，兴凯湖却一大一小，珍宝岛和虎林回味战火硝烟。

绥芬河到延吉段：3天，500公里。绥芬河口岸兴旺，防川一眼看三国，只有眼下的图们江水可以进大海。

长白山段：2~3天。拔地耸起长白山，盘旋而上看天池，飞瀑流水是松花江源，深谷底下还有原始森林。

者到访南山均是因为山顶**电视塔**前的开阔观测平台，也是观赏日出、日落，以及黑龙江景的最佳观赏点。沿电视塔南侧的车道下山，会经过**东明寺**（光明路，南山半山腰；免费），香火并不旺，但足够庄重清静。**抚远口岸**在县城的西北角（出境信息见690页方框），可以去看一下国门，然后在东侧的**沿江公园**走走。离开县城向东行驶，能看到依山势而建的**莽吉塔站故城**（抚远县城东6公里，X109县道旁；免费），这是明朝为了加强对东北的管理而设立的城站，遗址临江的悬崖上还有一段城墙矗立着。

见703页

行驶路上 » 从东侧出抚远县城，沿X109县道行驶45公里，在建黑高速终点转向北，即可抵达黑瞎子岛旅游停车场，车程1小时。现在不允许私家车上岛，切不可直接开上乌苏大桥。

9 黑瞎子岛

（抚远县东45公里；门票60元；⏲8:00~18:00）根据2004年《中华人民共和国和俄罗斯联邦关于中俄国界东段的补充协定》，中国收回了半个黑瞎子岛的主权。因中东铁路事件而被苏联强占的黑瞎子岛西侧约171平方公里的陆地及水域归还中国，将中国最早日出时间提前了58秒。

黑瞎子岛的管理还有些混乱，目前由国旅在收门票，非旅行社的工作时间、工作季节，通过从抚远县城乘坐旅游包车（200~300元/车）、从太阳广场乘坐界江游船（100元/人）等方式都可以上岛。

岛上的大部分土地依然是原生状态的密林和湿地，分散的看点从通高81米的**东极宝塔**开始。中俄在黑瞎子岛上的国界是一层铁丝网，缓冲区域有2008年**中俄国界东段界交接仪式牌**和**259号界碑**，是真正意义上的中国东极顶点，江边有“华夏东极”的巨石。岛屿南侧的**黑瞎子岛湿地公园**有着原生态的宜人风景，可以沿栈道徒步，湿地公园一侧为**俄罗斯兵营旧址**。以上为旅行社包含的所有景点，如果选择其他方式登岛，还可以来到岛屿南侧，近距离观看**中国部队哨所**（严禁拍照），与俄罗斯境内的**金顶东正教堂**合影留念，在**黑瞎子岛码头**，远眺对岸俄罗斯村庄卡扎克维切沃和乌苏镇的**太阳广场**的巨大“東”字。由于岛屿上有陆地国境线，千万不要越境以逞一时之能，俄军哨所士兵会实弹射击越境者。

行驶路上 » 从黑瞎子岛旅游停车场折返到X109县道，继续向东行驶2公里抵达乌苏镇。

视觉中国 提供

线路亮点

10 乌苏镇

（抚远县东南50公里，黑瞎子岛南侧；免费）号称“东方第一镇”的乌苏镇，隔着乌苏里江与俄罗斯抓吉山遥遥相望，昔日贵为乌苏里江三大重镇之一的繁华，而今荡然无存，随着最后一户常住人家的迁出，“世界上最小的镇子”的称号就只剩一个地名了。乌苏镇的常规看点是江边的**“东方第一哨”**和**太阳广场（东极广场）**。

乌苏里江上的军舰

最东端的哨所有着鲜红的第一哨浮雕，“中国最东”的**升旗台**在哨所东南侧，掩藏在杂草中还有一个防空洞和东北防护林东界碑。战备任务不紧张的时候，可以碰碰运气向哨所官兵申请登**瞭望塔**参观。从乌苏镇继续往北3公里，占地辽阔的太阳广场就在黑龙江与乌苏里江的交汇处，是中国陆地上的最东点，三维立体的繁体“東”字极标雕塑矗立在广场中央。登上最东端的**仿古圆亭**，可以看到三江并流的景致。在广场江边，夏季会有游船经营界江游（100元/人），旅行仅限于界江中国一侧，有时可登黑瞎子岛。

因为乌苏镇、黑瞎子岛区域敏感，旅行政策随时在变化，请在抚远县了解清楚后再行前往，当地的旅行社、宾馆以及一些包车司机，对当地情况掌握得非常清楚。

行驶路上 » 从乌苏镇开上S14建抚高速、G1012建黑高速，108公里后在前锋收费站出高速上S306省道，接着右转S210省道向南106公里，经过大量国有农场后到达饶河，转向

S211省道继续向西南行驶60公里到达五林洞镇，这一段沿途风光极佳，继续沿省道向南，过长征桥后左转向东行30公里到达珍宝岛，车程6小时。驶出省道后山道较多，路面较窄，好在过往车辆不多，可以自由穿梭在山林之间。

⑪ 珍宝岛

（饶河县五林洞镇东南25公里；免费）1969年在珍宝岛这个状如元宝、面积仅0.74平方公里的小岛上，爆发了“珍宝岛自卫反击战”，中方打退了对方进攻并控制了全岛，直至苏联解体，俄罗斯承认珍宝岛属于中国。

如雷贯耳的珍宝岛已对旅行者开放，但上岛需要向部队请示，可乘坐摆渡船上岛（参考价：50元/人），船夫会帮你搞定一切，只是因为是一家垄断，船票定价比较随意。

登岛走上只有20米长的“北京路”，道路两侧还保留着夺岛胜利后的第一代与第二代兵营，横批为“解放全球”的对联依然吸引眼球。走过石桥，左侧有抗战英雄杨林的事迹和铜像，右侧有展示昔日战况和官兵生活的浮雕。向东的岔路通向黑龙江边，道路两侧仍然残留有战时埋下的2000多颗地雷，严禁跨入。珍宝岛主要功能仍为军事区域，必须按照部队的要求参观，随时有可能封岛，在岛上可以照相留念，但不可录制视频。

见703页

行驶路上 » 从珍宝岛沿552乡道向西南30公里返回S221省道，继续沿省道向南行驶约40公里即可到达虎头镇，车程约1.5小时。沿线区域为虎头珍宝岛旅游风景区，途中有一些小景区值得停留。

线路亮点

⑫ 虎头

“二战”中侵华日军花费5年时间，强迫数十万名中国劳工在虎头镇西北侧的群山中秘密修筑了永久性军事工事，称为“虎头要塞”。当1945年8月15日无条件投降的消息传来，据守要塞的日军依然负隅顽抗，战争持续到8月26日结束，因此这里成了第二次世界大战的终结地。在虎头的猛虎山中，有**虎头二战终结地纪念园**（☎0467-592 8333；虎头镇西北侧；免费）在纪念着这一历史进程。

如今，在虎东山地下军事工事遗址上方建立的**侵华日军虎头要塞遗址博物馆**（☎0467-582 2047；虎头镇东北1公里；凭身份证免费；⏲8:00~16:30），讲述了修筑要塞的中国劳工的苦难生活，还有阴冷的虎东山地下军事工事遗址对外开放，你还能看到当时的弹药库、发电所以及士兵的宿舍、浴池。从工事走出的小山坡拾级而上，有通体洁白的**苏联红军纪念碑**。博物馆的正南侧塑着一排抗日英雄铜像，而广场四周的空地上停放着老旧的59式坦克和100毫米口径的高射炮。

来到乌苏里江江畔，建于雍正年间的**虎头关帝庙**（虎头镇乌苏里广场北侧，乌苏里江江畔；免费）便是抗联七军和中共的重要秘密联络点。沿江向南走，有竖立在江边的**乌苏里江起点石碑**，发源于兴凯湖的松阿察河与源自俄罗斯的乌拉河，在虎林一带汇合成乌苏里江，而虎头为乌苏里江第一镇。

见704页

行驶路上 » 离开虎头，沿S309省道向西行驶170公里抵达密山市，路况很好，车程3小时。或者可以选择从虎林市上S11鸡虎高速前往密山，节省将近1小时。接着转向东南，沿X118县道行驶50公里抵达当壁镇，车程1小时。

⑬ 密山当壁镇

坐拥兴凯湖北岸的密山市，因**蜂蜜山**（密山市区西南25公里；免费，天蜂阁10元）而得名。在密山了解开垦北大荒的历史，兴凯湖畔的**农垦当壁镇旅游区**（☎0467-560 8802；当壁镇东1公里处；门票 40元）是最好的选择，也是广阔北大荒农场的一个缩影。最重要的是**北大**

视觉中国 提供

侵华日军虎头要塞遗址博物馆

荒开发建设纪念馆，述说了北大荒的开发历史，1955年开始，9个师的官兵开始开发北大荒并建立了850农场，10万官兵在“农业学大寨”和“深挖洞，广积粮”的口号下，将大片广袤的原始森林开垦成肥沃的黑土地，大量的图和实物展览，诉说着那个难以名状的时代。

密山口岸国门位于当壁镇西侧，中俄界河白棱河河口，旁边是收录于《吉尼斯世界纪录大全》的世界最小国界桥**白棱河桥旧址**（密山口岸旁；免费），已为断桥。

见704页

行驶路上» 离开当壁镇，顺着沿湖景观大道413乡道向东行驶35公里，到达兴凯湖景观精华段，车程1小时。有一望无际的兴凯湖美景做伴，这一段的驾驶一定不会寂寞。

线路亮点

⑭ 兴凯湖

4380平方公里的兴凯湖有三分之二是俄罗斯领土。对于丧失了出海口的东北来说，当夏季来临时，拥有沙滩、潮汐和湖滨浴场的兴凯湖最能带来大海的欢畅。

兴凯湖主要分为两部分，在**大兴凯湖**北侧，一路之隔的**小兴凯湖**是中国的内湖，它的面积要小得多，夏季是水鸟的乐园。**兴凯湖湿地公园**（小兴凯湖西侧；门票40元）就建在这一侧。在湿地公园这一侧，观光公路旁有帆船一样的巨型**新开流观景平台**（门票10元），登台可俯瞰密布水草的小兴凯湖和一片汪洋的大兴凯湖。东侧留有**新开流遗址**纪念碑，由于出土了新石器时代特征的文物遗存，而被命名为“新开流文化”，才有了大、小兴凯湖之间的**新开流景区**。

继续沿着大、小兴凯湖间的林荫大道一路向东，30公里处是**二闸旅游区**，这里有仿古风格的兴凯湖第二泄洪闸。泄洪闸南侧可见岸边矗立的石碑和防水石坝，以及延伸于水中的两座小亭。在夏季的大兴凯湖，可以享受细腻的沙滩和湖滨浴场（寄存财物15~20元，更衣2元，淋浴5元），而在小兴凯湖则能乘船（50~100元/人次）寻找白骨顶和凤头鸊鷉等湿地水鸟的踪迹。兴凯湖大白鱼是著名的特产，在湖区千万不要错过这种嘴巴上翘、曾为贡品的湖中美味。东北的湖滨湿地每逢春夏都是蠓的乐园，不仅吸血且会传播疾病，故携带防蚊喷剂是必需的。

行驶路上 » 从当壁镇返回密山，在密山新河收费站上鸡虎高速，71公里后在鸡西城子河收费站出高速，左转经南星街上S206省道，94公里后在永安收费站开上G10绥满高速，60公里后从绥芬河收费站出高速，继续直行到达绥芬河。全程270公里，约4个半小时。

⑮ 绥芬河

绥芬河国门（乌苏里大街254号；老国门旅游区门票20元；⏲8:30~16:00）所在的公路口岸附近，建有中俄绥芬河互市贸易区和沙滩公园，可以远眺对面山上的俄罗斯建筑，靠近边境的白色小桥适合留影。新国门已经投入使用，老国门改为了观赏用的风景区，买票进入，可以走进边境线拍照。

火车站附近有几栋百年俄式建筑，**中东铁路大白楼**、**东正教堂旧址**、**苏俄领事馆旧址**、**人头楼**高低错落，在战乱中保存了下来。有兴趣也可以到**大光明寺**（☎0453-393 8714；乌苏里大街123号；免费）逛逛，这里是城市的制高点，可以俯瞰整个小城。另外，想了解绥芬河的发展历史，可以去**绥芬河博物馆**（☎0453-394 8496；长江路17号；免费）。

🍴 见704页

行驶路上 » 沿S206省道向南50公里抵达东宁县城，按照高速标准修建的省道路况极佳，转X095县道继续行驶25公里到达东宁要塞，县道两侧是田园风光，车程1.5小时。

⑯ 东宁要塞

（☎0453-373 7938；三岔口镇南9公里，位于南山村；免费，停车 10元；⏲8:30~11:30，12:30~16:30）作为亚洲最大的军事要塞，东宁要塞是侵华日军为防御苏联的进攻而修筑的军事筑垒。筑有永备工事400余个、地下弹药库87座、野战阵地45处、机场10余处，还有野战医院、反坦克壕和交通、给水等后方补给工程。

走进对游人开放的**勋山地下要塞**，一股阴森之气扑面而来，里面如同迷宫，甬道纵横交错，分布着指挥所、医疗所、无线电室、铁车库房、升降井、贮备仓库、弹药库、电机房和兵舍等设施。山脚下的**东宁要塞博物馆**，展有大量日军侵略中国的证物和历史照片。博物馆每天有四次免费讲解（9:30、10:30、14:30、15:30）。

🛏 见704页

行驶路上 » 从要塞返回东宁县城，然后沿S206、S201省道向南行驶280公里前往防川风景区，途经珲春市。全程310公里，车程约5小时。

线路亮点

⑰ 防川风景区

（☎0433-753 5586；珲春市东南75公里，敬信镇防川村；门票 40元，龙虎阁 30元，防川边防文化展览馆 20元，东北虎之乡生态体验馆 20元，土字牌 10元，套票 100元，含区间车，停车费 10元）防川东与俄罗斯哈桑镇接壤，西南与朝鲜豆满江市隔江相望，俄朝铁路大桥将两国连接起来。想要一眼望三国，就必须登上**龙虎阁**，游人争相与三国国旗合影。被铁丝网围着的**土字牌**是清代界碑，正面铸“土字牌”三字，背后刻俄文“T”字，左侧有“光绪十二年四月立”年款。当年被派到吉林督办边务的吴大澂曾重勘边界，与俄国签订《中俄珲春东界约》，补立土字牌，争取了图们江口通航权。沙草峰下有一尊巨型的**吴大澂雕像**以表纪念。如今土字牌已并非真正的国界，属国家一级文物。边防地区到处都是铁丝网围起来的国界，不要乱走。

珲春的旅行社有中俄朝环形跨国旅游线路。参考行程为：珲春口岸—俄罗斯符拉迪沃斯托克（海参崴）—斯拉夫扬卡—哈桑—朝鲜豆满江—罗先—圈河口岸。一般每周发一次团。另外，图们有旅行社组织朝鲜南阳一日游，步行即可出国，包括参观南阳火车站、金日成太阳像，以及逛市场、看表演等活动，步行全程约6小时，198元。

见704页

行驶路上 » 从防川景区返回珲春途中，还有张鼓峰事件纪念馆（门票20元）、沙丘公园（沙地摩托60元）、洋馆坪大堤、莲花湖公园等景区，可以稍作停留。从珲春上G12珲乌高速向西120公里到达延吉市，也可以选择与高速平行的S302省道，用时均为2小时。

线路亮点

18 延吉

作为延边朝鲜族自治州的首府，延吉的朝鲜族占了一大半，耳边是听不懂的朝鲜语，招牌、菜单、公交站牌也是把朝鲜文放在更醒目的位置。**延边博物馆**（☎0433-431 1007；www.ybbwg.org.cn；长白山路新体育场旁；免费；⏲5月至9月9:00~17:00，10月至次年4月9:00~16:00，周一闭馆）集地方历史与朝鲜族民族特色于一体，馆藏文物近1.5万件，以古代文物、近现代文物和朝鲜族民俗文物为主。

特色鲜明的**延边大学**（www.ybu.edu.cn；公园路977号）创办于1949年建国前夕，是最早在少数民族地区建立的高校之一。朝鲜族元素充斥的延大校园干净整洁，很适合闲逛。另外，晚上一定要出来欣赏精心装扮的夜景，布尔哈通河岸和主街两旁灯火辉煌，双语招牌

值得一尝的朝鲜族美食

除了冷面、狗肉和石锅拌饭，朝鲜族还有许多特色美食，在延吉都有招牌店铺。

参鸡汤：艺玲参鸡汤江米鸡专门店（☎0433-255 2888；新华街巡警大队对面；参鸡汤、江米鸡各40元）参鸡汤里有一只童子鸡、一小棵参、米饭、红枣和葱，炖得比较软烂；江米鸡把糯米和鸡一起放在石锅里蒸。一个人更适合点参鸡汤。附近聚集着**张师傅**（周日休息）和**韩正**等多家参鸡汤店，当地人称这一带为110。

烧烤：丰茂串城（团结路店）（☎0433-256 9829；团结路同仁胡同口；人均50元）全自动无烟烧烤机绝对高端大气，既能享受自助烧烤的乐趣，又不会烟熏火燎。国内已有多家分店，称得上延边朝鲜族烧烤的第一品牌。肉串种类丰富，都腌制得很入味，主食推荐玉米温面。水上市场的**东方昇串专门店**口碑也不错。

紫菜包饭：在延吉常简称为紫菜饭或紫菜卷。口味丰富，价格便宜，作为快餐很方便，比泡面幸福多了。延边二中附近的**金家紫菜饭馆**（☎0433-508 7980；爱丹路63-5号；6~10元；⏲周日休息）和两边的**宋氏**、**努拿**口碑都不错。

包饭：并非紫菜包饭的简称，而是用各类蔬菜叶把饭包着吃，里面根据个人喜好加入肉、酱、泡菜等。首推**元奶奶包饭**（☎137 0448 8156；新华街巡警大队对面二楼；一人份25元，二人份 50元），肉分五花肉、肘子肉和鸭肉，用小火热着，菜篮免费续，再配上小菜和酱。另一家**以勒包饭**的自酿米酒值得一尝。

更显民族风情。

🍴 见705页

行驶路上 » 从延吉往东南方向，经S202省道，从龙井市西经过，继续沿S202省道往西，到达二道白河镇。途中有部分山路，需控制车速。全程约180公里，约3小时。

线路亮点

⑲ 长白山北景区（二道白河镇）

二道白河镇是游览长白山北坡的根据地，由于长白山北坡开发得最早，二道白河镇的住宿虽然缺乏特色，但数量充足、档次齐全，不过"十一"黄金周等高峰期仍一床难求，价格也是平时的数倍，一定要提前预订。

二道白河镇到**长白山北景区**（☎0433-574 2098, 574 2286；门票 125元，强制环保车 85元，倒站车 80元，冬季上浮至130元；⏰6:30~8:00开始售票，15:30~17:00停止售票，随游客量不断调整，售票处会告知当日天池能见度）约30公里，进入景区必须乘坐环保车。北景区主峰**天文峰**海拔2670米，想看天池必须在环保车终点换乘倒站越野车，绕过山路十八弯攀上峰顶，途中有多个U形转弯，司机笑称晕车的人吐都吐不到塑料袋里，所以请系好安全带，扶好把手，把手机等随身物品放在包里，再欣赏沿途风光。北坡有瀑布、温泉和林海等特色景观，不紧不慢地跟随环保车游完所有景点需4~6小时。

🍴 🛏 见705页

行驶路上 » 二道白河镇到长白山北景区和西景区是两条路，在长白山自然博物馆附近交会，去往北景区的道路笔直向南，而去往西景区的道路向西转，是长白山环山公路的一部分。路况景色都非常好，路旁停车拍照要注意保证安全。东西向的松天线与环山公路西侧相交，向东转向松天线可至长白山西景区大门，向西转向松天线可至机场和万达长白山国际度假区。

⑳ 长白山西景区（松江河镇）

自驾旅行者可以方便地游览**长白山西景区**（☎0439-633 1855, 633 1900；门票125元，强制环保车85元；⏰6:30~8:00开始售票，15:30~17:00停止售票，随游客量不断调整，售票处会告知当日天池能见度），相比深度开发的北景区，这里更多地保留了长白山的原始风貌。西景区附近的住宿主要集中在松江河镇，近年新开发的**万达长白山国际度假区**提供多家舒适的高档酒店，但价格不低。

西坡是唯一可以"爬"的，乘环保车沿着发卡形的

一切随缘，祝君好运！

你知道长白山的脾气有多古怪吗？我们必须给你打个预防针。据统计，天池每年有雾的天气达265天，每个时辰都变化无常，总是山上山下两重天。山顶起雾直接影响天池的景观，甚至只有白茫茫一片。若遇到更加恶劣的雨雪冰雹，各个坡的天池景区可能暂时关闭，持续数小时甚至几天。从概率来讲，10:00~11:00雾气散开的可能性较大。除了攒人品，你还可以多问问当地人和景区工作人员。见情况不妙，不妨先游览其他景点，说不定还有转机。

听起来像一场赌博，不妨换种心态。如果你愿意迎接风雨的洗礼，就在天池边多坐一会儿，欣赏这场大自然的华丽演出。当然也要做好准备，很可能几个小时之后，眼前仍是白茫茫一片，而你只能以此为背景，与写着"天池"二字的石碑落寞地合张影，期盼着次日去另一坡有好运气，或者盘算着下次再来。

视觉中国 提供

万达长白山国际度假区

山路到终点后，1442级台阶通往海拔2470米的主峰。体力欠佳或有高原反应的人，可乘坐两人抬起的简易轿子。轿子仅夏季才有，冬季必须借助雪地摩托。西坡的山顶与北坡互相遥望，且山顶与朝鲜相邻，观景台上设有中朝界碑。西坡的特色景观是大峡谷和空中花园，每年7月初会举办长白山野生花卉旅游节。

见705页

食宿

黑河 1

砂锅老坛肉　　东北菜 ¥

(☎0456-824 3555; 瑷珲区中央街532号; 人均25元; ⏲9:00~20:00) 开在大街小巷的砂锅油饼店，极大地丰富了东北炖菜的种类，荤素食材的几十种排列组合，一定会让你眼花缭乱，再加上一份老坛肉，配上筋道的油饼，是东北别样的平价享受。这家店开在中心地段，方便抵达，味道也有惊喜。

圣·彼得堡国际商务会馆　　精品酒店 ¥¥

(☎0456-829 0888; 瑷珲区兴林街223号; 标双230元起，含双早; ❄@Ⓟ) 在黑河市算是比较好的酒店，装修得非常大气，配套服务也很全面及时，前台的服务态度好。房间内部空间有些紧凑，卫生清洁用品齐全，包括男士剃须用品，灯光的亮度也可以自行调节。早餐券需要去前台换取，早餐种类有些单调。

伊春 4

靠山屯铁锅炖　　东北菜 ¥¥

(☎138 4667 8879; 伊春区黎明路黎明小区西门; 人均50元起; ⏲9:00~21:30; Ⓟ) 铁锅炖是东北的另一大特色菜，柴火烘烤的大铁锅像是巨大的火锅，可以搭配各种食材，选择鱼、大鹅、羊肉与羊排等作为底菜，或者是什么都有的筋头巴脑，再搭配其他的小菜。最多的餐桌上有三个铁锅，特别的是，可以旋转。冬日的时候把腿脚放在炉火旁，是别样的温暖体验。菜量很足，需要准备好强健的胃。

农家小院　　东北菜 ¥¥¥

(☎0458-885 7888; 伊春区建材路，制材小区斜对面; 人均100元; ⏲10:00~21:00; Ⓟ) 这家店远离繁华的市中心，但是红灯笼点缀下的餐厅，往来的食客依然络绎不绝。吃腻了东北的炖菜，来这里感受一下美味的农家炒菜，能在入口瞬间击中味蕾。虽然价格有些高，却是厨师精心烧制的，你绝对不会失望。

家庭客房　　客栈 ¥

(☎130 3966 1925; 伊春区河西前进路伊犁烧烤楼上; 套房 100元起; @Ⓟ) 位于市中心烧烤区的家庭客房周边设施十分便利，客房是老板自家的房子，复式酒店的设计，里间为住宿，外间为客厅，有电视、沙发、餐桌等，空间很大。老板夫妇经营楼下的餐馆，热情好客。不过房子并不多，需要的话要提前预订。

林都宾馆　　酒店 ¥¥

(☎0458-308 1001; www.ycfchotel.com; 伊春区宾园路8号，北山公园北侧; 标双280元起; ❄@Ⓟ) 伊春最豪华的四星级酒店，坐落在风景秀丽的北山公园，东侧就是宁静的小兴安岭植物园，除了非常具有森林特色的房间以外，还有精巧的别墅套房。酒店有自己的餐厅、游泳馆和网球场，能够给来到林都的旅行者最奢华的享受。

萝北名山岛风景区 5

华日宾馆　　宾馆 ¥

(☎0468-682 0348; 萝北县凤翔广场东侧; 标双 130元起; ❄@Ⓟ) 县城不大，主要的餐饮住宿分布在凤翔大街两侧，这里是城市中心，旁边有大型广场。房间内部的设施也都很新，卫生用品足够，卫生间非常干净。包括保洁在内的工作人员都十分热情，提供许多有用的信息。老板在龙江三峡有合作的**蒙古风情度假村**(☎187 1468 0058; 太平沟乡金满屯)。

同江三江口 6

吉祥大锅台
东北菜 ¥

(☎0454-293 6234; 同江市同三公路旁, 石油公司楼下; 人均40元; ⊙10:00~21:00; P) 吉祥大锅台是最受当地人欢迎的东北菜, 位于市中心。柴火烧制的大菜, 还没熟, 香味就飘满了整个屋子, 有鱼锅、排骨锅、笨鸡锅等, 贴在锅边的金黄饼子, 已经成为大锅台标配主食。经济实惠, 温暖自驾旅行者的胃。

明珠宾馆
旅馆 ¥

(☎0454-294 0888; 同江市大直路与新春街交口南40米; 标双90元起; @ 📶 P) 距离绕城而过的同三公路非常近, 酒店外面就有烧烤等夜宵餐厅。除了标准间之外, 还有三人间可以选择, 也有条件稍差的低价普通间, 适合各种旅行者选择, 除经济间外, 屋内均有电脑。老板是一对年轻夫妇, 乐于向顾客提供信息和帮助。

闽江宾馆
酒店 ¥¥

(☎0454-298 3000; 同江市大直路81号; 标双 180元起, 含双早; ❄ @ 📶 P) 同江市最好的宾馆之一, 在宁静的大直路上, 距离同三公路和客运站都不远, 宽敞干净的房间, 硬件设施一应俱全, 只是设施稍微有些陈旧。楼下有松花江旅行社可以参加旅行团, 楼后有宾馆附属餐厅, 酒店提供的早餐非常丰富。

抚远 8

吉庆活鱼村
东北菜 ¥¥

(☎0454-217 6668; 正阳路6号; 人均50元起; ⊙9:00~21:00; P) 就在西山公园入口处, 距离抚远国门和黑龙江江畔都不远。鱼和菜品直接在楼下大厅选择, 确实是刚从鱼缸里捞起来的活鱼, 活蹦乱跳的, 很新鲜。鱼用柴火铁锅炖, 分量足。有许多当地人推荐, 味道也确实上佳。服务热情。

利源火锅
火锅 ¥

(☎0454-213 5788; 向阳路112号; 人均40元起; ⊙9:00~22:00; P) 离我们推荐的食宿以及西山都很近, 方便抵达。是抚远的老字号火锅, 多年屹立不倒, 如今还在坚持用炭火铜锅清汤的传统方式涮羊肉, 羊肉肉质鲜美, 分量足, 配上不同的酱料是上好的边城享受。

佳园宾馆
酒店 ¥

(☎0454-212 4111; 国际客运站正对面; 标双 90元起; @ 📶 P) 地理上有独特优势, 离客运站与县内主要景区非常近, 徒步去西山5分钟。虽不算豪华, 但是经过老板娘的精心打理, 大厅到室内都非常整洁干净。每个房间都有电脑, 室内空间足够大, 卫生间虽然环境一般, 但是也宽敞。

江南邨酒店
酒店 ¥¥

(☎0454-217 4999; 沿江路1号; 标双 150元起; ❄ @ 📶 P) 濒临国境线的酒店是国家的门面所在, 所以入住这家黑龙江江畔的酒店是能在抚远获得的最奢华享受之一。宽敞的花园、喷泉, 加上富丽的大堂和油画, 都足以代表抚远住宿条件的最高等级。但享受东极最奢华宁静的夜晚却并不昂贵。

珍宝岛 11

中意小吃
小吃 ¥

(饶河县新阳路与迎春街交叉口, 县广电局旁边; 人均30元; ⊙9:00~21:00; P) 中意是饶河县城内的老字号小吃, 位于市中心, 方便抵达。店里的馄饨是当地一绝, 锅包肉外焦里酥, 酸甜可口。招牌小菜还有肉皮拌菜、树椒干豆腐。菜的分量也足, 价格公道。

佰润快捷宾馆
快捷酒店 ¥

(☎0469-562 8111; 饶河县荣久路1号; 标双 110元起; @ 📶 P) 去珍宝岛的旅行者更多会选择在80公里以北的饶河县居住, 这里的餐饮住宿环境更好一些。宾馆是一座有年代感的建筑，距离中心广场很近，因此有许多周边餐馆可以选择，楼下就是有名的饶河烤狗鱼。离乌苏里江江畔约15分钟的步行路程。房间设施有些陈旧，但都足够干净整洁，而且房源充足，房型多。

虎头 12

杨氏排骨串

川菜 ¥

（0467-582 4555；虎林市中心路与解放西街交叉口西20米；人均45元起；10:00~23:00）位于虎林市中心主干道上，停车有些不方便，需要抢车位，不过味道还算地道，给嗜辣的旅行者提供一个口舌发麻的机会。主推的排骨串一定要尝尝，绝对不会失望。另外还有臭豆腐、孜然心管等推荐，小菜也不错。相对来说，环境还算好，可以吃夜宵。

新虎林宾馆

酒店 ¥¥

（0467-586 7555；虎林市解放西街17号；标双 150元起，含双早；）更多去虎头的旅行者会选择60公里以东的虎林市居住，新虎林宾馆是当地性价比较高的宾馆之一。经过重新整修后的宾馆，风格雍容华贵，设施非常新，空间也足够大，有些房间也有舒服的浴缸。早餐品种相对丰富。在后院停车十分方便，有狼狗护院。

密山当壁镇 13

阿妈妮冷面

冷面 ¥

（152 4626 2111；密山市穆棱街146号；人均20元起；9:00~21:00；）据说风靡全国的烤冷面就源自密山，来密山不妨试试，然后再吃一碗真正的冷面。这家店在城市中心，很好找。现压冷面的味道特别好，拌菜也非常不错。只是因为生意火爆，有时候需要等位。

新鼎鑫宾馆

酒店 ¥¥

（0467-515 8888；密山市永固路263号，与光复路交会处；标双 160元起；）酒店附近有许多当地小吃和餐馆，十分便捷。刚刚翻新的鼎鑫宾馆大厅的空间并不大，房内设施非常新，是欧式风格，空间大得惊人，有的房间还带有冰箱，是当地较好的宾馆之一。

绥芬河 15

川骄

自助餐 ¥¥

（0453-398 6222；通天路210号；人均50元；10:00~21:00；）火锅永远是不会错的选择，长途的旅行，一锅暖心该是路上最好的慰藉了吧。这家川味火锅的牛羊肉随你吃，还有各种海鲜和蔬菜。当然，伴着滚烫热辣的火锅下肚的还有降火的饮料，饭后的甜品可平复火辣的胃。在自助餐里已经算是质量过硬的了。涮起来吧！

东宁要塞 16

江南商务宾馆

酒店 ¥¥

（0453-374 5555；东宁县江南二区2号，长青巷与繁荣街交口西北侧200米；标双168元起，含双早；）去东宁要塞旅行的人一般会选择住在15公里以外的东宁县城，这家宾馆位于城市中心，交通便捷。房间内部空间比较大，枕头非常舒服，有圆床房等多种房型可选择。在东宁的价格算是有些偏高，但包含了质量不错的双早餐。另外，有些房间没有窗户，预订的时候要提前确定。

防川风景区 17

盛博国际大酒店

精品酒店 ¥¥

（0433-762 8888；珲春市沿河西街与口岸大路交会处；标双 260元起，含双早；）市里最好的酒店之一，具有接待外宾的资质，酒店里能看到许多金发碧眼的俄罗斯人，也有朝鲜人在此入住。前台工作人员专业，有问必答。酒店有老牌宾馆的做派，设施也有了岁月的痕迹，但整个房间还是舒适的。另外还有KTV、中西餐厅、咖啡厅等配套设施，只是早餐一般。

延吉 18

全州拌饭（总店）

朝鲜族菜 ¥

（☎0453-251 4297；参花街142号；拌饭20元起；⏲24小时；🅿）是当地排名第一的老字号拌饭，主食只有石锅拌饭和烤猪肉拌饭两种。可搭配明太鱼汤（20元）、软炸鱿鱼（36元），这里也有经典的冷面可以选择，酸甜口味是当地人强烈推荐的。饭点时人太多，建议你错开高峰时段。

服务大楼延吉冷面

朝鲜族菜 ¥

（☎0453-255 5577；延边大学正门对面；冷面15元；🅿）服务大楼是几十年的老牌子，除了冷面，锅包肉（大盘40元，小盘28元）也是无数延吉人的童年记忆。这家老店原来开在服务大楼，2012年拆迁后在延大门口开起豪华的新店，人气不减当年。越来越多的分店，也让这家店有了快餐的感觉，上菜速度快，讲朝鲜语的服务员也总是笑容满面。

长白山北景区（二道白河镇） 19

小朴朝鲜族狗肉冷面

朝鲜族菜 ¥¥

（天池街池北二中对面）凉拌狗肉和带皮狗肉45元，狗肉火锅88元，当地人也是一样价。独行者可以来份15元的狗肉汤饭，注意狗酱很辣。不吃狗肉还有冷面、打糕、明太鱼、辣白菜等朝鲜族特色，酒水稍贵。在二道中心育才路上的**老朴狗肉冷面馆**是小朴父亲的店，两家生意都不错。

小付咖啡

咖啡馆 ¥

（白河大街；📶）这是我们调研时镇上唯一的咖啡馆，木质装修质朴优雅，适合闲坐聊天、憧憬或回味长白山之旅。隔壁就是天池国旅散客服务中心，北山门内也有一家店。

望松国际青年旅舍

青年旅舍 ¥

（☎0433-571 0800；文化路场区二幼旁；标双160元；❄@📶）吉林省唯一加入YHA的国际青年旅舍。8人间和12人间床位男女各一间，房间内储物空间很少，大件行李可以放到大厅的储物架，但旅舍不负责看管。大厅宽敞，前台墙上贴满长白山各景区介绍。杂货铺出租大衣、雪鞋，出售泳衣、手套、暖宝宝、明信片等，自助购物，全凭自觉。早餐10元，需要在前一天晚8点前预订。

长白山大山青年旅店

酒店 ¥

（☎0433-556 7444；池北区白河新城5号楼，近白河百货大楼；标单118元起；❄📶🅿）老板是一对“80后”夫妇，店是新装修的，设计风格简约明快。周围就是商业区，逛街用餐很方便。老板热情周到的服务风格，给很多客人留下了深刻印象。

长白山西景区（松江河镇） 20

商贸美食城

快餐 ¥

（松江路与松江河大街交会处；📶）商贸中心旁有个当地人热衷的地下美食城，卫生状况还不错，餐饮种类丰富，10块钱就能吃饱喝足，还能蹭Wi-Fi，就是偶尔会碰上流浪汉。

松林宾馆

酒店 ¥¥

（☎0439-633 9000；松山街；标双280元；❄@🅿）地理位置好，隶属于林业局，几栋楼围着的院子很安静，停车方便，但假期时比较难找车位。房间分三星和四星标准，干净宽敞，可惜没有Wi-Fi。服务非常好，大堂“惊现”自动柜员机。

步行游览
哈尔滨红军街和东大直街

起点： 安重根义士纪念馆

终点： 儿童公园

距离： 约4公里

需时： 1小时（不含参观时间）

在20世纪初，曾有20余个国家在哈尔滨设过领馆。半数领馆集中在南岗地区的红军街和东大直街沿线，顺着这条线路步行，可以一窥这座国际都市在历史风云中的浮沉。

可使用此步行游览的线路：

44

❶ 安重根义士纪念馆

（哈尔滨火车站西侧；免费，需登记身份证；⏲9:00~11:30，13:30~16:00，周一休馆）1909年，朝鲜人安重根因成功刺杀日相伊藤博文而在历史上留名，这座纪念馆就设在刺杀发生的哈尔滨火车站内，展馆内的时钟停在行刺的9点30分。穿过火车站前的地下通道，来到红军街东侧，马路对面108号一栋白色建筑是**日领馆旧址**，安重根被捕后曾关押在此。

行走路上 » 继续往南沿缓坡上行，经过改为宾馆的85号沙俄领馆旧址，溥杰、嵯峨浩夫妇和张学良都曾居住过，往前抵达华俄道胜银行哈尔滨分行旧址，步行约5分钟。

❷ 华俄道胜银行哈尔滨分行旧址

红军街与民益街口的77号旧建筑是**华俄道胜银行哈尔滨分行旧址**，中东铁路的修建和这座银行有着重要的关系。在路口往东可以看到民益街上的**黑吉邮务管理局旧址大楼**，现作为邮政博物馆久未开放。

行走路上 » 继续往南，经过的69号婚纱店曾是英领馆旧址，过马路继续上坡到达50号的黑龙江省博物馆，步行约6分钟。

❸ 黑龙江省博物馆

[红军街50号；免费，需登记身份证；⏲9:00~16:00（冬）、17:00（夏），提前1小时停止售票]作为免费开放的博物馆，馆内自然陈列与历史陈列两个常规展厅都可以一看。也可以参观博物馆南侧的1945年**苏军烈士纪念塔**。

行走路上 » 过马路沿红军街下坡往回走，掉头往北右拐进邮政街，前行往东南到颐园街，先后可看到一栋曾作为法领馆的3号旧建筑和1号革命领袖纪念馆，步行约6分钟。

❹ 革命领袖纪念馆

（颐园街1号；免费，凭身份证领票；⏲9:00~11:30，13:30~15:30，周四全天及周五下午闭馆）曾为俄商私宅，也做过东北人民自治军（第四野战军前身）指挥部。馆舍保留展出

了毛泽东、周恩来等领袖在建国初期到哈尔滨视察工作时候居住的房间原貌。

行走路上 » 往东转入建设街步行街，走到东大直街往东北，往前到阿什河街路口过马路往东南，来到一片曾经的领事馆旧址区域，步行约9分钟。

5 领事馆旧址区

首先来到现为幼儿园的阿什河街39号**葡领馆旧址**和小学的26号**德领馆旧址**；原路返回东大直街北侧，继续往前到289号，可见一栋淡黄色商用建筑，是**美领馆旧址**；再往前到吉林街路口，在转角处267号，可见一座淡黄色商用建筑，曾做过**波兰领馆**；转北至吉林街52号，这座现为民居的旧建筑是**捷克斯洛伐克领馆旧址**。

行走路上 » 返回东大直街，过马路往东北步行至东大直街与鞍山街交叉口，可以看到圣母帡幪教堂，步行约7分钟。

6 圣母帡幪教堂

又名“圣母守护教堂”，帡幪（píng méng）指帷帐，引申为“守护”之意。教堂由中东铁路局出资，始建于1922年，拜占庭式穹顶设计源自伊斯坦布尔的圣索菲亚教堂。

行走路上 » 教堂一侧即为尼埃拉依教堂，步行约1分钟。

7 尼埃拉依教堂

这里是一座由德国侨民修建的基督教新教路德会教堂，建于1916年，典型北欧风格，哥特式尖顶线条利落明快。

行走路上 » 参观完教堂后从鞍山街往东南下坡，到河渠街右转，到达儿童公园，步行约13分钟。

8 儿童公园

（果戈里大街295号；⏲8:00~21:00）乍看这座小公园和所有充满吵闹孩童的公园没有不同，但中国第一条儿童铁路就藏在公园内。儿童铁路效仿苏联莫斯科儿童铁路在1956年建成，全长2公里，环铁路步行一圈游览公园也是不错的方式。

中国自驾指南

中国疆域辽阔、景致丰富，无论春夏秋冬，总有适合的线路和目的地可以自驾前往。车外好风景一路相随，但须安全驾驶，方能尽兴而归。

驾照和附属文件

在国内自驾旅行，身份证、驾照、机动车行驶证缺一不可。如果你被交警拦下，通常会要求你出示驾照和机动车行驶证。而身份证则是入住旅馆、购买火车票和搭乘飞机的必需证件。确保你的驾照、行驶证是在有效期内，并且已经按时进行过年检。并最好备有一套复印件。

但如果你想自驾前往西藏和新疆的边境地区，还必须去公安部门办理边防通行证。要自驾进入香港和澳门，须准备好港澳通行证和个人旅游签注，在指定口岸通关。在其他边境地区自驾时，虽然不要边防通行证，也不要随意开进有“边防”标识的道路。

保险

如果驾驶自己的车辆出行，交强险是必须购买的，车辆损失险和第三者责任险是我们强烈建议购买的，其他险种按需购买。保险文件务必随车带好，交强险的购买标识必须贴在挡风玻璃内侧右上方。记下保险公司的客服联系方式，一旦发生事故，立即联系对方。若是与他车发生刮蹭碰撞，多角度拍照后报保险公司，或是拨打122请交警处理。万一发生人员伤亡的严重事故，先拨打110和120进行处置和急救，然后再拨打保险公司的电话。

如果你是与朋友拼车出行，应要求每人均办理相应的保险，并且最好签订一个拼车协议，以免在发生意外情况时产生纠纷。

如果你是租车自驾，租车公司会要求你购买基本保险。以神州租车为例，每天30~40元起，但保险理赔范围内事故损失1500元以下的部分仍要由客户支付。如果你想省去这笔可能发生的开支，建议你购买不计免赔险种（通常为50元/天，7天价格封顶）。如果发生事故，第一时间拨打租车公司的客服电话。

安全驾驶

在我们设计的线路中，绝大部分公路是铺装路面，可以放心驾驶。但部分道路由于破损会导致路况不好，坑洼不平，这需要你在行驶时不要因窗外的美景而分心，眼睛要紧盯路面。若想好好体验风景，一定要在安全的停车点停下车辆，切记不要在路况不好的地段和弯道上停车，那样害己害人。

有的国道、省道部分路段上，大货车及农用车较多，与大货车同行，尽量不要紧随其后，因为高大的车厢会遮挡你的视线，看不清前方路况。在确保安全的情况下，从货车左边超车，提前打好转向灯（也方便对面过来的车明白你的意图），鸣笛、闪烁远光灯（哪怕是白天也要，但是在夜间行车时要避免影响对面来车的视线）提示，确保让货车司机“注意到你的存在”后，再开始超车。如果前方有一连串大货车，对向车道来车也很多时，不要借道超车，因为这样容易因不能及时归回原行驶道路而发生相撞事故。在货车前方行驶，不要急刹车，因为大货车由于重量过大，惯性也大，容易刹车不及造成追尾。有日间行车灯的车辆务必开启，可以让前方车辆更早地注意到你。

有的地区是村落和人口高密集区，在国道或省道上行驶，虽然路况很好，但常会遇到机动车和行人忽然出现或逆行的情况，驾驶时不能松懈麻痹，时刻注意并随时准备着应对路上可能出现的情况。

此外，西南及东南丘陵地区常见盘山公路，路窄、弯多、坡陡是多数盘山公路的特点。如果你常在城市内驾驶，缺乏山路行车经验的话，爬坡时一定要匀速驾驶，不要狠踩油门，否则有可能导致轮胎打滑失速。而下坡时，连续刹车可能会导致刹车过热而失灵，造成事故。如果你驾驶的是手动挡车，尽量不要超过3挡，使用发动机降挡来控制车速。现在比较新的自动挡车是手自一体变速器（或者设有低速挡位，如果是租来的车，须阅读说明书或者提前上网做好功课，搞清楚每一个挡位的功能），同样可以用1~2挡来进行限速，对于比较老的自动挡车型，只能采用点刹的方式来进行降速，在通过坡段之后，为确保安全，可下车摸一下轮毂，看看是否过热。

全国高速公路报警服务电话

- 新疆（☎0994-12122）
- 甘肃（☎0931-96969）
- 青海（☎0971-829 3700）
- 陕西（☎029-110）
- 宁夏（☎0951-603 0122）
- 西藏（☎0891-110）
- 四川（☎028-8759 5581）
- 重庆（☎023-12122）
- 云南（☎0871-96122）
- 贵州（☎0851-96122）
- 广西（☎0771-570 6588）
- 广东（☎020-110）
- 海南（☎0898-6883 5027）
- 湖南（☎0731-12122）
- 湖北（☎027-12122）
- 江苏（☎025-110）
- 上海（☎021-110）
- 浙江（☎0571-12122）
- 安徽（☎0551-280 1593）
- 江西（☎0791-96122）
- 福建（☎0591-12122）
- 山东（☎0531-96660）
- 山西（☎0351-12122、0351-12328）
- 北京（☎010-96011）
- 河北（☎0311-12122）
- 内蒙古（☎0471-12122）
- 黑龙江（☎0451-12328）
- 吉林（☎0431-12122）
- 辽宁（☎024-96199）

道路里程(km)

	喀什	乌鲁木齐	西宁	兰州	西安	拉萨	昆明	成都	重庆	贵阳	南宁	海口	广州	厦门	杭州	上海	哈尔滨	海拉尔	太原
乌鲁木齐	1196																		
西宁	2990	1794																	
兰州	3161	1965	219																
西安	3777	2581	915	676															
拉萨	2975	2713	1975	2162	2865														
昆明	4876	3670	1994	1771	1510	2233													
成都	4060	2869	1189	966	711	2095	900												
重庆	4183	2980	1301	1078	684	2412	883	319											
贵阳	4557	3356	1676	1453	1059	2737	507	694	375										
南宁	5124	3952	2272	2049	1623	3051	822	1254	935	582									
海口	5595	4422	2762	2519	2178	3426	1220	1695	1442	1044	479								
广州	5373	4169	2481	2259	1632	3555	1351	1699	1411	1044	559	586							
厦门	5493	4310	2622	2399	1772	4502	2039	2060	1762	1538	1212	1228	655						
杭州	5043	3893	2153	1930	1302	4053	2170	1892	1656	1669	1712	1849	1254	890					
上海	5111	3919	2233	2010	1434	4120	2360	1952	1729	1871	1893	2035	1438	1030	181				
哈尔滨	5608	4402	2925	2721	2372	4822	3779	3036	2984	3270	3529	3886	3352	3248	2355	2301			
海拉尔	6224	4495	3015	2815	2533	5438	4041	3257	3205	3887	4146	4529	3974	3813	2970	2918	817		
太原	3878	2688	1208	1008	610	3108	2117	1335	1282	1659	2095	2475	1866	1962	1356	1339	1744	2167	
北京	4380	3302	1823	1493	1084	3594	2596	1804	1756	2087	2343	2712	2224	2120	1297	1224	1245	1895	507

在弯道较多的路段开车，由于视野变窄，不易观察对面来车情况，须主动降低车速；尽量只在直线路段超车，在弯道和爬坡时一定不要超车，因为视线受阻，你无法看到对面的来车。在穿越隧道时，要控制车速，防止困倦，出隧道时注意强光直射，影响视线。

如果你不是经验丰富的老司机，那么最好由副驾位置的人来观看GPS导航，提醒驾驶者转弯、变向等，以便驾驶者可以全神贯注地开车。在午饭后，如果副驾上有位喋喋不休的话痨，也能防止驾驶者犯困。如果必须夜间行驶，会车前务必关上远光灯。

西北和内蒙会有长距离的笔直公路。虽然在这样的道路上开车很轻松，但会产生松懈后的麻痹，又易于深踩油门、风驰电掣。公路上还易出现并不懂交规的牛群、羊群和马群，它们往往会从天而降般地横冲直撞到车前。在雨季里，南方常常会出现由于塌方导致公路中断，除了随时关注公路部门的交通信息外，开车时也要警惕碎石的掉落。

启动车子前确保车上全部乘客（包括后座）及驾驶员都系好安全带，而不要采用安全带插扣来欺骗你的车（它真的是为了你好才不停警示的）。

租车

神州租车、至尊租车、一嗨租车等连锁租车公司在全国各省都有分店，其中神州租车的网点最多。也有不少地方性小型租车公司，但规范程度参差不齐。

在连锁租车公司租车，你需要准备好驾照、身份证和信用卡。取车时会刷一笔预授权费用作为车辆押金，还车时会刷一笔预授权费用作为违章保证金。取车的时候注意检查车辆周身是否有划痕，油表刻度是否与租车文件所写的一致，以及工具（别忘了灭火器、警示牌和千斤顶）和备胎是否齐备，同时必须试开一下。

租金根据车型不同城市不同而不一样，普通车型日租金会从100多元起步，而SUV或商务车的日租金可能达到300~500元。而到了周末和节假日，租金则会上涨。租车公司经常会推出特价车，特价普通车型甚至便宜到日租金只有几十元，但你需要提前在网上预订并预付，才能享受到特价优惠。为了让你的美景有音乐一路陪伴，在预订车辆时，不妨先问问车辆是否有可以播放音乐的接口。在国庆、春节这样的长假里，除了租金会提高外，你还要提前多日预订。

租车公司列示的价格不包括基本保险费（见“保险”部分）和手续费（通常是几十元）。预付订单和周租订单会有不同程度的优惠，但缺点是如果提前还车，不退已付租金。

连锁租车公司一般接受异地还车或者跨店还车，但会加收一笔费用。还车时应该加满油，这是国际通行的惯例。

主要连锁租车公司：

神州租车（☎400 616 6666；www.zuche.com）

至尊租车（☎400 678 8588；www.top1.cn）

一嗨租车（☎400 888 6608；www.1hai.cn）

地图和导航

虽然电子地图已经非常普及，我们仍然建议你带上一本纸质地图，可以随时翻看。由于其幅面较大，可以看清楚开车路线的全程，对附近道路的走向和分布一目了然。我们推荐中国地图出版社的“中国分省公路里程地图册”系列。要买最新版本的，因为中国的道路更新太快。

带上一个GPS导航仪，并在出发前将电子地图更新到最新版本。不过要注意：就算是最新的版本，也会因跟不上道路建设的变化，导致很不靠谱的指路行为（比如指引到乡间的土路上）。不同的GPS也会有差异。有不少GPS可以安装多种版本的软件，可以根据需要灵活使用不同特点的软件。使用手机或车载GPS定位时一定要注意数据偏移问题。GPS的其他设置可能会对旅行有帮助，比如显示每个城市的住宿、餐饮和修车点。

如果可以，最好每天提前在电脑上打开地图软件，放大细细查看第二天将要行驶的路线，还可以用地形图看等高线，用卫星图

公路等级知识

高速公路属于高等级公路，一般能适应100公里/小时或者更高的速度，有4条或以上车道，中间设置双向分隔带，采用沥青或水泥混凝土高级路面，设有齐全的标志、标线、信号及照明装置，禁止行人和非机动车在路上行走，与其他线路采用立体交叉、行人跨线桥或地道相连。

一级公路的设计速度有100公里/小时、80公里/小时两种，有4个车道，中间设有隔离带，可以供汽车分方向、分车道行驶。一般为国道或省道。

二级公路的设计速度为60~80公里/小时，双车道。二级公路与一级公路的最大区别就是，一级路有中央分隔带，分道行驶；二级路基本没有中央分隔带。通常为国道或省道。

三级公路一般限速为40~60公里/小时，双车道，为沟通县及县以上城市的公路。

四级公路是沟通县、乡（镇）、村等的支线公路，限速在40公里/小时以下，一般为仅容两车紧靠通过的宽度，甚至只有一条车道，需在适当距离内设置错车道。

自驾游抓拍要点

➡ 自驾游的乘客乘车时要想拍到沿途美景，一般尽可能选择副驾驶座位，这个位置视线好，颠簸程度相对要低，可以拍摄正面和侧面；其次选择车内右侧靠窗的座位，车内左侧座位尽量不考虑，不断来往的车子会影响拍摄。

➡ 在车上抓拍，数码单反相机更合适，一般常用17~40mm、24~85mm两只广角变焦镜头。长焦镜头在震动的车上很难拍到清晰的照片。

➡ 相机设置最好用快门优先，远景可用1/200秒，近景则需要1/500秒的快门速度，如果阴雨天光线太弱，可适当提高ISO感光度。在高速行进的车上快速准确对焦非常重要。如果拍摄远处的风景，建议你将镜头设在手动对焦上，尽量调小光圈（调大光圈值），形成超焦距来拍摄，这一方法的使用可以避免因对焦慢或焦点对准别的物体而错失良机。

看地貌，做到心中有数，不至于只是盲目地被GPS引导。不同的网络地图也各有特色，有的更新快，有的村一级地点全，有的卫星图可以放得更大。

奥维互动地图支持Google地图、Google卫星地图、Google地形图、Bing卫星地图、OpenCycle高精度等高线地图以及百度地图、搜狗地图等，可在这几种地图间自由切换，以便了解更详尽的信息。

现在很多地图的手机App带有导航功能，常用的有高德地图、百度地图、腾讯地图等，这些地图均可以下载离线地图包，在路上无须耗费手机的流量。最好在你出发前就将手机断网（比如在设置中关掉Wi-Fi和蜂窝数据网）并测试一下离线导航功能，以免在行驶路上手忙脚乱。建议多安装几种导航App，可以比较互相之间的差异，从中判断选择更合适的路线。这些App还有多种功能，比如选择是否避开拥堵、是否优先高速、是否考虑过路费；可选择多种语音（比如郭德纲、林志玲、方言等），减少旅途寂寞；可开启电子狗功能预告限速和测速拍照；可选择新手和老手导航模式；可搜索方圆几公里至几十公里的加油站、食宿点、超市等设施。

就算有地图册、GPS、电脑和手机导航，当遇到冷僻地点、读音不同或写法不同的地名、所有地图均没有标明的地名，或者由于修路而改道等特殊情况，必须随时以问路来修正。这时最好先到汽车站，询问熟悉当地路况的班车司机。

路况

中国公路信息服务网（www.chinahighway.gov.cn）提供全国性的路况信息，其链接的“地方服务网站”里，有各省、直辖市、自治区的路况信息。提前了解修路和阻断的信息，将使你的自驾旅行游刃有余。开车时也要随时注意导航显示的路堵情况，可以及时的提前绕道避开。

在我们介绍的线路里，有些路段的路况不好，普通家用车不适合开入。这样的路段都会有专门的提示，要注意避开。西南地区多山，从平原来的驾驶员需放慢车速，尤其是拐弯和长下坡的时候。至于北方的冬季，除非你有积雪路的驾驶经验，否则还是避开或者到当地包车为好。

中心城市和大城市早、晚高峰易堵车，并多有限行政策。除了提前了解外，也要合理规划出行计划，能帮你节省不少时间。

车况

出发前确保你的车已经按时做过保养。除了完好的备胎和更换车轮工具外，后备箱里还要有停车警示牌和其他常用工具。如果是长距离长时间的自驾，最好再配备“过电线”（借助其他车辆的蓄电池来帮助自己车辆启动）、拖车绳、小气泵、备用机油、胶带等，以应对路上出现的各种情况。如果出发后车辆达到保养里程，可以就近寻找4S店或3S店。出发前，建议你到汽车品牌的官网上，了解一下4S店和3S店在自驾路线上的分布。

每天在上车前，绕车一周，看看外观、车胎、牌照等，确保爱车还依然是你心中的模样。当车辆发生故障后，如果自己寻找修理厂有困难，可以求助交警。

交规

你需要特别注意限速标志。常见的情形是：高速公路一般限速100~120公里/小时；国道或省道限速60~80公里/小时，在村镇和城区内限速40公里/小时。

一般来说，高速公路和国道的标志较醒目，摄像头也比较多。有些电子狗并不能覆盖全部的摄像头，还需自己仔细观察。有些高速、国道、省道采取区间测速，根据距离和时间确定你是否超速，并不是在快到摄像头前减速就可以安然无事。

在较偏远的地区，道路标志往往间隔较远，不甚醒目，在接近路口时要注意观测，否则容易一闪而过。摄像头同样也很少，不过并不等于你就可以放心大胆地驰骋，不要依赖摄像头对你的约束，须时时做到安全第一。

当自驾进入你并不熟悉的城市（尤其是大城市）时，要注意单行道和公交专用车道。GPS导航往往跟不上高速发展的城市建设，路况信息不一定能及时更新，还需要依靠及时观察和询问。

燃油

加油一般不是问题，位于高速公路服务区和国道、省道途中的中石油、中石化加油站，应该是你加油的第一选择，油品质量相对较高，你也不会面对被漫天要价的窘况，并且绝大多数情况下都能满足高标号汽油供应。但有的高速路上服务区间隔较远，黄金周时还会出现油料用完的情况。到达的所有的县城，都会有加油站，唯一要注意的是进入山区或地广人稀的地区，加油站甚少，需要你提前规划并加满油。如果你的爱车需要高标号的汽油，那前往偏远地区时就更要注意，有可能那一带就根本没有高标汽油。

多数省份提供92号和95号新国标汽油，但有的省份和地区却只提供E92、E95乙醇汽油。

危险和麻烦

最需要注意的当然是道路交通安全，驾驶员需要守规、谨慎、礼让，不疲劳驾驶。夜晚会车时应关闭远光灯，换成近光灯。山区道路容易被云遮雾挡，影响视线，须降低车速，开启车灯。一些乡道和山路冬季还有结冰问题，易打滑，这时尽量不要冒险上山。通

如何应对雪地驾驶

- 提前准备防冻液，可以在汽车维修店和加油站购得。给自己的座驾换上特别花纹的雪地胎（如租车可要求租车公司安装），在积雪厚的山间安装防滑链（比如去往雪乡的山道上）。
- 出发前请提前热车，检查轮胎、发动机及车子四周情况。
- 驾驶时，注意调整时速在可控范围内，尽量保持匀速，不猛加速也不猛踩刹车，以防发生严重侧滑。少超车或者不要超车，错车转弯也要提前减速。
- 保证手机畅通，如果发生意外，及时联系救援公司。
- 如无雪地驾驶经验，不建议外地司机在冬季自驾游东北，不妨包车。

如何应对湿滑路面驾驶

- 低速行驶，转向时更要缓慢。
- 没有ABS系统的车辆，刹车时不能一踩到底，而是要用连续的点刹；如果有ABS系统的车辆，急刹车时反而要一踩到底。
- 如果发生车辆打滑，千万不要猛打方向，方向盘要顺着打滑方向轻轻地转，待车辆回正后，再轻轻地踩刹车，直到整个情况完全控制住。
- 由于湿滑路面的制动距离会变长，所以要与前车保持更长的距离。

过桥梁时要特别注意横风，控制车速，减少车道变换。

一些省道、县道会经过行人、车辆混杂的村镇，如果逢到集市，更容易拥堵，需注意观察，慢速通过。现在的电动车多且速度快，注意堤防，以减少刮蹭概率。有的地区司机的驾驶习惯不好，也要注意躲让规避。

最好在车上安装带摄像头的行车记录仪，一旦发生事故会有可靠的证据。在路上可以通过多和其他司机交流，来了解前路的安全情况。车辆过夜，最好停放在停车场或者有监视摄像头的地方，还要将车内的东西带走，不可留放在视线可见的位置上。

停车

各大城市自驾的停车须知，请参见“城市速览”章节，除此之外，除非书中特别注明，最好参照当地车辆的停放状况来停放。当然，若想确保万无一失，不被贴条或拖车，你需要随时询问当地人。

住宿

新疆

从牧民毡房、廉价小旅馆到中高档的宾馆酒店都有，大部分知名景区都配有住宿设施。在哈密、库尔勒、喀什、伊宁等旅游城市，还有民族特色浓郁的传统民居客栈可选。其他城市和县城的住宿会相对单调，以廉价小旅馆和经济型商务酒店为主。一般青旅铺位在40~80元，经济型酒店和小旅馆房间80~200元，精品酒店300~500元，五星级酒店400元以上。

甘肃、青海、陕西和宁夏

有民宿、青旅、普通旅馆客栈、连锁酒店和星级酒店可以选择。如果选择了大城市市中心的宾馆，一定要问清楚有没有停车场。在普通小县城，当地从事政府接待的宾馆的停车位会比较充裕。一般青旅铺位在40~80元，好一点的宾馆酒店标间一般在150~200元，精品酒店400~600元，五星级酒店400元以上。在一些风景区和牧区能找到特色住宿，譬如帐房宾馆、蒙古包等。

西藏、四川和重庆

这一区域是西南地区旅游业发展最早最好的，从适合背包客的青年旅舍到特色客栈，从普通旅馆、连锁酒店到星级酒店和精品酒店，可供选择的类型应有尽有。一般青旅铺位在40~60元，客栈房间80~200元，精品酒店400~600元，五星级酒店400元以上，但在阿里地区和山南地区部分城镇，能找到100元左右的宾馆房间已算不错了。

云南和贵州

适合背包客的青年旅舍相对较少，但在民族村寨入住特色客栈也是很好的体验。其他选择还有普通旅馆、连锁酒店和星级酒店等。一般青旅铺位在40~60元，客栈房间80~200元，精品酒店400~600元，五星级酒店400元以上。大理、双廊、丽江、香格里拉等地的精品酒店房间可能会在千元以上。

华南和华中

经济型酒店和连锁酒店普遍存在，100~200元的酒店设施和卫生基本能保证。而200~500元就可以在一般的城市里找到相当好的酒店。但是在广州这样的大都市里，想入住享受型的就要花费千元以上了。热点旅游城市在旺季里的房价会大幅度的升高，其典型就是春节时的三亚，一定要提前预定。那些古村镇里的客栈，价格相对公道。

华东

一般的县市，100~200元就有个舒适的房间。要求更高的旅行者，花200~400元就能住到很棒的星级宾馆。但到省会和热门旅游城市，高档酒店会在500~1000元，而上海则会更高。近年来古镇的特色客栈和精品民宿发展很快，价格跨度也很大，从一百多元到一两千元都有。以上价格到了黄金周和旅游旺季会有20%~40%的上浮，热门景区附近甚至会翻番。

华北

客栈和农家院大约80~150元，经济宾馆和连锁酒店房价约为100~200元，三星级以上酒店房间价格300元起，而著名景区的房价会高出50%~100%，北京的住宿房价则更是普遍较高。旅游城市和景区的住宿在旺季和黄金周会普遍上涨，要做好翻几番的准备。倒是连锁酒店的房价不会涨得离谱。

边防证

边防证是指边境地区或者特殊管制地区的通行证，没有边防证，很多美景就对旅行者关上了大门，禁止通行。目前，前往西藏日喀则地区的亚东沟、陈塘沟、吉隆沟、珠峰和樟木（这两者可以使用贴着有效尼泊尔签证的护照通行）、阿里地区、山南洛扎县、浪卡子县、林芝墨脱县、察隅县等地，边防证必不可少。去新疆的白哈巴景区与红其拉甫口岸也需要边防证。

边防证可以在你的户籍所在地（在北京、上海、深圳等大城市，持一年以上居住证者也可申请）办理，县级的公安部门就有权签发。带上本人身份证或户口本、单位介绍信或户籍所属居委会/派出所的证明（有些城市对此不作要求）、和两张一寸照片，去县级公安局的户籍管理部门（有些城市是在出入境管理部门）填写一张《边境通行证申请表》即可，一般情况下都是当场签发，也不收取任何费用。16周岁以上人员一人一证，不满16周岁的未成年人需与成年人偕行，一张边防证的偕行人员不超过两人。内地办理边防证的有效期一般是三个月，经常前往边境地区的话可以申请为期一年的边防证。边防证通行区域写地区即可，如日喀则地区、山南地区，这样可以通行的范围较大。但如果想去墨脱、札达等敏感区域，详细到县更能避免边防站点的盘查。近年来因为新疆的局势，你可能无法在户籍所在地的公安机关办理新疆的边防证。不过，新疆的主要景区并不需要边防证，而前往白哈巴需要在喀纳斯或哈巴河的**边防大队**办理边境通行证，凭身份证办理，费用1元。

如果走中巴公路去往卡拉库里湖、塔什库尔干、红其拉甫口岸，都需要在喀什武警边防支队（天山东路，康安小区旁；⏲9:30~13:30；16:00~20:00）办理边防证，办证免费，无须照片或复印件，当场可以取。节假双休日也可办理，推迟一小时上班。到达塔什库尔干以后，还需要去办理一个车辆通行证。如果是维吾尔族的司机，还需要无犯罪记录证明。

如何应对车辆高反

高原自驾，车辆也会发生一定程度的高原反应。以下是几条应对车辆高原反应的小窍门：

➡ 汽车动力下降——这是空气含氧量低、油品燃烧不充分引起的，只能通过降低挡位或减速的方式来正常行驶。

➡ 难以正常启动——在室外停车一夜后容易打不着火，一般多试几次或在进风口短暂供氧即可，但需要注意电瓶电压，带个电瓶充电器比较稳妥。

➡ 水箱易开锅——进藏前需提前检查车辆冷却系统，更换干净的空气滤芯，保持通风流畅。更换机油，保证机油量在正常范围内。行驶途中多关注水箱的温度，温度太高时要停车休息片刻。

➡ 胎压增高——买一个轮胎气压表，海拔每升高500米检测一下，适当根据情况充放气。

➡ 仪表警示灯不熄灭——这往往是油品质量问题引起的，沿途尽量在中石油、中石化的加油站加油，注意不要加得太满。

➡ 刹车不够灵敏——制动压力是事先设定好的，高原上气压变化会影响制动效果，行驶时需控制车速，下坡及弯道时多用降挡的方式减速。

东北和内蒙古

一般客栈和经济型宾馆在80~200元，星级宾馆约200~400元，五星级至少在400元以上，度假式精品客栈则有可能上千元。在一些国家森林公园，往往没有食宿点，需要到邻近的城市解决食宿。夏天的草原是旅游旺季，一个蒙古包要300~500元，住宿价格往往是淡季的2倍以上。一般来说，地级市或县城的品牌连锁酒店在同等价位中性价比最高。

饮食

新疆

维吾尔族菜、回餐、汉餐、哈萨克菜、锡伯菜、蒙古菜……以上美食，你都能在这里品尝到。新疆以清真餐厅为主，许多菜系相互影响，已经很难分清楚了。这里有许多特色美食，比如来自遥远的甘肃临夏、四川成都或东北松花江流域的食物。各种各样的面食、烤肉、抓饭、水果、馕，都很丰富。

甘肃、青海、陕西和宁夏

主食通常是面食和牛羊肉的多样化搭配，并在此基础上衍生出丰富的小吃，例如天水的呱呱、武威的面皮、山丹的炒拨拉、张掖的炒炮和牛肉小饭，还有敦煌的驴肉黄面。除了兰州牛肉面是必吃，牛羊肉自然是来青海不能错过的美食，而陕西的餐桌上总是有一罐红油辣椒。

西藏、四川和重庆

川菜几乎统治了川渝地区和藏区，如果要细分，成都菜式口味以清新醇浓并重，多麻多辣，小吃很多；重庆江湖菜的口味更加火爆，火锅和小面随处可见；藏区则以牛羊肉和面食为主，在拉萨、林芝、日喀则等城市吃饭选择会相对更多些，在川藏线和阿里线上，最常见最受欢迎的还是家常川菜馆。

云南和贵州

由于独特的自然环境和气候原因，云贵高原上的食物以酸辣为主，开胃驱湿。昆明、蒙自、建水一带的米线自成一派，滇西南傣族地区口味则比较独特，口感清爽酸辣。黔东南少数民族地区则以酸汤为特色，以鱼入菜较多。山野乡间的各类野生菌和野菜，也是云贵两地的特色，大多在6月至8月能吃到。

华南和华中

粤菜、潮汕菜和海南菜，都追求食材的广泛性以及对于生鲜原味的喜好，哪怕是路边排档，也会有独特的菜品或小吃。紧靠丰饶的南海，这里更是吃海鲜的首选之地。只是隔着南岭，湖南、湖北却开始嗜辣，在满眼的红色中，每道菜却有不同的滋味。至于广西的饮食，却融汇了粤菜、湘菜的滋味，要品尝乡土特色，那就是传播甚广的桂林米粉、螺蛳粉和老友粉。

华东

江浙菜普遍口味清淡，讲究食材的原汁原味，淮扬菜是其中的著名菜系。到了无锡和上海一带，会有些口味偏甜的菜品，精致精细成为特色。浙江、福建的沿海盛产海味，海鲜成为最大的亮点，但山区里也有香菇、黑木耳等极鲜美的食材，福建还有悠久的"古早味"。地处内陆的安徽和江西，则口味偏重，江西菜更是辣味领先华东。各地皆有更具亲切感的土菜，食材大众价格亲民。

华北

到山东半岛，除了吃海鲜，作为北方菜系的鲁菜更值得品尝，至于那煎饼果子，当做早餐是正好。山西的面食丰富多样，每顿换个面食的名字，也可以一连十几天顿顿不重样。如果到了北京，除了有全国各地风味的饭店任意挑选外，经济实惠有小吃和炸酱面，名气大有烤鸭与宫廷菜。

东北和内蒙古

东北的餐饮看上去算不上精致，可是那大盘子大碗的分量最能体现豪爽的气概。东北菜总体口味偏咸。主食除了米饭，还有各式的饼子面食。另外，俄罗斯、朝鲜对于这片区域的饮食习惯也有影响，应该品尝一回。到了辽阔的草原，别以为只有奶制品和牛羊肉，湖泊里也有肥硕的大头鱼，但是在满口的鲜美肥嫩后别忘记多吃些蔬菜与水果。

现金

在绝大部分城市里，四大商业银行的

如何避免陷入高速路"停车场"

在节假日里，每当高速公路有了免费通行的福利，车辆就会蜂拥而入，造成严重拥堵，导致高速公路变成了"停车场"。我们给出的如下建议，可以有效避免你和爱车陷入高速路这个恐怖的"停车场"。

- 事先通过网站了解各地交通管理部门发布的高速公路出行预报，了解很可能发生路堵的地段；先期查看要经过的地区，了解那里的公路网；选择可以替代的公路，作为发生路堵时提前绕行的预案。
- 如今的高速公路已经呈现网络状分布，尽量不要开上高速公路国家主干线（Gx、Gxx编号的高速公路），而是选择与其平行的S开头的省级高速路，其车流量会明显的变少。如果找到了新开通的高速路，开上去就如同开进了"飞机跑道"。
- 现在的导航地图上，会有表示路堵严重情况的黄色、红色与紫色线段，可以根据情况提前下高速避开。由于各种导航地图的显示会有差异和滞后，建议多安装几种导航地图，以便比较确认。
- 选择导航功能中的"躲避拥堵"功能，能自动给出避开拥堵路段的绕行路线。
- 不要盲从导航的路线，也有可能会引导你一头扎进"停车场"。
- 普通的国道或省道，不见得比高速路上的行驶速度慢。
- 最好不要去过于热门的城市或景点，那里发生路堵的可能性极大。

旅行健康提示

2020年，新冠肺炎（COVID-19）全球大流行。截至本书出版时，疫情尚未结束。我们建议旅行者结合实际情况谨慎出行，在做好自身防护的同时遵守当地的防疫要求，保持良好的卫生习惯。针对疫情期间的个人防护，可参考世界卫生组织（www.who.int/zh）的详细建议：

➡ 勤洗手。经常用含酒精成分的免洗洗手液清洁手或用肥皂和清水洗手。

➡ 佩戴口罩。公共场所请尽量佩戴口罩，口罩应经常更换。

➡ 保持安全距离。与他人保持至少1米的距离，尤其是与咳嗽、打喷嚏和发热的人保持距离。

➡ 避免触摸眼、鼻、口。如果用被污染的手触摸眼、鼻、口，就可能会被留在物体表面的病毒感染。

➡ 保持良好的呼吸卫生习惯。打喷嚏或咳嗽时，需用弯曲的肘部遮挡口鼻，或用纸巾并立即妥善处置用过的纸巾。

➡ 如果发热、咳嗽和呼吸困难，请及早就医。伴有发热的呼吸道症状可能有多种原因，应根据个人旅行经历和环境具体分析。

➡ 遵循医务人员、国家和地方公共卫生部门提供的关于你和他人如何防范新冠肺炎的建议。

ATM都容易找到；在县城布点较多的是农业银行、农村信用合作社、中国邮政等的ATM；在经济发达的地区，甚至乡镇也会有ATM机；而外资银行一般只在大城市能找到，网点不多。大部分的县城可以刷卡，但进入人烟稀少地带，最好多带一些现金。

如需租车，最好提前咨询当地租车公司，以防租车需要现金。现在不少宾馆和饭店的老板也可以接受微信、支付宝的手机支付。

营业时间

景区普遍的营业时间为8:00~17:00，而西部地区往往是9:00~18:00，到了冬季可能是10:00~18:00。有些景区的开放时间会随着淡季、旺季而调整，大部分博物馆都是周一休息。餐厅的营业时间一般会到21:00、22:00，南方部分城市会有夜宵提供。大城市加油站基本24小时营业，乡镇加油站营业时间约在7:00~20:00。但特别要注意新疆的时间，那里的营业时间通常比内地晚1.5~2小时。还要注意，少数民族地区的商家可能会告诉你乌鲁木齐时间，但本书说的都是北京时间。

淡季要注意，很多受季节影响比较强的景区会不定期歇业，相应的宾馆餐厅也会关门停业。

网络信息

➡ **越野e族论坛**（bbs.fblife.com）面向车友的户外论坛，提供各类有关车辆、自驾游及结伴的信息。

➡ **磨房**（www.doyouhike.net）设有自驾和长假远行板块，能迅速找到需要的信息，结识志同道合的车友或旅伴。

➡ **蚂蜂窝**（www.mafengwo.cn）提供更新迅速的相关游记、攻略。

➡ **驴妈妈旅游网**（www.lvmama.com）可购买打折景点门票。

➡ **爱卡自驾游论坛**（www.xcar.com.cn/bbs/forumdisplay.php?fid=175）有自驾路书、自驾游记，以及专门针对某条自驾路线的即时路况信息汇总。

幕后

说出你的想法

我们很重视旅行者的反馈——你的评价将鼓励我们前行，把书做得更好。我们同样热爱旅行的团队会认真阅读你的来信，无论表扬还是批评都很欢迎。虽然很难一一回复，但我们保证将你的反馈信息及时交到相关作者手中，使下一版更完美。我们也会在下一版特别鸣谢来信读者。

请把你的想法发送到 **china@lonelyplanet.com.au**，谢谢！

请注意：我们可能会将你的意见编辑、复制并整合到 Lonely Planet 的系列产品中，例如旅行指南、网站和数字产品。如果不希望书中出现自己的意见或不希望提及你的名字，请提前告知。请访问 lonelyplanet.com/privacy 了解我们的隐私政策。

作者致谢

蔡理

首先感谢我的妻子陈琦庆，她陪同我一起自驾出行，完成了大部分的调研任务，在写稿期间也给予体贴的照顾。感谢多年来常与我一同自驾远行的李振虎，他还提供了一些驾车知识。感谢毕克明、童怡、杨兴文和柳柳、雪鹃的同行，你们陪我一同奔赴东南西北去调研。最后感谢调研途中给予帮助的所有人，你们的支持和笑脸，成为我二十一年来一直旅行的最大动力。

黎瑾

感谢将我生在新疆的父母。感谢本书其他作者和CE李昕，以及《新疆》《甘肃和宁夏》《陕西》的作者们。感谢一路上遇见的人，让我的旅途变得丰富精彩。感谢陪伴我用近一年时间自驾亚欧的纪韩和飞毯。

袁亮

谢谢CE的信任。谢谢《中国西南自驾》的作者黄文洁、胡圳、沈明笃和吴非。谢谢丽江的朋友必然和丙中洛的朋友阿文给我的诸多帮助。也谢谢家人的支持，让我有动力完成这项工作。

声明

本书地图由中国地图出版社提供，审图号GS（2017）3295号。

封面图片：（上）张掖七彩丹霞地貌，视觉中国提供。（左下）在内蒙古的草原上奔驰的车，视觉中国提供。（右下）广西龙脊在屋顶上晒辣椒的壮族女子，视觉中国提供。

封底图片：苏州博物馆，视觉中国提供。

关于本书

这是Lonely Planet《中国自驾》的第1版。本书的作者为蔡理、黎瑾、袁亮。

本书由以下人员制作完成：

项目负责 关媛媛

项目执行 丁立松

内容策划 李　昕

视觉设计 李小棠　庹桢珍

协调调度 高　原　沈竹颖

责任编辑 孙经纬

特约编辑 程良雪

地图编辑 马　珊

制　　图 刘红艳

流　　程 孙经纬

终　　审 杨　帆

排　　版 北京梧桐影电脑科技有限公司

感谢罗霄山、黄俏旻、李爽对本书的帮助。

索引

A

B

C

D

E

F

X

Y

Z

我们的作者

我们的故事

一辆破旧的老汽车，一点点钱，一份冒险的感觉——1972年，当托尼（Tony Wheeler）和莫琳（Maureen Wheeler）夫妇踏上那趟决定他们人生的旅程时，这就是全部的行头。他们穿越欧亚大陆，历时数月到达澳大利亚。旅途结束时，风尘仆仆的两人灵机一闪，在厨房的餐桌上制作完成了他们的第一本旅行指南——《便宜走亚洲》（*Across Asia on the Cheap*）。仅仅一周时间，销量就达到了1500本。Lonely Planet从此诞生。

如今，Lonely Planet在爱尔兰、美国、中国和英国都设有办公室，拥有图书、社交网络、杂志等多种媒体平台的产品。在中国，Lonely Planet被称为“孤独星球”。我们恪守托尼的信条：“一本好的旅行指南应该做好三件事：有用、有意义和有趣。”

李昕

内容策划 做过很多乱七八糟的工作，去过很多光怪陆离的地方，发现对待旅行比对待工作认真许多，对待美食比对待风景执着许多。从驾照上看是名老司机，实际驾龄却寥寥无几。自驾游过大半个中国，却都是在副驾驶座位上完成的。看着作者们的文字和照片，又重燃起她对方向盘操控的欲望，一次真正的自驾游正在计划中。除本书之外，她还参与了《甘肃和宁夏》《德国、奥地利和瑞士自驾》等多本Lonely Planet旅行指南的制作。

蔡理

统筹作者；华南和华中，华东，华北，东北和内蒙古，川藏北线 从1996年开始背包旅行，近年来与时俱进为驾车旅行。相对于开车来说，蔡理更善于策划路线和选择合适的道路。当高速公路有了免费日以后，所设计的节日自驾线路成功避开了所有的路堵。自从2013年成为Lonely Planet作者以来，参与了10本书的写作，多年来一直生活在“准备在路上——在路上——写在路上”的循环节奏里。作为作者群中年纪最大的一位，蔡理希望能将这样的节奏延续到10年以后。

我最喜欢线路 43 大兴安岭线 这是一条让你眼花缭乱的线路，穿越草原深入大兴安岭，沿途皆是风景长廊，还有在草原和森林里生活的民族生态。一路上的摄影点更是接二连三，给摄影人提供了展示自己才能的许多场景。这条线路上的自然风貌，会让你感受到人与自然和谐的必要与可能。走进大兴安岭，9月是最好的时间。

黎瑾

新疆，甘肃、青海、陕西和宁夏 新疆出生的四川人，如今走过了许多国家和地区，将旅行作为生活，想要永远保持对陌生和未知的好奇心与探索欲，喜欢所有不切实际的东西，还有人。目前以撰稿和编辑为生，参与了十余本Lonely Planet旅行指南的制作，并在微信公众号“2Lunatics”写一些在路上的故事。

我最喜欢线路 2 伊犁南北线 这条路线有我童年的记忆，阔别多年后依然能在那拉提的草原与河流间，嗅到熟悉的气息。伊犁常被誉为新疆最好的地方，这里雪峰连绵、松林起伏，春夏花开遍野，晨昏骏马奔驰。在泛亚公路穿梭，大片的峡谷、草原、林场，还有迷人的哈萨克风情，都在等着与你相遇。

袁亮

西藏、四川和重庆，云南和贵州，桂东北山水线，桂西秘境之旅 网名刀哥，时间自由但财务非常不自由的前文字工作者，曾参与过多本中文版Lonely Planet的调研和写作。因为做过一本Lonely Planet自驾的编辑，这次斗胆来写西南地区的自驾线路，幸好对这片土地非常熟悉，雪山、草原和海子，都是多次经过的风景。

我最喜欢线路 12 川藏南线 在我人生的第一个间隔年，从成都到拉萨，一路搭车走了20多天，这条景观大道的迷人之处，至今仍然需要我们亲身去体验。

敖碧仪

生在广州却满世界往外跑，曾参与过《广东》《101中国美食之旅》和《中国东南和华南自驾》等多本中文版Lonely Planet的写作。

巴道

毕业于北京电影学院，一直从事电影方面的工作。因为一段旅行，偶然成为旅行作者，出版《停在新西兰刚刚好》一书后，开始兼职为Lonely Planet工作。曾参与过《中国西北自驾》等多本中文版Lonely Planet的写作。

陈晞

自由撰稿人。在密集地进行过“86天环球邮轮”和“自驾穿越美国66号公路”等旅程后，终于能心平气和地放慢脚步，不再为世界的广大和未知而焦虑。曾参与过《中国东北自驾》等多本中文版Lonely Planet的写作。

崔凯龙

享受长途驾车带来的新鲜感受，可以一日穿过四季，雨雪阴晴。曾参与过《中国东北自驾》《中国东南和华南自驾》等中文版Lonely Planet的写作。

丁海笑

旅行撰稿人、摄影师、法学硕士，曾出版书籍《搭车十年：一个旅行上瘾者的世界》，也参与过《中国西北自驾》等多本中文版Lonely Planet的写作。

高婷婷

她写过不少字，也走过不少路，写作和旅行一直和她为伴。曾参与过《中国东北自驾》中文版Lonely Planet的写作。

黄文洁

黄文洁、黄米团都是她的名字，参与了《云南》《四川和重庆》《浙江》《青海》和《中国西南自驾》等多本中文版Lonely Planet的写作。

胡圳

一个热爱中国西南部的上海人，曾经在大理生活过五年。曾参与《中国西南自驾》《中国西北自驾》等多本中文版Lonely Planet的写作。

罗莎

半生都在做着旁人眼里无意义的事情，出版的唯一一本书还是关于“吃”。曾参与过《中国东南和华南自驾》等中文版Lonely Planet的写作。

沈明笃

江苏人，做过律师、行政和高校老师，但生活中最喜欢的是读书或旅行。曾参与过《中国西南自驾》《中国西北自驾》等多本中文版Lonely Planet的写作。

孙惠娟

浙江人，念大学后便来到北京。曾参与过《中国东南和华南自驾》等中文版Lonely Planet的写作。

吴非

毕业于复旦大学物理学科，现为作者、译者和版权经纪。著有《打工旅行》，在时尚杂志辟有生活类专栏。曾参与过《中国西南自驾》《中国西北自驾》等多本中文版Lonely Planet的写作。

王予西

喜欢独自东奔西跑的“大龄女孩”。曾为国企小白领一枚，因厌倦朝九晚五的格子间生活，毅然辞去铁饭碗。曾参与过《中国东北自驾》《中国东南和华南自驾》等中文版Lonely Planet的写作。

中国自驾

中文第一版

© Lonely Planet 2017
本中文版由中国地图出版社出版

© 书中图片由图片提供者持有版权，2017

版权所有。未经出版方许可，不得擅自以任何方式，如电子、机械、录制等手段复制，在检索系统中储存或传播本书中的任何章节，除非出于评论目的的简短摘录，也不得擅自将本书用于商业目的。

图书在版编目 (CIP) 数据

中国自驾 / 澳大利亚 Lonely Planet 公司编 . -- 北京 : 中国地图出版社 , 2017.12（2021.11 重印）
ISBN 978-7-5204-0250-7

Ⅰ . ①中… Ⅱ . ①澳… Ⅲ . ①旅游指南 – 中国 Ⅳ . ① K928.9

中国版本图书馆 CIP 数据核字 (2017) 第 294062 号

出版发行	中国地图出版社
社　　址	北京市白纸坊西街 3 号
邮政编码	100054
网　　址	www.sinomaps.com
印　　刷	北京华联印刷有限公司
经　　销	新华书店
成品规格	197mm × 128mm
印　　张	22.75
字　　数	1238 千字
版　　次	2017 年 12 月第 1 版
印　　次	2021 年 11 月北京第 5 次印刷
定　　价	158.00 元
书　　号	ISBN 978-7-5204-0250-7
审 图 号	GS（2017）3295 号
图　　字	01-2017-8154

如有印装质量问题，请与我社发行部（010-83543956）联系

虽然本书作者、信息提供者以及出版者在写作和出版过程中全力保证本书质量，但是作者、信息提供者以及出版者不能完全对本书内容之准确性、完整性做任何明示或暗示之声明或保证，并只在法律规定范围内承担责任。

Lonely Planet 与其标志系 Lonely Planet 之商标，已在美国专利商标局和其他国家进行登记。不允许如零售商、餐厅或酒店等商业机构使用 Lonely Planet 之名称或商标。如有发现，急请告知：lonelyplanet.com/ip。